Cuisinez 1000 recettes de A à Z

Solar

Cuisinez 1000 recettes de A à Z

Cuisinez 1000 recettes
de A à Z

Si vous souhaitez recevoir notre catalogue
et être tenu au courant de nos publications,
envoyez-nous vos nom et adresse, en citant ce livre
et en précisant les domaines qui vous intéressent.

Éditions SOLAR
12, avenue d'Italie
75013 PARIS

Photos : Nicolas Leser
Stylisme : Ulrike Skadow

Maquette : Nord Compo
Couverture : DDDP

ISBN : 2-263-02700-9
Code éditeur : S02700

Compogravure : Nord Compo, Villeneuve-d'Ascq
Impression et reliure : Pollina s.a., 85400 Luçon - n° 73467

Introduction

1 000 recettes : *voilà ce que contient ce livre qui rassemble en un seul volume toutes les recettes de la cuisine d'aujourd'hui, qu'elles soient traditionnelles, classiques, nouvelles, sophistiquées ou rapides, sans oublier les incontournables préparations de base.*

De A à Z : *le classement alphabétique des recettes rend cet ouvrage extrêmement simple à utiliser. Si vous souhaitez cuisiner des « ris de veau aux morilles », vous trouverez immédiatement leur préparation, sans avoir à vous interroger du registre – viande, veau ou abats – où celle-ci pourrait se situer.*

Complet, **Cuisinez 1 000 recettes de A à Z** *s'ouvre sur des chapitres consacrés à l'équipement, aux achats et à la conservation des produits, à la cuisine et à la diététique, à la composition des menus, ainsi qu'au choix des vins… autant d'informations qui vous seront précieuses dans l'élaboration des plats et des repas. Suivent les recettes, de « abricots en beignets » à « zuppa pavese », et, dans cet ordre, s'intègrent des pages techniques riches en conseils – préparation, cuisson, recettes de base et autres – sur des sujets divers, comme les assaisonnements, les légumes, les liaisons, les sauces, les viandes, les volailles, etc., qui constituent de véritables cours de cuisine.*

Vous pourrez donc composer des menus variés pour tous les jours, comme des menus de fêtes pour marquer les événements importants de la vie.

Moderne et facile à consulter, **Cuisinez 1 000 recettes de A à Z** *représente également le fruit de l'expérience de l'auteur, qui communique tous ses secrets et ses tours de main. A ces notes personnelles s'ajoutent des indications qui complètent les recettes : durées de préparation et de cuisson – déterminantes pour la maîtresse de maison –, valeur calorique de la recette calculée pour une personne – indispensable pour manger bien et équilibré –, notation des différentes étapes pour aider pas à pas la cuisinière dans la réalisation du plat. Grâce à ces recettes, réussies à coup sûr, vous accéderez à la joie de casser le caramel d'une crème brulée de votre confection ou à celle d'entamer une terrine de la mer aromatisée aux herbes préparée par vos soins et sans souci. Car, oui, tout dans ces pages a été étudié de A à Z pour vous permettre de faire de la cuisine un plaisir et de la table une fête sans cesse renouvelée.*

Chapitre 1

L'équipement

La batterie de cuisine

Il faut bien l'avouer : un bon conseil peut être coûteux. C'est le cas s'il s'agit de vous conseiller de posséder des casseroles solides et de fabrication onéreuse, mais leur acquisition en vaut la peine car elles durent éternellement, économisent de l'énergie et permettent indiscutablement d'éviter de nombreux ennuis.
Nous vous conseillons donc vivement cette panoplie de base de la cuisine moderne.

Les poêles

Posséder quelques poêles classiques est une nécessité absolue pour toute cuisinière.
La poêle à couvercle offre d'autres possibilités : une fois saisis, les aliments peuvent mijoter, les légumes cuire à l'étouffée.
Pour faire rissoler sur feu vif, on peut utiliser des poêles de fonte (émaillée), d'acier émaillé ou inoxydable.
Les poêles d'acier non émaillé doivent être huilées, contre la rouille. Les poêles avec revêtement de Téflon, dites antiadhésives, permettent de frire sans graisses ; c'est évidemment idéal pour les cuisines de régime ; un inconvénient, toutefois, ces revêtements sont facilement endommagés par une chaleur excessive ou par des instruments de métal pointus.

Les casseroles

Il vous faut au minimum trois casseroles (une petite, une moyenne et une grande). Quelques conseils sur les matériaux : les professionnels emploient le plus souvent des casseroles de cuivre, qui réagissent très vite aux changements de température. Elles doivent être revêtues d'étain ou d'acier inoxydable. Faciles d'entretien sont les casseroles en acier inoxydable et émaillé. Important ici : les fonds en « sandwich », bons conducteurs de chaleur. Les cocottes lourdes sont surtout en fonte. Un accessoire utile : un panier pour cuisson à l'étuvée.

La sauteuse

Un ustensile que les professionnels utilisent pour la préparation du poisson et de la viande, ou encore pour faire sauter les légumes dans du beurre.

L'autocuiseur

La pression intérieure de l'appareil à haute température permet de réduire la durée de la cuisson et donc de gagner du temps et d'épargner de l'énergie. Ces appareils sont très fiables à condition de s'en tenir au mode d'emploi du fabricant. Ne jamais essayer, surtout, d'ouvrir l'appareil sous pression !

La poissonnière

La poissonnière a une grille avec des anses pour éviter que les poissons ne se brisent.
Elle sert à cuire au court-bouillon des poissons entiers.

Les plats à gratin

Ce sont des moules allant au four, en verre ou en céramique, pour gratins et pâtés. Même de très bonne qualité, il peut arriver que ces moules se fendent soudain sous l'effet de changements brusques de température. Chauffez donc toujours les moules froids avant de les garnir d'une préparation brûlante.

Les robots ménagers

Vous pouvez, grâce aux avancées de la technologie moderne, vous décharger maintenant de presque tous les travaux ménagers sur les appareils électriques. Nous vous présentons ici les appareils les plus utiles parce que d'un usage multiple. Notre conseil avant tout achat : tous ces appareils doivent être robustes, pratiques, puissants, d'un maniement et d'un entretien faciles.

Les batteurs-mixeurs

Ces appareils sont munis de deux fouets pour malaxer et pétrir. Ils ont au moins trois vitesses. Pratiques, les appareils auxquels on peut adapter un pied mixeur. Ils existent aussi en appareils indépendants.

Les robots de cuisine

C'est le type même des appareils multiemplois. Ils sont livrés avec fouets pour malaxer, pétrir, et, selon les modèles, disques râpeurs de différentes tailles. Tous les appareils décrits plus bas sont adaptables à ces robots, de même que le moulin à grains ou le presse-fruits... A l'achat, vérifiez le prix des instruments à adapter. Important : la puissance du moteur.

Le hachoir

Vous pouvez bien sûr remplacer votre bon vieux hachoir, avec manivelle à main, par un appareil électrique avec grilles à gros et petits trous.

Le mixeur

Le bol mixeur est généralement en plastique dur ou en verre. Les couteaux placés au fond du récipient tournent à grande vitesse. Pour réduire en purée et mixer des cocktails, par exemple. Un jeu de râpes plus ou moins fines permet de couper en tranches fines les concombres, en lanières les fruits et les légumes, de faire des frites et d'émincer finement.

Les ustensiles de cuisine

Ce qui est étonnant, c'est qu'il y a un siècle, alors que l'on rêvait de la technique culinaire moderne et que la cuisinière électrique venait juste d'être inventée, tous ces ustensiles existaient déjà. Une simple visite au musée ou au marché aux puces le prouve. Ces accessoires traditionnels et pratiques, on les retrouve aujourd'hui encore, sous un design moderne et dans des matières nouvelles.

Citons les indispensables :

- cuillères de différentes tailles (les cuillères en bois ne fondent pas, mais les cuillères de plastique sont plus hygiéniques et ne prennent pas de goût) ;
- maryse de caoutchouc, laquelle permet de gratter les derniers sucs du fond des récipients ;
- pinceau, pour badigeonner à l'huile et au beurre, ou pour graisser les plaques et les moules ;
- louches, pour récupérer le bouillon de cuisson, ou pour servir soupes et veloutés ;
- écumoire, pour ôter l'écume qui se forme à la surface ;
- fouet (veillez à le choisir avec un manche solide et des boucles de fer bien maintenues), pour préparer crèmes fouettées, œufs en neige et pour monter les sauces ;
- bol mélangeur à bords hauts, accessoire important pour le mixeur ;
- passoires (en métal, elles ne se déforment pas à la chaleur) ;
- balance de ménage ;
- mesures ;
- ouvre-boîtes ;
- casse-noix ;
- torchons.

D'AUTRES INSTRUMENTS

VOICI les instruments indispensables pour compléter votre batterie de cuisine. Veillez à les choisir toujours de bonne qualité, avec des lames solides, des formes pratiques ou encore des manches résistants au lave-vaisselle :

- râpe avec grille large ou fine ;
- râpe à muscade ;
- coupe-œufs ;
- presse-ail ;
- presse-citron ;
- moulin à poivre ;
- hachoir à fines herbes ;
- couteau-scie ;
- couteau à « tourner » (pour fruits et légumes) ;
- grand et petit couteaux de cuisine avec lame rigide et courbe (pour légumes et fines herbes) ;
- fourchette à viande ;
- couteau à asperges avec lame amovible ;
- mandoline (pour découpes décoratives) ;
- cuillère parisienne (pour former des boules) ;
  couteau à fruits, avec lame courte ;
- aiguille à brider ;
- couteau à évider ;
- zesteur ;
- couteau économe ;
- ciseaux de cuisine.

Les appareils de cuisson

Vous vous souvenez certainement que nos mères et nos grands-mères connaissaient parfaitement les secrets de leurs fourneaux et de leurs cuisinières à charbon. On devait alors être capable d'utiliser au maximum la chaleur et savoir placer les casseroles, les poêles et les plats juste à l'endroit où il fallait pour que les plats ou les gâteaux soient réussis et cuits à point.

Avec nos cuisinières modernes et les perfectionnements de la technologie, tout est devenu beaucoup plus facile, mais encore faut-il savoir utiliser sa cuisinière et inventer ou trouver des trucs et des astuces pour employer au mieux les différentes sources d'énergie et choisir les équipements techniques appropriés offerts par les diverses marques de ce type de produit. Nous ne pouvons, ni ne voulons, vous épargner ce travail ; nos conseils ont pour but de vous donner une orientation générale en vous présentant les différents types de cuisinières et d'appareils de cuisson les plus importants.

La gazinière

Une gazinière peut être réglée de façon très précise et surtout très rapide. Il n'est pas question ici de penser à la chaleur encore en réserve dans la plaque, comme pour la cuisinière électrique. De ce fait, la cuisine au gaz est plus économique que la cuisine à l'électricité, à condition que vos casseroles soient de taille convenable. La pointe des flammes ne doit pas dépasser le milieu du fond des casseroles. Ainsi, les poignées de plastique ne fondront pas et vous ne risquerez pas de vous brûler les doigts.

La cuisinière électrique

Quand on fait la cuisine à l'électricité, il faut savoir utiliser la chaleur résiduelle (par exemple, pour garder les plats au chaud). Faute d'utilisation de cette chaleur, le prix de revient augmente. Les plaques électriques ordinaires ont un bouton de réglage pour les différents niveaux, mais il existe aussi des plaques ultrarapides à réglage individuel. Une innovation technique importante : les cuisinières à plaque en vitrocéramique à plusieurs foyers. Particulièrement efficaces : les doubles foyers, qui peuvent être allumés selon la taille des casseroles. Les foyers à infrarouges et halogènes chauffent aussi vite que la flamme du gaz. Ils sont encore très coûteux, comme les zones à induction qui chauffent directement le fond du récipient et non plus la céramique, permettant ainsi une économie d'énergie non négligeable.

Les fours

Les fours électriques ou au gaz les plus simples, avec leur grille et leurs plaques, suffisent pour les pâtisseries, les rôtis ou les gratins. Dans un four électrique, on peut en général régler séparément la chaleur du haut et du bas. Une innovation récente dans ce domaine : les fours à chaleur tournante, où un ventilateur répartit la chaleur de façon régulière, si bien que différents plats peuvent cuire en même temps. Quand les temps de cuisson sont très longs, cependant (pour un rôti, par exemple), le plat risque de se dessécher ; il faut donc pouvoir éteindre la chaleur tournante. Un gril et un four à micro-ondes peuvent être intégrés dans un four électrique.

Les micro-ondes

Ces appareils ne remplacent ni une cuisinière ni un four mais sont d'une utilisation multiple : ils permettent de réchauffer, de décongeler des produits surgelés et de cuire des aliments sans graisse ni eau. Les durées de cuisson, très courtes, permettent de conserver aux produits toute leur valeur nutritive, leur saveur et leur bel aspect. Utilisez de la vaisselle en porcelaine, en verre, ou en céramique, mais jamais de métal car celui-ci réfléchit les micro-ondes. Pour faire dorer, il existe de la vaisselle spéciale.

Le gril

Si votre four n'a pas de gril intégré et si vous ne pouvez pas utiliser de barbecue, vous pouvez acheter un gril spécial pour la cuisine. A l'aide de cet appareil, vous grillerez poisson, volaille ou viande sur la grille ou en brochettes ; c'est une méthode qui permet de garder aux aliments une grande partie de leur valeur nutritive et de leur saveur propre.

Chapitre 2

Acheter et conserver

Savoir faire des achats

Sur les étagères de nos magasins et de nos supermarchés, on trouve des spécialités des quatre coins du monde ; un monde culinaire sans frontières s'offre à nous. Grâce aux techniques de production et de conservation actuelles, nous disposons de presque tous les produits à tout moment de l'année, même s'ils sont un peu plus chers lorsqu'ils sont hors saison.

Et pourtant, le plus grand plaisir, aujourd'hui encore, c'est de faire ses achats sur les marchés de quartier dont l'étalage coloré et parfumé, présentant ses fruits et ses légumes frais, ses poissons et ses viandes, invite à rêver tous les gourmets.

Pour bien acheter, quelques règles

- Contrôlez régulièrement vos réserves et réapprovisionnez-vous en notant tout ce qu'il vous manque sur une liste d'achats.
- Profitez des offres spéciales et des produits de saison bon marché. Achetez-les à l'avance et faites-les congeler.
- Prenez le temps de choisir, comparez bien les qualités et les prix, faites jouer la concurrence.

L'important, c'est la fraîcheur !

C'est de la fraîcheur des produits que dépendent surtout la valeur nutritive et la qualité gustative d'un plat.

- On reconnaît la fraîcheur des fruits et des légumes à l'éclat vif de leur couleur et à leur arôme. Les feuilles de chou et de salade ne doivent pas être flétries. La peau des légumes et des fruits doit être ferme et sans blessure. La valeur vitaminique et nutritive est fonction de la maturation sur pied des fruits et des légumes ; récoltés verts, c'est-à-dire pas encore arrivés à maturité en raison des longs délais de transport, ils sont beaucoup moins riches de tous ces éléments bénéfiques pour notre santé.
- La viande doit avoir une couleur fraîche et une odeur agréable.
- Le poisson frais a les écailles brillantes, les yeux transparents et les ouïes roses.

Les produits surgelés

On trouve dans les magasins spécialisés un large choix de produits surgelés, depuis les produits bruts jusqu'aux plats les plus finement cuisinés. Les avantages sont évidents : gain de temps, pas de déchets, goût et principes actifs largement conservés.

- En général, vous réaliserez davantage d'économies avec des grandes portions qu'avec des petites.
- Les emballages ne doivent pas être abîmés ni contenir de cristaux, ce qui indiquerait qu'il y a eu interruption de la chaîne du froid.
- Veillez à ne pas interrompre la chaîne du froid sur le chemin du retour à la maison. Emballez vos produits dans des sacs isolants conçus spécialement à cet usage.

Les conserves (boîtes et bocaux)

Grâce au procédé de la stérilisation, les produits en boîtes et en bocaux se conservent très longtemps.

Malheureusement, ce procédé détruit un nombre beaucoup plus important d'éléments nutritifs que la congélation.

Pratique : les sauces toutes prêtes et les mélanges d'épices ainsi que les vinaigrettes permettent de gagner du temps.

- Vérifiez sur les boîtes la date limite de conservation.
- Des boîtes bombées peuvent signifier que le contenu est avarié ; ne les achetez pas.

Le calendrier des saisons

Poissons, crustacés, coquillages et mollusques

	J	F	M	A	M	J	J	A	S	O	N	D
Alose			●	■	■	■	●	●	□			
Anguille	●	●	●	●	■	■	■	■	■	●	●	●
Bar	□	□	□	■	■	■	■	■				
Cabillaud	■	■	■	■	●	□	□	□	●	■	■	■
Carpe	■	■	■	■	●	□	□	□	■	■	■	■
Daurade	□	□	■	■	■	■	■	■	■	□	□	□
Goujon		■	■	■	■	■	■			■	■	■
Hareng	□				●	■	■	■	●	●	□	□
Lieu	■	■	■	■	■						■	■
Limande	■	■	■	■	■					■	■	■
Lotte	■	■	■	■	■	●			□	■	■	■
Merlan	■	■	■			●			□	●	■	■
Morue	■	■	□	□	□	□	□	●	●	■	■	■
Perche	□	□	□	●	●	●	■	■	■			
Plie				●	■	■	■	■	●	●	□	
Raie	□	●	■	■	■	■	●	●	□	□	□	□
Rouget	●	●	■	■	□							
Saint-pierre	□	□	■				□	■	■	■	■	□
Sandre	□	□	□	●	■	■	■	■	●	□	□	□
Sardine						□	●	■	■	●		
Saumon	□	□	□					□	□	●	■	■
Sole	□	□	□	●	●	■	■	■	■	●	□	□
Thon					□	■	■	●	□	□		
Truite	□	□	□	●	●	■	■	■	●	□	□	□
Truite saumonée		□	□	●	■	■	●	□	□	□		
Turbot	■	■	●	●	□	□	□	□	□	●	■	■
Crabe			●	■	■	●	●	●	●			
Écrevisse					■	■	■	■	■			
Homard	□	□	□	■	■	■	■	■	●	●	□	□
Huîtres	■	■	●						□	●	●	□
Langouste	□	□	□	□	●	■	■	■	■	●	□	□
Moules	●	●	□	□				□	■	■	■	■
Œufs de poisson	■	●	●	□	□	□	□	□	●	●	■	■

Viandes, gibiers et volailles

	J	F	M	A	M	J	J	A	S	O	N	D
Agneau			■	■	●	●						
Bœuf	■	■	■	●	□	□	□	□	□	□	●	■
Mouton	■	■	●	□	□	□	□	□	□	■	■	■
Porc	■	■	●	●	□	□	□	□	■	■	■	■
Veau	□	□	●	■	■	■	■	●	●	□	□	□
Canard sauvage	●	□	□	□				□	●	■	■	■
Chevreuil	●	□	□			●			□	■	■	■
Faisan	■	■	□	□					□	●	■	■
Lièvre	●	□	□						●	■	■	■
Caille					□	□	□	●	■	■	●	
Perdreau	□	□	□						■	■	■	●
Sanglier	●	●	●	●	●	■	■	■	■	■	■	□
Canard			□	□	□	●	■	■	■	●		
Chapon	■	■	■	●	□	□	□	□	□	●	■	■
Dinde	■	□	□							■	■	■
Bécasse	□	□	□					□	□	■	■	■
Oie	■	■	□	□	□	□	□	□	□	●	■	■
Pigeon	□	□	□	□	□	□	●	■	■	■	●	□
Pintade	□	□	●	■	■	■	●	□	□	□	□	□
Poule	□	□	□	□	□	●	■	■	■	●	□	□
Poulet					□	■	■	■	■	□		
Lapin	□	□	□	□	●	●	■	■	■	●	●	□

Les produits marqués d'un carré plein sont meilleurs aux mois indiqués. Grâce aux moyens de transport et de conservation modernes, on les trouve sur le marché à d'autres périodes de l'année, mais les professionnels de la gastronomie recommandent de ne les employer qu'en pleine saison.

■ meilleure saison
● primeur
□ sur le marché

Légumes

	J	F	M	A	M	J	J	A	S	O	N	D
Artichauts				□	●	■	■	■				
Asperges			□	□	■	●						
Aubergines			●	●	●	■	■	■	●	●		

	J	F	M	A	M	J	J	A	S	O	N	D
Bettes						■	■	■	■			
Betteraves	●	●	●	●	■	■	■	■	■	●	●	●
Brocolis	■	●	●							●	■	■
Cardons	●	□	□							■	■	■
Carottes	●	□	□	●	■	■	■	●	●	●	□	□
Céleri-branche							■	■	■	■	●	
Céleri-rave	●	●	●						□	●	■	■
Champignons	●	□	□	□	□	□	□	●	■	■	■	●
Choux								■	■	■	●	
Chou-fleur	□	□	□	□	□		□	●	■	■	●	●
Choux de Bruxelles	●	●							□	●	■	■
Chou rouge								●	●	■	■	●
Citrouille						□	■	■	■	□		
Concombre					●	■	■	●	□	□	□	
Cornichons						■	■					
Endives	■	●	●								■	■
Épinards			□	●	■	●	●			□		
Haricot verts					●	■	■	■	●	□		
Haricot blancs							□	□	■	■		
Maïs								■	■			
Navets					□	□	●	■	■	■	□	□
Oignons	□	□	□	□	□	□	●	■	■	■	■	□
Oseille			□	■	■	□	□					
Poireaux	□	□	□	□	□	□	□	□	■	■	■	□
Pois					■	■	■	□				
Pommes de terre	□	□	□	□	■	■	■	■	●	□	□	□
Laitue				●	■	■	●					
Cresson					■							
Mâche	■	●									■	■
Batavia						■						
Pissenlit		■	●									
Romaine			■	■	■	■	■					
Salsifis		■	■									
Tomates	□	□	□	□	□	□	●	■	■	■	□	□
Topinambours	●	●	●	□						■	■	■

Fruits

	J	F	M	A	M	J	J	A	S	O	N	D
Abricots					■	■	■	■	●			
Ananas	■	■	■	●	□	□	□	□	□	□	□	■
Bananes	■	●	□	□	□	□	□	□	□	■	■	■
Airelles						●	■	■	■			
Cassis							●	■	■			
Cerises					●	●	■	■				
Citrons	□	□	□	□	●	■	□	□	■	□	□	□
Châtaignes	●									●	■	■
Coings	●									■	■	■
Figues							■	■	●	●	□	
Fraises					□	●	■	■				
Framboises						●	■	■	●	□		
Groseilles					□	■	■	□				
Mandarines	■	●	●	□	□					□	●	■
Noisettes								■	■			
Noix	□	□	□	□	□	□	□	●	■	■	●	□
Oranges	■	■	■	□	□	□	□			□	●	■
Pamplemousses	■	●	●	□	□	□	■	■	□	□	■	■
Pêches							●	■	■	●		
Poires	□	□					□	●	■	■	■	●
Pommes	□	□	□	□	□				■	■	■	■
Prunes								■	■	■		
Raisins							□	●	■	■		
Rhubarbe				■	■	●	□	□	□			

■ meilleure saison
● primeur
□ sur le marché

LES CONSERVES

LES vieux livres de cuisine réservent une place importante à la mise en conserve des produits alimentaires, un art que l'on devait maîtriser à une époque où la technique du froid et l'industrie de la conserve n'existaient pas. Celle-ci est, en fait, la conséquence de la découverte d'un cuisinier et pâtissier parisien, Nicolas Appert, qui, en 1800, fit bouillir pour la première fois des produits alimentaires dans une boîte de fer soudée : la stérilisation était née.

Quelques conseils pour la conservation des aliments

- Ayez toujours à portée de la main un rouleau de film alimentaire transparent. Il protège le goût et empêche le dessèchement des produits.
- L'ail, les épices et les légumes peuvent être recouverts d'huile et conservés dans des bocaux fermés. Prenez pour cela une huile neutre et des récipients en terre cuite ou en verre qui doivent être gardés au frais et à l'abri de la lumière.
- On peut conserver des fruits et des légumes dans une solution vinaigrée ou dans du vinaigre additionné de sucre. Le verre et l'émail ne sont pas attaqués par l'acide.
- Les fines herbes fraîchement coupées peuvent être pendues en bouquets et séchées dans un endroit frais et aéré. On les conserve ensuite de préférence dans des bocaux de verre sombre pour leur garder couleur et arôme.
- On peut mettre en conserve fruits, légumes, viandes et plats cuisinés dans les vieux bocaux de nos grands-mères ; mais les caoutchoucs de fermeture, quant à eux, doivent être neufs. Avec les bocaux à « twist-off », c'est plus simple. Il existe des appareils spéciaux pour stériliser. Pour des bocaux de petite taille, four, autocuiseur et micro-ondes suffisent.
- Les herbes et les légumes seront enveloppés dans un linge humide et pourront ainsi être aisément conservés deux ou trois jours dans le bas du réfrigérateur.

Les anciennes caves où l'on pouvait conserver les fruits, les légumes, les charcuteries et bien d'autres produits se font rares de nos jours. En contrepartie, presque tous les ménages disposent aujourd'hui d'un réfrigérateur et, s'il a en plus un combiné congélateur, on peut y conserver des surgelés pendant plusieurs mois. Si l'on a une grande famille et suffisamment de place, l'acquisition d'un congélateur est conseillée.

Les produits alimentaires au réfrigérateur

Les températures du réfrigérateur (allant de +4 à +10 °C) permettent de prolonger la durée de conservation des produits frais. L'air qui y circule risque cependant de les dessécher ; utilisez des feuilles d'aluminium et des récipients clos pour les envelopper.

Les produits surgelés achetés en magasin spécialisé

Après les produits frais, les produits surgelés sont certainement la meilleure solution. La congélation à –18 °C est la méthode de conservation la plus douce. Les produits surgelés se conservent un à deux jours au réfrigérateur. Il faut les utiliser ensuite rapidement et on ne doit en aucun cas les congeler à nouveau.

La congélation

Les produits que l'on congèle doivent être amenés le plus rapidement possible à basse température. Ils doivent donc être espacés les uns des autres. De nombreux appareils ont un réglage permettant une congélation rapide. Fermez bien vos sachets et notez-y la date de congélation.

La date limite de consommation est fonction des aliments congelés. Certains légumes doivent être blanchis avant congélation. Les fines herbes doivent être lavées et ciselées avant d'être congelées.

Décongeler

La décongélation est tout aussi importante que la congélation. La meilleure méthode est la décongélation lente au réfrigérateur, mais le four à micro-ondes conviendra mieux aux gens pressés.

Chapitre 3

Cuisiner

LA CUISSON

Les temps de cuisson

Les temps de cuisson indiqués dans les recettes tiennent compte des critères de la cuisine moderne, ils visent à préserver au mieux la valeur nutritive des produits.

Les légumes restent ainsi croquants, et la viande rosée. Si vous les aimez plus cuits, prolongez leur temps de cuisson.

Le réglage des thermostats de la cuisinière

Toutes les recettes de ce livre ont été réalisées sur une cuisinière électrique standard avec plaques à 6 positions, plaque normale, ultrarapide et automatique. Les durées de cuisson indiquées dans les recettes se réfèrent donc à ce type de cuisinière. Si vous possédez une cuisinière d'un autre type, reportez-vous au tableau ci-dessous.

	Indications des recettes					
plaque électrique 6 positions	1/2	1	1 1/2	2	2 1/2	3
plaque électrique 9 positions	1-2	3	5	6	6	8
plaque électrique 12 positions	1-3	4-5	6-7	8	11	12
gazinière (feu)	doux		modéré		vif	

Les plaques automatiques maintiennent une chaleur constante. Il est donc superflu de procéder à un réglage de température en cours de cuisson. Les plaques à induction et halogènes travaillent comme les autres.

Le four à micro-ondes

Réglage de l'appareil	Watts	Durée
décongélation lente	65-140	Le réglage dépend du poids, de l'épaisseur, de la consistance et de la température de départ des produits. Consultez le mode d'emploi de l'appareil.
décongélation	140-210	
prolongation de cuisson	210-280	
réchauffage	280-420	
cuisson	490-700	

Le réglage des thermostats du four

Les durées de cuisson indiquées dans ce livre se réfèrent au four électrique standard, avec réglage de la chaleur du haut et du bas.

Th.	°C	Chaleur	Emploi
1	100-120 °C	à peine tiède	meringues
2	120-140 °C	tiède	macarons
3	140-160 °C	très douce	flans, crèmes
4	160-180 °C	douce	sablés, biscuits, plats à réchauffer, ragoûts
5	180-200 °C	modérée	pâtés, flans, soufflés
6	200-220 °C	moyenne	clafoutis, flans, choux
7	220-240 °C	assez chaude	feuilletés, brioches, viandes blanches, poissons, volaille
8	240-260 °C	chaude	viandes rouges
9	260-280 °C	très chaude	grillades, gratins
10	290-310 °C	vive	gratins, « coup de feu »

Les fours à chaleur tournante ne demandent aucun préchauffage. Ils permettent la cuisson simultanée de plusieurs plats sur différentes grilles.

L'autocuiseur

Comme la marmite est hermétiquement fermée, sous l'effet de la chaleur, une surpression se produit et de plus hautes températures (109-116 °C) sont atteintes. La durée de cuisson des aliments s'en trouve écourtée. Le gain de temps pour des aliments à cuisson lente tels que les légumineuses est de 80 % environ.

LE VOCABULAIRE DE LA CUISINE DE A à Z

LES recettes rédigées par les professionnels à l'usage des cuisiniers amateurs ou des maîtresses de maison sont souvent émaillées de termes techniques parfois peu compréhensibles. Les plus importants d'entre eux vous sont expliqués ci-après.

A

Abaisser
Étaler, à l'aide d'un rouleau à pâtisserie, une pâte sur une surface farinée afin de lui donner la dimension voulue.

Aiguillette
Très fine tranche de chair prélevée sur le dos d'une volaille.

Aspic
Plat froid à base de poisson, de viande ou d'autre aliment placé dans une gelée moulée.

B

Bain-marie
Placer dans un récipient contenant de l'eau chaude un autre récipient dans lequel la préparation pourra cuire d'une façon délicate.

Barder
Envelopper une viande ou une volaille dans une fine tranche de lard avant de la faire rôtir.

Beurre clarifié
Beurre que l'on a fait fondre et que l'on passe à travers un tamis pour en retenir toutes les particules.

Blanchir
- Plonger ou faire cuire dans de l'eau frémissante salée des légumes, des abats ou autres aliments, soit pour les rendre plus digestes, soit pour les peler plus facilement.
- Blanchir une préparation à base de jaunes d'œufs et de sucre à l'aide d'un fouet. Le fait de battre la composition la rend plus pâle et même légèrement mousseuse.

Bouquet garni
Bouquet constitué de persil, de thym, de laurier, accessoirement de céleri en branche, destiné à aromatiser un liquide.

Brider
Ficeler une viande, une volaille ou un gibier pour en préserver la forme.

Brunoise
Légumes coupés en très petits dés.

C

Concasser
Couper des tomates en petits dés ou encore écraser grossièrement des noix.

Consommé
Bouillon de viande, de volaille ou de gibier concentré puis clarifié, c'est-à-dire passé à travers un tamis.

Corser
Donner à une préparation plus de goût ou de saveur par adjonction d'autres aliments ou par réduction.

Crépine
Membrane graisseuse ressemblant à un filet, dans laquelle on roule des viandes, préservant ainsi leur saveur et leur moelleux.

Cuire à blanc
Cuire une pâte à tarte sans garniture.

D

Darne
Partie médiane d'un gros poisson coupé dans le sens vertical.

Décanter
Transvaser délicatement un liquide de sorte que le dépôt reste dans le fond du récipient

Déglacer
Arroser d'un liquide (vin, eau ou encore bouillon) le fond d'une sauteuse après cuisson afin d'obtenir un jus en récupérant les sucs caramélisés du fond du récipient.

Dégorger
- Faire tremper dans de l'eau fraîche certains aliments, en particulier la triperie, afin d'éliminer les impuretés.
- Éliminer, pour certains légumes, une partie de leur eau de végétation en les poudrant de sel.

Dégraisser
Retirer la graisse d'un liquide à l'aide d'une écumoire ou enlever la couche de graisse d'une viande.

Dessécher
Faire cuire une pâte jusqu'à ce qu'une boule lisse se détache du fond de la casserole.

Dorer
Badigeonner la surface d'une pâte de jaunes d'œufs battus à l'aide d'un pinceau, pour lui donner coloration.

Dresser
Présenter les mets d'une manière décorative avant de les servir.

E

Ébarber
Éliminer les nageoires et les arêtes des poissons.

Écumer
Enlever, à l'aide d'une écumoire, la mousse qui se forme à la surface lors de la cuisson d'un liquide dans lequel on a ajouté viandes et légumes.

Étouffée (à l')
Mode de cuisson consistant à faire cuire une préparation dans très peu de liquide.

F

Farcir
Garnir d'une préparation à base de volaille, de viande, de poisson ou de légume l'intérieur d'une pièce de boucherie ou le creux d'un légume.

Flamber
- Passer à la flamme une volaille ou un gibier pour les débarrasser des petites plumes.
- Arroser d'alcool une préparation au moment de servir et y mettre le feu.

Foncer
Disposer une abaisse de pâte feuilletée, brisée, etc., sur le fond d'un moule.

G

Glacer
- Napper un dessert de sirop sucré.
- Faire étuver un légume dans un peu de sucre afin qu'il brille.

Gratiner
Passer un plat au four pour que le dessus croustille.

H

Hacher
Passer au hachoir une viande ou un légume pour les réduire en petits morceaux.

I

Inciser
Faire de petites entailles dans les poissons ou dans les morceaux de viande afin que, sous l'effet de la chaleur, ils n'éclatent pas à la cuisson.

J

Julienne
Légumes coupés en très fines lamelles.

L

Lier
Épaissir une sauce ou une soupe grâce à un mélange de jaune d'œuf et de crème battue.

M

Marinade
Liquide de composition très variée (à base de vin, d'huile, de vinaigre, d'épices, de légumes, etc.), dans lequel on fait reposer viande ou poisson pour lui donner un goût plus puissant.

Mijoter
Faire cuire tout doucement à l'étuvée sur feu très doux.

Monter
- Monter une sauce au beurre, c'est la fouetter avec du beurre bien frais pour la rendre plus onctueuse.
- Monter des œufs en neige, c'est les battre jusqu'à ce qu'ils parviennent à une consistance neigeuse et même aérienne.

N

Napper
Recouvrir d'une pellicule de sauce ou de crème un plat déjà préparé.

P

Papillote
Faire cuire un poisson, un légume ou tout autre aliment dans du papier sulfurisé ou dans du papier d'aluminium pour qu'il conserve tous ses sucs et toute sa saveur.

Parer
Retirer d'un morceau de viande les déchets et la graisse pour qu'il soit propre à la cuisson.

Passer
Faire passer un liquide ou toute autre préparation liquide à travers un chinois, une passoire ou un tamis, pour obtenir une préparation plus lisse.

Piler
Réduire certaines substances en poudre, pommade ou purée à l'aide d'un pilon.

Pocher
Cuire des aliments dans un liquide frémissant. Ce mode de cuisson est particulièrement recommandé pour les poissons un peu fragiles.

R

Réduire
Diminuer une quantité de liquide par évaporation.

Rissoler
Faire dorer un aliment pour le rendre légèrement croustillant.

S

Saisir
Plonger une viande ou tout autre aliment dans une graisse brûlante.

Saumure
Solution d'eau salée additionnée de salpêtre et d'herbes aromatiques, pour y faire mariner viandes, poissons ou légumes.

Suprême
- Velouté de volaille monté à la crème ou au beurre.
- Blanc d'une volaille.

T

Terrine
- Pâté à base de légumes, de viande ou de poisson, cuit au bain-marie.
- Le moule lui-même, dans lequel le pâté a cuit (en général en porcelaine ou en terre).

Tourner
Donner à des légumes une forme déterminée afin qu'ils aient tous la même apparence.

Z

Zeste
Partie jaune ou orange de l'écorce des agrumes, que l'on pèle à l'aide d'un couteau économe et que l'on coupe très finement.

Cuisiner « diététique »

<table>
<tr><th colspan="6">LE CORPS</th></tr>
<tr><th colspan="2">Énergie</th><th colspan="2">Constitution et entretien</th><th colspan="2">Protection et équilibre</th></tr>
<tr><td>Glucides</td><td>Lipides</td><td colspan="2">Protéines</td><td colspan="2">Vitamines et sels minéraux</td></tr>
<tr><td colspan="2">contenus dans :</td><td colspan="2">contenues dans :</td><td colspan="2">contenus dans :</td></tr>
<tr><td>le pain, le riz, les pommes de terre, les pâtes</td><td>l'huile végétale, la margarine, le beurre</td><td>le lait, les produits laitiers</td><td>la viande, la charcuterie, le poisson, les œufs</td><td>les fruits</td><td>les légumes</td></tr>
<tr><td colspan="2">le mieux :</td><td colspan="2">le mieux :</td><td colspan="2">le mieux :</td></tr>
<tr><td rowspan="2">les produits complets, les pommes de terre</td><td rowspan="2">aussi peu que possible</td><td>le lait et le fromage</td><td>la viande et les poissons</td><td colspan="2" rowspan="2">produits crus, produits frais, produits surgelés</td></tr>
<tr><td colspan="2">frais et pauvres en matières grasses</td></tr>
</table>

Le tableau ci-dessus vous aidera dans le choix des produits à consommer quotidiennement. Servez au moins une fois par jour un produit de chaque groupe, et au cours de la semaine, si possible chaque fois un produit différent. Il n'y a pas d'interdits absolus, mais essayez de choisir en priorité les produits les plus recommandés.

Le mot « diététique » est trop souvent associé à la notion de régime, alors que c'est une science ayant pour objet l'étude de la valeur alimentaire des denrées et la détermination des rations convenant aux diverses catégories de consommateurs.

Les besoins alimentaires de l'individu se divisent en deux groupes :

– besoins d'énergie ;

– besoins d'entretien et de protection.

Les premiers sont couverts par les glucides et les lipides, les seconds par les protéines, les vitamines et les sels minéraux. L'énergie, c'est la chaleur, ce qui actionne le moteur humain, et qui s'évalue en calories. Nous en consommons d'une façon constante, en quantité plus ou moins grande selon nos activités quotidiennes (une femme de ménage en use davantage qu'une dactylo), mais également quand nous dormons, pour alimenter notre système neurovégétatif. Le simple fait de respirer use des calories. Si notre ration énergétique, ou calorique, est insuffisante, nous brûlons nos propres tissus pour nous procurer les calories nécessaires.

Les besoins énergétiques varient selon notre sexe, notre âge, notre taille, notre ossature, notre activité. On peut donc envisager qu'il existe pour chacun un poids idéal, auquel correspond un apport calorique précis (ou presque). Les spécialistes américains de la nutrition ont établi un barème des poids, en fonction de la carrure (ossature), en considérant que le poids d'un adulte à 25 ans ne devait pas subir de modification jusqu'à sa mort. Il s'agit encore là d'une évaluation idéale. Le U.S. Board of Nutrition, en fonction du poids idéal à 25 ans, a établi une échelle calorique individuelle par tranches d'âge fixant le nombre de calories souhaitable.

- Hommes :

25 ans : 725 + 31 fois le poids idéal (calories nécessaires).
45 ans : 650 + 28 fois le poids idéal (calories nécessaires).
65 ans : 550 + 23,5 fois le poids idéal (calories nécessaires).

- Femmes :

25 ans : 525 + 27 fois le poids idéal (calories nécessaires).
45 ans : 475 + 24,5 fois le poids idéal (calories nécessaires).
65 ans : 400 + 20,5 fois le poids idéal (calories nécessaires).

Il apparaît que le besoin calorique s'abaisse avec l'âge, alors que, généralement, les femmes comme les hommes, l'âge venant, consomment plus volontiers de douceurs (sucreries) ou de matières grasses (également douces, du moins onctueuses).

A titre d'exemple, si nous prenons une femme de taille moyenne, 165,1 cm, d'ossature fine, elle devrait avoir un poids moyen de 55 kg. Pour maintenir ce poids, à 45 ans, il lui faudrait un apport calorique de : 475 + (24,5×55) = 1 822,5 calories.

Si cette personne pèse 60 kg au lieu de 55, il lui faut éliminer 5 kg sur ses réserves. D'après les diverses études et les ouvrages les plus sérieux sur la nutrition, 500 g de poids correspondent à environ 3 500 calories,

soit 7 000 calories pour 1 kg. Une perte de 500 g par semaine, soit un abaissement de 500 calories par jour, est considérée comme raisonnable. Pour poursuivre notre exemple, cette femme de 45 ans, pour maigrir de 500 g par semaine, doit limiter sa ration calorique quotidienne à : 1 822,5 - 500 = 1 322,5 calories.
Les dépenses de base de l'organisme, ce que l'on nomme le métabolisme basal (respiration, régulation thermique, digestion, etc.) s'évaluent à environ 1 600 calories. Si l'on fait tomber la ration calorique en dessous de ce chiffre, sans tenir compte des besoins de l'organisme en nutriments de protection (protéines, vitamines, sels minéraux), on risque une grande fatigue et un état dépressif. Ainsi, dans les régimes amaigrissants, si la quantité de protéines, de vitamines et de sels minéraux reste importante, l'amaigrissement se fait à un rythme modéré, ce qui ne devrait pas entraîner une carence en protéines, vitamines, sels minéraux.

La valeur calorique des recettes qui figurent dans l'ouvrage a été calculée pour une portion.

Poids des hommes à 25 ans en fonction de leur taille et de leur carrure			
Taille en cm	Carrure étroite	Carrure moyenne	Carrure large
157	52 - 56	56 - 60	59 - 64
160	54 - 58	57 - 61	60 - 65
162	55 - 60	59 - 63	62 - 67
165	57 - 61	60 - 65	64 - 69
167	58 - 63	62 - 66	65 - 71
170	60 - 65	64 - 68	67 - 73
172	61 - 66	65 - 70	69 - 75
175	63 - 68	67 - 72	71 - 77
177	65 - 70	69 - 74	73 - 79
180	67 - 72	71 - 76	74 - 81
183	69 - 74	73 - 78	76 - 84
185	71 - 76	75 - 80	79 - 86
188	74 - 79	77 - 83	81 - 89
190	76 - 81	79 - 85	83 - 91

Poids des femmes à 25 ans en fonction de leur taille et de leur carrure			
Taille en cm	Carrure étroite	Carrure moyenne	Carrure large
150	47 - 50	49 - 53	53 - 57
152	47 - 51	50 - 54	54 - 58
155	48 - 52	51 - 55	55 - 59
157	50 - 53	53 - 56	56 - 61
160	51 - 55	54 - 58	57 - 62
162	52 - 56	56 - 59	59 - 64
165	54 - 58	57 - 61	60 - 65
167	55 - 60	59 - 63	62 - 68
170	57 - 61	60 - 65	64 - 69
172	58 - 63	62 - 66	65 - 71
175	60 - 65	64 - 68	67 - 73
177	61 - 66	65 - 70	69 - 75
180	63 - 68	67 - 71	70 - 76

Ces poids étant admis comme valeur « idéale » en fonction de la taille et de l'ossature, quelle valeur calorique leur correspond, en fonction de l'âge ?

Les besoins caloriques quotidiens selon l'âge (d'après les « Nutritional Studies » de la FAO américaine)

Age	Hommes	Femmes
20 - 30	3 200	2 300
30 - 40	3 104	2 231
40 - 50	3 008	2 162
50 - 60	2 768	1 990
60 - 70	2 528	1 817
70 - ...	2 208	1 587

L'équivalence des mesures

Produit	1 cuillerée à soupe	1 cuillerée à café
Farine	10 g	3 g
Fécule	9 g	3 g
Sucre	15 g	5 g
Sel	15 g	5 g
Huile	12 g	4 g
Margarine	15 g	5 g
Sucre glace	10 g	3 g

1 verre = 12,5 cl

1 assiette à soupe = 25 cl

Aïoli (recette page 62)

Anguilles à la bière (recette page 66)

Chapitre 4

Repas et vins

La composition d'un menu

COMPOSER un menu n'est pas bien difficile. Il suffit de s'appuyer sur quelques principes pratiques et, pour le reste, de se fier à son goût et à son imagination. Un conseil : pour s'assurer de la réussite d'un grand menu, choisir des recettes déjà expérimentées.

L'occasion

Une bonne occasion se trouve toujours, que ce soit le repas de tous les jours, le déjeuner d'amis ou le romantique dîner en tête à tête. Avec un peu d'imagination, l'atmosphère du moment se reflète dans le menu et la décoration de la table.

Le menu personnalisé

La personnalité d'un menu, ce n'est pas le fait de la succession des mets raffinés qui le composent, mais celui de l'harmonisation des détails en une unité d'ensemble. Un repas printanier, par exemple, comportera des produits frais et tendres de saison traités avec des cuissons légères. Un menu de chasse, en revanche, sera marqué par des saveurs plus fortes et plus automnales.

Le nombre des plats

Le nombre des plats et celui des invités doivent être choisis de telle façon que la maîtresse de maison ne soit pas surchargée de travail. Pour un repas de deux personnes, on peut facilement prévoir un menu avec trois plats et des recettes recherchées ; pour quatre personnes, on peut faire les mêmes hypothèses mais seulement à condition d'avoir beaucoup de temps pour la préparation. A partir de huit personnes, trois plats suffiront et il faudra prévoir de préparer le plus possible de plats à l'avance de sorte à n'avoir à réaliser tout au plus qu'un plat de dernière minute, le jour de la réception.

Les portions

Quand on commence un repas, on voudrait profiter pleinement de tous les plats, jouir de toutes les saveurs et se sentir bien à table. L'importance des portions sera donc inversement proportionnelle au nombre des plats. Les aliments à fort pouvoir rassasiant, comme les graisses, les pommes de terre et les pâtes, seront réduits.

La succession des plats

Hors-d'œuvre, plat principal, dessert : voilà la composition classique. Entre eux, on peut facilement introduire une entrée chaude ou froide, ou un plat de poisson. Un sorbet avant le plat principal est un rafraîchissement apprécié. Le plat principal peut être suivi, après une pause, par un plateau de fromages.

La diversité

La diversité des plats aiguise la gourmandise, tandis que la monotonie des préparations fait vite tomber l'appétit. Le caractère propre des mets et l'intensité de leurs arômes doivent croître de plat en plat. A défaut de cette progression, les saveurs délicates ne pourraient être perçues. Le secret d'un menu bien composé, c'est donc de savoir harmoniser les contrastes : des couleurs, des formes, des cuissons, des viandes et des légumes.

LE VIN : L'AMI DES REPAS FINS

UN repas sans vin peut être comparé à un orchestre mal dirigé. Les vins contribuent à l'harmonie des mets et mettent des accents sur des saveurs. Ils s'accordent aux plats en une alliance précise et participent ainsi au plaisir des convives.

Hippocrate considérait le vin comme un remède : « ... Un merveilleux moyen pour l'homme qui sait en user au bon moment, et à juste dose, selon sa constitution. » C'est donc justice que de dire : « A votre santé ! »

Le choix judicieux d'un vin, s'il est difficile, dispose aujourd'hui d'une grande liberté, même s'il est toujours soumis à quelques règles fondamentales.

Il ne faut cependant pas s'en tenir à des principes tombés en désuétude, selon lesquels on doit par exemple servir exclusivement du vin blanc avec du poisson, du vin rouge avec des pâtes, un grand vin avec le fromage. Goûtez et comparez, vous réaliserez ainsi des associations réussies.

Les recettes comportant du vin ou des alcools font partie de la tradition culinaire française.

Certains plats, comme le coq au vin, seraient inimaginables sans leur onctueuse et savoureuse sauce au vin.

La cuisine exige des vins de qualité, car le manque d'arôme et de saveur des vins médiocres est encore plus manifeste à la cuisson. Il ne faut cependant pas tomber dans l'excès en utilisant des vins millésimés : ce serait du gaspillage !

LES RÉGIONS VITICOLES

LA différence des climats et des traditions viticoles régionales, un grand éventail de cépages et de méthodes de vinification sont des éléments importants qui expliquent l'infinie variété des vins français et leur renommée internationale.

Alsace

L'éventail va du petit Edelzwicker sans prétention en passant par les Sylvaner fruités jusqu'aux Riesling, Pinot gris, Muscat, Gewurztraminer. Les amateurs de vins rouges saluent la renaissance du Pinot noir avec sa robe rouge clair.

Armagnac

Eau-de-vie d'« Appellation d'origine contrôlée » à base de vins blancs de Gascogne, en particulier ceux du Gers.

Bergerac

On trouve ici vins blancs, rosés et rouges. Les Côtes de Bergerac blancs sont moelleux, de bouquet délicat. Les rouges sont ronds et charpentés.

Bordeaux

A côté des rouges à robe grenat, on trouve surtout des blancs secs et des blancs doux. Les rosés sont rares.

Les blancs secs proviennent surtout des Côtes de Blaye, Entre-Deux-Mers et Graves ; les blancs doux sont natifs de Cérons, Loupiac, Sainte-Croix-du-Mont, etc. N'oublions pas les grands crus de Sauternes et de Barsac.

Les rouges séduisent par leur structure élégante et équilibrée.

Les régions les plus célèbres : Médoc, Haut-Médoc, Graves, Pomerol, Saint-Émilion, Canon-Fronsac, Blayais et Bourgeais.

Bourgogne

Région célèbre depuis bientôt deux mille ans pour l'excellence de ses vins. Au nord-ouest de Dijon : Chablis et ses vins blancs secs au goût particulier. Au sud, on trouve les inégalables Côte de Nuits et Côte de Beaune. Puis viennent les vignobles du Chalonnais et du Mâconnais, avec leurs vins blancs, ainsi que ceux du Beaujolais, avec leurs vins rouges si merveilleusement fruités.

Champagne

C'est la région viticole la plus septentrionale de France, d'où provient la noble boisson du même nom. Cépages utilisés : chardonnay, pinot noir, pinot meunier.

Cognac

Originaire de la région charentaise, le Cognac fait honneur à sa réputation de « liqueur des dieux ». Non moins savoureux : le Pineau des Charentes, apprécié des gourmets.

■ Corse

Blanc, rosé et rouge, le plus souvent vins de table ou de pays. A boire jeunes, surtout le rosé.

A Patrimonio, le nielluccio produit un magnifique vin rosé.

■ Côtes du Rhône

Région viticole riche en traditions. Au nord, Côte Rôtie (rouge), Condrieu (blanc), Hermitage (rouge et blanc) ; au sud, les célèbres vignobles de Châteauneuf-du-Pape (presque exclusivement des rouges), Gigondas (rouge et rosé) et différents Côtes-du-Rhône-Villages (rouge, rosé, blanc). Outre les vins blancs secs, rouges et rosés (Tavel), des vins doux naturels (Rasteau, Beaumes-de-Venise), ainsi que des mousseux (Saint-Péray).

■ Gaillac

Suaves et moelleux pour les Premières Côtes, frais et pleins pour les blancs secs perlants ou non. Le mauzac donne son caractère au Gaillac.

■ Jura

Le pouvoir de séduction du « vin jaune » et du « vin de paille » est presque inégalable. Remarquables aussi : les vins rouges puissants et les blancs riches en arômes.

■ Jurançon

Surtout des blancs moelleux riches en arômes, avec des nuances de miel, à robe dorée et aux nuances subtiles.

■ Languedoc-Roussillon

Tout un éventail allant des simples vins de table ou de pays jusqu'aux VDQS et AOC, tels le Corbières, le Fitou. Des vins blancs, rosés, rouges, des mousseux et aussi des vins doux naturels (Banyuls, Muscat de Frontignan).

■ Loire

Le plus long fleuve de France traverse 15 (!) régions viticoles. De l'Auvergne avec ses rouges et rosés rustiques en passant par la Touraine et ses vins blancs fruités, ainsi que ses mousseux envoûtants jusqu'aux rouges racés de Chinon et de Bourgueil. L'Anjou, patrie du rosé, nous offre aussi des blancs de qualité. Dans la région nantaise, l'amateur trouvera des vins blancs secs au bouquet épanoui.

Provence

Région dont on apprécie avant tout les rosés délicats et nerveux, la Provence offre tout un éventail de vins riches en bouquet.

Savoie

Les amateurs savent déjà apprécier à leur juste valeur les vins blancs de Crépy, Seyssel et Apremont.

Les vins blancs

L'immense variété des vins blancs français satisfait même les plus exigeants, depuis les Gros-Plant et Edelzwicker légers et gouleyants, au prix modique, jusqu'aux vins distingués et robustes de Bourgogne (Meursault), des Côtes du Rhône (Hermitage) et de Bordeaux (Graves).

Selon la saison, les convives, la circonstance choisie et les mets proposés, ils embellissent merveilleusement les rendez-vous gastronomiques. Température de consommation : 8 à 12 °C.

Les vins rosés

Le rosé est bien plus qu'un savoureux vin d'été. Selon son âge, son arôme, sa provenance, il peut accompagner avec élégance un menu tout entier, ce qui épargne à l'hôte bien des hésitations. L'amateur de vins secs choisira un vin d'Alsace, de la Loire, du Jura, de Provence ou des Côtes du Rhône. Température de consommation : 10 à 12 °C. Qui préfère un vin moelleux se décidera finalement pour le fameux Cabernet d'Anjou (température : 8 à 10 °C).

Les vins rouges

Ce n'est certes pas exagérer que d'affirmer de la France qu'elle est le pays où la variété des vins rouges est infinie. Leurs caractères sont d'une immense diversité. S'il faut un vin léger et fruité, à servir frais, alors on pensera sûrement à un Beaujolais encore jeune, à un Gamay de Touraine ou même à un Coteaux champenois. Les vins d'appellation du Languedoc-Roussillon, du Jura, de Provence, de Corse sont riches en arômes et capiteux. Aux palais gourmands d'un vin plus corsé, on offrira un grand vin de Bourgogne, des Côtes du Rhône, de Cahors et bien sûr de Bordeaux. Pour accompagner une viande braisée, il faut un vin riche en tannins ; de même pour les spécialités gastronomiques plantureuses. Température de consommation : 14 à 20 °C.

Le champagne

De nos jours, une festivité est difficilement concevable sans lui. Sa mousse, son pétillement, son élégance ravissent l'esprit depuis plus de trois siècles. Le Champagne provient de trois territoires : de la vénérable Montagne de Reims avec son pinot noir (rouge), de la Côte des Blancs avec son chardonnay (blanc) et, au centre, de la vallée de la Marne avec surtout son pinot meunier (rouge). Une fois mis en bouteille, le Champagne ne gagne plus en finesse. C'est pourquoi il ne faut pas attendre trop longtemps avant de le consommer, sinon il perd de sa vigueur.
Le « blanc de blancs », composé exclusivement de raisins blancs de chardonnay, est plus frais et plus fin –mais en revanche moins vineux – que les combinaisons classiques 1/3 blanc, 2/3 rouge. Seul le produit fabriqué strictement selon la « méthode champenoise » (deuxième fermentation en bouteille) en Champagne et mis en cave pendant au moins un an a droit à la prestigieuse appellation de « Champagne » (Champagne millésimé : 3 ans). Les « crémants » sont avant tout un apéritif idéal. Ce sont des vins qui moussent peu. Bu très frais (6 à 8 °C), le Champagne est la promesse des plus hautes jouissances du palais.

LE GOÛT MESURÉ D'APRÈS LA QUANTITÉ DE SUCRES RÉSIDUELS PAR LITRE (DOSAGE)

Extra-Brut : 0 à 6 g
Brut : moins de 15 g
Extra-Dry : 12 à 20 g
Sec : 17 à 35 g
Demi-Sec/Medium-Dry : 33 à 50 g
Doux (très rare) : plus de 50 g

Le cidre

Le nom provient du latin *sicera*, qui qualifie une boisson alcoolisée à base de fruits et de céréales. La légende veut que les Hébreux aient été les premiers à fabriquer ce breuvage. Le cidre de Normandie et celui de Bretagne sont les plus prisés. Selon les espèces de pommes, la qualité du cidre varie ; certaines d'entre elles, outre les sucres, contiennent aussi des substances amères. Riche en vitamines, en calcium et autres minéraux, le cidre, consommé avec modération, apparaît comme une boisson absolument saine.

On peut l'acheter brut, sec, doux et sous forme de « cidre bouché », jus pétillant qui a subi une deuxième fermentation en bouteille. Bu frais (8 à 10 °C), il constitue une boisson rafraîchissante que l'on peut consommer même en dehors des mois d'été. Il convient parfaitement à la confection de cocktails – avec appoint de Calvados. Il rend de précieux services au cuisinier quand il s'agit d'affiner la sauce d'une viande ou d'une volaille, ou de confectionner de délicieux sorbets.

L'ACHAT DU VIN

L'ACHAT du vin est une affaire de connaissance et aussi de confiance. La diversité complexe des vins français (critères de qualité, millésime, mode de vieillissement, etc.) crée au profane en quête de « son » vin idéal bien des difficultés. Il est bon de faire appel au vigneron ou au négociant de confiance, d'autant plus que les prix seuls ne constituent pas une garantie absolue de qualité. Que de vins, précieux à l'origine, se révèlent médiocres après un mauvais transport ou un mauvais stockage ! L'excès de lumière ou de chaleur a des conséquences également néfastes. Consultez à ce propos votre négociant ou votre caviste. Il finira par connaître vos préférences et saura vous conseiller en conséquence.

Les vins de table

Vins sans prétention, coupages de vins provenant de différentes régions, ils conviennent tout à fait à la consommation quotidienne. Mais, malgré leur prix modique, ne pas omettre de les goûter avant d'en acquérir de grosses quantités !

Les vins de pays

Un degré au-dessus dans la hiérarchie des valeurs, les vins de pays, eux, proviennent d'une seule et même région.

Ils font l'objet de contrôles de qualité stricts. Ce sont des vins rustiques pour la consommation quotidienne, qui peuvent parfois réserver d'agréables surprises et dont les prix abordables réjouissent le portefeuille.

Les vins VDQS (vins délimités de qualité supérieure)

Vins provenant d'une région viticole délimitée, et soumis à des contrôles de qualité exigeants. Ainsi sont déterminés, par exemple, les cépages et les rendements maximaux. Avant la mise en bouteilles, une dégustation est effectuée par une commission impartiale. Le rapport qualité-prix est généralement satisfaisant.

Les vins AOC (appellation d'origine contrôlée)

Ils se tiennent au sommet de la qualité et sont soumis à une réglementation d'État inflexible. Malgré la réputation de leur qualité, il va de soi que le connaisseur doit commencer par une dégustation !

Les vins de marque

Ce sont généralement des coupages de vins provenant de différentes régions. Ils sont proposés au consommateur comme des produits portant un nom de marque. Leur qualité s'apparente à celle des vins de table, ce qu'ils sont souvent. Les maisons sérieuses s'efforcent d'assurer une continuité et une qualité constante.

Les vins et leur renommée

Le vin n'échappe pas aux phénomènes de mode. Certaines appellations, soudainement en vogue pour des raisons souvent indéterminées, voient leur chiffre d'affaires croître rapidement. La demande massive conduit souvent à la multiplication de pieds de vigne dans les zones délimitées, avec parfois des conséquences navrantes : les vins perdent de leur classe par suite des rendements trop poussés et de l'excès de jeunes ceps.
Plus qu'à la renommée de l'appellation, l'acheteur averti se fiera alors à son palais avant de se constituer une réserve. Une option : acheter des vins moins réputés provenant des mêmes cépages et d'une région voisine.

L'ÉTIQUETAGE

Terminologie utilisée

Vins de table : Vins de consommation courante, souvent issus d'assemblages. **Vin de pays :** Vin de table provenant d'une région spécifique. **VDQS :** Vin délimité de qualité supérieure. **AOC :** Appellation d'origine contrôlée. **Cépage :** Désigne la variété de la vigne. **Château :** Surtout employé dans la région de Bordeaux, désigne une propriété où l'on cultive la vigne et où l'on fait du vin. **Climat :** Signifie « cru » en Bourgogne. **Clos :** Vignes qui sont ou qui furent entourées de murs. **Cru :** Vignoble et vin de grande qualité. **Cuvée :** Désigne tout le vin provenant d'une cuve ou tout le vin fait à un certain moment et dans les mêmes conditions. **Cave :** Indique généralement le lieu où le vin vieillit ; peut désigner aussi un groupement de vignerons.

Vieux ou jeune ?

La réponse dépend essentiellement de l'aptitude au vieillissement. Le vin peut-il encore se modifier ou a-t-il déjà atteint, voire dépassé, son apogée ? Selon sa provenance, son millésime, son mode de vinification et de mûrissement, chaque vin possède son évolution propre. Après avoir atteint, puis conservé un certain temps sa qualité optimale, il perd irrémédiablement de sa structure et de sa puissance.

Les millésimes

Les tableaux de millésimes proposés au consommateur ne sont, le plus souvent, que des points de repère. C'est ainsi que certains millésimes dits « mauvais » n'excluent pas certains vins remarquables. Un acheteur avisé s'approvisionnera donc, dans les bonnes années, auprès des petits domaines d'une région et, dans les années maigres, chez leurs concurrents de meilleur renom. Grâce à leurs méthodes de sélection et de vinification, ainsi qu'à un matériel souvent de meilleure qualité, ceux-ci produisent des vins agréables à un prix acceptable, même dans les années difficiles.

Les prix

Un vin vaut-il son prix ? C'est là un jeu de hasard difficile pour le profane. Pour vos commandes, demandez conseil à des commerçants qualifiés (magasins spécialisés), ou à des amis avertis (et non soumis aux caprices de la mode).

Réfléchissez à chaque détail de la transaction. La TVA vient-elle en sus ? Quelles sont les conditions de livraison ? Y a-t-il une assurance pour le transport ? A partir de quel nombre de bouteilles ou de quel prix effectue-t-on une livraison avantageuse ?

L'assortiment

Trouver que les occasions de boire du vin font défaut, c'est manquer d'imagination. La diversité de votre cave dépendra de vous. Couleur, goût (sec, moelleux), appellation, millésime, âge... tous ces critères sont décisifs. Et, outre les bouteilles vénérables, chacun rêve aussi d'un gentil petit vin pour son bonheur quotidien. La quantité de grands vins qui vieillissent bien dépendra de vos possibilités de stockage.

Acheter, mais où ?

Peu importe où vous achetez votre vin : votre palais et votre portefeuille sont les éléments de choix décisifs. Les sources possibles sont :

– les coopératives, qui proposent un bon éventail mais peu subtil de vins types, avec leurs particularités régionales, à des prix très raisonnables ;

– les producteurs (domaine/château), qui reçoivent la visite de l'amateur de vin. Certes, il faut avoir les papilles exercées et rester maître de ses sens ; sinon, l'ambiance du lieu de création risque de jouer des tours ;

– les négociants, qui proposent un éventail judicieusement choisi, résultant de nombreuses dégustations des responsables de la maison ;

– le supermarché, qu'il faut considérer avec réserve. C'est bien sûr la qualité et non le prix qui doit emporter la décision. Pas d'achats en grande quantité sans dégustation préalable. Le vin peut avoir souffert d'un séjour prolongé sur les rayons ! Il vaut mieux emmener une bouteille et la goûter chez soi avant d'acheter en grande quantité.

La conservation du vin

Un bon stockage est indispensable, car dans ce domaine le vin est exigeant. Les bouteilles dont le vin titre un degré alcoolique inférieur à 15 ° doivent être entreposées horizontalement pour éviter que le bouchon ne se dessèche et ne se racornisse.

Le mûrissement

Il permet aux vins verts ou riches en tannins de se développer harmonieusement.

La température

La température de stockage idéale se situe entre 10 et 15 °C. L'évolution du vin est freinée au-dessous de 10 °C, et trop accélérée au-dessus de

15 °C. D'une manière générale, les variations importantes de température sont catastrophiques.

Le calme

Le vin est extrêmement sensible à toute secousse. Ne remuez donc pas trop souvent les bouteilles.

L'obscurité

Elle est absolument nécessaire. Les vins, surtout les mousseux et le Champagne, détestent la lumière, celle du néon en particulier. Utilisez de préférence une ampoule de faible voltage.

La propreté

Le local doit être propre, bien aéré mais sans courants d'air. Pas de produits alimentaires, surtout pas de ceux sur lesquels se développent des moisissures. Pas de produits odorants (vinaigre, produits d'entretien).

La cave idéale

Elle est située au nord, de telle sorte qu'elle reste fraîche même lorsqu'il fait chaud ; le soupirail n'est pas trop grand, mais assure une aération suffisante. Elle est obscure. Les murs sont bien isolés (pas de béton, si possible ! Il favorise condensation et moisissures !). Pas de conduites de chauffage, sinon elles doivent être soigneusement isolées.
L'hygrométrie idéale est de 60 à 70 %, contrôlée par un hygromètre. La température de 10 à 12 °C pour le blanc, et jusqu'à 15 °C pour le rouge. A proximité d'une rue fréquentée, préservez le vin de toute vibration en calant vos casiers avec des tampons de caoutchouc. Pour les bouteilles exceptionnelles, il existe des armoires réfrigérées, à compartiments réglables. L'ordre est de rigueur : les blancs en bas, les rouges – qui supportent mieux la chaleur – en haut.

Le débouchage

On procède différemment selon le vin, afin que chacun puisse révéler au mieux ses qualités propres. Quelques points importants :

- Quand sortir le vin de la cave ?
- Quand déboucher la bouteille ?
- Faut-il décanter le vin ?
- A quelle température le servir ?

La sortie de la cave

Un vin vieux présentant un dépôt doit être sorti du casier un jour à l'avance et posé avec précaution verticalement afin qu'il dépose. Pour les rouges servis entre 15 et 18 °C, quels que soient leur origine, leur âge, leur cépage, ils seront sortis de la cave juste avant le débouchage. Quant aux blancs, à servir entre 8 et 10 °C, il faut les mettre au réfrigérateur pendant une à deux heures avant consommation.

Le chambrage

C'est un rite pratiquement dénué de sens qui date de l'époque des murailles épaisses et des caves glaciales. Il fallait alors réchauffer le vin de quelques degrés. Il n'est utile aujourd'hui que dans le cas de caves très froides et d'hivers rigoureux.

Le rafraîchissement

Le réfrigérateur réglé sur 2 à 4 °C est le moyen le moins rapide. Au bout d'une heure à une heure et demie, le vin est environ à 8 °C. Dans le seau à glace, le même processus demande à peine une demi-heure. Le refroidissement peut être accéléré par addition de sel : les glaçons fondent immédiatement mais la méthode n'est guère à recommander. En cas d'absolue nécessité : le compartiment à glace du réfrigérateur pour une durée maximale de quinze minutes ! (le refroidissement rapide entraîne une perte d'arôme).

Le débouchage

Coupez d'abord la capsule au-dessus du renflement du goulot et enlevez-la. Enfoncez ensuite le tire-bouchon bien au milieu du bouchon, à fond, mais sans qu'il ressorte et sans que le liège s'effrite dans le vin. Après avoir extrait le bouchon avec précaution, essuyez le goulot – à l'extérieur comme à l'intérieur – avec une serviette.

L'aération

Ne concerne que les vins rouges. C'est une manipulation qui n'est pas superflue.

Naturellement, il ne s'agit pas seulement d'ouvrir la bouteille mais aussi d'en verser le contenu dans une carafe. Pour les vins jeunes et robustes, cette opération a pour but : d'une part, de chasser les restes d'anhydride sulfureux provenant de leur stade de fermentation ; d'autre part, d'oxygéner le vin. En effet, l'oxydation amène l'arôme à épanouissement, tant pour les blancs que pour les rouges.

La décantation

Il s'agit de séparer un vieux vin rouge de haute qualité de son dépôt, qui troublerait sa limpidité. On décante surtout les Bordeaux ou les Côtes-du-Rhône, mais guère les Bourgogne.

Il faut d'abord enlever la capsule et déboucher la bouteille. L'opération commence, menée de main ferme : il s'agit de remuer la bouteille le moins possible.

- Tenir la carafe inclinée et y verser le vin lentement et régulièrement. On peut effectuer l'opération devant la flamme d'une bougie grâce à laquelle on apercevra distinctement et à temps les particules de dépôt.
- Stopper le transvasement dès que des particules de dépôt apparaissent à l'entrée du goulot.
- Laisser la carafe ouverte ou la fermer, selon qu'il faut ou non oxygéner davantage le vin.

Mon conseil : le fond avec le dépôt peut être utilisé pour faire la cuisine.

La cuisine au vin

La cuisine au vin ne date pas d'hier. Pourquoi ? Parce que le vin contribue merveilleusement à parfaire nombre de mets et surtout de sauces. L'alcool, d'ailleurs boudé par les puristes, s'évapore en grande partie sous l'effet de la haute température.

Avec quel vin cuisiner ?

Les blancs d'acidité moyenne sont généralement tout à fait appropriés. Éviter les vins trop acides pour les sauces. Selon le goût que l'on veut donner à la sauce, on choisira un vin jeune ou plus vieux. Un vin vieux, délicatement oxydé, peut faire merveille dans un mets consistant. Un vin sec et fruité accentuera l'originalité d'un plat léger de coquillages ou de poisson.

Les rouges jeunes et riches en couleur sont plus conseillés que les vins vieux. Le vin utilisé pour la cuisson n'est pas obligatoirement le même que celui qui sera bu au cours du repas. Cépage et origine identiques sont cependant les bienvenus. Vins légèrement bouchonnés et restes de vins peuvent éventuellement être utilisés pour une cuisson longue.

La cuisson à l'étouffée

Selon l'arôme de la sauce désirée, utilisez des vins blancs, rosés ou rouges encore jeunes, à teneur moyenne en fruit et en acidité.

La cuisson en braisière

Ce mode de cuisson caramélise la viande et la rend moelleuse. La cuisson prolongée à température peu élevée dans un faitout fermé permet aux ingrédients de fondre. Ici, les rouges capiteux à robe vive, riches en tannins, sont tout à fait indiqués.

Le vin dans une sauce

Un vin blanc d'un certain âge équilibre à merveille les sauces à la crème.

Le vin dans une soupe

Les soupes corsées (comme une bisque de homard) exigent des vins capiteux, alors que les soupes plus légères supposent un blanc léger et fruité.

Le vin pour un fond

Selon les ingrédients et la sauce, on prendra des blancs ou des rouges légers ou moyennement corsés.

La rectification d'une sauce

Elle s'effectue avec le vin qui sera servi à table en accompagnement d'un plat.

LE VIN AU REPAS

VINS et mets doivent composer un tout harmonieux. La qualité de chacun doit être à peu près identique. Quel plaisir d'éduquer ses sens jusqu'à devenir expert dans ce domaine ! Titre contestable, de toute manière, puisque des goûts et les couleurs... Mais c'est dans le contraste ou la complémentarité que réside la finesse du choix.

LES RÈGLES FONDAMENTALES

Dans le mariage des vins et des mets, il faut tenir compte :

- du goût des ingrédients principaux en fin de cuisson ; il est différent selon le mode de cuisson (à l'étouffée, braisé, grillade...) ;
- du goût des autres éléments de la sauce (primordial !) ;
- du goût de la garniture.

« Vin blanc pour les viandes blanches et les poissons, vin rouge pour les viandes rouges », c'est là une règle qui n'est certes pas sans exceptions. Que l'on pense à la matelote d'anguilles, par exemple !

→

Suite

Quelques règles importantes concernant l'ordre de service des vins :

- Le blanc avant le rouge (sauf au dessert).
- Les blancs secs avant les blancs doux (exception : Sauternes ou vin du même genre accompagnant du foie gras en entrée).
- Les vins légers avant les vins corsés.
- Les vins jeunes avant les vins vieux (exception : un vin délicat et fragile sera servi avant un vin jeune et corsé).
- Les vins frais avant les vins chambrés.
- Les vins à faible teneur en alcool avant les vins à degré alcoolique élevé.

Si l'on a décidé de ne consommer qu'un seul vin de la même région, il est conseillé de varier le millésime pour éviter la monotonie.

Le vin avec la salade et les entrées ou hors-d'œuvre

Le vin doit s'accorder aux produits consommés. Que ceux-ci soient fruités, acides ou pleins de caractère (foie gras), leur saveur a de l'importance, sans parler des sauces ou des marinades. Quels sont les assaisonnements des salades ? Huile neutre de goût, huile d'olive ou de noix, citron ou vinaigre ?

Servie en accompagnement, la salade joue un rôle secondaire. L'important, c'est le composant principal de l'entrée. Une entrée rustique, charcuterie ou pâté, demande un vin jeune et franc. Les entrées très grasses sont d'autant plus digestes que le vin a une forte teneur en acidité et en alcool. Une entrée subtile et raffinée exige un vin plus en nuances.

■ Les salades

Les salades dont la composition ne comprend ni poisson ni viande sont généralement servies sans vin. Mais l'exception confirme la règle.

A un assaisonnement acide correspondra un vin à nuance végétale (Sauvignon).

Les entrées et hors-d'œuvre

Avec les terrines de poisson ou de viande, il faut des vins plutôt légers, mais fruités et racés. Lequel précisément ? Cela dépend du poisson (d'eau douce ou de mer) ou de la viande (lapin ou gibier, par exemple) et de la sauce qui les accompagne.

Un vin blanc capiteux souligne admirablement le foie gras ou le pâté de foie de canard : un Sauternes moelleux ou un Monbazillac, un Jurançon, un Muscat ou un Gewurztraminer, ou même un Champagne arrivé à maturité.

Les terrines de légumes s'accompagnent de vins jeunes et fruités d'une bonne acidité.

Le vin avec les soupes, les œufs, les pâtes et le riz

On choisira le vin selon la place que prennent la soupe, les œufs, les pâtes ou le riz au sein du menu. Représentent-ils un simple intermède ou jouent-ils le rôle principal ? On servira généralement un blanc, un rosé ou un rouge fruité, léger, au bouquet agréable. Un vin rouge servi avec les œufs, les pâtes, le riz, s'il est bien frais, pourra parfaitement convenir à condition qu'il soit léger, et un petit vin de pays fera tout à fait l'affaire.

Les soupes

Si elles ouvrent le menu, elles n'exigent aucun vin particulier. Si elles succèdent à une entrée, on gardera en général le même vin que celui déjà servi. Si un vin entre dans la composition de la soupe, on lui restera fidèle. Mais les soupes s'accommodent mal d'un vin servi frais.

Les œufs

Les œufs, s'ils n'ont aucune relation avec la viande ou les légumes, n'en auront pas avec le vin. Sinon, choisissez celui-ci selon l'accompagnement. Mais attention : ce sont les œufs qui, par l'intensité de leur goût, joueront le rôle dominant. On servira donc un blanc, un rosé ou un rouge léger et fruité.

Les pâtes et le riz

S'ils sont au plat principal, on se basera, pour choisir le vin, sur les ingrédients qui les accompagnent ; par exemple, la sauce, le poisson ou la viande.

Le vin avec les légumes et le fromage

Les légumes

On a longtemps admis que les légumes, parce qu'ils sont riches en eau, devaient être servis sans vin. Maintenant, les règles sont moins strictes.

Si le légume est servi seul, sans viande ni poisson, on fera son choix en fonction du fromage, du jambon ou du lard qui l'accompagne, en tenant compte aussi de ses goûts personnels.

Les épinards en branches ont un goût de noix avec une nuance d'amertume. Les artichauts présentent un arôme de noix et de terre. Les carottes ont une saveur sucrée. Avec la ratatouille, on boit un rosé sec (Tavel) ou un rouge à goût prononcé (Provence).

A cause de leur nuance délicate, on consommera les asperges avec un blanc sec du type Sauvignon (Sancerre, Pouilly-Fumé, Entre-Deux-Mers).

Avec un ragoût d'artichauts, le mieux est un Saint-Amour (Beaujolais). Pour les champignons en ragoût ou les truffes, il vaut mieux un Pomerol ou un Bourgogne d'un certain âge.

Le fromage

La variété des formages français n'est surpassée que par celle des vins. Une règle générale : allier fromage et vin de la même région, par exemple chaource + Champagne ; époisses + Bourgogne ; munster + Gewurztraminer ; chavignol + Sancerre.

– *Fromages à pâte molle avec moisissures apparentes* (camembert, brie) : rouges moyennement corsés et assez fruités, par exemple Bordeaux, Bourgogne.

– *Fromages à pâte molle et sans moisissures* (pont-l'évêque, livarot, munster) : blancs secs très parfumés (Gewurztraminer) ; rouges puissants (Côte de Nuits, Côtes-du-Rhône, Cahors).
– *Fromages à pâte pressée et chauffée* (reblochon, saint-nectaire) : blancs ou rosés fruités à légère acidité, jeunes « primeurs ».
– *Fromages à pâte demi-tendre* (pyrénées, mimolette) : Jurançon ou Gaillac ; blancs secs ; Bordeaux rouge sans trop d'acidité.
– *Fromages à pâte pressée et cuite* (comté, beaufort, gruyère) : blancs secs du Jura ou de Savoie (Chignin, Mondeuse) ; Beaujolais fruité (Chénas).
– *Fromages à pâte persillée* (fourme d'Ambert, roquefort) : rouges corsés (Cahors, Châteauneuf-du-Pape, Gevrey-Chambertin) ; blancs riches et moelleux (Barsac, Sauternes) ; Porto.
– *Fromages fondus et fromages aux noix ou au poivr*e: petits vins blancs ou rosés (VDQS ou vins de pays).
– *Fromages de chèvre* (sainte-maure, crottin de Chavignol) : blancs secs de la Loire ; Sancerre ; Beaujolais fruités et parfumés ; Gamay de Touraine ; Côtes-du-Rhône.
– *Fromages crémeux* (brillat-savarin, vacherin) : Coteaux champenois blancs ; Champagne (de brut à extra-dry) ; Chablis.

Les vins et boissons avec le dessert

■ Les vins

Outre le goût sucré qui fait leur charme, les desserts comportent aussi de l'acidité. On les servira surtout accompagnés de vins doux. S'ils contiennent chocolat ou café, la carte des vins possibles s'en trouve légèrement limitée.

Avec les agrumes (soupe d'oranges, par exemple), on boit volontiers des blancs sucrés (Coteaux du Layon, Vouvray moelleux, Sauternes, Monbazillac), également savoureux avec les tartes aux fruits à noyaux. Les rouges fruités aux tannins discrets (Gamay de Touraine, Arbois, Bourgogne) accompagnent merveilleusement les tartes aux framboises ou

aux fraises. Quand ils sont accompagnés d'un Riesling (vendange tardive), d'un Sauternes ou d'un Muscat, les desserts exotiques à base de mangues ou de litchies sont un vrai délice. Avec une mousse ou un gâteau au chocolat, un Champagne rosé, un Muscat de Rivesaltes, un Banyuls, un Quart-de-Chaume sont vivement recommandés.
Remarque : les mêmes saveurs sucrées se détruisent l'une l'autre. Il faut donc tenir compte du taux d'acidité.

Le Champagne

Le Champagne brut n'est pas l'idéal pour les desserts. D'extra-dry à demi-sec, il est excellent avec les génoises et les tartes aux fruits mais ne convient guère aux tartes à la crème. Le Champagne rosé affine de façon charmante les fonds de tartes et les tartes à fruits rouges. Un blanc de blancs nerveux servi avec les glaces aux fruits et les sorbets est inégalable. Grâce à sa teneur réduite en gaz carbonique, le « crémant », en fin de repas, n'alourdit pas l'estomac mais représente au contraire un choix judicieux.

Les liqueurs et alcools

Un petit verre de kirsch met en valeur l'arôme d'un clafoutis aux cerises. Il en va de même pour une eau-de-vie de poire avec une tarte aux poires ou une eau-de-vie de quetsche avec une tarte aux prunes.
Les liqueurs à l'orange comme le Cointreau ou le Grand Marnier arrondissent délicatement un dessert à l'orange, que ce soit une mousse, une glace ou un parfait. Une gorgée de vieux rhum avec les agrumes, le savarin ou un gâteau au chocolat flatte le palais de façon exquise.

Les recettes de A à Z

a

Abricots en beignets

Préparation : 15 minutes
Cuisson : 2 minutes

Des beignets garnis de glace à la vanille et de noix de coco.

533 calories

Pour 2 personnes

2 gros abricots
100 g de glace à la vanille
1 blanc d'œuf
50 g de noix de coco râpée

Mon conseil :

Incroyable mais vrai ! La glace ne fond pas lorsqu'on « pane » les abricots au moins deux fois, ici, dans de la noix de coco.
Essayez avec des amandes hachées, des noisettes pilées, etc.

- Fendez les abricots en deux et retirez-en les noyaux.
- Remplissez les oreillons d'abricots de glace à la vanille très froide, passez-les deux fois dans le blanc d'œuf battu et roulez-les deux fois dans la noix de coco râpée.
- Faites chauffer un bain de friture et jetez-y les oreillons d'abricots pour 2 minutes.
- Servez aussitôt sur un coulis de framboises ou de fraises.

Abricots secs en compote

Préparation : 10 minutes
Trempage : 24 heures
Cuisson : 1 heure

Des abricots gorgés de sirop et servis très frais.

215 calories

Pour 6 personnes
400 g d'abricots secs
125 g de sucre en poudre
75 cl d'eau

Mon conseil :
Je sers en même temps une crème anglaise. Ou bien je couvre de cette compote des tranches épaisses de brioche et je passe au four pour servir tiède.

- La veille, lavez les abricots et mettez-les à tremper dans une terrine avec suffisamment d'eau pour qu'ils soient largement recouverts.
- Le jour même, mettez dans une casserole l'eau et le sucre à bouillir.
- Égouttez les abricots et versez-les dans le sirop bouillant. Laissez cuire 1 heure environ en réduisant à très petit feu (pour que les abricots gardent une belle présentation). Les abricots sont cuits lorsqu'ils sont tendres (vérifiez en enfonçant la pointe d'un couteau).
- Versez dans une coupe et laissez refroidir avant de mettre au réfrigérateur au moins 1 heure.

Acras de morue

Préparation : 20 minutes
Trempage : 24 heures
Cuisson : 15 minutes

Amuse-gueule au poisson croquants et bien dorés.

390 calories

Pour 4 personnes
200 g de morue salée
80 g de farine
1/2 cuillerée à café de levure de bière
2 œufs
1/2 cuillerée à café d'ail pilé
3 échalotes émincées

- Faites dessaler le poisson pendant 24 heures en renouvelant l'eau très souvent.
- Mettez le poisson à pocher 10 minutes environ dans de l'eau bouillante.
- Délayez la farine et la levure avec 1/4 de verre d'eau.
- Égouttez le poisson, effeuillez-le et malaxez-le avec les œufs, l'ail écrasé, les échalotes émincées et la ciboulette. Ajoutez le poivre de Cayenne.

Acras de morue *(suite)*

1 cuillerée à soupe
de ciboulette hachée
1 citron vert
poivre de Cayenne

Mon conseil :
Un succès assuré pour l'apéritif.

- Incorporez la farine et laissez reposer quelques minutes.
- Formez des boulettes de la grosseur d'une noix avec la pâte de poisson et plongez-les 5 minutes dans de l'huile bien chaude.
- Utilisez une écumoire pour les ôter de l'huile. Avant de servir, arrosez-les d'un filet de citron vert.

Aiguillette au vermouth

Entourée d'olives noires et d'échalotes.

368 calories

Préparation : 10 minutes
Cuisson : 10 minutes

Pour 4 personnes
40 g de beurre
4 steaks de 200 g chacun
(dans l'aiguillette)
2 échalotes
10 olives noires
5 cl de vermouth
2 cuillerées à soupe
de crème fraîche
sel, poivre du moulin

- Faites chauffer le beurre dans une poêle et faites-y cuire les steaks 4 minutes sur chaque face. Gardez-les au chaud dans une feuille d'aluminium.
- Pelez les échalotes, émincez-les, dénoyautez les olives, mettez-les dans le fond de cuisson de la viande.
- Arrosez de vermouth et portez à ébullition. Laissez mijoter doucement environ 2 minutes.
- Complétez avec la crème fraîche, mélangez bien, salez et poivrez.
- Dressez la viande sur des assiettes bien chaudes et nappez-la de sauce. Servez tout de suite.

Aïoli

Préparation : 10 minutes

Une savoureuse mayonnaise provençale.

482 calories

Pour 4 personnes
1 filet de jus de citron
1 cuillerée à café de vinaigre balsamique
1/2 cuillerée à café de moutarde
2 jaunes d'œufs
30 cl d'huile d'olive
3 gousses d'ail
sel, poivre du moulin

- Mélangez le sel et le poivre avec le jus de citron, le vinaigre et la moutarde. Ajoutez les jaunes d'œufs.
- Fouettez au mixeur et versez lentement l'huile pour obtenir une pommade onctueuse.
- Épluchez les gousses d'ail, fendez-les en deux, retirez-en le germe, réduisez-les en purée dans un mortier et mélangez-les à la mayonnaise.
- Mettez au frais et laissez reposer quelque temps avant de servir, dans le mortier pour donner une jolie note provençale.

Alose grillée

Préparation : 10 minutes
Cuisson : 25 minutes

Grillée au four, sur sauce au beurre persillée.

234 calories

Pour 4 personnes
1 alose de 1,5 kg
1 feuille de laurier
1 cuillerée à café de thym
2 citrons
4 cuillerées à soupe d'huile d'olive
100 g de beurre
2 cuillerées à soupe de persil haché
sel, poivre du moulin

- Préchauffez votre gril. Videz le poisson, lavez-le et épongez-le bien.
- Remplissez la cavité ventrale du poisson de thym et de laurier.
- Assaisonnez très généreusement et étendez le poisson dans une braisière. Arrosez du jus de 1 citron et d'huile d'olive et mettez au gril chauffé à th. 5, environ 25 minutes.
- Pendant ce temps, faites fondre le beurre dans une casserole, ajoutez-y le jus de l'autre citron et le persil.
- Servez le poisson dans sa sauce au beurre bien chaude.

Alose à l'oseille

Préparation : 20 minutes
Cuisson : 15 minutes

Simplement pochée et servie sur un lit d'oseille.

303 calories

Pour 4 personnes
600 g de filets d'alose
20 cl de fumet de poisson
20 cl de vin blanc
1 échalote émincée
500 g d'oseille
50 g de beurre
4 cuillerées à soupe de crème fraîche
un peu de sucre (1/2 domino)
sel, poivre du moulin

■ Lavez le poisson et séchez-le bien.
■ Faites chauffer le fumet avec le vin blanc et l'échalote émincée, assaisonnez. Faites-y pocher le poisson sans laisser bouillir.
■ Pendant ce temps, préparez l'oseille. Lavez-la, essorez-la et coupez les tiges.
■ Faites-la fondre quelques minutes dans du beurre, ajoutez la crème fraîche avec le sucre et laissez réduire.
■ Étendez l'oseille dans un plat chaud et disposez le poisson dessus. Servez sans attendre.

Alouettes à la bourguignonne

Préparation : 20 minutes
Cuisson : 20 minutes

En riche sauce au vin rouge, champignons et crème.

710 calories

Pour 4 personnes
12 alouettes plumées et vidées
500 g de champignons de Paris
1 verre de vin rouge
6 cuillerées à soupe de crème fraîche
100 g de beurre
1 bouquet garni
sel, poivre

■ Nettoyez les champignons. Coupez-les en lamelles.
■ Chauffez le beurre dans une cocotte. Quand il grésille, mettez les alouettes. Laissez-les dorer 5 minutes à feu vif, puis salez, poivrez, ajoutez les champignons.
■ Laissez cuire encore 5 minutes, toujours sur feu vif, puis versez le vin et mettez le bouquet garni.
■ Après 10 nouvelles minutes de cuisson, les alouettes sont à point. Disposez-les sur un plat de service chaud. Ajoutez la crème fraîche à la sauce de cuisson. Servez à part dans une saucière.

Alouettes sur croûtons

Préparation : 20 minutes
Cuisson : 20 minutes

Dorées au beurre et parfumées au genièvre.

670 calories

Pour 4 personnes
8 alouettes plumées mais non vidées
8 fines bardes de lard
8 grains de genièvre
150 g de beurre
8 tranches de pain de mie
sel, poivre

Mon conseil :
Accompagnez d'une polenta largement beurrée (semoule de maïs).

- Enveloppez chaque alouette dans une barde de lard. Ficelez pour maintenir.
- Introduisez dans le bec de chaque oiseau 1 grain de genièvre.
- Dans une cocotte, faites chauffer 80 g de beurre. Quand il commence à grésiller, mettez les alouettes, à feu assez vif pour les faire dorer pendant 5 minutes.
- Salez, poivrez, réduisez le gaz, couvrez la cocotte et laissez cuire environ 15 minutes.
- Pendant ce temps, faites dorer les tranches de pain de mie à la poêle dans le restant du beurre.
- Pour servir, posez les alouettes sur les croûtons et arrosez-les avec la sauce de cuisson.

Alouettes aux échalotes

Préparation : 15 minutes
Cuisson : 15 minutes

Dorées au beurre et accommodées de persil, échalotes et vin blanc.

520 calories

Pour 4 personnes
12 alouettes plumées et vidées
125 g de beurre
4 échalotes
50 g de beurre
1/2 cuillerée à café de farine
1 verre de vin blanc
5 branches de persil
sel, poivre

- Pelez les échalotes. Hachez-les.
- Lavez le persil. Hachez-le.
- Dans une poêle, faites chauffer le beurre. Quand il grésille, mettez les alouettes sur feu vif. Dès qu'elles sont dorées, ajoutez le hachis de persil et d'échalotes. Salez, poivrez. Laissez cuire 5 minutes.
- Saupoudrez de farine. Versez le vin blanc. Mélangez bien le tout et laissez cuire une dizaine de minutes à feu moyen.

Alouettes grillées

Préparation : 30 minutes
Cuisson : 8 ou 9 minutes

Panées et parfumées au fenouil et aux feuilles de vigne.

460 calories

Pour 4 personnes
12 alouettes
1 cuillerée à soupe de graines de fenouil
12 feuilles de vigne
100 g de chapelure
125 g de beurre
sel, poivre

- Plumez, videz, flambez les oiseaux. Salez l'intérieur.
- Trempez-les dans le beurre fondu.
- Roulez-les dans la chapelure mélangée aux graines de fenouil.
- Enveloppez chaque oiseau dans 1 feuille de vigne ; liez d'un bout de fil.
- Faites griller sur feu vif 8 ou 9 minutes. Poivrez. Servez bien chaud.

Ananas en compote

Préparation : 10 minutes
Cuisson : 30 minutes
Repos : 2 heures

Un délicieux mélange d'ananas et d'oranges.

445 calories

Pour 6 personnes
1 ananas frais de 1 kg
2 oranges
1/2 citron
100 g de sucre en poudre
25 cl d'eau

Mon conseil :
Je parfume la compote juste au moment de servir d'un peu de rhum vieux.

- Préparez l'ananas : coupez-le en quatre dans le sens de la longueur avec un grand couteau tranchant. Retirez ensuite l'écorce (comme pour un melon) puis la partie centrale ligneuse, et coupez la chair en petits morceaux réguliers.
- Pelez les oranges et divisez-les en quartiers. Épépinez-les.
- Dans une grande casserole, mettez le sucre et l'eau et faites bouillir. Ajoutez alors ananas, oranges et citron et laissez bouillir 30 minutes, en réduisant le feu.
- Retirez du feu. Versez dans un compotier et laissez refroidir. Lorsque la compote est froide, mettez-la 1 heure ou 2 au réfrigérateur avant de servir.

Andouillettes aux tomates

Préparation : 10 minutes
Cuisson : 20 minutes

Bien dorées sur un lit de tomates à l'ail et aux échalotes.

595 calories

Pour 2 personnes
4 grosses tomates
1 échalote
1 gousse d'ail
1 cuillerée à soupe d'huile d'olive
1 branchette de thym
2 andouillettes
1 cuillerée à soupe d'huile d'arachide
sel, poivre du moulin

Mon conseil :
Achetez de belles tomates charnues venant d'Italie.

■ Plongez les tomates 1 minute dans l'eau bouillante pour en retirer facilement la peau, coupez-les en quartiers et épépinez-les.
■ Émincez finement l'échalote et la gousse d'ail.
■ Chauffez l'huile d'olive dans une sauteuse et mettez-y à revenir l'échalote et l'ail sans leur laisser prendre coloration.
■ Ajoutez alors les quartiers de tomates avec le thym et faites mijoter 5 minutes. Salez et poivrez.
■ Faites chauffer l'huile d'arachide dans une autre poêle et mettez-y à rissoler les andouillettes des deux côtés.
■ Versez les tomates dans un plat à gratin, posez les andouillettes dessus et glissez au four chauffé à th. 5 pour 10 minutes.

Anguilles à la bière

Préparation : 20 minutes
Cuisson : 20 à 30 minutes

Un plat du Nord.

998 calories

Pour 4 à 6 personnes
1,5 à 2 kg d'anguilles
100 g de farine
200 g de beurre
20 cl d'huile
2 bouteilles de bière (Gueuze ou Rodenbach)

■ Dépouillez et parez les anguilles. Détaillez-les en tranches de 5 cm d'épaisseur environ.
■ Farinez-les légèrement et faites-les dorer à la poêle dans le mélange de beurre et d'huile.
■ Mettez les morceaux d'anguille dans une cocotte, couvrez le tout de bière et de fond brun, et laissez mijoter pendant 5 minutes environ.

Beignets de fleurs de courgette, d'aubergine et de fenouil (recettes pages 93, 90 et 92)

Bisque de ouassous **(recette page 104)**

Anguilles à la bière *(suite)*

20 cl de fond brun
(voir recette p. 322)
1 gousse d'ail
1 branche de thym
1 feuille de laurier
100 g de roux
2 jaunes d'œufs
8 branches de persil
quelques croûtons de pain
noix muscade
sel, poivre du moulin

■ Ajoutez l'ail, le thym et le laurier. Salez, poivrez et ajoutez une pincée de noix muscade.

■ Laissez cuire pendant 15 à 25 minutes. Égouttez les tronçons d'anguille et disposez-les dans un plat de service. Tenez-les au chaud.

■ Préparez la sauce : passez le jus de cuisson, liez-le avec le roux, puis ajoutez les jaunes d'œufs battus, avec une cuillerée à soupe de bière.

■ Rectifiez l'assaisonnement. Versez la sauce sur le poisson, saupoudrez de persil haché et garnissez avec des croûtons de pain dorés dans du beurre.

Araignée farcie

Préparation : 30 minutes
Cuisson : 35 minutes

Aux coquillages.

570 calories

Pour 2 personnes
1 araignée de mer
1 citron
thym et laurier
50 cl de coquillages
(moules, praires, etc.)
50 cl de vin blanc
1 oignon émincé
20 g de beurre
20 g de farine
2 cuillerées à soupe
de crème fraîche
2 jaunes d'œufs
2 cuillerées à soupe
de crème fouettée
sel, poivre du moulin

■ Faites cuire l'araignée environ 15 à 20 minutes en la plongeant dans un court-bouillon bouillant composé de 1 l d'eau additionnée de jus de citron, de sel, de poivre, de thym et de laurier.

■ Faites ouvrir les coquillages dans une marmite sur feu vif, avec l'oignon émincé et le vin blanc.

■ Retirez-les de leurs coquilles et passez le fond de cuisson au tamis.

■ Préparez un roux avec le beurre et la farine, mouillez progressivement avec le fond de cuisson des coquillages et éventuellement un peu de court-bouillon pour obtenir une sauce bien lisse. Laissez mijoter environ 10 minutes.

■ Retirez la casserole du feu, ajoutez la crème fraîche, remuez bien et liez avec les jaunes d'œufs.

■ Quand l'araignée est cuite, cassez sa carapace et retirez-en la chair. Versez-la dans la sauce, ajoutez les coquillages, mélangez bien. Salez, poivrez et incorporez délicatement la crème fouettée.

■ Répartissez la préparation dans des coquilles vides et faites gratiner au four environ 5 minutes.

Artichauts belvédère

Farcis de thon et d'anchois.

383 calories

Préparation : 20 minutes
Cuisson : 40 minutes

Pour 2 personnes
2 beaux artichauts
100 g de thon à l'huile
4 filets d'anchois
1 bouquet de persil
1 gousse d'ail
1 cuillerée à soupe de câpres
2 cuillerées à soupe de chapelure
2 cuillerées à soupe d'huile d'olive
sel, poivre du moulin

■ Arrachez la tige des artichauts, lavez-les soigneusement et faites-les cuire 10 minutes dans de l'eau bouillante salée. Laissez-les égoutter, coupez les pointes des feuilles et retirez le foin ainsi que les feuilles moyennes.

■ Passez le thon égoutté avec les filets d'anchois, le persil, l'ail et les câpres au mixeur, et assaisonnez (poivrez fortement).

■ Remplissez les cœurs d'artichauts de la préparation et saupoudrez-les de chapelure.

■ Disposez-les dans un plat à gratin, recouvrez de 1 cm d'eau. Saupoudrez les artichauts de chapelure et arrosez-les d'un filet d'huile d'olive.

■ Faites cuire 30 minutes au four chauffé à th. 6, ajoutez éventuellement un peu d'eau en cours de cuisson.

Artichauts en bocal

Préparation : 30 minutes
Marinade : 48 heures
Cuisson : 10 minutes

Marinés avec des tomates et des plantes aromatiques.

226 calories

Pour 6 personnes

6 petits artichauts de 200 g
1 citron
70 cl de vinaigre d'estragon
1 cuillerée à café de poivre gris
2 feuilles de laurier
2 clous de girofle
250 g de tomates fermes
huile d'olive
1 bouquet de basilic
2 piments
3 gousses d'ail
sel

■ Détachez les feuilles extérieures des artichauts et arrachez-en la tige. Coupez aux ciseaux les pointes des feuilles restantes.

■ Mettez les artichauts ainsi préparés dans une grande cuvette d'eau froide citronnée.

■ Dans un grand faitout, portez à ébullition le vinaigre avec la même quantité d'eau, du sel, le poivre, le laurier et les clous de girofle.

■ Ajoutez-y les artichauts et faites-les cuire 10 minutes. Retirez-les du faitout, enlevez le foin en écartant les feuilles qui l'entourent, disposez-les sur un linge et recouvrez-les d'un second linge pour qu'ils ne noircissent pas.

■ Coupez chaque artichaut en quatre. Mettez les quartiers avec les tomates pelées, épépinées et coupées également en quartiers dans un bocal.

■ Recouvrez d'huile d'olive, ajoutez le basilic, l'ail et les piments et laissez mariner au moins 2 jours avant de servir.

Artichauts sauce moutarde

Préparation : 5 minutes
Cuisson : 30 minutes

Une entrée toute simple.

208 calories

Pour 4 personnes
4 gros artichauts de Bretagne
4 rondelles de citron
25 cl de sauce moutarde

Mon conseil :
Ne coupez jamais le pied de l'artichaut au couteau, mais arrachez-le ; vous enlèverez du même coup les fibres dures du fond.

- Lavez soigneusement les artichauts sous un jet d'eau froide pour éliminer toutes les impuretés. Arrachez la tige en la tournant et frottez le fond d'une rondelle de citron.
- Plongez-les dans de l'eau bouillante salée et faites-les cuire environ 30 minutes.
- Passez-les alors sous le robinet d'eau froide pour les rafraîchir.
- Disposez les artichauts sur le plat de service et accompagnez-les, tièdes ou froids, de sauce moutarde (voir recette p. 705).

Artichauts à la vinaigrette

Préparation : 5 minutes
Cuisson : 45 minutes

Des artichauts entiers cuits tout simplement et accompagnés d'une sauce vinaigrette.

185 calories

Pour 6 personnes
6 artichauts
2 cuillerées à café de gros sel
Pour la sauce :
4 cuillerées à soupe d'huile
2 cuillerées à soupe de vinaigre
sel, poivre

- Mettez dans un grand faitout 3 l d'eau et le sel. Faites bouillir.
- Pendant ce temps, lavez et égouttez les artichauts.
- Mettez-les dans l'eau bouillante, laissez reprendre un bouillon, puis couvrez et réduisez le feu. Laissez cuire 45 minutes.
- Vérifiez la cuisson en arrachant une feuille et égouttez les artichauts la pointe en bas. Tenez au chaud.
- Préparez une vinaigrette avec l'huile, le vinaigre, le sel et le poivre et servez en saucière avec les artichauts.

Asperges gratinées

Préparation : 20 minutes
Cuisson : 25 minutes

Un délicat gratin à la crème.

457 calories

Pour 4 personnes
1,5 kg d'asperges
60 g de beurre
25 cl de vin blanc
1 pincée de noix muscade
1 pointe de sucre
25 cl de crème fraîche
60 g de gruyère râpé
sel

- Pelez les asperges, enlevez le bout dur, lavez-les et coupez-les en bâtonnets de 6 à 8 cm de long.
- Faites chauffer le beurre dans une sauteuse, mettez-y les asperges, mouillez avec le vin blanc et ajoutez la noix muscade, le sucre et du sel. Laissez mijoter environ 15 minutes à couvert sur feu moyen. Égouttez bien les asperges.
- Ajoutez la crème fraîche aux asperges et versez le tout dans un moule à gratin. Saupoudrez de fromage râpé.
- Passez au four chauffé à th. 6 environ 10 minutes, pour que le gratin soit recouvert d'une belle croûte dorée.

Asperges au parmesan

Préparation : 15 minutes
Cuisson : 35 minutes

Beurre et fromage nappent les pointes d'asperges servies chaudes.

310 calories

Pour 6 personnes
2 kg d'asperges
80 g de beurre
1/2 tasse de parmesan râpé
sel

- Enlevez le bout terreux des asperges et grattez les tiges. Lavez-les.
- Faites-les cuire pendant 20 minutes à l'eau bouillante salée. Elles doivent être fermes mais cependant tendres. Égouttez-les et mettez-les en 1 seule couche sur un plat allant au four.
- Versez dessus le beurre fondu, saupoudrez de fromage, passez à four bien chaud à th. 8 pendant 10 minutes environ. Servez dans le plat de cuisson.

Asperges sauce Mornay

Préparation : 20 minutes
Cuisson : 20 minutes

Cuites au naturel et nappées de sauce au fromage.

225 calories

Pour 6 personnes

2,5 kg d'asperges
50 cl de sauce Mornay
(voir recette p. 704)
sel

Mon conseil :

Les asperges ne doivent jamais être trop cuites, mais légèrement fermes.

- Mettez dans un grand faitout 3 l d'eau salée à chauffer.
- Pendant ce temps, épluchez les asperges : coupez le bout terreux et épluchez entièrement la partie blanche. Ficelez les asperges en plusieurs bottes et faites 1 capuchon de papier d'aluminium autour de chaque botte du côté des têtes (pour empêcher que celles-ci ne se détachent à la cuisson).
- Mettez dans l'eau bouillante salée et laissez cuire 20 minutes.
- Sortez avec précaution, égouttez et disposez sur le plat de service.
- Nappez de sauce Mornay et servez sans attendre.

Asperges aux truffes

Préparation : 20 minutes
Cuisson : 12 minutes

Un soufflé des grands jours.

262 calories

Pour 2 personnes

12 asperges
20 g de beurre
1 truffe (30 g)
50 g de jambon fumé
2 œufs
1 cuillerée à soupe de crème fraîche
1 pointe de noix muscade
sel, poivre du moulin

- Pelez soigneusement les asperges, lavez-les et coupez-les en bâtonnets de 3 cm de longueur environ.
- Faites chauffer le beurre dans une cocotte, mettez-y les asperges avec un peu d'eau légèrement salée et faites étuver 5 minutes.
- Brossez et lavez soigneusement la truffe, coupez-la en fines lamelles, mélangez celles-ci avec les asperges et laissez mijoter le tout 2 minutes.
- Coupez le jambon fumé en fines lanières et ajoutez-les aux légumes. Faites frémir quelques secondes. Rangez les asperges dans 2 moules à soufflé.

■ Passez le fond de cuisson au tamis et faites-le réduire jusqu'à ce qu'il ne reste plus que 2 cl de liquide. Ajoutez au fond les jaunes d'œufs avec la crème fraîche et un peu de noix muscade, puis le jambon et les lamelles de truffe recueillis dans le tamis.

■ Battez les blancs d'œufs en neige ferme et ajoutez-les très délicatement à la préparation. Salez et poivrez selon vos goûts.

■ Recouvrez les asperges de la sauce et faites-les cuire au bain-marie environ 5 minutes dans le four que vous aurez fait préchauffer à th. 6.

Mon conseil :

Salez très peu l'eau de cuisson des asperges, car vous allez faire réduire le fond et ajouter du jambon, lui-même salé.

Asperges vertes aux crevettes

Nappées d'une sauce veloutée au xérès.

355 calories

Préparation : 40 minutes
Cuisson : 15 minutes

Pour 4 personnes
750 g d'asperges vertes
50 g de beurre
1 échalote
1 gousse d'ail
10 cl de xérès
500 g de crevettes roses « bouquets » cuites
50 g de beurre en dés
2 cuillerées à soupe de crème fraîche

■ Pelez les asperges, lavez-les très soigneusement et coupez-les en gros bâtonnets.

■ Faites chauffer le beurre dans une sauteuse, mettez-y à suer l'échalote pelée et émincée avec la gousse d'ail pilée.

■ Quand les échalotes sont translucides, mettez les asperges avec un peu d'eau et le xérès dans la sauteuse. Couvrez et faites étuver 10 minutes.

■ Retirez les asperges avec une écumoire et rangez-les sur un plat à gratin beurré. Répartissez par-dessus les crevettes préalablement décortiquées.

■ Faites réduire le fond de cuisson des asperges, montez la sauce au beurre et incorporez-y délicatement la crème fraîche fouettée.

■ Nappez les asperges de la sauce et passez 5 minutes au four chauffé à th. 6 avant de servir.

Asperges en vinaigrette

Légères et parfumées.

215 calories

Pour 2 personnes
500 g d'asperges
1 pincée de sucre
50 g de beurre
1 tomate
1 œuf dur
1 échalote émincée
12,5 cl de vinaigrette
(voir recette p. 77)
1 cuillerée à soupe
de cerfeuil ciselé
sel, poivre du moulin

Mon conseil :
Assaisonnez assez fortement votre vinaigrette et mélangez, quand vous le pouvez, asperges blanches et asperges vertes, pour la décoration du plat.

Préparation : 30 minutes
Repos : 1 heure
Cuisson : 15 minutes

■ Coupez toutes les asperges à la même longueur, pelez-les et lavez-les soigneusement.

■ Portez environ 2 l d'eau à ébullition dans une marmite, avec la pincée de sucre et le beurre, et plongez-y les asperges, si possible la pointe en haut ; laissez-les cuire 10 minutes. Retirez alors la marmite du feu et laissez-les encore mijoter 5 minutes sans feu.

■ Coupez la tomate en quartiers, ôtez les pépins et coupez la pulpe en petits dés.

■ Écalez l'œuf et hachez-le menu.

■ Faites égoutter les asperges encore tièdes dans une grande passoire en prenant soin de ne pas les casser, arrosez-les de vinaigrette et mettez-les à mariner au frais au moins 1 heure avant de les servir, garnies de dés de tomate, d'œuf écrasé, d'échalote émincée et de cerfeuil ciselé.

Assaisonnements

L'assaisonnement d'une salade doit souligner les saveurs des ingrédients et les réunir dans une association subtile (mais jamais les noyer !).

A la base, il faut toujours une solution acide (jus de citron ou vinaigre). On ajoute ensuite de l'huile, pour une émulsion, de la crème ou du yaourt, pour une sauce à la crème, du bouillon ou du fumet, pour une marinade.

Préparation

- Frottez avec une gousse d'ail le fond d'un saladier et versez-y d'abord le vinaigre ou le jus de citron.
- Ajoutez le sel et le poivre et mélangez-les avec le vinaigre.
- Complétez, selon la sauce, avec un jaune d'œuf ou de la moutarde et mélangez bien.
- Versez lentement l'huile en fouettant pour obtenir une sauce lisse et homogène.
- Mettez en attente au frais.
- Ajoutez les fines herbes hachées et les échalotes émincées juste avant de servir.

Mon conseil :

Pour réussir une émulsion, il faut que tous les ingrédients soient à la même température.

Recettes de base

Voici trois sauces à partir desquelles vous pourrez réaliser toutes sortes de créations selon les fines herbes et les salades choisies.

Vinaigrette

1 cuillerée à soupe de vinaigre pour 3 cuillerées à soupe d'huile ou 2 cuillerées à soupe de vinaigre pour 5 d'huile. Ajoutez toujours lentement l'huile dans le vinaigre et complétez avec des échalotes hachées, des tomates concassées ou du persil.

→

Assaisonnements

Sauce à la crème

1 cuillerée à soupe de jus de citron pour 3 cuillerées à soupe de crème fraîche. Mélangez le tout et parfumez avec quelques herbes. Excellente avec les fruits de mer, cette sauce doit être préparée au dernier moment.

Sauce marinade

Mélange d'huile et de vinaigre plus ou moins détendu avec un jus de viande ou de légumes et parfumé aux herbes.

Voir aussi *Sauces*, p. 712.

Aubergines froides aux tomates

Préparation : 10 minutes
Cuisson : 30 minutes

La fraîcheur méridionale en toute légèreté.

434 calories

Pour 4 personnes

2 ou 3 aubergines
16,5 cl d'huile d'olive
2 échalotes émincées
500 g de tomates
1 gousse d'ail écrasée
1 cuillerée à café d'herbes de Provence
2 cuillerées à soupe de basilic
20 g de parmesan râpé
sel, poivre du moulin

- Lavez les aubergines, enlevez le pédoncule vert, coupez la pointe et, sans les avoir épluchées, tronçonnez la chair en rondelles de 1 cm d'épaisseur environ.
- Dans une sauteuse, faites revenir les aubergines dans 12,5 cl d'huile chaude et faites-les égoutter sur une passoire, puis épongez-les avec du papier absorbant.
- Faites fondre les échalotes dans le reste d'huile. Ajoutez les tomates lavées, pelées et coupées en morceaux, puis l'ail et les herbes de Provence et laissez mijoter environ 20 minutes. Passez la sauce au tamis, remettez 5 minutes sur le feu et assaisonnez en poivre et en sel. Le coulis doit être un peu épais.

■ Quand la sauce est froide, rangez les rondelles d'aubergines dans un plat creux et nappez-les de coulis.

■ Saupoudrez de basilic haché et de parmesan râpé juste avant de servir.

Aubergines panées au fromage

Préparation : 10 minutes
Repos (pour dégorger) : 30 minutes
Cuisson : 6 minutes

Frites au beurre, en hors-d'œuvre ou en garniture.

468 calories

Pour 4 personnes

4 aubergines
1 cuillerée à café de paprika de Hongrie
1 cuillerée à soupe de farine
2 œufs
70 g de gruyère râpé
50 g de beurre
sel

Mon conseil :
Choisissez de petites aubergines bien rondes : elles sont plus jeunes et ont moins de pépins.

■ Lavez les aubergines, détachez-en le pédoncule et coupez-les en grosses tranches sans les avoir pelées.

■ Salez les tranches d'aubergines et saupoudrez-les de paprika. Rangez-les entre deux assiettes, posez un poids sur l'assiette supérieure et laissez dégorger environ 30 minutes.

■ Égouttez les tranches d'aubergines, épongez-les dans du papier absorbant, roulez-les dans la farine puis passez-les dans les œufs battus avec le gruyère râpé.

■ Faites chauffer le beurre dans une poêle et, quand il a pris une belle coloration blonde, faites-y revenir les aubergines 3 minutes de chaque côté.

Aubergines sauce piquante

Préparation : 20 minutes
Cuisson : 40 minutes

A servir chauds ou froids, des dés d'aubergines avec tomates, oignons et aromates.

160 calories

Pour 6 personnes
6 petites aubergines
4 cuillerées à soupe d'huile d'olive
4 oignons
10 branches de persil
6 feuilles de basilic
500 g de tomates
3,5 cl de vinaigre de vin
1 cuillerée à café de sel
poivre noir

Mon conseil :
Quand je sers ces aubergines froides, en hors-d'œuvre, je les accompagne de petites tranches de pain de seigle tartinées de beurre d'anchois. Ce mariage est une réussite.

■ Lavez les aubergines et, sans les éplucher, coupez-les en petits dés. Saupoudrez-les avec la moitié du sel et laissez-les en attente pendant que vous préparez la sauce.

■ Pour préparer la sauce, commencez par peler les oignons et les hacher. Hachez également le persil et le basilic ; plongez les tomates dans l'eau bouillante, pelez-les et coupez-les en très petits morceaux. Faites chauffer la moitié de l'huile dans une casserole, mettez-y à dorer les oignons tout doucement pendant une dizaine de minutes puis ajoutez le persil et le basilic, 5 tours de moulin à poivre, les tomates et le reste du sel. Quand le tout commence à bouillonner, réduisez le feu, couvrez la casserole et laissez cuire tout doucement pendant 20 minutes.

■ Égouttez les dés d'aubergines, qui ont dû rendre de l'eau.

■ Chauffez le restant de l'huile dans une poêle. Mettez-y à dorer les dés d'aubergines pendant une dizaine de minutes. Retirez-les du feu, versez dessus le vinaigre, mélangez bien, puis versez le tout dans un plat de service.

■ La sauce étant cuite, versez-la sur les aubergines au vinaigre. Servez chaud ou froid.

Aubergines à la turque

Préparation : 20 minutes
Cuisson : 25 minutes

Farcies à la viande de mouton et gratinées au four.

458 calories

Pour 2 personnes
2 petites aubergines
1 oignon moyen
1 gousse d'ail
100 g de viande de mouton hachée (épaule ou gigot)
60 g de beurre
2 tomates
sel, poivre du moulin

Mon conseil :
Remplacez l'eau par du vin blanc, vos aubergines seront encore plus savoureuses.

- Fendez les aubergines en deux et retirez la pulpe avec une petite cuillère.
- Pelez l'oignon et hachez-le grossièrement. Pilez l'ail.
- Faites revenir la viande de mouton hachée dans 30 g de beurre, ajoutez-y la pulpe des aubergines, les oignons et l'ail, mélangez bien le tout et assaisonnez de sel et de poivre.
- Farcissez les moitiés d'aubergines avec cette préparation. Coupez les tomates en rondelles et disposez-les sur la farce. Parsemez de noisettes de beurre.
- Rangez les aubergines sur un plat et faites-les cuire, avec très peu d'eau, environ 20 minutes au four chauffé à th. 6.

Avocats en salade

Préparation : 10 minutes

Une entrée colorée et savoureuse.

321 calories

Pour 2 personnes
3 avocats
1 citron
10 olives noires
2 tomates
sel, poivre du moulin

- Creusez les avocats avec une cuillère à soupe, retirez le noyau et coupez la chair en dés, versez-les dans un saladier.
- Pressez le citron, versez le jus sur la pulpe des fruits pour éviter qu'elle ne noircisse et mélangez bien.
- Fendez les olives en deux, dénoyautez-les, hachez-les grossièrement et ajoutez-les aux avocats.
- Salez et poivrez légèrement et placez le saladier au frais.

Mon conseil :
Des champignons crus découpés en lamelles ou des crevettes décortiquées donnent à cette entrée toute simple un petit air de fête.

■ Pelez les tomates après les avoir plongées 10 secondes dans de l'eau en ébullition. Coupez-les en quartiers, épépinez-les, puis taillez la pulpe en dés pour décorer la salade. Servez de préférence sur des assiettes de porcelaine blanche afin d'aviver le contraste des couleurs.

Avocats en turban

Préparation : 20 minutes
Réfrigération : 3 heures

Une savoureuse mousse prise en gelée et décorée de crevettes.

385 calories

Pour 6 personnes
3 avocats
5 cl de mayonnaise
3 cuillerées à soupe de crème fouettée
3 cuillerées à soupe de jus de citron
2 cuillerées à café d'oignon haché
1/2 cuillerée à café de piment en poudre
15 g de gélatine
persil haché
sel

Mon conseil :
La purée d'avocats doit être très fine. Rien ne vaut le mixeur pour obtenir ce résultat.

■ Faites ramollir la gélatine dans 5 cl d'eau froide. Versez-la dans 25 cl d'eau chaude.
■ Pelez les avocats ; réduisez-les en purée. Ajoutez-leur le jus de citron. Salez.
■ Mélangez la purée d'avocats, la mayonnaise, les oignons hachés, le piment en poudre et la crème.
■ Ajoutez la gélatine. Mélangez bien.
■ Versez dans un moule en forme de couronne et faites prendre au moins 3 heures au réfrigérateur. Démoulez au moment de servir et mettez dans le centre des crevettes décortiquées marinées dans de l'huile et du vinaigre et 4 cuillerées à soupe de ketchup. Saupoudrez de persil haché.

b

Babas au rhum

Une pâte levée parfumée.

Préparation : 40 minutes
Repos : 45 minutes
Cuisson : 15 minutes

327 calories

Pour 10 personnes
1 dose de levure de bière
10 cl de lait
250 g de farine
3 œufs
1 pincée de sel
10 g de sucre
75 g de beurre mou
100 g de confiture d'abricots
quelques fruits confits
100 g de crème fraîche
Pour le sirop :
300 g de sucre
10 cl de rhum

■ Faites dissoudre la levure dans une partie du lait tiède et mélangez avec la farine dans une terrine.

■ Ajoutez les œufs battus un par un, en malaxant 10 minutes. Ajoutez alors le sel et le sucre, puis versez petit à petit le lait restant.

■ Mélangez bien 5 minutes avant d'incorporer le beurre ramolli.

■ Laissez gonfler la pâte 15 minutes en fouettant de temps à autre.

■ Versez la pâte dans des moules à baba beurrés et laissez lever 30 minutes encore avant de mettre à cuire 15 minutes au four chauffé à th. 6.

■ Dans l'intervalle, faites fondre 300 g de sucre dans 50 cl d'eau pour faire un sirop et ajoutez le rhum quand celui-ci est bien refroidi.

■ Imbibez de sirop les babas encore chauds, jusqu'à totale absorption.

Mon conseil :
Les babas se congèlent bien (avant d'être arrosés de sirop).

- Faites chauffer la confiture d'abricots et nappez-en les gâteaux. Laissez bien refroidir les babas et garnissez-les de fruits confits et de crème fraîche bien battue avant de servir.

Bananes au jambon

Préparation : 5 minutes
Cuisson : 20 minutes

Nappées de crème fraîche et saupoudrées de fromage râpé.

340 calories

Pour 6 personnes
6 tranches de jambon cuit
6 bananes
1 petit pot de crème fraîche
50 g de gruyère râpé
1 noix de beurre

- Faites chauffer votre four à th. 7.
- Beurrez un plat à four.
- Épluchez les bananes ; roulez-les chacune dans une tranche de jambon découennée. Rangez-les dans le plat.
- Nappez de crème fraîche et saupoudrez de fromage râpé.
- Mettez à four chaud et laissez cuire 20 minutes.
- Servez bien chaud dans le plat de cuisson.

Bananes en robe

Préparation : 15 minutes
Cuisson : 6 minutes

Grillées dans leur peau, caramélisées et flambées au rhum.

370 calories

Pour 6 personnes
6 bananes
150 g de beurre
80 morceaux de sucre (pour le caramel)
6 verres à liqueur de rhum

- Faites chauffer votre gril.
- Lorsqu'il est bien chaud, posez les bananes non épluchées dessus et laissez-les cuire 3 minutes de chaque côté.
- Pendant la cuisson des bananes, faites un caramel avec le sucre, le beurre et 1/2 verre d'eau : mettez tout ceci dans une casserole (en veillant à ce que tous les morceaux de sucre soient bien humidifiés) et faites chauffer doucement.
- Épluchez les bananes et disposez-les sur un plat que vous maintiendrez au chaud.

Mon conseil :
En ajoutant 1/2 cuillerée à café d'alcool à 90° dans le rhum, il brûle mieux.

■ Laissez le caramel blondir mais pas brunir et versez-le sur les bananes dès qu'il a atteint la coloration désirée.
■ Faites tiédir le rhum dans une petite casserole (ne le faites pas trop chauffer : l'alcool s'évapore à 80°). Enflammez-le dans la casserole et versez sur les bananes. Laissez flamber et servez immédiatement.

Bar flambé

Simplement magnifique.

312 calories

Pour 4 personnes
1 bar de 1,5 kg
2 cuillerées à soupe d'huile d'olive
4 cuillerées à soupe de cognac
2 citrons
sel, poivre du moulin

Préparation : 10 minutes
Cuisson : 20 minutes

■ Faites chauffer le gril. Nettoyez le poisson, enlevez les viscères par les ouïes pour le garder entier, passez-le à l'huile.
■ Posez-le sur le gril et faites-le griller 10 minutes de chaque côté.
■ Salez-le et poivrez-le légèrement, arrosez-le de cognac et flambez-le.
■ Garnissez-le de rondelles de citron et servez aussitôt.

Bar en gelée

Une délectation pour le palais.

261 calories

Pour 12 personnes
2 bars de 2 kg
1 l de fumet de poisson
(voir recette p. 323)
2 feuilles de gélatine
100 g de tomates cerises
12 œufs de caille déjà cuits
6 rondelles de citron

Préparation : 20 minutes
Cuisson : 15 minutes

■ Faites vider les poissons. Lavez-les et épongez-les dans du papier absorbant.
■ Faites pocher les bars environ 15 minutes dans le fumet de poisson. Sortez-les et dépouillez-les. Réservez-les au frais.
■ Faites fondre la gélatine dans le fumet encore chaud, passez au tamis, vérifiez l'assaisonnement et laissez refroidir.

Bar en gelée *(suite)*

câpres
sel, poivre du moulin

Mon conseil :
Ajoutez au fumet un peu de zeste d'orange finement haché.

■ Dressez les poissons sur un grand plat, garnissez-les des tomates cerises et des œufs de caille écalés, parsemez de câpres et bordez de tranches de citron.
■ Recouvrez les bars et leur garniture de gelée, à l'aide d'un pinceau, jusqu'à ce qu'ils soient bien brillants.

Batavia au yaourt

Préparation : 10 minutes

Croquante et légère.

72 calories

Pour 4 personnes
1 batavia
1 cuillerée à soupe d'huile d'olive
1 yaourt nature
le jus de 1/2 citron
quelques branches d'aneth
sel, poivre du moulin

■ Enlevez les feuilles abîmées et ôtez la partie dure qui se trouve près du trognon de la batavia.
■ Détachez les feuilles, lavez-les et essorez-les.
■ Hachez grossièrement les feuilles de salade à l'aide d'un couteau.
■ Mélangez dans un saladier le jus de citron avec le sel, le poivre, le yaourt et l'huile d'olive.
■ Hachez l'aneth et ajoutez-le à la sauce.
■ Tournez la salade doucement.
■ Laissez en attente quelques minutes au frais avant de servir.

Bavarois au café

Préparation : 30 minutes
Cuisson : 15 minutes
Réfrigération : 8 heures

Une savoureuse crème glacée.

1 115 calories

Pour 6 personnes
50 cl de crème Chantilly
50 cl de lait
175 g de sucre semoule

■ Chauffez le lait jusqu'à ébullition.
■ Séparez les blancs et les jaunes des œufs. Ajoutez le sucre et le café soluble aux jaunes et tournez avec la cuillère en bois pendant une dizaine de minutes. Mettez dans une casserole sur feu très doux et, sans cesser de tourner, versez

Bavarois au café *(suite)*

7 feuilles de gélatine
3 cuillerées à dessert
de café soluble
6 œufs

Mon conseil :

Quand j'ajoute la chantilly à la crème, je place le récipient contenant cette dernière sur de la glace pilée.

petit à petit le lait bouillant. La préparation ne doit pas bouillir. Retirez-la du feu aussitôt qu'elle atteint l'extrême limite avant l'ébullition.

■ Filtrez cette crème, mettez-la dans un récipient, où vous la laisserez tiédir sans cesser de la remuer avec une spatule.

■ La crème étant tiède, ajoutez-lui les feuilles de gélatine préalablement trempées quelques minutes dans de l'eau froide. Mélangez bien.

■ La crème étant complètement froide, ajoutez-lui la chantilly. Mélangez avec douceur.

■ Huilez légèrement un moule à bavarois. Versez-y la préparation et mettez à glacer pendant 6 à 8 heures au moins avant de démouler.

Bavarois aux fraises

1 115 calories

Pour ingrédients et marche à suivre, voir *Bavarois au café*, ci-dessus.

Même recette que le bavarois au café mais en supprimant le café et en ajoutant à la crème, en même temps que la chantilly, 500 g de fraises cuites 15 minutes à feu doux avec 500 g de sucre.

Bécasses à la bordelaise

Préparation : 15 minutes
Cuisson : 35 minutes

Mijotées avec des échalotes.

465 calories

Pour 6 personnes
3 bécasses plumées et vidées
3 échalotes
1 verre de vin blanc
80 g de chapelure
80 g de beurre
1 citron
sel, poivre

Mon conseil :
Ce plat est excellent avec des pommes soufflées ou des pommes dauphine (surgelées).

■ Mettez les bécasses dans un plat allant au four. Parsemez-les de noisettes de beurre (40 g). Mettez-les à cuire pendant 20 minutes à four moyen.
■ Découpez les bécasses sur un plat de service chaud et posez-le sur un réchaud à alcool à brûler.
■ Pelez et hachez les échalotes. Assaisonnez-en les morceaux découpés de bécasses, ajoutez du sel, du poivre, le vin blanc, le jus de citron et le restant du beurre et laissez mijoter la préparation sur le réchaud pendant une dizaine de minutes. Au bout de ce temps, saupoudrez de chapelure et laissez cuire encore doucement 5 à 10 minutes, en retournant les morceaux de bécasses dans leur jus de cuisson. Vous devez obtenir une sauce onctueuse que vous servez immédiatement avec les bécasses.

Bécasses à la paysanne

Préparation : 25 minutes
Cuisson : 20 minutes

Rôties au four et couchées sur un lit d'épinards et de tomates.

655 calories

Pour 4 personnes
2 bécasses
80 g de beurre
1 kg d'épinards
4 tomates

■ Ne videz pas les bécasses. Tartinez-les de beurre après les avoir salées et poivrées.
■ Nettoyez les épinards. Faites-les cuire 15 minutes à grande eau bouillante salée. Égouttez-les bien à fond.
■ Trempez les tomates dans l'eau bouillante. Pelez-les. Coupez-les en

Bécasses à la paysanne *(suite)*

1 cuillerée à soupe d'huile
50 g d'olives vertes
50 g d'olives noires
sel, poivre

Mon conseil :
Cuisez à four très chaud pour que les bécasses soient bien saisies en surface et rosées à l'intérieur.

quatre. Faites-les cuire 10 minutes à feu vif dans une poêle avec l'huile. Salez-les.

- Mettez les bécasses dans un plat allant au four. Faites-les cuire à four chaud 20 minutes.
- Pendant ce temps, dénoyautez les olives et coupez-les en rondelles.
- Servez les bécasses sur un lit d'épinards ; entourez-les de tomates et décorez avec les olives.

Beignets d'ananas

Préparation : 15 minutes
Cuisson : 3 minutes

Des beignets légers et parfumés.

587 calories

Pour 4 personnes
1 ananas (800 g environ)
1 œuf
12,5 cl de lait
1 pincée de sel
60 g de sucre
4 ou 5 cuillerées à soupe de porto
150 g de farine
20 g de beurre
5 cuillerées à soupe de sucre
cannelle en poudre

Mon conseil :
Servez avec une sauce à la vanille.

- Coupez l'ananas en 8 tranches, épluchez-les et retirez la partie centrale dure.
- Préparez la pâte à beignets : cassez l'œuf en séparant le blanc du jaune. Mélangez le jaune avec le lait, le sel, le sucre et le porto et incorporez-y la farine. Ajoutez le beurre fondu dans le mélange, puis, un peu avant de faire cuire les beignets, le blanc d'œuf monté en neige.
- Passez les tranches d'ananas dans la pâte à beignets et faites-les dorer pendant 3 minutes environ dans un bain de friture chauffé à 180°. Égouttez-les soigneusement sur du papier absorbant.
- Mélangez le sucre avec la cannelle et roulez-y les beignets afin qu'ils soient bien parfumés. Servez aussitôt.

Beignets d'aubergine

Dégorgement : 10 minutes
Préparation : 15 minutes
Cuisson : 5 minutes

Des beignets provençaux.

540 calories

Pour 4 personnes
1 belle aubergine ferme
50 cl d'huile d'arachide
1 cuillerée à soupe
de gros sel
Pour la pâte à frire :
4 cuillerées à soupe
de farine
2 œufs
noix muscade
sel, poivre du moulin

■ Préparez, avec la farine, les œufs, le sel, le poivre, la noix muscade et un peu d'eau, la pâte 2 heures avant de faire les beignets. Découpez l'aubergine en rondelles de 5 mm d'épaisseur : vous obtenez entre 30 et 35 tranches, soit 8 beignets par personne environ.

■ Posez les tranches dans une passoire, saupoudrez-les de gros sel et laissez-les dégorger une dizaine de minutes en les retournant au moins une fois. Ensuite, posez-les sur un papier absorbant.

■ Faites chauffer l'huile dans une sauteuse sans la laisser bouillir. Trempez les rondelles d'aubergine dans la pâte à frire, puis plongez-les dans l'huile 3 minutes de chaque côté. Servez bien chaud.

Beignets de cervelle

Préparation : 10 minutes
Trempage : 2 heures
Cuisson : 25 minutes

Dorés et croustillants à l'extérieur, mais tendres et moelleux à l'intérieur.

541 calories

Pour 4 personnes
1 cervelle de veau de 400 g
1 cuillerée à café de vinaigre
1 oignon
1 petit bouquet de persil

■ Faites dégorger la cervelle 2 heures dans de l'eau froide vinaigrée que vous renouvellerez plusieurs fois et retirez la mince membrane nerveuse qui l'entoure.

■ Mettez la cervelle dans un faitout, recouvrez-la d'eau froide, ajoutez le vinaigre, l'oignon, le persil, du sel et du poivre et portez à ébullition. Laissez cuire à feu très doux pendant 20 minutes.

Beignets de cervelle *(suite)*

pâte à choux
(voir recette p. 535)
sans sucre
sel, poivre du moulin

- Faites égoutter la cervelle, essuyez-la, laissez-la tiédir puis coupez-la en tranches régulières. Assaisonnez de sel et de poivre.
- Trempez rapidement les tranches de cervelle dans la pâte à choux et plongez-les dans un bain d'huile chauffée à 180° pour les faire dorer à point.
- Sortez-les du bain de friture à l'aide d'une écumoire puis posez-les sur du papier absorbant.
- Servez-les telles, simplement présentées avec des quartiers de citron.

Beignets de champignons

530 calories

Pour ingrédients et marche à suivre, voir *Beignets d'aubergine*, p. 90.

Prenez de petits champignons entiers. S'ils sont frais, nettoyez-les et cuisez-les d'abord pendant 7 minutes avec un peu de beurre, du sel, du poivre et un filet de jus de citron. Égouttez-les et laissez-les refroidir.
S'ils sont en conserve, égouttez-les soigneusement. Versez-les dans la pâte à frire classique puis dans le bain de friture d'huile chaude.

Beignets de fenouil

Préparation : 30 minutes
Cuisson : 5 minutes

Délicieux accompagnés d'une sauce à l'œuf.

548 calories

Pour 4 personnes
4 bulbes de fenouil
25 cl de pâte à frire (voir *Beignets d'aubergine*, p. 90)
1 verre d'huile d'olive
sel

- Préparez la pâte à frire 2 heures à l'avance.
- Nettoyez soigneusement les bulbes de fenouil. Plongez les bulbes une quinzaine de minutes dans une casserole d'eau bouillante salée.
- Ensuite, rafraîchissez-les sous l'eau froide quelques instants, égouttez-les sur un linge et mettez-les au réfrigérateur dans une assiette couverte.
- Sortez les fenouils du réfrigérateur, découpez chaque bulbe en quatre tranches dans le sens de l'épaisseur et plongez-les dans la pâte à frire. Placez une sauteuse sur feu vif et versez-y l'huile d'olive.
- Lorsqu'elle est chaude sans être bouillante, trempez-y les tranches de fenouil enrobées de pâte et faites-les dorer des deux côtés quelques secondes. Égouttez-les sur du papier absorbant, puis disposez-les dans les assiettes. Servez bien chaud.

Beignets de fleurs de courgette

Préparation : 10 minutes
Cuisson : 5 minutes

Des beignets originaux.

535 calories

Pour 4 personnes
20 fleurs de courgette
1 verre d'huile d'arachide
25 cl de pâte à frire
(voir *Beignets d'aubergine*, p. 90)

■ Préparez la pâte à frire 2 heures à l'avance.

■ Sectionnez les fleurs de courgette en haut de la tige. Passez-les sous le robinet d'eau froide à tout petit débit pour ne pas les abîmer et séchez-les bien à plat sur un linge.

■ Faites chauffer l'huile dans une sauteuse, mais ne la laissez pas bouillir. Trempez les fleurs de courgette dans la pâte à frire, puis plongez-les dans l'huile 3 minutes de chaque côté. Servez chaud.

Beignets de poisson

660 calories

Pour ingrédients et marche à suivre, voir *Beignets d'aubergine*, p. 90.

Choisissez des poissons à chair ferme, de la lotte, par exemple. Une fois le poisson cuit au court-bouillon, mais pas trop, enlevez arêtes et peau. Coupez-le en filets allongés. Plongez-les dans la pâte à frire classique, puis dans la friture d'huile bien chaude.

Beignets de pommes

Préparation : 15 minutes
Repos de la pâte : 1 heure
Cuisson : 3 minutes par friture

Frites dans une pâte levée à la bière, des rondelles de pommes fondantes, parfumées au kirsch et à la cannelle.

500 calories

■ Une heure et demie à l'avance, battez ensemble dans une jatte l'œuf entier, la bière, l'huile, le sel, le sucre. Mélangez la farine à la levure, et versez-la en pluie tout en battant à la fourchette comme pour une omelette.

Pour 6 personnes
4 ou 5 grosses pommes
1 petit verre de kirsch
2 cuillerées à soupe de sucre
1 petit bol de sucre mélangé avec 1 cuillerée de cannelle
1 friteuse remplie d'huile
Pour la pâte à beignets :
10 cuillerées à soupe de farine
1 œuf
1 cuillerée à soupe d'huile
1 verre de bière blonde
2 blancs d'œufs
1 pincée de sel
1 pincée de sucre
1 pincée de levure chimique

Mon conseil :
Accompagnez de gelée de groseille.

Couvrez la jatte avec un torchon et laissez reposer 1 heure dans un endroit tempéré.

- Pelez les pommes. Évidez-les avec un vide-pomme (si vous n'avez pas de vide-pomme, coupez les pommes en deux horizontalement et retirez les loges avec une petite cuillère). Coupez-les en rondelles épaisses que vous mettez dans un saladier. Versez dessus le kirsch et saupoudrez des 2 cuillerées de sucre. Laissez macérer.
- Au moment d'utiliser la pâte à beignets, mettez votre bassine d'huile à chauffer, puis battez les blancs en neige très ferme. Incorporez-les doucement à la pâte. Trempez chaque rondelle dans cette pâte et plongez-la dans la friture très chaude (la friture doit bouillonner dès l'introduction des rondelles).
- Laissez dorer les beignets 3 minutes, égouttez-les et servez-les chauds, saupoudrés de sucre et de cannelle.

Betteraves ménagère

Préparation : 5 minutes
Cuisson : 10 minutes

Poêlées et arrosées de beurre persillé.

220 calories

Pour 4 personnes
3 betteraves rouges cuites
1 cuillerée à soupe d'huile
30 g de beurre
1 citron
1 cuillerée à soupe de persil haché

- Coupez les betteraves en tranches.
- Faites chauffer ces tranches à la poêle 10 minutes à tout petit feu avec 1 cuillerée à soupe d'eau et autant d'huile.
- Servez arrosé de beurre fondu, de jus de citron et saupoudré de persil.

Betteraves rouges à l'étouffée

Préparation : 20 minutes
Cuisson : 1 h 05

Étuvées au vin rouge et parfumées de coriandre.

224 calories

Pour 4 personnes
50 g de beurre clarifié
(voir recette p. 97)
2 oignons
1 gousse d'ail
1 kg de betteraves rouges crues
2 pincées de sucre
1/2 cuillerée à soupe de coriandre en poudre
25 cl de vin rouge
2 cuillerées à soupe de vinaigre de vin
1 feuille de laurier
2 cuillerées à café de raifort râpé
sel, poivre du moulin

Mon conseil :
Cette garniture originale accompagne parfaitement un canard bien croustillant.

- Faites chauffer le beurre dans une sauteuse et faites-y étuver les oignons pelés et émincés ainsi que l'ail écrasé.
- Pelez les betteraves et essuyez-les avec un linge si vous ne les lavez pas. Râpez-les finement. Versez-les dans la sauteuse. Salez, poivrez, ajoutez le sucre et la coriandre.
- Mouillez avec le vin rouge et le vinaigre, ajoutez le laurier, couvrez et laissez mijoter environ 1 heure.
- Vérifiez l'assaisonnement en sel et en poivre et parfumez avec le raifort râpé.

Betteraves rouges aux noix

Une salade tonique et originale.

225 calories

Pour 4 personnes
3 betteraves rouges crues
12 noix
1 gousse d'ail écrasée
2 cuillerées à soupe d'huile
1 cuillerée à soupe de jus de citron
1 échalote émincée
sel

Préparation : 20 minutes

- Lavez les betteraves, grattez-les bien et épluchez-les ; râpez-les au-dessus du saladier.
- Ouvrez les noix et concassez-les.
- Mélangez l'ail avec le sel et le jus de citron ; versez l'huile et battez légèrement.
- Humectez la betterave de la sauce, ajoutez l'échalote et les noix, puis tournez la salade juste avant de servir.

Beurre blanc

Onctueux et doux, c'est l'ami des poissons.

646 calories

Pour 2 personnes
10 cl de vin blanc
3 échalotes émincées
10 cl de bouillon
150 g de beurre
sel, poivre du moulin

Mon conseil :
Cette sauce accompagne également très bien les viandes blanches.

Préparation : 5 minutes
Cuisson : 10 minutes

- Dans une petite casserole, portez à ébullition le vin et les échalotes émincées et faites réduire.
- Ajoutez le bouillon et faites bouillir à nouveau. Salez et poivrez légèrement.
- Incorporez le beurre par petites fractions pour lier la sauce. Servez aussitôt.

Beurres composés

Les beurres composés sont faciles à réaliser ; avec un peu d'imagination, on peut inventer à partir d'une recette de base une multitude de variations.

On réussit plus facilement les beurres composés chauds avec du beurre clarifié. Ils conviennent aux viandes grillées, aux poissons pochés, aux crustacés, aux escargots et aux légumes étuvés. Mais ils peuvent aussi parfumer de simples plats de pâtes.

Recettes de base

Préparation du beurre clarifié

Faites fondre le beurre lentement dans une casserole sans remuer. Retirez la mousse qui se forme à la surface avec une écumoire. Laissez refroidir et versez lentement dans un autre récipient, de façon que le dépôt reste dans la casserole. Salez.

Préparation du beurre noisette

Il suffit de réchauffer le beurre à nouveau jusqu'à ce qu'il prenne une couleur brune et ait une légère odeur de noisette.

Beurre à l'ail ou au raifort

Mélangez de l'ail écrasé ou du raifort haché avec le beurre et passez au tamis fin.

Beurre aux amandes

Faites dorer des amandes effilées dans du beurre clarifié ; pour les poissons et les viandes blanches.

Beurre d'anchois

Rincez les filets d'anchois, écrasez-les au mortier et malaxez-les avec le beurre et un filet de jus de citron. Passez ensuite au tamis.

→

Beurre d'écrevisses

Faites revenir dans du beurre des carcasses d'écrevisses, écrasez-les au mortier et passez-les au tamis avec le beurre bien ramolli. Une excellente manière d'utiliser les restes. Peut être également préparé avec des crevettes, du homard ou des crabes.

Beurre d'estragon

Même préparation que pour le beurre aux herbes mais n'utilisez que des feuilles d'estragon. Variante : beurre de cerfeuil ou de persil.

Beurre aux herbes aromatiques

Hachez finement les herbes lavées, séchez-les et ajoutez-les au beurre ; salez et poivrez. Aromatisez éventuellement avec un peu de jus de citron et d'ail pressé. Variantes froides pour les biftecks, les pommes de terre en robe des champs, les hors-d'œuvre et les canapés. Utilisez toujours du beurre frais et mettez la préparation en attente au réfrigérateur.

Beurre à la moutarde

Avec de la moutarde de Dijon ou de la moutarde à l'estragon. Ajoutez un peu de jus de citron ou un jaune d'œuf écrasé.

Beurre au roquefort

Malaxez le beurre avec le fromage et éventuellement un peu de cognac ou de marc de Bourgogne.

Voir aussi *Sauces*, p. 712.

Beurre d'escargots

Un beurre parfumé qui fait bon ménage avec les mollusques.

561 calories

Préparation : 10 minutes

Pour 4 personnes
250 g de beurre
5 cuillerées à soupe de fines herbes fraîchement hachées (persil, cerfeuil, ciboulette)
1 cuillerée à soupe d'ail pilé
1 cuillerée à soupe d'échalotes en purée
poivre du moulin

- Faites légèrement ramollir le beurre.
- Mélangez les fines herbes avec l'ail pilé et les échalotes en purée. Poivrez.
- Malaxez le tout avec le beurre, à la fourchette.
- Laissez reposer avant l'emploi.

Beurre marchand de vin

Idéal avec une entrecôte grillée ou des rognons.

616 calories

Préparation : 5 minutes
Cuisson : 10 minutes

Pour 4 personnes
33 cl de vin rouge
20 cl de porto
25 g d'échalotes émincées
250 g de beurre
1 cuillerée à café de jus de citron
1 cuillerée à café de persil ciselé
sel, poivre du moulin

- Portez à ébullition le vin rouge et le porto avec les échalotes et faites réduire à sec.
- Ajoutez le beurre ramolli.
- Parfumez avec un peu de jus de citron et de persil. Salez et poivrez.

Biftecks à la strasbourgeoise

Préparation : 5 minutes
Cuisson : 15 minutes

Poêlés aux oignons et coiffés d'œufs.

565 calories

Pour 4 personnes
4 steaks de 180 g dans la bavette
80 g de beurre
4 œufs
2 oignons
sel, poivre

■ Pelez les oignons. Coupez-les en rondelles.

■ Chauffez le beurre dans la poêle. Mettez les oignons puis, 3 minutes plus tard, les steaks. Laissez-les cuire 2 minutes sur chaque face. Salez, poivrez.

■ Cassez 1 œuf dans la poêle entre chaque steak. Salez, poivrez ; laissez cuire environ 3 minutes et servez en plaçant les œufs sur les steaks.

Biscuits aux raisins secs

Préparation : 20 minutes
Trempage : 2 heures
Cuisson : 20 minutes

Parfaits pour le goûter ou avec un thé brûlant.

385 calories

Pour 6 personnes
100 g de beurre
100 g de raisins secs
10 cl de rhum
80 g de sucre glace
1 œuf
4 gouttes d'extrait de vanille
160 g de farine
50 g de poudre d'amandes
beurre pour la plaque

■ Faites ramollir le beurre et mettez à tremper les raisins secs 2 heures dans le rhum.

■ Avec une spatule, faites blanchir le beurre avec le sucre glace, ajoutez l'œuf avec la vanille et incorporez peu à peu la farine, les raisins, le rhum et la poudre d'amandes.

■ Versez la moitié de la pâte dans une poche à douille et dressez-la sur la plaque du four beurrée en petits tas de la grosseur d'une noix.

■ Faites dorer 10 minutes au four chauffé à th. 6, puis répétez l'opération avec la pâte restante. Laissez refroidir avant de servir.

Bœuf braisé sauce Boumian (recette page 110)

Bourride *(recette page 121)*

Biscuit roulé givré

Préparation : 25 minutes
Réfrigération : 5 heures

A la mousse au chocolat sur coulis de fraises au pastis.

278 calories

Pour 6 personnes
pâte à génoise
(voir recette p. 536)
300 g de mousse au chocolat
(voir recette p. 223)
150 g de fraises
4 cl de pastis sans alcool

- Préparez et cuisez la pâte à génoise selon la recette et laissez-la refroidir.
- Préparez la mousse au chocolat et mettez-la 2 heures au frais.
- Étalez la mousse sur la pâte, roulez celle-ci sur elle-même, enveloppez le gâteau dans une feuille de papier aluminium et placez-le au réfrigérateur au moins 3 heures.
- Équeutez les fraises, lavez-les et passez-les au mixeur. Parfumez le coulis avec le pastis (ajoutez éventuellement un peu de sucre).
- Dressez le biscuit coupé en tranches sur le coulis de fraises au pastis.

Bisque de homard

Préparation : 40 minutes
Cuisson : 1 h 10

Pour commencer un dîner fin.

926 calories

Pour 2 personnes
1 homard de 1 kg
2 cuillerées à soupe d'huile
100 g de beurre
2 cl de cognac
1 carotte râpée
1 échalote émincée
1/2 gousse d'ail écrasée
1 cuillerée à soupe de concentré de tomates
20 cl de vin blanc
25 cl de fumet de poisson
(voir recette p. 323)
1 bouquet de persil

- Lavez le homard et plongez-le rapidement dans de l'eau bouillante salée. Fendez-le en deux dans le sens de la longueur et faites-le dorer du côté chair, dans une sauteuse contenant l'huile et la moitié du beurre. Versez le cognac et flambez. Otez la chair de la carapace et cassez les pinces. Réservez-les.
- Concassez la carapace au mortier.
- Dans une marmite, faites-la revenir dans l'huile, ajoutez-y la carotte râpée, l'échalote émincée, l'ail écrasé, le concentré de tomates et le vin blanc.
- Mouillez avec le fumet de poisson et prolongez la cuisson de 45 minutes.
- Passez au tamis fin.

Bisque de homard *(suite)*

1 jaune d'œuf
4 cuillerées à soupe
de crème fraîche
sel, poivre du moulin

■ Coupez la chair du homard en dés et faites-la sauter dans le reste du beurre avec le persil haché.

■ Battez le jaune d'œuf avec la crème fraîche dans la soupière et versez la soupe dessus en remuant, rectifiez l'assaisonnement. Complétez avec les morceaux de homard et servez.

Bisque de ouassous

Préparation : 30 minutes
Cuisson : 30 minutes

Une classique des Antilles.

321 calories

Pour 4 personnes

12 ouassous ou 12 écrevisses
2 oignons
2 carottes
1 céleri-branche
1 gousse d'ail
3 branches de persil
1 bouquet garni
2 verres de vin blanc sec
1 cuillerée à soupe
de concentré de tomates
1 verre à liqueur de rhum vieux
20 cl de crème fraîche
1 jaune d'œuf
1 piment-oiseau
huile
50 g de beurre
sel, poivre

■ Lavez bien les ouassous sous l'eau courante. Pelez les carottes et les oignons. Coupez-les en petits morceaux, ainsi que le céleri. Réservez 1 oignon entier.

■ Faites chauffer le beurre dans une cocotte, ajoutez les morceaux de légumes, remuez bien. Ajoutez le bouquet garni et couvrez. Laissez cuire à feu doux jusqu'à ce que les légumes aient fondu.

■ Faites revenir les ouassous dans un peu d'huile avec l'oignon émincé, l'ail écrasé et le persil haché. Faites flamber au rhum.

■ Ajoutez les légumes, le vin blanc, le concentré de tomates et couvrez de 1 l d'eau. Laissez mijoter 15 minutes.

■ Retirez du feu. Décortiquez les ouassous, coupez la queue en petits dés. Réservez. Pilez les carapaces et les légumes au mortier ou alors mixez. Passez le tout au tamis fin. Puis filtrez le bouillon de cuisson.

■ Mettez la purée obtenue dans le récipient contenant le bouillon et faites bouillir 10 minutes à couvert. Salez, poivrez, incorporez le piment-oiseau.

■ Pendant ce temps, fouettez le jaune d'œuf et la crème fraîche, ajoutez le mélange à la préparation précédente sans cesser de battre. Versez les dés de ouassous et servez aussitôt.

Blancs de poularde au citron vert

Préparation : 10 minutes
Macération : 30 minutes
Cuisson : 20 minutes

Dans une sauce aigre-douce.

311 calories

Pour 2 personnes

1 citron vert
1 cuillerée à café de miel
2 blancs de poularde avec peau et os
10 g de beurre
1 échalote émincée
12,5 cl de vin blanc
12,5 cl de fond de volaille (voir recette p. 322)
50 g de crème fraîche
sel, poivre du moulin

■ Pelez le citron. Coupez le zeste en fines lanières, faites-les blanchir dans de l'eau bouillante puis passez-les sous l'eau froide.

■ Pressez le citron et mélangez le jus avec le miel.

■ Essuyez bien la viande, salez-la, poivrez-la, badigeonnez-la avec le mélange citron-miel et laissez-la macérer pendant 30 minutes.

■ Faites chauffer le beurre dans une poêle, mettez-y les blancs de poularde à dorer environ 6 minutes de chaque côté. Retirez-les et réservez-les au chaud.

■ Jetez la graisse de cuisson, faites fondre l'échalote dans la poêle, mouillez avec le vin blanc et faites réduire jusqu'à presque totale évaporation.

■ Versez le fond de volaille et faites à nouveau réduire de moitié. Ajoutez la crème fraîche, faites réduire et passez au tamis.

■ Ajoutez les lanières de citron, portez à ébullition, vérifiez l'assaisonnement et versez sur la viande.

Blanquette d'agneau

Une viande moelleuse dans une sauce onctueuse.

554 calories

Préparation : 15 minutes
Cuisson : 50 minutes

Pour 4 personnes
2 cuillerées à soupe d'huile d'olive
800 g de viande (collier ou haut de côtes)
2 oignons
1 cuillerée à soupe de farine
33 cl de bouillon
1 gousse d'ail
2 carottes
1/2 céleri-rave
10 g de beurre
1 bouquet de persil
sel, poivre du moulin

Mon conseil :
Pour relever la saveur de ce plat, ajoutez quelques lamelles de champignons crus en fin de cuisson.

■ Faites chauffer l'huile dans une cocotte. Découpez la viande en morceaux, salez-les, poivrez-les et faites-les revenir sur toutes leurs faces; ajoutez les oignons pelés et émincés et faites-leur prendre une légère coloration. Saupoudrez alors de farine et, quand elle est bien absorbée, recouvrez de bouillon froid pour que la viande soit juste couverte. Baissez le feu.

■ Pelez l'ail, écrasez-le, mettez-le dans la cocotte, salez, poivrez, mélangez bien le tout, couvrez et faites cuire à feu doux environ 40 minutes. Remuez de temps en temps.

■ Pelez les carottes et le céleri-rave. Coupez les carottes en quatre dans le sens de la longueur, détaillez le céleri-rave en morceaux. Environ 15 minutes avant la fin de la cuisson, ajoutez les carottes et le céleri.

■ La cuisson terminée, ajoutez un bon morceau de beurre et servez dans un plat creux. Saupoudrez de persil haché et accompagnez de riz blanc.

Blanquette de veau

Préparation : 20 minutes
Cuisson : 2 h 15

Une viande bien tendre dans une sauce veloutée.

354 calories

Pour 6 personnes

1,2 kg de veau (épaule, tendron et flanchet) en morceaux
1 oignon piqué de 1 feuille de laurier et 1 clou de girofle
1 bouquet garni
50 g de beurre
2 cuillerées à soupe de farine
4 cl de vin blanc sec
2 jaunes d'œufs
20 cl de crème fraîche
1 cuillerée à soupe de jus de citron
sauce Worcestershire
poivre de Cayenne
sel, poivre blanc

Mon conseil :
Ajoutez quelques lamelles de champignons de couche 5 minutes avant la fin de la cuisson.

- Mettez la viande dans une cocotte et versez de l'eau froide dessus pour qu'elle soit juste recouverte. Ajoutez l'oignon piqué, le bouquet garni, salez, poivrez et portez très lentement à ébullition.
- Écumez soigneusement, puis baissez le feu et laissez cuire 2 heures à petits frémissements.
- Faites fondre le beurre dans une petite casserole, saupoudrez-le de farine pour préparer un roux blond. Quand il est prêt, laissez refroidir.
- Versez la viande dans une passoire, récupérez le fond de cuisson et passez-le au tamis.
- Délayez le roux blond dans ce fond, en fouettant bien avec une fourchette, et portez à ébullition.
- Remettez la viande dans la cocotte, arrosez-la de la sauce. Ajoutez le vin blanc et laissez mijoter à feu doux encore 15 minutes.
- Mélangez la crème et les jaunes d'œufs et incorporez-les peu à peu à la sauce en veillant à ne pas laisser bouillir et en tournant vivement. Parfumez avec un peu de jus de citron, de sauce Worcestershire et de cayenne.
- Mettez les morceaux de veau dans un grand plat creux, nappez de sauce et servez aussitôt.

Bœuf à l'alsacienne

Braisé au genièvre sur un lit de choucroute.

483 calories

Pour 4 personnes

800 g de bœuf à braiser (en un seul morceau)
40 g de beurre clarifié (voir recette p. 97)
25 cl de vin blanc (facultatif)
2 gros oignons
4 cuillerées à soupe de genièvre
5 baies de genièvre
800 g de choucroute crue
500 g de pommes de terre
1 cuillerée à café de Maïzena
sel, poivre du moulin

Mon conseil :
Faites rissoler des lardons et ajoutez-les à la viande au moment de servir.

Préparation : 20 minutes
Cuisson : 2 h 10

- Ficelez bien la viande avec du fil de cuisine.
- Faites chauffer le beurre dans une braisière et mettez-y le bœuf à revenir.
- Pelez les oignons, émincez-les et ajoutez-les à la viande bien dorée.
- Flambez au genièvre, salez, poivrez et couvrez d'eau.
- Mettez le couvercle et laissez mijoter à feu doux environ 2 heures.
- Faites mijoter la choucroute avec les baies de genièvre et 25 cl d'eau ou de vin blanc pendant 30 minutes.
- Pelez les pommes de terre, lavez-les et ajoutez-les à la viande 20 minutes avant la fin de la cuisson.
- Retirez la viande de la braisière et mettez-la 15 minutes à reposer au chaud pendant que vous faites réduire le fond de cuisson. Retirez également les pommes de terre et mettez-les dans un saladier chaud. Liez le fond avec la Maïzena délayée dans 3 cuillerées à café d'eau et passez-le au tamis.
- Dressez la choucroute dans un plat ovale chaud, coupez la viande en tranches et disposez-les sur la choucroute. Arrosez d'une partie du fond de cuisson. Servez le reste à part, en même temps que les pommes de terre.

Bœuf bourguignon

Préparation : 30 minutes
Cuisson : 2 h 10

Mijoté au vin rouge, avec petits champignons et lardons.

799 calories

Pour 6 personnes

1,2 kg de bœuf à bourguignon (tranche grasse, macreuse)
30 petits oignons grelots
4 gousses d'ail
300 g de champignons de Paris
40 g de beurre clarifié
300 g de lard maigre
3 cuillerées à soupe de farine
50 cl de vin rouge
50 cl de bouillon
thym
marjolaine
laurier
beurre
1 gros bouquet de persil
sel, poivre du moulin

Mon conseil :

Si vous avez suffisamment de temps, faites mariner la viande 12 heures avec 1 bouquet garni, 1 oignon, 1 gousse d'ail, 1 branche de thym et quelques grains de poivre dans du vin rouge que vous aurez porté à ébullition. Servez-vous de la marinade afin de compléter le fond de cuisson.

- Coupez la viande en dés de 3 cm de côté.
- Pelez les oignons et l'ail.
- Coupez l'extrémité du pied des champignons, lavez-les et séchez-les.
- Faites fondre le beurre clarifié dans une braisière et mettez-y à revenir le lard coupé en dés avec les oignons et l'ail.
- Quand ils sont bien dorés, retirez-les et faites revenir la viande dans la même graisse, salez et poivrez. Saupoudrez de farine, laissez prendre une belle coloration brune, puis versez le vin et le bouillon en mélangeant bien. Vérifiez alors l'assaisonnement en sel et en poivre, ajoutez le thym, la marjolaine et le laurier et posez le couvercle. Portez à ébullition puis laissez mijoter environ 2 heures en écumant de temps à autre.
- Environ 5 minutes avant la fin de la cuisson, versez dans la sauce les champignons que vous aurez fait sauter au beurre.
- Lavez le persil, égouttez-le et hachez-le grossièrement.
- Versez la viande et sa sauce dans une grande terrine et parsemez de persil pour servir.

Bœuf braisé sauce Boumian

Au pèbre d'ail, évidemment...

810 calories

Pour 4 personnes
1 kg de paleron
50 cl de vin rouge
Pour la marinade :
1 gros oignon piqué de 2 clous de girofle
2 gousses d'ail
1 cuillerée à café d'origan
1 cuillerée à café de sarriette
3 cuillerées à soupe d'huile d'olive
gros sel, poivre du moulin
Pour la sauce Boumian :
1 tranche de jambon fumé
50 g de champignons de Paris
2 échalotes
1 gousse d'ail
1/2 verre de vin blanc sec
2 tomates bien mûres
sel, piment rouge

Préparation : 30 minutes
Cuisson : 3 h 30

■ Découpez le paleron en cubes de 4 cm de côté. Placez-les dans un saladier avec l'huile d'olive, la sarriette et l'origan, l'oignon piqué de clous de girofle, les gousses d'ail pelées et écrasées, 1 pincée de gros sel et une dizaine de tours de moulin à poivre, selon le goût. Laissez mariner à température ambiante.

■ Pendant ce temps, la sauce : pelez, épépinez et concassez grossièrement les tomates. Épluchez l'ail et les échalotes ; hachez-les séparément. Nettoyez les champignons, coupez le bout terreux et taillez-les en petits dés. Coupez aussi le jambon en dés. Dans une casserole sur feu vif, mettez le vin et les échalotes : le vin doit réduire entièrement.

■ Dans une daubière sur feu vif, mettez les cubes de paleron et la marinade passée au chinois. Faites dorer 5 minutes de tous côtés.

■ Mouillez la viande avec le vin rouge, fermez la daubière en veillant à mettre de l'eau dans le couvercle, et laissez mijoter 3 heures.

■ Ajoutez tous les ingrédients de la sauce Boumian, remuez et poursuivez la cuisson pendant une trentaine de minutes.

Bœuf en daube aux olives

Préparation : 20 minutes
Cuisson : 3 heures

Des morceaux de bœuf braisé en cocotte avec du vin, des aromates et des olives vertes et noires.

670 calories

Pour 4 personnes

800 g de bœuf à braiser coupé en morceaux
100 g de lard de poitrine
15 olives vertes
15 olives noires
1 verre de vin rouge
1 clou de girofle
4 oignons
1 bouquet garni
1 zeste d'orange
2 cuillerées à soupe d'huile
sel, poivre

■ Pelez et hachez 3 oignons. Coupez le lard en dés.

■ Dans une cocotte, mettez l'huile à chauffer. Faites-y revenir le hachis d'oignons et les dés de lard, en remuant constamment.

■ Dès qu'ils sont dorés, ajoutez les morceaux de viande, le bouquet garni, le zeste, le quatrième oignon piqué de girofle. Arrosez avec le vin et autant d'eau. Assaisonnez largement de sel et poivre. Laissez mijoter à couvert 2 heures.

■ Dénoyautez les olives et ajoutez-les alors dans la cocotte. Laissez cuire encore 1 heure.

■ Servez très chaud dans un plat creux, après avoir retiré le bouquet garni et l'oignon clouté de girofle.

Bœuf mariné à l'orange

Dans une sauce fruitée.

625 calories

Pour 4 personnes
1 kg de bœuf (gîte)
5 cl d'huile d'arachide
1 l de bouillon
30 g de crème fraîche
sel, poivre du moulin
Pour la marinade :
60 g de champignons
120 g de carottes
150 g d'oignons
50 cl de vin blanc
10 cl de jus d'orange
3 cl de jus de citron
1 filet d'huile d'olive
1 feuille de laurier
sel, poivre du moulin

Mon conseil :
Au dernier moment, ajoutez quelques filets d'orange dans la sauce.

Préparation : 25 minutes
Marinade : 12 heures
Cuisson : 1 h 40

- La veille, préparez les éléments de la marinade. Coupez les légumes nettoyés et pelés en dés, mettez-les dans un grand saladier en verre, arrosez-les de vin blanc, du jus des fruits et d'huile d'olive, ajoutez la feuille de laurier, salez, poivrez et mélangez bien.
- Coupez la viande en cubes de 3 cm de côté, versez-les dans la marinade et placez 1 nuit au frais.
- Le lendemain, sortez la viande et les légumes de la marinade et laissez-les égoutter.
- Faites chauffer l'huile d'arachide dans une cocotte, faites-y revenir les cubes de viande sur toutes leurs faces. Retirez-les avec une écumoire et réservez-les. Mettez les légumes dans la cocotte et faites-les revenir à leur tour.
- Replacez la viande dans la cocotte, couvrez de marinade et portez à ébullition. Écumez. Versez le bouillon, portez de nouveau à ébullition et couvrez. Laissez mijoter 1 h 30 environ.
- Retirez la viande avec une écumoire et dressez-la dans un grand plat creux préchauffé.
- Mixez les légumes et le fond de cuisson, passez au tamis et versez dans une casserole. Ajoutez la crème et portez à ébullition. Vérifiez l'assaisonnement en sel et en poivre. Nappez la viande de sauce et servez bien chaud.

Bœuf en salade

Préparation : 20 minutes
Macération : 1 heure
Cuisson : 20 minutes

Pour utiliser les restes de pot-au-feu.

324 calories

Pour 6 personnes

3 grosses pommes de terre
5 ou 6 échalotes
3 tomates
1 poivron vert
1/2 concombre
750 g de bœuf bouilli
12,5 cl de vinaigrette
sel

Mon conseil :
S'il vous reste quelques légumes du pot-au-feu, ajoutez-les à la salade, elle n'en sera que meilleure.

- Lavez les pommes de terre, faites-les cuire 20 minutes dans de l'eau bouillante salée, épluchez-les et coupez-les en rondelles un peu épaisses.
- Pelez les échalotes et coupez-les en fins anneaux.
- Épépinez les tomates et coupez-les en dés.
- Fendez le poivron en deux, épépinez-le et coupez la pulpe en fines lanières.
- Pelez le concombre, fendez-le en deux pour ôter la partie molle et détaillez la chair en petits cubes.
- Coupez la viande dégraissée en morceaux.
- Mettez la viande et les légumes dans un grand saladier. Arrosez de sauce et laissez macérer au frais 1 petite heure avant de servir.

Bortsch

Préparation : 30 minutes
Cuisson : 1 h 15

Soupe russe pour hiver rigoureux.

321 calories

Pour 8 personnes

1 petit chou vert de Milan
1 céleri-rave
2 oignons
1 betterave rouge
1 poireau
2 carottes

- Nettoyez les légumes et émincez-les.
- Coupez le lard en dés et faites-le fondre dans un faitout.
- Faites revenir les légumes dans la graisse du lard, ajoutez le concentré de tomates et laissez cuire quelques minutes à l'étuvée.
- Arrosez de vinaigre, recouvrez de bouillon, assaisonnez et laissez cuire à petits frémissements.

Bortsch *(suite)*

200 g de lard maigre
1 cuillerée à café
de concentré de tomates
2 cl de vinaigre
2,5 l de bouillon de volaille
1 feuille de laurier
3 clous de girofle
2 cuillerées à café de cumin
5 grains de genièvre
6 cuillerées à soupe
de crème fraîche ou aigre
2 cuillerées à soupe
d'aneth ciselé
sel, poivre du moulin

- Mettez les aromates dans une boule à thé et ajoutez-les à la soupe.
- Au bout de 1 heure, rectifiez l'assaisonnement et retirez la boule à thé du faitout.
- Répartissez la soupe dans des assiettes creuses, garnissez chacune d'un dôme de crème fraîche (ou, mieux, aigre) et saupoudrez d'aneth finement ciselé.

Boudin blanc et purée aux deux pommes

Préparation : 15 minutes
Cuisson : 30 minutes

Une merveille d'onctuosité.

1 215 calories

Pour 2 personnes
400 g de pommes de terre
farineuses
1 oignon
60 g de beurre
2 pommes (boskoop)
4 boudins blancs
2 cl d'huile
cumin en poudre
sel

- Pelez les pommes de terre et faites-les cuire dans de l'eau bouillante salée.
- Faites légèrement revenir l'oignon épluché et émincé dans 20 g de beurre. Pelez les pommes-fruits et coupez-les en quartiers, évidez-les et faites-les revenir 8 minutes avec l'oignon.
- Ajoutez les pommes de terre égouttées et passez le tout au moulin à légumes de façon à réduire l'ensemble en purée. Assaisonnez de sel et de cumin, ajoutez le reste de beurre, morceau par morceau.
- Enfilez les boudins sur les brochettes, faites-les dorer dans l'huile 3 minutes de chaque côté et servez avec la purée toute chaude.

Bouillabaisse

Préparation et cuisson :
30 minutes

Une délicieuse soupe de poissons accompagnée de croûtons et de rouille.

760 calories

Pour 8 personnes

2 kg de poissons divers, dont :
a) 1 belle rascasse
b) du poisson à chair ferme tel que baudroie, grondin, vive, anguille, murène ou congre
c) des poissons à chair plus fine tels que merlan ou poissons plats
d) quelques petites girelles, vieilles ou labres
e) 1 crustacé bon marché (équille ou cigale)
1 verre d'huile d'olive
1 oignon
3 gousses d'ail
croûtons de pain
1,5 kg de tomates ou 1 petite boîte de concentré
sel, poivre
quelques brins de persil haché
1 pointe de safran et, selon le goût, peau d'orange, clou de girofle, thym, laurier

Mon conseil :
Servez le poisson accompagné de grosses crevettes frites à l'ail.

- Mettez 3 l d'eau à bouillir dans une casserole.
- Videz et écaillez les poissons si vous ne l'avez fait faire par votre poissonnier. Coupez-les en gros tronçons et lavez-les. Frottez les croûtons avec l'ail entier, puis hachez-le ainsi que l'oignon, et pelez les tomates (après avoir glissé sur le pourtour la lame d'un couteau afin de décoller la peau).
- Dans un grand faitout, faites chauffer l'huile et mettez-y à dorer l'ail et l'oignon. Ajoutez ensuite les tomates en morceaux ou le concentré, l'eau bouillante et tous les poissons à l'exception du merlan ou les autres poissons plats. Ajoutez sel et poivre, le persil haché et le safran (et, selon le goût, 1 morceau de peau d'orange, 1 clou de girofle, 1 branche de thym et 1 feuille de laurier). Versez l'eau sur le tout.
- Portez à ébullition et laissez cuire à gros bouillons pendant 15 à 20 minutes.
- Ajoutez le merlan ou les poissons plats, qui cuiront quelques minutes. Retirez ensuite les poissons qui sont restés entiers (ceux du groupe d se sont défaits à la cuisson, donnant de l'épaisseur au bouillon). Servez-les sur un grand plat chaud.
- Vous pouvez filtrer le bouillon, mais ce n'est pas obligatoire. Versez-le dans chaque assiette sur les croûtons frottés d'ail et servez avec de la rouille (voir recette p. 708).

Bouillabaisse aux œufs

Préparation : 20 minutes
Cuisson : 30 minutes

Pour changer du poisson : des œufs.

430 calories

Pour 4 personnes
500 g de pommes de terre
2 blancs de poireaux
3 échalotes
3 tomates
1 petit fenouil
1 gousse d'ail
1 cuillerée à café d'estragon haché
2 cuillerées à soupe d'huile
1 pincée de safran
1 morceau de zeste d'orange
1 bouquet garni
1 l de bouillon de viande
4 œufs
200 g de croûtons
sel, poivre du moulin

Mon conseil :
Accompagnez les œufs d'une sauce béarnaise à l'estragon frais.

■ Épluchez les pommes de terre, séchez-les dans un linge et coupez-les en fines tranches.

■ Nettoyez les autres légumes, lavez-les, coupez les poireaux en fines rondelles, émincez finement les échalotes, coupez les tomates en quatre, enlevez les pépins et détaillez-les en petits morceaux. Coupez le fenouil en fines lamelles.

■ Dans un grand faitout, faites revenir les légumes et les échalotes à l'huile chaude, ajoutez l'ail, l'estragon, le safran et le zeste d'orange ainsi que le bouquet garni et versez le bouillon dessus. Portez à ébullition et faites mijoter environ 10 minutes. Ajoutez les pommes de terre, écumez de temps à autre et, quand les pommes de terre sont cuites, assaisonnez en sel et en poivre ; retirez le bouquet garni.

■ Faites pocher les œufs dans de l'eau vinaigrée. Versez la soupe dans une soupière et garnissez de croûtons légèrement dorés. Servez les œufs à part.

Bouillons

C'est le point de départ de presque tous les potages et soupes.

Préparation

A quelques exceptions près, la préparation des bouillons est toujours la même :

- Mettez un bon morceau de viande dans un faitout, recouvrez d'eau froide et portez lentement à ébullition.
- Enlevez l'écume à l'aide d'une écumoire et, après l'écoulement des deux tiers du temps de cuisson, ajoutez les légumes et les plantes aromatiques.
- La cuisson terminée, passez le bouillon.
- Laissez refroidir et enlevez la graisse.

Mes conseils :

Ne faites pas bouillir à gros bouillons, pour que le potage reste clair. Ne salez pas trop. Ne prolongez pas la cuisson des légumes, ils ne donneraient plus de saveur. Ne prolongez pas non plus la cuisson des carcasses de poisson, la soupe deviendrait gélatineuse.

Temps de cuisson

Bouillon de bœuf : 4 à 6 heures.

Bouillon de volaille : 1 h 30 à 3 heures.

Fumet de poisson : 30 minutes à 2 ou 3 heures.

Bouillon de légumes : 30 minutes à 2 ou 3 heures.

Consommés et essences

En faisant réduire des bouillons déjà passés, on obtient des saveurs plus corsées. Un bouillon, un consommé, une essence peuvent se servir seuls, ou garnis des façons les plus diverses.

→

Consommé
Mélangez au blanc d'œuf des légumes et de la viande hachés. Versez dans le bouillon et amenez à ébullition en remuant. Après 1 heure de cuisson à feu doux, passez au tamis.

Consommé double
Mettez le double de viande et de légumes et procédez comme pour le consommé.

Essence
Faites réduire aux trois quarts le consommé double.

Aspic (ou gelée)
Consommé pris en gelée et additionné de xérès.

Voir aussi *Soupes et potages*, p. 746.

Bouillon de volaille Henri IV

Préparation : 5 minutes
Cuisson : 10 minutes

Consommé aux croûtons et au cerfeuil.

208 calories

Pour 4 personnes
1,5 l de bouillon de volaille
1 cuillerée à soupe de sucre
1 pointe de paprika
200 g de croûtons
100 g de cerfeuil
poivre du moulin

- Portez le bouillon à ébullition et faites-le réduire aux deux tiers.
- Dans un autre récipient, faites légèrement caraméliser le sucre et versez dessus le bouillon réduit. Relevez avec un peu de paprika et de poivre du moulin. Mélangez bien.
- Servez aussitôt dans des soupières individuelles garnies de croûtons et de cerfeuil ciselé.

Boulettes de bœuf

Des croquettes aux herbes et au lard fumé.

370 calories

Préparation : 15 minutes
Cuisson : 5 minutes

Pour 6 personnes
400 g de bœuf bouilli
(restes de pot-au-feu)
100 g de mie de pain
150 g de lard fumé
1 oignon
1/2 verre de lait
50 g de beurre
1 œuf
50 g de farine
quelques brins de persil
bain de friture
sel, poivre

Mon conseil :
Vous pouvez ajouter 1 bonne cuillerée à soupe de moutarde blanche à la farce avant de la façonner en boulettes.

■ Dans une petite poêle, mettez le beurre et faites fondre l'oignon haché dedans (laissez cuire doucement en tournant sans arrêt jusqu'à ce que l'oignon devienne transparent).

■ Faites chauffer légèrement le lait et trempez-y la mie de pain. Essorez cette mie pour en extraire l'excédent de lait et mettez-la dans un saladier. Ajoutez l'oignon cuit.

■ Hachez la viande et le lard fumé et mélangez-les au contenu du saladier.

■ Ajoutez l'œuf entier, salez et poivrez. Amalgamez bien le tout et façonnez cette farce en boulettes que vous roulerez dans la farine.

■ Mettez la friture sur feu vif et, lorsqu'elle est très chaude, mettez-y les boulettes à rissoler. Prolongez la cuisson 5 minutes. Faites frire également quelques brins de persil.

■ Égouttez les boulettes et servez très chaud accompagné du persil frit.

Boulettes dorées

Préparation : 5 minutes
Cuisson : 15 minutes

Profiteroles au fromage.

481 calories

Pour 4 personnes
200 g de pâte à choux
(voir recette p. 535)
1 œuf
50 g de fromage râpé
100 g de mortadelle
(tranche de 5 mm d'épaisseur)
sel, poivre du moulin

- Salez et poivrez la pâte si nécessaire.
- Incorporez l'œuf et le fromage râpé à la pâte.
- Coupez la mortadelle en dés.
- Enrobez-les de pâte et plongez-les ensuite dans un bain d'huile chaude.
- Quand les boulettes sont bien dorées, égouttez-les sur du papier absorbant et servez-les chaudes ou froides.

Bouquets grillés

Préparation : 15 minutes
Marinade : 1 heure
Cuisson : 10 minutes

Des brochettes marinées dans l'huile aromatisée et mises sur le gril.

280 calories

Pour 4 personnes
24 bouquets
7,5 cl d'huile
2 gousses d'ail
2 cuillerées à soupe de persil haché
1/2 cuillerée à café de sel
poivre noir fraîchement moulu

Mon conseil :
Saupoudrez les brochettes d'un peu de curry avant de les griller.

- Lavez les bouquets, décortiquez-les, épongez-les bien avec un papier absorbant ou un linge.
- Pelez l'ail ; coupez-le en lamelles fines.
- Mélangez l'huile, le sel, le poivre, l'ail et le persil. Mettez les bouquets dans ce mélange et laissez mariner 1 heure en retournant fréquemment.
- Égouttez les crevettes de la marinade et enfilez-les sur des bâtonnets en bois ou des brochettes. Rangez ces brochettes sous le gril du four ou sur les braises d'un barbecue et faites griller 10 minutes en retournant et en arrosant plusieurs fois avec la marinade en cours de cuisson. Servez aussitôt avec des quartiers de citron.

Bourride

Préparation : 30 minutes
Cuisson : 1 heure

D'origine provençale ou sétoise.

810 calories

Pour 8 personnes
2 kg de poissons blancs (mulet, loup, merlan, baudroie)
50 cl de vin blanc sec
1 blanc de poireau
1 oignon
1 carotte
1 morceau d'écorce d'orange
1 bouquet garni
sel, poivre
Pour la sauce :
8 jaunes d'œufs
50 cl d'huile d'olive
10 gousses d'ail
Pour la garniture :
8 tranches de pain rassis

■ Préparez un court-bouillon : nettoyez les légumes (poireau, oignon, carotte). Émincez-les en rondelles. Mettez-les avec l'écorce d'orange et le bouquet garni dans le vin blanc sec allongé d'une quantité égale d'eau. Salez et poivrez. Portez à ébullition et laissez cuire à frémissements 30 minutes. Retirez du feu. Laissez refroidir.

■ Nettoyez les poissons. Coupez-les en tronçons. Plongez-les dans le court-bouillon froid. Chauffez jusqu'à ébullition et laissez bouillir à feu vif 5 minutes. Retirez du feu et attendez 10 minutes avant de sortir les morceaux de poisson du court-bouillon. Disposez-les sur un plat tenu au chaud. Filtrez le court-bouillon.

■ Pelez les gousses d'ail. Pilez-les au mortier pour les réduire en purée fine. Ajoutez 2 jaunes d'œufs. Mélangez, puis versez l'huile en mince filet sans cesser de tourner.

■ Mettez la moitié de cette sauce aïoli dans une casserole. Ajoutez 6 jaunes d'œufs et mélangez bien. Versez ensuite le bouillon de cuisson des poissons, petit à petit, et en remuant.

■ Mettez la casserole sur feu doux et chauffez, en tournant, sans laisser bouillir, pour obtenir un mélange crémeux.

■ Disposez les tranches de pain dans des assiettes. Versez dessus le bouillon crémeux. Servez le poisson à part, accompagné du reste d'aïoli. Vous pouvez garnir de pommes de terre bouillies.

Brandade de morue

Trempage : 24 heures
Préparation : 20 minutes
Cuisson : 15 minutes environ

Une purée moelleuse corsée d'une pointe d'ail.

365 calories

Pour 6 personnes
1 kg de morue
(2 boîtes de filets)
60 à 70 cl d'huile d'olive
25 cl de lait
le jus de 1 citron
1 pointe de noix muscade
et d'ail râpés
sel, poivre blanc
croûtons de pain frits à l'huile

Mon conseil :
J'incorpore à la brandade une pomme de terre bouillie et écrasée qui aide à la lier.

- Coupez la morue en morceaux réguliers. Faites-la dessaler 24 heures en renouvelant l'eau plusieurs fois.
- Le lendemain, mettez les morceaux de morue dans une casserole, couvrez entièrement d'eau froide et portez sur le feu. Retirez dès les premiers bouillons et égouttez.
- Enlevez soigneusement toutes les arêtes de la morue. Effeuillez-la.
- Préparez la quantité d'huile et de lait nécessaire dans deux casseroles et maintenez-les au chaud.
- Mettez les émincés de morue dans une autre casserole avec 10 cl d'huile tiède.
- Travaillez fortement avec une cuillère en bois sur feu très doux (ou, mieux, au bain-marie). L'huile sera bien absorbée et les morceaux de morue bien écrasés ; ajoutez sans cesser de travailler à la cuillère en bois, et petit à petit, le reste d'huile en alternance avec le lait.
- Lorsque le mélange est bien lisse et crémeux, qu'on ne distingue plus aucun morceau, assaisonnez avec le jus de citron, la muscade et l'ail râpés, le poivre moulu, un peu de sel s'il y a lieu.
- Dressez la brandade chaude à point sur un plat de service et garnissez avec les croûtons de pain frits.

Brioche

Préparation : 25 minutes
Repos de la pâte : 3 heures
Cuisson : 30 minutes

A base d'œufs, de beurre frais et de farine, une merveilleuse pâte gonflée et dorée au four.

370 calories

Pour 6 personnes
125 g de beurre
1/4 de verre de lait
10 g de levure de boulanger
250 g de farine
1 cuillerée à soupe
de sucre semoule
1/2 cuillerée à café de sel
2 œufs
20 g de beurre
(pour le moule)

Mon conseil :
Les restes de brioche se conservent bien dans du papier d'aluminium. Repassez-les quelques minutes au four pour les servir tièdes avec des confitures ou de la crème, ou coupés en tranches et imbibés d'un peu de rhum.

- Beurrez abondamment le moule (à défaut de moule à côtes, vous pouvez utiliser un moule à charlotte ou un moule à cake).
- Faites ramollir le reste du beurre sans le laisser fondre.
- Faites tiédir le lait pour y délayer la levure.
- Versez la farine en tas sur la planche à pâtisserie. Faites un creux au milieu, dans lequel vous versez le sucre, le sel, les œufs.
- Pétrissez cette pâte à la main en ajoutant peu à peu la levure délayée dans le lait.
- Incorporez le beurre ramolli. La pâte doit avoir approximativement la consistance d'une pâte à pain, c'est-à-dire être souple.
- Travaillez-la soigneusement sur la planche jusqu'à ce qu'elle se décolle de la main – il faut compter 10 minutes environ.
- Déposez la pâte dans son moule. Formez une tête. La pâte doit arriver au tiers de la hauteur du moule. Couvrez avec un torchon et mettez dans un endroit tiède à l'abri de toute source de chaleur ou de tout courant d'air pendant 3 heures environ.
- Lorsque la brioche remplit le moule, faites cuire à four chaud. Démoulez et servez tiède.

Brioches fourrées

Crème et fromage onctueux : simple et excellent.

275 calories

Pour 6 personnes
6 petites brioches au beurre
75 g de roquefort
3 cuillerées à soupe environ de fromage blanc
1 cuillerée à soupe de lait
2 cuillerées à soupe de crème fraîche
poivre

Préparation : 15 minutes

- Enlevez les têtes des brioches. Creusez l'intérieur.
- Écrasez finement le roquefort à la moulinette ou avec une fourchette. Mélangez avec le fromage blanc et 1 cuillerée de lait (ou d'eau). Vous obtenez un mélange lisse assez consistant. Poivrez.
- Ajoutez la crème fraîche. Répartissez au fond des brioches et recouvrez-les de leur chapeau. Servez froid.

Brioches aux rillettes

Une jolie présentation.

329 calories

Pour 4 personnes
4 brioches
250 g de rillettes
2 cuillerées à soupe de moutarde de Meaux
poivre du moulin
cornichons

Mon conseil :
Excellente idée pour un pique-nique. Prenez de préférence des brioches de la veille, elles sont plus faciles à évider.

Préparation : 5 minutes

- Détachez le chapeau des brioches et évidez-les avec une cuillère.
- Mélangez soigneusement les rillettes avec la moutarde et poivrez légèrement la préparation.
- Remplissez les brioches de la farce, recouvrez-les de leur chapeau et placez-les au frais.
- Entourez de petits cornichons pour servir.

Brochet farci

Préparation : 30 minutes
Repos de la farce : 1 ou 2 heures
Cuisson : 40 minutes

Plat de gala pour grandes circonstances.

440 calories

Pour 6 personnes
1 beau brochet de 2 kg
Pour la farce :
250 g de chair de poisson de mer ou, à défaut, de poisson d'eau douce à chair ferme
125 g de foie gras
1 gousse d'ail
1/2 tasse de mie de pain trempée dans du lait
1 ou 2 blancs d'œufs
sel, poivre
Pour la cuisson :
50 g de beurre
1/2 verre d'eau
le jus de 1/2 citron

■ Videz, écaillez et lavez le brochet. Retirez les œufs et laitances, qui sont toxiques.
■ Préparez la farce : dans un mortier ou au mixeur, réduisez en purée la chair de poisson avec le foie gras et la gousse d'ail. Ajoutez la mie de pain essorée, les blancs battus en neige, salez et poivrez. Faites revenir doucement cette farce quelques instants puis laissez refroidir 1 ou 2 heures pour qu'elle durcisse.
■ Farcissez-en l'intérieur du brochet et cousez l'ouverture. Installez le brochet ainsi farci dans un plat long allant au four; salez et poivrez. Arrosez-le avec l'eau et le jus de citron. Parsemez de noisettes de beurre et mettez à cuire à four chaud en arrosant souvent pendant la cuisson.

Brochettes de filet de bœuf

Préparation : 20 minutes
Cuisson : 10 minutes

Sur fondue de légumes.

265 calories

Pour 2 personnes
300 g de filet de bœuf (pointe)
1 oignon
60 g de lard maigre
1 poivron rouge

■ Coupez la viande en dés de 3 cm de côté que vous enfilerez sur des brochettes en bois. Salez et poivrez.
■ Pelez l'oignon et coupez-le en rondelles de 1 cm d'épaisseur.
■ Coupez le lard en tranches de 1 cm.
■ Lavez puis fendez le poivron en deux, et détaillez-le en dés de 1 cm.
■ Coupez le piment en rondelles.

Brochettes de filet de bœuf *(suite)*

1 piment
6 champignons
20 g de beurre clarifié
(voir recette p. 97)
2 cl de cognac
2 cuillerées à soupe de ketchup
sel, poivre du moulin

■ Coupez l'extrémité du pied des champignons et lavez-les. Séchez-les bien dans un linge ou du papier absorbant et coupez-les en lamelles.

■ Faites fondre le beurre clarifié dans une poêle à fond épais et mettez-y la viande à revenir de tous côtés sur feu vif. Baissez le feu et terminez la cuisson 3 minutes à couvert. Retirez la viande de la poêle et gardez-la au chaud sur un plat couvert d'une feuille d'aluminium.

■ Faites revenir dans le fond de cuisson les rondelles d'oignon avec le lard et, quand l'oignon a pris une belle couleur, versez les légumes et faites mijoter à feu doux 3 minutes. Salez.

■ Déglacez avec le cognac, ajoutez le ketchup et chauffez 1 minute.

■ Servez les brochettes sur un grand plat chaud que vous aurez garni de la fondue de légumes.

Mon conseil :
Servez par exemple avec un risotto au safran et une salade verte.

Brochettes de foie d'agneau au cumin

Préparation : 10 minutes
Cuisson : 5 minutes

Une recette simple, rapide et économique pour un jour d'été.

225 calories

Pour 4 personnes
500 g de foie d'agneau
1 cuillerée à café d'huile d'olive
2 cuillerées à café de cumin moulu
sel, poivre du moulin

■ Coupez le foie en morceaux de 2 cm de côté, rangez-les dans un plat creux et arrosez-les d'huile d'olive.

■ Saupoudrez de cumin moulu et remuez bien le tout pour que tous les arômes se mélangent.

■ Enfilez les morceaux de foie sur des brochettes, salez, poivrez et faites cuire sous le gril ou au barbecue en veillant à garder le foie encore rose au centre.

■ Présentez avec un bon riz au safran ou du couscous.

Brochettes forestières

Préparation : 10 minutes
Cuisson : 10 minutes

Cubes de jambon et têtes de champignons.

120 calories

Pour 6 personnes
2 tranches de jambon de Paris de 1 cm d'épaisseur (450 g)
24 têtes de champignons de Paris
1 cuillerée à soupe d'huile
poivre

- Nettoyez les champignons.
- Coupez le jambon en dés de 1 cm de côté.
- Enfilez sur les brochettes jambon et têtes de champignons en les alternant. Arrosez-les d'huile, poivrez-les.
- Faites cuire une dizaine de minutes sur le gril, au-dessus des braises d'un barbecue ou sur la flamme du gaz, en retournant à mi-cuisson.

Brochettes Juliana

Préparation : 15 minutes
Marinade : 2 à 3 heures
Cuisson : 5 à 6 minutes

Bœuf, foies de volaille et fromage de Hollande.

340 calories

Pour 4 personnes
700 g de bœuf dans le faux filet
175 g de foies de volaille
100 g de crème de fromage de Hollande
1 poivron
Pour la marinade :
1 verre d'huile
3 échalotes
4 brins de persil
1/4 de cuillerée à café de chili en poudre
1/4 de cuillerée à café de paprika
1/4 de cuillerée à café de piment en poudre
sel

- Préparez la marinade : épluchez et hachez finement les échalotes, hachez le persil. Mettez-les dans un plat creux avec l'huile et les épices. Salez.
- Nettoyez les foies de volaille. Coupez-les en dés. Coupez également la viande en dés de même grosseur. Mettez-les à macérer 2 à 3 heures dans la marinade en les retournant plusieurs fois.
- Au moment de préparer les brochettes, lavez le poivron, essuyez-le soigneusement, enlevez pédoncule et graines, coupez en grosses lamelles. Coupez le fromage en cubes.
- Alternez sur chaque brochette bœuf, fromage, foie, poivron, etc.
- Faites griller 5 ou 6 minutes sur le gril bien chaud ou sur un barbecue en retournant plusieurs fois pour que les viandes soient cuites à cœur et le fromage coulant et doré.

Brocolis sauce fromage

Préparation : 10 minutes
Cuisson : 15 minutes

Avec poivron rouge et oignon.

329 calories

Pour 4 personnes
800 g de brocolis
20 g de beurre
1 oignon
1 gros poivron rouge
20 g de farine
25 cl de fond de volaille
12,5 cl de crème fraîche
75 g de fromage râpé (emmental)
10 g de fromage frais aux herbes
sel

■ Nettoyez et lavez les brocolis avant de les faire blanchir 6 minutes dans de l'eau bouillante salée. Égouttez-les et tenez-les au chaud.
■ Faites chauffer le beurre dans une petite casserole et faites-y revenir l'oignon pelé et haché avec le poivron lavé, épépiné et coupé en dés.
■ Quand ceux-ci sont ramollis, saupoudrez de farine, mouillez avec le fond de volaille et faites réduire sur feu vif.
■ Versez la crème fraîche, ajoutez l'emmental et le fromage frais et assaisonnez légèrement de sel.
■ Servez les brocolis dans un plat creux et arrosez-les de la sauce fromage.

Brouillade de truffes

Préparation : 5 minutes
Cuisson : 12 à 15 minutes

Des œufs relevés de truffes.

270 calories

Pour 4 personnes
10 œufs
truffes à volonté (plus il y en aura, meilleur ce sera) avec leur jus
75 g de beurre
sel, poivre

■ Sortez les truffes de leur jus pour les couper en morceaux très fins.
■ Dans une terrine, battez vivement les œufs avec sel et poivre. Ajoutez les truffes et leur jus. Mélangez.
■ Préparez un bain-marie. Placez dedans une casserole contenant ce mélange. Tournez sans cesse en raclant bien le fond de la casserole et en ajoutant petit à petit le beurre coupé en morceaux.
■ Dès que l'ensemble est pris mais crémeux, servez immédiatement.

C

Cabillaud à la parisienne

Préparation : 5 minutes
Cuisson : 6 minutes

Simplement pané.

377 calories

Pour 2 personnes
2 filets de cabillaud
de 160 g chacun
farine
2 œufs
1 cuillerée à soupe
de crème fraîche
3 cuillerées à soupe
de beurre
sel, poivre du moulin

Mon conseil :
Ajoutez aux œufs un peu de parmesan râpé.

- Lavez le poisson, séchez-le, salez et poivrez.
- Roulez le poisson dans la farine et tapotez-le bien pour faire tomber le surplus.
- Mélangez les œufs avec la crème fraîche.
- Passez les filets de poisson dans le mélange d'œuf et de crème, faites mousser le beurre dans la poêle et faites-y frire le cabillaud 3 minutes de chaque côté.
- Présentez les filets de poisson accompagnés de sauce tomate (voir recette p. 710) servie à part.

Cabillaud en pot-au-feu

Préparation : 10 minutes
Cuisson : 30 minutes

Léger et plein de saveur.

568 calories

Pour 4 personnes
6 à 8 échalotes
500 g de pommes de terre
200 g de carottes
100 g de céleri
2 blancs de poireaux
4 tomates
50 g de beurre
4 tranches de lard coupées en dés
8 darnes de cabillaud
2 feuilles de laurier
20 cl de vin blanc
50 cl de fumet de poisson
sel, poivre du moulin

Mon conseil :
Ajoutez un peu d'ail avec le laurier.

- Épluchez les échalotes et coupez-les en deux.
- Nettoyez les légumes, lavez-les et coupez-les grossièrement.
- Pelez les tomates, fendez-les en quatre et retirez les pépins.
- Parsemez le fond d'une braisière en fonte de noisettes de beurre puis de petits lardons et répartissez sur le tout un tiers des légumes. Disposez 4 darnes de poisson sur les légumes, salez, poivrez et recouvrez avec les deux tiers des légumes restants. Procédez de la même manière pour les tranches de poisson en attente.
- Ajoutez 2 feuilles de laurier et arrosez de vin puis de fumet de poisson jusqu'à ce que la braisière soit remplie aux deux tiers. Fermez et laissez cuire à feu doux pendant 30 minutes.
- Portez à table dans la braisière de cuisson.

Cailles à l'alsacienne

Préparation : 20 minutes
Cuisson : 20 minutes

Ragoût de cailles aux champignons et au ris de veau.

462 calories

Pour 4 personnes
400 g de pleurotes
200 g de ris de veau

- Nettoyez les champignons puis coupez-les en deux ou en quatre selon leur taille.
- Faites pocher le ris de veau dans le bouillon de volaille, retirez-en la peau et coupez-le grossièrement en morceaux.

Cailles à l'alsacienne *(suite)*

50 cl de fond de volaille
1 échalote
1 feuille de laurier
2 clous de girofle
8 cailles vidées
1 cuillerée à soupe de farine
80 g de beurre
2 verres de vin d'Alsace
thym en poudre
1 cuillerée à soupe
de persil haché
sel, poivre du moulin

■ Piquez l'échalote avec la feuille de laurier et les clous de girofle.

■ Assaisonnez légèrement les cailles, roulez-les dans la farine et faites-les revenir au beurre chaud dans une braisière.

■ Quand elles sont bien dorées sur toutes les faces, mouillez avec le vin, ajoutez le thym, le persil et l'échalote piquée, et faites mijoter 5 minutes. Retirez alors l'échalote.

■ Ajoutez les champignons et le ris de veau et terminez la cuisson à feu doux.

Cailles en compote

Préparation : 40 minutes
Cuisson : 25 minutes

Avec jambon et champignons cuits dans le vin blanc.

305 calories

Pour 4 personnes
4 cailles
250 g de champignons
30 g de beurre
1 boîte de pelures de truffe
1 tranche de jambon assez épaisse
1 bouquet garni
2 cuillerées à soupe de farine
2 verres de vin blanc
sel, poivre

Mon conseil :
Au moment de les servir, j'arrose les cailles d'un jus de citron.

■ Nettoyez les champignons et coupez-les en fines lamelles.

■ Coupez le jambon en petits dés.

■ Chauffez le beurre dans une cocotte ; quand il commence à grésiller, mettez les cailles à dorer pendant 5 minutes sur feu assez vif. Puis enlevez-les et mettez-les de côté sur un plat.

■ Dans la même cocotte, mettez les champignons, le jambon, les pelures de truffe, le bouquet garni. Laissez chauffer 2 ou 3 minutes sur feu moyen, puis saupoudrez de farine en remuant avec la cuillère en bois, et arrosez avec le vin. Laissez cuire 2 ou 3 minutes, toujours en remuant.

■ Remettez les cailles dans la cocotte et laissez mijoter doucement pendant 12 à 15 minutes. Salez et poivrez. Servez bien chaud.

Cailles en crapaudine

Préparation : 10 minutes
Cuisson : 10 minutes

Croustillantes et parfumées à l'orange.

281 calories

Pour 4 personnes
4 cailles vidées
farine
80 g de beurre
le jus de 1/2 orange
sel, poivre du moulin

- Désossez les cailles et aplatissez-les avec la main. Détachez les cuisses.
- Salez et poivrez les cailles puis passez-les dans la farine en tapotant pour faire tomber le surplus.
- Mettez le beurre à blondir dans une poêle et faites-y dorer les cailles des deux côtés en veillant à les garder bien roses à l'intérieur.
- En fin de cuisson, arrosez avec le jus d'orange et servez.

Cailles aux croûtons

Préparation : 20 minutes
Cuisson : 20 minutes

Farcies au ris de veau et à la pomme.

866 calories

Pour 2 personnes
150 g de ris de veau
2 cailles désossées
1 pomme acide
1 pincée de thym
80 g de beurre
2 cl de calvados
20 cl de fond de volaille (voir recette p. 322)
4 tranches de pain de mie grillées
4 échalotes émincées
1 carotte en brunoise
sel, poivre du moulin

- Faites pocher le ris de veau 5 minutes environ dans de l'eau bouillante salée, débarrassez-le de ses petites peaux et coupez-le en dés.
- Aplatissez les cailles désossées.
- Épluchez la pomme, évidez-la et coupez-la en petits morceaux. Mélangez le ris de veau et la pomme, parsemez le thym, assaisonnez bien et répartissez la farce sur les cailles. Ficelez très soigneusement les volailles.
- Faites fondre la moitié du beurre dans une petite braisière, mettez-y les cailles et faites-les revenir à feu vif. Flambez-les au calvados et arrosez-les de fond de volaille. Vérifiez l'assaisonnement et laissez frémir environ 10 minutes.

■ Fendez les cailles en deux dans le sens de la longueur et dressez-les sur les tranches de pain de mie. Gardez-les au chaud pendant que vous préparez la sauce.

■ Faites cuire dans le fond de cuisson les échalotes et la carotte, montez la sauce au beurre et nappez-en les cailles avant de les présenter sur table.

Mon conseil :
Pour plus de raffinement, vous pouvez parfumer la sauce avec quelques pelures de truffe.

Cailles aux petits légumes

Préparation : 20 minutes
Marinade : 1 heure
Cuisson : 20 minutes

Pour un petit dîner fin.

1 207 calories

Pour 2 personnes
2 grosses cailles
4 cuillerées à soupe d'huile
thym, laurier
80 g de lard coupé en dés
100 g de beurre
2 échalotes émincées
50 g de céleri en dés
50 g de carottes en dés
2 cl de porto
1/2 verre de demi-glace
(voir recette p. 716)
sel, poivre du moulin

■ Videz les cailles, salez-les, poivrez-les et faites-les mariner au moins 1 heure dans l'huile additionnée de thym et de laurier.

■ Faites blanchir les lardons dans de l'eau bouillante et passez-les sous un jet d'eau froide.

■ Faites chauffer la moitié du beurre dans une braisière, mettez-y les lardons à rissoler, faites-y ensuite revenir les légumes et les échalotes, puis terminez la cuisson à couvert.

■ Faites chauffer le four à th. 5.

■ Retirez les légumes de la braisière et réservez-les au chaud. Disposez les cailles dans la même braisière et faites-les dorer sur toutes leurs faces. Versez la marinade dans la braisière, prolongez la cuisson 5 minutes au four et laissez reposer.

■ Retirez les cailles de la braisière, découpez-les, dégraissez le fond de cuisson avec un papier absorbant, déglacez avec le porto et la sauce demi-glace, portez le tout à ébullition. Ajoutez le reste du beurre par petits dés pour monter la sauce.

■ Servez les cailles garnies de légumes et nappées avec une partie de la sauce. Présentez le reste en saucière.

Mon conseil :
Plus les légumes sont coupés fin, plus leur cuisson est rapide.

Cailles au porto

Servies sur canapés de foie gras.

755 calories

Préparation : 20 minutes
Cuisson : 20 minutes

Pour 2 personnes
2 cailles
2 bardes de lard
2 feuilles de vigne
80 g de beurre
1 verre de porto
10 cl de fond de volaille
2 tranches de foie gras frais de 80 g chacune
farine
sel, poivre du moulin

■ Nettoyez les cailles et flambez-les. Salez-les, poivrez-les abondamment, bardez-les et enveloppez-les dans une feuille de vigne. Ficelez-les soigneusement avec de la ficelle de boucher.

■ Faites chauffer une braisière, mettez-y en même temps la moitié du beurre et les cailles et faites revenir celles-ci à feu vif 4 à 5 minutes. Réduisez le feu, jetez la graisse, mouillez avec le porto et le fond de volaille et prolongez la cuisson à couvert.

■ Pendant ce temps, faites fondre le reste de beurre dans une poêle, farinez légèrement le foie gras et faites-le revenir rapidement dans le beurre chaud.

■ Au bout de 15 minutes, retirez les cailles de la braisière et débarrassez-les de leur barde. Faites bouillir le fond de cuisson et montez-le au beurre.

■ Dressez les cailles sur les tranches de foie gras dans le plat de service et nappez-les de sauce.

Caneton aux olives (recette page 144)

Carré d'agneau provençal (recette page 152)

Cake aux fruits confits

Préparation : 30 minutes
Repos : 1 heure
Cuisson : 45 minutes

A conserver plusieurs jours au frais.

403 calories

Pour 6 personnes
100 g de fruits confits (en dés)
100 g de raisins secs
2 cl d'eau de rose
5 g de levure
3 œufs
150 g de sucre
200 g de beurre
250 g de farine
beurre pour le moule

- Faites tremper les fruits confits et les raisins secs dans l'eau de rose.
- Délayez la levure dans 1 cuillerée à soupe d'eau tiède.
- Séparez les jaunes d'œufs des blancs. Battez le sucre avec les jaunes, ajoutez le beurre réduit en pommade, la farine et la levure. Malaxez bien à la fourchette. Laissez reposer 1 heure.
- Montez les blancs d'œufs en neige et incorporez-les à la pâte avec les fruits roulés dans un peu de farine.
- Beurrez un moule à cake, garnissez-le de la pâte et glissez-le au four préchauffé à th. 5. Laissez cuire 45 minutes.

Calmars au citron

Préparation : 15 minutes
Marinade : 1 heure
Cuisson : 35 minutes

Une spécialité méditerranéenne.

246 calories

Pour 4 personnes
4 à 6 calmars
le jus de 1 citron
4 tomates
1 pincée de sucre
3 échalotes émincées
1 cuillerée à café d'ail pilé
2 cuillerées à café de basilic
4 ou 5 cuillerées à café d'huile d'olive
vin blanc
sel, poivre du moulin

- Nettoyez les calmars sous l'eau courante. Coupez-les en morceaux et faites-les macérer dans le jus de citron pendant 1 heure.
- Pelez les tomates, coupez-les en dés et retirez-en les pépins.
- Faites revenir les échalotes dans l'huile, ajoutez les dés de tomates avec la pincée de sucre, l'ail et le basilic, puis mouillez avec le vin et le jus de citron de la marinade.
- Ajoutez les calmars dans la sauteuse et faites cuire à feu doux pendant environ 30 minutes. Salez et poivrez généreusement.

Calmars à la romaine

Délicieusement aillés et tomatés.

260 calories

Préparation : 15 minutes
Cuisson : 45 minutes

Pour 4 personnes
800 g de calmars congelés
20 cl de vin blanc
1 cuillerée à café d'ail pilé
4 cuillerées à soupe de persil
2 cuillerées à soupe d'huile d'olive
2 cuillerées à soupe de jus de citron
2 cuillerées à café de basilic frais ciselé
150 g de tomates coupées en dés
sel, poivre du moulin

■ Faites décongeler les calmars à l'avance et lavez-les. Détachez les tentacules et coupez le tronc en grosses rondelles.
■ Mettez tous les éléments de la recette, sauf les tomates, dans un faitout, salez, poivrez légèrement. Portez à ébullition et laissez cuire ensuite à feu doux 45 minutes environ en faisant bien réduire.
■ Garnissez de dés de tomates au moment de présenter à table.

Canapés à la mozzarella

Un nouveau classique chez nos cousins transalpins.

194 calories

Préparation : 15 minutes
Cuisson : 5 minutes

Pour 4 personnes
100 g de petites tomates (roma ou olivettes)
4 à 6 petites boules de mozzarella
4 feuilles de basilic
1 cuillerée à soupe de vinaigre balsamique (à défaut, de xérès)

■ Lavez les tomates, séchez-les et ôtez leur pédoncule. Coupez-les en quartiers.
■ Coupez la mozzarella en tranches fines.
■ Hachez menu les feuilles de basilic.
■ Mélangez le sel et le poivre avec le vinaigre et ajoutez l'huile au fouet pour émulsionner.
■ Faites chauffer un peu d'huile d'olive dans une poêle et faites-y revenir rapidement les croûtons légèrement rassis.

Canapés à la mozzarella *(suite)*

2 cuillerées à soupe d'huile d'olive
100 g de croûtons rassis
sel, poivre du moulin

■ Disposez les croûtons, garnis de quartiers de tomates et de tranches de mozzarella, en éventail sur les assiettes, parsemez de basilic et servez frais accompagné de sauce vinaigrette.

Canard à l'ananas et au poivre vert

Préparation : 20 minutes
Cuisson : 1 heure

Un mélange exotique aigre-doux.

752 calories

Pour 4 personnes
1 canard de 1,5 kg
50 g de beurre
2 cuillerées à soupe d'huile
200 g de petits légumes en brunoise (carottes, oignons, céleri)
1 ananas
1 cuillerée à soupe de poivre vert
25 cl de fond brun (voir recette p. 322)
sel, poivre du moulin

■ Parez le canard, salez-le et poivrez-le. Faites fondre 20 g de beurre additionné d'huile dans une braisière et faites-y dorer la volaille sur toutes ses faces. Glissez la braisière munie de son couvercle dans le four chauffé à th. 5 et laissez cuire environ 50 minutes. Au bout de 30 minutes, ajoutez les légumes.

■ Épluchez l'ananas, et coupez-le en tranches en prenant soin d'enlever la partie dure du centre.

■ Égouttez le poivre vert.

■ Sortez le canard du four et gardez-le au chaud. Dégraissez la braisière et déglacez-la avec le fond brun.

■ Mixez 2 tranches d'ananas, versez la pulpe de fruit ainsi que le poivre dans la braisière, portez à ébullition et passez à l'étamine.

■ Un peu avant de servir, faites chauffer le reste du beurre dans une poêle et mettez-y à dorer les autres tranches d'ananas.

■ Découpez la volaille et présentez-la entourée de tranches d'ananas. Mixez la sauce et servez-la à part.

Canard aux navets

Préparation : 20 minutes
Cuisson : 1 h 10

Un classique d'hier et d'aujourd'hui.

942 calories

Pour 4 personnes
1 canard de 1,5 kg
2 cuillerées à soupe d'huile
100 g de beurre
750 g de petits navets
1 cuillerée à café de sucre
sel, poivre du moulin

Mon conseil :
Attention à ce que vos navets soient bien tendres et non fibreux.

- Nettoyez le canard, dégraissez-le et flambez-le puis salez-le bien à l'intérieur et à l'extérieur.
- Faites chauffer l'huile avec 1 cuillerée à soupe de beurre dans une braisière, mettez-y le canard et faites-le revenir sur toutes ses faces à feu vif. Couvrez et laissez cuire 40 minutes.
- Pendant que la volaille cuit, épluchez les navets en les laissant entiers et faites-les blanchir 5 minutes à l'eau bouillante salée. Mettez le beurre restant et le sucre dans une sauteuse et faites-y glacer les navets.
- Entourez le canard de ses navets et prolongez la cuisson 10 minutes à couvert. Salez et poivrez à nouveau si nécessaire.
- Découpez la volaille et servez-la bien chaude, entourée de navets.

Canard à l'orange

Préparation : 15 minutes
Cuisson : 1 heure

Un grand classique toujours apprécié.

658 calories

Pour 4 personnes
1 canard de 1,5 kg prêt à cuire
4 cl d'huile
3 oranges non traitées
100 g de sucre
10 cl de vinaigre

- Videz le canard, lavez l'intérieur, troussez-le, salez et poivrez. Réservez le foie.
- Faites revenir la volaille dans l'huile pour bien la dorer sur toutes les faces puis mettez-la au four chauffé à th. 5 pendant environ 50 minutes.
- Coupez le zeste de 1 orange en fine julienne, puis faites-le blanchir rapidement.

Canard à l'orange *(suite)*

20 cl de porto
25 cl de fond brun
(voir recette p. 322)
30 g de beurre
2 cl de Grand Marnier
sel, poivre du moulin

- Pressez le jus des 2 autres oranges et passez-le. Coupez en tranches l'orange dont le zeste est blanchi.
- Arrosez le canard de temps en temps en cours de cuisson.
- Quand le canard est cuit, retirez-le du four et gardez-le au chaud. Passez le fond de cuisson et dégraissez-le (avec du papier absorbant).
- Faites caraméliser le sucre avec le vinaigre dans la braisière, mouillez avec le porto, complétez ensuite avec le fond brun, le jus de cuisson, le jus et le zeste d'orange, et amenez à ébullition.
- Pendant ce temps, mixez le foie de la volaille avec le beurre et passez-le au tamis fin.
- Liez la sauce avec le foie sans laisser bouillir et parfumez au Grand Marnier.
- Découpez la volaille, décorez-la avec les tranches d'orange et servez la sauce à part.

Canard à la pêche

Préparation : 15 minutes
Cuisson : 15 minutes

Des suprêmes de canard délicatement fruités.

789 calories

Pour 2 personnes
1 pêche mûre
2 filets de canard
1 cuillerée à soupe d'huile
10 cl de fond brun

- Plongez la pêche quelques secondes dans l'eau bouillante puis passez-la sous l'eau froide pour pouvoir l'éplucher plus facilement. Fendez-la en deux, retirez le noyau et coupez la pulpe en fines lamelles.
- Salez et poivrez les filets de canard et faites-les revenir dans l'huile à feu vif. Baissez le feu, couvrez et terminez la cuisson à feu doux. Comptez 5 à 8 minutes.

Canard à la pêche *(suite)*

le jus de 1/2 citron
2 cl de cognac
10 cl de jus de pêche
80 g de beurre
1/2 cuillerée à café
de poivre vert
sel, poivre du moulin

Mon conseil :

Pour que la viande reste bien rose à l'intérieur, je la laisse reposer au four à température moyenne.

■ Pendant ce temps, portez à ébullition le fond brun, le jus de citron et le cognac dans une petite sauteuse, parfumez avec le jus de pêche, salez, ajoutez le poivre vert et laissez réduire. Montez ensuite au beurre bien froid, ajouté par petits morceaux, en imprimant à la sauteuse un mouvement de rotation. Ajoutez les lamelles de pêche et laissez mijoter le tout 2 minutes.

■ Répartissez la sauce sur les assiettes, découpez les suprêmes en biais et disposez-les dessus. Garnissez de quelques lamelles de pêche.

Canard à la provençale

Préparation : 25 minutes
Cuisson : 50 minutes

Garni de tomates, d'artichauts et d'olives.

1 037 calories

Pour 4 personnes

3 tomates pelées
8 cœurs d'artichauts
20 olives noires
1 cuillerée à soupe
d'huile d'olive
50 g de beurre
1 canard prêt à cuire
de 1,2 à 1,5 kg
6 échalotes émincées
1/2 gousse d'ail écrasée
25 cl de fond brun
1 feuille de laurier
sel, poivre du moulin

■ Coupez les tomates en quartiers, épépinez-les et détaillez-les en lanières.

■ Coupez les cœurs d'artichauts en tranches de 5 mm d'épaisseur.

■ Dénoyautez les olives et coupez-les en deux.

■ Faites légèrement chauffer l'huile d'olive et le beurre dans une braisière et faites-y revenir le canard sur toutes ses faces de façon qu'il se couvre d'une belle croûte dorée.

■ Ajoutez les tomates, les échalotes et l'ail. Salez, poivrez.

■ Complétez avec le fond brun et la feuille de laurier.

■ Ajoutez ensuite les tranches d'artichauts et faites braiser à couvert environ 40 minutes. Quelques minutes avant la fin de la cuisson, ajoutez les olives.

Canards sauvages à la normande

Préparation : 20 minutes
Cuisson : 30 minutes

Glacés et farcis aux pommes.

414 calories

Pour 4 personnes

4 pommes douces
le jus de 1/2 citron
2 canards sauvages
1 gousse d'ail
75 g de beurre
1 cuillerée à soupe de sucre glace
4 cuillerées à soupe de vinaigre
25 cl de fond brun (voir recette p. 322)
1 cuillerée à soupe de gelée de groseille
sel, poivre du moulin

■ Faites chauffer le four. Épluchez les pommes, évidez-les, coupez-les en quartiers et portez-les à ébullition avec le jus de citron et 2 cuillerées à soupe d'eau avant de les passer au mixeur pour les réduire en purée.

■ Salez et poivrez les canards, farcissez-les avec les pommes, recousez-les et frottez-les d'ail. Beurrez-les ensuite soigneusement avant de les enfourner à four très chaud pendant 10 minutes.

■ Dans une petite casserole, faites fondre le sucre dans le vinaigre et laissez réduire de moitié.

■ Arrosez les canards avec cette préparation et continuez la cuisson environ 20 minutes à th. 3.

■ Quand les volailles sont à point, sortez-les du four, découpez-les et dressez-les sur le plat de service. Gardez-les au chaud pendant que vous préparez la sauce.

■ Dégraissez le fond de cuisson avec un papier absorbant, ajoutez le fond brun et faites réduire. Délayez alors la gelée de groseille, vérifiez l'assaisonnement et versez la sauce sur les canards.

Mon conseil :
Pour renforcer la saveur des pommes, j'utilise, pour glacer, du vinaigre de cidre.

Caneton aux olives

Classique et savoureux...

518 calories

Pour 4 personnes
1 caneton de 1,2 kg
et ses abattis
1 oignon moyen
120 g de beurre
2 verres de vin blanc sec
1 bouquet garni
150 g d'olives vertes
20 g de Maïzena
1 citron
sel, poivre

Mon conseil :
Accompagnez de tomates à la provençale.

Préparation : 15 minutes
Cuisson : 2 heures

■ Préparez un fond de sauce : pelez et hachez l'oignon. Faites-le revenir avec les abattis dans 30 g de beurre. Ajoutez le vin blanc, une quantité égale d'eau, le bouquet garni, sel et poivre. Faites bouillir à très petit feu, sans couvrir, pendant 45 minutes. Filtrez ce fond de sauce.

■ Faites revenir le caneton dans une cocotte, avec 50 g de beurre, sur feu assez vif. Quand la volaille est bien dorée, jetez la graisse de cuisson. Essuyez l'intérieur de la cocotte avec du papier absorbant. Remettez le caneton dans la cocotte avec le reste du beurre, le fond de sauce, sel et poivre. Couvrez et faites mijoter doucement 50 minutes.

■ Dénoyautez les olives. Plongez-les 2 minutes dans de l'eau en ébullition. Égouttez-les.

■ Retirez le caneton de la cocotte. Délayez la Maïzena dans la sauce. Ajoutez les olives. Remuez. Laissez bouillir doucement 2 minutes en remuant avec une cuillère en bois, puis remettez le caneton dans la cocotte. Couvrez et poursuivez la cuisson pendant 15 minutes. Au moment de servir, ajoutez à la sauce le jus du citron.

Cannelloni aux poireaux

Préparation : 20 minutes
Cuisson : 45 minutes

Nappés de fondue de tomates fraîches.

423 calories

Pour 4 personnes
12 blancs de poireaux (1,2 kg environ)
800 g de grosses tomates
2 oignons
2 gousses d'ail
2 cuillerées à soupe d'huile d'olive
1 cuillerée à café de romarin en poudre
1 cuillerée à café de sucre
30 g de concentré de tomates
12 cannelloni (environ 200 g)
sel, poivre du moulin

- Nettoyez, lavez et essuyez les blancs de poireaux, puis coupez-en 10 en bâtons de 12 cm que vous ferez blanchir dans de l'eau bouillante salée. Coupez les 2 blancs qui restent en rondelles.
- Ébouillantez les tomates, puis pelez-les, épépinez-les et concassez-les grossièrement. Pelez les oignons et émincez-les. Épluchez les gousses d'ail et hachez-les.
- Faites chauffer l'huile dans une sauteuse et mettez-y à revenir l'ail et les oignons. Ajoutez alors les tomates concassées et les rondelles de poireaux, le romarin, le sucre et le concentré de tomates. Salez, poivrez et laissez mijoter 20 minutes.
- Faites cuire les cannelloni 8 minutes à l'eau bouillante salée, en veillant à les garder al dente. Égouttez-les.
- Farcissez chacun des cannelloni de 1 bâtonnet de poireau et rangez-les dans un plat beurré. Recouvrez de fondue de tomates, glissez le plat au four chauffé à th. 5 et laissez cuire environ 15 minutes.

Caponata

Préparation : 20 minutes
Cuisson : 20 minutes

Salade de légumes cuits à l'italienne.

379 calories

Pour 4 personnes
400 g d'aubergines
250 g de poivrons verts
25 cl d'huile d'olive
2 échalotes émincées
2 gousses d'ail
100 g de céleri-rave
50 g d'olives noires
2 cuillerées à soupe de vinaigre de vin
2 tomates
sel, poivre du moulin

▪ Nettoyez les aubergines et les poivrons sous l'eau du robinet sans les peler, séchez-les avec du papier absorbant. Coupez les aubergines en rondelles, les poivrons en grosses lanières et faites revenir le tout à l'huile dans une sauteuse.

▪ Retirez les légumes et faites-les égoutter sur une passoire. Faites étuver les échalotes pelées et émincées dans la même huile, puis le céleri coupé en lanières avec l'ail haché. Ajoutez les olives.

▪ Assaisonnez de sel et de poivre, arrosez de vinaigre et faites mijoter le tout 5 minutes encore.

▪ Versez les poivrons et les aubergines à nouveau dans la sauteuse et laissez cuire le tout 5 minutes, à couvert cette fois.

▪ Environ 3 minutes avant la fin de la cuisson, ajoutez les tomates coupées en dés après les avoir pelées et épépinées.

▪ La cuisson terminée, laissez refroidir et placez la salade au réfrigérateur.

Mon conseil :
Il faut garder les légumes légèrement croquants. Pour les rendre bien brillants, ajoutez un peu de sucre au cours de la cuisson.

Cardons au cidre

Préparation : 15 minutes
Cuisson : 15 minutes

Dans une sauce aux œufs.

270 calories

Pour 2 personnes
300 g de cardons
10 cl de cidre

▪ Lavez les cardons, détachez les tiges et épluchez-les comme la rhubarbe, en commençant par le pied.

▪ Coupez les tiges en bâtons de 2 cm d'épaisseur et détachez les feuilles.

▪ Chauffez le cidre avec le sel dans une

Cardons au cidre *(suite)*

40 g de beurre
1 cuillerée à café de vinaigre de xérès
4 jaunes d'œufs
sel, poivre blanc

casserole et faites-y cuire les tiges de cardons pendant 15 minutes à couvert.

■ Ajoutez les feuilles 3 minutes avant la fin de la cuisson. Versez le tout dans une passoire en recueillant le jus.

■ Ajoutez le beurre dans le fond de cuisson, puis le vinaigre de xérès.

■ Retirez la casserole du feu et incorporez au fouet les jaunes d'œufs, réchauffez légèrement. Salez et poivrez.

■ Versez les cardons dans un plat creux préchauffé et nappez-les de la sauce juste avant de servir.

Cardons au gratin

Préparation : 40 minutes
Cuisson : 1 heure

Dans une moelleuse sauce Béchamel.

190 calories

Pour 4 personnes
2 kg de cardons
le jus de 1 citron
1 cuillerée à soupe de farine
1 cuillerée à soupe d'huile
50 g de beurre
sel
Pour la sauce Béchamel :
50 cl de lait
80 g de beurre
40 g de farine
2 jaunes d'œufs
sel, poivre
noix muscade

■ Nettoyez les cardons ; retirez les branches dures puis détachez une à une les autres branches.

■ Coupez-les en tronçons en prenant soin d'ôter tous les filaments. Jetez-les au fur et à mesure dans de l'eau vinaigrée pour éviter qu'ils ne noircissent.

■ Dans une casserole, délayez la cuillerée de farine dans 1 l d'eau froide et portez sur le feu. Dès que l'ébullition commence, jetez-y les cardons. Salez, ajoutez le jus de citron et l'huile. Dès que l'ébullition reprend, baissez l'intensité du feu.

■ Pendant ce temps, préparez la béchamel : faites fondre la moitié du beurre dans une petite casserole, ajoutez la farine en remuant vivement à la cuillère en bois. Versez en une fois le lait froid et assaisonnez sans cesser de remuer. Laissez épaissir sur feu doux pendant une vingtaine de minutes. Hors du feu, ajoutez le reste du beurre et les jaunes d'œufs.

■ Égouttez les cardons cuits, disposez-les dans un plat à gratin beurré et nappez-les de la sauce. Parsemez de noisettes de beurre et mettez à gratiner au four. Servez chaud.

Mon conseil :
J'ajoute à la béchamel 2 cuillerées à soupe de crème fraîche.

Carottes à l'estragon

Préparation : 10 minutes
Cuisson : 20 minutes

Croquantes et parfumées.

123 calories

Pour 4 personnes
750 g de carottes
1 gros oignon
20 g de beurre
1 feuille de laurier
1 pincée de sucre
5 feuilles d'estragon
sel, poivre du moulin

■ Grattez les carottes, lavez-les et coupez-les en fines rondelles. Pelez l'oignon et coupez-le en gros dés.

■ Faites chauffer le beurre dans une sauteuse, mettez-y l'oignon à suer, puis ajoutez les carottes en tournant bien pour les enrober de beurre et faites-les revenir 5 minutes.

■ Salez, poivrez légèrement, ajoutez la feuille de laurier et arrosez avec 1 verre d'eau avant de couvrir. Laissez étuver 15 minutes à feu modéré et ajoutez la pincée de sucre.

■ Saupoudrez d'estragon haché juste avant de présenter à table.

Carottes Vichy

Préparation : 10 minutes
Cuisson : 25 minutes

Des carottes nouvelles légèrement glacées et parsemées de persil.

406 calories

Pour 4 personnes
800 g de jeunes carottes
1 pincée de sucre

■ Grattez bien les carottes, lavez-les et coupez-les en grosses rondelles. Séchez-les avec un linge et saupoudrez-les de sucre.

■ Faites chauffer le beurre dans une cocotte et faites-y revenir les carottes en veillant à ce qu'elles n'attachent pas.

Carottes Vichy *(suite)*

80 g de beurre
1 cuillerée à soupe de persil haché
sel

■ Au bout de 5 minutes, salez, baissez le feu et poursuivez la cuisson 20 minutes à couvert, en veillant à remuer la cocotte de temps en temps pour que les carottes n'attachent pas au fond.

■ Au moment de servir, parsemez de persil haché.

Carpaccio de bœuf

Une spécialité de la nouvelle cuisine italienne.

221 calories

Pour 2 personnes

150 g de filet de bœuf
1 gousse d'ail
1 cuillerée à soupe de jus de citron
2 ou 3 gouttes de vinaigre
1 cuillerée à soupe d'huile d'olive
30 g de céleri-branche
30 g de parmesan râpé
sel, poivre du moulin

Mon conseil :

Ajoutez pour terminer quelques lamelles de truffe, comme cela se fait en Italie, à la différence qu'il s'agit de truffes blanches, moins chères, mais plus difficiles à se procurer dans nos régions.

Préparation : 15 minutes

■ Placez le filet de bœuf au congélateur jusqu'à ce qu'il devienne dur et se laisse facilement couper en tranches très fines.

■ Frottez les assiettes avec la gousse d'ail et disposez sur celles-ci les tranches de viande coupées au couteau électrique : elles doivent être ultrafines.

■ Salez légèrement, puis donnez quelques tours de moulin à poivre.

■ Mélangez le jus de citron et le vinaigre avec l'huile et badigeonnez-en la viande.

■ Coupez le céleri en très fines lamelles et garnissez-en les assiettes. Saupoudrez de parmesan fraîchement râpé et servez bien frais.

Carpe farcie

Préparation : 20 minutes
Cuisson : 45 minutes

Sur un lit de choucroute.

746 calories

Pour 6 personnes
100 g de pain de mie
20 cl de lait
2 œufs
100 g de champignons de Paris
2 cuillerées à soupe de persil haché
4 échalotes émincées
50 g de beurre
6 pommes de terre
600 g de choucroute
1,5 l de vin blanc sec d'Alsace
1 carpe de 2 kg
50 g de beurre
noix muscade
sel, poivre du moulin

Mon conseil :
Si la carpe a encore sa laitance, c'est encore mieux : ajoutez celle-ci à la panade.

- Faites tremper le pain dans le lait ; essorez-le et incorporez-y les œufs.
- Hachez les champignons, ajoutez-y le persil et les échalotes et faites revenir dans le beurre. Ajoutez petit à petit la panade, salez, poivrez et parfumez de noix muscade râpée. Faites dessécher cette farce quelques minutes sur feu doux.
- Nettoyez le poisson, videz-le, puis essuyez-le soigneusement. Garnissez la cavité ventrale avec la farce et recousez-la soigneusement.
- Épluchez les pommes de terre et faites-les cuire dans de l'eau bouillante salée. Faites étuver la choucroute (voir recette p. 168).
- Mettez le poisson à pocher environ 20 minutes dans le vin blanc chaud, réservez-le. Faites réduire le fond de cuisson puis incorporez le beurre petit à petit en tournant bien.
- Rangez le poisson sur son lit de choucroute et entourez-le de pommes de terre. Assaisonnez bien la sauce et servez-la séparément en saucière.

Carpe en gelée à la juive

Une recette traditionnelle de la cuisine juive.

210 calories

Préparation : 15 minutes
Cuisson : 30 minutes

Pour 6 personnes

1 carpe de 2,5 kg
2 échalotes émincées
2 cuillerées à soupe d'huile
1 cuillerée à café de farine
50 cl de fumet de poisson
1 feuille de laurier
1 cuillerée à café d'ail pilé
2 feuilles de gélatine
2 cuillerées à soupe de persil haché
sel, poivre du moulin

Mon conseil :
Pour donner plus de couleur au plat, garnissez-le de dés de tomates et de tranches de citron.

- Faites lever les filets du poisson par votre poissonnier. Gardez les parures.
- Coupez les filets en 6 morceaux de taille égale.
- Faites revenir les échalotes émincées dans l'huile, saupoudrez de farine et laissez colorer.
- Ajoutez le fumet, les parures de poisson, le laurier et l'ail, vérifiez l'assaisonnement. Portez à ébullition. Laissez réduire, puis passez au tamis.
- Mettez les filets de poisson à pocher environ 20 minutes dans le fumet tamisé frémissant.
- Retirez le poisson et disposez-le sur un plat. Portez le fond de cuisson à ébullition à feu vif, faites-y fondre la gélatine et laissez refroidir.
- Badigeonnez ensuite le poisson avec ce mélange. Mettez au frais jusqu'au moment de passer à table.
- Parsemez de persil pour servir.

Carré d'agneau provençal

Préparation : 10 minutes
Cuisson : 30 minutes

Délicieux avec des tomates à la provençale.

708 calories

Pour 4 personnes
1 carré d'agneau de 800 g
30 cm de barde de lard
150 g d'olives vertes dénoyautées
150 g de poitrine demi-sel
6 gousses d'ail
3 tomates
1/2 verre d'huile d'olive
1/2 verre de vin blanc
1/2 verre de bouillon de volaille (voir recette p. 117)
2 branchettes de thym
1 branche de romarin
sel, poivre

■ Préchauffez le four à th. 9. Enduisez le carré d'agneau d'huile d'olive ; salez et poivrez.
■ Posez-le dans un plat à gratin chemisé de barde de lard ; parsemez de thym et de romarin émiettés. Mettez-le 10 minutes dans le four.
■ Pelez les tomates et détaillez-les en petits morceaux. Découennez la poitrine et coupez-la en lardons. Faites-les revenir 5 minutes dans une casserole sur feu moyen avec un filet d'huile.
■ Ajoutez les morceaux de tomates, les gousses d'ail pelées et écrasées, le vin blanc et le bouillon de volaille. Laissez réduire une dizaine de minutes.
■ Versez le mélange autour du carré d'agneau, ajoutez les olives vertes, réduisez le four à th. 7 et faites cuire 10 minutes en arrosant de temps en temps.

Carré de porc farci

Préparation : 10 minutes
Cuisson : 1 h 10

Farci aux pruneaux et braisé à la bière.

754 calories

Pour 6 personnes
1,8 kg de carré de porc
200 g de pruneaux dénoyautés
10 cl de bière brune

■ Percez la viande de part en part avec un grand couteau et remplissez de pruneaux l'ouverture ainsi pratiquée.
■ Posez dans la braisière une assiette renversée de grandeur convenable et posez dessus la viande afin qu'elle n'attache pas au fond de la braisière. Arrosez de 2 verres d'eau. Glissez dans le four chauffé à th. 6 et laissez cuire

Carré de porc farci *(suite)*

40 cl de demi-glace
100 g de crème fraîche
sel, poivre du moulin

Mon conseil :
Versez cette sauce dans la saucière chaude (il suffit de la remplir d'eau bouillante quelques instants) afin qu'elle ne fige pas.

pendant 55 minutes à couvert, puis 5 minutes encore à découvert.

■ Retirez la viande du four et gardez-la bien au chaud.

■ Faites réduire le fond de cuisson que vous recueillerez de l'assiette et versez-le dans une casserole, couvrez de bière brune, faites réduire à nouveau et ajoutez la demi-glace. Laissez mijoter quelques minutes avant d'ajouter la crème fraîche. Vérifiez l'assaisonnement et versez en saucière.

■ Découpez la viande, dressez-la sur le plat de service et entourez-la d'un cordon de sauce. Présentez le reste en saucière.

Carré de porc grillé à la bière

Un rôti parfumé à la bière, à la moutarde douce et à la sauge.

890 calories

Préparation : 10 minutes
Repos : 3 heures
Cuisson : 50 minutes

Pour 6 personnes
1,8 kg de porc dans le carré
1 gousse d'ail
poivre gris
3 cuillerées à soupe d'huile d'olive
1 branche de sauge
1 verre de bière blonde
1 cuillerée à soupe de moutarde douce
6 feuilles de sauge fraîche
sel

■ Si nécessaire, parez le rôti et frottez-le, 3 heures avant la cuisson, avec de l'ail et du poivre gris, puis mettez-le en attente au frais.

■ Faites chauffer le four à th. 6. Salez le rôti et badigeonnez-le à l'huile d'olive avant de le poser sur la grille. Placez la lèchefrite dessous et versez-y 2 verres d'eau avec la branche de sauge.

■ Baissez la chaleur du four à th. 5 et, au bout de 10 minutes de cuisson, arrosez le rôti avec la bière blonde dans laquelle vous aurez délayé la moutarde douce. Au bout de 5 minutes, retournez la viande, que vous arroserez ensuite toutes les 8 minutes avec un peu de fond de cuisson.

■ Après 40 minutes de cuisson, le rôti devrait être déjà bien croustillant et parfumé. Sortez-le alors du four et laissez-le reposer 10 minutes à couvert pour qu'il soit bien onctueux et parfumé.

■ Pendant ce temps, déglacez le fond de cuisson avec 1/2 verre d'eau et passez-le au tamis.

■ Coupez la viande en tranches et dressez-la sur un plat ovale chaud. Arrosez de fond de cuisson et garnissez de feuilles de sauge fraîche.

Carré de porc aux pommes

Le mariage harmonieux du porc et des pommes, du salé et du sucré.

675 calories

Pour 6 personnes
3 oignons
1,8 kg de carré de porc
40 g de beurre clarifié
(voir recette p. 97)
6 pommes acides
le jus de 1 citron
4 cl de calvados
20 cl de demi-glace
(voir recette p. 716)
sel, poivre du moulin

Préparation : 20 minutes
Cuisson : 1 heure

■ Pelez les oignons et émincez-les finement. Pratiquez trois entailles dans le rôti pour qu'il ne se déforme pas à la cuisson.

■ Faites revenir le carré dans une braisière bien chaude avec la moitié du beurre, salez, poivrez et ajoutez les oignons. Au bout de quelques minutes, arrosez de 1 verre d'eau. Glissez la braisière dans le four préchauffé à th. 6 et faites cuire 35 minutes après avoir réduit la chaleur à th. 5 au bout de 10 minutes.

■ Pendant ce temps, épluchez les pommes, ôtez les pépins, coupez-les en quartiers dans une assiette. Humectez de quelques gouttes de jus de citron.

■ Faites chauffer le reste de beurre dans une poêle et faites-y rissoler les quartiers de pommes jusqu'à ce qu'ils soient légèrement dorés. Répartissez les pommes sur le plat de service chaud.

- Déglacez la poêle où ont cuit les pommes avec le calvados et la demi-glace.
- Sortez le rôti du four, laissez-le reposer 5 minutes avant de le couper en tranches. Disposez la viande sur les pommes.
- Versez le fond de cuisson de la viande dans la poêle et portez vivement à ébullition. Assaisonnez en sel et en poivre, passez la sauce au tamis et versez-la sur la viande.

Carrelets frits

Un poisson de printemps simplement frit au beurre.

387 calories

Pour 4 personnes

4 carrelets de 300 à 400 g
4 cuillerées à soupe de jus de citron
1 cuillerée à soupe de sauce Worcestershire
100 g de beurre
5 cuillerées à soupe de farine
2 cuillerées à soupe de persil ciselé
4 rondelles de citron
sel, poivre du moulin

Préparation : 10 minutes
Cuisson : 10 minutes

- Faites vider les poissons par le poissonnier, nettoyez-les, lavez-les et épongez-les bien avec du papier absorbant.
- Mélangez la sauce Worcestershire avec le jus de citron, salez et poivrez et faites macérer le poisson quelques minutes dans cette préparation.
- Faites fondre dans deux poêles 3 cuillerées à soupe de beurre.
- Passez les poissons dans la farine et, avant que le beurre ne mousse, faites-les dorer dans les poêles 5 minutes de chaque côté.
- Saupoudrez-les de persil et garnissez chaque poisson de 1 rondelle de citron avant de servir.

Cassoulet

Préparation : 30 minutes	
Trempage des haricots : 12 heures	
Cuisson : 5 h 40	

La recette proposée ici s'apparente à la toulousaine.

1 200 calories

Pour 6 personnes
300 g d'épaule de mouton désossée
300 g d'échine de porc
200 g de confit d'oie
250 g de lard de poitrine
250 g de couennes cuites
1 pied de porc
6 saucisses de Toulouse
600 g de haricots blancs secs
4 oignons
4 tomates
8 gousses d'ail
200 g de saindoux
2 clous de girofle
1 bouquet garni
chapelure
sel, poivre

■ Faites tremper les haricots 12 heures dans de l'eau froide.

■ Coupez en morceaux l'épaule et l'échine.

■ Pelez les oignons. Piquez l'un d'eux de clous de girofle. Hachez les autres avec les gousses d'ail épluchées.

■ Mettez les haricots dans une marmite remplie d'eau froide avec le pied de porc, l'oignon entier et le bouquet garni. Chauffez jusqu'à ébullition, puis couvrez et laissez cuire 1 heure à petits bouillons. Salez à mi-cuisson.

■ Pendant ce temps, faites revenir les morceaux de viande dans 150 g de saindoux. Salez, poivrez, puis désossez les viandes et filtrez leur jus de cuisson. Égouttez les haricots.

■ Faites blondir le hachis d'oignons dans 25 g de saindoux. Ajoutez le lard et les couennes, puis les haricots, les tomates coupées en quartiers, les viandes et le confit. Mouillez l'eau à hauteur. Laissez cuire 30 minutes.

■ Versez le tout dans une cocotte. Couvrez et mettez 4 heures à four moyen (th. 5). Environ 1 heure avant la fin de la cuisson, ajoutez les saucisses poêlées dans 25 g de saindoux et saupoudrez de chapelure. Cassez à trois ou quatre reprises la croûte qui se forme à la surface. Servez dans la cocotte.

Caviar d'aubergines

Préparation : 25 minutes
Cuisson : 40 minutes

Une des formules de cette recette qui offre de nombreuses variantes.

145 calories

Pour 6 personnes

4 aubergines bien mûres
4 tomates
4 cuillerées à soupe d'huile d'olive
2 gousses d'ail écrasées
1 bouquet garni (persil, thym, laurier)
sel, poivre

Mon conseil :
Je sers avec des tranches de pain de mie ou de pain de campagne grillées.

■ Lavez et essuyez les aubergines sans les peler. Coupez-les en quartiers.

■ Mettez dans une poêle 3 cuillerées à soupe d'huile d'olive, laissez chauffer et faites-y frire vivement les quartiers d'aubergines. Égouttez-les sur un torchon.

■ Pelez les tomates, coupez-les en quartiers et épépinez-les.

■ Mettez dans une casserole 1 cuillerée à soupe d'huile d'olive, les tomates, le bouquet garni, l'ail, du sel et du poivre. Laissez cuire doucement une dizaine de minutes.

■ Ajoutez alors les aubergines égouttées et laissez cuire encore 30 minutes à tout petit feu.

■ Passez le tout à la moulinette pour obtenir une purée et laissez refroidir.

■ Tenez au frais jusqu'au moment de servir.

Cédrats confits

Préparation : sur 12 jours

La Corse au rendez-vous.

483 calories

1 kg de sucre pour 1 kg de cédrats (gros citrons à peau épaisse)

■ Coupez les fruits en deux dans le sens de la longueur. Débarrassez-les de leurs pépins et faites-les tremper pendant au moins 3 jours dans de l'eau froide, en changeant l'eau matin et soir.

■ Le quatrième jour, jetez l'eau et faites cuire les cédrats dans une nouvelle eau jusqu'à ce qu'ils soient ramollis. Retirez-les de l'eau et plongez-les aussitôt dans de l'eau froide pendant 1 minute. Laissez-les égoutter jusqu'au lendemain.

■ Le cinquième jour, préparez un sirop en faisant bouillir dans 1 l d'eau 1 kg de sucre et 1 kg de fruits dans une casserole en cuivre ou en inox. Lorsque l'ébullition est bien déclarée, ajoutez les cédrats et laissez-les cuire pendant 15 minutes. Retirez la casserole du feu, puis versez le sirop et les fruits dans un récipient en verre.

■ Le sixième jour, remettez le sirop dans la casserole et chauffez-le jusqu'à grande ébullition. Plongez les fruits 5 minutes dans ce sirop, puis retirez la casserole du feu et reversez la préparation dans la casserole.

■ Recommencez le lendemain, ainsi que les jours suivants, au total pendant 8 jours.

■ Le dernier jour, retirez les fruits, égouttez-les et portez le sirop à ébullition pendant quelques secondes. Versez le sirop sur les fruits, laissez-les égoutter, puis sécher. Conservez-les dans une boîte fermant hermétiquement.

Mon conseil :
Vous pouvez utiliser les cédrats confits dans la préparation et la décoration de gâteaux.

Céleri à l'antiboise

Préparation : 10 minutes

Une délicieuse crudité de céleri en branches aux anchois.

150 calories

Pour 4 personnes
1 cœur de céleri en branches
12 filets d'anchois à l'huile
2 cuillerées à soupe d'huile
1/2 cuillerée à soupe de vinaigre
poivre

■ Nettoyez le céleri, puis coupez-le en lamelles dans le sens de la longueur.

■ Otez les arêtes des filets d'anchois. Passez-les à la moulinette. Ajoutez l'huile, le vinaigre et le poivre.

■ Nappez le céleri avec cette sauce.

Cèpes à la bordelaise

Préparation : 15 minutes
Cuisson : 20 minutes

Avec un fin hachis d'ail, échalotes et persil.

245 calories

Pour 4 personnes
1 kg de cèpes
1/2 verre d'huile
1 citron
2 échalotes
2 gousses d'ail
1 cuillerée à soupe de persil haché
sel, poivre

Mon conseil :
Choisissez de préférence des cèpes pas trop gros, ils risquent moins d'avoir été attaqués par les insectes.

■ Nettoyez soigneusement les cèpes. Séparez les chapeaux des pieds et hachez finement les pieds.
■ Pelez les échalotes et l'ail, et hachez-les.
■ Mettez l'huile dans une poêle. Faites chauffer sur feu vif et, quand elle commence à « chanter », ajoutez les chapeaux des cèpes. Faites rissoler une bonne dizaine de minutes en retournant à mi-cuisson.
■ Ajoutez alors dans la poêle les pieds, les échalotes et l'ail hachés. Salez, poivrez et laissez cuire le tout encore 10 minutes sur feu moyen et à couvert.
■ En fin de cuisson, aspergez de jus de citron et parsemez de persil haché. Servez sans attendre.

Cèpes farcis

Préparation : 20 minutes
Cuisson : 20 minutes

Au jambon, aux échalotes, à l'ail et au persil.

509 calories

Pour 4 personnes
2 cuillerées à soupe de miettes de pain
12,5 cl de lait
3 échalotes
4 gros cèpes
3 cuillerées à soupe d'huile d'olive
50 g de jambon cru

■ Faites gonfler les miettes de pain dans le lait.
■ Pelez et émincez les échalotes.
■ Après avoir bien essuyé les champignons, détachez les pieds des chapeaux, lavez-les si nécessaire. Hachez finement les pieds et réservez les têtes.
■ Faites chauffer 2 cuillerées à soupe d'huile dans une poêle et faites-y étuver les pieds des champignons avec le jambon haché menu.
■ Ajoutez le persil haché et la gousse d'ail écrasée, ainsi que les miettes de

Cèpes farcis *(suite)*

1 bouquet de persil
1 gousse d'ail
2 cuillerées à café de chapelure
20 g de beurre
sel, poivre du moulin

pain bien essorées. Mélangez le tout et assaisonnez légèrement.

■ Remplissez les têtes de champignons de la farce et rangez-les dans un plat à gratin badigeonné avec le reste d'huile.

■ Saupoudrez de chapelure, parsemez de noisettes de beurre et glissez le plat au four chauffé à th. 6 pour faire gratiner 15 minutes.

Cèpes aux fines herbes

Marinés à l'huile et parfumés aux herbes fraîches.

702 calories

Pour 2 personnes

4 gros cèpes
20 cl d'huile de pépins de raisin
2 échalotes
50 g de beurre
1 cuillerée à soupe de fines herbes hachées (basilic, estragon, cerfeuil, persil)
sel, poivre du moulin

Mon conseil :
Utilisez l'huile de macération des cèpes pour faire revenir vos rôtis (de bœuf, par exemple), l'arôme des cèpes imprégnera la viande.

Préparation : 10 minutes
Marinade : 2 heures
Cuisson : 5 minutes

■ Nettoyez les cèpes, lavez-les si nécessaire et épongez-les bien avec du papier absorbant. Détachez les chapeaux des pieds des champignons.

■ Faites mariner 2 heures les têtes des cèpes avec l'huile, du sel et du poivre, et égouttez-les soigneusement.

■ Hachez finement en duxelle les pieds des champignons, les échalotes pelées et les fines herbes.

■ Faites chauffer le beurre dans une poêle et faites-y revenir les têtes des champignons pendant 3 minutes, en les retournant à mi-cuisson.

■ Ajoutez alors la duxelle aux fines herbes et prolongez la cuisson de 2 minutes. Salez, poivrez et servez sans attendre.

Cerises sur crème d'amaretto

Préparation : 20 minutes
Réfrigération : 1 heure
Cuisson : 3 minutes

Des griottes sur une crème onctueuse.

461 calories

Pour 4 personnes
750 g de griottes
125 g de sucre en poudre
1 sachet de sucre vanillé
3 feuilles de gélatine
4 jaunes d'œufs
2 cuillerées à soupe de sucre glace
1 gousse de vanille
5 cl d'amaretto
12,5 cl de crème fraîche

- Lavez les cerises, équeutez-les et dénoyautez-les avant de les faire pocher 3 minutes dans de l'eau bouillante avec le sucre en poudre et le sucre vanillé, puis laissez-les refroidir dans le sirop.
- Faites tremper la gélatine dans de l'eau froide.
- Battez les jaunes d'œufs avec le sucre glace et la pulpe de vanille pour obtenir une préparation mousseuse.
- Pressez la gélatine. Faites-la fondre dans l'amaretto tiédi, puis versez-la dans la préparation aux œufs. Faites prendre la crème sur des glaçons.
- Fouettez la crème fraîche et incorporez-la à la masse. Garnissez-en des coupes de verre et faites prendre 1 heure au réfrigérateur.
- Garnissez de cerises au moment de servir.

Cervelle de veau au beurre noisette

Préparation : 20 minutes
Trempage : 2 heures
Cuisson : 20 minutes

Un classique aux câpres.

294 calories

Pour 2 personnes
300 g de cervelle de veau (ou 2 cervelles d'agneau)
1 carotte

- Faites dégorger la cervelle 2 heures dans de l'eau froide vinaigrée. Débarrassez-la de la mince membrane qui l'enveloppe, puis faites-la dégorger à nouveau quelques instants afin qu'elle soit bien blanche.
- Pelez la carotte et le céleri et coupez-les en fines tranches.

Cervelle de veau au beurre noisette *(suite)*

100 g de céleri-branche
1 branche de thym
20 g de beurre
1 cuillerée à soupe de vinaigre
1 bouquet de persil
1 cuillerée à soupe de câpres
sel, poivre du moulin

■ Mettez la cervelle à cuire avec le persil, la carotte, le céleri et le thym dans un faitout, en recouvrant le tout d'eau froide. L'eau doit juste recouvrir les ingrédients. Salez, poivrez et amenez à ébullition. Laissez frémir 20 minutes. Égouttez la cervelle, coupez-la en tranches et dressez-la sur un plat chaud.

■ Faites blondir le beurre et ajoutez-y le vinaigre. Arrosez la cervelle de beurre fondu, parsemez de câpres et servez.

Champignons à la crème

A servir en entrée ou en garniture d'un poulet ou d'un rôti de veau.

365 calories

Pour 4 personnes

800 g de champignons de Paris
2 échalotes
1 grosse gousse d'ail
75 g de beurre
1 cuillerée à soupe de farine
10 cl de crème fraîche
125 g de jambon
1 cuillerée à soupe de persil haché
sel, poivre

Mon conseil :
Je lave les champignons dans de l'eau citronnée pour les empêcher de noircir.

Préparation : 5 minutes
Cuisson : 15 minutes

■ Brossez et lavez les champignons.

■ Coupez-les en lamelles.

■ Faites-les sauter au beurre avec les échalotes hachées, l'ail et le jambon coupé en morceaux.

■ Lorsque le tout est bien doré, saupoudrez avec la farine. Mélangez bien, salez et poivrez. Liez avec la crème fraîche. Servez saupoudré de persil haché.

Champignons crus en salade

De fines lamelles de champignons arrosées de vinaigrette.

110 calories

Pour 4 personnes
300 g de champignons de couche
1/2 bol de vinaigrette non aromatisée

Préparation : 15 minutes

- Lavez, brossez et épongez les champignons.
- Coupez-les en fines lamelles dans le sens de la hauteur et mettez-les dans un saladier.
- Versez dessus une simple vinaigrette (tout condiment ajouté ferait perdre aux champignons leur parfum délicat). Remuez et laissez reposer quelques instants avant de servir.

Champignons à la grecque

Salade fraîche au parfum de coriandre.

54 calories

Pour 4 personnes
600 g de champignons de Paris
4 cl de vin blanc
1 cuillerée à soupe de coriandre en grains
2 clous de girofle
1 pincée de sucre
2 cuillerées à soupe d'huile d'olive
3 tranches de citron
2 cuillerées à soupe de concentré de tomates
1 bouquet garni

Préparation : 10 minutes
Cuisson : 15 minutes

- Nettoyez les champignons, lavez-les si nécessaire, coupez leur pied terreux et essuyez-les soigneusement avec du papier absorbant.
- Faites réduire le vin dans une casserole avec le sel, le poivre, le sucre, la coriandre et les clous de girofle.
- Versez l'huile dans une sauteuse, faites-la chauffer sur feu moyen, et faites-y étuver les champignons. Pour qu'ils restent bien blancs, ajoutez les rondelles de citron.
- Au bout de 5 minutes de cuisson, versez la réduction sur les champignons avec le concentré de tomates et le bouquet garni, et laissez mijoter le tout environ 10 minutes à couvert. Les cham-

Champignons à la grecque *(suite)*

1 cuillerée à soupe
de persil frais haché
sel, poivre du moulin

Mon conseil :
Excellente salade pour un buffet froid ou un pique-nique.

pignons doivent rester encore bien croquants.

- Laissez refroidir, retirez les tranches de citron et le bouquet garni et, si possible, les clous de girofle.
- Saupoudrez de persil au moment de servir.

Charlotte au chocolat

Le classique des classiques.

341 calories

Pour 6 personnes
pâte à génoise (voir recette p. 536) ou 14 biscuits à la cuillère
50 cl de crème pâtissière (voir recette p. 231)
2 feuilles de gélatine
25 cl de crème fleurette
50 cl de mousse au chocolat (voir recette p. 223)
12,5 cl de crème fouettée très ferme
50 g de copeaux de chocolat

Préparation : 50 minutes
Réfrigération : 4 heures
Cuisson : 10 minutes

- Coupez la pâte à biscuit en lanières de 12 cm de long et faites cuire 10 minutes au four à th. 7.
- Beurrez le moule et chemisez-en le fond et les bords de biscuit (ou de biscuits à la cuillère).
- Préparez la crème pâtissière selon la recette et, pendant qu'elle est encore chaude, mettez-y la gélatine à dissoudre.
- Fouettez la crème fleurette au batteur électrique et, quand elle est bien ferme, incorporez-la à la crème pâtissière refroidie et garnissez-en le moule.
- Versez la mousse au chocolat sur la crème pâtissière. Mettez au réfrigérateur pour environ 4 heures.
- Renversez la charlotte sur le plat de service. Décorez avec de la crème fouettée et des copeaux de chocolat. Gardez au frais jusqu'au moment de servir.

Chateaubriands

Préparation : 2 minutes
Cuisson : 12 minutes

Un morceau de choix.

386 calories

Pour 2 personnes
2 tranches de filet de bœuf de 200 g chacune
20 g de beurre clarifié (voir recette p. 97)
20 g de beurre frais
2 cl de vin rouge
sel, poivre du moulin

■ Salez et poivrez la viande, que vous aurez fait couper sur une épaisseur de 5 à 6 cm.

■ Faites chauffer le beurre clarifié dans une poêle et mettez-y les steaks à revenir à feu vif 1 minute de chaque côté pour leur faire prendre une belle couleur et leur conserver leur jus.

■ Baissez le feu, couvrez la viande avec une feuille d'aluminium. Au bout de 8 minutes, découvrez. De petites perles de sang doivent apparaître sur le dessus de la viande : cela signifie qu'elle est bien rose à l'intérieur.

■ Retirez les chateaubriands de la poêle. Jetez la graisse de cuisson, remplacez-la par le beurre frais et laissez-le fondre.

■ Déglacez la poêle avec le vin rouge. Faites réduire sur feu vif. Coupez la viande en tranches, dressez-les sur le plat de service chaud et arrosez de sauce. Servez.

Chicorée à la crème

Préparation : 10 minutes
Cuisson : 1 h 20

La crème adoucit l'amertume de cette salade riche en vitamines.

270 calories

Pour 6 personnes
6 chicorées
150 g de crème fraîche

■ Épluchez les salades et retirez leurs feuilles dures extérieures. Lavez-les à plusieurs eaux. Si les chicorées sont grosses, coupez-les en deux ou en quatre. Si elles sont petites, laissez-les entières. Ficelez chaque salade (pour qu'elles tiennent moins de place à la cuisson).

Chicorée à la crème *(suite)*

50 g de beurre
sel, poivre

Mon conseil :
Même recette avec des laitues. Trente minutes de cuisson suffisent alors.

■ Dans un grand faitout, faites bouillir de l'eau salée. Jetez-y les chicorées et laissez cuire 15 minutes. Lorsque les salades ont un peu refroidi, coupez les ficelles et pressez bien entre vos mains pour extraire toute l'eau.

■ Dans une cocotte, faites chauffer le beurre et la crème. Mettez les salades en une seule couche, salez, poivrez et laissez cuire à couvert, doucement, 45 minutes, en les retournant de temps en temps. Servez chaud.

Chiffonnade de chou

Préparation : 10 minutes

Chou, poivron et pomme crus, accommodés au fromage blanc.

360 calories

Pour 4 personnes
1/2 chou pommé bien serré
et bien blanc
2 pommes rouges
2 poivrons verts
Pour la sauce :
200 g de fromage blanc
1 citron
fines herbes
sel, poivre

Mon conseil :
Essayez cette même sauce avec des pommes de terre bouillies.
Une savoureuse réussite !

■ Retirez les feuilles vertes du chou ; enlevez la partie dure du trognon. Avec un grand couteau de cuisine, coupez le chou en tranches très fines.

■ Lavez à plusieurs eaux les lanières de chou ainsi obtenues. Égouttez-les sur un torchon.

■ Lavez et essuyez les pommes et les poivrons ; coupez les poivrons en deux et les pommes en quatre, retirez les pépins. Détaillez les poivrons en lanières et les pommes en morceaux.

■ Préparez la sauce d'accompagnement : mélangez le fromage blanc avec le jus et le zeste de citron, le sel, le poivre, les fines herbes hachées. Battez bien pour obtenir un mélange homogène.

■ Mettez dans un saladier les lanières de chou et de poivron et les morceaux de pomme. Mélangez.

■ Servez accompagné du fromage blanc présenté en jatte.

Chipolatas au vin blanc

Un plat complet nourrissant et savoureux.

660 calories

Préparation : 15 minutes
Cuisson : 15 minutes

Pour 6 personnes

12 saucisses chipolatas
6 tranches de pain de mie
100 g de beurre
2 échalotes
1 cuillerée à soupe d'huile
25 cl de vin blanc sec
2 jaunes d'œufs
1 cuillerée à soupe de purée de tomates
1 cuillerée à soupe de crème fraîche
sel, poivre

■ Dans une poêle à fond épais, faites fondre une noix de beurre. Posez les saucisses piquées à la fourchette, faites-les rissoler doucement une dizaine de minutes en veillant à ce qu'elles n'éclatent pas. Retirez-les quand elles sont cuites, réservez-les au chaud.

■ Retirez un peu de jus de cuisson si les saucisses ont rendu de la graisse. Mettez dans le reste les échalotes hachées. Remuez à la spatule jusqu'à ce qu'elles soient transparentes.

■ Mouillez les échalotes avec le vin blanc. Faites réduire d'un tiers environ.

■ Pendant ce temps, dans une autre poêle, faites dorer les tranches de pain dans l'huile et le beurre fondu.

■ Quand la sauce est réduite, salez, poivrez, ajoutez la purée de tomates. Hors du feu, mettez les jaunes d'œufs, la crème fraîche, mélangez bien à la cuillère en bois. Remettez la sauce sur feu doux, laissez épaissir sans bouillir.

■ Dans un plat long et chaud, disposez 2 saucisses sur chaque tranche dorée, nappez avec la sauce.

Mon conseil :
Je sers en même temps une purée de pois cassés.

Chou blanc aux cèpes

Préparation : 10 minutes
Trempage : 20 minutes
Cuisson : 20 minutes

Dans une sauce à la crème.

351 calories

Pour 4 personnes
150 g de cèpes séchés
1 chou blanc de 1,5 kg environ
200 g de crème fraîche
1 bouquet d'aneth
sel, poivre du moulin

■ Faites tremper les cèpes environ 20 minutes dans 50 cl d'eau tiède.

■ Débarrassez le chou des feuilles flétries et coupez-le en quartiers égaux; lavez-les et essuyez-les.

■ Égouttez les champignons et répartissez-les régulièrement entre les feuilles de chou. Ficelez soigneusement.

■ Salez, poivrez et mettez le chou dans une grande cocotte, couvrez avec l'eau de trempage des cèpes (filtrée) et faites mijoter 20 minutes, à couvert.

■ Retirez alors le chou, débarrassez-le de ses fils et gardez-le au chaud dans un plat creux. Versez la crème fraîche dans la cocotte et faites réduire pour obtenir une sauce onctueuse.

■ Nappez de sauce les quartiers de chou et parsemez d'aneth haché.

Choucroute garnie à la strasbourgeoise

Préparation : 20 minutes
Cuisson : 2 heures au moins

La véritable choucroute alsacienne, garnie de carré de porc, de lard fumé, de jambonneau, de saucisses, de quenelles et de pommes vapeur.

1 345 calories

Pour 6 personnes
1,5 kg de choucroute crue, bien blanche
400 g de lard fumé (en tranches)

■ Lavez la choucroute à plusieurs eaux. Égouttez-la bien et pressez-la entre vos mains pour en extraire toute l'eau. Mettez le carré de porc sous un filet d'eau froide.

■ Émincez les oignons puis faites-les blondir dans la graisse d'oie dans une grande cocotte en fonte émaillée ou, mieux, en terre. Couchez-y alors la moitié de la choucroute et disposez dessus

Cassoulet *(recette page 156)*

Cédrats confits *(recette page 157)*

Choucroute garnie
à la strasbourgeoise *(suite)*

750 g de carré de porc salé
(ou 1/2 épaule fumée)
6 saucisses de Strasbourg
6 quenelles de foie
1 jambonneau
6 saucisses blanches
2 oignons
2 gousses d'ail
25 cl de vin blanc sec
25 cl de bouillon
(de veau, de préférence)
100 g de saindoux
ou de graisse d'oie
2 clous de girofle
1 feuille de laurier
8 baies de genièvre
4 ou 5 grains de coriandre
sel, poivre
6 grosses pommes de terre

le lard, le carré de porc et le jambonneau, ainsi qu'un petit sachet de mousseline renfermant les gousses d'ail entières, la feuille de laurier, les baies de genièvre, les clous de girofle et la coriandre. Poivrez largement, mais salez très peu ou pas du tout, le lard et le carré apportant suffisamment de sel à l'ensemble. Couvrez avec le reste de la choucroute et versez sur le tout 1 verre de bouillon (ou, à défaut, d'eau) et le vin blanc. Poivrez à nouveau, couvrez et laissez cuire à feu très doux pendant 2 heures au moins.

■ Vingt minutes avant la fin de la cuisson, mettez les pommes de terre avec leur peau à bouillir dans l'eau salée.

■ Au dernier moment, faites pocher les saucisses de Strasbourg et les quenelles de foie dans l'eau bouillante, mais hors du feu et à couvert. Faites dorer les saucisses blanches à la poêle ou au gril, 8 minutes environ.

■ Égouttez bien la choucroute après en avoir vérifié la cuisson (elle doit être translucide mais encore un peu craquante) et dressez sur le plat de service, sans oublier de retirer le sachet contenant les épices. Disposez par-dessus le lard et le carré de porc coupé en tranches, les saucisses, les quenelles, le jambonneau coupé en six et entourez de pommes de terre pelées. Servez très chaud.

Mon conseil :
Je choisis – cela va de soi pour cette recette – un vin d'Alsace, riesling ou sylvaner.

Chou-fleur aux crevettes

Préparation : 10 minutes
Cuisson : 45 minutes

Un hors-d'œuvre original.

330 calories

Pour 4 personnes
1 chou-fleur
300 g de crevettes
1 petit crabe tourteau
sel, poivre
thym, laurier
200 g de mayonnaise
vinaigre

- Épluchez le chou-fleur et faites-le cuire à l'eau salée et légèrement vinaigrée pendant 25 minutes.
- Égouttez-le et laissez-le refroidir.
- Décortiquez les crevettes et le crabe qui auront été cuits 20 minutes dans de l'eau salée avec thym et laurier. Lorsque tous les ingrédients sont froids, mettez-les dans un saladier et assaisonnez-les de mayonnaise.

Chou-fleur au gratin

Préparation : 10 minutes
Cuisson : 40 minutes

Des bouquets de chou-fleur au four nappés d'une sauce crémeuse.

255 calories

Pour 6 personnes
1 gros chou-fleur
(1,2 kg environ)
60 g de beurre
150 g de gruyère râpé
150 g de crème fraîche
sel, poivre

Mon conseil :
Je lave toujours le chou-fleur dans de l'eau vinaigrée pour déloger les petits « habitants » glissés entre les bouquets serrés.

- Lavez le chou-fleur ; détachez-en les bouquets en laissant le moins possible de tiges et de trognon.
- Plongez les bouquets de chou-fleur dans une casserole d'eau bouillante salée et laissez-les cuire 25 minutes. Égouttez-les.
- Mélangez la crème et le fromage. Poivrez.
- Allumez le gril du four. Beurrez un plat et répartissez-y les bouquets. Nappez de sauce à la crème, parsemez de noisettes de beurre et faites gratiner au four 10 minutes. Servez très chaud dans le plat de cuisson.

Chou-fleur en salade

Préparation : 5 minutes
Cuisson : 20 minutes

Chou-fleur cuit, anchois, olives et câpres en citronnette.

170 calories

Pour 6 personnes
1 chou-fleur frais ou 2 paquets de chou-fleur surgelé
2 boîtes de filets d'anchois à l'huile
1 tasse d'olives noires
1 cuillerée à dessert de câpres
2,5 cl d'huile
2 cuillerées à dessert de jus de citron
sel, poivre noir

■ Lavez le chou-fleur, faites-le cuire 20 minutes à l'eau bouillante salée ; égouttez-le bien et séparez-le en bouquets. Si vous utilisez un chou-fleur surgelé, faites-le cuire 1 minute de moins qu'indiqué sur l'emballage. Laissez refroidir.

■ Mettez les bouquets de chou-fleur dans un saladier, ajoutez les anchois, les olives et les câpres.

■ Mélangez l'huile, le jus de citron et le poivre fraîchement moulu, versez l'assaisonnement dans le saladier, remuez délicatement le tout.

Chou rouge aux marrons

Préparation : 20 minutes
Cuisson : 1 h 20

A la graisse d'oie et aux pommes.

425 calories

Pour 6 personnes
1 chou rouge de 1,2 kg
1 cuillerée à soupe de graisse d'oie
1 oignon
4 pommes
1 cuillerée à soupe de sucre
10 cl de vinaigre de vin
1 blanc de poireau

■ Préparez le chou, coupez-le en quartiers puis en fines lanières.

■ Faites chauffer la graisse d'oie dans une cocotte et mettez-y l'oignon émincé et les pommes coupées en fins quartiers ; ajoutez-y le chou et faites revenir le tout pendant 10 minutes.

■ Ajoutez le sucre, le vinaigre, du sel, du poivre, le blanc de poireau coupé en anneaux et l'oignon piqué de girofle et de laurier ; couvrez et laissez mijoter environ 1 heure. Mouillez avec un peu d'eau si nécessaire.

1 oignon piqué de 2 clous de girofle et de 1 feuille de laurier
800 g de marrons (net 400 g)
sel, poivre du moulin

■ Environ 15 minutes avant la fin de la cuisson, incisez les marrons et faites-les griller 10 minutes au four chauffé à th. 6, puis débarrassez-les de leur coque et de leur peau et ajoutez-les au chou.
■ Versez les légumes dans un plat creux et servez bien chaud.

Chou vert farci

Doucement mijoté à la cocotte.

640 calories

Préparation : 15 minutes
Cuisson : 3 h 20

Pour 4 personnes
1 chou vert de 800 g environ
350 g de chair à saucisse
100 g de beurre
2 oignons
2 cuillerées à café de persil haché
1 poignée de mie de pain
1/2 verre de lait
50 cl de bouillon (fait avec 1 tablette de concentré)
2 carottes
1 bouquet garni
sel, poivre

Mon conseil :
La même recette peut être exécutée en ajoutant un peu de riz à la farce.

■ Faites tremper la mie de pain dans le lait.
■ Retirez les grosses feuilles à l'extérieur du chou, lavez-le en le laissant entier, puis mettez-le à cuire 15 minutes dans l'eau bouillante salée.
■ Égouttez-le. Écartez bien les feuilles et retirez le cœur.
■ Mélangez la chair à saucisse, la mie de pain bien essorée, le persil, le sel, le poivre.
■ Hachez les oignons.
■ Faites fondre 50 g de beurre dans une poêle et jetez-y les oignons hachés. Lorsqu'ils sont dorés, ajoutez la farce et faites revenir le tout pendant 2 minutes en remuant.
■ Glissez cette farce entre chaque feuille de chou. Tassez le reste de la farce au milieu du chou. Ficelez.
■ Faites fondre le reste du beurre dans une cocotte et mettez-y le chou.
■ Arrosez avec le bouillon. Ajoutez les carottes épluchées et coupées en rondelles et le bouquet garni. Salez, poivrez. Couvrez et laissez cuire à feu très doux pendant 3 heures en arrosant souvent. Servez très chaud.

Choux de Bruxelles au jus de viande

Préparation : 10 minutes
Cuisson : 20 minutes

La plus simple des recettes, mais l'une des meilleures.

195 calories

Pour 4 personnes
1 kg de choux de Bruxelles
50 g de beurre
4 cuillerées à soupe de jus de viande
sel, poivre
1 pincée de noix muscade

Mon conseil :
C'est particulièrement délicieux en accompagnement d'un rôti de porc ou avec des saucisses.

■ Épluchez les choux, puis lavez-les à grande eau.

■ Jetez-les dans 4 l d'eau bouillante légèrement salée. Quand l'eau reprend ébullition, baissez le feu pour maintenir une petite ébullition pendant une dizaine de minutes. Égouttez.

■ Dans une sauteuse, faites fondre le beurre et, quand il est chaud, faites-y sauter les choux de Bruxelles jusqu'à légère coloration. Quelques minutes avant de servir, ajoutez le jus de viande, muscadez et faites délicatement rouler les choux dans le jus de viande. Servez sur plat chaud.

Choux de Bruxelles sauce madère

Préparation : 20 minutes
Cuisson : 10 minutes

Garniture pour volaille ou rôti de porc

233 calories

Pour 4 personnes
750 g de choux de Bruxelles
sucre
sel
Pour la sauce :
20 g de beurre
30 g de farine

■ Nettoyez, puis lavez les choux de Bruxelles. Incisez le trognon en croix.

■ Faites-les cuire 10 minutes dans de l'eau bouillante additionnée de sel et de sucre et égouttez-les en les gardant au chaud.

■ Pendant ce temps, préparez la sauce : faites fondre le beurre dans une casserole, saupoudrez de farine pour obtenir un roux blond, mouillez avec 25 cl d'eau de cuisson des choux, salez,

Choux de Bruxelles sauce madère *(suite)*

3 cuillerées à soupe de madère
100 g de jambon de Paris
noix muscade
sel, poivre du moulin

poivrez, parfumez avec un peu de noix muscade et le madère. Ajoutez enfin le jambon de Paris coupé en fines lanières.

■ Mettez les choux de Bruxelles dans un plat creux chaud et versez la sauce dessus.

Choux aux framboises

Préparation : 10 minutes
Cuisson : 20 minutes

Pour un repas de fête.

541 calories

Pour 6 personnes
150 g de pâte à choux
(voir recette p. 535)
60 g d'amandes effilées
2 cl d'alcool de framboise
200 g de crème pâtissière
(voir recette p. 231)
400 g de framboises
crème Chantilly

■ A l'aide d'une poche à douille, dressez à intervalles suffisants 6 boules de pâte de taille égale sur la plaque du four humide. Saupoudrez d'amandes effilées et faites cuire 20 minutes au four chauffé à th. 7.

■ Mélangez l'alcool de framboise à la crème pâtissière et remplissez de cette préparation les choux fendus en deux.

■ Décorez avec les framboises et nappez de crème Chantilly.

Choux-raves sauce crème

Préparation : 10 minutes
Cuisson : 20 minutes

Dans une sauce veloutée et parfumés au cerfeuil.

320 calories

Pour 2 personnes
400 g de choux-raves
20 g de beurre

■ Pelez les choux, lavez-les et coupez-les en fines lamelles.

■ Faites chauffer le beurre dans une sauteuse et faites-y étuver les échalotes pelées et émincées.

■ Ajoutez alors les choux et le cerfeuil haché. Salez, poivrez, couvrez et laissez étuver 15 minutes.

Choux-raves sauce crème *(suite)*

2 échalotes
1 cuillerée à soupe de cerfeuil haché
10 cl de crème fraîche
10 cl de yaourt
noix muscade
sel, poivre du moulin

■ Pendant ce temps, versez la crème fraîche et le yaourt dans une petite casserole, parfumez de noix muscade et laissez réduire 5 minutes sur feu doux.

■ Versez la sauce sur les choux et mélangez bien. Assaisonnez en sel et en poivre si nécessaire avant de servir dans un plat creux.

Christophines farcies

Préparation : 30 minutes
Cuisson : 35 minutes

Un légume à la saveur délicate.

310 calories

Pour 4 personnes

2 christophines
2 tranches de jambon fumé
60 g de pain environ
75 g de gruyère râpé
3 cives
4 branches de persil
1 branche de thym
3 gousses d'ail
chapelure
huile
sel, poivre

Mon conseil :
Mélangez gruyère et chapelure avant d'en saupoudrer les christophines.

■ Lavez les christophines, coupez-les en deux dans le sens de la longueur, enlevez les cœurs. Faites-les cuire à la vapeur, pendant 20 minutes. Une fois cuites, laissez-les refroidir.

■ Faites tremper le pain dans de l'eau. Hachez finement le persil, les cives, le thym et l'ail.

■ Évidez les christophines en prenant soin de ne pas abîmer la peau. Mettez les peaux dans un plat allant au four. Passez la pulpe au mixeur. Passez également successivement le jambon et le pain.

■ Faites revenir les épices dans un peu d'huile, ajoutez le jambon, puis la purée de christophines et enfin le pain jusqu'à obtention d'une consistance de farce légère. Salez et poivrez. Ajoutez un peu de gruyère râpé, remuez bien. Remplissez les peaux de cette farce, saupoudrez de gruyère râpé et de chapelure. Faites gratiner à four chaud pendant 10 à 15 minutes.

Civet de lapin

Préparation : 25 minutes
Cuisson : 1 h 10

Quand le lapin se donne des airs de lièvre.

848 calories

Pour 4 personnes

1 lapin avec son foie
150 g de lard
5 échalotes
250 g de champignons
2 verres de vin rouge
1 verre de demi-glace
(voir recette p. 716)
1 bouquet garni
2 cl de cognac
sel, poivre du moulin

- Coupez le lapin en morceaux que vous essuierez soigneusement.
- Coupez le lard en dés.
- Épluchez les échalotes et émincez-les.
- Nettoyez les champignons et coupez-les en quatre.
- Faites fondre le lard dans une braisière et mettez-y les échalotes ainsi que les champignons à étuver. Passez la graisse au tamis et versez-la à nouveau dans la braisière.
- Faites revenir le lapin sur toutes les faces dans la graisse tamisée, salez et poivrez.
- Retirez les morceaux de lapin, ajoutez le vin, le cognac et la demi-glace avec le bouquet garni et laissez mijoter 30 minutes. Retirez alors le bouquet garni.
- Remettez le lapin, le lard et les échalotes dans la braisière et laissez cuire 30 minutes à feu doux.
- Passez le foie du lapin au mixeur, ajoutez-le dans la sauce du civet et vérifiez l'assaisonnement.

Mon conseil :

Il faut verser délicatement le foie en purée dans la sauce. Celle-ci ne doit absolument plus bouillir, sinon elle coagulerait. Dans ce cas, la mixer énergiquement.

Civet d'oie

Préparation : 15 minutes
Cuisson : 2 h 15

Doucement mijoté au vin rouge.

970 calories

Pour 6 personnes
1 jeune oie (2,5 kg à 3 kg)
4 cl d'huile
6 échalotes émincées
4 cl de cognac
80 g de farine
50 cl de vin rouge
1 l de fond brun
(voir recette p. 322)
2 carottes coupées
en rondelles
1 bouquet garni
80 g de lard de poitrine
coupé en dés
sel, poivre du moulin

- Videz l'oie, nettoyez-la, dégraissez-la bien et coupez-la en morceaux.
- Faites chauffer l'huile dans une braisière et mettez-y les morceaux de volaille à revenir sur toutes les faces avec les échalotes. Flambez au cognac. Salez, poivrez et saupoudrez de farine.
- Arrosez de vin rouge et de fond brun, mettez les rondelles de carottes ainsi que le bouquet garni dans la braisière et laissez cuire à petits bouillons environ 2 heures à couvert.
- Faites rissoler les lardons dans une petite poêle et ajoutez-les au civet 1 heure avant la fin de la cuisson.
- Vérifiez l'assaisonnement, dressez la volaille sur le plat de service, dégraissez la sauce avec un papier absorbant et présentez-la en saucière.

Clafoutis

Préparation : 20 minutes
Cuisson : 45 minutes

Des cerises juteuses dans un flan vanillé moelleux.

325 calories

Pour 6 personnes
4 œufs
9 cuillerées à soupe
de sucre semoule
1 pincée de sel
5 cuillerées à soupe de farine
25 cl de lait
60 g de beurre

- Lavez, équeutez et dénoyautez les cerises.
- Allumez votre four à th. 6.
- Battez les œufs entiers en omelette, ajoutez sel et sucre semoule. Mélangez bien.
- Tamisez la farine et jetez-la en pluie dans les œufs. Mélangez jusqu'à ce que le mélange soit bien lisse.
- Faites fondre la moitié du beurre dans le four et ajoutez-le à la pâte, une fois légèrement refroidi. Délayez enfin avec le lait.

Clafoutis *(suite)*

500 g de cerises noires
1 sachet de sucre vanillé

Mon conseil :

La formule du clafoutis peut être utilisée avec d'autres fruits que les cerises. Certaines personnes préfèrent ne pas dénoyauter les cerises, le noyau renforçant la saveur.

- Beurrez abondamment un plat en terre ou en porcelaine à feu. Disposez les cerises dans ce plat. Versez la pâte sur les cerises. Parsemez le dessus de quelques noisettes de beurre.
- Faites cuire à four moyen (jusqu'à ce que le dessus commence à dorer). Dès la sortie du four, saupoudrez de sucre vanillé. Servez tiède.

Clams à la sauce marinière

Préparation : 20 minutes
Cuisson : 15 minutes

Délicatement gratinés.

261 calories

Pour 2 personnes

24 clams
3 cuillerées à soupe de beurre
2 échalotes émincées
10 cl de vin blanc
1 branche de thym
1 feuille de laurier émiettée
1/2 cuillerée à soupe de farine
2 cuillerées à soupe de persil
100 g de fromage râpé
sel, poivre du moulin

- Nettoyez les clams en les brossant bien sous l'eau froide.
- Faites revenir les échalotes émincées dans 1 cuillerée à soupe de beurre chaud dans une sauteuse. Mouillez avec le vin et ajoutez le thym et le laurier. Portez à ébullition, versez les coquillages dans la sauteuse et laissez cuire à feu vif 3 ou 4 minutes jusqu'à ce qu'ils s'entrouvrent.
- Retirez les coquillages de la sauteuse, passez le fond de cuisson au tamis. Sortez les clams de leurs coquilles.
- Faites fondre le reste du beurre, incorporez-y la farine et mouillez avec le fond de cuisson. Faites épaissir en tournant, assaisonnez et ajoutez le persil ciselé à la sauce.
- Répartissez les coquillages dans un moule à gratin, nappez de sauce et saupoudrez de fromage râpé. Faites gratiner environ 10 minutes à four chaud.

Cocktail de fruits rouges

Préparation : 15 minutes
Réfrigération : 1 heure
Cuisson : 15 minutes

Une purée de fruits bien fraîche.

150 calories

Pour 4 personnes
500 g de fruits rouges congelés (fraises, framboises, cassis, groseilles, cerises, etc.)
1 gousse de vanille
1 cuillerée à café de cannelle
5 ou 6 cuillerées à soupe de sucre glace

Mon conseil :
Si le cocktail vous semble trop acide, ajoutez un peu de jus de cerise.

- Versez les fruits congelés dans une grande casserole ; portez-les à lente ébullition avec la gousse de vanille et la cannelle. Réservez quelques beaux fruits entiers pour la présentation.
- Laissez mijoter 5 minutes après l'ébullition, en couvrant la casserole.
- Passez les fruits au mixeur puis au tamis fin ; tassez bien pour récupérer le plus de coulis possible.
- Mélangez-le avec le sucre et mettez-le 1 heure au frais.
- Répartissez le coulis dans des coupes individuelles et garnissez chacune de quelques fruits réservés.

Cocktail d'huîtres

Préparation : 15 minutes

En coupes individuelles aromatisées au vin blanc et aux condiments.

100 calories

Pour 6 personnes
3 douzaines d'huîtres
1 citron
8 cuillerées à soupe de ketchup
1 verre de vin blanc sec
1 cuillerée à soupe de moutarde blanche forte
persil haché

- Ouvrez les huîtres, puis sortez-les de leur coquille.
- Mélangez tous les autres ingrédients.
- Ajoutez les huîtres. Mélangez.
- Disposez dans des coupes et saupoudrez de persil haché. Cette préparation doit se faire au dernier moment.

Cœur de bœuf à l'agenaise

Préparation : 10 minutes
Cuisson : 1 h 30

De tendres morceaux mijotés avec des pruneaux, du vin rouge et de la gelée de groseille.

900 calories

Pour 4 personnes
1 cœur de bœuf
6 oignons
1 verre de vin rouge
1 verre d'eau
1 cuillerée à soupe de farine
250 g de pruneaux
1 cuillerée à soupe de gelée de groseille
60 g de beurre
sel, poivre

- Pelez et émincez les oignons.
- Faites fondre le beurre dans une cocotte et mettez-y les oignons à blondir. Saupoudrez de farine et tournez vivement. Mouillez avec l'eau et le vin et tournez jusqu'à épaississement.
- Coupez le cœur en morceaux et mettez dans la cocotte. Ajoutez les pruneaux, sel et poivre. Remuez puis laissez mijoter doucement à couvert pendant 1 h 30.
- Au moment de servir, délayez dans la sauce la gelée de groseille. Versez dans un plat et dégustez chaud (vous pouvez accompagner de pommes vapeur).

Cœurs d'artichauts gratinés

Préparation : 20 minutes
Cuisson : 30 minutes

Avec jambon, champignons et fines herbes.

359 calories

Pour 4 personnes
4 artichauts
100 g de jambon de Paris
2 échalotes
100 g de champignons de Paris
60 g de beurre
1 cuillerée à soupe de farine

- Lavez soigneusement les artichauts et faites-les blanchir 10 minutes dans de l'eau bouillante salée. Otez les feuilles et retirez le foin.
- Coupez finement le jambon ainsi que les échalotes pelées et les champignons nettoyés et lavés, et faites-les revenir dans 30 g de beurre.
- Faites chauffer le reste de beurre dans une casserole, saupoudrez de farine et, quand celle-ci est juste dorée,

10 cl de lait
1 cuillerée à café d'estragon
1 cuillerée à café de persil
1 cuillerée à café de ciboulette
1 pointe de noix muscade
chapelure
sel, poivre du moulin

mouillez avec le lait. Ajoutez les fines herbes hachées et la noix muscade, salez et poivrez.

- Mettez les champignons, les échalotes et le jambon dans la casserole et mélangez bien.
- Rangez les fonds d'artichauts dans un plat à gratin, nappez-les de la sauce et saupoudrez-les de chapelure.
- Faites gratiner 20 minutes au four chauffé à th. 6 et servez bien chaud.

Cœurs de céleri aux tomates

Mijotés dans un coulis de tomates parfumé.

218 calories

Préparation : 25 minutes

Cuisson : 30 minutes

Pour 4 personnes
750 g de tomates
3 gousses d'ail
3 oignons
40 g de beurre
10 cl de vin blanc
1 branche de thym
2 pieds de céleri-branche
sel, poivre du moulin

- Ébouillantez les tomates, pelez-les, épépinez-les et coupez la chair en dés.
- Hachez l'ail et coupez les oignons en dés, une fois pelés.
- Faites chauffer le beurre dans une sauteuse, mettez-y à revenir les oignons avec l'ail puis ajoutez les tomates.
- Mouillez avec le vin blanc, ajoutez le thym, salez et poivrez et faites réduire sur feu moyen environ 15 minutes pour obtenir une sauce onctueuse.
- Préparez les céleris en branche : n'enlevez pas entièrement le pied pour pouvoir garder les céleris entiers. Détachez les feuilles abîmées et coupez les pointes.
- Fendez les cœurs de céleri en deux et placez-les dans le coulis de tomates. Faites mijoter à couvert 15 minutes et poivrez légèrement avant de servir bien chaud.

Mon conseil :
Si vous aimez le céleri gratiné, saupoudrez-le de parmesan et mettez-le 10 minutes au four.

Cœurs de laitue braisés

Préparation : 10 minutes
Cuisson : 10 minutes

Une garniture légère et très originale.

73 calories

Pour 4 personnes
8 laitues
30 g de beurre
5 cl de vin blanc sec
1 bouquet de basilic
sel, poivre du moulin

- Débarrassez les laitues de toutes les grosses feuilles vertes et coupez les parties dures.
- Passez les cœurs de salade sous l'eau froide et faites-les égoutter dans une passoire, le trognon vers le haut.
- Faites chauffer le beurre dans une braisière et faites-y revenir les cœurs de laitue à feu doux.
- Mouillez avec le vin blanc, salez fortement et poivrez légèrement.
- Couvrez la braisière et prolongez la cuisson de 5 minutes sur feu très doux.
- Hachez finement les feuilles de basilic.
- Retirez les cœurs de laitue avec une écumoire, rangez-les sur le plat de service et parsemez-les de basilic haché.

Mon conseil :
Ces laitues braisées accompagnent parfaitement tous les poissons.

Cœurs de veau braisés

Préparation : 10 minutes
Cuisson : 2 heures

Cuits dans un jus adouci de carottes.

240 calories

Pour 6 personnes
2 cœurs de veau
2 oignons
80 g de beurre
3 carottes
1/2 verre de vin blanc
sel, poivre
bouquet garni

- Pelez et coupez les carottes en petits bâtonnets. Pelez et émincez les oignons.
- Chauffez le beurre dans une cocotte et mettez-y à revenir les oignons et les cœurs. Lorsqu'ils sont bien dorés, ajoutez les carottes et le vin. Salez et poivrez. Ajoutez le bouquet garni. Couvrez la cocotte et laissez mijoter sur feu très doux pendant 2 heures environ (en fin de cuisson, vérifiez que la viande est bien tendre en y enfonçant la pointe d'un couteau).

Mon conseil :
Une garniture de coquillettes assaisonnées au jus de cuisson des cœurs de veau.

■ Versez les carottes et le jus de cuisson dans un plat (retirez le bouquet garni) et recouvrez des cœurs découpés en tranches. Servez bien chaud.

Cœurs de volaille au bourgogne

Poêlés et servis dans une sauce aromatique.

819 calories

Préparation : 20 minutes
Cuisson : 18 minutes

Pour 4 personnes

500 g de cœurs de volaille
20 g de beurre clarifié
(voir recette p. 97)
8 échalotes
1 gousse d'ail
1 cuillerée à café de farine
20 cl de vin de Bourgogne
25 cl de bouillon de volaille
1 pincée de thym en poudre
4 petits cornichons
1 pincée de sucre
1 cuillerée à soupe
de jus de citron
20 g de beurre frais
sel, poivre du moulin

■ Ouvrez les cœurs de volaille et nettoyez-les avant de les faire dorer de toutes parts au beurre clarifié dans une poêle. Quand ils sont cuits, retirez-les de la poêle et mettez-les en attente au chaud.

■ Pelez les échalotes, émincez-les et faites-les rissoler avec l'ail écrasé dans la même poêle. Saupoudrez de farine pour obtenir un roux brun.

■ Mouillez avec le vin de Bourgogne et le bouillon de volaille, assaisonnez de thym et faites mijoter à feu doux, à couvert, environ 10 minutes.

■ Coupez les cornichons en fines rondelles et mettez-les dans la sauce. Ajoutez le sucre et le jus de citron. Vérifiez et rectifiez l'assaisonnement en sel et en poivre.

■ Montez la sauce avec le beurre frais bien froid. Réchauffez les cœurs de volaille dans la sauce et servez sans attendre.

Colin froid en coquilles

Préparation : 20 minutes
Cuisson : 10 minutes

Sur une macédoine de légumes joliment présentée.

270 calories

Pour 4 personnes
400 g de colin
50 cl de fumet de poisson (voir recette p. 323)
1 cuillerée à soupe de jus de citron
1 cuillerée à café de moutarde
1 jaune d'œuf
25 cl d'huile d'olive
50 g d'olives noires dénoyautées
100 g de haricots verts cuits
100 g de tomates coupées en dés
1/2 batavia préparée, lavée et essorée
sel, poivre du moulin

- Faites pocher le poisson 10 minutes dans le fumet ; laissez-le refroidir et coupez-le en morceaux.
- Mélangez le sel et le poivre avec le jus de citron et la moutarde, délayez avec le jaune d'œuf et ajoutez lentement l'huile pour monter la mayonnaise. Détendez éventuellement la sauce avec un peu de jus de cuisson du poisson pour qu'elle ne soit pas trop ferme.
- Concassez les olives.
- Mélangez le poisson et les légumes avec une partie de la mayonnaise. Recouvrez les coquilles de feuilles de batavia, garnissez-les de poisson et de légumes et parsemez d'olives.
- Mettez en attente au frais et présentez le reste de la mayonnaise dans une saucière.

Colin grillé

Préparation : 5 minutes
Cuisson : 15 minutes

Des tranches huilées et cuites à feu vif.

250 calories

Pour 6 personnes
6 belles tranches de colin de 160 g chacune
60 g de beurre
2 cuillerées à soupe d'huile
sel, poivre
le jus de 1 citron

- Mettez le gril à chauffer au moins 10 minutes à l'avance.
- Pendant ce temps, lavez et essuyez le poisson dans un papier absorbant.
- Badigeonnez les tranches de colin d'huile au pinceau ou au doigt.
- Posez sur le gril et laissez cuire 5 à 8 minutes de chaque côté, selon l'épaisseur.
- Disposez dans un plat, arrosez de beurre fondu et de jus de citron.

Colin poché

Préparation : 15 minutes
Cuisson : 8 minutes

Dans un délicieux fumet...

258 calories

Pour 2 personnes
80 g de carottes râpées
50 g de poireaux en rondelles
50 g de céleri râpé en julienne
1 ou 2 cuillerées à soupe de jus de citron
2 tranches de colin
20 cl de fumet de poisson
1 verre de vin blanc
1 feuille de laurier
20 g de beurre
1 cuillerée à soupe de persil
sel, poivre du moulin

- Mettez tous les légumes dans un grand plat creux. Arrosez-les avec le jus de citron.
- Portez le fumet de poisson à ébullition avec le vin blanc et la feuille de laurier ; salez et poivrez légèrement.
- Faites pocher les légumes et le poisson environ 6 à 8 minutes dans le fumet, retirez la feuille de laurier.
- Disposez les médaillons de colin dans un plat creux, mettez au chaud. Montez le fond de cuisson en incorporant le beurre petit à petit et en tournant avec une spatule. Ajoutez le persil haché.
- Arrosez le poisson avec cette préparation. Servez bien chaud.

Colin aux tomates

Préparation : 10 minutes
Cuisson : 10 minutes

Un plat simple, raffiné et rapide.

265 calories

Pour 4 personnes
4 ou 5 tomates
700 g de colin
1 citron
2 œufs
2 cuillerées à soupe d'huile d'olive
1 cuillerée à soupe de beurre
un peu de farine
1 échalote émincée

- Pelez les tomates ; coupez-les en quartiers pour les épépiner, puis en fines lanières.
- Coupez le poisson en gros dés, arrosez-le avec le jus du citron, salez et poivrez.
- Battez les œufs, farinez légèrement le poisson et passez-le rapidement dans les œufs battus, en réservant la marinade de jus de citron.
- Faites chauffer l'huile et le beurre dans une poêle et mettez le poisson à dorer pendant une dizaine de minutes environ. Remuez régulièrement.

Colin aux tomates *(suite)*

2 cuillerées à soupe
de persil ciselé
sel, poivre du moulin

- Ajoutez l'échalote émincée dans la poêle, les tomates et le jus de citron de la marinade, salez, poivrez une fois encore.
- Saupoudrez de persil juste avant de servir.

Composition au riz sauvage

Délicate garniture aux champignons et aux noix.

654 calories

Préparation : 15 minutes
Cuisson : 25 minutes

Pour 4 personnes
120 g de riz sauvage
60 g de beurre
100 g de légumes en mirepoix (oignons, carottes, céleri)
50 cl de bouillon de légumes
250 g de champignons de Paris ou de « mélange forestier »
1 cuillerée à soupe de persil haché
80 g de noix concassées
sel

- Lavez le riz puis faites-le tremper pendant 2 heures dans de l'eau chaude ; égouttez-le.
- Dans une cocotte, faites revenir doucement les légumes coupés en petits dés dans la moitié du beurre, ajoutez le riz, mélangez bien et laissez doucement mijoter pendant 2 ou 3 minutes.
- Couvrez de bouillon de légumes bouillant, amenez à ébullition sur le feu et glissez la cocotte au four pour terminer la cuisson.
- Nettoyez les champignons et coupez-les en morceaux.
- Au moment de servir, ajoutez les champignons juste revenus dans un peu de beurre, puis le persil finement haché, les noix grossièrement concassées et enfin le reste du beurre coupé en petites noisettes. Mélangez bien, en soulevant la masse au besoin, replacez la cocotte une dernière fois dans le four juste pour réchauffer le plat et servez immédiatement en accompagnement d'une volaille ou d'une viande de porc, par exemple.

Mon conseil :
Le riz sauvage est une excellente garniture pour poisson, volaille, viande de boucherie et gibier. Comme il est très cher, on le mélange souvent avec du riz de culture.

Compote de baies rouges

Préparation : 15 minutes
Réfrigération : 2 heures
Cuisson : 20 minutes

Un coulis original et nourrissant.

373 calories

Pour 4 personnes
1 kg de fruits rouges (framboises, groseilles mûres, fraises)
25 cl de vin rouge
200 g de sucre
40 g de tapioca

Mon conseil :
Accompagnez de lait, de crème liquide ou de sauce à la vanille.

- Lavez les fruits, préparez-les selon leur espèce et faites-les égoutter.
- Faites-les bouillir avec le vin rouge et le sucre, passez-les au tamis et recueillez le liquide de cuisson.
- Versez le tapioca dans le liquide dans une casserole et faites gonfler sur feu doux environ 15 minutes.
- Ajoutez alors les fruits et retirez la casserole du feu.
- Versez la compote dans une coupe, saupoudrez de sucre pour éviter la formation d'une peau sur le dessert et placez au frais au moins 2 heures avant de servir.

Compote de melon

Préparation : 10 minutes
Réfrigération : 2 heures
Cuisson : 20 minutes

Des cubes de melon cuits dans un sirop aromatisé au rhum.

180 calories

Pour 6 personnes
1,5 kg de melon
10 cuillerées à soupe de sucre en poudre
1 cuillerée à soupe de rhum
le zeste de 1/2 citron

Mon conseil :
Une excellente recette pour utiliser du melon insuffisamment mûr.

- Retirez l'écorce et les graines du melon. Détaillez la chair en cubes.
- Mettez ces cubes dans une casserole. Saupoudrez-les de sucre et ajoutez le zeste de citron râpé. Faites cuire à couvert, tout doucement, une quinzaine de minutes.
- Retirez les morceaux à l'aide d'une écumoire et laissez le sirop réduire à découvert jusqu'à ce qu'il nappe bien la cuillère.
- Disposez le melon dans une coupe. Versez le rhum dans le sirop et nappez-en les fruits. Laissez refroidir complètement. Dégustez bien frais.

Concombre au beurre d'aneth

Préparation : 10 minutes
Cuisson : 5 minutes

Tourné et étuvé, puis passé au beurre.

74 calories

Pour 2 personnes
1 concombre
10 g de beurre
1 bouquet d'aneth
sel, poivre du moulin

- Épluchez le concombre et détaillez la pulpe en boules. Salez légèrement et laissez dégorger 3 minutes.
- Faites fondre le beurre dans une sauteuse. Hachez finement l'aneth.
- Égouttez les perles de concombre et faites-les étuver dans le beurre 3 à 5 minutes, à couvert.
- Saupoudrez d'aneth et de poivre, et servez dans le fond de cuisson.

Concombre aux girolles

Préparation : 10 minutes
Cuisson : 10 minutes

Avec lardons et échalotes rissolés.

169 calories

Pour 2 personnes
500 g de concombre
150 g de girolles
30 g de lard maigre
10 g de beurre
3 échalotes
1 bouquet d'aneth
sel, poivre du moulin

Mon conseil :
Délicieux accompagnement pour les viandes grillées ou poêlées.

- Pelez le concombre et coupez-le en deux dans le sens de la longueur, enlevez les pépins avec une petite cuillère et détaillez la pulpe en lanières.
- Nettoyez les girolles.
- Coupez le lard en petits dés et faites-le rissoler au beurre dans une sauteuse, mettez ensuite les échalotes pelées et très finement émincées.
- Quand elles sont bien translucides, ajoutez le concombre et les girolles et faites mijoter à couvert 7 minutes environ après avoir salé et poivré.
- Mettez le concombre et les champignons dans un plat creux, faites réduire le fond de cuisson et ajoutez l'aneth haché.
- Nappez les légumes de cette réduction et servez aussitôt.

Consommé de bœuf

Préparation : 20 minutes
Cuisson : 1 h 10

Le plus classique des consommés clarifiés.

609 calories

Pour 8 personnes
1,5 kg de viande de bœuf
200 g d'oignons
100 g de blancs de poireaux
100 g de carottes
60 g de panais
1 branche de céleri
4 blancs d'œufs
2 l de bouillon de bœuf
1 feuille de laurier
2 clous de girofle
1 pointe de noix muscade
sel, poivre du moulin

- Coupez la viande et les légumes en morceaux et passez-les au hachoir à grosse grille.
- Ajoutez-y les blancs d'œufs et les épices. Mélangez bien.
- Mettez le tout dans un faitout avec le bouillon et amenez lentement à ébullition en tournant.
- Prolongez la cuisson environ 1 heure à petit feu, rectifiez l'assaisonnement puis passez la soupe à l'étamine.
- Servez le consommé dans de petites tasses avec ou sans garniture.

Consommé de faisan

Préparation : 30 minutes
Cuisson : 1 h 05

Un bouillon haut en saveur.

365 calories

Pour 2 personnes
1 faisan
1 cuillerée à soupe d'huile
1 carotte râpée
1 blanc de poireau émincé
2 échalotes émincées
1 cuillerée à café
de baies de genièvre

- Dépouillez le faisan, parez-le et détachez la chair des os (votre volailler exécutera volontiers ces opérations.) Hachez la chair très fin, à l'exception des filets du faisan que vous mettrez de côté.
- Dans un faitout, faites revenir la chair et les os dans un peu d'huile, ajoutez les légumes et les échalotes émincées, les baies de genièvre et le persil. Salez, poivrez et laissez cuire 5 minutes à l'étuvée.

1 cuillerée à soupe
de persil haché
10 cl de bon vin rouge
1,5 l de bouillon de volaille
sel, poivre du moulin

Mon conseil :
Conservez les filets pour une autre utilisation, en les congelant.

- Mouillez avec le vin rouge et recouvrez de bouillon. Faites réduire au tiers.
- Passez le tout au tamis puis portez de nouveau le bouillon à ébullition et faites-le réduire encore de moitié.
- Passez à l'étamine pour obtenir un consommé bien clair et servez dans de petites tasses préchauffées.

Consommé aux œufs de saumon

Préparation : 5 minutes
Cuisson : 10 minutes

Délayés dans un bouillon de tortue au xérès.

145 calories

Pour 4 personnes
1 grande boîte de bouillon
de tortue claire
1 petit pot d'œufs de saumon
15 cl de xérès
poivre

Mon conseil :
Les meilleurs œufs de saumon sont russes et très supérieurs à ceux d'autres provenances. Hélas, ils sont plus chers !

- Ouvrez la boîte, puis chauffez son contenu auquel vous aurez ajouté le xérès. Poivrez.
- Répartissez les œufs de saumon dans 4 bols individuels. Versez le bouillon dessus et servez très chaud.

Consommé au parmesan

Potage de volaille lié à l'œuf et au parmesan.

167 calories

Pour 4 personnes
1 l de bouillon de volaille
1/2 cuillerée à café de graines d'anis
1 feuille de laurier
100 g de parmesan
3 jaunes d'œufs
poivre du moulin

Préparation : 5 minutes
Cuisson : 15 minutes

- Dans un faitout, portez le bouillon à ébullition avec les graines d'anis et la feuille de laurier, puis laissez réduire légèrement sur feu doux.
- Râpez le parmesan dans le fond de la soupière et mélangez-le avec les jaunes d'œufs.
- Passez le bouillon au tamis fin.
- Versez-le lentement sur le fromage et les œufs en tournant constamment.
- Donnez quelques tours de moulin à poivre et servez bien chaud.

Consommé de ravioli

Bouillon de bœuf à l'italienne.

205 calories

Pour 2 personnes
50 cl de bouillon de bœuf
50 g d'épinards
150 g de ravioli
50 g de fromage râpé
2 cl de xérès sec
sel, poivre du moulin

Préparation : 10 minutes
Cuisson : 8 minutes

- Faites chauffer le bouillon de bœuf dans un faitout.
- Lavez les épinards et faites-les blanchir un court instant dans de l'eau bouillante salée.
- Lorsque le bouillon commence à bouillir, ajoutez-y les ravioli un par un et faites-les cuire à petits frémissements pendant environ 5 minutes.
- Hachez les feuilles d'épinards et mélangez-les avec le fromage dans une soupière. Versez dessus le bouillon et les ravioli et ajoutez un peu de xérès pour parfumer. Vérifiez l'assaisonnement en poivre et servez sans attendre.

Consommé de tomates

Préparation : 10 minutes
Cuisson : 15 minutes

Une soupe de tomates fine et légère.

252 calories

Pour 2 personnes
50 g de beurre
1 gousse d'ail écrasée
1 échalote émincée
500 g de tomates
2 branches de basilic
1 pointe d'origan
sel, poivre du moulin

■ Faites fondre le beurre dans une casserole et mettez-y à revenir l'échalote émincée et l'ail écrasé.
■ Ajoutez les tomates pelées et épépinées et salez très légèrement.
■ Effeuillez le basilic et réservez les feuilles ; ajoutez les tiges ainsi que l'origan sur les tomates.
■ Portez à ébullition et laissez mijoter 10 minutes à feu modéré. Mixez le tout et passez au tamis fin.
■ Vérifiez l'assaisonnement en sel et en poivre et ajoutez enfin les feuilles de basilic finement ciselées. Servez aussitôt la soupe bien chaude.

Coq à la bière

Préparation : 30 minutes
Cuisson : 1 h 15

Flambé au genièvre et garni d'échalotes et de champignons.

838 calories

Pour 4 personnes
1 coq de 1,8 kg
200 g de champignons
100 g de beurre
6 échalotes émincées
farine
2 cl de genièvre
25 cl de fond de volaille
30 cl de bière blonde
3 cuillerées à soupe de crème fraîche
sel, poivre du moulin

■ Nettoyez le coq, videz-le et flambez-le.
■ Préparez les champignons et coupez-les en fines lamelles.
■ Faites chauffer un peu de beurre dans une braisière, faites-y revenir les champignons avec les échalotes puis retirez-les.
■ Coupez le coq en morceaux, farinez-les légèrement et faites-les dorer sur toutes les faces dans la braisière.
■ Remettez alors les champignons et les échalotes dans la braisière, flambez au genièvre, puis mouillez avec le fond de volaille et la bière. Vérifiez l'assaisonnement. Donnez un tour de bouillon, couvrez et laissez mijoter 1 heure à feu doux.

Mon conseil :
N'utilisez pas de bière brune, elle donnerait trop d'amertume au plat.

■ Quand la chair de la volaille est bien tendre, retirez les morceaux et leur garniture de légumes. Liez le fond de cuisson avec la crème fraîche, montez la sauce au beurre en fouettant bien et nappez-en la volaille pour servir.

Coq au vin

Préparation : 30 minutes
Cuisson : 1 h 45

Une recette traditionnelle, même si le coq est devenu poularde.

1 203 calories

Pour 4 personnes
1 poularde de 1,5 kg
avec le foie
150 g de lard coupé en dés
250 g de champignons de Paris
100 g de beurre
12 petits oignons pelés
un peu de farine
50 cl de vin rouge corsé
(bourgogne, de préférence)
50 cl de fond de volaille
1/2 cuillerée à café
d'ail pilé
1 bouquet garni
2 cl de cognac
200 g de croûtons
sel, poivre du moulin

■ Flambez la volaille, découpez-la à cru. Salez-la, poivrez-la.
■ Faites blanchir les lardons et passez-les sous l'eau froide.
■ Nettoyez les champignons, ôtez le bout terreux et coupez-les en quartiers.
■ Faites chauffer la moitié du beurre dans une braisière, faites-y sauter les champignons, puis ajoutez les oignons et le lard. Au bout de quelques minutes, sortez tous les ingrédients de la braisière et gardez-les en attente.
■ Faites dorer sur toutes les faces les morceaux de volaille (sauf le foie) dans le jus de cuisson des champignons, saupoudrez-les de farine, puis mouillez-les avec le vin rouge et complétez avec le fond de volaille. Portez le tout à ébullition.
■ Remettez alors les champignons ainsi que les oignons et les lardons dans la braisière, ajoutez l'ail et le bouquet garni. Couvrez et laissez rôtir à four chaud pendant environ 1 h 30.
■ Retirez les morceaux de poularde de la braisière, ainsi que la garniture, jetez le bouquet garni et passez la sauce au tamis.

■ Pilez le foie et passez-le au tamis avant de le malaxer avec le reste de beurre bien froid. Ajoutez-le à la sauce en veillant à ne plus laisser bouillir. Parfumez avec le cognac.

■ Dressez la volaille sur le plat de service et présentez-la nappée de sauce et garnie de croûtons.

Mon conseil :
Je sers à table le même vin que celui employé pour la cuisson de la volaille.

Coquelets aux écrevisses

Un plat de fête raffiné.

695 calories

Préparation : 20 minutes
Cuisson : 30 minutes

Pour 4 personnes
4 coquelets
20 g de beurre
4 cuillerées à soupe d'huile
500 g de légumes en dés (céleri, carottes, oignons)
1 cuillerée à soupe de concentré de tomates
1 cl de cognac
1 l de bouillon de légumes
100 g de beurre d'écrevisses
12 écrevisses
1 cuillerée à soupe de cumin
4 cuillerées à soupe de crème fraîche
2 cl de Noilly Prat ou de vermouth analogue
sel, poivre du moulin

■ Faites chauffer le four. Salez et poivrez les coquelets. Faites chauffer le mélange d'huile et de beurre dans une braisière et faites-y dorer les coquelets à feu vif sur toutes les faces, puis terminez la cuisson au four pendant 10 minutes encore. Sortez les coquelets et gardez-les en attente au chaud.

■ Faites revenir les légumes dans la même braisière, ajoutez le concentré de tomates et flambez au cognac. Versez le bouillon et ajoutez le beurre d'écrevisses.

■ Faites cuire les écrevisses dans de l'eau salée avec un peu de cumin pendant 3 minutes, retirez-les et tenez-les au chaud.

■ Passez la sauce, ajoutez la crème fraîche, le cumin, vérifiez l'assaisonnement en sel et en poivre et parfumez avec le Noilly Prat.

■ Répartissez la sauce sur les assiettes, dressez les coquelets dessus et décorez avec les écrevisses.

Coquillages

Il existe une immense variété de coquillages, offrant une grande richesse alimentaire. Certains sont courants, d'autres rares – c'est ce qui détermine leur coût – mais tous peuvent être dégustés crus ou cuits.

Ne servez jamais de coquillages dont la coquille reste entrebâillée. Les coquillages qui s'ouvrent et ne se referment pas sous la pression du doigt ne doivent pas être consommés, ils sont toxiques !

Coquilles Saint-Jacques

Plus elles sont grasses, plus elles sont savoureuses. On mange la noix, blanche, et le corail, rouge vif. Elles peuvent se déguster crues, marinées, pochées, grillées ou sautées.

- Maintenez le coquillage, la valve creuse vers le bas ; glissez le couteau entre les deux valves.
- Retirez la valve supérieure et enlevez le contenu de la coquille à l'aide d'un couteau pointu.
- Nettoyez les coquillages et ébarbez-les. Lavez les noix et le corail et séchez-les dans un linge.

Moules

Brossez-les sous l'eau froide, lavez-les dans plusieurs eaux et faites-les égoutter. Les moules ont un goût prononcé, il est inutile de les saler. Le fond de cuisson des moules peut servir à la préparation de soupes et de sauces.

- Mettez des oignons, du poivre, du thym et du vin blanc dans une sauteuse.
- Versez les moules dans la sauteuse et faites-les cuire à couvert.
- Faites cuire 4 à 5 minutes en secouant souvent. Passez et servez le fond avec les coquillages.

→

Huîtres

Qu'elles soient plates – bouzigues, gravettes, belons – ou creuses, comme les fines de claires, les huîtres se consomment généralement crues et vivantes, mais peuvent aussi se cuisiner en gratin, en beignets, servir de garniture, s'accompagner de sauce, s'accommoder en soupe ou en consommé.

■ Brossez les huîtres sous l'eau courante pour les laver.

■ Posez la valve creuse de l'huître à plat, maintenez-la avec un torchon.

■ Enfoncez le couteau à huître entre les deux valves (coupez le muscle).

■ Servez les huîtres sur de la glace pilée, avec du citron poivré ou du vinaigre de vin aux échalotes hachées.

Coquilles Saint-Jacques à la crème

Préparation : 25 minutes
Cuisson : 15 minutes

Poêlées et servies dans une sauce au Noilly Prat.

275 calories

Pour 4 personnes
12 coquilles Saint-Jacques
50 g de beurre
1 échalote émincée
4 cl de Noilly Prat
100 g de crème fraîche
1 cuillerée à soupe de persil ciselé
sel, poivre du moulin

■ Séparez le corail des noix de saint-jacques, lavez-les, coupez-les en deux si nécessaire et séchez-les.

■ Faites fondre le beurre dans une poêle et faites-y étuver l'échalote. Ajoutez les coquillages et laissez-les prendre une belle coloration. Retirez les saint-jacques de la poêle et gardez-les au chaud.

■ Déglacez la poêle avec le Noilly Prat, puis laissez réduire.

■ Ajoutez la crème fraîche et laissez épaissir. Remettez les coquilles dans la sauce, assaisonnez.

■ Saupoudrez de persil au moment de servir.

Coquilles Saint-Jacques à la provençale

Préparation : 20 minutes
Cuisson : 30 minutes

Une savoureuse préparation méridionale

230 calories

Pour 4 personnes

20 noix de coquilles Saint-Jacques
60 g de beurre
2 cuillerées à soupe d'huile d'olive
2 cuillerées à soupe de farine
4 gousses d'ail
1 cuillerée à soupe de persil haché
50 g de mie de pain
1 citron
4 tomates
sel, poivre

■ Retirez le filament marron qui entoure les noix de coquilles Saint-Jacques. Lavez-les et épongez-les. Passez-les dans la farine.

■ Pelez les gousses d'ail. Écrasez-en deux sous une lame de couteau. Hachez les autres.

■ Hachez la mie de pain.

■ Ébouillantez, pelez et épépinez les tomates. Coupez-les en dés. Mettez-les dans une petite casserole avec 30 g de beurre, sel et poivre. Couvrez. Faites cuire 15 minutes à feu très doux en remuant de temps en temps.

■ Chauffez l'huile dans une poêle à feu vif. Faites revenir les noix de saint-jacques jusqu'à ce qu'elles soient colorées. Salez, poivrez, ajoutez les deux gousses d'ail écrasées. Couvrez et laissez cuire à feu très doux 10 minutes.

■ Mélangez la mie de pain, l'ail et le persil hachés. Faites-les légèrement revenir dans le reste du beurre.

■ Égouttez les noix de leur huile de cuisson. Mettez-les dans un plat chaud. Arrosez du jus de citron. Versez dessus les tomates cuites. Saupoudrez avec le mélange mie de pain, ail, persil.

Coquilles Saint-Jacques sauce moutarde

Préparation : 15 minutes
Cuisson : 15 minutes

Cuisine rapide, à base de surgelés.

266 calories

Pour 6 personnes

coquilles Saint-Jacques surgelées ou fraîches décoquillées
1/2 paquet de court-bouillon instantané
125 g de crème fraîche
50 g de beurre
2 cuillerées à soupe de moutarde
1 cuillerée à soupe de cognac
sel, poivre

- Préparez le court-bouillon instantané. Chauffez-le, puis plongez-y les coquilles Saint-Jacques encore gelées. Laissez frémir 5 minutes.
- Égouttez. Faites revenir à la poêle dans le beurre chaud pendant 3 ou 4 minutes. Salez, poivrez.
- Versez le cognac. Flambez.
- Ajoutez la moutarde et la crème fraîche. Salez et poivrez. Faites cuire 2 ou 3 minutes. Servez dans des coquilles ou dans un plat chaud.

Coquillettes au beurre

Préparation : 5 minutes
Cuisson : 10 à 12 minutes

Des pâtes de bonne qualité simplement assaisonnées.

290 calories

Pour 6 personnes

400 g de coquillettes
80 g de beurre
100 g de gruyère
sel, poivre

Mon conseil :
Poivrez au moulin, sauf si le plat est destiné à de jeunes enfants.

- Dans une casserole assez grande, faites bouillir au moins 3 l d'eau salée (avec 2 cuillerées à café de gros sel par litre d'eau).
- Dès qu'elle bout, versez-y les pâtes et laissez sur feu très vif pour que l'ébullition reprenne très vite.
- Laissez cuire assez vivement pendant 10 minutes environ à partir de la reprise de l'ébullition et sans couvrir.
- Égouttez les coquillettes. Versez-les dans le plat de service. Mélangez avec beurre et fromage râpé, et servez sans attendre.

Côte de bœuf à l'armagnac

Préparation : 15 minutes
Cuisson : 40 minutes

Fondante et parfumée.

557 calories

Pour 4 personnes

20 g de beurre clarifié (voir recette p. 97)
1 côte de bœuf de 1,2 kg environ
5 cl de vin rouge
8 échalotes
40 g de beurre frais coupé en dés
5 cl d'armagnac
20 cl de demi-glace (voir recette p. 716)
sel, poivre du moulin

- Faites chauffer le beurre clarifié dans une braisière et faites-y revenir la viande de toutes parts. Salez et poivrez.
- Mouillez avec le vin rouge et glissez la braisière dans le four préchauffé à th. 6. Arrosez de temps en temps avec un peu d'eau pour que le fond ne brûle pas. Couvrez éventuellement le dessus de la côte de bœuf avec une feuille d'aluminium pour qu'elle ne se dessèche pas.
- Pendant que la viande cuit (environ 30 minutes), pelez les échalotes et hachez-les.
- Retirez la viande du four et gardez-la au chaud sous une feuille d'aluminium.
- Jetez la graisse de cuisson ou enlevez-la avec un papier absorbant.
- Faites sauter les échalotes dans la braisière avec 20 g de beurre frais.
- Arrosez d'armagnac, puis ajoutez la demi-glace et faites réduire. Montez la sauce avec le beurre restant.
- Coupez la viande en tranches, dressez sur le plat de service et nappez de sauce pour présenter à table.

Mon conseil :
Piquez la viande d'éclats de truffe 5 heures avant de la faire cuire.

Côte de bœuf au barbecue

Badigeonnée de beurre fondu puis saisie au gril.

410 calories

Préparation : 5 minutes
Cuisson : 40 minutes

Pour 6 personnes
1 côte de bœuf
de 2 kg environ
50 g de beurre
sel, poivre

Mon conseil :
Ainsi cuite, la viande est absolument « nature ». La saveur de la côte de bœuf se suffit à elle-même. Cependant, certaines personnes préfèrent la corser d'aromates. Pour de tels amateurs, saupoudrez la viande d'herbes de Provence mais sans largesse : 3 ou 4 pincées sur chaque face, pas plus.

- Faites fondre le beurre. Badigeonnez-en la surface de la viande. Salez, poivrez. (Précisez à votre boucher de ne pas mettre de barde autour de la côte car elle noircirait et brûlerait en cours de cuisson.)
- Faites cuire la côte sur le gril à braises ardentes. Retournez-la souvent (ne la piquez pas au milieu, le jus s'écoulerait) en l'arrosant de beurre fondu. Il faut compter environ 10 minutes de cuisson par livre de viande, 8 minutes seulement si vous préférez le bœuf bien saignant.

Côte de bœuf à la dijonnaise

Dans une marinade au vin rouge.

791 calories

Préparation : 20 minutes
Marinade : 2 heures
Cuisson : 35 minutes

Pour 6 personnes
1 côte de bœuf de 1,5 kg
avec os

- Lavez le fenouil, épluchez-le pour en ôter les fils ; pelez l'ail et les échalotes et coupez-les, ainsi que le fenouil, en fines lamelles. Versez le vin rouge dans une grande casserole et ajoutez les lamelles ainsi que le thym, le romarin, le

Chou vert farci (recette page 174)

Christophines farcies (recette page 177)

40 g de beurre clarifié
(voir recette p. 97)
1 bouquet de persil
3 cuillerées à soupe
de moutarde
40 g de beurre frais
coupé en dés
sel, poivre du moulin

Pour la marinade :

1 bulbe de fenouil
3 gousses d'ail
2 échalotes
50 cl de vin rouge
1 branche de thym
1 branche de romarin
1 feuille de laurier
2 clous de girofle
10 graines de poivre
5 graines de coriandre
10 cl d'huile d'olive
1 pointe de poivre de Cayenne

Mon conseil :

Si vous préférez la viande à point, prolongez sa cuisson sous une feuille d'aluminium afin que la croûte ne brûle pas.

laurier, les clous de girofle, le poivre et la coriandre ; amenez le tout à ébullition. Laissez refroidir le liquide avant de mettre l'huile et le poivre de Cayenne.

- Couvrez la viande de cette marinade et laissez-la macérer 2 heures au frais en la retournant souvent.
- Retirez la viande de la marinade et séchez-la avec un linge ou du papier absorbant. Préchauffez le four.
- Faites chauffer le beurre clarifié dans le plat à four, assaisonnez la viande en poivre et faites-la rôtir au four chauffé à th. 6.
- Lavez le persil, essorez-le et hachez-le finement avant de le mélanger avec la moutarde.
- Au bout de 10 minutes de cuisson, badigeonnez la viande de moutarde et prolongez la cuisson à th. 5. Laissez rôtir encore 20 minutes. Sortez la viande (saignante) et gardez-la au chaud à couvert, salez-la.
- Jetez la graisse de cuisson, déglacez le fond avec la marinade, passez au tamis et faites réduire.
- Dégraissez la sauce avec un papier absorbant et montez-la au beurre frais en ajoutant les morceaux un à un. Vous la présenterez en saucière avec la viande coupée en tranches.

Côtelettes d'agneau grillées

Préparation : 5 minutes
Marinade : 30 minutes
Cuisson : 6 minutes

Croustillantes et parfumées

782 calories

Pour 2 personnes
2 gousses d'ail
1 feuille de laurier
1 branchette de thym
1 cuillerée à soupe de poivre vert
6 cuillerées à soupe d'huile d'olive
4 côtes d'agneau
sel

■ Pelez l'ail et hachez-le finement. Émiettez la feuille de laurier ainsi que le thym et écrasez le poivre.

■ Mélangez le tout avec l'huile d'olive, du sel, et mettez à mariner dans cette préparation les côtes dégraissées et parées dont vous aurez bien dégagé l'os avec un couteau pointu. Laissez macérer 30 minutes.

■ Placez les côtes d'agneau sur le gril bien chaud et faites-les cuire 3 minutes de chaque côté.

Côtelettes d'agneau Murillo

Préparation : 10 minutes
Cuisson : 10 minutes

Gratinées sous un hachis de champignons.

885 calories

Pour 2 personnes
300 g de champignons
le jus de 1/2 citron
1 jaune d'œuf
200 g de crème fraîche
2 cuillerées à soupe de crème fleurette
6 côtes d'agneau de 60 g chacune
20 g de beurre

■ Nettoyez bien les champignons, lavez-les et séchez-les soigneusement dans un papier absorbant, puis hachez-les très fin. Humectez-les de jus de citron.

■ Faites bouillir la crème fraîche dans une petite casserole, laissez-la réduire aux deux tiers, salez et poivrez.

■ Délayez le jaune d'œuf avec la crème fleurette et versez la préparation dans la casserole, en veillant à ne pas laisser bouillir.

■ Retirez la casserole du feu, versez-y les champignons, salez, poivrez et réservez au chaud.

Côtelettes d'agneau Murillo *(suite)*

2 cuillerées à café
de parmesan râpé
sel, poivre du moulin

Mon conseil :
Prenez de préférence des rosés des prés bien frais.

■ Salez et poivrez les côtes d'agneau. Faites chauffer le beurre dans une poêle et faites-y revenir les côtes 3 minutes d'un côté seulement. Posez-les sur le côté cuit dans un plat à gratin et recouvrez le côté cru du hachis de champignons. Saupoudrez de parmesan et faites gratiner à four chaud jusqu'à ce que le plat soit recouvert d'une belle croûte dorée. Servez sans attendre.

Côtes d'agneau champvallon

Aux pommes de terre et aux oignons

697 calories

Préparation : 15 minutes
Cuisson : 35 minutes

Pour 4 personnes
600 g de pommes de terre
600 g d'oignons
1 gousse d'ail
60 g de beurre
8 côtes d'agneau
de 90 g chacune
37,5 cl de bouillon
sel, poivre du moulin

■ Pelez les pommes de terre et les oignons, lavez-les et coupez-les en rondelles. Salez et donnez un tour de moulin à poivre.

■ Écrasez l'ail pelé et frottez-en la viande ; salez-la et poivrez-la des deux côtés.

■ Faites fondre la moitié du beurre dans une braisière et mettez-y à revenir la viande à feu modéré environ 3 minutes de chaque côté. Quand les côtes sont bien dorées, retirez-les et mettez-les sur une assiette que vous recouvrirez d'un papier d'aluminium pour qu'elles ne refroidissent pas.

■ Jetez la graisse de cuisson, faites chauffer le reste du beurre dans la braisière et mettez-y les oignons à étuver. Retirez-les et réservez-les.

■ Mettez alors les pommes de terre dans la braisière et laissez-les cuire jusqu'à ce qu'elles soient bien dorées.

Mon conseil :
Vous pouvez prendre des côtes de mouton, mais la cuisson demandera 10 minutes de plus.

Ajoutez les oignons et posez les côtes d'agneau sur les légumes. Arrosez de bouillon, couvrez et faites braiser au four chauffé à th. 6 pendant environ 20 minutes.

- Servez dans la braisière de cuisson.

Côtes d'agneau en papillotes

Fondantes et délicieusement parfumées.

568 calories

Pour 4 personnes
8 côtes d'agneau de 90 g chacune
3 cuillerées à soupe d'huile d'olive
4 gousses d'ail
1 branche de thym
1 branche de basilic
1 brin de céleri
25 g de beurre
sel, poivre du moulin

Mon conseil :
Ajoutez quelques pluches de truffe et supprimez l'ail.

Préparation : 5 minutes
Cuisson : 9 minutes

- Faites chauffer l'huile d'olive dans une poêle et faites-y revenir les côtes d'agneau 2 minutes de chaque côté. Salez-les et réservez-les.
- Pelez l'ail, lavez le thym, le basilic et le céleri et hachez le tout finement.
- Badigeonnez une feuille de papier aluminium de beurre fondu, disposez dessus les côtes d'agneau, recouvrez-les de hachis aux fines herbes, donnez un tour de moulin à poivre, posez une noisette de beurre sur chacune et refermez soigneusement la papillote.
- Mettez 5 minutes au four chauffé à th. 6. Quand la feuille de papier aluminium gonfle, la viande est à point.
- Sortez la viande du four, débarrassez-la de la papillote et arrosez-la du jus de cuisson pour servir.

Côtes d'agneau à la ratatouille

Préparation : 5 minutes
Cuisson : 30 minutes

Très légères, ces côtes grillées servies sur un fond de ratatouille.

550 calories

Pour 4 personnes
deux fois 4 côtes d'agneau non séparées
1 cuillerée à soupe d'huile
1 paquet de ratatouille surgelée
sel, poivre

- Faites chauffer le four.
- Posez le bloc de ratatouille dans un plat et mettez-le au four.
- Placez les côtes d'agneau sur la grille du four. Enduisez-les d'huile, salez, poivrez et mettez dans le four juste au-dessus du plat de ratatouille.
- Faites cuire à four moyen 30 minutes environ. Le jus de la viande tombera dans la ratatouille et la parfumera.
- Dressez les côtes d'agneau sur un plat de service accompagnées de la ratatouille.

Côtes de blettes au lard

Préparation : 20 minutes
Cuisson : 50 minutes

Une recette qui relève savoureusement ce légume assez fade.

510 calories

Pour 4 personnes
700 g de côtes de blettes
200 g de cèpes
200 g de lard fumé coupé en dés
50 g de beurre
10 cl de bouillon
persil haché
50 g de crème fraîche
sel, poivre

- Coupez les blettes et les cèpes en morceaux.
- Mettez le lard dans une sauteuse avec le beurre et faites revenir.
- Ajoutez alors les blettes et les cèpes et laissez encore prendre couleur durant quelques minutes.
- Mouillez avec le bouillon, salez et poivrez et ajoutez du persil haché. Laissez cuire à couvert pendant 45 minutes. Liez à la crème au moment de servir.

Côtes de mouton grillées

Préparation : 5 minutes
Cuisson : 10 minutes

L'intérieur saignant, l'extérieur presque croustillant.

510 calories

Pour 6 personnes
6 côtelettes de mouton
1 cuillerée à soupe d'huile
60 g de beurre
1 cuillerée à soupe de persil haché
sel, poivre

Mon conseil :
Je choisis de préférence pour les griller des côtes secondes, toute petites, avec manche incurvé. Il en faut deux par personne.

- Faites chauffer le gril suffisamment longtemps à l'avance pour que la viande soit bien saisie.
- Badigeonnez les côtelettes d'huile à l'aide d'un pinceau ou d'une branche de thym.
- Mettez-les sur le gril bien chaud de 2 à 4 minutes de chaque côté, suivant l'épaisseur.
- Disposez sur un plat chaud, salez et poivrez.
- Posez sur chaque côtelette une noisette de beurre malaxé avec le persil haché et servez chaud.

Côtes de porc braisées

Préparation : 10 minutes
Cuisson : 20 minutes

Parfumées au fenouil.

746 calories

Pour 2 personnes
1 gousse d'ail
2 côtes de porc dans le filet de 180 g chacune (avec un petit bord gras)
1 pincée de grains de fenouil
1 cuillerée à soupe de farine
20 g de beurre clarifié

- Pelez l'ail et écrasez-le.
- Frottez les côtes au sel, saupoudrez-les de poivre du moulin et parsemez-les de fenouil avant de les rouler dans la farine. Tapotez-les pour faire tomber le surplus de farine.
- Faites fondre le beurre clarifié, à feu vif, dans une braisière et faites-y revenir les côtes 2 minutes environ des deux côtés pour qu'elles soient bien dorées.

Côtes de porc braisées *(suite)*

20 cl de bouillon
10 g de beurre frais
sel, poivre du moulin

■ Jetez la graisse, mouillez avec le bouillon et glissez la braisière couverte dans le four préchauffé à th. 5, pour environ 10 minutes. Vérifiez du doigt que la viande est cuite (elle doit être souple sous la pression du doigt).
■ Otez le couvercle de la braisière, placez-la sur le feu et retirez la viande. Dressez celle-ci sur des assiettes chaudes.
■ Faites réduire le fond de cuisson pour obtenir 2 cuillerées à soupe de liquide. Retirez du feu et montez la sauce au beurre froid que vous ajouterez au fouet, morceau par morceau.
■ Nappez les côtes de cette sauce et servez sans attendre.

Mon conseil :
Pour obtenir une sauce plus légère, montez-la avec de la crème fraîche allégée à la place du beurre.

Côtes de porc panées

Bien dorées dans une panure au fromage.

Préparation : 10 minutes
Cuisson : 45 minutes

670 calories

Pour 4 personnes
4 côtes de porc
de 2 cm d'épaisseur
2 œufs
1/3 de tasse de parmesan râpé
1/3 de tasse de chapelure
2 cuillerées à soupe d'huile
2 cuillerées à soupe de beurre
sel, poivre noir fraîchement moulu

■ Battez les œufs.
■ Mélangez la chapelure avec le fromage.
■ Salez et poivrez les côtes de porc, passez-les dans l'œuf battu puis dans le mélange de chapelure et de fromage.
■ Faites chauffer l'huile et le beurre ensemble dans une poêle sur feu assez vif. Quand la matière grasse commence à grésiller, mettez-y les côtes à dorer pendant 3 ou 4 minutes de chaque côté.
■ Mettez les côtes et leur sauce de cuisson dans un plat allant au four et faites cuire à th. 5 ou 6 pendant 35 minutes environ. Retournez les côtes deux fois en cours de cuisson.

Côtes de porc sauce moutarde

Une simplicité raffinée.

672 calories

Préparation : 5 minutes
Cuisson : 25 minutes

Pour 2 personnes
2 côtes de porc
de 200 g chacune
1 cuillerée à soupe de farine
20 g de beurre clarifié
(voir recette p. 97)
20 g de beurre frais
2 oignons
4 cl de bière blonde
12,5 cl de crème fraîche
1 cuillerée à soupe de moutarde
10 g de beurre froid
1 cuillerée à soupe de câpres
sel, poivre du moulin

- Salez et poivrez les côtelettes. Roulez-les dans la farine et tapotez-les bien pour en faire tomber le surplus.
- Faites-les revenir dans le beurre clarifié sur feu vif, 8 minutes de chaque côté, puis laissez mijoter environ 5 minutes à feu modéré.
- Retirez alors les côtelettes de la poêle et gardez-les en attente au chaud, à couvert.
- Dégraissez la poêle et faites-y fondre le beurre frais. Mettez-y à revenir à leur tour les oignons pelés et coupés en gros dés et, quand ils sont translucides, mouillez avec la bière et couvrez de crème en remuant bien le tout. Ajoutez alors la moutarde et faites réduire tout en tournant à la spatule pour obtenir une sauce bien crémeuse. Retirez la poêle du feu, montez la sauce avec le beurre froid en morceaux et ajoutez un peu de sel.
- Disposez les côtelettes sur des assiettes chaudes, nappez de sauce et garnissez de câpres pour servir.

Mon conseil :
Vous pouvez également faire griller les côtes, et préparer la sauce à part.

Côtes de porc Soubise

Préparation : 15 minutes
Cuisson : 15 minutes

Servies sur une purée d'oignons.

644 calories

Pour 2 personnes
2 gros oignons
40 g de beurre clarifié
10 cl de vin blanc
1 cuillerée à café de moutarde
10 cl de lait
20 g de beurre froid
2 côtes premières dans le carré (de 200 g chacune)
1 cuillerée à soupe de farine
1 bouquet de ciboulette
sel, poivre blanc du moulin

Mon conseil :
Vous pouvez prendre également un filet mignon de porc.

■ Pelez les oignons et émincez-les finement. Versez-les dans une petite casserole et faites-les revenir dans 20 g de beurre clarifié, mouillez avec le vin et faites réduire sur feu vif ; le vin doit être totalement évaporé.

■ Ajoutez la moutarde, versez le lait et faites réduire de nouveau. Montez alors la sauce au beurre bien froid. Salez.

■ Salez, poivrez et passez les côtes dans la farine.

■ Faites frire les côtes des deux côtés 3 minutes environ dans le reste de beurre clarifié et retirez-les de la poêle. Laissez la viande reposer 5 minutes, couverte.

■ Dressez les côtes sur des assiettes chaudes et nappez-les de purée d'oignons. Garnissez, au moment de servir, de ciboulette hachée.

Côtes de veau aux germes de moutarde

Préparation : 15 minutes
Germination : 4 jours
Cuisson : 15 minutes

Le raffinement des germes de moutarde.

453 calories

Pour 2 personnes
1 cuillerée à soupe de graines de moutarde
2 côtes de veau
1 cuillerée à soupe de farine

■ Environ 4 jours avant la préparation de la viande, étalez un linge humide sur une grande assiette, répartissez dessus 1 cuillerée à soupe de graines de moutarde, recouvrez d'une feuille de papier cristal ou sulfurisé, et faites germer à température ambiante, en humidifiant tous les jours.

■ Parez les côtes de veau, de façon à ne garder qu'une infime bordure de

Côtes de veau aux germes de moutarde *(suite)*

1 cuillerée à soupe d'huile
20 g de beurre frais
2 échalotes émincées
2 cl de vin blanc sec
10 cl de fond de veau
20 g de beurre froid
1 cuillerée à café de jus de citron
sel, poivre blanc du moulin

graisse, et détachez l'os. Aplatissez légèrement la viande au maillet. Salez-la, poivrez-la et roulez-la dans la farine.

- Faites chauffer l'huile dans une poêle et faites-y revenir les côtes à feu vif. Quand elles sont bien saisies, au bout de 2 minutes, baissez le feu et prolongez la cuisson de 4 minutes en arrosant de jus, salez et poivrez. Retirez les côtes, gardez-les en attente au chaud.
- Jetez la graisse de cuisson, mettez le beurre frais dans la poêle et faites-y étuver les échalotes. Versez alors les germes de moutarde et le vin, en grattant bien le fond de cuisson avec une spatule.
- Ajoutez le fond de veau et faites réduire aux deux tiers.
- Montez la sauce au beurre froid en incorporant par petites parcelles pour obtenir une sauce onctueuse. Parfumez de jus de citron, salez, poivrez et servez les côtes nappées de leur sauce.

Côtes de veau gratinées à la basquaise

Préparation : 5 minutes
Cuisson : 25 minutes

Nappées de crème et accompagnées de ratatouille au jambon.

545 calories

Pour 6 personnes
6 côtes de veau
2 paquets de ratatouille surgelée

- Faites chauffer le beurre dans une poêle. Mettez les côtes à feu vif. Faites dorer 7 ou 8 minutes de chaque côté. Salez, poivrez.
- Pendant la cuisson des côtes, taillez le jambon en dés. Mettez les 2 paquets de ratatouille encore gelée dans une casserole avec les dés de jambon. Faites chauffer doucement pendant 10 à 15 minutes.

Côtes de veau gratinées
à la basquaise *(suite)*

1 tranche épaisse de jambon
de Bayonne (150 g)
1 citron
75 g de gruyère râpé
50 g de beurre
1 cuillerée à soupe
de crème fraîche
sel, poivre

■ Placez les côtes dans un plat à four. Parsemez le dessus avec le gruyère râpé. Faites gratiner 10 minutes à four chaud.
■ Déglacez la poêle avec le jus de citron. Ajoutez la crème fraîche. Faites chauffer doucement. Servez les côtelettes nappées de cette sauce et entourées de ratatouille.

Mon conseil :
La ratatouille « attache » facilement. Il faut la remuer souvent avec une cuillère en bois.

Côtes de veau au gril

La fine saveur du veau au naturel.

418 calories

Préparation : 5 minutes
Cuisson : 20 minutes

Pour 2 personnes
2 côtes de veau
de 200 g chacune
2 cuillerées à soupe
d'huile
2 feuilles de sauge
1 citron
beurre
sel, poivre blanc

■ Salez et poivrez les côtes de veau.
■ Badigeonnez-les d'huile, puis mettez 1 feuille de sauge sur chaque côte et placez-les sur le gril très chaud. Faites-les griller environ 10 minutes de chaque côté pour qu'elles prennent une belle couleur brune.
■ Disposez les côtes sur des assiettes chaudes, garnissez-les de rondelles de citron et de noix de beurre. Accompagnez d'une belle salade verte.

Côtes de veau panées

Préparation : 15 minutes
Cuisson : 20 minutes

Farcies au fromage et au jambon.

745 calories

Pour 4 personnes
4 côtes de veau
4 petites tranches de jambon de Parme
4 petites tranches d'emmental
2 œufs
2 cuillerées à soupe de farine
6 cuillerées à soupe de chapelure
40 g de beurre clarifié
(voir recette p. 97)
20 g de beurre frais
1 citron
1 cuillerée à soupe de persil haché
sel, poivre du moulin

- Incisez les côtes de veau dans leur épaisseur, de façon à former une poche. Glissez-y 1 tranche de jambon de Parme et 1 tranche d'emmental. Refermez bien chaque côté et maintenez avec un bâtonnet en bois.
- Battez les œufs.
- Salez et poivrez les côtes, passez-les dans la farine, dans les œufs battus, puis dans la chapelure.
- Faites chauffer le beurre clarifié dans une poêle et faites-y revenir les côtes 8 minutes de chaque côté, à feu vif.
- Jetez la graisse de cuisson, ajoutez le beurre frais dans la poêle et laissez dorer encore 2 minutes sur chaque face.
- Pendant ce temps, pelez le citron et coupez-le en rondelles.
- Dressez les côtes sur le plat de service chaud et garnissez-les d'un peu de persil haché et de rondelles de citron.

Côtes de veau en papillotes

Préparation : 15 minutes
Cuisson : 35 à 40 minutes

Moelleusement cuites en robe d'argent.

570 calories

Pour 6 personnes
6 côtes de veau de 1,5 cm d'épaisseur environ
2 cuillerées à soupe de beurre

- Nettoyez les champignons et coupez-les en lamelles minces.
- Plongez les tomates dans de l'eau bouillante, pelez-les puis coupez-les en morceaux.
- Coupez le jambon en petits dés.
- Faites fondre le beurre dans une casserole ; mettez-y les champignons à revenir pendant 3 minutes. Ajoutez les

Côtes de veau en papillotes *(suite)*

125 g de champignons
3 tomates
1 tranche de jambon
2,5 cl de vin blanc sec
3 cuillerées à soupe d'huile d'olive
2 cuillerées à soupe de persil haché
sel, poivre noir fraîchement moulu

Mon conseil :
Le jambon n'est pas indispensable. Il m'arrive de le supprimer ou de le remplacer par 2 cuillerées à soupe de chair à saucisse, que je fais revenir avec les champignons.

tomates, le jambon, le vin, le sel et le poivre. Portez à ébullition et laissez cuire à feu doux pendant 10 minutes.

■ Salez et poivrez les côtes de veau ; faites chauffer 2 cuillerées à soupe d'huile d'olive dans une poêle, mettez-y les côtes à dorer pendant 6 minutes environ de chaque côté.

■ Coupez 6 feuilles de papier d'aluminium ménager d'une taille suffisante pour pouvoir envelopper chaque côte de veau ; graissez-les avec le restant de l'huile ; posez une côte au milieu de chaque feuille et recouvrez de la sauce aux tomates, jambon et champignons. Saupoudrez de persil. Refermez le papier en forme de papillotes.

■ Placez les papillotes sur la plaque du four, faites cuire à four chaud (th. 7) pendant 15 minutes environ. Servez dans les papillotes.

Côtes de veau vallée d'Auge

Somptueusement habillées de crème au calvados, aux champignons et aux oignons.

560 calories

Pour 4 personnes
4 côtes de veau
500 g de petits champignons de Paris
12 petits oignons blancs

Préparation : 20 minutes
Cuisson : 35 minutes

■ Nettoyez les champignons, laissez-les entiers. Pelez les petits oignons.

■ Cuisez pendant 5 minutes à grande eau bouillante salée les champignons et les oignons. Égouttez-les.

■ Faites cuire les côtes de veau à la poêle dans le beurre, sur feu assez doux pour ne pas les laisser dorer. Salez et poivrez.

■ Après 10 minutes de cuisson de la viande, ajoutez dans la poêle les cham-

Côtes de veau vallée d'Auge *(suite)*

8 cuillerées à soupe
de crème fraîche
1 petit verre de calvados
75 g de beurre
sel, poivre

Mon conseil :
Il faut entailler les bordures des côtes de veau pour qu'elles ne se rétractent pas à la cuisson.

pignons, ainsi que les oignons. Salez et poivrez. Laissez cuire encore une quinzaine de minutes.

■ Mettez les côtes dans un plat creux chaud et versez dans la poêle la crème fraîche et le calvados. Mélangez bien. Chauffez 3 minutes et nappez la viande avec cette sauce.

Coulis de tomates

Une sauce très fraîche.

511 calories

Préparation : 20 minutes

Pour 2 personnes
3 tomates
1 cuillerée à café de jus de citron
12,5 cl d'huile d'olive
1 cuillerée à soupe
de basilic haché
1 cuillerée à soupe de concentré
de tomates (si nécessaire)
sel, poivre du moulin

Mon conseil :
Ce coulis accompagne très bien les aubergines et les courgettes, par exemple.

■ Plongez pendant quelques secondes les tomates dans de l'eau bouillante pour les peler plus facilement, coupez-les en quartiers, épépinez-les et concassez-les.

■ Mélangez le jus de citron avec le sel et le poivre, ajoutez les tomates et réduisez-les en purée avec un mixeur.

■ Montez la sauce en ajoutant l'huile goutte à goutte sans cesser de tourner.

■ Liez la sauce avec un peu de concentré de tomates, si nécessaire, et parfumez avec le basilic avant de servir.

Coupe des quatre saisons

Préparation : 25 minutes
Cuisson : 15 minutes

Un cocktail de fruits dans une crème anglaise vanillée.

510 calories

Pour 8 personnes
8 œufs
1 verre de lait
100 g de sucre en poudre
1 ou 2 belles gousses de vanille
1 1/2 cuillerée à soupe de fécule
5 cl de rhum

Pour la garniture de fruits :
1/2 boîte de pêches au sirop
1/2 boîte de poires au sirop
1 flacon de marrons au sirop
300 à 400 g de fraises
ou de framboises
(Ces fruits peuvent varier suivant la saison. Vous pouvez également employer des abricots ou ananas au sirop, des griottes au sirop, ou simplement des fruits frais.)

Pour le sirop à la vanille :
6 cuillerées à soupe de sucre
en poudre
1 verre du jus des fruits
1 gousse de vanille
5 cl de rhum

Mon conseil :
S'armer de patience pour préparer la crème qui doit cuire 10 à 15 minutes sans que l'on cesse de la tourner.

■ Préparez la crème anglaise : fendez les gousses de vanille et mettez-les dans le lait, amenez à ébullition, laissez doucement bouillir 8 à 10 minutes afin que le lait se parfume bien.

■ Cassez les œufs dans une terrine, ajoutez le sucre en poudre et la fécule, battez énergiquement au fouet, puis versez le lait bouillant petit à petit sans cesser de remuer au fouet. Faites épaissir à feu doux, ajoutez le rhum, versez dans une jatte et laissez refroidir.

■ Ouvrez les boîtes de fruits, égouttez-les en recueillant leur jus.

■ Préparez un sirop à la vanille : versez dans une casserole 1 verre de jus de fruits mélangés, ajoutez 6 cuillerées à soupe de sucre, 1 gousse de vanille fendue dans le sens de la longueur et le rhum. Amenez à ébullition et laissez épaissir de façon que le sirop, une fois refroidi, nappe bien les fruits.

■ Disposez les 4 sortes de fruits sur la crème bien froide, nappez les fruits avec le sirop à la vanille et tenez au frais jusqu'au moment de servir.

Courgettes farcies

Préparation : 10 minutes
Cuisson : 5 minutes

Une délicieuse entrée froide.

210 calories

Pour 4 personnes
4 petites courgettes
250 g de thon à l'huile
1 cuillerée à soupe de crème fraîche
1 échalote émincée
1 cuillerée à soupe de jus de citron
1 cuillerée à soupe de persil haché
sel, poivre du moulin

■ Lavez les courgettes et faites-les blanchir dans de l'eau bouillante salée.

■ Passez-les sous l'eau froide, fendez-les en deux dans le sens de la longueur et enlevez-en les pépins avant de les ranger dans un plat.

■ Faites égoutter le thon pour qu'il ne reste que très peu d'huile.

■ Émiettez le thon et mélangez-le, au mixeur, à la crème fraîche. Ajoutez l'échalote et le jus de citron, assaisonnez de sel et de poivre du moulin.

■ Garnissez les courgettes de la farce, dressez-les sur les assiettes, saupoudrez de persil et servez bien frais.

Courgettes farcies au fromage blanc

Préparation : 20 minutes
Cuisson : 40 minutes

Une recette toute simple.

159 calories

Pour 4 personnes
4 petites courgettes
30 g de beurre
3 échalotes
1 cuillerée à café de farine
5 cl de lait
5 cl de crème fleurette
80 g de fromage blanc maigre
2 blancs d'œufs
1 cuillerée à soupe de chapelure

■ Coupez les courgettes en deux et videz-les avec une petite cuillère. Faites blanchir les moitiés de courgette dans un peu d'eau salée 5 minutes environ.

■ Pelez les échalotes et hachez-les.

■ Faites fondre le beurre dans une sauteuse, mettez-y le hachis d'échalotes et la pulpe de courgette et laissez 5 minutes à feu doux. Saupoudrez de farine, arrosez de lait et de crème, salez, poivrez et prolongez la cuisson de 10 minutes.

■ Retirez la sauteuse du feu et ajoutez à la préparation légèrement refroidie le

Courgettes farcies au fromage blanc *(suite)*

1 cuillerée à soupe d'huile d'olive
sel, poivre du moulin

fromage blanc et les blancs d'œufs montés en neige. Remplissez les courgettes de la farce.

■ Rangez-les dans un plat à gratin beurré, parsemez-les de chapelure et humectez-les d'huile avant de les faire cuire au four 20 minutes à th. 5 pour qu'elles prennent une belle couleur dorée. Servez bien chaud.

Courgettes à l'orientale

Avec pommes de terre, tomates et coriandre.

234 calories

Préparation : 15 minutes
Cuisson : 30 minutes

Pour 4 personnes
4 courgettes moyennes
4 pommes de terre moyennes
3 tomates
1 bouquet de persil
2 gousses d'ail
2 cuillerées à soupe d'huile d'olive
coriandre
sel, poivre du moulin

■ Lavez les courgettes et coupez-les en rondelles sans les avoir épluchées.

■ Pelez les pommes de terre, lavez-les et coupez-les également en rondelles avant de les faire blanchir 5 minutes à l'eau bouillante salée.

■ Ébouillantez les tomates pour les peler. Enlevez les pépins et coupez la pulpe en dés. Hachez le persil et l'ail pelé.

■ Huilez une braisière et rangez-y par couches successives les pommes de terre et les courgettes parsemées de dés de tomates.

■ Saupoudrez chaque couche de persil, d'ail et de coriandre. Assaisonnez en sel et en poivre.

■ Arrosez avec l'huile restante et faites cuire à couvert 25 minutes dans le four préchauffé à th. 5.

■ Servez bien chaud.

Court-bouillon de poisson

Préparation : 30 minutes
Macération : 25 minutes
Cuisson : 15 minutes

Une exotique soupe marine.

300 calories

Pour 4 personnes

1 kg de poissons mélangés (vivaneau, grand-gueule, tanche, daurade, barbarin...)
6 citrons verts
2 piments
quelques tomates (facultatif)
1 cuillerée à soupe de beurre rouge ou d'huile de roucou
4 gousses d'ail
3 cives ou 2 échalotes
3 branches de persil plat
huile
sel, poivre

■ Écaillez les poissons, videz-les, lavez-les dans de l'eau citronnée et rincez-les sous le robinet d'eau froide. S'ils sont gros, coupez-les en tranches.

■ Salez et poivrez les poissons. Hachez 1 piment et saupoudrez-en les poissons. Arrosez du jus de 4 citrons, ajoutez très peu d'eau et laissez macérer 25 minutes au moins.

■ Pendant ce temps, préparez les épices : épluchez les cives ou les échalotes, hachez-les très finement, ainsi que le persil. Écrasez l'ail. Éventuellement, lavez, épépinez et coupez les tomates en deux.

■ Versez 3 cuillerées à soupe d'huile dans une sauteuse, ainsi que le beurre rouge préalablement fondu dans un peu d'huile chaude, ou d'huile de roucou. Faites chauffer, ajoutez les épices hachées et 3 gousses d'ail écrasées. Laissez bien revenir, mettez éventuellement les tomates et remuez jusqu'à ce qu'elles fondent. Incorporez les poissons un par un, couvrez bien de façon qu'ils rendent leur eau. Laissez-les cuire 3 minutes, puis retournez-les délicatement. Versez une tasse d'eau, ajoutez le piment restant, couvrez à nouveau ; la sauce doit remonter et bien imprégner les poissons. Versez encore 25 cl d'eau et laissez cuire une quinzaine de minutes environ.

■ Pendant ce temps, mettez dans un bol le jus de 2 citrons, 1 gousse d'ail écrasée et 1 cuillerée à soupe d'huile, émulsionnez et versez sur le poisson en fin de cuisson. Servez immédiatement.

Crèmes

Les œufs et la crème fouettée confèrent consistance et onctuosité à ces succulents desserts.

Recettes de base

Bavarois

■ Portez 50 cl de lait à ébullition avec 1 gousse de vanille fendue en deux. Retirez la vanille.
■ Mélangez 4 jaunes d'œufs avec 175 g de sucre et le lait chaud en remuant constamment. Retirez du feu avant l'ébullition.
■ Incorporez au mélange 9 feuilles de gélatine en battant au fouet et mettez à refroidir dans de l'eau glacée.
■ Quand la crème commence à prendre, incorporez la crème fouettée.

Crème au caramel

■ Préparez un caramel roux avec 60 g de sucre et 3 cuillerées à soupe d'eau, et versez-le dans des ramequins de porcelaine huilés.
■ Portez 1 l de lait à ébullition.
■ Battez 2 œufs entiers avec 2 jaunes d'œufs, 100 g de sucre et 1 cuillerée à café d'extrait de vanille, et ajoutez le lait peu à peu.
■ Répartissez la préparation dans les ramequins et faites cuire au bain-marie 30 à 40 minutes au four chauffé à th. 3.

Mousse au chocolat

■ Faites fondre 150 g de chocolat en morceaux (75 g amer, 75 g blanc ou au lait) au bain-marie.

→

■ Faites blanchir 3 jaunes d'œufs au bain-marie (avec 2 cl de cognac ou de liqueur).
■ Mélangez les œufs et le chocolat fondu.
■ Incorporez à l'appareil les blancs d'œufs montés en neige, mettez au frais (ajoutez, selon les goûts, 1 ou 2 cuillerées à café de café en poudre).

Sabayon

■ Faites blanchir 6 jaunes d'œufs avec 100 g de sucre dans un saladier.
■ Fouettez énergiquement avec 10 cl de vin blanc sec ou de champagne, en faisant tiédir au bain-marie.
■ Parfumez avec un peu de citron. Répartissez aussitôt dans des coupes et servez sans attendre.

Crème anglaise

Préparation : 15 minutes
Cuisson : 15 minutes

Délicieuse pour napper vos desserts.

260 calories

Pour 6 personnes
1 l de lait
6 jaunes d'œufs
150 g de sucre semoule
1 gousse de vanille

■ Mettez les jaunes d'œufs dans une terrine, versez le sucre en pluie et travaillez à la spatule jusqu'à ce que le mélange devienne mousseux.
■ Faites bouillir le lait avec la gousse de vanille fendue sur toute sa longueur.
■ Retirez la vanille. Versez peu à peu le lait bouillant sur le mélange œufs-sucre en remuant bien (afin de ne pas coaguler les œufs). Lorsque la moitié est incorporée, on peut aller plus vite.
■ Remettez dans la casserole et faites épaissir à feu doux en remuant sans arrêt. La cuisson est terminée lorsque la mousse a complètement disparu et que la crème nappe la cuiller. Ne laissez

Mon conseil :
Je conseille aux débutantes de délayer dans le lait 1 cuillerée à dessert de Maïzena. Cela évite à la crème tout risque de « tourner », ce qui arrive facilement pour cette préparation dont la cuisson reste assez délicate.

surtout pas atteindre l'ébullition, car la crème tournerait. Il faudrait alors la battre vigoureusement au fouet, une fois refroidie.
- Versez immédiatement dans un récipient froid.

Crème de brocolis

Un potage sain et vitaminé.

240 calories

Préparation : 15 minutes
Cuisson : 25 minutes

Pour 4 personnes
500 g de brocolis
100 g de légumes à soupe (carotte, poireau, céleri)
3 échalotes émincées
20 g de beurre
3 cuillerées à soupe de fines herbes
25 cl de bouillon
25 cl de crème fraîche liquide
sel, poivre du moulin

Mon conseil :
Pour servir, garnissez les assiettes d'un dôme de crème fraîche légèrement battue.

- Préparez les brocolis ; lavez-les et détachez-les en bouquets. Épluchez les tiges des brocolis et coupez-les en dés.
- Lavez les légumes et coupez-les en petits dés.
- Dans un faitout, faites revenir les dés de légumes et les échalotes émincées dans le beurre. Ajoutez les brocolis et les fines herbes. Couvrez de bouillon et portez à ébullition.
- Lorsque les légumes sont cuits, passez-les au mixeur et incorporez la crème. Faites mijoter 5 minutes encore sur feu doux. Salez et poivrez.
- Versez dans les assiettes et servez aussitôt.

Crème de cannelle aux figues

Préparation : 30 minutes
Réfrigération : 2 h 15
Cuisson : 5 minutes

Le parfum délicat de la cannelle associé au goût douceâtre de la figue.

575 calories

Pour 6 personnes

Pour la compote :

8 figues fraîches
20 cl de porto blanc
3 cuillerées à soupe de jus de citron
2 cuillerées à soupe de sucre
1 cuillerée à café de Maïzena

Pour la crème :

1 gousse de vanille
50 cl de crème fouettée
10 bâtons de cannelle
6 feuilles de gélatine
6 œufs
80 g de sucre
2 cl de cognac
1/2 cuillerée à café de cannelle en poudre
30 g de chocolat râpé

- Pelez les figues.
- Préparez un sirop : portez à ébullition le porto avec le jus de citron, le sucre et la Maïzena, puis arrosez les figues avec le sirop et placez au frais.
- Faites infuser la gousse de vanille avec les bâtons de cannelle dans la crème fouettée pendant 10 minutes. Mettez la gélatine à tremper dans de l'eau et cassez les œufs en séparant les jaunes des blancs.
- Faites blanchir les jaunes en les mélangeant au sucre et parfumez-les de cognac et de cannelle.
- Passez la crème fouettée où ont séjourné la vanille et la cannelle au tamis fin. Mélangez-la avec les jaunes d'œufs ; ajoutez la gélatine détrempée et bien pressée entre vos mains. Fouettez la crème obtenue sur un lit de glace et placez-la au frais (15 minutes).
- Incorporez alors les blancs montés en neige ferme et faites prendre 2 heures au réfrigérateur.
- Servez la crème avec la compote de figues et une garniture de copeaux de chocolat.

Crème de carottes à l'orange

Préparation : 15 minutes
Cuisson : 25 minutes

Originale, colorée et vitaminée.

378 calories

Pour 2 personnes
100 g de carottes nouvelles
50 g de beurre
1 cuillerée à café de farine
1 cuillerée à café de sucre glace
1 cuillerée à soupe de jus de citron
1 échalote émincée
le jus de 1 orange
1 pincée de coriandre
1/2 gousse d'ail écrasée
1 orange entière
2 cuillerées à soupe de crème fraîche
1 cuillerée à café de menthe fraîche
sel, poivre du moulin

- Pelez les carottes, lavez-les et râpez-les.
- Faites fondre le beurre dans une sauteuse, saupoudrez de farine et de sucre glace et faites légèrement caraméliser le tout. Humectez avec le jus de citron.
- Mettez l'échalote dans la sauteuse et faites-la glacer. Ajoutez les carottes et laissez étuver 5 minutes.
- Arrosez de jus d'orange, aromatisez avec la coriandre et l'ail, salez, poivrez et faites cuire, sur feu doux, environ 15 minutes.
- Pendant ce temps, pelez la deuxième orange à vif et détachez délicatement les quartiers.
- Mixez le mélange avec la crème fraîche et vérifiez l'assaisonnement.
- Répartissez la soupe dans les assiettes préchauffées et garnissez-la de quartiers d'orange et de menthe fraîche finement ciselée.

Crème de champignons

Préparation : 25 minutes
Cuisson : 20 minutes

Simplicité et tradition.

321 calories

Pour 4 personnes
250 g de champignons de Paris
1 échalote émincée
20 g de beurre

- Nettoyez les champignons, lavez-les et coupez-les grossièrement. Mettez-en quelques-uns de côté pour la garniture.
- Dans un faitout, faites revenir dans le beurre chaud l'échalote émincée et les champignons et saupoudrez-les de farine.

Crème de champignons *(suite)*

1 cuillerée à soupe de farine
75 cl de bouillon de volaille
1 jaune d'œuf
100 g de crème fraîche
1 cuillerée à soupe
de ciboulette hachée
sel, poivre du moulin

Mon conseil :
Préférez, aux champignons de Paris bien blancs, les champignons des prés à tête brune dont la chair est légèrement rosée.

- Recouvrez de bouillon et faites cuire environ 15 minutes. Passez au mixeur.
- Mélangez au fouet la crème fraîche et le jaune d'œuf dans une soupière et versez lentement la soupe dessus pour obtenir un mélange bien homogène.
- Salez le velouté, poivrez-le légèrement et remettez-le quelques minutes sur le feu en évitant de le faire bouillir.
- Versez-le à nouveau dans la soupière, servez-le aussitôt, garni avec des lamelles de champignons et de la ciboulette hachée.

Crème Chantilly

De la crème fraîche et du sucre battus en flocons légers.

190 calories

Préparation : 10 minutes

Pour 4 à 6 personnes
250 g de crème fraîche
encore liquide
50 g de sucre glace
1 cuillerée à café de vanille
liquide ou 1 pincée de vanille
en poudre
1 glaçon pilé

Mon conseil :
Pour alléger encore la crème on peut lui ajouter 1 blanc d'œuf battu en neige.

- Une heure avant l'utilisation, mettez dans votre réfrigérateur une terrine ronde vide. Tenez également la crème fraîche au réfrigérateur.
- Videz la crème dans la terrine, ajoutez le sucre et la vanille, ainsi que le glaçon finement pilé.
- Battez au fouet (le batteur électrique donne d'excellents résultats, fouets à blancs d'œufs). Arrêtez dès que la crème, devenue mousseuse, forme un « bec » à la pointe du fouet (sinon, vous risquez de faire du beurre).
- Mettez au frais jusqu'au moment de servir.

Crème de concombre glacée

Préparation : 15 minutes
Réfrigération : 1 heure

Potage rapide, sain et frais.

83 calories

Pour 2 personnes
1 concombre
1/2 gousse d'ail
1 échalote
1/2 cuillerée à soupe de vinaigre d'estragon
2 ou 3 cuillerées à soupe de crème fleurette
2 cuillerées à soupe de crème fraîche
quelques brins d'aneth
sel, poivre du moulin

■ Épluchez le concombre et fendez-le dans le sens de la longueur ; retirez les pépins et faites-le dégorger quelques minutes après l'avoir saupoudré de sel fin.

■ Réduisez l'ail et l'échalote en purée au mixeur avec le vinaigre et la crème fleurette et placez en attente au frais.

■ Essuyez le concombre avec du papier absorbant, passez-le au mixeur à son tour et ajoutez-y la préparation à l'ail. Salez et poivrez. Mettez au moins 1 heure au réfrigérateur.

■ Répartissez le potage dans 2 petits bols et garnissez chacun d'un dôme de crème fraîche et de quelques brins d'aneth.

Crème à la Du Barry

Préparation : 15 minutes
Cuisson : 20 minutes

Un classique apprécié de tous : chou-fleur et pommes de terre.

247 calories

Pour 4 personnes
1 chou-fleur
2 pommes de terre
50 cl de lait
50 cl de bouillon
80 g de crème fraîche

■ Otez les feuilles du chou-fleur, lavez-le et détaillez-le en bouquets.

■ Épluchez les pommes de terre, lavez-les et coupez-les en dés.

■ Mettez les bouquets de chou et les pommes de terre dans le bouillon additionné de lait, et portez à ébullition. Laissez cuire environ 20 minutes. Quand les légumes sont cuits, mixez-les pour obtenir une préparation bien mousseuse.

Crème à la Du Barry *(suite)*

noix muscade râpée
quelques gouttes
de jus de citron
2 cuillerées à soupe
de persil ciselé
sel, poivre du moulin

■ Assaisonnez de jus de citron et de noix muscade et incorporez la crème fraîche avec un fouet. Salez, poivrez et versez dans une soupière.
■ Parsemez de persil ciselé pour la présentation.

Crème de mangues

Parfumée au cognac et garnie de crème et de pignons.

359 calories

Pour 4 personnes
2 mangues mûres
(de 600 g environ)
2 œufs
50 g de sucre
2 cuillerées à soupe
de jus de citron
2 cuillerées à soupe
de cognac
3 feuilles de gélatine
10 cl de crème fleurette
pignons

Préparation : 30 minutes

■ Coupez les mangues en deux, retirez les noyaux et détachez délicatement la pulpe de l'enveloppe des fruits. Conservez les coques des mangues, elles serviront de coupelles pour la présentation.
■ Passez la moitié de la chair au mixeur et coupez le reste en dés.
■ Cassez les 2 œufs en séparant les blancs des jaunes. Faites blanchir les jaunes avec le sucre, ajoutez-y la pulpe des fruits mixée et parfumez de jus de citron et de cognac.
■ Incorporez à cette préparation la gélatine trempée et dissoute et mettez au frais dans une grande jatte.
■ Dès que la crème commence à prendre, ajoutez délicatement les blancs d'œufs montés en neige ferme.
■ Remplissez les « coques » de la crème à la mangue, ajoutez les dés de mangue, garnissez de crème fleurette fouettée et de pignons grillés.

Crème minute au Grand Marnier

Préparation : 10 minutes
Réfrigération : 2 heures

Une mousse légère et parfumée.

432 calories

Pour 6 personnes
3 œufs
100 g de sucre semoule
6 petits-suisses
3 cuillerées à soupe
de crème fraîche
4 cl de Grand Marnier

- Cassez les œufs en séparant les blancs des jaunes et faites blanchir les jaunes avec le sucre.
- Montez les blancs en neige très ferme.
- Mélangez les petits-suisses avec la crème fraîche et le Grand Marnier, ajoutez-les aux jaunes d'œufs, puis incorporez les blancs en neige à la préparation. Placez 2 heures au réfrigérateur.
- Servez très froid.

Crème pâtissière

Préparation : 10 minutes
Cuisson : 5 minutes

Recette de base pour fourrer et garnir.

240 calories

Pour 400 g
25 cl de lait
1/2 gousse de vanille
1 œuf
50 g de sucre
50 g de farine
1 pincée de sel

Mon conseil :
Vous pouvez ajouter le parfum de votre choix à la crème pâtissière : eau-de-vie, liqueur, cacao en poudre, café, noisettes, etc.

- Faites chauffer le lait et la gousse de vanille.
- Ouvrez la vanille en deux et grattez les graines qui se trouvent à l'intérieur. Sortez-les et mettez-les dans le lait.
- Mélangez l'œuf, le sucre, la farine et le sel. Ajoutez-y peu à peu le lait chaud.
- Versez la préparation dans une casserole et portez doucement à ébullition, laissez frémir 2 minutes en remuant constamment.
- Passez dans un chinois et laissez refroidir.

Crème de poireaux

Préparation : 15 minutes
Cuisson : 35 minutes

Un classique parmi les classiques.

548 calories

Pour 2 personnes
2 poireaux
300 g de pommes de terre
50 g de beurre
50 cl de lait
2 cuillerées à soupe
de crème fraîche
1 pincée de noix muscade
sel, poivre du moulin

Mon conseil :
Cette soupe peut aussi se servir froide, mais il faut alors l'assaisonner plus fortement.

■ Nettoyez les poireaux, coupez-les en deux dans le sens de la longueur et lavez-les dans plusieurs eaux pour enlever tout le sable.

■ Épluchez les pommes de terre, lavez-les et coupez-les en gros dés.

■ Coupez les poireaux en fine julienne et faites-les fondre dans une casserole avec le beurre chaud. Ajoutez les pommes de terre, le lait et, au bout de 10 minutes de cuisson, 1 verre d'eau. Salez, poivrez et parfumez de muscade ; prolongez la cuisson à frémissement encore 20 minutes.

■ Passez le potage au mixeur, ajoutez la crème fraîche au dernier moment et servez aussitôt.

Crème renversée

Préparation : 15 minutes
Cuisson : 45 minutes au four
ou 8 minutes en autocuiseur

Un onctueux flan d'œufs au lait nappé de caramel.

210 calories

Pour 6 personnes
50 cl de lait
7 cuillerées à soupe
de sucre semoule
3 œufs
1 bâton de vanille ou 1 cuillerée à soupe de vanille liquide

■ Caramélisez votre moule : mettez-le sur feu moyen avec le sucre mouillé jusqu'à ce qu'il prenne la couleur désirée. Vous pouvez choisir n'importe quelle sorte de moule pour la cuisson au four.

■ Faites bouillir le lait avec la vanille.

■ Allumez votre four à th. 5.

■ Battez vivement à la fourchette les œufs entiers avec le sucre dans une terrine ou un saladier assez grand pour contenir ensuite le lait. En continuant de battre à la fourchette, versez le lait

Pour le caramel :
75 g de sucre en morceaux
(15 morceaux de sucre n° 4)

Mon conseil :
Vous pouvez utiliser des ramequins individuels que vous napperez de caramel liquide, vendu en flacon.

chaud sur les œufs, très doucement au début, un peu plus rapidement dès que la moitié est incorporée.

- Versez cette crème liquide dans le moule caramélisé. Elle ne doit absolument pas bouillir.
- Pour la cuisson au four : posez le moule dans un récipient plus grand. Isolez le fond avec une grille ou du papier absorbant plié en plusieurs épaisseurs et remplissez d'eau ce récipient jusqu'à hauteur de la crème. Mettez à four doux et laissez cuire doucement. (La crème est cuite lorsqu'elle est ferme au centre). Retirez du four.
- Laissez refroidir avant de démouler.

Crème de saumon

Préparation : 30 minutes
Réfrigération : 25 minutes
Cuisson : 20 minutes

Une soupe raffinée aux quenelles de poisson.

360 calories

Pour 4 personnes
1 tête de saumon
1 bouquet garni
10 cl de vin blanc
50 cl d'eau
20 g de beurre
100 g de filet de saumon
1 blanc d'œuf
noix muscade
1 trait de sauce Worcestershire
100 g de crème fraîche

- Dans un faitout, portez à ébullition la tête de saumon avec le bouquet garni, le vin blanc et 50 cl d'eau et faites mijoter environ 10 minutes. Passez au tamis fin, versez à nouveau le bouillon dans le faitout et faites réduire de moitié.
- Pendant ce temps, préparez le filet de poisson et coupez-le en dés. Mettez les dés de poisson au freezer environ 15 minutes, ainsi que le blanc d'œuf.
- Assaisonnez le poisson et le blanc d'œuf avec un peu de noix muscade et de sauce Worcesterhire. Salez, poivrez et passez le tout au mixeur après avoir ajouté la moitié de la crème fraîche. Pas-

Crème de saumon *(suite)*

2 échalotes émincées
1 dose de safran
le jus de 1/2 citron
1 jaune d'œuf
cerfeuil
sel, poivre du moulin

sez ensuite au tamis la préparation obtenue et remettez-la au freezer 10 minutes.

■ Avec cette purée de poisson et à l'aide de 2 petites cuillères mouillées, formez des quenelles et faites-les pocher 5 minutes dans de l'eau bouillante salée.

■ Faites fondre le beurre dans une casserole et faites-y dorer les échalotes émincées. Ajoutez le safran et le jus de citron, puis retirez la casserole du feu et ajoutez le jaune d'œuf en mélangeant bien avec un fouet.

■ Versez lentement le fumet de poisson sur le jaune d'œuf, et ajoutez le reste de la crème fraîche. Salez, poivrez et ne faites plus bouillir.

■ Ajoutez les quenelles dans la soupe pour les réchauffer. Servez le potage avec quelques pluches de cerfeuil.

Mon conseil :
Vous pouvez remplacer le saumon par de la truite, moins onéreuse.

Crème de tomates

Préparation : 15 minutes
Cuisson : 40 minutes

Un potage légèrement acidulé parfumé au basilic.

147 calories

Pour 4 personnes
500 g de tomates
1 blanc de poireau
150 g de carottes
2 échalotes émincées
50 g de beurre
1 cuillerée à café
de concentré de tomates

■ Lavez les tomates et concassez-les grossièrement.

■ Lavez le poireau et coupez-le en fines lanières. Épluchez et râpez les carottes.

■ Dans un faitout, faites étuver pendant 10 minutes dans le beurre les échalotes émincées, les tomates, les carottes et le poireau. Ajoutez le concentré de tomates, recouvrez avec le bouillon et laissez cuire environ 30 minutes à petits frémissements.

Crème de tomates *(suite)*

75 cl de bouillon
4 cuillerées à soupe
de crème fraîche
1 cuillerée à soupe
de basilic haché
sel, poivre du moulin

■ Passez le tout au tamis fin, incorporez la crème, faites réchauffer et ajoutez le sel et le poivre.
■ Versez le potage dans une soupière et saupoudrez de basilic haché au moment de servir.

Crêpe provençale

Préparation : 20 minutes
Cuisson : 15 minutes

Aux tomates et aux échalotes.

551 calories

Pour 2 personnes
3 œufs
12,5 cl de crème fraîche
12,5 cl d'eau
100 g de farine tamisée
3 tomates
3 échalotes
8 olives noires
3 cuillerées à soupe
d'huile d'olive
1 gousse d'ail écrasée
1 cuillerée à café
de basilic haché
sel, poivre du moulin

Mon conseil :
Saupoudrez de fromage au moment de servir.

■ Préparez la pâte à crêpes avec les œufs, la crème, l'eau et la farine et mettez-la à gonfler au frais.
■ Lavez les tomates et coupez-les en rondelles.
■ Épluchez les échalotes et émincez-les.
■ Coupez les olives en deux et dénoyautez-les.
■ Mettez de l'huile à chauffer dans une poêle et faites-y blondir les échalotes et l'ail, ajoutez les tomates et laissez étuver. Salez, poivrez et laissez réduire environ 5 minutes.
■ Ajoutez un peu de basilic dans la pâte à crêpes, fouettez-la et versez-la sur la fondue de tomates. Répartissez bien la pâte avec une spatule et soulevez-la souvent pour qu'elle n'attache pas. Garnissez la crêpe avec les olives.
■ Faites-la glisser sur une assiette chaude et servez-la aussitôt.

Crêpes farcies à la langue de veau

Préparation : 30 minutes
Cuisson : 3 heures

Garnies de farce crémeuse.

386 calories

Pour 4 personnes
250 g de légumes
(poireau, carotte, céleri)
1 langue de veau
1 oignon
1 bouquet garni
100 g de jambon de Paris
(en 1 tranche épaisse)
20 g de beurre
20 g de farine
25 cl de crème fraîche
1 citron
1 pincée de noix muscade
pâte à crêpes
(voir recette p. 235)
sel, poivre du moulin

Mon conseil :
Plus la langue cuit longtemps, plus elle est tendre. Recouvrez-la d'eau froide, portez à ébullition et laissez cuire à petits frémissements.

- Pelez la carotte et lavez-la. Nettoyez le poireau et le céleri et détaillez-les en tronçons.
- Faites cuire la langue avec les légumes, l'oignon pelé et le bouquet garni dans de l'eau salée pendant environ 3 heures sur feu doux.
- Sortez la langue de veau avec une écumoire, retirez-en la peau et coupez-la en petits dés. Détaillez également le jambon en dés.
- Faites fondre le beurre, saupoudrez de farine pour faire un roux blond, versez la crème fraîche, salez, poivrez et remuez bien. Parfumez de jus de citron et de noix muscade.
- Versez dans la sauce les dés de jambon et de langue et réchauffez pendant 5 minutes.
- Préparez des petites crêpes. Garnissez chacune de la préparation à la langue, roulez-les et servez sans attendre.

Coq au vin (recette page 195)

Coquilles Saint-Jacques à la provençale (recette page 199)

Crêpes aux fruits de mer

Préparation : 20 minutes
Cuisson : 20 minutes

Un délice pour jours de fête.

625 calories

Pour 4 personnes

20 g de beurre
2 échalotes émincées
300 g de noix de coquilles Saint-Jacques
150 g de vernis décoquillés
12,5 cl de fumet de poisson (voir recette p. 323)
150 g de saumon en dés
150 g de crabe
12,5 cl de crème fraîche
quelques gouttes de sauce Worcestershire
1 jaune d'œuf
150 g de crevettes cuites décortiquées
100 g de fromage râpé
aneth et persil hachés
8 petites crêpes
sel, poivre du moulin

Mon conseil :
Vous pouvez varier la farce à votre goût selon les arrivages du marché.

■ Faites fondre le beurre dans une casserole, faites-y revenir les échalotes émincées, ajoutez les noix de coquilles Saint-Jacques et les autres coquillages et mouillez avec un peu de fumet de poisson. Ajoutez les dés de saumon et la chair de crabe.

■ Arrosez les fruits de mer de quelques gouttes de sauce Worcestershire et liez avec la crème fraîche et le jaune d'œuf, salez, poivrez.

■ Hors du feu, mélangez les crevettes cuites et décortiquées avec les fruits de mer.

■ Garnissez les crêpes avec cette préparation, roulez-les et disposez-les dans un plat à gratin. Saupoudrez-les de fromage et faites-les gratiner environ 5 minutes dans un four chauffé à th. 6.

■ Saupoudrez-les de fines herbes au moment de servir.

Crêpes gratinées

Préparation : 40 minutes
Cuisson : 30 minutes

Un plaisir à la fois raffiné et rustique.

177 calories

Pour 8 personnes
Pour la pâte :
75 cl de lait
4 œufs
50 g de sucre
150 g de farine
1 pincée de sel
20 g de beurre fondu
Pour la garniture :
250 g de crème pâtissière (voir recette p. 231)
4 cl de Grand Marnier
Pour la sauce :
50 cl de crème fleurette
3 œufs
20 g de farine
20 g de sucre
1 pincée de sel

- Mélangez bien tous les ingrédients de la pâte au batteur électrique pour obtenir une pâte lisse. Confectionnez 16 crêpes fines.
- Parfumez la crème pâtissière de Grand Marnier. Mélangez bien. Nappez les crêpes de la garniture, roulez-les sur elles-mêmes et rangez-les dans un plat à gratin.
- Dans un grand saladier, mélangez bien tous les ingrédients de la sauce et tamisez-la au-dessus des crêpes.
- Glissez le plat au four préchauffé à th. 5 et faites cuire 30 minutes. Servez sans attendre.

Crêpes au lard

Préparation : 15 minutes
Repos de la pâte : 1 heure
Cuisson : 30 minutes

Des crêpes rustiques.

661 calories

Pour 4 personnes
6 œufs
25 cl de lait
25 cl d'eau
250 g de farine tamisée

- Fouettez les œufs, le lait et l'eau, salez et poivrez légèrement et ajoutez progressivement la farine tamisée. Laissez reposer 1 heure au frais.
- Faites rissoler le lard dans une poêle et ajoutez-y les échalotes pour les faire blondir.
- Pour chaque crêpe, faites fondre un peu de beurre dans une poêle, ajoutez

4 cuillerées à soupe de beurre
200 g de lard maigre
coupé en lamelles
2 échalotes coupées en rondelles
sel, poivre du moulin

Mon conseil :
Surveillez bien la cuisson, car ces crêpes ont tendance à attacher.

un peu de lard et quelques rondelles d'échalote et recouvrez de pâte à crêpes. Soulevez la pâte avec une spatule pour qu'elle n'attache pas au fond.

■ Quand la crêpe est cuite d'un côté, retournez-la, remettez un peu de beurre dans la poêle et faites-la cuire de l'autre côté.

■ Repliez la crêpe et mettez-la en attente au chaud.

■ Procédez ainsi jusqu'à ce que toutes les crêpes soient cuites.

Crêpes légères

Fines et dorées, elles sont délicatement parfumées au citron.

Préparation : 10 minutes
Repos de la pâte : 1 heure
Cuisson : 15 minutes

305 calories

Pour 6 personnes
(25 à 30 crêpes)
200 g de farine
5 œufs
100 g de beurre
50 cl de lait
1 verre d'eau
zeste de 1/2 citron râpé
100 g de sucre en poudre
1 pincée de sel

■ Mettez la farine dans une terrine. Creusez un trou au centre.

■ Faites tiédir le lait et l'eau. Versez-les sur la farine et délayez. Ajoutez une noix de beurre fondu et une bonne pincée de sel. Laissez reposer 1 heure environ.

■ Ce temps écoulé, délayez les jaunes d'œufs avec un peu de pâte et incorporez-les à l'ensemble. Ajoutez le zeste, le reste du beurre fondu et le sucre. Mélangez soigneusement.

■ Battez les blancs d'œufs en neige ferme et incorporez-les à la pâte. Pour obtenir des crêpes extrêmement fines, vous pourrez allonger avec un peu d'eau ou de lait.

■ Faites chauffer votre poêle (il est inutile de mettre un morceau de beurre dedans, car le beurre entre déjà en grande quantité dans la composition de

Mon conseil :
Les crêpes doivent être servies chaudes. Au fur et à mesure qu'elles sont cuites, mettez-les dans un plat placé au-dessus d'une casserole d'eau bouillonnant doucement et couvrez d'aluminium ménager.

la pâte). Versez-y une petite quantité de pâte et répartissez-la vivement sur toute la surface en inclinant votre poêle. Laissez cuire à feu vif et, au premier dégagement de buée, retournez la crêpe avec une palette ou, si vous êtes habile, faites-la sauter.

Crêpes aux pommes

Dans une pâte bien sucrée, de fines lamelles de pommes.

405 calories

Pour 6 personnes
500 g de farine
200 g de sucre en poudre
1 pincée de sel
12 œufs
1,5 l de lait
6 pommes

Préparation : 15 minutes
Repos de la pâte : 1 heure
Cuisson : 6 minutes par crêpe

- Délayez la farine à laquelle vous ajoutez le sucre et le sel avec d'abord les œufs entiers puis le lait. Vous obtenez une pâte moyennement liquide que vous laisserez reposer au frais pendant 1 heure.
- Pendant que la pâte repose, pelez les pommes et coupez-les en lamelles minces que vous ferez cuire pendant 10 minutes à la poêle dans du beurre.
- Graissez la poêle, versez-y une louche de pâte à crêpes, parsemez de quelques tranches de pommes, recouvrez d'encore un peu de pâte, faites cuire 3 minutes d'un côté, retournez et faites cuire 3 minutes de l'autre. Tenez les crêpes au chaud au fur et à mesure qu'elles sont préparées.

Mon conseil :
Les pommes que je préfère pour cette recette sont les reinettes.

Cresson sauce moutarde

Préparation : 15 minutes

Une salade piquante et poivrée.

127 calories

Pour 4 personnes
2 bottes de cresson de fontaine
3 cuillerées à soupe d'huile de tournesol
1 jaune d'œuf
1 cuillerée à soupe de moutarde forte
1 cuillerée à soupe de jus de citron
1 cuillerée à soupe de persil haché
sel, poivre du moulin

- Effeuillez la salade et lavez-la dans plusieurs eaux. Dans la dernière eau, ajoutez un peu de vinaigre.
- Faites égoutter la salade.
- Mélangez dans un saladier le jaune d'œuf avec la moutarde, le jus de citron, le sel et le poivre. Incorporez l'huile peu à peu et ajoutez le persil.
- Tournez la salade juste au moment de servir.

Crevettes à la batavia

Préparation : 15 minutes
Marinade : 1 heure

Une salade croquante et fraîche.

263 calories

Pour 2 personnes
1 batavia
250 g de crevettes décortiquées
1 cuillerée à soupe d'aneth
1 cuillerée à soupe de jus de citron
1 cuillerée à soupe de vinaigre
1 cuillerée à soupe de yaourt
2 cuillerées à soupe d'huile
sel, poivre du moulin

- Préparez la salade : effeuillez-la, lavez-la et coupez-la en lanières ; essorez soigneusement.
- Faites mariner les crevettes avec l'aneth dans le jus de citron et placez au frais.
- Mélangez le sel et le poivre avec le vinaigre, ajoutez au fouet le yaourt et l'huile et tournez la salade dans la sauce.
- Disposez la salade sur le plat de service, dressez les crevettes marinées au centre et servez aussitôt.

Crevettes en brouillade

Préparation : 10 minutes
Cuisson : 20 minutes

Simple et raffinée à la fois.

391 calories

Pour 4 personnes
10 cl de vin blanc
1 échalote émincée
100 g de beurre
300 g de crevettes
5 œufs
2 cuillerées à soupe d'aneth ciselé
sel, poivre du moulin

■ Faites réduire le vin blanc avec l'échalote, assaisonnez légèrement en sel et en poivre et ajoutez le beurre par petits morceaux. Laissez épaissir, ajoutez les crevettes cuites et décortiquées et gardez cette préparation au chaud.
■ Battez les œufs, salez-les, poivrez-les et faites-les cuire au bain-marie en fouettant constamment la masse jusqu'à ce qu'elle prenne.
■ Dressez les œufs brouillés sur un plat chaud, nappez-les avec la sauce aux crevettes, saupoudrez d'aneth et servez.

Crevettes au poivre vert

Préparation : 10 minutes
Cuisson : 10 minutes

Un mariage heureux exotiquement épicé.

305 calories

Pour 4 personnes
300 g de crevettes décortiquées
1 échalote
50 g de beurre
1/2 verre de vin blanc sec
50 g de crème fraîche
2 cuillerées à soupe de poivre vert
sel

Mon conseil :
Je fais la même préparation avec des écrevisses ou avec des langoustines.

■ Faites blondir au beurre l'échalote hachée et ajoutez-lui les crevettes que vous laissez dorer (en en réservant quelques-unes pour la décoration).
■ Ajoutez alors le vin blanc et laissez mijoter 10 minutes.
■ Ajoutez sel, poivre vert et crème. Servez décoré de crevettes entières.

Croque-madame

Préparation : 5 minutes
Cuisson : 13 minutes

Toasts à l'œuf et au jambon.

449 calories

Pour 4 personnes
4 tranches de pain de mie
4 tranches de jambon cuit
4 tranches de fromage de Hollande
60 g de beurre
4 œufs
1 cuillerée à soupe de ciboulette hachée
sel, poivre du moulin

- Faites griller le pain.
- Beurrez les tartines, posez sur chacune 1 tranche de jambon et 1 de fromage et passez-les quelques minutes au four chaud.
- Faites cuire les œufs sur le plat avec le beurre restant, en les gardant mollets. Salez et poivrez légèrement.
- Placez 1 œuf sur chaque toast, parsemez de ciboulette et servez aussitôt.

Croque-monsieur

Préparation : 5 minutes
Cuisson : 10 minutes

Toasts au jambon et au fromage.

528 calories

Pour 4 personnes
8 tranches de pain de mie
50 g de beurre
4 tranches de jambon
4 tranches de gouda
1 œuf
50 g de fromage râpé
poivre du moulin

Mon conseil :
Remplacez de temps en temps le jambon par une mince tranche de rosbif et ajoutez un peu de moutarde à l'œuf battu.

- Faites griller les tranches de pain.
- Beurrez 4 d'entre elles, garnissez-les de 1 tranche de jambon et de fromage et recouvrez le tout d'une seconde tranche de pain.
- Battez énergiquement l'œuf avec le fromage râpé et le poivre et versez cette préparation sur les toasts.
- Glissez au four préchauffé à th. 3 et faites dorer 10 minutes environ sous le gril du four.
- Pour servir, accompagnez d'une belle salade verte.

Croque-pomme

Préparation : 5 minutes
Cuisson : 10 minutes

Toasts au jambon et aux fruits.

390 calories

Pour 2 personnes
2 tranches de pain de mie
20 g de beurre
2 tranches de jambon
1 pomme
2 tranches de fromage de Hollande
poivre du moulin

Mon conseil :
Préparez de même des toasts aux brocolis ou à l'ananas.

- Faites griller le pain ; beurrez les tranches et couvrez-les de jambon.
- Épluchez la pomme, retirez le cœur, coupez-la en deux puis en fines lamelles.
- Garnissez chaque toast de tranches de pomme, recouvrez le tout de fromage et poivrez.
- Passez au four chauffé à th. 5 pour faire prendre au fromage une jolie coloration dorée.

Croquettes de tomates au basilic

Préparation : 15 minutes
Cuisson : 20 minutes

De fines galettes de tomates aux œufs et au fromage.

273 calories

Pour 4 personnes
6 grosses tomates
3 échalotes
50 g de beurre
8 feuilles de basilic
2 œufs
50 g d'emmental râpé
2 cuillerées à soupe de farine
sel, poivre du moulin

- Ébouillantez les tomates pour en enlever la peau. Retirez les pépins et coupez la chair en gros morceaux.
- Émincez finement les échalotes et faites-les fondre dans une sauteuse avec 10 g de beurre, ajoutez la pulpe des tomates et faites mijoter à couvert avec les feuilles de basilic hachées. Salez et poivrez.
- Passez cette préparation au mixeur et laissez refroidir.
- Cassez les œufs, séparez les jaunes des blancs et montez les blancs en neige ferme.

■ Ajoutez les jaunes, l'emmental et la farine à la fondue de tomates et mélangez bien le tout. Incorporez délicatement les blancs d'œufs et formez des boulettes avec la masse à l'aide d'une petite cuillère.

■ Faites chauffer le beurre restant dans une poêle et faites-y revenir les croquettes de tomates 5 minutes de chaque côté, en les aplatissant légèrement.

■ Lorsque les deux côtés sont dorés, portez à table et servez bien chaud.

Croustades au roquefort

A servir frais.

399 calories

Pour 4 personnes
1 branche de céleri
60 g de roquefort
4 cuillerées à soupe de crème double
8 cerneaux de noix
4 tartelettes à garnir
poivre du moulin

Préparation : 10 minutes

■ Lavez le céleri et coupez-le en très fines lanières.

■ Écrasez le fromage à la fourchette, passez-le au mixeur avec la crème et le céleri et poivrez légèrement la préparation ; ne la salez pas.

■ Garnissez les tartelettes de cette préparation avec une douille et décorez-les de noix concassées. Placez au réfrigérateur et servez bien frais.

Croûtes au fromage

Préparation : 20 minutes
Cuisson : 10 minutes

Garnies de béchamel.

674 calories

Pour 4 personnes
350 g de béchamel
(voir recette p. 716)
4 œufs
100 g de fromage râpé
4 tranches de pain de campagne
80 g de beurre
sel, poivre du moulin

■ Assaisonnez fortement la béchamel, incorporez-y 2 œufs, puis le fromage en mélangeant bien le tout.

■ Battez les œufs restants et trempez-y les tranches de pain d'un côté seulement.

■ Tartinez l'autre face de béchamel et badigeonnez ensuite ce deuxième côté à l'œuf battu.

■ Faites chauffer les deux tiers du beurre dans une grande poêle et faites-y frire les tranches de pain des deux côtés. Ajoutez le reste de beurre au moment de les retourner. Servez très chaud.

Croûtes au gruyère

Préparation : 10 minutes
Cuisson : 10 minutes

Toasts savoyards.

680 calories

Pour 2 personnes
10 cl de vin blanc sec
150 g de gruyère râpé
(comté ou appenzell)
1 œuf
50 g de beurre
2 tranches de pain de campagne
1 cuillerée à soupe de persil
frais haché
1 cuillerée à café d'huile
poivre du moulin

■ Mélangez au fouet le vin blanc avec le fromage râpé et l'œuf et assaisonnez légèrement en poivre.

■ Beurrez les tranches de pain et saupoudrez-les de persil haché.

■ Disposez les tranches sur une plaque légèrement huilée et recouvrez-les de la préparation au fromage.

■ Faites gratiner au four chauffé à th. 6 et servez très chaud.

Croûtes paysannes

Préparation : 15 minutes
Cuisson : 10 minutes

Avec tomate, oignon et jambon.

584 calories

Pour 4 personnes
80 g de beurre
1 gousse d'ail écrasée
4 tranches de pain
4 tranches de jambon cru
2 tomates
1 gros oignon émincé
2 cuillerées à soupe de persil haché
4 tranches de gouda
poivre du moulin

■ Malaxez le beurre et l'ail au pilon et tartinez-en le pain. Posez 1 tranche de jambon sur chaque tartine.
■ Lavez les tomates et coupez-les en fines rondelles. Disposez celles-ci sur le jambon.
■ Mélangez l'oignon et le persil et saupoudrez-en les tomates. Poivrez légèrement.
■ Recouvrez le tout de 1 tranche de fromage et mettez au four chauffé à th. 5 pour environ 10 minutes. Servez très chaud.

Crustacés

On peut cuire les crustacés au court-bouillon, en sauteuse ou au gril.

Cuisson au court-bouillon

■ Préparez un court-bouillon avec 75 cl d'eau, 25 cl de vin blanc, des légumes (oignons, poireau, céleri), du laurier, 1 clou de girofle, poivre, sel, cumin. Laissez frémir 5 minutes.
■ Portez le court-bouillon à ébullition, plongez-y le crustacé, donnez un tour de bouillon et laissez infuser ensuite à feu doux (pour les temps de cuisson, voir tableau p. 251).
■ Sortez le crustacé du court-bouillon. Dans le cas des homards ou des langoustes, après avoir ôté leur carapace, incisez leur queue dans le sens de la longueur avec la pointe d'un couteau et retirez le boyau noir.
■ Vous pourrez utiliser le fond de cuisson additionné des carapaces concassées pour faire des soupes et des sauces.

→

Cuisson en sauteuse

Ce mode de cuisson convient à tous les crustacés. Coupez les crabes en deux. Détachez les parties charnues des gros crustacés et coupez-les en morceaux de l'épaisseur du pouce avec un couteau lourd ou une hachette, avant de retirer le boyau noir avec une pincette.

■ Faites chauffer de l'huile dans une sauteuse. Quand elle est très chaude, faites-y revenir les morceaux du crustacé sur toutes leurs faces, en remuant sans cesse.

■ Jetez la graisse, flambez au cognac en tournant jusqu'à extinction de la flamme.

■ Recouvrez de fond de poisson, de sauce de poisson, de crème fraîche, etc., de manière que les morceaux soient juste couverts. Mélangez bien.

■ Donnez un tour de bouillon et terminez la cuisson à couvert sur feu doux (pour les temps de cuisson, voir tableau p. 251).

■ Retirez les morceaux du crustacé avec une écumoire, décortiquez-les et montez la sauce. Faites réchauffer à nouveau la chair dans la sauce (à faible température).

Cuisson au gril

Ce mode de cuisson est excellent pour les gros crustacés, notamment les homards.

■ Fendez en deux le corps du homard, dans le sens de la longueur, avec un couteau lourd et tranchant : piquez le couteau entre la queue et le coffre.

■ Appuyez une fois vers le coffre et une fois vers la queue pour bien aplatir les deux moitiés du homard.

■ Retirez l'intestin, qui se trouve dans la queue et à la naissance de la tête, et la poche de gravier pour pouvoir déguster les parties molles du coffre.

■ Détachez les pinces du homard et tapez dessus avec le dos d'un couteau pour les casser.

■ Salez et assaisonnez en poivre blanc, badigeonnez d'huile et placez sur le gril chaud. Faites griller d'abord le côté chair (pour le temps de cuisson, voir tableau p. 251).

■ Retournez et faites griller les morceaux de homard côté carapace.

→

Temps de cuisson

Faites dégeler les crustacés congelés (2 à 4 heures). La durée de cuisson des produits congelés est de 30 à 40 % plus courte que celle des frais.

Crustacés	Court-bouillon	Sauteuse	Gril (sur chaque face)
Étrilles, écrevisses 50 à 80 g	3 à 5 minutes	3 à 5 minutes	⌘
Homards 500 à 600 g	5 à 6 minutes	5 à 6 minutes	2 minutes
Langoustes 1,5 à 2 kg	20 à 25 minutes	10 à 12 minutes	7 à 10 minutes
Langoustines 100 à 120 g	2 à 3 minutes	⌘	2 minutes
Tourteaux 150 à 200 g	3 à 4 minutes	⌘	⌘
Tourteaux 400 à 500 g	6 à 7 minutes	⌘	⌘

⌘ = mode de cuisson déconseillé.

Cuisses de dinde aux lardons

Préparation : 20 minutes
Marinade : 12 heures
Cuisson : 45 minutes

Un ragoût très parfumé.

413 calories

Pour 4 personnes
4 cuisses de dinde
50 cl de vin rouge
2 feuilles de laurier
5 baies de genièvre
1 petit bouquet de marjolaine
40 g de saindoux
1 oignon

- Désossez les cuisses de dinde, retirez la peau, coupez la chair en dés.
- Faites-les mariner une nuit dans le vin rouge additionné de laurier, de genièvre et de marjolaine.
- Mettez les parures et les os de dinde à bouillir dans 1 l d'eau pour obtenir 50 cl de bouillon.
- Sortez la viande de la marinade, séchez-la et assaisonnez-la.
- Faites-la rissoler sur toutes les faces dans le saindoux bien chaud.

Cuisses de dinde aux lardons *(suite)*

1 cuillerée à soupe
de concentré de tomates
200 g de lard maigre
sel, poivre du moulin

- Ajoutez l'oignon émincé pour le faire dorer. Versez le concentré de tomates. Recouvrez de marinade, portez à ébullition et écumez. Faites mijoter la viande à feu doux environ 35 minutes.
- Faites réduire la sauce pour qu'elle soit bien onctueuse et vérifiez l'assaisonnement en sel et en poivre.
- Coupez le lard en dés, mettez-le à rissoler et parsemez la viande de lardons croustillants au moment de servir.

Curry d'agneau

Préparation : 20 minutes
Cuisson : 25 minutes

Une recette indienne bien épicée.

934 calories

Pour 4 personnes
750 g d'épaule d'agneau
6 tomates
2 oignons
2 gousses d'ail
4 cuillerées à soupe
d'huile
1 cuillerée à café
de piment en poudre
2 cuillerées à soupe
de curry
25 cl de fond blanc
(voir recette p. 322)
le jus de 1 citron
2 cuillerées à soupe
de noix de coco râpée
sel, poivre du moulin

- Coupez la viande en cubes de la grosseur d'une noix.
- Plongez les tomates dans l'eau bouillante pour les peler plus facilement, pelez les oignons et les gousses d'ail et coupez-les finement.
- Faites chauffer l'huile dans une cocotte et faites-y revenir la viande sur toutes les faces.
- Ajoutez les oignons et, quand ils sont devenus translucides, saupoudrez-les de sel et de piment. Assaisonnez de curry et laissez prendre couleur.
- Mettez alors les tomates coupées en morceaux avec l'ail dans la cocotte, puis mouillez avec le fond blanc.
- Laissez mijoter doucement environ 20 minutes, puis salez et poivrez légèrement et arrosez de jus de citron.
- Ajoutez la noix de coco râpée pour lier, portez rapidement à ébullition et servez sans attendre.

d

Daube de sanglier

Préparation : 25 minutes
Marinade : 12 heures
Cuisson : 3 h 10

Longuement mijotée et délicieusement parfumée.

1 201 calories

Pour 6 personnes
1 épaule de sanglier
(ou 1 cuissot) de 1,5 kg
huile
1 grande boîte de marrons
50 cl de fond de gibier
(voir recette p. 322)
25 cl de crème fraîche
Pour la marinade :
1 l de vin rouge
2 carottes coupées en rondelles
6 grains de genièvre
herbes de Provence
2 clous de girofle
1 pincée de sucre
12,5 cl de vinaigre de vin

- Coupez l'épaule de sanglier en morceaux et parez la viande.
- Mélangez tous les ingrédients de la marinade et faites-y macérer la viande au moins 12 heures.
- Le lendemain, retirez la viande de la marinade, séchez-la bien et faites-la revenir à l'huile chaude dans une braisière.
- Passez la marinade au tamis et versez-la sur la viande de façon que celle-ci soit juste recouverte, puis laissez mijoter à petit feu jusqu'à ce que la viande soit bien tendre. Ajoutez un peu d'eau de temps en temps si nécessaire. Retirez la viande avec une écumoire et réservez-la au chaud.
- Réchauffez les marrons quelques minutes dans le jus de cuisson puis mettez-les également en attente.

Mon conseil :
J'ajoute, dans la marinade, le zeste de 1 orange que je fais cuire avec la viande.

■ Ajoutez le fond de gibier et la crème fraîche, laissez épaissir en émulsionnant légèrement la sauce au fouet.
■ Remettez la viande et les marrons dans la braisière pour que tout soit bien chaud et présentez à table.

Daurade farcie

Cuite au four avec sa garniture de légumes.

404 calories

Préparation : 30 minutes
Cuisson : 35 minutes

Pour 4 personnes
1 daurade de 2 kg
1 gousse d'ail
3 cuillerées à soupe d'huile d'olive
100 g de lard coupé en dés
50 g de céleri
50 g de carottes
3 échalotes émincées
2 cuillerées à soupe de persil haché
250 g de pain
lait
1 pincée de paprika
50 g de beurre
10 cl de vin blanc
sel, poivre du moulin

Mon conseil :
Il existe différentes sortes de daurades, prenez ici une daurade grise à chair ferme.

■ Préchauffez le four. Nettoyez le poisson et videz-le. Détachez les arêtes principales (voir *Poissons*, p. 571).
Salez et poivrez l'intérieur, puis frottez-le avec la gousse d'ail et badigeonnez-le d'huile.
■ Faites rissoler le lard en dés dans de l'huile bien chaude. Ajoutez les légumes coupés en dés, les échalotes et le persil. Faites étuver 5 minutes. Liez avec le pain que vous aurez au préalable fait tremper dans un peu de lait. Remuez bien. Assaisonnez de paprika.
■ Remplissez la cavité ventrale du poisson avec cette farce et recousez-le.
■ Faites fondre le beurre dans un plat allant au four, étendez-y le poisson et mettez-le à cuire environ 20 minutes dans un four chauffé à th. 4. Mouillez avec le vin blanc et prolongez la cuisson de 10 minutes.

Daurade marinée

Préparation : 15 minutes
Repos : 24 heures

Marinée au citron vert, comme aux Antilles.

149 calories

Pour 4 personnes
600 g de filets de daurade
4 citrons verts
2 cuillerées à soupe de basilic frais ciselé
2 cuillerées à soupe de poivre concassé
1 verre de sel marin

- Nettoyez les filets de poisson, épongez-les.
- Recouvrez-les de poivre et de basilic.
- Arrosez ensuite la daurade avec le jus de 3 citrons et couvrez-la d'une couche de sel.
- Laissez reposer environ 24 heures au frais. Passez ensuite les filets sous l'eau froide et servez bien frais avec le jus du citron restant.

Daurade à l'orange

Préparation : 10 minutes
Cuisson : 15 minutes

Parfumée de gingembre.

412 calories

Pour 4 personnes
4 filets de daurade
2 oranges non traitées
1 bulbe de gingembre
200 g de champignons de Paris
50 g de beurre
1 échalote émincée
2 cuillerées à soupe de persil haché
10 cl de Grand Marnier
sel, poivre du moulin

Mon conseil :
A la saison, remplacez les champignons de Paris par des cèpes.

- Épongez le poisson dans un papier absorbant.
- Pelez les oranges à vif, détachez les quartiers et hachez finement les zestes. Râpez le gingembre et mélangez-le aux zestes.
- Lavez les champignons, coupez-les en fines lamelles.
- Rangez les filets de poisson dans un plat beurré, recouvrez-les de champignons, des quartiers et des zestes d'orange. Saupoudrez de persil et d'échalote émincée. Salez et poivrez largement et parfumez pour terminer avec le Grand Marnier.
- Enfournez et laissez cuire environ 15 minutes en humectant si nécessaire avec un peu d'eau en cours de cuisson. Servez avec les quartiers d'orange à part.

Daurade royale au pastis

Préparation : 20 minutes
Cuisson : 25 minutes

La daurade royale, l'un des meilleurs poissons de la Méditerranée.

490 calories

Pour 4 personnes

1 daurade royale de 1,3 kg écaillée et vidée
1 verre de pastis
3 cuillerées à soupe d'huile d'olive
1 noix de beurre
3 oignons
2 carottes
3 gousses d'ail
1 verre de vin blanc sec
1 verre de fond de volaille (voir recette p. 322)
3 branchettes de thym
1 cuillerée à soupe d'herbes de Provence
1 jaune d'œuf
1/2 cuillerée à café de safran
2 cuillerées à soupe de crème fraîche
1/2 jus de citron
sel, poivre

Mon conseil :
Accompagnez ce poisson de pommes de terre cuites à la vapeur.

- Salez et poivrez l'intérieur de la daurade, puis glissez-y le thym. Enduisez l'extérieur d'huile d'olive, assaisonnez et saupoudrez d'herbes de Provence.
- Badigeonnez d'huile un plat à gratin ovale et mettez-y la daurade. Arrosez-la de pastis, recouvrez-la d'une feuille de papier d'aluminium et laissez-la reposer ainsi le temps de préparer la suite.
- Préchauffez le four à th. 6.
- Épluchez les carottes et coupez-les en fines rondelles. Pelez les gousses d'ail et laissez-les entières. Pelez les oignons et émincez-les ; faites-les cuire 5 minutes dans une casserole sur feu doux avec 1 filet d'huile et 1 noix de beurre. Versez-les ensuite autour de la daurade dans le plat à gratin.
- Ajoutez l'ail, les carottes et le safran. Mouillez avec le vin blanc et enfournez le plat à th. 8. Au bout de 10 minutes, retournez la daurade, versez le fond de volaille, baissez à th. 6, et remettez au four 10 minutes en arrosant de temps en temps.
- Sortez la daurade du four, mettez-la dans un plat et gardez-la au chaud dans le four entrouvert. Filtrez le jus de cuisson et versez-le dans une casserole sur feu vif. Ajoutez le jus de citron et la crème fraîche sans cesser de remuer. Liez la sauce en incorporant le jaune d'œuf hors du feu. Versez-la dans une saucière et servez.

Dinde aux cerises

Préparation : 20 minutes
Cuisson : 2 heures

Une recette estivale.

684 calories

Pour 6 personnes

1 belle dinde de 2,5 kg
150 g de beurre
500 g de griottes
500 g de cerises acidulées
2 cuillerées à soupe de sucre en poudre
4 cl de vin rouge
50 cl de fond de volaille (voir recette p. 322)
cannelle
sel, poivre du moulin

■ Faites chauffer le four. Nettoyez la dinde, videz-la et flambez-la, puis salez-la bien à l'intérieur et à l'extérieur et badigeonnez-la avec une partie du beurre avant de la mettre dans une terrine. Recouvrez la volaille d'une feuille d'aluminium et glissez-la dans le four chaud.

■ Dénoyautez les griottes et les cerises acidulées et coupez-les en deux.

■ Faites chauffer le reste du beurre dans une casserole, saupoudrez-le de sucre et laissez-y caraméliser les cerises acidulées. Mouillez avec le vin rouge et recouvrez de fond de volaille. Ajoutez 1 pointe de cannelle, du sel et du poivre, donnez un tour de bouillon et mixez le tout pour obtenir une mousse légère.

■ Environ 30 minutes avant la fin de la cuisson, ajoutez les griottes dans la terrine. Laissez mijoter en arrosant fréquemment la dinde avec son jus.

■ Découpez la volaille, dressez-la sur le plat de service avec les griottes et nappez-la de sauce.

Dinde de Noël

Préparation : 30 minutes
Cuisson : 2 heures

Pour un Noël de tradition.

1 454 calories

Pour 6 personnes
1 dinde de 2 kg avec son foie
1 boîte de marrons
500 g de chair à saucisse
1 barde de lard gras
1 cuillerée à soupe d'huile
sel, poivre du moulin

- Videz la dinde et salez-la bien. Faites chauffer le four.
- Hachez finement la moitié des marrons ainsi que le foie et mélangez-les avec la chair à saucisse pour en farcir la volaille.
- Recousez la dinde, bardez-la de lard et troussez-la bien (voir *Volailles*, p. 819).
- Mettez la dinde dans un diable et arrosez-la d'huile, salez et poivrez légèrement et garnissez avec les marrons restants.
- Enfournez dans le four préchauffé et faites cuire lentement. Arrosez plusieurs fois en cours de cuisson.
- Découpez (voir *Volailles*, p. 819) la volaille et servez-la garnie de sa farce coupée en tranches et des marrons. Versez le jus de cuisson en saucière.

Dinde aux pruneaux et aux marrons

Préparation : 35 minutes
Cuisson : 3 heures

Une grasse volaille richement farcie.

1 570 calories

Pour 10 à 12 personnes
1 dinde de 5 kg
750 g de marrons
2 cuillerées à soupe d'huile
125 g de veau haché

- Lavez la dinde et essuyez-la avec un papier absorbant. Frottez l'intérieur et l'extérieur de sel et de poivre.
- Pratiquez une incision en croix sur chaque marron. Mettez-les dans une casserole, couvrez-les d'eau froide, chauffez jusqu'à ébullition et faites cuire à feu doux pendant 20 minutes. Égouttez-les, laissez-les refroidir, enle-

Dinde aux pruneaux et aux marrons *(suite)*

125 g de bœuf haché
125 g de chair à saucisse
2 oignons
1 gousse d'ail
12 pruneaux
5 cl de vin blanc sec
1/2 tasse de parmesan râpé
2 pincées de thym
2 œufs
100 g de beurre
1 feuille de laurier
20 cl d'eau
1 cuillerée à dessert de sel
poivre noir fraîchement moulu

Mon conseil :
Je fais tremper les pruneaux pendant au moins 2 heures dans du cognac.

vez les écorces, retirez également la pellicule intérieure et hachez grossièrement la chair des marrons.

- Pelez la gousse d'ail et coupez-la en lamelles fines.
- Pelez les oignons et hachez-les grossièrement.
- Battez les œufs.
- Chauffez l'huile dans une sauteuse ; mettez-y à revenir ensemble le veau haché, le bœuf haché, la chair à saucisse, l'oignon et l'ail pendant 5 minutes en remuant constamment. Retirez du feu. Ajoutez les pruneaux dénoyautés, le vin, le fromage, le thym, les œufs battus et les marrons. Laissez refroidir cette préparation puis farcissez-en la dinde. Cousez l'ouverture.
- Mettez la dinde dans un plat allant au four, badigeonnez-la de beurre, ajoutez la feuille de laurier ; mettez à cuire à four moyen (th. 5) pendant 1 heure. Ajoutez 10 cl d'eau et laissez rôtir jusqu'à ce que la viande soit tendre, pendant 1 h 30 environ. Ajoutez de temps en temps le restant d'eau et arrosez fréquemment pendant toute la cuisson. Pour servir, mettez la dinde sur un plat de service chauffé et nappez-la de sauce de cuisson.

Dinde rôtie

Préparation : 15 minutes
Cuisson : 20 minutes par 500 g

Dorée au four et servie sur un lit de cresson.

840 calories

Pour 8 à 10 personnes
1 dinde de 3,5 kg
2 grandes bardes de lard pour entourer la dinde
80 g de beurre
1 grande feuille de papier sulfurisé ou d'aluminium
sel

Mon conseil :
Je glisse à l'intérieur de la dinde 2 petits-suisses.

- Allumez votre four à th. 5 ou 6.
- Videz, flambez la volaille et salez-en abondamment l'intérieur. Entourez-la de la barde de lard et ficelez-la.
- Beurrez généreusement la feuille de papier sulfurisé et appliquez-la sur la dinde pour l'empêcher de brunir trop rapidement.
- Enfournez et faites cuire 20 minutes par livre, en arrosant de temps en temps.
- Découpez la dinde et disposez les morceaux sur un plat chaud. Versez dans le plat de cuisson un peu d'eau (sur feu vif), mélangez bien pour obtenir une belle sauce et servez-la en saucière.

e

Échalotes à la cannelle

Préparation : 15 minutes
Cuisson : 30 minutes

Dans un sirop de vin rouge aigre-doux.

236 calories

Pour 4 personnes
500 g d'échalotes
2 cuillerées à soupe d'huile
60 g de sucre brun
10 cl de vin rouge
4 cuillerées à café
de bon vinaigre de vin
1/2 cuillerée à soupe
de concentré de tomates
1 pincée de poivre de Cayenne
1/2 cuillerée à café de cannelle
en poudre
sel

Mon conseil :
Les échalotes grises ont un goût plus prononcé que les roses.

■ Pelez les échalotes et faites-les étuver dans l'huile chaude dans une poêle. Salez-les très légèrement.

■ Saupoudrez de sucre et laissez fondre doucement.

■ Ajoutez le vin rouge, le vinaigre et le concentré de tomates aux échalotes et mélangez bien l'ensemble. Amenez à ébullition sur feu vif et baissez aussitôt le feu.

■ Parfumez de poivre de Cayenne et de cannelle.

■ Couvrez la poêle et laissez cuire, à petit feu, environ 25 minutes en tournant de temps en temps avec une spatule en bois.

■ Retirez les échalotes de la poêle et mettez-les dans le plat de service chaud. Faites réduire le fond de cuisson pour obtenir une sauce sirupeuse.

■ Recouvrez les échalotes de sauce et servez très chaud.

Échine de porc au four

Préparation : 5 minutes
Repos : 2 à 3 heures
Cuisson : 30 minutes par 500 g

Une sauce parfumée à la sauge.

650 calories

Pour 6 personnes

1,5 kg de filet ou d'échine désossée (faites parer et ficeler la viande par votre charcutier)
sel, poivre
1 branche de sauge

Mon conseil :
Je tartine le rôti de porc de moutarde avant de le mettre au four.

- Plusieurs heures à l'avance, salez et poivrez le rôti. Laissez-le reposer dans un endroit tempéré.
- Allumez votre four à th. 7.
- Déposez le rôti sur la grille du four. Enfournez et placez au-dessous la lèchefrite avec 3 cuillerées à soupe d'eau et la branche de sauge. Laissez dorer à four très chaud 30 minutes, puis réduisez la chaleur à th. 4 ou 5 et continuez la cuisson 1 heure en arrosant de temps en temps le rôti avec le jus de cuisson.
- Découpez le rôti en tranches et servez chaud.

Écrevisses à la crème

Préparation : 20 minutes
Cuisson : 15 minutes

Divines !

194 calories

Pour 4 personnes

50 g de carottes pelées
50 g d'échalotes pelées
20 écrevisses
1 cuillerée à soupe de beurre
4 cl de vin blanc
2 cuillerées à soupe de crème fraîche
1/2 cuillerée à café d'estragon haché
1 cuillerée à soupe de persil haché

- Hachez grossièrement les carottes et les échalotes.
- Faites revenir les écrevisses (préalablement châtrées) avec le beurre dans une sauteuse jusqu'à ce qu'elles prennent une belle coloration. Ajoutez les légumes et mouillez avec le vin blanc.
- Versez la crème fraîche, suivie des herbes aromatiques et du concentré de tomates, puis assaisonnez. Faites mijoter 10 minutes à couvert.
- Retirez les écrevisses et maintenez-les au chaud. Passez la sauce au tamis, portez-la à ébullition, laissez-la réduire et versez-la sur les crustacés.

Écrevisses à la crème *(suite)*

1 cuillerée à café
de concentré de tomates
2 cuillerées à soupe
de crème double
sel et poivre de Cayenne

■ Parsemez de noisettes de crème double battue au fouet métallique.

Écrevisses en fricassée

Préparation : 35 minutes
Cuisson : 25 minutes

Avec vin blanc, crème et cognac.

255 calories

Pour 4 personnes
20 écrevisses
3 échalotes hachées
2 cuillerées à soupe de cognac
2 cuillerées à soupe
de vin blanc sec
crème double
sel, poivre

Mon conseil :
J'utilise du poivre de Cayenne car cette fricassée doit être fortement relevée.

■ Après les avoir lavées, saisissez vivement les écrevisses à la poêle ou dans une cocotte.
■ Quand elles sont bien rouges, baissez le feu, parsemez d'échalote hachée (laissez cuire l'échalote, qui ne doit pas blondir). Ajoutez le cognac et le vin blanc et laissez réduire.
■ Couvrez alors de crème et portez rapidement à ébullition, puis laissez mijoter environ 10 minutes en assaisonnant de sel et poivre.
■ Rangez les écrevisses sur le plat de service, recouvrez de la sauce filtrée. Servez très chaud.

Émincé de bœuf

Préparation : 20 minutes
Cuisson : 8 minutes

Une recette minute bien épicée.

772 calories

Pour 4 personnes
800 g de rumsteck
16 échalotes

■ Découpez la viande en tranches de 5 mm d'épaisseur, puis en lanières, et salez.
■ Pelez les échalotes et émincez-les. Dénoyautez les olives. Fendez les piments en deux, épépinez-les et cou-

Émincé de bœuf *(suite)*

10 olives
2 piments
4 petites tomates
200 g de lard maigre
20 g de beurre clarifié
(voir recette p. 97)
sel

Mon conseil :

Ne poivrez pas, à cause des piments, et salez modérément, à cause du lard.

pez-les en lanières. Ébouillantez les tomates pour les peler, coupez-les en quartiers, retirez-en les pépins. Coupez le lard en dés.

- Faites bien chauffer le beurre dans une poêle et faites-y revenir (environ 4 minutes) la viande à feu vif. Retirez-la avec une écumoire et gardez-la en attente au chaud.
- Faites rissoler les échalotes avec les lardons dans la poêle. Ajoutez les olives et les tomates puis les piments et mélangez bien les ingrédients.
- Remettez la viande dans la poêle, tournez bien le tout et servez dans un plat creux.

Émincé de veau à la zurichoise

La délicate association du veau, des champignons et de la crème.

336 calories

Préparation : 15 minutes
Cuisson : 5 minutes

Pour 2 personnes

350 g de veau dans la noix
200 g de champignons de Paris
2 cl d'huile de tournesol
20 g de beurre
2 échalotes émincées
5 cl de vin blanc
50 g de crème fraîche
10 cl de demi-glace
(voir recette p. 716)
sel, poivre du moulin

- Coupez la viande en lanières de 1 cm de large et de 4 cm de long.
- Coupez l'extrémité du pied des champignons, lavez-les et émincez-les finement.
- Faites chauffer sur feu vif l'huile de tournesol avec la moitié du beurre et faites-y revenir la viande en remuant constamment. Assaisonnez, retirez la viande avec une écumoire et maintenez-la au chaud.
- Faites fondre le reste de beurre dans la poêle, mettez-y les échalotes et les champignons à étuver sans leur laisser prendre coloration. Assaisonnez-les et versez-les sur la viande.

Mon conseil :
La viande ne doit pas bouillir dans la sauce, elle durcirait.

■ Jetez la graisse de cuisson, déglacez la poêle avec le vin blanc et faites réduire. Ajoutez la crème fraîche et la demi-glace et amenez à nouveau à ébullition. Laissez épaissir quelques minutes et vérifiez l'assaisonnement.
■ Mettez la viande et les champignons dans la sauce, réchauffez quelques instants et versez dans un plat creux avant de porter à table.

Endives gratinées

Préparation : 5 minutes
Cuisson : 25 minutes

Enrobées de jambon et saupoudrées de fromage.

398 calories

Pour 2 personnes
2 endives (500 g)
150 g de jambon cuit (2 tranches)
100 g de fromage râpé (chester)
sel

Mon conseil :
Vous pouvez napper les endives d'une béchamel avant de les faire gratiner.

■ Retirez la partie amère des endives, essuyez-les et faites-les blanchir 5 minutes dans de l'eau bouillante salée.
■ Faites égoutter les endives dans une passoire, puis enveloppez-les chacune dans 1 tranche de jambon et rangez-les chacune dans un plat à gratin.
■ Parsemez de fromage râpé et mettez au four chauffé à th. 6 pendant 20 minutes.

Endives meunière

Préparation : 10 minutes
Cuisson : 40 minutes

Des endives cuites à l'eau et dorées au beurre.

200 calories

Pour 5 personnes
1 kg d'endives
100 g de beurre
sel, poivre

Mon conseil :
Pour éviter toute amertume, j'ajoute un peu de sucre en poudre aux endives mises à dorer.

- Creusez le pied de chaque endive et retirez les feuilles flétries. Passez les endives sous le robinet d'eau froide pour les laver rapidement et essuyez-les aussitôt (l'endive ne doit pas tremper dans l'eau, cela la rend amère).
- Jetez les endives dans une casserole d'eau salée bouillante. Prolongez la cuisson 20 minutes, puis égouttez-les.
- Laissez les endives refroidir un peu pour ne pas vous brûler quand vous les presserez légèrement entre vos mains pour en extraire l'excédent d'eau.
- Mettez le beurre à fondre dans une grande poêle et faites-y revenir les endives pendant 7 ou 8 minutes de chaque côté, pour qu'elles soient bien dorées. N'hésitez pas à renforcer le feu si vous vous apercevez que les endives ont encore tendance à rendre de l'eau. Salez et poivrez en fin de cuisson.
- Disposez sur le plat de service et servez bien chaud.

Endives aux noix

Préparation : 20 minutes

Une salade fraîche et tonique.

230 calories

Pour 4 personnes
6 à 8 endives
2 pommes acidulées
10 noix

- Détachez les feuilles abîmées et coupez les endives en deux dans le sens de la longueur.
- Passez-les rapidement sous un jet d'eau froide et essuyez-les dans un linge propre ou dans du papier absorbant.
- Détachez les feuilles les unes des autres.

Endives aux noix *(suite)*

2 cuillerées à soupe
d'huile de noix
1 cuillerée à soupe
de crème fleurette
1 cuillerée à soupe
de jus de citron
sel

Mon conseil :

Pour donner plus de finesse, je verse 1 cuillerée à soupe de miel d'acacia dans la sauce et parsème la salade de cubes de roquefort au moment de servir.

- Épluchez les pommes et coupez-les en fines lamelles.
- Cassez les noix et hachez-les grossièrement.
- Émulsionnez l'huile avec la crème fraîche et le jus de citron et assaisonnez en sel.
- Mélangez les endives, les pommes et les noix avec la sauce. Servez frais.

Endives à la romaine

Préparation : 10 minutes
Cuisson : 15 minutes

Étuvées au vin blanc et nappées d'une sauce à l'ail et à l'anchois.

320 calories

Pour 4 personnes
8 petites endives
10 g de beurre
25 cl de vin blanc sec
1 gousse d'ail
1 filet d'anchois
1 pincée de sucre
2 cuillerées à soupe
de vinaigre d'estragon
4 cuillerées à soupe
d'huile d'olive
sel, poivre du moulin

- Creusez le pied des endives, essuyez-les et faites-les revenir au beurre dans une sauteuse pendant 5 minutes, mouillez avec le vin blanc, salez et poivrez. Laissez étuver pendant 10 minutes.
- Sortez les endives cuites de la sauteuse et dressez-les sur un plat préchauffé.
- Écrasez ensemble la gousse d'ail et le filet d'anchois. Mélangez avec le sucre, le vinaigre, l'huile et du poivre.
- Éclaircissez la sauce avec 2 cuillerées à soupe de fond de cuisson des endives et versez-la sur les légumes.
- Portez à table tout de suite et servez bien chaud.

Entrecôtes à la bordelaise

Préparation : 10 minutes
Cuisson : 20 minutes

Dans une sauce liée au bordeaux, avec échalotes et moelle.

865 calories

Pour 4 personnes
2 entrecôtes épaisses
de 400 g chacune
100 g de beurre
Pour la sauce :
2 verres de bordeaux rouge
1 verre de bouillon obtenu
avec 1 tablette de concentré
4 échalotes
1 gros os à moelle
1 branche de thym
1 feuille de laurier
2 noix de beurre
1/2 cuillerée à café de farine
1 petit bouquet de persil
sel, poivre

Mon conseil :
J'enlève toujours soigneusement la bordure grasse des entrecôtes, dont la chair doit être persillée de blanc pour être tendre et sans sécheresse après la cuisson.

■ Faites cuire l'os à moelle dans de l'eau bouillante salée pendant 5 minutes.

■ Hachez les échalotes et le persil. Retirez l'os à moelle de l'eau et laissez-le refroidir. Lorsqu'il est tiède, videz-le de sa moelle et coupez celle-ci en fines lamelles.

■ Dans une cocotte, faites dorer les entrecôtes au beurre et laissez-les cuire au maximum 5 minutes de chaque côté, puis mettez-les au chaud sur un plat de service.

■ Jetez les échalotes dans le beurre où la viande a cuit, faites-les dorer 2 minutes, puis versez le vin rouge, ajoutez le thym, le laurier, le bouillon, le sel et le poivre ; faites ensuite réduire de moitié à feu vif, cocotte découverte, 6 à 7 minutes.

■ Pendant ce temps, préparez un beurre manié en mélangeant la noix de beurre et la farine avec une fourchette. Ajoutez-le à la sauce pour la lier sans l'épaissir, et faites cuire 2 minutes en tournant à la cuillère en bois. Ajoutez alors la moelle et laissez mijoter encore 2 minutes.

■ Otez de la sauce la branche de thym et la feuille de laurier, ajoutez le persil haché. Versez la sauce sur les entrecôtes et servez aussitôt.

Entrecôtes niçoises

Préparation : 10 minutes
Cuisson : 6 minutes

Tous les parfums du Midi.

629 calories

Pour 2 personnes
1 gousse d'ail
2 entrecôtes
de 200 g chacune
2 cl d'huile d'olive
5 cl de vin blanc sec
1 cuillerée à café
de crème d'anchois
10 cl de demi-glace
(voir recette p. 716)
16 olives noires dénoyautées
20 g de beurre frais coupé en dés
sel, poivre du moulin

- Pelez l'ail, écrasez-le et frottez-en la viande. Salez et poivrez.
- Faites chauffer l'huile dans une poêle et mettez-y à revenir les entrecôtes 2 minutes sur chaque face. Retirez la viande et réservez-la au chaud sous une feuille d'aluminium.
- Jetez la graisse de cuisson et déglacez la poêle avec le vin blanc, ajoutez la crème d'anchois en mélangeant au fouet, complétez avec la demi-glace et faites réduire.
- Réchauffez les olives dans la poêle et montez la sauce au beurre.
- Dressez la viande sur des assiettes chaudes et nappez-la de sauce. Servez très chaud.

Entrecôtes au poivre vert

Préparation : 5 minutes
Cuisson : 6 minutes

Et au zeste de citron.

413 calories

Pour 4 personnes
1 citron non traité
2 cuillerées à soupe
de poivre vert
4 entrecôtes
de 200 g chacune
20 g de beurre clarifié
2 cuillerées à soupe
de crème fraîche
sel

- Râpez le zeste du citron et mélangez-le au poivre vert écrasé. Salez la viande.
- Faites chauffer le beurre clarifié dans une poêle de bonne taille et faites-y saisir la viande des deux côtés à feu vif, puis laissez dorer 3 minutes à feu modéré en arrosant de jus.
- Sortez la viande de la poêle et laissez-la reposer 2 minutes sur des assiettes chaudes pour que les sucs se répartissent bien.
- Versez la crème dans la poêle, ajoutez le poivre au zeste de citron, mélangez bien et versez la sauce sur les entrecôtes.

Épaule d'agneau farcie

Préparation : 20 minutes
Cuisson : 1 h 40

Moelleuse et savoureusement aromatisée.

805 calories

Pour 6 personnes
1,2 kg d'épaule d'agneau
200 g de viande de veau ou de porc
100 g de lard maigre
150 g de mie de pain trempée dans le lait
1 œuf
2 gousses d'ail
2 ou 3 brins de persil
sel, poivre
noix muscade
Pour la cuisson :
1/2 verre d'huile
1/2 verre de bouillon ou d'eau
1 oignon
1 tomate
sel, poivre

Mon conseil :
En même temps que le bouillon ou l'eau, j'ajoute dans la cocotte 1 cuillerée à soupe de bon vinaigre de vin.

- Faites désosser l'épaule par le boucher en laissant seulement adhérer l'os du manche.
- Préparez la farce : hachez la viande de veau ou de porc ainsi que le lard. Mélangez-la à la mie de pain trempée et essorée. Ajoutez l'ail et le persil hachés, l'œuf entier et assaisonnez : sel, poivre, noix muscade râpée.
- Mélangez bien le tout et farcissez-en l'épaule préparée. Cousez-la pour bien enfermer la farce.
- Dans une cocotte, faites chauffer l'huile et mettez l'épaule à dorer à feu doux. Ajoutez l'oignon, la tomate et mouillez avec le bouillon ou l'eau.
- Assaisonnez, couvrez la cocotte et continuez la cuisson à feu moyen pendant 1 h 40.

Court-bouillon de poisson (recette page 222)

Daurade royale au pastis (recette page 256)

Épaule d'agneau Soubise

Préparation : 20 minutes
Cuisson : 1 h 05

Gratinée aux oignons.

935 calories

Pour 4 personnes
2 gousses d'ail
1 kg d'épaule d'agneau
8 oignons moyens
20 g de beurre
20 cl de vin blanc sec
100 g de crème fraîche
1 pointe de moutarde
1 branchette de romarin
1 branchette de thym
4 cuillerées à soupe d'huile d'olive
250 g de mirepoix
4 cuillerées à soupe de fond brun (voir recette p. 322)
1/2 cuillerée à soupe de Maïzena
4 cuillerées à soupe de crème fleurette
sel, poivre du moulin

■ Pelez l'ail, écrasez-le et frottez-en la viande, poivrez-la et salez-la.

■ Pelez les oignons et coupez-les en dés ; faites-les revenir dans le beurre à feu doux dans une petite casserole. Mouillez avec le vin et laissez réduire lentement. Salez.

■ Quand tout le liquide s'est évaporé, ajoutez la crème fraîche, la pointe de moutarde et vérifiez l'assaisonnement. Laissez refroidir.

■ Garnissez la viande des branchettes de thym et de romarin, roulez l'épaule et ficelez-la soigneusement avec du fil à rôti.

■ Faites chauffer l'huile dans une braisière et mettez-y à revenir la viande en la retournant pour qu'elle soit bien dorée sur toutes ses faces. Ajoutez la mirepoix, faites colorer, puis mouillez avec le fond brun. Couvrez et faites braiser 20 minutes au four chauffé à th. 6, puis 30 minutes à th. 3.

■ Retirez la braisière du four et laissez reposer la viande 5 minutes. Passez le fond de cuisson au tamis, liez avec la Maïzena délayée dans un peu d'eau.

■ Débarrassez la viande de ses fils et coupez-la en tranches, dressez celles-ci sur un plat, nappez de purée d'oignons additionnée de crème fleurette et passez quelques minutes sous le gril pour faire gratiner. Arrosez d'un peu de sauce avant de servir.

Éperlans frits

Préparation : 10 minutes
Cuisson : 3 minutes

La friture par excellence.

309 calories

Pour 4 personnes
1 kg de petits éperlans
huile de friture
un peu de farine
2 œufs
1 citron
sel, poivre du moulin

Mon conseil :
Faites cuire le poisson en trois ou quatre fois et réchauffez l'huile entre les cuissons pour obtenir des poissons bien croustillants.

- Étêtez les poissons, lavez-les bien et épongez-les dans un linge.
- Faites chauffer l'huile dans la friteuse.
- Battez les œufs dans une première assiette et disposez la farine dans une deuxième.
- Passez rapidement les poissons dans l'œuf battu, puis dans la farine, tapotez-les pour faire tomber le surplus de farine.
- Plongez-les dans l'huile très chaude et faites-les frire 2 à 3 minutes.
- Égouttez, salez, poivrez et garnissez de tranches de citron pour servir.

Épinards à la crème

Préparation : 20 minutes
Cuisson : 50 minutes

Une purée onctueuse qui accompagne heureusement toutes les viandes.

280 calories

Pour 4 personnes
2 kg d'épinards
100 g de beurre
10 cl de crème fraîche
1 gros bouquet de persil
sel

Mon conseil :
Choisir des épinards jeunes, tendres, de couleur vert clair.

- Lavez et équeutez les épinards.
- Mettez-les dans une cocotte avec le beurre. Couvrez la cocotte, posez-la sur petit feu, laissez cuire 10 minutes puis salez et ajoutez le persil.
- Couvrez de nouveau la cocotte et laissez cuire doucement pendant 30 minutes. Au bout de ce temps, passez à la moulinette, ajoutez la crème fraîche et laissez réchauffer, toujours à petit feu, dans la cocotte couverte une dizaine de minutes.

Épinards au magret de canard

Préparation : 15 minutes

Une saine gourmandise.

272 calories

Pour 2 personnes
150 g de jeunes épinards frais
1 cuillerée à soupe de vinaigre de xérès
1 jaune d'œuf
2 cuillerées à soupe d'huile de noix
100 g de magret de canard fumé
sel, poivre du moulin

- Triez les épinards, nettoyez-les et lavez-les soigneusement.
- Mélangez le sel et le poivre avec le vinaigre et délayez avec le jaune d'œuf ; ajoutez lentement l'huile au fouet.
- Dressez les épinards sur les assiettes, arrosez-les de sauce et garnissez de magret de canard prétranché.

Épinards à la polonaise

Préparation : 15 minutes
Cuisson : 6 minutes

Sous un hachis d'œuf dur et de persil.

168 calories

Pour 4 personnes
1 kg d'épinards
3 échalotes
40 g de beurre
1 œuf dur
2 cuillerées à soupe de chapelure
1 bouquet de persil
noix muscade
sel, poivre du moulin

- Lavez soigneusement les épinards. Laissez-les bien égoutter dans une passoire.
- Pelez et émincez les échalotes et faites-les revenir dans une sauteuse avec 20 g de beurre. Ajoutez alors les épinards, assaisonnez en sel, poivre et noix muscade et faites étuver 4 minutes.
- Écalez l'œuf et hachez-le menu.
- Dans une poêle, faites dorer la chapelure dans le beurre restant.
- Hachez finement le persil et mélangez-le avec l'œuf et la chapelure, saupoudrez les épinards de ce mélange avant de présenter à table.

Escalopes à la dijonnaise

Préparation : 10 minutes	
Repos : 1 heure	
Cuisson : 8 minutes	

Sous une panade finement moutardée.

434 calories

Pour 2 personnes
2 cuillerées à soupe de moutarde de Dijon
50 g de yaourt maigre
2 cuillerées à soupe de cerfeuil haché
2 escalopes de 160 g chacune
30 g de farine
50 g de chapelure
30 g de beurre clarifié (voir recette p. 97)
20 g de beurre frais
sel, poivre du moulin

- Mélangez la moutarde avec le yaourt et le cerfeuil.
- Passez la viande dans la farine puis nappez-la de la préparation à la moutarde et passez-la dans la chapelure. Salez et poivrez. Laissez reposer au frais au moins 1 heure.
- Faites chauffer le beurre clarifié dans une poêle et faites-y revenir les escalopes environ 4 minutes de chaque côté pour qu'elles soient bien dorées.
- Dressez les escalopes sur les assiettes chaudes.
- Jetez la graisse de cuisson, faites fondre le beurre frais dans la poêle et versez-le sur les escalopes. Portez à table tout de suite.

Escalopes aux écrevisses

Préparation : 10 minutes	
Cuisson : 13 minutes	

Une recette originale et raffinée.

288 calories

Pour 6 personnes
1 bouquet de persil
3 échalotes
1 citron
6 escalopes de 160 g chacune
2 cuillerées à soupe de farine

- Lavez le persil, puis égouttez-le et hachez-le finement.
- Épluchez les échalotes et émincez-les.
- Râpez le zeste du citron.
- Salez et poivrez les escalopes, roulez-les dans la farine et tapotez-les pour en faire tomber le surplus.
- Faites chauffer le beurre clarifié dans une poêle et faites-y saisir à feu vif les

Escalopes aux écrevisses *(suite)*

40 g de beurre clarifié
(voir recette p. 97)
2 cuillerées à soupe de beurre frais
300 g de queues d'écrevisses cuites
sel, poivre du moulin

Mon conseil :
Demandez à votre poissonnier de préparer les queues d'écrevisses, car cela nécessite une certaine habileté.

escalopes 3 minutes de chaque côté, puis baissez le feu et prolongez la cuisson de 4 minutes environ.

- Retirez les escalopes de la poêle et gardez-les en attente entre deux assiettes chaudes.
- Jetez la graisse de cuisson de la poêle. Faites-y fondre le beurre frais et mettez-y à suer les échalotes. Réchauffez-y les queues d'écrevisses que vous aurez décortiquées et dont vous aurez ôté le boyau, saupoudrez de persil et de zeste de citron et mélangez bien.
- Disposez les escalopes chaudes sur des assiettes et nappez-les de sauce aux écrevisses. Servez bien chaud.

Escalopes de foie de canard aux raisins

Préparation : 10 minutes
Cuisson : 3 minutes

Une délicate recette périgourdine.

520 calories

Pour 4 personnes
500 g de foie de canard
250 g de raisins blancs pelés
farine
1 cube de concentré de bouillon de viande
40 g de beurre
1/2 verre de Frontignan

- Découpez le foie de canard en tranches d'environ 1 cm d'épaisseur. Farinez-les, poêlez-les dans le beurre sur feu assez vif des deux côtés pendant 2 à 3 minutes, pour qu'elles soient bien dorées. Mettez-les de côté sur du papier absorbant.
- Faites fondre le cube de concentré de bouillon de viande dans une casserole avec 10 cl d'eau chaude.
- Déglacez la poêle avec le Frontignan, faites réduire, puis ajoutez le bouillon et les raisins pelés. Laissez réduire.
- Dressez les escalopes sur des assiettes tièdes, et arrosez-les de la sauce aux raisins.

Escalopes au gruyère

Préparation : 10 minutes
Cuisson : 10 minutes

Enrobées de fromage râpé et panées.

405 calories

Pour 6 personnes
6 escalopes très minces
de 100 à 150 g chacune
120 g de gruyère
2 œufs
100 g de chapelure
80 g de beurre
1 citron
sel, poivre

- Dans une assiette creuse, battez les œufs.
- Dans une autre assiette creuse, mélangez chapelure et gruyère râpé.
- Passez chaque escalope dans l'œuf puis dans le mélange de chapelure et de fromage.
- Faites chauffer le beurre sur feu vif dans une grande poêle et mettez-y les escalopes que vous ferez dorer 5 minutes de chaque côté.
- Disposez-les dans le plat de service, salez et poivrez. Pressez le jus du citron dans la poêle et versez le jus de cuisson citronné sur les escalopes.

Escalopes milanaises

Préparation : 10 minutes
Cuisson : 20 minutes

Dorées et moelleuses.

690 calories

Pour 4 personnes
4 escalopes très minces
100 g de beurre
2 œufs
6 cuillerées à soupe de farine
6 cuillerées à soupe de chapelure
3 cuillerées à soupe
de parmesan râpé
2 citrons
sel, poivre

- Battez les œufs dans une assiette creuse. Mettez la farine dans une deuxième assiette. Mélangez le parmesan et la chapelure dans une troisième assiette.
- Salez et poivrez les escalopes. Passez-les successivement dans la farine, puis dans l'œuf et enfin dans la chapelure.
- Chauffez le beurre dans une grande poêle. Quand il commence à grésiller, mettez-y les escalopes à feu moyen. Faites-les dorer sur chaque face puis poursuivez la cuisson à feu doux pendant 12 à 15 minutes.
- Servez avec des quartiers de citron.

Escalopes de saumon au monbazillac

Préparation : 30 minutes
Cuisson : 5 minutes

Un succulent mariage.

571 calories

Pour 4 personnes

800 g de filet de saumon désarêté
4 têtes de cèpes
30 cl de monbazillac
25 cl de crème fraîche
2 cuillerées à soupe de fines herbes
4 crêpes fines à la farine de sarrasin
4 échalotes
100 g de beurre
sel, poivre de Cayenne

- Préchauffez le four à th. 5.
- Coupez le saumon en 4 escalopes de 200 g chacune. Disposez-les sur un torchon de cuisine et réservez au frais. Pelez les échalotes et hachez-les très finement.
- Émincez les têtes de cèpes. Faites-les cuire dans un peu de beurre, jusqu'à légère coloration, avec la moitié des fines herbes.
- Ouvrez les escalopes de saumon en portefeuille, fourrez-les du hachis de cèpes, salez et poivrez.
- Beurrez un plat à gratin, parsemez-le d'échalotes hachées et déposez-y les escalopes de saumon. Mouillez au monbazillac. Mettez à feu vif jusqu'à frémissement, puis faites cuire au four pendant 4 à 5 minutes, après avoir soigneusement couvert le plat d'un papier sulfurisé et beurré.
- Retirez le saumon du plat. Faites réduire des deux tiers le jus de cuisson à feu vif, ajoutez la crème et laissez cuire quelques minutes. Ajoutez le beurre, battez la sauce au fouet et rectifiez l'assaisonnement.
- Filtrez la sauce au chinois et ajoutez le restant des fines herbes.
- Posez le saumon sur les assiettes et nappez de sauce. Posez une crêpe chaude sur chaque tranche de saumon et servez.

Escalopes de thon

Préparation : 5 minutes
Cuisson : 10 minutes

Nappées de sauce au citron et au basilic.

833 calories

Pour 2 personnes
2 cuillerées à soupe d'huile d'olive
400 g de thon frais
un peu de farine
4 cuillerées à soupe de jus de citron
2 cuillerées à soupe de crème fraîche
50 g de beurre
1/2 cuillerée à café de basilic haché
sel, poivre du moulin

- Faites chauffer l'huile d'olive dans une poêle.
- Salez et poivrez légèrement le poisson, passez-le dans la farine et faites-le dorer 7 à 8 minutes dans la poêle.
- Faites chauffer le jus de citron dans une autre poêle, ajoutez sel, poivre et crème fraîche et faites réduire. Incorporez le beurre petit morceau par petit morceau, en tournant bien. Ajoutez le basilic haché.
- Servez le poisson très chaud arrosé de cette sauce.

Escalopes viennoises

Préparation : 15 minutes
Cuisson : 5 minutes

Croustillantes et moelleuses sous leur panade.

790 calories

Pour 2 personnes
2 œufs
4 escalopes de 90 g chacune
1 cuillerée à soupe de farine
50 g de chapelure
80 g de beurre clarifié
(voir recette p. 97)
2 filets d'anchois
8 câpres

- Battez les œufs en omelette.
- Salez et poivrez la viande, passez-la dans la farine, puis dans l'œuf battu et recouvrez-la de chapelure.
- Faites chauffer le beurre clarifié dans une poêle et faites-y frire les escalopes 5 minutes en les retournant à mi-cuisson. Quand elles sont cuites, égouttez-les sur un papier absorbant.
- Roulez les filets d'anchois sur eux-mêmes, farcissez-les de 4 câpres chacun et posez-les sur chacune des rondelles de citron.

Escalopes viennoises *(suite)*

2 rondelles de citron
sel, poivre du moulin

■ Disposez un napperon de papier sur chaque assiette et garnissez-les d'escalopes panées et de rondelles de citron aux anchois.

Escalopes zingara

Préparation : 15 minutes
Cuisson : 20 minutes

Poêlées avec un fin hachis de jambon et de champignons.

430 calories

Pour 4 personnes

4 escalopes de 150 g chacune
200 g de champignons
150 g de jambon cuit
50 g de beurre
sel, poivre

■ Nettoyez les champignons; coupez-les en minces lamelles.
■ Hachez grossièrement le jambon.
■ Faites revenir l'ensemble, à la poêle, dans le beurre pendant 6 à 7 minutes.
■ Ajoutez ensuite les escalopes. Salez, poivrez et laissez cuire une dizaine de minutes. Servez le tout ensemble bien chaud.

Escargots au champagne

Préparation : 10 minutes
Cuisson : 15 minutes

Dans une sauce savoureuse.

182 calories

Pour 2 personnes

2 douzaines d'escargots (en boîte)
2 cuillerées à soupe d'huile d'olive
2 échalotes émincées
1/2 gousse d'ail pilée
1 cuillerée à soupe de lardons
thym et laurier en poudre
1 verre de champagne

■ Lavez et égouttez les escargots dans une passoire.
■ Mettez l'huile à chauffer dans une poêle, faites-y fondre les échalotes émincées, l'ail pilé, le lard, saupoudrez de thym et de laurier. Ajoutez alors les escargots et faites revenir le tout puis laissez mijoter une dizaine de minutes.
■ Arrosez de champagne et servez très chaud.

Escargots du maquis

Préparation : 10 minutes
Cuisson : 15 minutes

Avec ail, échalotes, fines herbes et vin rouge.

234 calories

Pour 2 personnes
2 douzaines d'escargots (en boîte)
1 cuillerée à café d'ail pilé
3 échalotes émincées
1 cuillerée à soupe de persil haché
thym, sarriette, origan
1 clou de girofle moulu
25 cl de bon vin rouge
2 cuillerées à soupe de beurre
sel, poivre du moulin

- Lavez les escargots et égouttez-les soigneusement dans une passoire.
- Faites-les saisir avec les herbes aromatiques, l'ail et les échalotes dans une poêle bien chaude. Assaisonnez et arrosez de vin rouge.
- Faites mijoter environ 10 minutes.
- Retirez les escargots, laissez réduire le fond de cuisson et montez-le avec le beurre bien froid que vous incorporerez petit à petit. Nappez les escargots avec la sauce.
- Répartissez-les dans des cassolettes chaudes et présentez aussitôt à table.

Escargots à la saint-jacques

Préparation : 15 minutes
Cuisson : 20 minutes

Gratinés sous un coulis de tomates.

167 calories

Pour 4 personnes
6 tomates
1 cuillerée à soupe d'huile
basilic et thym en poudre
2 douzaines d'escargots (en boîte)
1 cuillerée à café d'ail pilé
2 échalotes émincées
25 g de fromage râpé
4 coquilles Saint-Jacques vides
beurre pour les coquilles
sel, poivre du moulin

- Pelez les tomates, épépinez-les, concassez-les, saupoudrez-les de basilic et de thym et faites-les fondre dans l'huile à feu doux jusqu'à évaporation de l'eau du légume. Assaisonnez en sel et en poivre.
- Lavez les escargots, puis faites-les égoutter.
- Beurrez les coquilles, répartissez-y les escargots et assaisonnez légèrement. Parsemez d'ail pilé et d'échalotes émincées, nappez du coulis de tomates et saupoudrez de fromage.
- Faites gratiner 10 minutes à four modéré et servez rapidement.

Esturgeon farci

Préparation : 30 minutes
Cuisson : 40 minutes

Somptueusement farci de truite et accompagné de sauce à la crème.

699 calories

Pour 4 personnes
80 g de beurre
80 g de farine
50 cl de lait
2 truites fumées
2 cuillerées à soupe de persil
1 esturgeon de 1,5 kg
30 cl de vin blanc
3 ou 4 échalotes émincées
20 cl de crème fraîche
sel, poivre du moulin

Mon conseil :
Vous pouvez disposer le poisson sur un lit d'épinards.

- Faites fondre environ 50 g de beurre dans une casserole, incorporez-y la farine et délayez avec le lait. Faites épaissir en tournant à la spatule pour obtenir une sauce consistante.
- Dépouillez les truites, détachez les filets, hachez-les grossièrement et mixez-les.
- Incorporez le poisson au mélange au lait, ajoutez le persil, salez et poivrez.
- Préparez l'esturgeon et videz-le en l'ouvrant par le dos (voir *Poissons* p. 571). Lavez-le et épongez-le bien dans un linge.
- Remplissez la poche ventrale du poisson avec le mélange à la truite. Enveloppez l'esturgeon dans une feuille d'aluminium beurrée. Faites-le cuire au four chaud pendant 30 minutes.
- Portez à ébullition le vin blanc avec les échalotes, le sel et le poivre. Quand le vin est presque évaporé, ajoutez la crème fraîche et faites réduire. Vérifiez l'assaisonnement.
- Retirez le poisson de son manteau d'aluminium et présentez-le à table accompagné de sa sauce.

Esturgeon à la moutarde

Préparation : 10 minutes
Cuisson : 10 minutes

Légèrement fumé, servi frit ou grillé.

508 calories

Pour 2 personnes

20 cl de fumet de poisson (voir recette p. 323)
2 cuillerées à soupe de graines de moutarde de Meaux
2 cuillerées à soupe de crème fraîche
1 cuillerée à soupe de beurre
2 tranches d'esturgeon fumé de 180 g chacune
2 cuillerées à soupe d'huile
sel, poivre du moulin

- Portez le fumet de poisson à ébullition, ajoutez les graines de moutarde et la crème fraîche.
- Laissez infuser. Retirez du feu, passez au tamis, portez à nouveau à ébullition, assaisonnez en sel et en poivre et montez la sauce au beurre en l'incorporant morceau par morceau.
- Faites chauffer l'huile dans une poêle et mettez-y à dorer les tranches de poisson des deux côtés. Poivrez.
- Rangez les tranches de poisson sur le plat de service et nappez de sauce pour présenter à table.

Faisan aux câpres

Préparation : 10 minutes
Cuisson : 1 heure

Doré en cocotte et rehaussé de sauce aux anchois, câpres et citron.

595 calories

Pour 4 personnes
1 faisan de 1,2 kg
75 g de beurre
1 cuillerée à soupe de farine
1 verre de vin blanc sec
4 filets d'anchois
1 petit pot de câpres
le jus de 1 citron
sel, poivre

Mon conseil :
Un petit pot de beurre d'anchois est une bonne solution gain de temps pour remplacer les anchois pilés.

■ Faites dorer le faisan dans 40 g de beurre, dans une cocotte non couverte. Saupoudrez de farine. Salez et poivrez.

■ Ajoutez les anchois bien nettoyés et pilés, les câpres égouttées, le jus de citron, le vin et le beurre restant. Mélangez bien. Couvrez et cuisez à feu doux pendant 50 minutes, en retournant le faisan en cours de cuisson. Présentez le faisan coupé en morceaux et arrosé de la sauce de cuisson.

Faisan au cidre

Préparation : 25 minutes
Cuisson : 50 minutes

Une saveur automnale.

727 calories

Pour 2 personnes
1 faisan bardé de 600 g
50 g de beurre
2 cl de calvados
1 pomme acidulée
100 g de raisin blanc
1 cuillerée à soupe de sucre en poudre
50 g de cerneaux de noix
1 verre de cidre brut
12,5 cl de fond de gibier (voir recette p. 322)
2 cuillerées à soupe de crème fraîche
sel, poivre du moulin

- Pendant que vous faites chauffer le four, assaisonnez l'intérieur du faisan. Faites-le revenir dans une poêle avec un peu de beurre, flambez-le au calvados et mettez-le dans une terrine. Couvrez et faites cuire à four chaud.
- Épluchez la pomme et coupez-la en lamelles, puis ouvrez les grains de raisin en deux pour en retirer les pépins.
- Faites chauffer le beurre restant dans une sauteuse, saupoudrez de sucre et ajoutez les fruits frais et les noix pour les faire caraméliser légèrement. Mouillez avec le cidre et le fond de gibier et donnez un tour de bouillon.
- Quand le faisan a cuit 20 minutes, ajoutez la sauce aux fruits et prolongez la cuisson de 15 minutes.
- Retirez le faisan et sa garniture de la terrine, découpez-le et dressez-le sur le plat de service.
- Liez la sauce avec la crème fraîche, portez-la à ébullition et présentez-la en saucière.

Faisan aux figues

Préparation : 10 minutes
Cuisson : 1 heure

Truffé, braisé et flambé au rhum.

635 calories

Pour 4 personnes
1 faisan bardé
1 petite boîte de truffes
2 petits-suisses

- Hachez les truffes. Mélangez-les aux petits-suisses. Mettez cette préparation à l'intérieur du faisan. Salez-le, poivrez-le.
- Faites chauffer le beurre. Mettez-y à dorer le faisan sur toutes ses faces une dizaine de minutes, puis couvrez la

80 g de beurre
8 figues fraîches
1 petit verre de rhum
sel, poivre

cocotte et laissez cuire sur feu doux 45 minutes.

■ A la fin de la cuisson, versez le rhum sur le faisan et flambez. Servez-le entouré de quartiers de figues fraîches pelées, la sauce de cuisson à part.

Faisan aux raisins

Préparation : 25 minutes
Cuisson : 40 minutes

Une alliance toujours réussie.

798 calories

Pour 2 personnes
1 faisan bardé de 600 g
100 g de beurre
500 g de raisin blanc
1 cuillerée à café de sucre en poudre
2 cl de cognac
25 cl de fond de volaille (voir recette p. 322)
2 cuillerées à soupe de crème fraîche
sel, poivre du moulin

■ Assaisonnez l'intérieur du faisan, et enduisez-le d'un peu de beurre. Faites fondre du beurre dans une braisière et faites-y revenir le faisan sur toutes ses faces pour que la peau soit bien croustillante.

■ Coupez les grains de raisin en deux, retirez les pépins, puis faites-en glacer 300 g avec un peu de beurre et le sucre. Flambez-les au cognac, arrosez-les de fond de volaille, salez, poivrez et portez à ébullition.

■ Réduisez le tout en purée avec un mixeur et passez au tamis la préparation obtenue.

■ Versez la pulpe des raisins dans la braisière et faites-la mijoter avec le faisan environ 25 minutes. Pendant ce temps, faites sauter le reste des raisins dans du beurre.

■ Retirez le faisan de la braisière et découpez-le. Dressez-le sur le plat de service entouré des raisins sautés au beurre.

■ Faites bouillir la sauce une seconde fois, mixez-la bien avec la crème fraîche et versez-la sur le plat.

Farce au pain

Préparation : 5 minutes
Cuisson : 15 minutes

Pour farcir les viandes blanches ou les volailles.

557 calories

Pour 4 personnes
500 g de pain de mie
50 cl de lait
2 oignons
20 g de beurre
3 œufs
1 cuillerée à soupe de persil haché
noix muscade
sel, poivre du moulin

■ Coupez le pain de mie en gros dés et arrosez-le de lait chaud. Laissez-le gonfler quelques minutes.
■ Émincez grossièrement les oignons et faites-les suer dans le beurre jusqu'à ce qu'ils soient translucides.
■ Pressez le pain, ajoutez-le aux oignons et faites-le dessécher à feu doux en tournant jusqu'à ce que la masse se détache des bords de la casserole.
■ Hors du feu, incorporez les œufs un à un.
■ Ajoutez le persil, le sel, le poivre et la noix muscade.

Farce à ravioli

Préparation : 5 minutes
Cuisson : 5 minutes

Une farce « au gras » additionnée de fromage.

490 calories

Pour 2 personnes
50 g de beurre
150 g de viande de bœuf hachée
30 g de parmesan
20 g de chapelure
noix muscade
sel, poivre du moulin

■ Faites blondir le beurre dans une sauteuse et faites-y revenir la viande 5 minutes.
■ Retirez du feu, laissez refroidir et ajoutez le fromage, la chapelure et la noix muscade en malaxant bien. Salez et poivrez.

Mon conseil :
On peut ajouter quelques feuilles d'épinards dans la farce.

Farcis de Provence

Préparation : 1 heure
Cuisson : 1 h 10

Quatre farcis différents, que vous pouvez préparer séparément.

907 calories

Pour 4 personnes

4 petites aubergines
4 petites courgettes
4 belles tomates
4 gros oignons blancs
150 g de bœuf haché
150 g de chair à saucisse
200 g d'échine de porc hachée
5 cuillerées à soupe d'huile
100 g de chapelure
70 g de beurre
1 grosse tranche de pain
1/2 verre de lait
1 bouquet de persil
1 œuf
4 gousses d'ail
100 g de gruyère râpé
sel, poivre du moulin

■ Préchauffez le four à th. 5.

■ Creusez les oignons et mettez de côté la chair ; faites-les cuire dans l'eau salée 30 minutes à petits bouillons.

■ Pendant ce temps, pelez l'ail ; lavez et équeutez le persil, et hachez-les ensemble. Coupez courgettes et aubergines en deux dans le sens de la longueur, puis évidez chaque moitié à la cuillère et conservez ce que vous avez retiré.

■ Dans une poêle, faites dorer avec 3 cuillerées à soupe d'huile les courgettes et les aubergines évidées en les tournant de temps en temps. Laissez cuire 10 minutes sur feu moyen.

■ Découpez un chapeau dans les tomates du côté du pédoncule ; évidez-les aussi.

■ Préparez la farce : versez 1 cuillerée à soupe d'huile dans une poêle sur feu doux et faites-y mijoter 30 minutes la chair des courgettes, des aubergines, des tomates et des oignons que vous avez réservée ; l'eau doit s'évaporer complètement.

■ Faites revenir le bœuf haché 3 minutes dans une poêle sur feu vif avec le reste d'huile et 20 g de beurre, puis la chair à saucisse et enfin l'échine hachée.

■ Quand ces trois viandes ont cuit séparément, mettez-les dans le bol du mixeur avec la chair des légumes, la mie de pain trempée dans le lait, 2 pincées de sel et 8 tours de moulin à poivre. Ajoutez le gruyère râpé, l'œuf, l'ail et le persil hachés, puis mélangez jusqu'à ce que vous obteniez une consistance fine et homogène.

- Rangez les aubergines, les courgettes, les tomates et les oignons dans un grand plat à gratin beurré. Garnissez-les de farce, puis saupoudrez de chapelure et posez sur chaque farci une noisette de beurre.
- Versez 2 verres d'eau au fond du plat et faites cuire 1 h 10 au four à th. 5.

Fausse poule au pot

Préparation : 30 minutes
Cuisson : 45 minutes

Version moderne d'un grand classique.

919 calories

Pour 2 personnes

2 grosses cuisses de poulet
6 petites pommes de terre
20 g de beurre
50 cl de fond de volaille (voir recette p. 322)
1 blanc de poireau en rondelles
1 carotte en bâtonnets
2 navets coupés en deux
2 branches de céleri coupées en dés
2 feuilles de chou de Milan
1 bouquet garni
1/2 gousse d'ail
150 g de croûtons
sel, poivre du moulin

- Dégraissez les cuisses de volaille, lavez-les bien et essuyez-les soigneusement.
- Épluchez les pommes de terre, lavez-les et coupez-les en deux si nécessaire.
- Faites chauffer le beurre dans une poêle et faites-y revenir les cuisses de poulet.
- Égouttez les cuisses de volaille, disposez-les dans une cocotte en fonte et recouvrez-les de fond de volaille.
- Ajoutez alors les légumes, l'ail et le bouquet garni, vérifiez l'assaisonnement, couvrez et laissez mijoter environ 35 minutes.
- Dressez le tout dans un plat creux, et servez garni de croûtons dorés au beurre.

Fenouil farci

Préparation : 35 minutes
Cuisson : 45 minutes

Plat complet pour dîner familial.

1 060 calories

Pour 4 personnes
4 bulbes de fenouil
(1,3 kg environ)
1 bouquet de persil
80 g d'échalotes
4 cuillerées à soupe
d'huile d'olive
400 g de viande hachée
1 gousse d'ail
romarin
noix muscade
25 cl de vin blanc
1 poireau
1 carotte
1 jaune d'œuf
20 cl de crème fraîche
sel, poivre du moulin

Mon conseil :
Pour cette recette, je vous conseille d'utiliser de la viande de mouton (épaule, par exemple).

- Nettoyez le fenouil, lavez-le et coupez les bulbes en deux pour les évider.
- Hachez la pulpe que vous aurez retirée avec le persil.
- Pelez et émincez les échalotes, puis faites-les fondre avec 2 cuillerées à soupe d'huile d'olive.
- Dans un grand saladier, mélangez la viande hachée avec l'ail écrasé, la pulpe de fenouil et le persil hachés, le romarin émietté, ajoutez la noix muscade, du sel et du poivre. Remplissez les bulbes de fenouil de cette farce.
- Versez l'huile restante dans un plat à gratin, rangez-y les bulbes de fenouil farcis, arrosez de vin blanc et faites cuire à four chaud, à couvert, pendant environ 45 minutes.
- Coupez le poireau et la carotte en petits morceaux et ajoutez-les au fenouil après 25 minutes de cuisson.
- Sortez les bulbes de fenouil du plat. Passez le fond de cuisson au tamis, portez à ébullition. Hors du feu, incorporez le jaune d'œuf et la crème fraîche pour lier le tout.
- Arrosez les bulbes de fenouil de la sauce et présentez à table.

Fenouil glacé

Préparation : 10 minutes
Cuisson : 30 minutes

Étuvé au vin blanc et glacé au sucre.

489 calories

Pour 2 personnes
2 bulbes de fenouil (500 g)
50 cl de vin blanc
100 g de sucre
sel, poivre du moulin

- Nettoyez et lavez très soigneusement le fenouil, coupez les bulbes en deux et détaillez-les en dés.
- Dans une sauteuse, amenez le vin avec 12,5 cl d'eau à ébullition.
- Versez-y les dés de fenouil et faites étuver 15 minutes sur feu doux, puis 10 minutes encore sur feu moyen. Salez et poivrez.
- Faites fondre le sucre additionné d'un peu d'eau dans une poêle pour qu'il caramélise.
- Glacez le fenouil bien égoutté dans le caramel en faisant tourner la poêle sur elle-même.

Feuilles de chou marinées

Préparation : 15 minutes
Fermentation : 15 jours
Cuisson : 15 minutes

Choucroute maison.

48 calories

Pour 4 personnes
1 chou blanc de 1 kg
12 baies de genièvre
1 cuillerée à café de cumin
30 g de sel

- Faites blanchir le chou blanc pendant 15 minutes dans de l'eau bouillante salée, laissez-le égoutter et détachez ses feuilles une par une.
- Otez les côtes dures et empilez les feuilles dans une terrine.
- Portez 1 l d'eau à ébullition avec le sel, le genièvre et le cumin, jusqu'à ce que le sel soit dissous.
- Laissez refroidir et versez la marinade encore tiède sur les feuilles de chou. Couvrez avec une assiette, posez un poids dessus.
- Laissez fermenter le chou au moins 15 jours avant utilisation.

Mon conseil :
L'utilisation est la même que pour une choucroute.

Feuilleté aux framboises

Préparation : 15 minutes
Cuisson : 20 minutes

Une pâte croustillante fourrée d'une garniture parfumée.

459 calories

Pour 10 personnes
100 g de pâte feuilletée
(voir recette p. 535)
50 g de sucre glace
150 g de crème aux amandes
(voir tarte Bourdaloue p. 763)
250 g de framboises

■ Abaissez la pâte feuilletée en un rectangle de 12 x 8 cm et faites cuire 20 minutes au four chauffé à th. 7.
■ Environ 5 minutes avant la fin de la cuisson, saupoudrez de sucre glace pour faire caraméliser.
■ Coupez la pâte en deux dans le sens horizontal, garnissez une moitié de pâte de crème aux amandes et rangez-y les framboises. Couvrez de l'autre moitié de pâte et servez sans attendre.

Fèves à l'estragon

Préparation : 20 minutes
Cuisson : 10 minutes

Avec échalotes et jambon fumé.

1 063 calories

Pour 4 personnes
1,5 kg de fèves fraîches
15 échalotes
150 g de jambon fumé
1 cuillerée à soupe d'estragon
60 g de beurre
2 jaunes d'œufs
vinaigre de vin
sel, poivre du moulin

■ Écossez les fèves, pelez et hachez les échalotes, coupez le jambon en lanières, hachez l'estragon.
■ Faites cuire les fèves pendant environ 5 minutes dans de l'eau bouillante salée, épluchez-les soigneusement et gardez-les au chaud.
■ Faites chauffer le beurre dans une poêle, mettez-y les échalotes à étuver et, quand elles sont bien translucides, ajoutez le jambon et couvrez avec 10 cl de l'eau de cuisson des fèves. Faites réduire de moitié avant d'ajouter les jaunes d'œufs au fouet. Assaisonnez avec l'estragon, du sel, du poivre et un trait de vinaigre.
■ Versez les fèves dans un légumier préchauffé et servez aussitôt.

Fèves au homard

Préparation : 30 minutes
Cuisson : 35 minutes

Une cassolette de fèves en habit de fête.

1 750 calories

Pour 6 personnes
2 kg de fèves
2 homards
de 500 à 600 g chacun
2 l de court-bouillon
120 g de beurre
150 g de légumes en mirepoix
(carottes, oignons, céleri)
4 cl de porto
4 cl de crème fraîche
1 cuillerée à soupe
de fines herbes hachées
(persil, cerfeuil, ciboulette)
sel, poivre du moulin

■ Écossez les fèves, faites-les cuire pendant 5 minutes dans de l'eau bouillante salée, puis passez-les sous l'eau froide et faites-les égoutter.

■ Plongez les homards 5 minutes dans le court-bouillon, détachez la chair des pinces et de la queue (voir *Crustacés* p. 249), coupez la queue en tranches et gardez en attente au chaud.

■ Retirez la poche à gravier des homards puis concassez les carcasses au mortier. Faites chauffer 100 g de beurre dans une cocotte et faites-y sauter les carcasses concassées avec les légumes coupés finement en mirepoix. Arrosez avec le porto et 15 cl de court-bouillon et faites cuire durant 20 minutes environ. Passez au tamis. Faites réduire, complétez avec la crème fraîche, portez à ébullition et montez au fouet avec le reste de beurre. Rectifiez l'assaisonnement.

■ Versez les fèves et les morceaux de homard dans la sauce et réchauffez le tout pendant 3 à 4 minutes. Dressez les fèves et les homards sur un grand plat, saupoudrez les fines herbes fraîchement hachées et nappez avec la sauce avant de servir.

Fèves à la provençale

Préparation : 30 minutes
Cuisson : 30 minutes

Accompagnées d'artichauts bien tendres et de lardons.

1 369 calories

Pour 4 personnes
1,5 kg de fèves fraîches
8 petits artichauts
1 citron
100 g de lard fumé
60 g de beurre
15 échalotes
1 branche de thym
20 cl de vin blanc
4 grosses tomates
sel, poivre du moulin

Mon conseil :
Une gousse d'ail corsera la saveur de ce plat.

■ Écossez les fèves et faites-les cuire 5 minutes dans de l'eau bouillante salée. Passez-les sous l'eau froide, fendez-les et épluchez-les.

■ Détachez les feuilles des artichauts pour ne garder que les fonds, arrosez-les de jus de citron. Coupez le lard en dés.

■ Faites chauffer la moitié du beurre dans une cocotte, mettez-y à revenir les lardons avec les échalotes pelées et émincées. Quand ils sont bien revenus, ajoutez les fonds d'artichauts et le thym, mouillez avec le vin blanc, salez, poivrez et faites cuire à frémissement environ 15 minutes dans la cocotte fermée.

■ Pelez les tomates, puis coupez-les en quartiers et épépinez-les. Versez-les dans la cocotte avec les fèves. Ajoutez le beurre restant et laissez mijoter le tout encore 5 minutes à couvert.

Figues à la crème

Préparation : 10 minutes
Cuisson : 15 minutes

Caramélisées au four et masquées de chantilly.

385 calories

Pour 4 personnes
8 figues noires bien mûres
4 cuillerées à soupe
de sucre en poudre
300 g de crème Chantilly

■ Allumez le four à th. 7 ou 8.

■ Prenez les figues. Avec un petit couteau, enlevez l'extrême partie pointue côté tige sur 1 cm environ de façon que l'on voie l'intérieur rouge du fruit.

■ Prenez un plat allant au four et rangez dedans les figues côte à côte, la partie ouverte sur le dessus. Saupoudrez-les de sucre en poudre.

- Mettez les figues ainsi sucrées dans le four. Quand vous commencez à sentir une légère odeur de caramel, soit au bout d'une dizaine de minutes environ, commencez à surveiller la cuisson car il faut que le sucre soit caramélisé mais pas complètement noir. Sortez alors le plat du four et laissez refroidir les figues.
- Les figues étant tout à fait froides, nappez-les largement de crème Chantilly en les laissant dans le plat. Ne mettez pas ce dessert dans le réfrigérateur, il ne faut pas que les figues ni le caramel soient complètement glacés.

Mon conseil :
Très commode : la crème Chantilly en bombe toujours prête à l'emploi. Mais à garder dans le réfrigérateur !

Filet d'agneau aux pleurottes

Tendre et parfumé.

816 calories

Préparation : 20 minutes
Cuisson : 25 minutes

Pour 4 personnes
750 g de pleurottes
3 échalotes
1 gousse d'ail
1 bouquet de persil
60 g de beurre clarifié
(voir recette p. 97)
800 g de filet d'agneau
(ou de selle)
sel, poivre du moulin

- Nettoyez soigneusement les champignons, lavez-les si nécessaire et coupez-les en lamelles.
- Pelez les échalotes et émincez-les.
- Pelez l'ail et hachez-le.
- Lavez le persil et hachez-le grossièrement.
- Faites chauffer dans une poêle les deux tiers du beurre et faites-y sauter les champignons et les échalotes. Quand ils sont bien revenus, ajoutez l'ail et le persil, salez, poivrez et laissez mijoter 3 minutes.
- Pendant ce temps, salez légèrement le filet. Dans une autre poêle, faites-le revenir sur toutes les faces à feu vif dans

le reste de beurre, puis laissez mijoter 15 minutes à feu doux en plaçant sous la pointe mince un morceau de pomme de terre pour caler la viande.

- Coupez la viande en tranches, disposez-les sur des assiettes chaudes, garnissez de champignons et servez aussitôt.

Filet de bœuf aux olives

Dans une sauce au madère.

535 calories

Préparation : 15 minutes
Cuisson : 20 minutes

Pour 4 personnes
3 gousses d'ail
800 g de filet de bœuf
1 barde de lard
1 cuillerée à soupe de moutarde
40 g de beurre clarifié
(voir recette p. 97)
24 olives noires dénoyautées
1 verre de vin rouge
1 pomme de terre crue
5 cl de madère
30 g de beurre frais
coupé en dés
sel, poivre du moulin

- Pelez l'ail, coupez-le en bâtonnets et piquez-en la viande.
- Nappez la barde de lard de moutarde. Saupoudrez la viande de poivre et de sel.
- Enveloppez le filet dans la barde de lard et maintenez-la avec des piques en bois.
- Faites chauffer le beurre clarifié dans une braisière, mettez-y le filet à revenir.
- Ajoutez les olives tout autour de la viande, mouillez avec le vin et glissez dans le four préchauffé à th. 6.
- Faites cuire 15 minutes, en posant la pomme de terre sous la partie mince du filet pour qu'il ne soit pas trop cuit.
- Retirez la viande de la braisière et laissez-la environ 10 minutes sous une feuille d'aluminium.
- Versez le madère dans le fond de cuisson et montez la sauce au beurre.
- Retirez la barde de lard et coupez la viande en tranches. Entourez-la de sauce et servez aussitôt.

Filet de bœuf en papillote

Préparation : 10 minutes
Cuisson : 25 minutes

Une viande fondante parfumée aux herbes.

469 calories

Pour 4 personnes
2 cuillerées à soupe d'huile d'olive
800 g de filet de bœuf
1 gousse d'ail pelée
5 tranches de lard gras
1 branche de thym
1 branche de romarin
1 branche de marjolaine
20 g de beurre
2 petits oignons
1 cuillerée à café de crème fraîche
sel, poivre du moulin

- Étendez une feuille d'aluminium sur la table et badigeonnez-la d'huile d'olive.
- Frottez la viande à l'ail, salez-la et poivrez-la.
- Étendez les tranches de lard sur la feuille d'aluminium et posez le filet de bœuf dessus. Mettez le thym, le romarin et la marjolaine sur la viande, enveloppez-la dans le lard puis refermez la feuille d'aluminium sur le tout.
- Placez le rôti dans la braisière et glissez au four chauffé à th. 6. Faites cuire 20 minutes.
- Retirez la braisière du four et laissez reposer la viande 10 minutes.
- Faites étuver au beurre dans une poêle les oignons pelés et émincés. Ouvrez la papillote et mouillez les oignons avec le fond de cuisson de la viande. Ajoutez la crème, portez à ébullition et assaisonnez.
- Découpez le filet en tranches et nappez de sauce pour servir.

Filet de bœuf au sureau

Préparation : 5 minutes
Cuisson : 10 minutes

Nappé d'une sauce délicate et originale.

529 calories

- Salez et poivrez les filets, faites-les dorer de chaque côté dans le beurre clarifié. Jetez la graisse de cuisson. Ajoutez le beurre et terminez la cuisson à feu

Pour 4 personnes

4 filets de bœuf de 180 g chacun
2 cuillerées à soupe de beurre clarifié (voir recette p. 97)
1 cuillerée à soupe de beurre

Pour la sauce :

2 cl de vinaigre de vin rouge
5 cl de vin rouge
5 cl de jus de sureau
5 cl de sauce demi-glace
2 petits bocaux de baies de sureau
30 g de beurre frais
sel, poivre du moulin

moyen (saignant environ 6 minutes, à point 8 minutes, bien cuit environ 10 minutes). Sortez la viande de la poêle et gardez-la au chaud.

▪ Jetez la graisse de cuisson, déglacez le fond avec le vinaigre, faites bouillir. Ajoutez le vin rouge. Faites cuire de manière à obtenir un genre de sirop. Ajoutez le jus de sureau et la sauce demi-glace. Faites réduire de moitié.

▪ Ajoutez les baies de sureau, arrêtez la cuisson. Montez la sauce au beurre.

▪ Dressez la viande sur des assiettes chaudes et nappez-la de sauce. Servez immédiatement.

Filet de chevreuil au sureau

Préparation : 15 minutes
Cuisson : 15 minutes

Une recette délicate et originale.

687 calories

Pour 2 personnes

1 filet de chevreuil de 350 g
un peu de farine
25 cl de fond de gibier (voir recette p. 322)
3 cuillerées à soupe de jus de sureau
2 baies de genièvre
3 cuillerées à soupe de gelée de sureau
100 g de beurre
1 cl de genièvre
sel, poivre du moulin

▪ Coupez le filet en 4 médaillons de grosseur égale. Salez-les et poivrez-les légèrement, roulez-les dans la farine et tapotez-les pour faire tomber le surplus.

▪ Portez le fond de gibier et le jus de sureau à ébullition, assaisonnez en sel et en poivre et laissez réduire le liquide après avoir ajouté les baies de genièvre concassées. Parfumez avec un peu de gelée de sureau.

▪ Passez le tout à l'étamine et montez la sauce avec 50 g de beurre bien froid.

▪ Faites fondre le beurre restant dans une petite sauteuse pour y faire dorer à feu doux les médaillons de chevreuil, qui doivent rester roses à l'intérieur et souples sous la pression du doigt.

Mon conseil :
Je farine légèrement les médaillons pour éviter qu'ils ne perdent du jus à la cuisson.

■ Émulsionnez la sauce au mixeur, parfumez avec un peu de genièvre et vérifiez l'assaisonnement.
■ Répartissez la sauce sur les assiettes chaudes, au centre desquelles vous disposerez ensuite un médaillon de chevreuil.

Filet mignon de porc à la bière

Préparation : 15 minutes
Cuisson : 20 minutes

Une recette toute simple avec sa julienne de légumes.

1 120 calories

Pour 2 personnes
100 g de poireau
100 g de carottes
100 g de céleri-rave
1 filet mignon de porc de 350 g
20 g de beurre
20 g de beurre demi-sel
1 cuillerée à café de sucre en poudre
1 cl de vinaigre
5 cl de bière
10 cl de demi-glace (voir recette p. 716)
sel, poivre du moulin

■ Épluchez et lavez les légumes, et coupez-les en julienne.
■ Salez et poivrez la viande et faites-la revenir dans le beurre bien chaud sur feu vif pendant 7 ou 8 minutes environ.
■ Faites fondre le beurre demi-sel dans une sauteuse, mettez-y les légumes à étuver, salez, poivrez et gardez au chaud.
■ Retirez la viande de la sauteuse et maintenez-la au chaud également. Jetez la graisse de cuisson.
■ Faites caraméliser le sucre dans la sauteuse, mouillez avec le vinaigre et faites réduire.
■ Arrosez de bière et laissez réduire à nouveau avant de compléter avec la demi-glace. Au bout de quelques minutes, vérifiez l'assaisonnement et retirez du feu.
■ Dressez la viande sur le plat de service, entourez-la de sa julienne de légumes et nappez-la de la sauce bien chaude.

Filet de mouton aux marrons

Préparation : 5 minutes
Cuisson : 15 à 20 minutes par 500 g

Une viande tendre et des marrons imprégnés de bon jus.

820 calories

Pour 6 personnes
1,5 kg de filet de mouton (morceau de selle que vous ferez désosser et ficeler en forme de rôti par votre boucher)
1 boîte 4/4 de marrons au naturel entiers
sel, poivre

Mon conseil :
Je pique le filet de gousses d'ail.

- Allumez le four à th. 8.
- Placez le filet dans un plat à four, salez et poivrez abondamment sur toutes ses faces et versez dans le fond du plat 1/2 verre d'eau froide.
- Mettez à four très chaud et laissez cuire 40 minutes si vous aimez la viande très saignante, 50 minutes si vous l'aimez rosée.
- Quinze minutes avant la fin de la cuisson, ouvrez la boîte de marrons et égouttez-en le contenu. Disposez les marrons dans le plat du rôti et laissez-les réchauffer dans le jus du mouton.
- Servez le rôti découpé en tranches et entouré de sa garniture.

Filet de porc aux petits légumes

Préparation : 40 minutes
Cuisson : 15 minutes

Un bouquet de parfums et de vitamines.

554 calories

Pour 4 personnes
200 g de carottes
200 g de céleri-rave
200 g de poireau
100 g d'oignons
200 g de pommes de terre

- Pelez les carottes et le céleri, nettoyez le poireau, épluchez les oignons et les pommes de terre. Lavez soigneusement tous les légumes et coupez-les en morceaux réguliers de 3 cm environ.
- Coupez le filet de porc en tranches fines, saupoudrez d'ail haché, salez et poivrez.
- Faites chauffer un peu de beurre dans la braisière, mettez-y à revenir les carottes avec le céleri et les oignons sans

Filet de porc aux petits légumes *(suite)*

800 g de filet de porc
1 gousse d'ail hachée
60 g de beurre
1 bouquet de persil
1 bouquet de cerfeuil
sel, poivre du moulin

Mon conseil :
Vous pouvez préparer cette recette avec une viande moins chère, des blancs de dinde, par exemple.

leur laisser prendre coloration. Au bout de 3 minutes, ajoutez le poireau et faites-le suer 1 minute avant de couvrir avec 1 verre d'eau. Salez, poivrez et laissez cuire encore 2 minutes. Ajoutez les pommes de terre, couvrez et laissez étuver 3 minutes.

■ Pendant ce temps, faites chauffer le beurre restant dans une grande poêle et mettez-y à cuire les tranches de filet, environ 3 minutes de chaque côté.

■ Répartissez les légumes dans un grand plat creux et disposez la viande dessus. Saupoudrez de persil et de cerfeuil hachés avant de présenter à table.

Filet de porc sauce verte

Poêlé, dans un bouquet de fines herbes.

559 calories

Préparation : 25 minutes
Cuisson : 30 minutes

Pour 4 personnes
800 g de filet de porc
2 gousses d'ail
1 bouquet de persil
1 cuillerée à soupe de poivre rose
2 cl de vin blanc sec
4 cuillerées à soupe d'huile d'olive
1 bouquet de cerfeuil
1 bouquet de cresson
1 branche de citronnelle
1 branche de pimprenelle

■ Pelez l'ail et écrasez 1 gousse pour en frotter la viande. Lavez le persil, ôtez les tiges et hachez finement les feuilles, dont vous frotterez également le filet. Écrasez le poivre rose pour le répartir sur la viande et salez légèrement celle-ci. Humectez de vin et d'huile, puis mettez le filet à reposer au frais, bien enveloppé dans un film plastique.

■ Lavez les herbes restantes et coupez-les finement, ainsi que la deuxième gousse d'ail.

■ Faites chauffer le beurre clarifié dans une grande poêle et mettez-y le filet à revenir de tous côtés. Quand il est bien saisi, baissez le feu, couvrez et faites

Filet de porc sauce verte *(suite)*

2 feuilles de menthe
1 branche de céleri
40 g de beurre clarifié
(voir recette p. 97)
4 échalotes
20 g de beurre frais
10 cl de vin blanc
2 cuillerées à soupe
de demi-glace
125 g de crème fraîche
2 cuillerées à café
de jus de citron
sel, poivre du moulin

Mon conseil :
Après avoir fait saisir la viande à feu vif, placez sous la pointe du filet une pomme de terre crue. Quand elle sera cuite, sachez que la partie la plus épaisse du filet le sera aussi.

braiser à feu doux 25 minutes, en arrosant constamment de jus de cuisson.

■ Retirez le filet de la poêle et laissez-le reposer 4 minutes au chaud sous une feuille d'aluminium.

■ Pelez les échalotes, émincez-les et faites-les suer au beurre frais dans la poêle, sans laisser prendre coloration. Mouillez avec le vin et ajoutez la sauce demi-glace ainsi que la crème fraîche. Portez à ébullition, mettez les herbes coupées et passez au mixeur. Assaisonnez en sel et en poivre, parfumez de jus de citron.

■ Découpez la viande en tranches de l'épaisseur du doigt et dressez-les sur le plat. Arrosez de sauce.

Filets d'agneau à la crème

Et aux champignons.

413 calories

Préparation : 15 minutes
Cuisson : 12 minutes

Pour 4 personnes
12 médaillons d'agneau
dans le filet de 60 g chacun
1 gousse d'ail
500 g de champignons de Paris
le jus de 1/2 citron
4 échalotes

■ Salez et poivrez la viande, frottez-la avec la gousse d'ail pelée et coupée en deux.

■ Préparez les champignons : lavez-les puis séchez-les dans du papier absorbant et coupez-les en lamelles. Humectez-les de jus de citron pour qu'ils restent blancs et gardez-les en attente sous un linge.

4 cuillerées à soupe de beurre clarifié (voir recette p. 97)
1 cuillerée à café de paprika doux
5 cl de vin blanc
10 cl de demi-glace (voir recette p. 716) ou d'extrait de viande
100 g de crème fraîche
1 bouquet de cerfeuil
20 g de beurre froid
sel, poivre du moulin

Mon conseil :
Cette recette doit être exécutée rapidement afin que la viande reste bien chaude.

- Faites chauffer 2 cuillerées à soupe de beurre clarifié dans une poêle et faites-y rissoler les médaillons des deux côtés pendant environ 2 minutes. Placez la viande entre deux assiettes chaudes.
- Pelez les échalotes, émincez-les et faites-les revenir dans le fond de cuisson de la viande, saupoudrez-les de paprika et mouillez avec le vin blanc. Versez la demi-glace ainsi que la crème fraîche, portez à ébullition, laissez réduire et retirez du feu.
- Faites chauffer le reste de beurre clarifié dans une poêle et faites-y sauter les champignons (réservez-en quelques lamelles pour la décoration), parsemez de cerfeuil ciselé.
- Dressez les filets sur le plat de service préchauffé. Montez la sauce au beurre bien froid et nappez-en la viande. Décorez de quelques lamelles de champignons réservées. Servez avec les champignons sautés.

Filets de porc à la fondue de tomates

Préparation : 10 minutes
Cuisson : 25 minutes

Une recette de grande classe.

508 calories

Pour 6 personnes
3 grosses tomates
1 pincée de sucre
7 échalotes
1,2 kg de filets de porc
(3 filets de 400 g)

- Plongez les tomates dans de l'eau bouillante pour pouvoir les peler plus facilement. Retirez les pépins et coupez la pulpe en petits dés. Saupoudrez de sucre.
- Pelez les échalotes et émincez-les.
- Salez les filets de porc et faites-les revenir sur feu vif, avec le beurre clarifié, dans une cocotte. Baissez le feu, arrosez

Escalopes de foie de canard aux raisins (recette page 277)

Escalopes de saumon au monbazillac (recette page 279)

Filets de porc
à la fondue de tomates *(suite)*

30 g de beurre clarifié
(voir recette p. 97)
1 cuillerée à soupe de poivre vert
2 cl de vin blanc
1/2 cuillerée à café
de concentré de tomates
12,5 cl de crème fleurette
12,5 cl de demi-glace
(voir recette p. 716)
12,5 cl de crème double
1 branche de basilic
sel

avec le beurre de cuisson et continuez à cuire 9 ou 10 minutes environ. Sortez les filets de la cocotte et laissez-les reposer sur une assiette chaude pendant 5 minutes sous une feuille d'aluminium.

■ Mettez alors les échalotes avec le poivre vert dans la cocotte et faites-les étuver doucement jusqu'à ce qu'elles soient translucides.

■ Ajoutez alors le vin, puis le concentré de tomates ainsi que la crème fleurette et la demi-glace, et faites réduire de moitié.

■ Complétez ce mélange avec la crème double, portez brièvement à ébullition, ajoutez les dés de tomates et laissez mijoter quelques secondes.

■ Coupez la viande en tranches et dressez-la sur des assiettes chaudes. Nappez de la sauce et parsemez de basilic haché avant de servir.

Filets de hareng aux macaroni

Une entrée nourrissante.

777 calories

Préparation : 15 minutes
Dessalage : 2 heures
Cuisson : 10 minutes

Pour 2 personnes
4 filets de hareng salés
lait
200 g de macaroni
1/2 concombre
100 g de champignons
4 cuillerées à soupe
de crème aigre

■ Faites mariner les harengs pendant 2 heures dans du lait pour les dessaler et coupez-les en dés.

■ Faites cuire les macaroni « al dente » dans de l'eau bouillante salée, égouttez-les et coupez-les en petits bâtonnets. Laissez refroidir.

■ Épluchez le concombre, fendez-le en deux, enlevez les pépins et détaillez la chair en dés.

■ Nettoyez les champignons et coupez-les en fines lamelles.

Filets de hareng aux macaroni *(suite)*

2 cuillerées à soupe d'huile
1 cuillerée à soupe de jus de citron
1 cuillerée à soupe d'aneth
sucre (facultatif)
sel, poivre du moulin

- Mélangez la crème aigre avec l'huile et le jus de citron, assaisonnez de sel, de poivre et de sucre (facultatif).
- Dans un saladier, mélangez les dés de harengs, les bâtonnets de macaroni, le concombre et les champignons avec la sauce et saupoudrez d'aneth au moment de servir.

Filets de sole Bercy

Préparation : 30 minutes
Cuisson : 20 minutes

Au beurre rouge.

566 calories

Pour 4 personnes

4 grands filets de sole
20 cl de vin rouge
20 cl de fumet de poisson (voir recette p. 323)
1 feuille de laurier
2 échalotes émincées
150 g de beurre
100 g de champignons
1 carotte
100 g de céleri
1/2 cuillerée à café d'ail pilé
1 cuillerée à café de thym
1/2 cuillerée à soupe de jus de citron
farine
sel, poivre du moulin

Mon conseil :
Cette recette convient également à la limande, bien moins coûteuse que la sole.

- Lavez bien les filets de poisson et épongez-les soigneusement.
- Dans une grande casserole, faites chauffer le vin rouge additionné du fumet de poisson et de la feuille de laurier. Faites réduire de moitié.
- Retirez la feuille de laurier. Coupez les légumes en petits morceaux.
- Dans une grande poêle, faites fondre 20 g de beurre et faites-y revenir les échalotes et les légumes. Salez et poivrez légèrement, ajoutez l'ail et le thym. Humectez avec le jus de citron.
- Une fois tous les légumes bien fondus, ajoutez-les à la préparation au vin. Incorporez petit à petit 100 g de beurre coupés en dés en remuant bien.
- Passez les filets de sole à la farine et faites-les frire dans une autre poêle dans le reste de beurre.
- Servez aussitôt le poisson nappé de sa sauce.

Filets de sole marinés

Préparation : 10 minutes
Marinade : 1 heure
Cuisson : 10 minutes

Une recette succulente à préparer à l'avance.

312 calories

Pour 3 personnes

8 filets de sole
1 cuillerée à soupe de moutarde forte
1 cuillerée à soupe de crème d'anchois
le jus de 1/2 citron
1 cuillerée à soupe de persil haché
3 cuillerées à soupe d'huile d'olive
60 g de beurre
farine
4 quartiers de citron
poivre du moulin

Mon conseil :
Cette recette peut se réaliser également avec du turbot ou encore avec de la daurade.

- Lavez les filets et épongez-les bien.
- Mélangez la moutarde et la crème d'anchois avec le jus de citron. Ajoutez le persil et incorporez l'huile petit à petit. Poivrez légèrement.
- Disposez les filets dans la marinade et laissez reposer au moins 1 heure.
- Faites chauffer le beurre dans une poêle, passez les filets dans la farine et faites-les revenir dans la poêle.
- Servez accompagné de quartiers de citron.

Fines herbes

En même temps qu'elles constituent un apport de vitamines, les fines herbes rehaussent la saveur des ingrédients qu'elles accompagnent et contribuent à leur digestibilité. De plus, elles apportent une touche de couleur verte, élément de décoration non négligeable.

Fines herbes tendres

Aneth, basilic, bourrache, cerfeuil, ciboulette, feuilles de céleri, citronnelle, estragon, menthe, origan, persil simple, persil frisé...

Certaines herbes s'associent bien les unes avec les autres, comme le persil et la ciboulette ; d'autres demandent à être employées seules, comme le basilic. Quelques-unes peuvent s'utiliser en grandes quantités, par exemple le persil ; d'autres réclament des dosages plus faibles, notamment l'aneth, tandis que d'autres encore, tel le cresson, peuvent constituer à elles seules une salade. Voici maintenant quelques conseils pour toujours bien utiliser ces petites « fées ».

Utilisation

- Lavez soigneusement les fines herbes à l'eau courante après avoir enlevé les radicelles si nécessaire.
- Faites-les égoutter soigneusement, puis détachez les feuilles des tiges en conservant celles-ci pour des fonds ou des potages.
- Hachez les herbes. Ne les ajoutez à la salade qu'au dernier moment pour qu'elles conservent tout leur parfum.

Conservation

Les fines herbes se conservent dans un endroit obscur, frais et humide, dans un bocal ou un papier humide. Certaines herbes peuvent être congelées. Il suffit de les hacher, de les étaler sur une plaque et de les mettre au congélateur (à –36 °C) quelques minutes. On les répartit ensuite dans des sachets pour les conserver.

Flageolets aux champignons

Préparation : 5 minutes
Cuisson : 10 minutes

Un mélange velouté de crème.

340 calories

Pour 4 personnes
1 boîte 4/4 de flageolets au naturel
1 petite boîte de champignons de Paris
100 g de crème fraîche
sel, poivre

Mon conseil :
Idéale garniture pour un gigot ou une épaule de mouton rôtis.

■ Ouvrez la boîte de flageolets. Égouttez-les. Mettez-les dans une casserole.
■ Ouvrez la boîte de champignons, égouttez-les, ajoutez-les aux flageolets.
■ Faites chauffer le mélange sur feu doux, puis ajoutez la crème et retirez du feu dès le premier bouillon. Salez et poivrez, selon votre goût.

Flamiche

Préparation : 30 minutes
Cuisson : 50 minutes

Sur un fond de tarte salé, une savoureuse garniture.

400 calories

Pour 6 personnes
1 kg de poireaux
80 g de beurre
1/3 de verre de lait
1 jaune d'œuf
sel, poivre
Pour la pâte brisée :
200 g de beurre
400 g de farine
2/3 de verre d'eau
1 jaune d'œuf
3 pincées de sel

■ Pour préparer la pâte brisée, mettez dans une terrine le beurre en morceaux, la farine, le sel. Faites un creux au milieu de la farine, versez la presque totalité de l'eau. Du bout des doigts, malaxez vivement tous les ingrédients pour incorporer eau, farine et beurre. Si la pâte est trop sèche, ajoutez un peu d'eau. La pâte ne doit plus coller aux doigts mais rester un peu grumeleuse. Laissez-la reposer 10 minutes.
■ Divisez la boule de pâte en deux parties inégales. Réservez la plus petite. Abaissez la plus grosse au rouleau sur une planche ou un papier fariné. Formez un disque de 3 mm environ d'épais-

seur. Beurrez un moule à tarte de 21 à 24 cm de diamètre. Foncez-le avec la pâte, faites-la adhérer mais ne coupez pas la pâte qui dépasse les bords.

- Coupez les poireaux. Enlevez les racines et les feuilles abîmées. Incisez les blancs sur la longueur et lavez soigneusement à plusieurs eaux pour enlever toute trace de terre.
- Coupez les poireaux en petits morceaux. Dans une casserole, faites chauffer de l'eau salée. Quand elle bout, jetez-y les poireaux. Laissez cuire 5 minutes. Versez sur une passoire. Égouttez bien.
- Dans une poêle, faites chauffer le beurre, mettez les poireaux, laissez sur le feu jusqu'à ce qu'ils aient évaporé leur eau. Retirez du feu, salez, poivrez, laissez refroidir.
- Remplissez la pâte dans le moule avec les poireaux. Abaissez le restant de la pâte au rouleau. Étalez ce disque sur les poireaux. Humectez légèrement le tour pour le souder à la pâte qui est dans le moule et dépasse les bords. Piquez ce couvercle avec les dents d'une fourchette. Au milieu, ouvrez un trou d'environ 1 cm de diamètre qui va servir de cheminée.
- Dans un bol, battez le jaune d'œuf avec un peu d'eau. Badigeonnez avec un pinceau ce mélange sur toute la surface du couvercle. Portez la flamiche à four très chaud pour 40 minutes.
- Battez l'autre jaune d'œuf avec le lait. Au moment de servir la flamiche, versez ce mélange par la cheminée sur les poireaux. Servez bien chaud.

Mon conseil :
J'utilise aussi le vert des poireaux, que j'émince finement et que je blanchis avec les blancs.

Flan aux cerises

Préparation : 20 minutes
Cuisson : 50 minutes

Sorte de clafoutis sur fond de pâte.

385 calories

Pour 8 personnes
400 g de pâte brisée
(voir recette p. 535)
400 g de cerises
100 g de sucre
5 œufs
25 cl de lait
1 pincée de cannelle

- Foncez une tourtière avec la pâte brisée et faites-la cuire à blanc 10 minutes au four chauffé à th. 5.
- Dénoyautez les cerises et répartissez-les sur la pâte.
- Mélangez les ingrédients restants et versez la préparation sur les fruits.
- Faites cuire pendant 40 minutes au four chauffé à th. 5.

Flan à la normande

Préparation : 25 minutes
Repos de la pâte : 1 heure
Cuisson : 40 minutes

Des pommes dans une pâte légère.

470 calories

Pour 6 personnes
6 pommes
pâte à crêpes
1 zeste de citron
50 g de beurre
50 g de sucre

- Une heure avant la cuisson, préparez une pâte à crêpes sur la base de 250 g de farine (voir recette p. 242).
- Râpez le zeste de citron très finement et incorporez-le à la pâte, puis laissez reposer 1 heure sous un torchon.
- Dix minutes avant la cuisson, allumez votre four à th. 6 ou 7.
- Pelez les pommes et coupez-les en quartiers. Retirez les cœurs puis émincez-les en fines lamelles.
- Répartissez les lamelles de pommes dans un grand plat beurré. Versez dessus la pâte à crêpes et répartissez-la bien.
- Saupoudrez de sucre et parsemez de noisettes de beurre.
- Mettez au four et laissez cuire 35 à 40 minutes. Le flan doit ressortir doré.
- Servez tiède ou froid.

Mon conseil :
J'arrose les lamelles de pommes d'un peu de calvados.

Foie d'agneau à la sicilienne

Au lard fumé et au romarin.

403 calories

Préparation : 5 minutes
Cuisson : 8 minutes

Pour 2 personnes
20 g de beurre
2 tranches de lard maigre
2 tranches de foie d'agneau
1 pointe de romarin
1 cuillerée à soupe de vinaigre de vin
sel, poivre du moulin

- Faites chauffer le beurre dans une poêle, et, dès qu'il mousse, mettez-y à rissoler les tranches de lard 1 minute de chaque côté.
- Ajoutez les tranches de foie et faites-les revenir à leur tour 3 minutes de chaque côté. Parsemez de romarin, salez et poivrez.
- Dressez les tranches de foie sur un plat chaud et garnissez-les des tranches de lard.
- Déglacez la poêle au vinaigre en grattant bien le fond de cuisson à l'aide d'une spatule, puis versez la sauce sur les tranches de foie avant de servir.

Foie de génisse au gingembre

Une recette aux parfums d'Asie avec oignons et xérès.

310 calories

Préparation : 20 minutes
Cuisson : 5 minutes

Pour 2 personnes
50 g de gingembre frais
100 g d'oignons verts (nouveaux)
300 g de foie de génisse
5 g de fécule
1 cuillerée à soupe d'huile
1 gousse d'ail
2 cl de xérès sec
2 cl de vin blanc sec
sel, poivre du moulin

- Épluchez le gingembre et râpez-le.
- Pelez les oignons et coupez-les en rondelles.
- Essuyez le foie ou passez-le sous l'eau ; coupez-le en lanières. Passez-les dans la fécule et faites-les bien revenir à l'huile chaude sur toutes leurs faces. Ajoutez le gingembre avec les oignons et l'ail écrasé et laissez cuire 3 minutes en remuant constamment avec une spatule.
- Mouillez avec le xérès et le vin blanc, assaisonnez de sel et de poivre et servez sans attendre sur des assiettes chaudes.

Foie de génisse aux oignons

Un ragoût aux oignons et au lard.

612 calories

Préparation : 20 minutes
Cuisson : 20 minutes

Pour 4 personnes
1 kg d'oignons
200 g de lard maigre
en fines tranches
8 tranches de foie de génisse
de 80 g chacune
1 pincée de thym
sel, poivre du moulin

- Épluchez les oignons et hachez-les finement.
- Faites rissoler à la poêle les tranches de lard jusqu'à ce qu'elles soient bien croustillantes et gardez-les en attente au chaud entre deux assiettes.
- Faites dorer les oignons sur feu modéré dans la graisse rendue par le lard,.
- Ajoutez les tranches de foie aux oignons et faites-les frire environ 2 minutes de chaque côté. Assaisonnez de sel, de poivre et de thym moulu et dressez le foie sur le plat de service.
- Posez les tranches de lard au-dessus et présentez avec du riz ou une purée de pommes de terre.

Foie de génisse à l'orange

Parfumé à l'origan et au vin blanc.

426 calories

Préparation : 10 minutes
Cuisson : 10 minutes

Pour 2 personnes
2 tranches de foie de génisse
de 160 g chacune
10 g de farine
10 g de beurre
1 pincée d'origan
1 orange épluchée
12,5 cl de jus d'orange frais

- Passez les tranches de foie de génisse dans la farine et faites-les saisir 3 minutes de chaque côté dans le beurre. Parsemez d'origan, salez, poivrez et mettez en attente au chaud.
- Détachez les quartiers d'orange, puis réchauffez-les dans la poêle : couvrez-les de jus d'orange et de vin blanc et faites réduire le tout après avoir ajouté le sucre.

Foie de génisse à l'orange *(suite)*

1 cuillerée à soupe de vin blanc
1 cuillerée à soupe de sucre
2 cuillerées à soupe
de crème fraîche
sel, poivre du moulin

■ Incorporez la crème fraîche à la préparation et répartissez une partie de la sauce sur les assiettes. Disposez les tranches de foie sur cette sauce et présentez le reste en saucière.

Foie de génisse à la sauge

Préparation : 20 minutes
Cuisson : 15 minutes

Dans une sauce normande avec pommes, calvados et crème fraîche.

773 calories

Pour 4 personnes
2 cuillerées à soupe
de sauge fraîche
125 g de lard maigre
700 g de foie de génisse
150 g d'oignons
50 g de pomme
50 g de beurre clarifié
(voir recette p. 97)
2 cuillerées à soupe de calvados
20 cl de crème fraîche
sel

■ Hachez très finement la sauge, découpez le lard en petits dés et le foie en fines lanières.

■ Détaillez les oignons en fines rondelles. Pelez et coupez la pomme en quartiers.

■ Faites revenir les dés de lard dans 30 g de beurre. Ajoutez alors les oignons et faites-les cuire jusqu'à ce qu'ils deviennent transparents.

■ Dans le même temps, faites dorer les quartiers de pomme avec le beurre restant dans une seconde poêle.

■ Ajoutez les lanières de foie dans les oignons et faites-les frire pendant 5 minutes pour les garder bien roses à l'intérieur.

■ Ajoutez la sauge ainsi que le calvados et la crème fraîche et portez à ébullition. Mettez alors les quartiers de pomme dans la poêle et salez légèrement. Ramenez 1 seconde à ébullition et éteignez le feu.

■ Servez sur une purée de pommes de terre ou des pâtes, ou encore un gratin de courgettes.

Foie gras chaud périgourdin

Préparation : 25 minutes
Cuisson : 10 minutes

Un grand classique.

648 calories

Pour 4 personnes
500 à 600 g de foie gras de canard
2 échalotes hachées
80 g de beurre
30 cl de liqueur de noix
80 g de cerneaux de noix hachés
8 cerneaux de noix entiers
4 belles feuilles de chou
sel, poivre

Mon conseil :
Servez avec des toasts.

- Émincez le foie en tranches de 1 à 2 cm d'épaisseur ; salez et poivrez.
- Faites blanchir les feuilles de chou pendant 5 minutes à l'eau bouillante. Égouttez-les et épongez-les.
- Dans une poêle, faites revenir les cerneaux de noix hachés et les échalotes dans 30 g de beurre. Flambez à la liqueur. Incorporez le beurre restant au fouet, et tenez au chaud au bain-marie.
- Mettez les escalopes de foie à cuire à feu très doux, en les faisant colorer légèrement sur les deux faces pendant environ 4 minutes.
- Dressez sur des assiettes chaudes, avec une feuille de chou. Nappez de sauce. Disposez dessus quelques cerneaux de noix entiers.

Foie de porc gratiné aux cèpes

Préparation : 30 minutes
Cuisson : 45 minutes

Dans un gratin parfumé.

732 calories

Pour 4 personnes
600 g de foie de porc
60 g de beurre
2 oignons
2 gousses d'ail
200 g de lard maigre en dés

- Coupez le foie de porc en tranches pas trop épaisses.
- Faites fondre dans 20 g de beurre les oignons pelés et finement émincés ainsi que l'ail grossièrement haché. Ajoutez les dés de lard, ainsi que les tranches de foie, et faites revenir le tout jusqu'à ce que les tranches prennent une légère coloration.

Foie de porc gratiné aux cèpes *(suite)*

2 tranches de pain de mie
détrempées dans du lait
noix muscade râpée
ou en poudre
1 branche de thym
2 œufs
100 g de cèpes
sel, poivre du moulin

- Retirez la poêle du feu, ajoutez le pain détrempé, le thym et la noix muscade, sel et poivre.
- Mélangez bien le tout et incorporez les œufs battus ainsi que les cèpes lavés et finement hachés.
- Répartissez le mélange obtenu dans un moule à gratin, parsemez de noisettes de beurre et faites gratiner au four chauffé à th. 3 environ 40 minutes, jusqu'à ce que le dessus soit bien croustillant.

Foie de veau à la milanaise

Enrobé de panure et doré au beurre.

310 calories

Pour 4 personnes

600 g de foie de veau
en 4 tranches de 5 mm
environ d'épaisseur
2 cuillerées à soupe
de jus de citron
1 œuf
1 cuillerée à soupe d'eau
1/2 tasse de chapelure
4 cuillerées à soupe de beurre
2 cuillerées à soupe de persil
haché
sel, poivre noir fraîchement
moulu

Mon conseil :
Je sers le foie ainsi préparé sur des canapés de pain dorés au beurre.

Préparation : 10 minutes
Repos : 1 heure
Cuisson : 8 minutes

- Lavez le foie et séchez-le dans un papier absorbant. Frottez-le avec le poivre et arrosez-le avec le jus de citron. Mettez-le pendant 1 heure dans le réfrigérateur.
- Battez ensemble l'œuf et l'eau.
- Trempez les tranches de foie dans ce mélange puis passez-les dans la chapelure à laquelle vous avez ajouté du sel.
- Faites fondre le beurre à la poêle ; quand il commence à grésiller, mettez-y à sauter le foie pendant 3 minutes sur chaque face.
- Disposez le foie sur un plat de service tenu au chaud, passez le persil à la poêle 2 minutes, versez le jus de cuisson et le persil sur les tranches de foie.

Foie de veau vapeur

Préparation : 45 minutes
Cuisson : 30 minutes

En manteau de champignons sur lit de poireaux.

517 calories

Pour 4 personnes

150 g de petits champignons
1 cuillerée à café d'huile d'olive
2 échalotes
1 pincée de thym
1 gousse d'ail pelée
2 cl de porto
2 tranches de pain de mie détrempées dans très peu d'eau ou de lait
1 œuf
600 g de foie de veau
25 cl de fond de veau
(voir recette p. 322)
16 blancs de poireaux
20 g de beurre clarifié
(voir recette p. 97)
noix muscade
20 cl de vin blanc
sel, poivre du moulin

- Lavez les champignons et coupez-les en lamelles.
- Faites chauffer l'huile d'olive et mettez-y à suer les échalotes pelées et émincées puis les champignons.
- Assaisonnez avec du thym, du sel et du poivre, ajoutez la gousse d'ail et mouillez avec le porto. Faites réduire et versez la préparation sur le pain et l'œuf que vous aurez mis dans le mixeur. Réduisez le tout en fine purée.
- Recouvrez le foie de cette préparation, enveloppez-le dans une feuille d'aluminium et placez-le dans le panier d'une marmite avec le fond de veau. Faites étuver 20 minutes puis laissez reposer 15 minutes.
- Coupez les blancs de poireaux lavés en fines rondelles et faites-les étuver dans le beurre clarifié juste fondu pendant 10 minutes. Mouillez avec le vin blanc et assaisonnez de sel, de poivre et de noix muscade en poudre.
- Coupez le foie en fines tranches et dressez celles-ci sur la fondue de poireaux dans un plat chaud.

Foies de volaille au céleri

Préparation : 15 minutes
Cuisson : 45 minutes

Un délice bon marché.

312 calories

Pour 4 personnes

1 céleri-rave
1 citron
25 cl de crème liquide
80 g de beurre
400 g de foies de volaille
2 cuillerées à soupe de vinaigre balsamique (à défaut de vinaigre de xérès)
noix muscade
quelques pluches de cerfeuil
sel, poivre

Mon conseil :

Faites dégorger les foies pendant 2 heures dans du lait pour leur faire perdre leur goût amer et essuyez-les bien avec du papier absorbant avant de les faire frire dans le beurre.

- Épluchez le céleri, puis lavez-le et détaillez-le en gros dés avant de le faire cuire à l'eau bouillante salée avec le citron coupé en deux.
- Jetez l'eau de cuisson, puis retirez le citron et couvrez le céleri de crème. Salez, poivrez et ajoutez de la noix muscade râpée.
- Laissez mijoter à feu doux jusqu'à ce que la crème soit presque totalement absorbée. Ajoutez alors 50 g de beurre et passez le tout au mixeur.
- Passez ensuite la purée au tamis fin et vérifiez l'assaisonnement en sel et poivre.
- Dans une poêle, faites revenir les foies dans le reste de beurre en les gardant bien roses au centre. Salez, poivrez et arrosez de vinaigre balsamique.
- Répartissez la purée de céleri sur les assiettes et dressez les foies de volaille au centre. Parsemez de quelques pluches de cerfeuil pour la décoration.

Fonds d'artichauts à la parisienne

Préparation : 10 minutes
Cuisson : 1 h 30

Agrémentés de pointes d'asperges, et gratinés au four.

250 calories

Pour 6 personnes

6 artichauts
1 oignon
60 g de beurre
50 cl de bouillon de viande
1 petite boîte de pointes d'asperges
120 g de crème fraîche
60 g de fromage râpé
sel, poivre

Mon conseil :
Vous pouvez essayer une variante : une garniture moitié petits pois, moitié pointes d'asperges.

- Lavez les artichauts, puis cuisez-les 20 minutes à l'eau bouillante salée. Égouttez-les. Enlevez les feuilles et le foin pour ne conserver que les cœurs. Pelez l'oignon. Coupez-le en rondelles.
- Faites fondre les deux tiers du beurre dans une grande poêle et mettez-y les fonds à revenir avec l'oignon émincé. Mouillez avec le bouillon, salez et poivrez. Laissez cuire 1 heure.
- Allumez le gril du four.
- Dans une petite poêle, chauffez le reste du beurre. Faites-y revenir les pointes d'asperges égouttées, 5 minutes environ.
- Placez les fonds égouttés dans un plat à gratin et répartissez dessus les pointes d'asperges. Nappez avec la crème fraîche et saupoudrez de fromage.
- Passez 10 minutes au four et servez aussitôt.

Fonds et fumet

Bases indispensables de bon nombre de sauces, les fonds peuvent, une fois réduits, aromatisés ou liés, se présenter comme sauces à part entière, mais leur rôle principal est de servir à la préparation des sauces classiques. Selon les os que vous choisirez, vous obtiendrez des fonds différents.
Le fond de poisson (fumet) peut se préparer à l'avance et se conserver une semaine au frais, ou se congeler.

FOND BLANC

750 g d'épaule de veau et 1 kg de jarret désossés + les os ou les mêmes quantités pour une volaille + abattis et carcasse ; 100 g de carottes ; 200 g d'oignons ; 1 blanc de poireau ; 50 g de céleri en branche ; 1 bouquet de persil ; 1 feuille de laurier ; 1 branche de thym ; sel, poivre.

■ Mettez les os et la viande dans une marmite, couvrez d'eau, portez à ébullition, écumez et laissez cuire pendant 2 heures à petit feu.

■ Coupez les légumes grossièrement et ajoutez-les à la viande, avec les herbes aromatiques. Laissez cuire 2 heures encore, écumez de temps en temps et rajoutez de l'eau afin que les ingrédients soient toujours recouverts.

■ Au bout de 2 heures, passez au tamis, dégraissez et assaisonnez en sel et en poivre.

FOND BRUN

500 g d'os et 1,250 kg de viande en morceaux ; 2 cuillerées à soupe d'huile ; 1 bouquet garni ; 2 cuillerées à soupe de concentré de tomates ; 100 g de carottes coupées en dés ; 50 g de céleri en branche émincé ; 200 g d'oignons émincés ; 50 cl de vin rouge ; sel, poivre.

■ Mettez les os et la viande dans une braisière, arrosez-les d'huile et mettez au four chauffé à th. 5 pour qu'ils brunissent.

■ Dix minutes avant la fin de la cuisson, ajoutez les légumes, le concentré de tomates, le bouquet garni et faites revenir à feu vif. Mouillez avec le vin et laissez réduire.

→

■ Couvrez de 3 l d'eau, portez rapidement à ébullition, baissez le feu et laissez mijoter environ 6 heures. Vérifiez la cuisson de temps en temps et rajoutez de l'eau si nécessaire.
■ Au bout de 6 heures, enlevez le bouquet garni. Passez le jus de cuisson au tamis, salez et poivrez, laissez refroidir et dégraissez.

Fond de légumes

■ Faites cuire divers légumes coupés en petits dés dans de l'eau légèrement salée.
■ Passez le jus au tamis.

Fumet de poisson

1 kg d'arêtes et de parures (de préférence de poissons blancs) ; 100 g d'oignons émincés ; 1 bouquet de persil ; 10 grains de poivre ; 150 g de champignons de Paris ; 1 feuille de laurier ; 50 cl de vin blanc sec.
■ Mettez tous les ingrédients du fumet dans une grande marmite, couvrez d'eau, portez à ébullition sur feu vif et écumez.
■ Puis laissez cuire doucement environ 20 minutes, passez au tamis, faites réduire encore si nécessaire et assaisonnez en sel et en poivre.

Fondue armoricaine

Préparation : 20 minutes
Cuisson : 15 minutes

Des dés de poissons blancs frits à l'huile et accommodés de sauce au persil.

530 calories

Pour 6 personnes
1,2 kg de filets de poisson cru (saint-pierre, sole, lotte, merlan, bar, etc.)

■ Coupez les poissons en dés de 2 cm de côté environ.
■ Roulez-les dans 5 cuillerées de farine. Mettez-les sur un plat de service.
■ Pelez et émincez les oignons.
■ Chauffez le beurre dans une casserole. Ajoutez 1 cuillerée de farine. Tournez jusqu'à ce que le beurre ait absorbé la farine. Versez alors le vin blanc, 1 verre d'eau froide et les queues de

Fondue armoricaine *(suite)*

6 cuillerées à soupe de farine
2 oignons
12 queues de persil
80 g de beurre
25 cl de vin blanc
1 cuillerée à soupe
de moutarde forte
huile
sel, poivre

Mon conseil :
Si vous trouvez des gambas (crevettes géantes), coupez-les en tronçons et mêlez-les au poisson.

persil. Salez, poivrez. Laissez cuire sur feu très doux pendant 10 minutes en tournant fréquemment.

■ Chauffez l'huile dans un caquelon sur le gaz. Quand elle est bien chaude, posez-la sur un réchaud à alcool à table.

■ Terminez la sauce : enlevez les queues de persil et ajoutez la moutarde. Mélangez bien. Chaque convive pique 1 morceau de poisson du bout de sa fourchette et le plonge 2 minutes dans l'huile frissonnante, puis le passe dans la sauce et enfin le déguste.

Fondue bourguignonne

Préparation : 15 minutes

Des cubes de bœuf saisis dans l'huile bouillante et accommodés de sauces les plus diverses.

810 calories

Pour 4 personnes

800 g de viande de bœuf
(filet, de préférence ; à la rigueur, faux-filet ou rumsteck extra)
au moins 6 sortes de sauces
ou condiments différents
huile d'arachide en quantité
suffisante pour remplir le pot
aux deux tiers
sel, poivre

■ Préparez les différentes sauces (on peut les faire à l'avance).

■ Posez le réchaud à alcool au centre de la table. Mettez à la place de chaque convive assiette, verre et fourchette. Disposez les sauces, sel, poivre et assaisonnement sur la table.

■ Coupez la viande en cubes de 2 cm environ. Il est important de ne pas couper la viande trop tôt : les sucs et jus s'écouleraient. Disposez des assiettes de viande coupée de manière que chaque convive puisse se servir aisément.

■ Juste avant le moment de se mettre à table, faites chauffer l'huile (sur la cuisinière), puis portez le pot à fondue sur le réchaud qui sera réglé de façon à assurer une chaleur suffisante (mais l'huile ne doit pas noircir).

Mon conseil :

Pour éviter tout dégagement de fumée et d'odeur, mettez dans l'huile un morceau de pomme de terre crue non pelée.

■ Pour déguster, chaque convive pique un cube de viande sur la fourchette spéciale, le plonge dans la friture et l'assaisonne ensuite à son gré. La fondue peut être accompagnée de pommes de terre cuites à la vapeur.

LES SAUCES D'ACCOMPAGNEMENT POUR FONDUE

Condiments divers

Cornichons, oignons, poivrons d'Espagne, olives, persil haché. Ne pas oublier sel fin et moulin à poivre.

Mayonnaise mousseline

Mayonnaise bien relevée en moutarde et fines herbes et additionnée de 1 blanc d'œuf battu en neige.

Sauce anchois

Œuf dur pilé + ail + 2 ou 3 filets d'anchois pilés + huile et vinaigre.

Sauce bolognaise

1 oignon haché, 1 cuillerée à soupe de viande hachée, 2 cuillerées à soupe d'huile, 3 ou 4 tomates, le tout cuit à feu doux pendant 1 heure avec herbes et aromates.

Sauce exotique

1 piment rouge, 1/4 de cuillerée à café de poivre de Cayenne, 1/2 cuillerée à café de sel, 2 cuillerées à soupe de vinaigre, 4 cuillerées à soupe d'huile, 4 clous de girofle, persil. Laissez macérer 15 jours avant de servir.

Sauce hongroise

Mayonnaise + paprika + poivre de Cayenne pour relever.

Sauce provençale

Tomates concassées cuites dans un peu d'huile à feu très doux avec ail et herbes (thym, sauge, basilic, romarin).

Sauce rémoulade

Mayonnaise + 1 grosse cuillerée à soupe de moutarde.

Sauce tartare

Mayonnaise + œuf dur pilé + moutarde, échalote hachée, cornichons en rondelles fines, câpres, persil.

Sauce verte

Mayonnaise + câpres + cornichons hachés + jus d'épinards.

Fraises à la chantilly

Préparation : 10 minutes

Un régal des yeux et du palais.

245 calories

Pour 4 personnes
500 g de fraises
50 cl de crème Chantilly
sucre en poudre

Mon conseil :
Pour réussir une chantilly, je mets la crème double bien froide dans une jatte que je pose dans un récipient plus grand garni de glace pilée. Je bats avec un fouet ou avec 2 fourchettes.

- Lavez les fraises sous une pluie d'eau très fine (utilisez le pommeau de la douche, par exemple, mais ne trempez jamais les fraises dans l'eau car elles perdraient leur arôme).
- Égouttez-les et retirez les queues.
- Préparez une crème Chantilly très ferme.
- Disposez les fraises dans un compotier, recouvrez-les de chantilly et servez en même temps un petit bol de sucre en poudre.

French dressing

Préparation : 10 minutes

Sauce aux mille usages.

240 calories

Pour 4 personnes
1 cuillerée à soupe de moutarde
2 jaunes d'œufs
1 gousse d'ail écrasée
2 cuillerées à soupe
de jus de citron
1 pincée de sucre
5 cl d'huile
10 cl de bouillon
sel, poivre du moulin

Mon conseil :
Cette sauce se conserve 15 jours en bocal au réfrigérateur.

- Mélangez dans un saladier la moutarde avec les jaunes d'œufs.
- Ajoutez l'ail, le jus de citron, le sucre, le sel et le poivre ; battez avec un fouet.
- Versez l'huile petit à petit en fouettant sans cesse.
- Détendez progressivement la sauce avec le bouillon tout en continuant de fouetter. La sauce doit être bien émulsionnée.
- Vérifiez l'assaisonnement.

Friands à la bressane

Préparation : 40 minutes
Cuisson : 45 minutes

Dans la farce, poulet, andouillette et raisins de Smyrne.

295 calories

Pour 12 friands
400 g de pâte feuilletée
(voir recette p. 535)
250 g de blancs de poulet
250 g d'andouillette
1 gros oignon
1 verre de bouillon de viande
1 œuf
50 g de raisins de Smyrne
40 g de beurre
sel, poivre

Mon conseil :
Je fais macérer les raisins de Smyrne dans un bon marc de pays.

- Épluchez et hachez l'oignon. Hachez grossièrement les blancs de poulet. Enlevez la peau de l'andouillette pour ne conserver que la farce.
- Dans une sauteuse, faites fondre le beurre. Faites revenir l'oignon haché et la farce d'andouillette bien détachée pendant 5 minutes. Ajoutez le poulet haché. Mouillez avec le bouillon de viande, goûtez, salez, poivrez si nécessaire. Ajoutez les raisins de Smyrne, couvrez. Laissez mijoter à très petit feu.
- Étendez la pâte sur 4 mm environ. Coupez 24 rondelles à l'aide d'un emporte-pièce ou d'un gobelet à ouverture assez large.
- Sur la moitié des rondelles de pâte, posez au centre un peu de la farce. Mouillez le bord, posez une deuxième rondelle de pâte, soudez bien tout le tour. De la pointe du couteau, tracez des croisillons à la surface. Badigeonnez avec l'œuf battu.
- Mettez à four vif pendant une vingtaine de minutes. Servez aussitôt.

Friands à cocktail

Préparation : 30 minutes
Cuisson : 12 à 15 minutes

Pour cocktail ou petite entrée d'un repas amical ou familial.

562 calories

Pour 6 personnes
1 paquet de pâte feuilletée surgelée
8 saucisses chipolatas
30 g de beurre
1 pincée de paprika
1 œuf

Mon conseil :
Vous pouvez ajouter 1 pointe de piment de Cayenne en poudre au paprika si vous aimez les saucisses bien relevées.

- Piquez les saucisses à la fourchette. Faites-les blanchir 3 minutes à l'eau bouillante. Égouttez, laissez refroidir.
- Dans une poêle, faites fondre le beurre, ajoutez la pincée de paprika, roulez les chipolatas dans ce beurre, juste le temps de les blondir.
- Étendez la pâte sur environ 4 mm d'épaisseur. Disposez les saucisses sur la pâte en laissant suffisamment d'espace entre elles pour pouvoir enrouler chacune. Coupez la pâte au ras de l'extrémité de chaque saucisse. Mouillez un bord de la pâte, enroulez la saucisse, faites bien coller le bord, badigeonnez avec l'œuf battu. Coupez chaque saucisse ainsi chemisée en 4 morceaux. Disposez sur la plaque du four.
- Portez à four vif pour une quinzaine de minutes. Servez bien doré et tiède.

Frisée sauce ciboulette

Préparation : 15 minutes

Une douce amertume.

88 calories

Pour 4 personnes
1 cœur de frisée
1 gousse d'ail écrasée
2 cuillerées à soupe d'huile d'arachide
1 cuillerée à soupe de vinaigre de vin rouge

- Débarrassez la salade de ses feuilles vertes trop amères, effeuillez-la puis lavez-la dans plusieurs eaux ; essorez-la soigneusement.
- Mettez le sel, le poivre et l'ail écrasé dans un saladier, délayez avec le vinaigre, ajoutez l'huile et la crème en remuant bien pour émulsionner la sauce.

Frisée sauce ciboulette *(suite)*

1 cuillerée à soupe
de crème fraîche
1 bouquet de ciboulette
5 ou 6 feuilles d'oseille
sel, poivre du moulin

Mon conseil :
Pour donner un « plus », je mets encore quelques lardons préalablement blanchis et quelques croûtons de pain grillés, puis j'arrose de quelques gouttes de citron pour intensifier la saveur de l'oseille.

■ Vérifiez l'assaisonnement et arrosez la salade de sa sauce.
■ Lavez la ciboulette et coupez-la en bâtonnets au-dessus de la salade.
■ Lavez les feuilles d'oseille, séchez-les et coupez-les en fines lanières ; répartissez-les sur la salade au moment de servir.

Friture de goujons

Préparation : 15 minutes
Cuisson : 5 minutes

De petits poissons bien croustillants.

666 calories

Pour 4 personnes
800 g de petits goujons
huile de friture
30 cl de bière
4 cuillerées à soupe
de jus de citron
2 cuillerées à soupe
de persil ciselé
sel, poivre du moulin

Mon conseil :
Si vous n'aimez pas la bière, passez les poissons dans du lait.

■ Nettoyez les poissons avec du papier absorbant, videz-les mais ne les lavez pas.
■ Entre-temps, faites chauffer l'huile dans la friteuse.
■ Plongez alors les poissons quelques minutes dans la bière et faites-les égoutter un petit peu.
■ Salez et poivrez légèrement.
■ Plongez les poissons dans l'huile et faites-les frire 5 minutes environ. Faites-les égoutter sur un papier absorbant.
■ Rangez les poissons sur un plat, saupoudrez de sel, arrosez d'un filet de jus de citron et parsemez de persil pour servir.

Fromage blanc aux fruits

Préparation : 5 minutes	
Repos au froid : 1 heure	

Servies très fraîches, des coupes de fruits enrobés dans un onctueux fromage blanc.

215 calories

Pour 6 personnes
250 g de fromage blanc
100 g de crème fraîche
500 g de fruits de saison
ou de fruits au sirop
(bananes, pêches, abricots,
cerises, fraises, framboises,
ananas...)
50 g de sucre en poudre

- Pelez, lavez, dénoyautez les fruits (vous pouvez mélanger plusieurs variétés de fruits) et coupez-les en petits dés ou en fines rondelles.
- Battez le fromage blanc au fouet avec le sucre et la crème fraîche.
- Incorporez les fruits délicatement.
- Répartissez dans des coupes et mettez au frais avant de servir.

Fruits des bois au yaourt

Préparation : 10 minutes
Macération : 30 minutes
Réfrigération : 4 heures

Parfumés au cognac et à la liqueur aux œufs.

151 calories

Pour 4 personnes
300 g de baies des bois
(myrtilles, framboises, mûres)
50 g de sucre
2 cl de cognac
4 cl de liqueur aux œufs
20 cl de yaourt au lait entier

- Lavez les baies après les avoir triées. Séchez-les sur du papier absorbant. Faites-les macérer 30 minutes avec le cognac dans lequel vous aurez dilué le sucre.
- Battez la liqueur aux œufs avec le yaourt à l'aide d'un fouet métallique.
- Remplissez des coupes en alternant une couche de fruits et une couche de yaourt.
- Mettez 4 heures au frais avant de servir.

Fruits

Les fruits sont légers et digestes. Ils sont en outre parfaits pour confectionner de multiples desserts. Préparez salades de fruits, gelées et compotes aux fruits, fruits pochés ou au four, crèmes de fruits, et garnissez de fruits croûtes, tartes et timbales... Les possibilités et la variété des préparations sont innombrables : en voici trois exemples.

Recettes de base

Compote de pommes

■ Pour que la compote ne soit pas trop épaisse, les pommes doivent être pochées dans un peu d'eau additionnée de jus de citron.

■ Passez les pommes au tamis. Si la compote n'est pas assez épaisse, faites-la cuire plus longtemps.

Mon conseil :

Pour adoucir la saveur d'une purée de fruits, incorporez-y de la crème fouettée (par exemple dans de la rhubarbe). Pour l'alléger, incorporez un peu de blanc d'œuf monté en neige (par exemple pour les groseilles à maquereaux).

Coulis de fraises

■ Passez les fraises au mixeur avec du sucre en poudre et un filet de jus de citron pendant 3 ou 4 minutes.

■ Accompagnez de ce coulis glaces, fruits pochés, entremets ou fromage blanc.

Sorbet au kiwi

■ Pelez les fruits et réduisez la pulpe en purée.

■ Complétez avec la même quantité de sirop de sucre ou de champagne et faites prendre 3 heures au congélateur.

■ Remuez la préparation de temps à autre.

■ Travaillez la purée givrée au pied mixeur et servez sans attendre.

g

Galantine végétarienne

Un délicieux pain de carottes, de haricots et de pâtes.

225 calories

Pour 6 personnes
750 g de carottes
75 g de coquillettes
75 g de haricots blancs
75 g de mie de pain
4 cuillerées à soupe de lait
15 g de beurre pour le moule
1 gros oignon
sel, poivre

Préparation : 15 minutes
Trempage des haricots : 10 heures
Cuisson : 2 h 30

■ Pelez et émincez les carottes et l'oignon. Faites-les cuire à l'eau bouillante salée, 20 minutes environ.

■ Couvrez les haricots (préalablement trempés pendant plusieurs heures) d'eau froide salée et faites-les cuire 30 minutes environ.

■ Jetez les coquillettes dans de l'eau bouillante salée et laissez-les cuire 15 minutes.

■ Trempez la mie de pain dans le lait et écrasez-la.

■ Lorsque tous les légumes arrivent en fin de cuisson, allumez le four à th. 3 ou 4 et beurrez un moule assez grand.

■ Écrasez les coquillettes égouttées et réduisez les carottes et l'oignon en purée. Mélangez très soigneusement coquillettes, purée de carottes (bien poivrée), haricots et mie de pain, assai-

Mon conseil :

J'entoure ce pâté de légumes d'un coulis de tomates.

sonnez et versez cette préparation dans le moule.

- Mettez au four et laissez cuire pendant 2 heures. Démoulez sur un plat creux et servez chaud.

Galette des rois

Préparation : 5 minutes
Cuisson : 25 minutes

Un disque de feuilletage recouvert d'une belle croûte brillante et ambrée.

330 calories

Pour 6 personnes
(pour 1 galette de 25 cm de diamètre)

1 pâte feuilletée surgelée et décongelée de 250 g
1 jaune d'œuf
1 cuillerée à soupe de lait
1 cuillerée à soupe de sucre en poudre
1 fève

Mon conseil :

J'accompagne la galette chaude de confiture et de crème fraîche.

- Allumez votre four à th. 8.
- Étalez la pâte décongelée en un disque de 25 cm de diamètre environ et soulevez un côté pour introduire la fève par le dessous.
- Mélangez le jaune d'œuf avec le lait et, à l'aide d'un pinceau, badigeonnez-en toute la surface de la galette. Vous pouvez également faire quelques incisions décoratives, à l'aide d'un couteau pointu, sur le dessus de la galette. Saupoudrez avec la cuillerée de sucre.
- Posez la galette sur une tôle simplement humectée d'un peu d'eau et mettez à four très chaud en évitant d'ouvrir la porte dans les premières minutes.
- Surveillez la galette, qui doit être bien dorée mais ne doit pas brûler. Servez encore chaud.

Garbure

Préparation : 45 minutes
Trempage des haricots : 10 heures
Cuisson : 3 heures

La soupe du Béarn.

630 calories

Pour 6 personnes

500 g de jambon sec
ou de petit salé
500 g de haricots blancs secs
500 g de pommes de terre
400 g de fèves
4 carottes
3 navets
2 poireaux
100 g de chou
1 oignon
2 clous de girofle
300 g de potiron
1 piment sec
1 tête d'ail
1 branche de basilic
5 ou 6 feuilles de menthe
sel

■ Faites tremper une dizaine d'heures les haricots secs. Si vous utilisez du jambon sec, faites-le tremper 4 ou 5 heures dans de l'eau froide.

■ Mettez le jambon ou le petit salé dans une casserole d'eau froide. Chauffez jusqu'à ébullition. Égouttez.

■ Nettoyez les carottes et les poireaux. Épluchez les navets et les pommes de terre. Lavez le chou. Piquez l'oignon de clous de girofle. Pelez le potiron. Coupez tous ces légumes en petits morceaux.

■ Placez la viande dans une grande marmite avec 2,5 l d'eau froide. Chauffez jusqu'à ébullition. Ajoutez les fèves, les navets, les carottes, l'oignon, les poireaux, les haricots bien égouttés et le chou. Couvrez et laissez cuire à petits bouillons pendant 2 heures. Salez à mi-cuisson.

■ Au bout de 2 heures, ajoutez la tête d'ail entière non épluchée, le piment, le potiron, les pommes de terre, le basilic et la menthe. Poursuivez la cuisson 1 heure. Pour servir, retirez l'ail, l'oignon, le piment et émiettez la viande dans cette soupe qui doit être épaisse.

Gaspacho

Préparation : 20 minutes
Réfrigération : 2 heures

Une soupe glacée espagnole.

341 calories

Pour 4 personnes
75 cl de jus de tomate
le jus de 1 citron
3 cuillerées à soupe d'huile d'olive
1 gousse d'ail écrasée
1 pincée de sucre
1 cuillerée à café de purée de basilic
2 belles tomates
1 petit concombre
1 poivron vert
1 oignon émincé
4 tranches de pain de mie
50 g de beurre
2 cuillerées à soupe de persil haché
sel, poivre du moulin

Mon conseil :
Faites dorer les croûtons dans du beurre d'anchois pour corser le goût de ce gaspacho.

- Mélangez le jus de tomate avec le jus de citron, l'huile, l'ail, le sucre et le basilic au mixeur, salez et poivrez. Placez au frais 2 heures.
- Un peu avant de servir, lavez les tomates, coupez-les en quatre, épépinez-les et détaillez-les en dés.
- Épluchez le concombre, fendez-le en deux dans le sens de la longueur et ôtez les pépins avant de couper la pulpe, en dés également.
- Lavez le poivron, retirez les pépins et les parties blanches et coupez-le en petits cubes.
- Saupoudrez les légumes de sel et laissez-les dégorger quelques minutes.
- Coupez le pain en dés et faites-les revenir dans le beurre chaud.
- Au moment de servir, versez la soupe dans de petits bols individuels et parsemez de légumes, d'oignon émincé, de persil haché et de croûtons de pain dorés.

Gâteau aux amandes

Préparation : 15 minutes
Cuisson : 25 minutes

Une fine pâte aux amandes bien moelleuse.

367 calories

Pour 8 personnes
300 g de pâte d'amandes
4 œufs
50 g de farine
30 g de beurre
200 g de fruits confits
150 g de sucre glace
1 cl de rhum

- Dans un saladier, malaxez la pâte d'amandes jusqu'à ce qu'elle soit bien lisse et incorporez-y les œufs battus un à un.
- Tamisez la farine sur le mélange bien mousseux et incorporez le beurre fondu.
- Versez la pâte dans un moule bien beurré, parsemez de fruits confits et faites cuire 10 minutes au four chauffé à th. 6, puis baissez la température et terminez la cuisson 15 minutes à th. 5.
- Mélangez le sucre glace et le rhum et nappez-en le gâteau démoulé.

Gâteau à la cannelle

Préparation : 20 minutes
Cuisson : 30 minutes

Une spécialité à essayer absolument.

272 calories

Pour 6 personnes
300 g de pâte brisée
(voir recette p. 535)
beurre et farine pour le moule
haricots secs
2 jaunes d'œufs
125 g de sucre
25 cl de lait
60 g de cannelle en poudre
25 g de sucre glace
1 sachet de sucre vanillé
25 cl de crème fouettée

- Abaissez la pâte sur 5 mm d'épaisseur et foncez-en le moule beurré et fariné. Piquez la pâte à l'aide d'une fourchette, recouvrez d'un papier beurré et de haricots secs et laissez cuire 10 minutes au four à th. 6.
- Retirez les haricots et le papier.
- Avec une spatule, faites blanchir les jaunes d'œufs avec le sucre. Mettez à tiédir le lait additionné de 40 g de cannelle en poudre et versez-le dans la préparation aux œufs. Mélangez bien et versez l'appareil sur la pâte.
- Faites cuire pendant 20 minutes au four chauffé à th. 6.
- Incorporez le sucre glace et le sucre vanillé à la crème fouettée très ferme

pour en recouvrir le gâteau refroidi. Saupoudrez du reste de cannelle et servez aussitôt.

Gâteau au chocolat

Préparation : 20 minutes

Un tendre biscuit.

341 calories

Pour 8 personnes
1 fond de pâte à génoise
(voir recette p. 536)
200 g de sucre
1 cuillerée à soupe de rhum
800 g de mousse au chocolat
(voir recette p. 223)
200 g de copeaux de chocolat
sucre glace

- Coupez le fond de génoise en tranches horizontales égales.
- Préparez un sirop avec le sucre et 25 cl d'eau. Laissez refroidir et ajoutez le rhum. Imbibez les tranches de gâteau de ce sirop.
- Nappez deux des tranches de génoise avec les deux tiers de la mousse au chocolat, lissez bien et recouvrez de la troisième tranche de gâteau.
- Nappez le dessus du gâteau avec la mousse restante, parsemez de copeaux de chocolat et saupoudrez de sucre glace.

Gâteau de foies de volaille

Préparation : 10 minutes
Cuisson : 20 minutes

Un hors-d'œuvre léger parfumé au cognac, à l'ail et à la noix muscade.

195 calories

Pour 4 personnes
200 g de foies de volaille
2 œufs
5 cl de crème fraîche
1/2 gousse d'ail
noix muscade en poudre
1 cuillerée à café de persil
1 cuillerée à café de cognac

- Nettoyez les foies et parez-les, c'est-à-dire enlevez le fiel et les petites particules de chair ou de graisse sur lesquelles ils adhéraient. Essuyez-les bien.
- Passez-les au mixeur avec du sel, du poivre, les œufs, la crème, la gousse d'ail écrasée, la noix muscade, le persil et le cognac.
- Beurrez 4 petits moules à soufflés (ramequins) et garnissez-les de la préparation au foie.

Farcis de Provence (recette page 289)

Foie gras chaud périgourdin (recette page 317)

beurre pour les ramequins
sauce tomate
(voir recette p. 710)
sel, poivre du moulin

Mon conseil :
Vous pouvez garnir le plat de quatre écrevisses et de quelques olives noires, ce qui donnera un merveilleux contraste de couleurs.

- Placez dans un bain-marie et faites cuire dans le four chauffé à th. 7 environ 20 minutes. Veillez à couvrir les moules d'une feuille d'aluminium pour éviter le dessèchement.
- Nappez un plat de porcelaine de sauce tomate, démoulez les ramequins au-dessus et servez tout de suite.

Gâteau aux fraises

Préparation : 30 minutes
Réfrigération : 1 heure

Fourré à la crème et au fromage blanc.

350 calories

Pour 8 personnes
1 fond de pâte à génoise
(voir recette p. 536)
250 g de sucre
5 cl de kirsch
200 g de confiture de fraises
25 cl de crème fleurette
100 g de fromage blanc à 40 %
100 g de fraises

- Coupez le fond de génoise en deux tranches égales.
- Portez à ébullition dans une casserole 10 cl d'eau avec 200 g de sucre et préparez un sirop que vous aromatiserez de kirsch ; imbibez les deux parties du gâteau avec le sirop refroidi.
- Nappez une tranche de génoise de confiture.
- Dans un récipient, fouettez énergiquement la crème fleurette avec le sucre restant, jusqu'à ce qu'elle soit bien ferme, et incorporez le fromage blanc.
- Nappez la confiture d'une couche de 2 cm de crème au fromage blanc et recouvrez avec la deuxième tranche de génoise.
- Étendez la crème restante sur le dessus du gâteau et garnissez des fraises équeutées et lavées. Mettez 1 heure au frais.

Gâteau au fromage blanc

Préparation : 10 minutes
Cuisson : 35 minutes

Léger et frais.

358 calories

Pour 8 personnes
150 g de beurre
150 g de sucre
150 g de fromage blanc
6 œufs
150 g de noisettes entières
1 zeste de citron
1 pincée de sel
2 cuillerées à soupe
de sucre glace

- Faites blanchir le beurre avec 75 g de sucre au batteur électrique.
- Ajoutez-y le fromage blanc et travaillez-le avec les jaunes d'œufs, les noisettes, le zeste de citron finement haché et le sel.
- Battez les blancs d'œufs en neige très ferme et incorporez-les délicatement au mélange, en soulevant bien la pâte pour qu'ils ne retombent pas.
- Beurrez le moule, versez-y la préparation et faites cuire 35 minutes au four chauffé à th. 3.
- Démoulez le gâteau sur le plat de service et saupoudrez-le de sucre glace pour servir.

Gâteau à la graine de pavot

Préparation : 30 minutes
Cuisson : 1 h 30

Inattendu et parfumé.

379 calories

Pour 6 personnes
150 g de beurre
50 g de sucre glace
le jus et le zeste de 1 orange
6 œufs
80 g de noisettes moulues
15 g de graines de pavot
200 g de sucre
50 g de farine

- Faites blanchir le beurre avec le sucre glace en fouettant bien au batteur électrique. Ajoutez le jus et le zeste de l'orange. Séparez les jaunes d'œufs des blancs, incorporez les jaunes à la préparation.
- Mélangez les noisettes et les graines de pavot et ajoutez-les également en remuant bien.
- Montez les blancs en neige ferme avec le sucre, au batteur électrique, et incorporez-les en soulevant délicate-

Mon conseil :
Ne remplissez pas le moule jusqu'au bord car le gâteau cuirait plus difficilement.

ment la masse pour qu'ils ne retombent pas. Ajoutez la farine en la versant en pluie et mélangez soigneusement.
■ Versez la préparation dans le moule bien beurré et faites cuire environ 1 h 30 au four chauffé à th. 4.

Gâteau au gril

Préparation : 20 minutes
Cuisson : 30 minutes

Une superposition de fines couches de biscuit.

399 calories

Pour 6 personnes
250 g de beurre
250 g de sucre en poudre
1 paquet de sucre vanillé
6 œufs
2 cl de rhum
150 g de farine
3 cuillerées à café de levure chimique
100 g de fécule
200 g de couverture (glacage au chocolat, par exemple)

■ Faites blanchir le beurre en le mélangeant avec le sucre en poudre et le sucre vanillé. Cassez les œufs et séparez les blancs des jaunes. Ajoutez les jaunes d'œufs et le rhum à la préparation.
■ Mélangez la farine avec la levure et la fécule, tamisez-la au-dessus de la première préparation et incorporez-la progressivement.
■ Montez les blancs d'œufs en neige et mélangez-les délicatement dans la pâte.
■ Tapissez un moule à cake avec une feuille d'aluminium, beurrez-le et étendez la pâte au pinceau sur le fond du moule. Passez sous le gril jusqu'à ce que la pâte soit bien dorée.
■ Étendez la couche de pâte suivante et passez également sous le gril. Répétez l'opération jusqu'à ce que toute la pâte soit utilisée.
■ Sortez le gâteau bien refroidi du moule, coupez les bords bien droit et nappez de couverture.

Gâteau marbré

Préparation : 20 minutes
Cuisson : 1 heure

Un régal pour les enfants.

375 calories

Pour 10 personnes
250 g de beurre
1 paquet de sucre vanillé
250 g de sucre
3 œufs
125 g de Maïzena
325 g de farine
1 paquet de levure chimique
cardamome
17,5 cl de lait
50 g de cacao
50 g de sucre
3 cuillerées à soupe de sucre glace
sel

■ Faites blanchir le beurre avec le sucre vanillé puis ajoutez le sucre, les œufs et le mélange de Maïzena, de farine et de levure chimique, le sel, la cardamome. Lorsque le mélange est homogène, délayez-y 12,5 cl de lait.

■ Garnissez un moule en couronne beurré des deux tiers de la pâte.

■ Mélangez le cacao, le sucre et le reste de lait avec la pâte restante, puis versez l'appareil dans le moule.

■ Mélangez rapidement les 2 pâtes à la fourchette, en effectuant un mouvement de spirale, puis glissez le moule dans le four chauffé à th. 5 et laissez cuire 1 heure.

■ Laissez refroidir le gâteau et saupoudrez-le de sucre glace avant de servir.

Gâteau aux noix

Préparation : 30 minutes
Cuisson : 25 minutes

Comme à Grenoble.

479 calories

Pour 6 personnes
350 g de pâte brisée
(voir recette p. 535)
beurre et farine pour le moule
200 g de noix en poudre
100 g de sucre
2 jaunes d'œufs
10 cl de crème fraîche
25 cl de liqueur de noix
quelques cerneaux de noix
2 cuillerées à soupe de sucre glace

■ Abaissez la pâte brisée en une couche aussi fine que possible et foncez-en le moule beurré et saupoudré de farine. Piquez la pâte avec une fourchette.

■ Mélangez les noix en poudre avec le sucre, les jaunes d'œufs, la crème fraîche et la liqueur de noix.

■ Versez la préparation dans le moule et laissez cuire 25 minutes au four chauffé à th. 6

■ Décorez avec quelques cerneaux de noix et saupoudrez de sucre glace pour servir.

Gâteau à l'orange

Préparation : 10 minutes
Cuisson : 35 minutes

Tendre biscuit nappé de confiture.

329 calories

Pour 6 personnes
150 g de beurre
150 g de sucre
1 orange non traitée
2 œufs
125 g de farine
10 g de levure chimique
4 cuillerées à soupe de confiture d'oranges

Mon conseil :
Pour plus de raffinement, versez 4 cl de Grand Marnier dans le jus d'orange.

- Recouvrez le fond du moule avec un papier sulfurisé, beurrez les bords et saupoudrez de sucre.
- Pelez l'orange très finement, hachez le zeste, coupez le fruit en deux et pressez-en le jus.
- Faites blanchir le beurre avec le sucre au batteur électrique, ajoutez le jus et le zeste d'orange, puis les œufs un à un.
- Mélangez la farine avec la levure chimique et incorporez-la à la préparation à l'aide d'une spatule. Malaxez bien le tout.
- Versez la pâte dans le moule, glissez dans le four préchauffé à th. 4 et faites cuire 35 minutes.
- Démoulez le gâteau sur un plat et nappez-le de confiture d'oranges.

Gâteau de pommes moscovite

Préparation : 20 minutes
Cuisson : 45 minutes

Très moelleux, nappé de gelée de groseille.

410 calories

Pour 8 personnes
3 jaunes d'œufs
200 g de sucre en poudre
75 g de beurre
1 paquet de sucre vanillé
1 paquet de levure chimique
375 g de farine
1 pincée de sel

- Allumez votre four à th. 5 ou 6 et mettez-y le beurre à fondre quelques minutes.
- Séparez les blancs des jaunes et travaillez les jaunes au fouet avec le sucre et le sucre vanillé pour faire blanchir le mélange. Ajoutez le beurre fondu, la levure mélangée à la farine et le sel.
- Mélangez et versez suffisamment de lait pour obtenir une pâte molle.
- Beurrez et farinez un moule. Versez-y la pâte.

Gâteau de pommes moscovite *(suite)*

3 belles pommes
2 cuillerées à soupe de gelée de groseille
2 verres de lait
2 cuillerées à soupe de sucre glace

Mon conseil :
Ajoutez une pincée de cannelle et une de girofle dans le mélange levure et farine.

■ Pelez et coupez les pommes en quartiers. Divisez chaque quartier en tranches sans aller jusqu'au bout : les tranches doivent rester attachées à leur base. Disposez-les sur la pâte régulièrement. Mettez au four 40 minutes.

■ Sortez le gâteau du four, enduisez les pommes de gelée et remettez au four encore 5 minutes. Laissez refroidir et saupoudrez de sucre glace avant de servir.

Gâteau roulé

A consommer frais,
avec une garniture bien sucrée.

248 calories

Préparation : 30 minutes
Repos : 30 minutes
Cuisson : 50 minutes

Pour 6 personnes
Pour la pâte :
10 g de levure
10 g de sucre en poudre
12,5 cl de lait
30 g de beurre
180 g de farine
1 œuf
1 pincée de sel
Pour la garniture :
30 g d'orange en dés
50 g de raisins secs
50 g de noisettes
4 cuillerées à soupe de miel
1 pincée de cannelle
Pour le glaçage :
50 g de sucre glace
le jus de 1 citron

■ Avec les ingrédients, préparez une pâte levée (voir recette p. 536).

■ Pétrissez la pâte une fois levée et étendez-la au rouleau à pâtisserie en un rectangle de 3 cm d'épaisseur.

■ Mélangez les ingrédients de la garniture.

■ Étalez la garniture sur la pâte. Roulez le gâteau sur le côté le plus long.

■ Coupez le rouleau en tranches de 4 cm environ d'épaisseur et disposez-les côte à côte dans un moule beurré. Laissez reposer 30 minutes.

■ Glissez le moule dans le four froid. Mettez à cuire 50 minutes en réglant le four à th. 5.

■ Diluez le sucre glace dans le jus de citron et couvrez-en le gâteau brûlant.

Gâteau roulé à l'autrichienne

Préparation : 1 heure
Repos : 10 minutes
Cuisson : 50 minutes

L'incomparable saveur des oignons.

551 calories

Pour 6 personnes

Pour la pâte :
300 g de farine
1 pincée de sel
1 pincée de sucre
2 cl d'huile
farine pour la plaque
huile pour badigeonner

Pour la farce :
2 kg d'oignons
40 g de beurre clarifié
(voir recette p. 97)
2 cuillerées à café de cumin
sel, poivre

Pour la garniture :
100 g d'oignons
30 g de beurre clarifié
(voir recette p. 97)

Mon conseil :
Remplacez le cumin par du thym ou de la marjolaine pour personnaliser votre recette.

- Mettez la farine sur la table de travail, formez un puits et versez le sel avec le sucre et l'huile ; travaillez le tout pour obtenir une pâte lisse.
- Ajoutez progressivement 10 cl d'eau pour assouplir la pâte, formez une boule et badigeonnez-la d'huile avant de la mettre à reposer 10 minutes au frais.
- Pelez et coupez les oignons en fines rondelles et faites-les doucement étuver dans le beurre clarifié. Salez et poivrez et assaisonnez avec le cumin en veillant à ce que toute l'eau de végétation s'évapore. Laissez refroidir.
- Saupoudrez la pâte de farine, puis abaissez-la en une bande de 40 × 25 cm ; posez-la sur une plaque farinée et étirez-la encore pour obtenir un rectangle de 80 × 50 cm. Répartissez-y les oignons refroidis et refermez la pâte pour former un rouleau.
- Badigeonnez d'eau froide et mettez au four préchauffé à th. 6 pendant 35 minutes.
- Pelez, émincez et faites sauter dans le beurre les oignons de la garniture et parsemez-en le dessus du gâteau.

Gaufres

Préparation : 10 minutes
Cuisson : 15 minutes

Pour la plus grande joie des enfants.

199 calories

Pour 4 personnes
1,25 l de lait
100 g de beurre
1 gousse de vanille
1 pincée de sel
250 g de farine
8 œufs
50 cl de crème fleurette
sucre glace

Mon conseil :
Accompagnez de crème fouettée et d'une compote de fruits.

- Portez le lait jusqu'à ébullition avec le beurre, la gousse de vanille fendue en deux et la pincée de sel.
- Jetez la farine en une seule fois dans le liquide bouillant. Mélangez bien, puis ajoutez les œufs un à un en tournant à la spatule.
- Délayez la pâte lentement avec la crème.
- Versez la pâte, louchée par louchée, dans le moule à gaufres préchauffé et faites dorer les gaufres de chaque côté. Saupoudrez de sucre glace pour servir.

Génoise aux fraises

Préparation : 1 heure
Repos : 1 heure

Certains l'appellent fraisier...

410 calories

Pour 6 personnes
1 fond de génoise
(voir recette p. 536)
20 cl d'eau
170 g de sucre
4 cl de kirsch
300 g de fraises
le jus de 1 orange

- Coupez le fond de génoise en deux abaisses carrées d'égale épaisseur. Faites bouillir l'eau avec le sucre jusqu'à ce que de petites bulles se forment. Laissez refroidir, ajoutez le kirsch et humectez la pâte de sirop.
- Lavez les fraises, puis équeutez-les, ajoutez-leur le zeste et le jus d'orange. Laissez reposer 1 heure.
- Fouettez la crème fraîche avec le reste de sirop au kirsch, incorporez-en la moitié à la crème pâtissière et recouvrez

Génoise aux fraises *(suite)*

le zeste de 1/2 orange
50 cl de crème fraîche
250 g de crème pâtissière
(voir recette p. 231)
4 cuillerées à soupe
de gelée de framboise

un des fonds de génoise de cette préparation.

■ Rangez côte à côte les fraises coupées en deux sur la crème et nappez-les de gelée de framboise. Recouvrez du second fond de pâte.

■ Masquez le bord avec le reste de crème, décorez le dessus du gâteau avec la douille et garnissez de quelques fraises réservées.

Gésiers de dinde au paprika

Une recette hongroise, au paprika doux et à la choucroute.

360 calories

Pour 4 personnes

500 g de gésiers de dinde
500 g d'oignons
25 cl de vin blanc
1 branche de thym
1 gousse d'ail
1 cuillerée à café de cumin
1 cuillerée à café de zeste
de citron râpé
20 g de beurre
1 cuillerée à soupe de farine
3 cuillerées à soupe de poudre
de paprika
1 cuillerée à soupe
de crème fraîche
200 g de choucroute déjà cuite
1 pincée de sucre
sel, poivre du moulin

Préparation : 20 minutes
Cuisson : 1 heure

■ Nettoyez les gésiers : fendez chaque gésier sur la partie bombée, ouvrez-les et retirez la poche intérieure en prenant soin de ne pas la briser, puis enlevez la peau. Passez les gésiers sous l'eau froide et séchez-les.

■ Pelez et émincez finement les oignons. Lavez-les sous l'eau froide et séchez-les dans du papier absorbant.

■ Portez à ébullition le vin blanc, le thym, la gousse d'ail pilée, le cumin, le zeste de citron, sel et poivre avec 50 cl d'eau. Ajoutez les oignons et les gésiers parés et faites cuire à couvert 50 minutes.

■ Retirez les gésiers, coupez-les en tranches et passez le fond de cuisson au tamis.

■ Faites fondre le beurre dans une casserole, saupoudrez de farine pour obtenir un roux blond et mouillez avec le fond filtré en tournant bien avec une spatule. Ajoutez le paprika, la crème fraîche, le sucre et la choucroute et mélangez bien le tout.

■ Posez les gésiers sur la choucroute dans la casserole et laissez cuire le tout 10 minutes à feu très doux avant de servir. Rectifiez l'assaisonnement si nécessaire.

■ Dressez les gésiers et la choucroute sur le plat de service préchauffé.

Gibier à poil

Le gibier à poil peut se préparer frais, mais la viande est plus tendre et plus corsée si elle faisande quelques jours. Faites faisander 1 jour lapins et lapereaux fraîchement abattus, dépouillez-les et videz-les. Videz et pendez les autres gibiers de 1 à 7 jours dans un endroit frais, sec, bien aéré, sans le moindre courant d'air. Faites mariner les animaux moins jeunes (la chair sera plus tendre).

Découpage du gibier

Chevreuil, daim et sanglier se vendent généralement en portions, lièvres et lapereaux entiers. Le découpage s'effectue ainsi :

■ Enlevez les entrailles et les peaux de la cavité ventrale.

■ Détachez rognons et foie. Otez la vésicule biliaire.

■ Retirez cœur et poumons. (Gardez-les pour des farces.)

■ Coupez les pattes avant : étirez bien l'avant-train et coupez aux articulations.

■ Coupez l'arrière-train : tenez le lièvre par le dos, détachez l'arrière-train au couteau.

■ Séparez les pattes : détachez les pattes l'une de l'autre avec le couteau.

■ Coupez le râble : selon la taille, coupez-le en deux, trois ou quatre morceaux.

→

Marinade

Les gibiers plus très jeunes étant généralement assez durs, il est conseillé de les faire mariner. La chair devient alors très tendre. Les marinades au vin donnent un goût très fin à la viande.

Lardage

- Coupez le lard en gros bâtonnets de 5 mm de large.
- Passez les lardons dans l'aiguille à larder (lardoire).
- Enfoncez les lardons dans le sens des fibres et coupez les bouts qui dépassent.
- Piquez la viande à intervalles réguliers de 2 à 3 cm (vous pouvez aussi parfumer le lard avant d'en piquer la viande).
- Vous pouvez envelopper la viande dans une crépine.

Cuisson du gibier

Les modes de cuisson recommandés pour le gibier sont la cuisson au four (rôtis) et la cuisson à l'étouffée (civets, ragoûts).

Recettes de base

Rôti de chevreuil

Ce type de cuisson s'applique à toutes les grosses pièces de gibier.

- Piquez et faites mariner le cuissot de chevreuil.
- Faites chauffer l'huile et placez-y la gigue sur le côté plat.
- Faites dorer de toutes parts au four à th. 5.
- Réduisez la chaleur à th. 4. Arrosez la viande avec la marinade.
- Comptez 8 à 10 minutes par livre, la viande sera rosée à l'intérieur et tendre.
- Placez la gigue sur un plat chaud et laissez-la reposer environ 15 minutes.
- Pendant ce temps, déglacez le fond de cuisson, passez-le et préparez la sauce.
- Soulevez la gigue en la tranchant de biais et coupez-la en tranches fines.

→

- Faites-la pivoter d'un quart de tour et tranchez le reste de la viande.

Rôti de lièvre

Ce type de cuisson s'applique à toutes les petites pièces de gibier.

- Levez les filets de lièvre et dénervez-les délicatement au couteau.
- Assaisonnez-les. Rangez-les dans une sauteuse beurrée pouvant aller au four et faites-les rôtir à feu doux de toutes parts.
- Recouvrez la sauteuse avec une feuille d'aluminium.
- Glissez-la dans un four préchauffé à th. 4 et laissez rôtir les morceaux de lièvre 6 à 8 minutes.
- Laissez reposer sur un plat chaud 5 à 10 minutes. Pendant ce temps, préparez la sauce.

Mon conseil :

Le gibier doit toujours être cuit à feu doux.

Civet de lièvre

- Faites macérer le lièvre 1 nuit dans une marinade.
- Retirez la viande, épongez-la, séchez-la. Gardez la marinade.
- Faites rissoler les lardons dans une sauteuse, puis égouttez-les.
- Faites mijoter 500 g d'échalotes dans du beurre, ajoutez aux lardons.
- Faites dorer 10 minutes les morceaux de tous côtés. Mouillez au cognac.
- Ajoutez aux échalotes 2 gousses d'ail, arrosez de marinade, portez à ébullition.
- Recouvrez la viande de vin ou de bouillon, faites bouillir et écumez.
- Baissez le feu, couvrez et laissez mijoter doucement entre 45 et 90 minutes, selon l'âge de l'animal.
- Retirez les morceaux de lièvre et passez le fond de cuisson.
- Mettez la viande à feu doux dans une cocotte avec les lardons et les échalotes. Couvrez.
- Passez le foie au tamis au-dessus d'un saladier.
- Ajoutez si possible un peu de sang frais et mélangez bien (la sauce est ainsi plus corsée).

→

- Faites réchauffer le fond sur feu doux et ajoutez-y le foie. Tournez constamment pour obtenir une sauce onctueuse brun foncé.
- Versez la sauce sur la viande et présentez sur des croûtons.

Voir aussi *Marinades* p. 440 et *Viandes* p. 812.

Gigot d'agneau au four

Préparation : 10 minutes
Repos : 1 heure
Cuisson : 1 heure

Généreusement piqué d'ail, un régal.

460 calories

Pour 6 personnes
1 gigot d'agneau de 2 kg
1 branchette de romarin
6 gousses d'ail
5 cl de beurre fondu
1 cuillerée à soupe de sel
poivre noir fraîchement moulu

- Pelez les gousses d'ail et hachez-les grossièrement.
- Effritez le romarin.
- Mélangez l'ail, le poivre, le sel et le romarin. Frottez le gigot avec cette préparation et laissez-le reposer 1 heure.
- Mettez le gigot sur une grille au-dessus d'un plat à rôtir et faites-le cuire à four chaud (th. 6) 1 heure environ tout en l'arrosant fréquemment en cours de cuisson avec du beurre fondu.

Mon conseil :
J'ajoute parfois au romarin quelques feuilles de thym. Les deux parfums font un très bon mariage.

Gigot d'agneau au genièvre

Préparation : 10 minutes
Cuisson : 15 minutes par livre

Servi sur un lit de choucroute.

840 calories

Pour 6 personnes
1 gigot d'agneau
2 cuillerées à soupe de grains de genièvre
80 g de beurre
1 kg de choucroute cuite
1 verre de vin blanc sec
1 verre de bouillon
sel, poivre

Mon conseil :
Je frotte d'ail le plat dans lequel cuira le gigot.

- Piquez le gigot avec une douzaine de grains de genièvre.
- Beurrez le gigot et mettez-le à cuire à four vif 15 minutes par livre. En cours de cuisson, arrosez-le avec un peu de bouillon.
- Après 30 minutes de cuisson, ajoutez au jus de cuisson le reste des grains de genièvre, salez et poivrez le gigot. Finissez la cuisson en continuant d'arroser de temps en temps.
- Pendant cette fin de cuisson, faites réchauffer la choucroute avec le vin blanc. Servez le gigot avec cette choucroute et la sauce à part.

Girolles aux écrevisses

Préparation : 25 minutes
Cuisson : 15 minutes

Des girolles à la crème et garnies d'écrevisses.

239 calories

Pour 4 personnes
12 écrevisses
1 l de fumet
(voir recette p. 323)
400 g de girolles
20 g de beurre
2 échalotes
1 gousse d'ail

- Faites cuire les écrevisses dans le fumet et gardez-les au chaud.
- Nettoyez et lavez rapidement les girolles. Séchez-les avec un papier absorbant.
- Faites revenir dans le beurre les échalotes pelées et finement émincées avec l'ail pilé. Quand elles sont translucides, ajoutez les girolles.
- Mouillez avec 10 cl de crème, salez, poivrez et parsemez de persil finement ciselé.

12,5 cl de crème fraîche
1 bouquet de persil
3 jaunes d'œufs
sel, poivre du moulin

■ Délayez les jaunes d'œufs avec le reste de crème et mélangez-les bien aux champignons, en veillant à ne pas laisser bouillir.
■ Versez la préparation dans un plat à gratin et faites gratiner 5 minutes au four préchauffé à th. 6.
■ Décortiquez les écrevisses et garnissez-en le gratin au moment de servir.

Girolles et feuille de chêne

Préparation : 15 minutes
Cuisson : 10 minutes

Une salade estivale et fruitée.

257 calories

Pour 2 personnes
200 g de girolles
10 g de beurre
1 échalote émincée
1 feuille de chêne
1 cuillerée à soupe de vinaigre de framboise
2 cuillerées à soupe d'huile de noix
1 cuillerée à soupe de ciboulette hachée
1 cuillerée à soupe de framboises
1 cuillerée à soupe de mûres
20 g de cerneaux de noix
sel, poivre du moulin

■ Nettoyez les girolles en prenant soin qu'il ne reste plus de brindilles ni de terre.
■ Faites fondre le beurre dans une sauteuse et faites-y revenir l'échalote émincée, puis ajoutez les champignons et faites-les saisir sur feu vif.
■ Préparez la salade : effeuillez-la, lavez-la et essorez-la soigneusement.
■ Mélangez le sel et le poivre dans le vinaigre, ajoutez l'huile et la ciboulette.
■ Versez délicatement la salade dans la sauce que vous venez de préparer, tournez-la et disposez-la sur les assiettes.
■ Dressez au centre les girolles encore tièdes et garnissez de framboises, de mûres et de noix.

Girolles en nids de cresson

Préparation : 15 minutes
Marinade : 10 minutes
Cuisson : 5 minutes

Une entrée froide et légère.

275 calories

Pour 2 personnes
300 g de girolles
4 cl d'huile d'olive
2 gousses d'ail pilées
2 citrons
2 échalotes
1 feuille de laurier
6 grains de poivre blanc
1 botte de cresson
sel, poivre en grains

■ Nettoyez soigneusement les girolles, lavez-les rapidement et faites-les bien égoutter.
■ Mettez l'huile d'olive dans une casserole, avec la même quantité d'eau, l'ail pilé, le jus des citrons, les échalotes pelées et finement émincées, la feuille de laurier, du sel et des grains de poivre, portez à ébullition puis laissez infuser 4 minutes sur feu doux.
■ Passez la marinade au tamis.
■ Faites macérer les girolles 10 minutes dans cette marinade.
■ Pendant que les champignons macèrent, lavez le cresson, séchez-le bien dans un torchon et disposez-le en forme de nid sur les assiettes. Garnissez le centre avec les girolles refroidies et portez à table.

Girolles sautées

Préparation : 10 minutes
Cuisson : 30 minutes

Poêlées à l'huile, avec un fin hachis d'échalotes.

195 calories

Pour 4 personnes
1 kg de girolles
4 cuillerées à soupe d'huile
2 échalotes
6 branches de persil
sel, poivre

■ Nettoyez rapidement les girolles en les roulant dans un torchon humide.
■ Dans une poêle, faites chauffer la moitié de l'huile. Mettez les girolles dans l'huile bien chaude et laissez cuire à feu moyen pendant 15 minutes environ pour leur faire rendre leur eau. Égouttez-les ensuite dans une passoire.
■ Pelez les échalotes et hachez-les finement.

Mon conseil :
Vous pouvez remplacer les échalotes par 2 gousses d'ail si vos convives en sont amateurs.

■ Remettez sur le feu la poêle avec le restant de l'huile et attendez qu'elle fume. Jetez-y alors les champignons et le hachis d'échalotes. Salez et poivrez. Faites sauter pendant 3 ou 4 minutes sur feu vif, puis couvrez et laissez cuire tout doucement pendant encore 15 minutes.
■ Vers la fin de la cuisson, lavez et hachez finement le persil. Versez dans un plat creux et servez très chaud, saupoudré de persil haché.

Glaces et préparations glacées

Des délices bien frais qui couronnent un repas.

Recettes de base

Glace frite

■ Formez des boules de glace (ananas, par exemple) et mettez-les au congélateur 1 heure.
■ Roulez les boules de glace à deux reprises dans de la noix de coco râpée.
■ Chauffez le bain de friture à 180 °C et jetez-y les boules de glace 2 minutes.
■ Servez sur un coulis de fruits froid (mangue et jus de citron).

Glace aux pommes

■ Épluchez les pommes et réduisez-les en purée avec un peu de jus de citron. Complétez à 50 % avec du cidre.
■ Mélangez la purée de fruits avec le sirop de sucre, versez dans des coupes et faites prendre au congélateur.
■ Au bout de 30 minutes, remuez et remettez au congélateur (répétez l'opération toutes les heures).

→

■ Après 3 à 4 heures de congélation, mixez la glace dans un saladier froid pour qu'elle soit bien lisse et présentez dans des coupes rincées au calvados.

Parfait glacé aux griottes

■ Battez le sirop de sucre (500 g de sucre et 50 cl d'eau) avec 3 jaunes d'œufs au bain-marie.

■ Continuez à battre le mélange sur de la glace et incorporez à la purée 20 à 30 cerises écrasées et passées au tamis.

■ Incorporez de la crème fouettée et faites prendre dans un moule 4 à 5 heures au congélateur.

■ Enveloppez le moule dans un linge chaud et renversez sur le plat de service (garnissez de cerises et de coulis de cerises).

Soufflé glacé

■ Faites blanchir 4 jaunes d'œufs et 125 g de sucre au bain-marie chaud. Montez les blancs en neige.

■ Incorporez 35 cl de crème fouettée et les blancs en neige aux jaunes d'œufs.

■ Répartissez la préparation dans deux coupes, parfumez l'une au Grand Marnier et l'autre au moka.

■ Versez couche par couche dans un moule à soufflé chemisé de papier beurré. Faites prendre au congélateur 3 à 4 heures.

Gnocchi pâtissière

Préparation : 30 minutes
Cuisson : 20 minutes

En pâte à choux légère et gratinés au fromage.

405 calories

Pour 6 personnes

1 pâte à choux faite sur la base de 200 g de farine

■ Préparez une pâte à choux selon la recette classique (voir p. 535).

■ Façonnez cette pâte en rouleaux de la grosseur d'un doigt. Puis coupez ces rouleaux en petits morceaux de 1,5 cm environ.

■ Faites bouillir une grande casserole d'eau et mettez-y les morceaux de pâte

Gnocchi pâtissière *(suite)*

150 g de gruyère râpé
80 g de beurre
sel, poivre

Mon conseil :
J'arrose les gnocchi avec 3 cuillerées à soupe de crème avant de les saupoudrer de fromage.

qui doivent cuire 10 minutes à petits frémissements (réduisez le feu dès la reprise de l'ébullition).

- Égouttez les gnocchi et disposez-les dans un plat à four que vous aurez préalablement beurré.
- Allumez le four à th. 8.
- Saupoudrez les gnocchi de gruyère râpé, de sel et de poivre, et parsemez-les de noisettes de beurre.
- Passez à four très chaud 10 minutes, en plaçant les gnocchi assez haut dans le four pour qu'ils gratinent bien, et servez bien chaud dans le plat de cuisson.

Goulache à la hongroise

Préparation : 25 minutes
Cuisson : 2 heures

Braisé au paprika.

822 calories

Pour 4 personnes
1 kg d'oignons
800 g de bœuf à braiser
5 tomates
1/2 verre d'huile d'olive
1 gousse d'ail
1/4 de cuillerée à café
de cumin en poudre
1 citron non traité
paprika doux
sel, poivre du moulin

- Pelez les oignons, coupez-les en rondelles.
- Frottez la viande avec sel, poivre et paprika.
- Ébouillantez les tomates pour les peler facilement et coupez la pulpe en petits morceaux.
- Faites chauffer l'huile dans une braisière, faites-y revenir les oignons et, quand ils sont bien blonds, ajoutez la viande et faites-la revenir à son tour.
- Couvrez, baissez le feu et laissez cuire une quinzaine de minutes.
- Otez ensuite le couvercle, augmentez la chaleur et faites réduire le fond. Ajoutez les tomates avec un peu d'eau et faites réduire jusqu'à ce que vous obteniez une belle coloration brune.

Mon conseil :
Les oignons lient bien la sauce, et la farine est inutile.

- Couvrez juste d'eau, dégraissez et prolongez la cuisson à couvert 1 h 30.
- Roulez la gousse d'ail dans du sel et écrasez-la, ajoutez le cumin en poudre et le zeste râpé du citron.
- Versez le mélange dans la braisière et laissez infuser 5 minutes encore avant de servir.

Goulache de porc

Préparation : 20 minutes
Cuisson : 45 minutes

Un sauté de porc à la hongroise, parfumé de paprika.

873 calories

Pour 6 personnes
1 kg d'oignons
2 gousses d'ail
800 g de viande de porc à braiser, coupée en dés de 4 cm de côté
1 cuillerée à soupe de paprika doux
2 cuillerées à soupe d'huile
1 cuillerée à café de concentré de tomates
500 g de pommes de terre
2 poivrons (1 rouge et 1 vert)
1 pincée de cumin
1/2 cuillerée à café de zeste de citron
sel, poivre du moulin

- Pelez les oignons et émincez-les. Pelez l'ail et écrasez-le.
- Assaisonnez la viande en sel, poivre et paprika. Faites chauffer l'huile dans une braisière et faites-y revenir les oignons avec l'ail à feu modéré.
- Ajoutez les dés de viande et mélangez bien le tout. Couvrez et laissez mijoter 5 minutes. Retirez le couvercle et faites réduire légèrement le fond de cuisson pour bien l'aromatiser, puis ajoutez le concentré de tomates, arrosez de 1 verre d'eau et faites réduire à nouveau avant de verser encore 1 verre d'eau. Quand la viande et les oignons sont rissolés, couvrez d'eau et portez à ébullition sur feu vif. Baissez alors le feu et prolongez la cuisson 30 minutes à feu doux.
- Épluchez et lavez les pommes de terre, essuyez-les, coupez-les en quartiers. Épépinez les poivrons, enlevez le pédoncule et les parties blanches et coupez la pulpe en lanières. Ajoutez les pommes de terre à la viande et, au bout de 15 minutes, les poivrons. Laissez cuire

Goulache de porc *(suite)*

Mon conseil :
Il est inutile de lier la sauce avec de la farine, les pommes de terre suffisent très largement.

encore 5 minutes avant d'incorporer le cumin et le zeste de citron. Vérifiez l'assaisonnement.

■ Servez dans le plat de service ou dans la braisière et présentez avec des pâtes ou du riz.

Gratin d'aubergines au four

Un gâteau d'aubergines et de viande hachée finement aromatisé et gratiné au four.

585 calories

Préparation : 15 minutes
Cuisson : 45 minutes

Pour 6 personnes
1 kg d'aubergines
1/2 verre d'huile
2 oignons
2 gousses d'ail
70 g de beurre
300 g de restes de viande hachée
1 cuillerée à soupe de concentré de tomates
quelques brins de persil
60 g de parmesan râpé
sel, poivre

Mon conseil :
Quand j'en ai le temps, je fais dégorger les tranches d'aubergines 1 bonne heure. Pour cela, je les saupoudre de gros sel. Elles rendent leur eau et je les éponge avant de les mettre dans la poêle.

■ Épluchez les aubergines, coupez-les dans le sens de la largeur en rondelles de 1 cm d'épaisseur. Mettez-les dans une grande poêle avec de l'huile. Faites-les revenir de tous côtés et retirez-les quand elles sont bien dorées.

■ Chauffez 40 g de beurre dans une petite poêle. Mettez-y l'oignon et l'ail finement hachés et laissez cuire 5 minutes en remuant. Ajoutez alors la viande hachée (déjà cuite), le concentré de tomates et le persil haché. Salez, poivrez et laissez sur feu doux pendant 5 minutes.

■ Allumez le four à th. 6 ou 7.

■ Dans un grand plat à gratin, disposez une couche d'aubergines (la moitié), puis une couche de farce (la moitié) et encore une couche de chaque. Saupoudrez de fromage et parsemez de noisettes de beurre.

■ Mettez 30 minutes à four chaud. Servez chaud dans le plat de cuisson.

Gratin de chou-rave

Préparation : 20 minutes
Cuisson : 30 minutes

Aux champignons et à la crème.

713 calories

Pour 4 personnes
750 g de choux-raves
250 g de champignons de Paris
75 g de beurre
1 bouquet de persil
150 g de gruyère râpé
50 cl de crème fraîche
sel, poivre du moulin

Mon conseil :
Ce plat est délicieux avec toutes les viandes blanches.

- Pelez les choux-raves, lavez-les et coupez-les en lamelles assez épaisses. Conservez les feuilles.
- Faites blanchir les choux 5 minutes dans de l'eau bouillante salée additionnée d'un peu de beurre et égouttez-les soigneusement.
- Nettoyez, lavez et essuyez les champignons, coupez-les en lamelles épaisses et faites-les sauter 5 minutes dans un peu de beurre. Salez et poivrez.
- Lavez le persil et les feuilles des choux, puis hachez-les finement.
- Rangez les choux et les champignons par couches dans un plat à gratin et parsemez chacune d'elles de persil et de feuilles de chou hachés.
- Saupoudrez de fromage râpé, arrosez de crème et parsemez de noisettes de beurre.
- Faites gratiner 20 minutes au four chauffé à th. 6.

Gratin dauphinois

Préparation : 20 minutes
Cuisson : 45 à 50 minutes

Classique gratin de pommes de terre.

740 calories

Pour 4 personnes
600 g de pommes de terre farineuses mais fermes
70 g d'emmental râpé
1 gousse d'ail

- Épluchez les pommes de terre, coupez-les en deux dans le sens de la longueur, puis en tranches de 2 à 3 mm d'épaisseur.
- Salez, poivrez et mélangez avec une partie du fromage.
- Pelez la gousse d'ail et frottez-en le plat à gratin : beurrez-le et versez-y les pommes de terre. Arrosez-les du

Gratin dauphinois *(suite)*

30 cl de lait
250 g de crème
40 g de beurre
sel, poivre du moulin

Mon conseil :
Excellente garniture pour l'agneau et le bœuf.

mélange de lait et de crème bouillant et passé au tamis, en remuant bien pour le répartir régulièrement.

■ Parsemez avec le reste de fromage et humectez la surface avec le reste de beurre fondu.

■ Glissez le plat dans le four chaud et laissez cuire jusqu'à ce que la surface soit bien dorée.

Gratin d'écrevisses

Préparation : 30 minutes
Cuisson : 1 h 10

Une longue préparation bien récompensée.

685 calories

Pour 4 personnes
1 l de fumet de poisson (voir recette p. 323)
25 cl de vin blanc
1 bouquet garni
2 kg d'écrevisses
200 g de beurre
50 g de concentré de tomates
2 cl de cognac
4 cuillerées à soupe de crème fraîche
1 cuillerée à café de moutarde
2 cuillerées à soupe de légumes coupés en brunoise et blanchis (poireau, carottes, céleri)
2 cuillerées à soupe de crème fouettée
sel, poivre de Cayenne

■ Portez à ébullition le fumet de poisson avec le vin blanc et le bouquet garni, faites-y cuire 3 minutes les écrevisses.

■ Retirez les crustacés, détachez-en les queues, châtrez-les et réservez-les au frais. Concassez les carapaces au pilon.

■ Faites fondre le beurre dans une sauteuse, faites-y revenir les carapaces, ajoutez le concentré de tomates et flambez au cognac. Mouillez avec le fond de cuisson des écrevisses et laissez mijoter à feu doux environ 1 heure. Passez au tamis et mettez en attente au frais.

■ Sortez le fond d'écrevisses du réfrigérateur, enlevez la couche de beurre figé (réservez-la) et portez à ébullition.

■ Faites réduire le fond d'écrevisses jusqu'à ce que vous obteniez environ 12,5 cl de liquide, ajoutez la crème fraîche et portez à ébullition. Assaisonnez avec la moutarde, du sel et le poivre de Cayenne et liez au beurre d'écrevisses réservé. Faites dorer au four chaud pour glacer.

■ Ajoutez les légumes en brunoise et les queues d'écrevisses dans la sauce et faites-les réchauffer.

■ Incorporez la crème fouettée et versez la préparation dans le moule à gratin. Laissez dorer quelques minutes au four chaud.

Gratin de langoustines

Préparation : 1 heure
Cuisson : 30 minutes

Sur lit de fenouil
avec une belle sauce crémée.

383 calories

Pour 2 personnes

12 langoustines
25 cl de fumet de poisson (voir recette p. 323)
12,5 cl de vin blanc
1 cuillerée à café de cumin
1 cuillerée à soupe de beurre
1 cuillerée à soupe de concentré de tomates
1 cuillerée à soupe de farine
1 bulbe de fenouil
3 cuillerées à soupe de crème fraîche
1 œuf
sel, poivre du moulin

■ Faites cuire les langoustines pendant 15 minutes dans une marmite fermée, dans le fumet de poisson bouillant, parfumé de cumin et de vin blanc.

■ Sortez les crustacés, décortiquez-les et mettez les queues de côté. Concassez les carapaces au pilon. Faites-les revenir dans le beurre. Ajoutez le concentré de tomates, saupoudrez de farine puis mouillez avec le fond de cuisson et portez rapidement à ébullition.

■ Nettoyez le fenouil, coupez-le en fine julienne, faites-le blanchir en le plongeant rapidement dans l'eau bouillante. Passez-le sous l'eau froide.

■ Passez la sauce au chinois, portez à ébullition une nouvelle fois, liez à la crème fraîche, rectifiez l'assaisonnement et retirez du feu. Incorporez le jaune d'œuf délayé avec un peu de crème puis le blanc d'œuf battu en neige en soulevant délicatement le mélange.

■ Répartissez les queues de langoustines et le fenouil dans un plat à gratin beurré, nappez de sauce et mettez à four chaud environ 5 minutes pour faire gratiner.

■ Servez dans le plat à gratin.

Gratin périgourdin

Préparation : 15 minutes
Cuisson 30 minutes

Facile et sublime.

360 calories

Pour 2 personnes
400 g de cèpes frais
20 g de truffe
2 cuillerées à soupe d'huile d'olive
20 cl de crème fraîche
100 g de pâte feuilletée (voir recette p. 535)
sel, poivre

■ Préchauffez le four à th. 6.

■ Nettoyez les cèpes, puis émincez-les. Mettez-les dans une poêle sur feu vif, sans matières grasses. Salez et poivrez. Remuez (les cèpes rendent leur eau), puis versez l'huile dessus et laissez cuire 10 minutes. Mettez-les ensuite dans un plat à gratin.

■ Ajoutez la crème fraîche et des lamelles de truffe. Couvrez avec la pâte feuilletée étalée au rouleau et enfournez pendant environ 15 minutes.

Gratin de riz

Préparation : 20 minutes
Cuisson : 50 minutes

Une recette originale aux aubergines et au fromage de brebis.

650 calories

Pour 4 personnes
200 g de riz
2 aubergines
500 g de tomates
2 oignons
2 gousses d'ail
10 cl d'huile d'olive
500 g de bœuf haché
2 cuillerées à café de thym

■ Faites cuire le riz 10 minutes dans de l'eau bouillante salée et égouttez-le dans une passoire.

■ Lavez les aubergines, coupez-les en rondelles, saupoudrez-les de sel et faites-les dégorger le temps de la préparation. Coupez les tomates en tranches.

■ Pelez les oignons et l'ail et hachez-les finement. Faites rissoler ce hachis dans un tiers de l'huile. Ajoutez alors la viande hachée et faites revenir sur feu vif. Salez, poivrez et parfumez de thym.

Gratin de riz *(suite)*

200 g de fromage de brebis (feta)
25 cl de bouillon de viande
sel, poivre du moulin

Mon conseil :

Ce gratin présente l'avantage de pouvoir se servir en plat unique, toute simplement accompagné d'une salade verte pour un repas du soir léger et équilibré.

■ Séchez soigneusement les aubergines avec du papier absorbant et faites-les revenir avec les tomates dans l'huile restante.

■ Garnissez le fond d'un moule à soufflé en alternant une couche de riz, une couche de viande, une couche d'aubergines et de tomates.

■ Terminez par une couche de légumes, garnissez de fromage émietté, arrosez de bouillon et mettez au four chauffé à th. 5 pour faire gratiner pendant 30 minutes.

Gratin de saint-jacques

Préparation : 15 minutes
Cuisson : 10 minutes

Aux crevettes et au curry.

363 calories

Pour 2 personnes

6 coquilles Saint-Jacques
25 g de beurre
1/2 échalote émincée
1 pincée de curry
1 citron
80 g de crème fraîche
50 g de crevettes
chapelure
sel, poivre du moulin

Mon conseil :

Vous pouvez faire de cette recette un plat principal en la complétant avec des moules et du poisson.

■ Détachez le corail des noix de saint-jacques, lavez-les et séchez-les.

■ Faites étuver l'échalote dans une poêle avec le beurre chaud. Ajoutez les saint-jacques et faites-les dorer quelques minutes. Saupoudrez de curry et arrosez de jus de citron. Liez avec la crème fraîche, assaisonnez et laissez mijoter un moment. Vérifiez l'assaisonnement.

■ Ajoutez les crevettes et versez le mélange dans les coquilles des saint-jacques. Saupoudrez de chapelure.

■ Mettez 5 minutes au four chaud et servez.

Gratin de tomates

Préparation : 10 minutes
Cuisson : 15 minutes

Fondantes sous une croûte dorée.

168 calories

Pour 4 personnes
1 kg de tomates de Marmande
3 œufs
10 cl de yaourt au lait entier
6 feuilles de basilic
1/2 cuillerée à café de thym frais
30 g de beurre pour le plat
1 cuillerée à soupe de ciboulette hachée
sel, poivre du moulin

- Ébouillantez les tomates pour les peler et enlevez les pédoncules. Ouvrez-les en deux et ôtez leurs pépins. Coupez-les en rondelles épaisses.
- Mélangez dans un grand saladier les œufs battus avec le yaourt, du sel, du poivre, le basilic finement haché et le thym émietté. Salez et poivrez.
- Rangez les tomates dans un plat beurré et faites-les cuire au four chauffé à th. 5 pendant 5 minutes.
- Versez la préparation aux œufs et au yaourt sur les tomates et faites prendre au four pendant 10 minutes.
- Saupoudrez de ciboulette et présentez aussitôt à table.

Gratinée parisienne

Préparation : 10 minutes
Cuisson : 30 minutes

L'une des variantes de la soupe à l'oignon.

570 calories

Pour 4 personnes
300 g d'emmental râpé
8 oignons moyens
25 g de beurre
100 g de croûtons beurrés
1 l de bouillon de volaille ou de pot-au-feu
sel, poivre

- Épluchez, puis émincez les oignons. Faites-les revenir avec le beurre dans une casserole. Ils doivent être légèrement roussis.
- Ajoutez le bouillon (ou, à défaut, un bouillon en cube, voire de l'eau). Salez et poivrez. Laissez cuire à petit feu une dizaine de minutes.
- Dans des terrines individuelles, disposez une couche de croûtons, une couche de fromage râpé, puis le bouillon aux oignons. Saupoudrez largement la surface de fromage.
- Placez les terrines sous le gril du four et faites gratiner une dizaine de minutes.

Gratinée parmentier

Préparation : 10 minutes
Cuisson : 20 minutes

Saucisses de Toulouse et purée dorées au four.

725 calories

Pour 4 personnes

8 saucisses de Toulouse
2 œufs
1/2 boîte de flocons de pommes de terre à préparer en purée
1 cuillerée à soupe de persil haché
60 g de beurre

Mon conseil :
Je sers en même temps des radis bien croquants.

- Allumez le four à chaleur maximale.
- Faites la purée selon le mode d'emploi indiqué sur l'emballage. Il faut compter 5 minutes de préparation.
- Hors du feu, ajoutez à la purée les 2 œufs. Mélangez bien. La purée se colore en jaune. Ajoutez-lui le persil haché.
- Ouvrez les saucisses en deux dans le sens de la longueur. Faites-les sauter à la poêle sur feu vif, 1 minute sur chaque face.
- Rangez les saucisses dans un plat à gratin en les plaçant côte à côte deux par deux, la partie plate sur le dessus. Recouvrez de purée. Parsemez de noisettes de beurre. Passez au four pour servir bien chaud.

Gratinée au porto

Préparation : 10 minutes
Cuisson : 20 minutes

Une soupe à l'oignon enrichie de porto et d'œufs.

390 calories

Pour 4 personnes

1 sachet de soupe à l'oignon
20 cl de vin blanc sec
4 cuillerées à soupe de porto
2 jaunes d'œufs
8 tranches de pain
75 g de gruyère râpé

- Préparez la soupe à l'oignon comme indiqué sur le sachet. Ajoutez le vin blanc. Faites griller les tranches de pain.
- Dans une soupière allant au four, mélangez porto et jaunes d'œufs. Versez, petit à petit, la soupe à l'oignon. Déposez dessus le pain grillé. Saupoudrez de gruyère râpé. Passez sous le gril, le temps de gratiner.

Grillade provençale

Préparation : 20 minutes
Cuisson : 20 minutes

A la tomate et aux herbes de Provence.

734 calories

Pour 2 personnes

5 cuillerées à soupe d'huile d'olive
1 cuillerée à café d'herbes séchées (basilic, thym, laurier marjolaine)
1 cuillerée à café de poivre rose
400 g de rumsteck
6 tomates moyennes
6 têtes de champignons de Paris
2 gousses d'ail
2 oignons moyens
1 bouquet de persil
sel, poivre du moulin

■ Versez 3 cuillerées à soupe d'huile dans une assiette creuse, ajoutez les plantes aromatiques émiettées et le poivre rose écrasé, salez et badigeonnez la viande de ce mélange.

■ Posez la tranche de rumsteck sur le gril bien chaud et faites-la cuire 5 minutes de chaque côté.

■ Pendant ce temps, ébouillantez les tomates, enlevez-en la peau, coupez-les en quatre et épépinez-les.

■ Lavez les têtes de champignons et coupez-les en lamelles.

■ Pelez l'ail et écrasez-le.

■ Pelez les oignons à leur tour et émincez-les.

■ Quand la viande est à point, mettez-la à reposer sur une assiette chaude.

■ Faites chauffer le reste d'huile d'olive dans une poêle et faites-y fondre les oignons. Ajoutez les tomates, l'ail et les champignons et laissez étuver. Assaisonnez.

■ Glissez la fondue de légumes sur le plat de service chaud, coupez la viande en tranches et dressez-la sur les légumes.

■ Hachez le persil bien lavé et parsemez-en le plat.

Grillades de porc au vin

Préparation : 5 minutes
Cuisson : 25 minutes

Mijotées dans le vin aromatisé à l'échalote et à la tomate.

525 calories

Pour 4 personnes

4 grillades de porc (150 g chacune)
1 échalote
2 cuillerées à café de farine
1 cuillerée à café de concentré de tomates
2 verres de vin blanc
40 g de beurre
sel, poivre

■ Pelez l'échalote. Hachez-la.

■ Faites cuire à la poêle, sur feu vif, dans le beurre, les grillades de porc, 7 minutes sur chaque face. Mettez-les dans un plat tenu au chaud.

■ Dans la même poêle, sur feu assez doux, faites dorer légèrement l'échalote hachée. Saupoudrez de farine. Mélangez puis ajoutez le concentré de tomates, le vin, du sel et du poivre. Laissez bouillir pendant 5 minutes sans couvrir.

■ Remettez les grillades de porc dans la poêle, avec la sauce, et laissez cuire encore 5 à 6 minutes.

Grives au genièvre

Préparation : 30 minutes
Cuisson : 20 minutes

Braisées au beurre et au cognac.

575 calories

Pour 4 personnes

4 grives
16 baies de genièvre
4 bardes de lard
16 cubes de pain
1 cuillerée à soupe de cognac
90 g de beurre
sel, poivre

■ Plumez, videz, flambez les grives.

■ Pétrissez 8 baies de genièvre écrasées en poudre avec 25 g de beurre.

■ Farcissez l'intérieur des grives avec cette préparation ; salez et poivrez.

■ Bardez les grives.

■ Mettez 30 g de beurre dans une cocotte et faites-y cuire les grives à feu modéré 15 minutes en les arrosant plusieurs fois.

■ Ajoutez les baies restantes hachées et les petits cubes de pain frits dans le restant du beurre.

■ Couvrez la cocotte et laissez mijoter 5 minutes à feu doux.

Mon conseil :

Je prépare ces grives dans une cocotte en verre à feu, très présentable à table.

■ Arrosez de cognac. Flambez. Présentez à table dans le récipient de cuisson.

Grondins aux amandes

Préparation : 15 minutes
Cuisson : 25 à 30 minutes

Aromatisés au thym et flambés au rhum.

395 calories

Pour 4 personnes

4 grondins
2 cuillerées à soupe d'huile
50 g de beurre
2 citrons
1 petit verre de rhum blanc
50 g d'amandes effilées
thym frais
sel, poivre

Mon conseil :

Je préfère, si possible, utiliser des petits citrons verts. Leur saveur s'accorde si bien avec celle du rhum !

■ Coupez 1 citron en huit petits quartiers.

■ Nettoyez les poissons et glissez une petite branche de thym et des quartiers de citron, sel et poivre, dans le ventre de chaque grondin.

■ Mettez-les dans un plat allant au four.

■ Arrosez-les d'huile et ajoutez la moitié du beurre. Saupoudrez de quelques feuilles de thym.

■ Arrosez du jus de 1 citron et mettez à cuire à four chaud pendant 25 minutes en les arrosant souvent.

■ Faites fondre le reste du beurre à la poêle pour y mettre à dorer les amandes effilées, puis posez-les sur les poissons cuits. Arrosez le tout avec le rhum.

■ Flambez et servez aussitôt.

Grondins au fenouil

Préparation : 15 minutes
Cuisson : 30 minutes

Au léger parfum d'anis.

486 calories

Pour 2 personnes

4 filets de grondin
2 cuillerées à soupe de jus de citron
2 bulbes de fenouil
1 jaune d'œuf
chapelure
30 g de beurre
2 cuillerées à soupe de crème fraîche
sel, poivre du moulin

Mon conseil :
Vous pouvez ajouter au fenouil quelques grains d'anis.

- Versez un peu de jus de citron sur les filets de poisson, salez-les et poivrez-les.
- Lavez le fenouil, fendez les bulbes en deux et détachez la partie dure du cœur. Faites-les cuire à l'autocuiseur pendant 7 minutes.
- Passez les filets de grondin dans le jaune d'œuf battu puis dans la chapelure. Rangez-les dans un plat allant au four et garnissez avec le fenouil. Assaisonnez légèrement avec le sel et le poivre, parsemez de noisettes de beurre et arrosez de jus de citron.
- Faites cuire à four chaud 20 minutes environ.
- Retirez le poisson du plat, liez le fond de cuisson avec la crème fraîche et vérifiez l'assaisonnement.
- Versez la sauce sur les assiettes préchauffées, dressez le poisson et garnissez de fenouil.

Garbure (recette page 335)

Gratin périgourdin (recette page 365)

h

Hachis parmentier

Préparation : 20 minutes
Cuisson : 40 minutes

Pour utiliser des restes de pot-au-feu.

540 calories

Pour 6 personnes
400 g de bœuf bouilli
100 g de lard fumé
100 g de mie de pain
1/2 verre de lait tiède
1 oignon
100 g de beurre
1 œuf
quelques brins de persil
sel, poivre
100 g de gruyère râpé
(ou de chapelure)
Pour la purée :
1 kg de pommes de terre
50 cl de lait
sel, poivre

- Pelez et lavez les pommes de terre et coupez-les en quartiers. Jetez-les dans une casserole d'eau bouillante et laissez-les cuire 15 minutes.
- Pendant ce temps, hachez le bœuf, le lard fumé et le persil.
- Dans une petite poêle, faites fondre l'oignon émincé dans 30 g de beurre, sans le laisser prendre couleur.
- Trempez la mie de pain dans le lait tiède.
- Mélangez dans une jatte le bœuf, le lard, le persil, l'oignon et la mie de pain trempée. Ajoutez l'œuf entier, assaisonnez de sel et de poivre, et amalgamez bien le tout.
- Égouttez les pommes de terre, et passez-les au presse-purée. Ajoutez-leur 50 cl de lait chaud, salez et poivrez.
- Allumez votre four à th. 6 ou 7.
- Dans un grand plat à gratin, répartissez le hachis en une couche bien

Mon conseil :
Je cuis les pommes de terre non pas dans l'eau mais dans du bouillon de pot-au-feu... quand il m'en reste.

plane. Étendez dessus la purée, dont vous aplanirez aussi la surface. Saupoudrez de gruyère râpé (ou de chapelure). Parsemez de noisettes de beurre et mettez assez haut dans le four 20 minutes. Servez chaud dans le plat de cuisson.

Haddock au court-bouillon

Préparation : 5 minutes
Cuisson : 15 minutes

Une recette toute simple.

335 calories

Pour 4 personnes
4 morceaux de haddock (700 g environ)
50 cl de lait
50 cl d'eau
100 g de carottes pelées
1 feuille de laurier
50 g de beurre
4 rondelles de citron
poivre du moulin

Mon conseil :
Vous pouvez remplacer le beurre par une sauce à base de crème fraîche et de vin blanc.

- Rangez le poisson dans une grande sauteuse et recouvrez-le d'eau et de lait.
- Faites chauffer jusqu'à frémissement, mettez alors les carottes et la feuille de laurier et prolongez la cuisson pendant 10 minutes.
- Faites fondre le beurre dans une petite casserole et poivrez légèrement.
- Égouttez le poisson et disposez-le sur un plat chaud. Arrosez de beurre chaud et garnissez de rondelles de citron.

Hamburgers

Préparation : 15 minutes
Cuisson : 8 minutes

En-cas aux multiples variations.

557 calories

Pour 2 personnes
200 g de steak haché
1 jaune d'œuf
2 échalotes émincées
2 cuillerées à soupe d'huile
2 petits pains au sésame
1 tomate
2 feuilles de salade
2 tranches de fromage
1 cornichon en rondelles
2 cuillerées à soupe
de mayonnaise
2 cuillerées à soupe de ketchup
sel, poivre du moulin

Mon conseil :
La viande doit être bien chaude pour que le fromage fonde.

■ Mélangez la viande avec l'œuf et les échalotes ; salez, poivrez et formez deux boules que vous aplatirez entre les paumes de vos mains. Dans une poêle, faites revenir les steaks hachés dans un peu d'huile en évitant qu'ils ne se dessèchent.

■ Ouvrez les petits pains en deux dans le sens horizontal et faites-les légèrement griller du côté tranché.

■ Coupez la tomate en rondelles.

■ Garnissez le fond des petits pains de 1 feuille de salade et posez sur celle-ci la viande puis le fromage. Complétez de rondelles de cornichon et de tomate, d'échalotes émincées, et assaisonnez le tout de mayonnaise et de ketchup.

■ Recouvrez chaque petit pain de son chapeau et servez encore chaud.

Hamburgers au saumon

Préparation : 15 minutes

Une variante au poisson pour changer de la viande.

545 calories

Pour 2 personnes
2 petits pains
30 g de beurre
2 feuilles de salade

■ Ouvrez les petits pains en deux dans le sens horizontal, faites-les griller légèrement et beurrez-les.

■ Disposez sur le fond de chaque petit pain 1 feuille de salade, puis 1 cuillerée de crème au raifort. Recouvrez de saumon et disposez par-dessus les tranches de tomate et les cornichons ; nappez

Hamburgers au saumon *(suite)*

2 cuillerées à soupe de crème au raifort
200 g de saumon fumé
1 tomate en rondelles
2 cornichons hachés
2 cuillerées à soupe de rémoulade
le jus de 1/2 citron
poivre du moulin

enfin de rémoulade. Donnez un ou deux tours de moulin à poivre, selon votre goût.

■ Humectez le dessus du petit pain de quelques gouttes de jus de citron et posez-le sur son fond. Servez immédiatement dans une assiette.

Harengs farcis aux herbes

En robe de poireaux.

628 calories

Pour 4 personnes
4 harengs
2 échalotes émincées
100 g de pain de mie
1/2 verre de lait
2 cuillerées à soupe de persil
2 cuillerées à soupe de cerfeuil
1 cuillerée à café d'estragon
quelques feuilles de poireau
80 g de beurre
25 cl de vin blanc
crème fraîche
sel, poivre du moulin

Préparation : 20 minutes
Cuisson : 25 minutes

■ Nettoyez les harengs, videz-les. Incisez-les sur la face ventrale de la tête à la queue pour en retirer l'arête centrale. Enlevez les petites arêtes avec une pince et lavez les poissons à nouveau. Faites dorer les échalotes émincées dans un peu de beurre.

■ Faites gonfler le pain dans le lait chaud, pressez-le et mélangez-le aux fines herbes et aux échalotes. Salez et poivrez.

■ Faites blanchir le poireau dans de l'eau bouillante salée. Assaisonnez la cavité ventrale des poissons et garnissez-la de farce. Enveloppez les harengs dans les feuilles de poireau.

■ Faites fondre le beurre dans la sauteuse, ajoutez le vin, salez, poivrez et rangez-y les poissons. Laissez étuver à couvert 20 minutes.

■ Au moment de servir, liez la sauce avec la crème fraîche.

Harengs grillés

Préparation : 10 minutes
Cuisson : 10 minutes

Délicieux et bon marché.

675 calories

Pour 4 personnes
4 harengs de taille moyenne
2 cuillerées à soupe d'huile d'olive
20 à 30 cl de sauce moutarde (voir recette p. 705)
2 cuillerées à soupe de jus de citron
sel, poivre du moulin

- Faites vider les poissons, lavez-les, séchez-les, puis salez-les et poivrez-les légèrement.
- Faites chauffer le gril.
- Badigeonnez les harengs d'huile et faites-les griller 5 minutes de chaque côté.
- Rangez les poissons sur un plat chaud et versez dessus un filet de jus de citron.
- Servez sans attendre et présentez à part la sauce moutarde.

Harengs marinés

Préparation : 10 minutes
Cuisson : 40 minutes

Légèrement acidulés et bien relevés.

620 calories

Pour 4 personnes
800 g de petits harengs
1 carotte
2 oignons
50 cl de vinaigre de vin
50 cl de vin blanc
12 grains de poivre
1 feuille de laurier
sel

Mon conseil :
Je conserve les harengs marinés plusieurs jours au réfrigérateur.

- Nettoyez la carotte, coupez-la en minces rondelles. Pelez les oignons, coupez-les en quatre. Mettez à cuire sur feu doux dans une casserole couverte avec le vinaigre, le vin blanc, le sel, le poivre, la feuille de laurier, pendant 30 minutes pour obtenir une marinade.
- Nettoyez les harengs, mettez-les dans un plat creux.
- Versez sur les poissons la marinade bouillante. Mettez sur petit feu et laissez à peine frissonner pendant 2 minutes. Laissez refroidir avant de consommer.

Haricots blancs au beurre

De bons haricots frais très simplement préparés.

Préparation : 25 minutes
Cuisson : 30 minutes

610 calories

Pour 6 personnes
1,5 kg de haricots à écosser
80 g de beurre
quelques branches de persil
sel

Mon conseil :
J'ajoute souvent dans l'eau de cuisson 1 branchette de thym, 1/2 feuille de laurier et 1 clou de girofle.

- Écossez les haricots.
- Faites chauffer dans une grande casserole 2 l d'eau salée à raison de 2 cuillerées à café rases de gros sel par litre. Jetez-y les haricots et laissez bouillir franchement et sans couvercle pendant 30 minutes.
- Égouttez et versez dans un plat creux ou un légumier.
- Ajoutez au moment de servir le beurre détaillé en petits morceaux et mélangez. Parsemez de persil haché et servez sans attendre.

Haricots blancs gratinés

Avec tomates et oignons.

Préparation : 15 minutes
Trempage : 12 heures
Cuisson : 55 minutes

570 calories

Pour 6 personnes
1 kg de haricots blancs
1 oignon piqué de 1 feuille de laurier et de 2 clous de girofle
1 branche de thym
2 oignons
2 tomates
80 g de beurre

- Faites tremper les haricots 1 nuit dans de l'eau froide. Le lendemain, mettez-les dans un faitout avec l'oignon épluché et piqué de clous de girofle et de laurier, la branche de thym, du sel et du poivre. Couvrez-les d'eau bouillante et faites-les cuire à frémissement pendant environ 40 minutes, sur feu modéré.
- Épluchez les autres oignons et coupez-les en dés.

Haricots blancs gratinés *(suite)*

chapelure blonde
sel, poivre du moulin

■ Pelez les tomates après les avoir passées à l'eau bouillante, coupez-les en quartiers et épépinez-les.

■ Faites sauter dans la moitié du beurre les oignons et les tomates, assaisonnez-les légèrement et mélangez-les aux haricots que vous aurez bien égouttés et séchés dans un linge propre.

■ Versez le tout dans un plat à gratin, saupoudrez de chapelure et répartissez dessus le reste de beurre par petites noisettes.

■ Faites gratiner au four chauffé à th. 6 environ 10 minutes.

Haricots blancs à la provençale

Garnis de filets d'anchois et de câpres.

589 calories

Préparation : 15 minutes
Trempage : 12 heures
Cuisson : 55 minutes

Pour 6 personnes

1 kg de haricots blancs
1 branche de thym
1 oignon piqué de 1 feuille de laurier et de 4 clous de girofle
4 oignons
10 cl d'huile d'olive
2 gousses d'ail
4 filets d'anchois
6 tomates
1 cuillerée à soupe de câpres
sel, poivre du moulin

■ Faites tremper les haricots durant la nuit. Le lendemain, égouttez-les et plongez-les dans de l'eau bouillante salée avec la branche de thym. Au bout de 20 minutes de cuisson, ajoutez l'oignon épluché et piqué de laurier et de clous de girofle, et prolongez la cuisson pendant 20 minutes.

■ Épluchez les oignons restants et hachez-les grossièrement.

■ Faites revenir les oignons à l'huile chaude dans une cocotte, ajoutez les gousses d'ail pelées et hachées, les filets d'anchois et les tomates pelées et épépinées puis coupées en dés.

Mon conseil :
Vous pouvez supprimer câpres et filets d'anchois. Ajoutez alors 1 bouquet de fines herbes.

■ Égouttez les haricots et versez-les à leur tour dans la cocotte. Remuez bien le tout et laissez encore mijoter environ 10 minutes.
■ Vérifiez l'assaisonnement et parsemez de câpres au moment de servir.

Haricots verts à l'anglaise

Bien verts, bien fermes, avec un simple beurre fondu.

190 calories

Pour 6 personnes
1 kg de haricots verts
80 g de beurre
quelques brins de persil
sel

Préparation : 20 minutes
Cuisson : 20 minutes

■ Cassez les deux bouts des haricots et retirez les fils s'il y en a. Lavez-les et égouttez-les.
■ Faites bouillir dans une grande casserole 2 l d'eau. Jetez-y les haricots et laissez-les cuire à gros bouillons et sans couvercle 15 à 20 minutes. Salez au milieu de la cuisson. Les haricots doivent être encore un peu fermes mais pas durs.
■ Égouttez-les et mettez-les dans un plat creux. Versez le beurre fondu dessus et mélangez. Parsemez de persil haché. Servez chaud.

Haricots verts aux girolles

Savoureuse estouffade de légumes.

171 calories

Pour 4 personnes
250 g de girolles

Préparation : 25 minutes
Cuisson : 25 minutes

■ Nettoyez les girolles et lavez-les si nécessaire.
■ Enlevez les fils des haricots, lavez-les, puis coupez-les en morceaux et faites-les blanchir 10 minutes dans de l'eau bouillante salée.

Haricots verts aux girolles *(suite)*

500 g de haricots verts extrafins
20 g de beurre
50 g de lard maigre en dés
1 oignon
4 tomates
sel, poivre du moulin

Mon conseil :
Parsemez les haricots de persil haché, le plat en sera plus joli et encore meilleur.

- Faites fondre le lard dans une sauteuse avec le beurre, ajoutez-y l'oignon pelé et émincé et faites dorer le tout à feu vif.
- Mettez les haricots et les girolles bien égouttés dans la sauteuse et faites-les cuire à l'étouffée pendant environ 10 minutes.
- Ébouillantez les tomates, pour en enlever plus facilement la peau. Retirez les pépins. Ajoutez la pulpe aux légumes et mélangez délicatement le tout. Salez et poivrez juste au moment de servir.

Homard grillé

Préparation : 15 minutes
Cuisson : 16 minutes

Onctueux et nature.

181 calories

Pour 3 personnes
1 homard de 800 g
1/2 citron
1 cuillerée à soupe d'huile
sel, piment de Cayenne

Mon conseil :
Le procédé est un peu barbare, aussi pouvez-vous plonger le homard dans l'eau bouillante pour le tuer.

- Fendez le homard encore vivant en deux dans le sens de la longueur, plongez-le dans l'eau bouillante, enlevez la poche à gravier et le boyau. Suivez les indications données page 249.
- Arrosez de jus de citron, salez, ajoutez le piment de Cayenne imbibé d'huile.
- Mettez les moitiés de homard sur le gril bien chaud et faites-les griller d'abord du côté carapace, puis du côté chair (3 minutes chaque fois). Faites-les griller à nouveau 5 minutes des deux côtés. Arrosez de jus de citron et badigeonnez d'huile.
- Servez sans attendre avec un aïoli (voir recette p. 62).

Homards à l'américaine

Préparation : 20 minutes
Cuisson : 35 minutes

Dans une sauce à la tomate et au vin blanc.

341 calories

Pour 6 personnes
3 homards de 300 g chacun
100 g de beurre
2 cl de cognac
farine
50 cl de fumet de poisson
(voir recette p. 323)
20 cl de vin blanc
1 bouquet de tiges de persil
1 cuillerée à soupe de concentré de tomates
1 pincée de safran
sel, poivre du moulin

- Faites cuire les homards selon les indications de la page 249.
- Retirez chaque homard de sa carapace et concassez celle-ci au pilon.
- Faites revenir la carapace dans un peu de beurre, flambez au cognac, saupoudrez de farine puis mouillez avec le fumet de poisson et le vin blanc et ajoutez les tiges de persil et le concentré de tomates.
- Faites mijoter environ 30 minutes, passez au tamis et portez à nouveau à ébullition. Assaisonnez de safran, de sel et de poivre.
- Ajoutez le reste du beurre par parcelles pour lier la sauce.
- Mettez la chair de homard dans la sauce pour la faire réchauffer.

Homards à la nage

Préparation : 15 minutes
Cuisson : 15 minutes

Cuits dans leur jus avec beurre fondu et julienne de légumes.

372 calories

Pour 4 personnes
1 l de fumet de poisson
(voir recette p. 323)
4 petits homards
de 400 à 500 g chacun
20 cl de vin blanc
200 g de légumes en julienne
(carottes, poireau, céleri)

- Dans un faitout, portez à ébullition le fumet de poisson avec le vin blanc, les légumes, les oignons, l'ail et le bouquet garni. Plongez-y les homards encore vivants. Faites cuire à couvert 8 minutes. Éteignez le feu, puis laissez infuser 10 minutes.
- Retirez les homards ; fendez-les en deux dans le sens de la longueur, cassez les pinces, jetez le boyau et la poche à gravier. Réservez les homards et les pinces au chaud.

Homards à la nage *(suite)*

2 oignons émincés
1 gousse d'ail pelée
1 bouquet garni
1 cuillerée à soupe de persil haché
beurre
sel, poivre du moulin

■ Faites réduire fortement le fond de cuisson, passez-le au tamis, portez à nouveau à ébullition. Montez la sauce au beurre. Assaisonnez en sel et en poivre.

■ Dressez les homards encore chauds dans des assiettes creuses, arrosez-les de la sauce et servez-les aussitôt parsemés de persil.

Hot fish

Un hot dog à la sardine.

205 calories

Pour 4 personnes

8 petites sardines à l'huile
4 petits pains au lait
2 oignons
1 noix de beurre
1 cuillerée à café de moutarde forte
sel, poivre

Mon conseil :
Essayez avec des anchois dessalés.

Préparation : 5 minutes
Cuisson : 12 minutes

■ Pelez les oignons et hachez-les finement.

■ Faites fondre le beurre dans une poêle et mettez-y les oignons hachés. Laissez-les blondir (mais non roussir) 5 minutes. Salez et poivrez.

■ Ouvrez chaque petit pain en deux et tartinez l'intérieur avec un peu de moutarde, puis avec la purée d'oignons au beurre.

■ Égouttez les sardines, retirez leur arête centrale. Disposez-les deux par deux dans les petits pains que vous refermerez ensuite.

■ Faites chauffer 6 minutes à four moyen.

Huîtres bordelaises

Préparation : 20 minutes
Cuisson : 10 minutes

Les saveurs alternées de l'huître fraîche et de la chipolata brûlante.

360 calories

Pour 4 personnes
2 douzaines d'huîtres
6 saucisses chipolatas
50 g de beurre

Mon conseil :
Pour obtenir de la glace pilée, je mets des glaçons dans un torchon et je tape dessus avec un marteau.

- Ouvrez les huîtres, si vous ne l'avez pas fait faire par votre écailler. Disposez-les dans un plat contenant, si possible, de la glace pilée.
- Dans une poêle, faites bien dorer au beurre les chipolatas. Coupez-les en quatre dans l'épaisseur pour avoir 24 morceaux. Disposez-les sur un plat de service chaud. Allumez sur la table un chauffe-plats. Placez dessus les chipolatas pour qu'elles ne refroidissent pas. Placez à côté le plat d'huîtres. On mange alternativement un morceau de chipolata brûlant et une huître fraîche.

Huîtres pochées aux poireaux

Préparation : 15 minutes
Cuisson : 10 minutes

Original et délicieux.

127 calories

Pour 4 personnes
2 douzaines d'huîtres
2 poireaux
2 cuillerées à soupe de crème fraîche
1 cuillerée à soupe de beurre
poivre du moulin

- Ouvrez les huîtres, détachez-les de leurs coquilles et conservez les coquilles vides ainsi que leur eau.
- Nettoyez les poireaux, lavez-les bien et coupez-les en fine julienne.
- Faites fondre le beurre dans une sauteuse avec l'eau des huîtres, ajoutez les poireaux et laissez étuver.
- Versez la crème fraîche, poivrez et laissez réduire. Mettez les huîtres à pocher dans la préparation 2 minutes.
- Réchauffez les coquilles réservées en les plongeant dans de l'eau chaude.
- Garnissez chaque coquille avec une huître et nappez de fondue de poireaux. Servez bien chaud.

i j

Iles flottantes à l'abricot

Des blancs d'œufs aériens sur une purée de fruits.

547 calories

Préparation : 15 minutes
Cuisson : 20 minutes

Pour 2 personnes
200 g d'abricots
110 g de sucre
3 blancs d'œufs
50 cl de lait
1 gousse de vanille

- Pelez les abricots. Fendez-les en deux, enlevez les noyaux, cassez-les et retirez-en les amandes.
- Versez le sucre avec 25 cl d'eau et les amandes dans une casserole et faites cuire 10 minutes avant d'ajouter les fruits. Faites pocher les abricots 5 minutes, puis réduisez-les en purée.
- Montez les blancs d'œufs en neige avec du sucre et, à l'aide d'une poche à douille, formez des petits tas sur un papier sulfurisé.
- Fendez la gousse de vanille en deux et mettez-la dans le lait ; portez à ébullition. Faites-y pocher 5 minutes les œufs en neige, sortez-les à l'aide d'une écumoire et faites-les égoutter.
- Dressez les blancs d'œufs sur la purée d'abricots et décorez avec un peu de coulis de fraises ou de framboises.

Mon conseil :
Si l'alcool est permis, ajoutez un peu de liqueur d'abricot à la purée de fruits.

Jambon à la créole

Préparation : 20 minutes
Cuisson : 3 heures

L'un des mets traditionnellement servis au réveillon de Noël.

870 calories

Pour 1 jambon de 3 kg

1 cuillerée à soupe de sucre roux
1 bouquet garni
3 feuilles de laurier
ou de bois d'Inde
quelques clous de girofle
1 piment
quelques tranches d'ananas frais
30 g de beurre

■ Faites dessaler le jambon dans beaucoup d'eau pendant 48 heures, en changeant l'eau trois ou quatre fois. Grattez ensuite le jambon à l'aide d'un couteau.

■ Dans un grand faitout, versez 5 l d'eau, puis ajoutez le bouquet garni, les feuilles de laurier ou de bois d'Inde, les clous de girofle, le piment, le jambon, et faites cuire environ 3 heures.

■ Lorsque le jambon est cuit, sortez-le du bouillon et laissez-le refroidir. A l'aide d'un couteau à lame pointue, détachez délicatement la couenne sans enlever le gras.

■ Placez le jambon dans un grand plat, parsemez-le de sucre roux et faites-le glacer sous le gril du four.

■ Faites dorer les tranches d'ananas à la poêle dans le beurre. Placez-les ensuite sur le jambon ou tout autour.

Jambon à l'orange

Préparation : 5 minutes
Cuisson : 10 minutes

Du jambon chaud en sauce douce au porto et aux fruits.

840 calories

Pour 4 personnes

4 belles tranches de jambon
d'York (400 g)
le jus de 1 orange
le jus de 1 citron

■ Dans une petite casserole, sur feu doux, délayez la gelée de groseille avec le porto. Ajoutez le jus d'orange et le jus de citron, la moutarde et le poivre de Cayenne. Faites chauffer doucement pendant 5 minutes.

■ Dans une poêle, chauffez le jambon d'York avec le beurre.

Jambon à l'orange *(suite)*

3 cuillerées à soupe de gelée de groseille
1 verre à liqueur de porto
2 cuillerées à café de moutarde
1 pincée de poivre de Cayenne
1 noix de beurre

■ Versez la sauce aux fruits et au porto sur le jambon, et servez aussitôt.

Jambon sur toasts

Préparation : 15 minutes
Cuisson : 15 minutes

De délicieux toasts garnis de jambon et dorés au four.

255 calories

Pour 6 personnes
125 g de jambon maigre en 1 tranche
1 cuillerée à soupe de farine
80 g de beurre
1 jaune d'œuf
1 cuillerée à soupe de crème fraîche
6 tranches de pain de mie rassis de 1 cm d'épaisseur
2 cuillerées à soupe de chapelure
sel, poivre

Mon conseil :
Une pointe de muscade dans la sauce m'a toujours paru indispensable.

■ Détaillez le jambon en petits dés.
■ Faites fondre 30 g de beurre dans une petite casserole. Ajoutez la farine en remuant bien, puis mouillez avec 1 verre d'eau chaude ou un peu plus (la sauce doit, après avoir bouilli 2 ou 3 minutes, être assez épaisse). Salez et poivrez.
■ Hors du feu, ajoutez la crème fraîche, le jaune d'œuf et le jambon. Remettez sur le feu pour réchauffer, mais ne laissez pas bouillir.
■ Allumez votre four à th. 8.
■ Faites fondre le reste du beurre dans une grande poêle et mettez-y à frire les tranches de pain.
■ Disposez les croûtes sur un grand plat à gratin. Garnissez avec la farce au jambon et saupoudrez de chapelure. Laissez dorer 10 minutes au four. Servez aussitôt.

Jarret d'agneau aux haricots verts

Préparation : 35 minutes
Marinade : 12 heures
Cuisson : 1 h 15

Une exquise composition bien relevée.

637 calories

Pour 2 personnes

1 jarret d'agneau
1 carotte
1 blanc de poireau
1 morceau de céleri-rave
2 échalotes émincées
1 gousse d'ail écrasée
1 feuille de laurier
2 clous de girofle
12,5 cl de vin rouge
1 cuillerée à soupe d'huile de noix
200 g de haricots verts extrafins
1 endive
12,5 cl de sauce moutarde (voir recette p. 705)
sel, poivre du moulin

■ La veille, préparez le jarret ; enlevez la peau et les parties grasses. Nettoyez les légumes et détaillez-les en petits dés. Préparez une marinade avec le vin rouge, les légumes, les échalotes, l'ail, le laurier, les clous de girofle, le sel et le poivre, et faites-y mariner la viande toute la nuit au frais.

■ Le lendemain, essuyez la viande, faites-la revenir dans l'huile dans une cocotte et mouillez avec la marinade. Faites cuire alors à four chaud (th. 3) environ 45 minutes en arrosant très régulièrement.

■ Effilez les haricots, faites-les cuire dans de l'eau bouillante salée, puis passez-les sous l'eau froide.

■ Détachez les feuilles extérieures de l'endive, enlevez la partie amère et coupez soigneusement les feuilles en fines rondelles.

■ Mélangez les haricots verts et les feuilles d'endive avec les deux tiers de la sauce moutarde. Disposez la salade sur le plat de service.

■ Sortez la viande du four, coupez-la en fines tranches et dressez-la sur la salade.

■ Faites réduire le fond de cuisson, mélangez-le délicatement au reste de la sauce moutarde et nappez-en la viande avant de servir.

Mon conseil :

Ajoutez dans l'eau de cuisson des haricots verts une petite branche de sarriette.

Jarret de porc aux lentilles

Préparation : 10 minutes
Cuisson : 1 h 30

Une recette d'inspiration paysanne.

780 calories

Pour 4 personnes
1 jarret de porc de 1 kg
4 chipolatas
250 g de lentilles
2 oignons
1 bouquet garni
50 g de saindoux
sel, poivre

■ Chauffez 2 l d'eau. A ébullition, mettez le jarret, les lentilles, les oignons et le bouquet garni. Couvrez et laissez cuire 1 heure à petit feu. Salez et poivrez à mi-cuisson.
■ Égouttez le jarret. Mettez-le dans un plat allant au four. Enduisez-le de saindoux. Faites-le dorer une dizaine de minutes à th. 7 ou 8 en le retournant. Ajoutez les chipolatas et laissez-les dorer avec le jarret 7 à 8 minutes.
■ Égouttez les lentilles. Versez-les dans un plat creux. Posez dessus le jarret et les chipolatas. Arrosez de jus de cuisson. Servez avec de la moutarde.

Jeunes épinards aux lardons

Préparation : 10 minutes
Cuisson : 5 minutes

Un parfum de terroir.

362 calories

Pour 4 personnes
350 g d'épinards frais
100 g de lard en dés
4 tranches de pain de mie en dés
1 noix de beurre
le jus de 1/2 citron
2 cuillerées à soupe
d'huile d'arachide
poivre du moulin

■ Triez les épinards et lavez-les soigneusement dans plusieurs eaux.
■ Essorez-les et hachez-les grossièrement. Placez-les dans un grand saladier.
■ Faites fondre le beurre dans une poêle et mettez-y à dorer les croûtons ; jetez-les sur la salade. Faites revenir les lardons à leur tour dans la poêle.
■ Émulsionnez le jus de citron avec l'huile et poivrez abondamment.
■ Tournez la salade dans la vinaigrette et ajoutez au moment de servir les lardons encore tièdes.

Julienne de légumes fins

Préparation : 30 minutes
Cuisson : 10 minutes

Luxe et simplicité.

453 calories

Pour 4 personnes

1 petit chou-fleur blanc
400 g de brocolis
50 cl de sauce hollandaise
(voir recette p. 717)
50 g de beurre
50 g de truffes (en boîte)
noix muscade
sel

Mon conseil :
Faites réchauffer les légumes dans une grande sauteuse afin qu'ils ne soient pas tassés, sinon ils s'écraseraient.

- Nettoyez les légumes, lavez-les et détachez-les en petits bouquets.
- Préparez la sauce hollandaise et gardez-la en attente au chaud.
- Faites blanchir les légumes séparément dans de l'eau bouillante salée. Passez-les sous l'eau froide. Égouttez-les soigneusement.
- Faites fondre le beurre dans une grande sauteuse et faites-y revenir les légumes. Salez et ajoutez une pointe de muscade.
- Rangez les légumes sur le plat de service chaud, puis nappez de sauce hollandaise et garnissez des truffes coupées en fines lamelles.

k

Kouglof

Préparation : 20 minutes
Cuisson : 45 minutes

A accompagner d'un verre de gewurztraminer.

279 calories

Pour 8 personnes
8 œufs
200 g de sucre
2 gousses de vanille
1/2 citron
100 g de beurre
130 g de farine
1 pincée de sel
sucre glace

■ Cassez les œufs et séparez les jaunes des blancs.
■ Faites blanchir les jaunes en les mélangeant avec 100 g de sucre, la pulpe des gousses de vanille, le zeste et le jus du 1/2 citron, pour obtenir un mélange bien mousseux. Incorporez le beurre que vous aurez fait fondre.
■ Montez les blancs d'œufs en neige avec le reste de sucre et mélangez-les délicatement aux jaunes en aérant bien la masse. Incorporez la farine versée peu à peu, ainsi que le sel.
■ Mettez la préparation dans un moule beurré ; glissez-le au four chauffé à th. 4 et laissez cuire 45 minutes environ.
■ Démoulez le kouglof, laissez-le refroidir avant de le saupoudrer de sucre glace.

Ku-lo-bak

Préparation : 20 minutes
Cuisson : 7 minutes

Épaule de porc cuite à la japonaise, dans un bain de friture.

698 calories

Pour 4 personnes

5 tomates
30 g de gingembre au sirop
2 carottes
2 oignons
1/2 concombre
1 piment fort
6 feuilles de chou vert
1 bouquet de ciboulette
800 g d'épaule de porc désossée (palette)
3 cuillerées à soupe de farine
2 œufs
huile pour la friture
20 g de sucre de canne
25 cl de vinaigre
10 g de farine de maïs
glutamate
sel, poivre blanc

■ Passez les tomates à l'eau bouillante et pelez-les. Réduisez-les ensuite en purée à l'aide d'un mixeur. Coupez le gingembre en fins bâtonnets.

■ Préparez les carottes, les oignons, le concombre, le piment fort et les feuilles de chou vert, lavez-les bien et séchez-les soigneusement avec un papier absorbant avant de les couper en fines lanières après avoir épépiné le piment. Coupez la ciboulette finement.

■ Détaillez l'épaule en petits dés de 1 cm de côté environ et saupoudrez-les avec du sel et un peu de poivre. Farinez légèrement la viande et passez-la dans les œufs battus.

■ Chauffez le bain de friture à 180° et faites frire la viande environ 5 minutes, puis mettez-la en attente dans une terrine chaude recouverte d'un linge.

■ Portez à ébullition dans une casserole 12,5 cl d'eau avec le sucre et le vinaigre, et liez avec la farine de maïs.

■ Ajoutez ensuite la purée de tomates, le gingembre et assaisonnez avec un peu de sel et de glutamate.

■ Passez les légumes soigneusement séchés (pour éviter les éclaboussures) 2 minutes dans la friteuse et faites-les égoutter avant de les verser dans la sauce bouillante. Retirez du feu, ajoutez la viande dans la casserole et mélangez délicatement.

■ Versez dans le plat de service et saupoudrez de ciboulette.

Laitue sauce cerfeuil

Préparation : 15 minutes

Tendre et discrète.

164 calories

Pour 4 personnes
1 laitue
4 cuillerées à soupe d'huile d'arachide
1 cuillerée à soupe de vinaigre de vin rouge
1 cuillerée à café de moutarde
1 orange juteuse
1 bouquet de cerfeuil
sel, poivre du moulin

Mon conseil :
Cette salade accompagne parfaitement les poissons grillés.

- Effeuillez la salade et lavez-la à grande eau.
- Coupez les feuilles en deux ou en trois, ôtez leur côte dure.
- Préparez la sauce dans un grand bol en émulsionnant bien l'huile, le vinaigre et la moutarde. Assaisonnez en sel et en poivre.
- Épluchez l'orange à vif et coupez-la en petits morceaux.
- Ajoutez-les à la laitue dans un saladier.
- Lavez le cerfeuil et ciselez-le à l'aide d'une paire de ciseaux.
- Ajoutez le cerfeuil à la salade, arrosez de sauce, tournez et servez sans attendre.

Langouste mayonnaise

Préparation : 15 minutes
Cuisson : 20 minutes

Présentation classique pour un crustacé de choix.

615 calories

Pour 4 personnes
1 langouste de 1,5 kg
1 sachet de court-bouillon instantané
quelques feuilles de laitue
2 tomates
50 g d'olives vertes et noires
Pour la mayonnaise :
2 jaunes d'œufs
1 cuillerée à café de moutarde blanche forte
50 cl d'huile
vinaigre
sel, poivre

Mon conseil :
J'ajoute à la mayonnaise de la pulpe de citron coupée en petits morceaux.

- Préparez le court-bouillon selon le mode d'emploi. Chauffez jusqu'à ébullition. Plongez la langouste. Laissez cuire 20 minutes.
- Lavez les tomates, essuyez-les, coupez-les en tranches. Dans un plat long, disposez quelques feuilles de laitue bien lavées et séchées. Posez dessus la langouste étendue. Entourez avec les tranches de tomates et les olives ; maintenez au frais.
- Préparez la mayonnaise. Dans un grand bol, posez les 2 jaunes d'œufs. Ajoutez la moutarde, 1 pincée de sel, 1 filet de vinaigre. Commencez à battre au petit fouet en ajoutant l'huile goutte à goutte. Montez la mayonnaise en ajoutant l'huile petit à petit (à moins que vous n'utilisiez un mixeur où l'on met tous les éléments en même temps). Quand la mayonnaise est presque terminée, ajoutez encore un trait de vinaigre et poivrez. Servez la langouste avec la mayonnaise en saucière.

Langouste au safran

Préparation : 15 minutes
Cuisson : 10 minutes

Pochée et nappée de sauce safranée.

281 calories

Pour 2 personnes
1 langouste de 1 kg

- Faites cuire la langouste selon les indications p. 249.
- Sortez la langouste, détachez la queue, ôtez-la de sa carapace et coupez-la en tronçons. Réservez-la au chaud.

Langouste au safran *(suite)*

4 cuillerées à soupe de fumet de poisson (voir recette p. 323)
2 cuillerées à soupe de crème fraîche
1 dose de safran
1 cuillerée à soupe de jus de citron
1 pincée de sucre glace
20 g de beurre bien froid
sel, poivre du moulin

Mon conseil :
On peut congeler la carapace pour préparer soupes et sauces.

- Portez à ébullition le fumet de poisson avec la crème fraîche et le safran.
- Dans une autre casserole, préparez un caramel clair avec le jus de citron et le sucre glace.
- Versez lentement le fumet sur le caramel. Rectifiez l'assaisonnement. Mettez les tronçons de langouste dans la sauce et faites réchauffer rapidement.
- Dressez les tronçons de langouste sur des assiettes chaudes, montez la sauce en incorporant le beurre petit à petit et nappez-en la langouste.

Langoustes grillées au porto

Préparation : 10 minutes
Cuisson : 20 minutes

Dorées sous une sauce au beurre, porto blanc et épices.

605 calories

Pour 4 personnes
2 langoustes vivantes de 750 g chacune
200 g de beurre
6 cuillerées à soupe de vin de porto blanc sec
sel
20 g de poivre noir en grains
2 pincées de paprika
2 pincées de poivre de Cayenne

- Plongez les langoustes vivantes dans de l'eau bouillante salée avec le poivre en grains. Laissez bouillir 1 ou 2 minutes.
- Égouttez les langoustes et fendez-les en deux dans le sens de la longueur. Conservez-les au chaud.
- Faites fondre le beurre dans une casserole sans le laisser trop chauffer. Ajoutez le porto blanc sec, le poivre de Cayenne et le paprika. Mélangez.
- Placez les demi-langoustes dans un plat allant au four. Versez la sauce dessus en la faisant bien pénétrer entre chair et carapace. Mettez au four, sous le gril, jusqu'à ce qu'elle soient bien dorées. Servez très chaud.

Langoustines au poivre vert

Préparation : 10 minutes
Cuisson : 10 minutes

Une note exotique
pour une chair très fine.

363 calories

Pour 2 personnes
500 g de langoustines
10 cl de vin blanc
1 feuille de laurier
1 échalote émincée
2 cuillerées à café de poivre vert
3 cuillerées à soupe de crème fraîche
sel

■ Prenez une grande casserole et mettez-y les langoustines à cuire avec le vin, la feuille de laurier, l'échalote émincée, du sel et le poivre vert ; ajoutez un peu d'eau.
■ Après 10 minutes de cuisson, retirez les langoustines, décortiquez-les et réservez-les.
■ Passez le fond de cuisson au tamis, portez-le une nouvelle fois à ébullition et liez avec la crème fraîche.
■ Remettez les langoustines dans la sauce et servez aussitôt.

Langue de bœuf

Préparation : 30 minutes
Trempage : 12 heures
Cuisson : 2 h 45

Une langue à l'écarlate
dans une sauce bien épicée.

239 calories

Pour 4 personnes
1 langue à l'écarlate
1 verre de vinaigre
1 kg d'oignons
2 cuillerées à soupe d'huile
25 cl de vin blanc
1 feuille de laurier
2 clous de girofle
1 branche de thym

■ Faites dégorger la langue pendant la nuit dans de l'eau froide.
■ Mettez-la dans une marmite, couvrez-la d'eau froide, ajoutez le vinaigre et portez à ébullition. Laissez cuire 15 minutes.
■ Passez la langue sous un jet d'eau froide, retirez-en la peau et les parties cartilagineuses.
■ Pelez les oignons, émincez-les grossièrement. Faites chauffer l'huile dans la braisière et mettez-y à fondre les oignons. Ajoutez la langue, le laurier, les clous de girofle ainsi que le thym.

sauce diable (faite avec le fond de cuisson de la langue, voir recette p. 701)

Mouillez avec le vin blanc. Faites cuire à couvert 2 h 30 au four chauffé à th. 5.

■ Retirez la viande et gardez-la au chaud. Passez le fond de cuisson au tamis et employez-le pour préparer la sauce diable.

■ Coupez la langue en tranches et nappez de sauce.

Langue de veau aux légumes nouveaux

Préparation : 40 minutes
Trempage : 24 heures
Cuisson : 3 h 30
(+ 1 h pour le court-bouillon)

Une garniture printanière pour un plat de bonne saveur.

550 calories

Pour 4 personnes

1 langue de veau
80 g de beurre
1 verre de vin blanc
1 oignon
1 bouquet garni
2 pommes de terre
2 navets
3 carottes
150 g de petits pois
150 g de flageolets
sel, poivre

Pour le court-bouillon :

1 l d'eau
1/2 verre de vinaigre
1 carotte
1 oignon piqué de 1 clou de girofle
1 bouquet garni
sel, poivre

■ La veille, recouvrez largement la langue d'eau froide.

■ 6 à 8 heures avant le repas, faites le court-bouillon.

■ Préparez la langue de la même façon que la langue de bœuf (recette précédente) et cuisez-la dans le court-bouillon pendant 1 heure.

■ Égouttez et essuyez-la bien.

■ Faites fondre le beurre dans une grande cocotte et mettez-y à revenir l'oignon entier; ajoutez ensuite la langue que vous ferez dorer sur toutes ses faces. Arrosez avec le vin blanc, salez et poivrez. Mettez encore le bouquet garni et laissez mijoter à petit feu et à couvert.

■ Au bout de 1 heure, ajoutez les carottes, les pommes de terre, les navets épluchés et coupés en dés, les flageolets et les petits pois. Prolongez la cuisson doucement pendant 1 h 30, à couvert.

■ Découpez la langue en tranches de 1 cm d'épaisseur, un peu de biais, entourez-la des légumes et servez.

Langues d'agneau aux germes

Préparation : 20 minutes
Cuisson : 45 minutes

Une salade qui sort du commun.

450 calories

Pour 2 personnes
2 langues d'agneau
1 l de bouillon de légumes
1 endive
50 g de salade frisée
4 brins de cresson de fontaine
50 g de mâche
1 petit céleri-rave
1 cuillerée à soupe
de jus de citron
1 cuillerée à café de miel liquide
2 cuillerées à soupe d'huile
50 g de germes divers
(moutarde, blé, cresson)
1 échalote émincée
sel, poivre du moulin

Mon conseil :
Cette salade peut également se préparer avec une langue de veau.

■ Faites dégorger les langues dans de l'eau vinaigrée, parez-les puis faites-les cuire sur feu doux environ 45 minutes dans du bouillon de légumes.

■ Pendant ce temps, préparez les salades, lavez-les et essorez-les très soigneusement.

■ Lavez le céleri et détaillez-le en fines lamelles ; faites-le blanchir dans de l'eau bouillante salée puis égouttez-le.

■ Mélangez le sel et le poivre avec le jus de citron et le miel puis ajoutez l'huile en fouettant bien.

■ Dans un saladier, mélangez toutes les salades et les germes que vous aurez en votre possession ; ajoutez les lamelles de céleri.

■ Passez les langues sous l'eau froide et décollez-en la peau. Coupez-les en fines tranches dans le sens de la longueur et dressez-les sur la salade.

■ Ajoutez l'échalote à la sauce et versez celle-ci sur la viande et la salade.

Langues de mouton à la mayonnaise

Préparation : 15 minutes
Trempage : 2 heures
Cuisson : 2 heures
Repos : 2 à 3 heures

Un très agréable plat d'été.

579 calories

Pour 6 personnes
6 langues de mouton
25 cl de sauce mayonnaise
Pour le court-bouillon :
1 l d'eau
1/2 verre de vinaigre
1 carotte
1 oignon
1 clou de girofle
1 bouquet garni
sel, poivre

Mon conseil :
Quand je n'ai pas le temps de préparer une mayonnaise, j'arrose les langues froides d'une simple vinaigrette relevée de moutarde.

- Faites tremper les langues pendant 2 heures dans de l'eau froide. Égouttez-les.
- Faites bouillir 2 l d'eau et plongez-y les langues 10 minutes, puis trempez-les à nouveau dans l'eau froide ; la peau rugueuse qui les recouvre et les cornets s'enlèvent alors facilement : épluchez les langues.
- Mettez-les à cuire dans le court-bouillon refroidi pendant 2 heures. Les langues doivent être très tendres ; piquez-les avec la pointe d'un couteau pour vous en assurer.
- Égouttez-les et laissez-les refroidir.
- Coupez-les en tranches fines, disposez-les sur un plat et nappez de sauce mayonnaise. Servez frais.

Lapin en cassoulet

Préparation : 30 minutes
Trempage : 2 heures
Cuisson : 1 h 10

Mijoté avec des haricots secs.

946 calories

Pour 4 personnes
600 g de haricots secs
1 jeune lapin
4 échalotes
80 g de beurre

- Faites gonfler les haricots secs environ 2 heures dans de l'eau froide.
- Lavez le lapin, nettoyez-le et séchez-le bien. Coupez-le en morceaux, réservez le foie et les rognons.
- Épluchez les échalotes et émincez-les finement.

2 gousses d'ail
un peu de sarriette
1 feuille de laurier
1 clou de girofle
3 cuillerées à soupe
de persil haché
sel, poivre du moulin

Mon conseil :
Lorsque c'est la saison, je remplace une partie des haricots par des petits pois (moitié haricots, moitié petits pois). J'ajoute parfois aussi quelques tomates pelées, épépinées et concassées.

- Faites sauter au beurre chaud, dans une braisière, les morceaux de lapin avec les échalotes jusqu'à ce qu'ils prennent une belle coloration brune.
- Ajoutez les haricots égouttés, l'ail, la sarriette, le laurier et le clou de girofle et versez suffisamment d'eau pour que le tout soit juste recouvert. Posez le couvercle de la braisière et faites cuire à petit bouillon pendant environ 1 heure. Assaisonnez en sel et poivre.
- Saupoudrez de persil avant de présenter le plat sur la table.
- Faites sauter le foie et les rognons et disposez-les en garniture sur le plat.

Lapin en crépine

Préparation : 10 minutes
Cuisson : 45 minutes

Un lapin rôti très moelleux.

520 calories

Pour 6 personnes
1 lapin de 1,6 kg environ
1 crépine
3 cuillerées à soupe de saindoux
1 1/2 cuillerée à soupe
de moutarde
1 cuillerée à soupe de fines
herbes
thym, laurier
1 oignon
1 carotte
sel, poivre

- Supprimez la tête et la partie antérieure du thorax, c'est-à-dire l'extrémité des côtes. Salez et poivrez le lapin, puis enveloppez-le dans la crépine intérieurement enduite de moutarde.
- Ficelez la crépine et mettez le lapin dans un plat allant au four, sur un lit de rondelles de carotte, oignon, fines herbes, thym et laurier. Mettez également le saindoux et 1 cuillerée à soupe d'eau. Cuisez à four chaud d'abord (10 minutes), puis modéré (35 minutes).
- Pour servir, débarrassez le lapin de la crépine qui aura donné à la chair un moelleux très savoureux. Accompagnez de la sauce de cuisson filtrée.

Lapin de garenne à la flamande

Préparation : 15 minutes
Cuisson : 1 heure environ

A déguster avec de la bière.

801 calories

Pour 4 à 6 personnes
1 lapin de 2 kg environ,
avec son foie
50 g de beurre ou de saindoux
250 g de lard salé
4 échalotes
2 cuillerées à soupe de moutarde de Gand ou de Torhout
3 cuillerées à soupe de vinaigre
sel, poivre du moulin

Mon conseil :
Faites bouillir les dés de lard pour bien les dessaler.

- Préchauffez le four à th. 7. Découpez le lapin en morceaux (réservez le foie). Assaisonnez-les et faites-les dorer dans le beurre. Laissez-les cuire 5 minutes, en les retournant.
- Ajoutez le lard coupé en dés, puis les échalotes grossièrement hachées. Laissez cuire 5 minutes, puis retirez du feu.
- Badigeonnez les morceaux de lapin avec la moutarde. Mettez au four à th. 4 et laissez cuire 20 à 30 minutes.
- Mixez le foie avec le vinaigre et versez ce mélange sur la viande. Laissez cuire pendant 20 minutes environ.
- Avant de servir, filtrez la sauce au chinois et versez-la sur le lapin. Accompagnez de pommes rissolées et de pommes fruits cuites au beurre.

Lapin de garenne aux pruneaux

Préparation : 25 minutes
Trempage : 12 heures
Cuisson : 40 minutes

Un gibier très tendre et un goût légèrement sucré.

798 calories

Pour 4 personnes
400 g de pruneaux
1 l de vin blanc
4 cl de vinaigre

- La veille, mettez les pruneaux à tremper dans de l'eau tiède.
- Préparez la marinade. Mélangez le vin blanc et le vinaigre avec les légumes et le bouquet garni, poivrez.
- Coupez le lapin en morceaux, salez-les bien et mettez-les dans la marinade en veillant à les retourner de temps à autre.

Lapin de garenne aux pruneaux *(suite)*

1 carotte en rouelles
4 échalotes émincées
1 bouquet garni
1 lapin de garenne
50 g de beurre
50 g de confiture de myrtilles
sel, poivre du moulin

■ Égouttez les morceaux de lapin. Passez la marinade au tamis, portez-la à ébullition et faites-la réduire d'un quart.

■ Faites revenir les morceaux de lapin dans le beurre chaud et mouillez-les avec la marinade passée.

■ Ajoutez les pruneaux égouttés et couvrez. Laissez mijoter environ 30 minutes.

■ Dressez le lapin et les pruneaux sur le plat de service et gardez-le au chaud.

■ Versez la confiture de myrtilles dans le fond de cuisson et faites bouillir 2 minutes. Servez en saucière.

Lapin en gibelotte

Préparation : 20 minutes
Cuisson : 50 minutes

Ragoût de lapin au vin blanc.

703 calories

Pour 6 personnes

10 à 12 échalotes
200 g de lardons
50 g de beurre
1 jeune lapin coupé en morceaux
3 cuillerées à soupe de farine
50 cl de vin blanc sec
1 bouquet garni
un peu de fond blanc
(voir recette p. 322)
12 petites pommes de terre
125 g de champignons de Paris
sel, poivre du moulin

■ Épluchez les échalotes et coupez-les en deux si nécessaire.

■ Faites sauter au beurre les échalotes et les lardons, et, quand ils sont bien revenus, retirez-les de la braisière.

■ Passez les morceaux de lapin dans la farine et faites-les revenir dans le même beurre. Mouillez avec le vin blanc, donnez un tour de bouillon.

■ Mettez à nouveau les échalotes et les lardons dans la braisière, avec le bouquet garni et un peu de fond blanc. Assaisonnez en sel et en poivre, couvrez et laissez cuire à frémissements environ 20 minutes.

■ Pendant ce temps, épluchez les pommes de terre, ajoutez-les au lapin et laissez cuire le tout environ 20 minutes.

Mon conseil :
Choisissez de préférence des pommes de terre à chair ferme pour qu'elles ne se défassent pas à la cuisson.

- Environ 15 minutes avant la fin de la cuisson, ajoutez les champignons de Paris dont vous aurez coupé le pied et que vous aurez soigneusement lavés.
- Retirez le bouquet garni avant de servir.

Lapin Marengo

Préparation : 20 minutes
Cuisson : 1 h 30

Un classique de la cuisine française.

500 calories

Pour 6 personnes
1,5 kg de lapin coupé en morceaux
1 cuillerée à soupe d'huile
30 g de beurre
3 échalotes
1 petit bouquet de persil
1 cuillerée à soupe de farine
2 verres de vin blanc
300 g de champignons
2 cuillerées à soupe de concentré de tomates
sel, poivre

Mon conseil :
J'utilise de préférence du persil à feuilles plates. Il est plus parfumé que le frisé.

- Hachez le persil et les échalotes.
- Dans une grande cocotte, mettez le beurre à fondre avec l'huile. Lorsque la graisse est bien chaude, faites-y dorer les morceaux de lapin. Dès qu'ils prennent couleur, saupoudrez du hachis de persil et d'échalotes et continuez à faire dorer quelques instants.
- Saupoudrez de farine et secouez la cocotte pour faire sauter les morceaux. Ajoutez le vin blanc, salez et poivrez, et laissez mijoter doucement, à couvert.
- Au bout de 1 heure, ajoutez les champignons nettoyés et coupés en morceaux et le concentré de tomates délayé dans très peu d'eau.
- Prolongez la cuisson 20 à 30 minutes.
- Disposez les morceaux dans un plat creux, nappez de la sauce et servez chaud.

Lapin à la moutarde

Préparation : 15 minutes
Cuisson : 35 minutes

Une recette simple et délicieuse.

630 calories

Pour 4 personnes
2 râbles de lapin
1 verre de moutarde de Dijon
80 g de beurre
20 cl de crème fraîche
sel, poivre du moulin

- Faites chauffer le four à th. 3.
- Parez les râbles de lapin si nécessaire, coupez-les en morceaux et badigeonnez-les largement de moutarde.
- Faites fondre le beurre avec sel et poivre.
- Disposez les râbles dans une braisière, arrosez de beurre et enfournez. Il est préférable d'effectuer une partie de la cuisson à couvert, pour éviter que la viande ne se dessèche.
- Laissez cuire environ 35 minutes en arrosant fréquemment le lapin de son jus de cuisson.
- Tranchez la viande, faites réduire le fond de cuisson, liez avec la crème pour obtenir une sauce onctueuse et servez très chaud.

Mon conseil :
Ne lésinez pas sur la moutarde ni sur le beurre, la viande doit être tendre et bien parfumée.

Lasagnes en bouillabaisse

Préparation : 20 minutes
Cuisson : 45 minutes

392 calories

Pour 6 personnes
12 bandes de pâte à lasagne
200 g de gruyère râpé
1 verre de fumet de poisson (voir recette p. 323)
1 petit bol de sauce rouille (voir recette p. 708)
1 cuillerée à soupe d'huile d'olive
1 noix de beurre
gros sel

- Préchauffez le four à th. 7.
- Faites cuire les lasagnes 10 minutes dans de l'eau bouillante salée additionnée de 1 cuillerée à soupe d'huile d'olive. Égouttez-les.
- Préparez la farce : épluchez l'ail et l'oignon ; hachez-les. Pelez, épépinez et écrasez les tomates à la fourchette.
- Faites revenir l'ail et l'oignon hachés pendant 2 minutes sur feu vif dans une sauteuse avec 1 cuillerée d'huile d'olive. Quand ils blondissent, ajoutez les filets

Jambon à la créole (recette page 388)

Jarret de porc aux lentilles (recette page 391)

Pour la farce :

500 g de filets de poissons mélangés
1 verre de vin blanc sec
1 cuillerée à café de safran
2 tomates
1 oignon
2 gousses d'ail
1 cuillerée à soupe d'huile d'olive
sel, poivre du moulin

Mon conseil :
Choisissez des poissons de roche pour cette recette (rascasses, girelles, rougets...).

de poisson, les tomates, le vin blanc, le safran, 1 pincée de sel et 6 tours de moulin à poivre. Laissez cuire 5 minutes à petits bouillons.

■ Beurrez un plat à gratin, disposez dans le fond une couche de lasagnes, puis étalez dessus la farce et saupoudrez de gruyère. Recommencez l'opération jusqu'à épuisement de la farce, en terminant par une couche de pâte.

■ Parsemez le dessus du plat de quelques copeaux de beurre et du reste de gruyère râpé. Incorporez le verre de fumet à la rouille, nappez-en les lasagnes et faites cuire au four pendant 30 minutes à th. 6.

Légumes

PRÉPARATION

Avant la cuisson, les légumes doivent être en général lavés, pelés ou nettoyés et coupés en morceaux. Prenez le temps de bien les laver, rien n'est en effet plus désagréable que d'y trouver un grain de sable ou un insecte. Lavez-les toujours à l'eau courante et fraîche, afin qu'ils conservent leurs qualités. Voici les préparations qui conviennent pour artichauts, asperges, céleri, chou, pois, poivrons, tomates.

Artichauts

■ Arrachez la tige des artichauts et enlevez les grosses feuilles extérieures dures.

→

■ Coupez la pointe des feuilles.
■ Faites cuire à l'eau après avoir fixé sur le fond des légumes une rondelle de citron.

Asperges
■ Épluchez les asperges en insistant davantage sur l'extrémité opposée à celle de la pointe, afin que le temps de cuisson soit le même pour toute la tige.

Céleri
■ Le céleri en boule s'épluche avec un bon couteau en faisant des épluchures assez épaisses et en supprimant les parties brunes de la pulpe.

Chou
■ Coupez la boule de chou en deux, puis retirez le trognon de chaque moitié.

Pois
■ Coupez les tiges des pois gourmands. Retirez les fils des deux côtés.

Poivrons
■ Fendez les poivrons en deux dans le sens vertical et retirez les graines.

Tomates
■ Pour monder les tomates, commencez par enlever leur pédoncule au couteau et inciser leur peau en croix.
■ Plongez les tomates quelques secondes dans l'eau bouillante, puis dans l'eau froide.
■ Retirez la peau en la tenant entre le couteau et le pouce, et en la tirant du côté du pédoncule.
■ Coupez les tomates en deux et retirez-en les pépins à l'aide d'une cuillère.

→

Mon conseil :
Pour garder bien blancs des légumes comme le céleri ou les salsifis et empêcher les fonds d'artichauts de noircir, mettez-les dans de l'eau additionnée de jus de citron (à raison de 2 citrons par litre d'eau) ou frottez-les au citron.

Cuisson

Le plus beau et le meilleur des légumes peut encore gagner en saveur grâce à une cuisson bien adaptée.

Règles de base pour préserver vitamines et valeur nutritive :

- Choisir une cuisson douce.
- Écourter le temps de cuisson.
- Cuire de grandes quantités par fractions.
- Réduire à un minimum la quantité d'eau.
- Faire démarrer la cuisson sur feu vif.
- Terminer la cuisson sur feu doux.
- Pour conserver des légumes cuits, les faire refroidir rapidement sous un filet d'eau fraîche, les égoutter et les garder au frais, de préférence à couvert.

Blanchiment

Cette méthode de cuisson permet d'attendrir les légumes ou de les préparer pour la congélation. Au moment de les servir, il suffit de les faire revenir dans du beurre chaud. Pour exemple, voici comment faire blanchir les haricots.

- Jetez les haricots dans de l'eau bouillante salée 3 minutes avant la congélation et 6 à 8 minutes pour les précuire.
- Sortez-les avec une écumoire, passez-les rapidement sous l'eau froide, puis égouttez-les.
- Avant de les servir, faites fondre un peu de beurre sur feu modéré et faites revenir les haricots tout en évitant de leur faire prendre couleur.

→

Mon conseil :
Blanchies, les feuilles de chou seront plus digestes et juste ramollies pour préparer les paupiettes.

Cuisson à l'étuvée

Cette méthode de cuisson permet de bien conserver toutes les substances nutritives des aliments. Elle consiste à les faire cuire dans leur propre jus ou à y ajouter juste un peu de liquide. Pour exemple, voici la cuisson à l'étuvée des carottes.

- Coupez les carottes en fines rondelles et mettez-les dans une casserole avec du beurre fondu.
- Ajoutez un peu d'eau salée ou, mieux, de bouillon de volaille. Couvrez et faites cuire à l'étuvée sur feu moyen.
- Goûtez les carottes au bout de 4 minutes, et faites-les cuire un peu plus longtemps si nécessaire. Gardez-les un peu croquantes.

Cuisson à la vapeur

Cette méthode, qui consiste à faire cuire un aliment à la vapeur d'eau ou de liquide aromatisé, permet de conserver la plupart des vitamines et des sels minéraux. Pour exemple, voici la cuisson à la vapeur des brocolis.

- Nettoyez les brocolis, détachez-les en bouquets et mettez-les dans le panier.
- Remplissez la marmite, sur 2 cm de hauteur, de bouillon ou d'eau salée. Placez le panier, puis posez le couvercle.
- Faites cuire, au début, sur le niveau 3, puis continuez sur le niveau 2. Goûtez au bout de 8 minutes, faites cuire un peu plus longtemps si nécessaire.

Cuisson en sauteuse

Il s'agit de faire saisir rapidement les légumes, puis de les faire cuire dans de la graisse très chaude en remuant de temps en temps. Pour exemple, voici la recette des champignons de Paris sautés.

→

■ Nettoyez les champignons et coupez-les en fines lamelles.
■ Dans une poêle, faites fondre du lard coupé en dés, ajoutez des échalotes hachées et faites légèrement dorer le tout.
■ Ajoutez les champignons, faites-les dorer rapidement en les faisant sauter fréquemment.

Cuisson au gril

Pour exemple, les tomates grillées.
■ Incisez les tomates et assaisonnez-les.
■ Faites-les cuire au four 7 à 10 minutes à th. 5.

Cuisson à l'eau bouillante

Cette méthode consiste à faire cuire en vase clos, à th. 2, dans une grande quantité de liquide des légumes frais (nettoyez-les et faites-les cuire 10 minutes dans de l'eau bouillante salée) ou des légumes secs (faites-les tremper 2 heures et laissez-les cuire 30 minutes dans de l'eau salée ou dans un bouillon de viande). Outre le fait que les légumes bouillis peuvent être délicieux simplement assaisonnés, ils donnent également lieu à d'autres préparations, comme en témoignent les trois recettes qui suivent.

Purée de navets :
■ Faites cuire les navets dans de l'eau bouillante salée.
■ Égouttez-les, goûtez-les et écrasez-les en purée au mixeur ou au presse-purée.

Purée de lentilles :
■ Faites cuire les lentilles dans de l'eau bouillante salée.
■ Égouttez les lentilles cuites. Ajoutez le lard coupé en dés et les oignons.
■ Passez au mixeur, puis incorporez du beurre, de la crème et des épices, au choix.

→

Terrine de chou-fleur et de brocolis :

■ Rangez les légumes – préalablement cuits dans de l'eau bouillante salée – dans une terrine beurrée. Mélangez 8 œufs, 50 cl de crème fleurette, de la noix muscade, du sel et du poivre, et versez le mélange sur les légumes.

■ Mettez la terrine au bain-marie et laissez cuire au four à th. 3 pendant 1 heure environ.

■ Lorsque la terrine est tiédie, découpez-la en tranches et servez tiède, accompagné d'une sauce aux betteraves rouges.

Légumes à la mousse de cresson

Préparation : 30 minutes
Cuisson : 50 minutes

Des légumes chauds, pour changer des crudités.

199 calories

Pour 4 personnes
300 g de carottes
150 g de céleri-rave
1 rondelle de citron
100 g de petits pois
2 œufs
4 cuillerées à soupe de crème fraîche
8 feuilles d'épinards
1 botte de cresson
50 g de beurre
sel, poivre du moulin

■ Pelez les carottes, lavez-les et enlevez-en la partie dure. Coupez-les en rondelles et faites-les blanchir quelques minutes dans de l'eau salée.

■ Nettoyez ensuite le céleri et faites-le également blanchir avec la rondelle de citron.

■ Faites cuire les pois séparément 10 minutes à l'eau bouillante salée.

■ Égouttez les carottes et passez-les au mixeur avec 1 œuf et 1 cuillerée à soupe de crème fraîche. Procédez ensuite de la même manière avec le céleri.

■ Beurrez de petits moules à soufflé, tapissez-les de 2 feuilles d'épinards et recouvrez-les en alternant de carottes, de petits pois et de céleri. Terminez par une couche de carottes.

■ Faites cuire au bain-marie au four à th. 5 entre 25 et 30 minutes.

■ Faites ramollir au beurre le cresson bien lavé et passez-le au mixeur avec 2 cuillerées à soupe de crème fraîche.
■ Renversez délicatement les soufflés sur les assiettes, entourez-les de mousse de cresson et servez encore chaud.

Lentilles aux épinards

Préparation : 20 minutes
Trempage : 2 heures
Cuisson : 35 minutes

Parfumées à l'indienne.

511 calories

Pour 2 personnes
150 g de lentilles
2 échalotes
1 poivron rouge
50 g de beurre
1 oignon
1 gousse d'ail
150 g d'épinards
1 cuillerée à café d'épices mélangées (cardamome, cannelle, curcuma, cumin, girofle)
sel

Mon conseil :
On trouve facilement ce mélange d'épices dans les épiceries fines ou dans les grandes surfaces.

■ Faites tremper les lentilles 2 heures, puis faites-les cuire avec les échalotes pelées et le poivron épépiné et coupé en lanières, environ 4 minutes dans de l'eau bouillante salée.
■ Pendant ce temps, chauffez le beurre dans une sauteuse et mettez-y à blondir l'oignon finement émincé avec la gousse d'ail pilée.
■ Équeutez et lavez soigneusement les épinards à l'eau froide. Hachez-les grossièrement et ajoutez-les dans la sauteuse. Versez par-dessus les lentilles égouttées, mélangez et laissez mijoter 5 minutes, à couvert.
■ Saupoudrez les épices mélangées. Remuez bien et vérifiez l'assaisonnement en sel avant de servir.

Lentilles au fromage blanc

Préparation : 15 minutes
Trempage : 2 heures
Cuisson : 35 minutes

Un plat original et bien épicé.

560 calories

Pour 2 personnes
150 g de lentilles
1 oignon
1 gousse d'ail
1 poivron rouge
50 g de beurre
1 cuillerée à café
de curcuma en poudre
50 g de fromage blanc
sel, poivre du moulin

Mon conseil :
Faute de curcuma, mettez du curry.

- Faites cuire les lentilles 30 minutes dans de l'eau bouillante salée après les avoir fait tremper 2 heures.
- Pelez et hachez finement l'oignon et la gousse d'ail et faites-les dorer au beurre dans une sauteuse avec le poivron épépiné et coupé en fines lanières.
- Saupoudrez de curcuma, ajoutez les lentilles très soigneusement égouttées et remuez bien le tout.
- Mélangez le fromage blanc frais à la préparation, salez et poivrez si nécessaire, et faites réchauffer avant de servir.

Lentilles gratinées aux tomates

Préparation : 15 minutes
Trempage : 2 heures
Cuisson : 1 heure

Un plat complet aux saucisses.

709 calories

Pour 4 personnes
300 g de lentilles
1 oignon
1 cuillerée à soupe de persil
1 gousse d'ail
200 g de céleri

- Faites tremper les lentilles 2 heures puis mettez-les à cuire environ 15 minutes dans de l'eau bouillante salée. Égouttez-les bien.
- Dans une cocotte, faites suer dans la moitié du beurre l'oignon pelé et coupé en dés avec le persil et l'ail hachés ainsi que le céleri épluché et coupé en fines lanières (julienne). Salez et poivrez.

Lentilles gratinées aux tomates *(suite)*

80 g de beurre
1 branche de thym
6 tomates
4 saucisses fumées
sel, poivre du moulin

Mon conseil :
Remplacez, si vous le désirez, les saucisses par des merguez. N'oubliez pas de les piquer à la fourchette avant la cuisson pour éviter qu'elles n'éclatent.

■ Ajoutez les lentilles avec le thym, mouillez avec un peu d'eau et laissez cuire environ 25 minutes à petit feu.

■ Plongez les tomates 10 secondes dans de l'eau bouillante pour pouvoir les peler facilement, épépinez-les, coupez-les en quatre, et ajoutez-les aux lentilles. Vérifiez l'assaisonnement.

■ Beurrez un plat à gratin, remplissez-le du mélange de tomates et de lentilles et garnissez-le avec les saucisses.

■ Faites gratiner environ 20 minutes au four préchauffé à th. 6. Servez sans attendre.

Lentilles à la mode de Dijon

Préparation : 20 minutes
Trempage : 2 heures
Cuisson : 35 minutes

Relevées d'une sauce à la moutarde forte et au jambon.

643 calories

Pour 6 personnes
500 g de lentilles vertes
2 oignons
1 feuille de laurier
2 clous de girofle
150 g de jambon de Paris
50 g de beurre
10 cl de vin blanc
10 cl de bouillon de légumes
1 cuillerée à soupe de farine
2 cuillerées à soupe
de moutarde de Dijon

■ Faites tremper les lentilles pendant 2 heures dans de l'eau fraîche.

■ Égouttez-les et faites-les cuire pendant 30 minutes dans de l'eau bouillante salée, avec l'oignon épluché piqué de laurier et de clous de girofle.

■ Coupez le jambon en dés et émincez le deuxième oignon après l'avoir pelé. Faites revenir l'oignon et le jambon dans 30 g de beurre.

■ Mouillez avec le vin blanc, arrosez de bouillon de légumes et portez à ébullition.

■ Préparez un peu de beurre manié en malaxant la farine avec 20 g de beurre, et ajoutez-le à la sauce pour la lier. Ajoutez-y la moutarde, salez, poivrez.

Lentilles à la mode de Dijon *(suite)*

1 cuillerée à soupe
de cerfeuil ciselé
sel, poivre du moulin

■ Égouttez les lentilles, versez la sauce dessus et saupoudrez de cerfeuil ciselé pour présenter à table.

Lentilles aux oranges et aux noix

Préparation : 10 minutes
Trempage : 12 heures
Cuisson : 40 minutes

Une salade inattendue.

453 calories

Pour 4 personnes

250 g de lentilles vertes du Puy
2 gousses d'ail écrasées
3 oranges
2 cuillerées à soupe de vinaigre
1 cuillerée à soupe de vin blanc
2 cuillerées à soupe
d'huile de noix
10 noix concassées
gros sel
sel, poivre du moulin

Mon conseil :

Servez cette salade avec un poisson fumé.

■ La veille, faites tremper les lentilles dans de l'eau froide.

■ Le lendemain, égouttez-les, couvrez-les d'eau froide et portez-les lentement à ébullition dans une marmite. Au bout de 20 minutes de cuisson, ajoutez l'ail et le gros sel et prolongez la cuisson de 20 minutes.

■ Pendant ce temps, pelez 2 oranges à vif et détachez-en les quartiers. Pressez la dernière et recueillez son jus.

■ Mélangez le sel et le poivre avec le vinaigre et le vin blanc, ajoutez l'huile en fouettant bien.

■ Égouttez les lentilles, mélangez-les à la sauce et au jus d'orange et versez-les dans un grand plat creux.

■ Avant de servir, entourez de quartiers d'oranges et saupoudrez de noix concassées.

Liaisons pour sauces

On lie généralement une sauce pour lui donner la consistance désirée, pour en intensifier l'arôme ou au contraire l'adoucir. Il y a plusieurs méthodes pour faire ces liaisons, mais leur réalisation est plus ou moins facile, selon la consistance que vous désirez obtenir.

Liaison à l'amidon (farine ou fécule, Maïzena par exemple)

C'est la liaison la plus ancienne. Elle convient aux sauces un peu épaisses (pour viandes rôties, braisées ou en sauce).

- Délayez un peu de farine ou de Maïzena (si vous remplacez la moitié de la farine par de la fécule, la liaison sera plus fine et plus légère) dans de l'eau froide ou du vin.
- Ajoutez ce mélange à la sauce à travers un tamis.
- Portez ensuite à ébullition pour réchauffer.

Liaison au beurre manié

Une liaison très ancienne que nous redécouvrons aujourd'hui. D'un goût neutre, elle se prépare à l'avance.

- Faites fondre le beurre, ajoutez la farine tamisée (à raison de 1 cuillerée à soupe de beurre pour 1 cuillerée à soupe de farine), mélangez bien et laissez gonfler. Retirez du feu.
- Laissez refroidir le beurre. Portez la sauce à ébullition : émiettez le beurre manié dans la sauce chaude (1 cuillerée à soupe de beurre pour 35 cl de sauce). Donnez un tour de bouillon.

Liaison au beurre monté

C'est la liaison favorite de la nouvelle cuisine. Malheureusement un peu délicate à préparer, cette liaison s'emploie surtout pour des fonds fortement réduits.

- Déglacez la braisière avec le vin, complétez avec le fond et faites réduire presque à sec.

→

■ Ajoutez dans la sauce chaude le beurre bien froid, par petites noisettes, en tournant ou en battant au fouet métallique.
■ Répartissez la sauce sur des assiettes froides (sans en napper les mets) et servez sans attendre, sinon le beurre et le liquide se séparent et la sauce tombe.

Liaison à la crème fraîche

C'est la méthode la plus rapide et la plus simple de la nouvelle cuisine. Vous pouvez aussi réaliser la liaison avec de la crème fleurette ou de la crème double. Mais il faut savoir que plus la crème est grasse et plus le temps de cuisson est court.
■ Pour obtenir une sauce crémeuse et douce, ajoutez 1 cuillerée à soupe de crème fleurette (1 cuillerée à café de crème double) à 10 cuillerées à soupe de sauce en mélangeant bien.
■ Pour les sauces « à la crème », versez la crème dans la sauce et faites réduire à la consistance voulue.

Liaison au jaune d'œuf

La liaison au jaune d'œuf s'emploie surtout pour les sauces blanches.
■ Pour 25 cl de sauce, diluez 1 jaune d'œuf avec un peu de crème ou de lait.
■ Retirez la sauce bouillante du feu et mélangez délicatement la liaison. (Ne la remettez plus sur le feu.)
■ Incorporez un peu de crème fouettée à la sauce avant de faire gratiner.

Mon conseil :

Des fruits ou des légumes ayant cuit avec un plat peuvent être réduits en coulis ou en purée pour servir de liaison à la sauce.

Voir aussi *Fonds et fumet*, p. 322, et *Sauces*, p. 712.

Lieu à l'espagnole

Préparation : 25 minutes
Cuisson : 25 minutes

Un plat aux saveurs ensoleillées.

374 calories

Pour 4 personnes
4 tranches de lieu
2 cuillerées à soupe de farine
le jus de 1/2 citron
2 échalotes émincées
1/2 cuillerée à café d'ail pilé
1 cuillerée à soupe de fécule
40 g de beurre
1 boîte de jus de tomate
1 tomate coupée en dés
2 cuillerées à soupe
d'huile d'olive
100 g de carottes en dés
100 g de poivrons en dés
100 g de concombre en dés
2 cuillerées à soupe
de basilic haché
sel, poivre du moulin

Mon conseil :
Ajoutez aux légumes quelques olives noires.

- Passez les tranches de poisson dans la farine, salez, poivrez et humectez de jus de citron. Faites fondre le beurre dans une poêle et faites-y frire le poisson 7 à 8 minutes de chaque côté.
- Retirez le poisson de la poêle et mettez-le en attente au chaud.
- Faites revenir les échalotes et l'ail dans la poêle, saupoudrez de fécule, mouillez avec le jus de tomate et portez rapidement à ébullition. Salez, poivrez et ajoutez les dés de tomate.
- Utilisez une deuxième poêle pour faire revenir les légumes dans l'huile d'olive, parsemez-les de basilic.
- Disposez le lieu sur un plat, entouré des légumes. Présentez la sauce à part.

Lieu aux olives

Préparation : 20 minutes
Cuisson : 20 minutes

Poisson et brouillade d'œufs à la crème et aux olives.

370 calories

Pour 6 personnes
6 tranches de lieu jaune
3 œufs
100 g d'olives noires
3 tranches de pain de mie
75 g de beurre
2 cuillerées à soupe de crème fraîche
farine
sel, poivre

Mon conseil :
Excellente aussi la brouillade sur de minces tranches de pain de campagne grillées.

- Dénoyautez les olives. Émincez-les. Farinez les tranches de poisson. Faites fondre 50 g de beurre dans une poêle. Faites-y dorer le poisson 7 à 8 minutes de chaque côté.
- Pendant ce temps, cassez les œufs dans une terrine. Salez, poivrez. Battez à la fourchette comme pour une omelette. Ajoutez les olives.
- Faites fondre le reste de beurre dans une poêle. Versez le mélange et tournez à feu doux à la cuillère en bois, comme des œufs brouillés. Ajoutez la crème fraîche en fin de cuisson.
- Servez les tranches de lieu avec la brouillade d'olives sur des demi-tranches de pain de mie rôties.

Lieu à la provençale

Préparation : 30 minutes
Cuisson : 25 minutes

Braisé sur une garniture de légumes.

484 calories

Pour 4 personnes
4 tranches de lieu noir
4 cuillerées à soupe d'huile
3 échalotes émincées
1/2 cuillerée à café d'ail pilé
100 g de carottes
100 g de céleri

- Lavez les tranches de poisson, puis épongez-les très soigneusement.
- Faites chauffer l'huile dans la braisière et mettez-y à étuver les échalotes et les légumes. Ajoutez l'ail et le laurier.
- Mouillez avec le jus de tomate et laissez réduire de moitié. Ajoutez le fumet, salez, poivrez.
- Posez les tranches de poisson sur les légumes et enfournez le tout au four préchauffé à th. 4. Laissez cuire environ 15 minutes.

Lieu à la provençale *(suite)*

100 g de pommes de terre
100 g de poivrons coupés
en brunoise
1 feuille de laurier
40 cl de jus de tomate
2 cuillerées à soupe de fumet
de poisson (voir recette p. 323)
60 g de beurre
sel, poivre du moulin

Mon conseil :
Vous pouvez ajouter un peu de thym ou de basilic pour donner un caractère encore plus provençal au plat.

- Réservez le poisson au chaud dans le plat de service. Montez la sauce au mixeur en incorporant délicatement le beurre par petits morceaux.
- Nappez le poisson de sa sauce et servez aussitôt, très chaud.

Lièvre rôti à la crème

Préparation : 20 minutes
Cuisson : 35 minutes

Une recette simple, tout en finesse.

783 calories

Pour 4 personnes
2 râbles de lièvre
80 g de lard gras
1 cuillerée à café d'huile
100 g de beurre
1/2 verre de fine-champagne
25 cl de fond de gibier
(voir recette p. 322)
3 ou 4 baies de genièvre
20 cl de crème fraîche
sel, poivre du moulin

- Faites chauffer le four à th. 5. Parez les râbles de lièvre, lavez-les, puis épongez-les bien avant de les piquer avec le lard que vous aurez préalablement coupé en bâtonnets.
- Salez et poivrez les râbles et disposez-les dans une braisière huilée. Parsemez de quelques noisettes de beurre et mettez au four. Faites rôtir pendant environ 30 minutes.
- Retirez la viande du plat et tenez-la au chaud.
- Versez alors la fine-champagne dans la braisière, flambez. Quand la flamme est éteinte, ajoutez le fond de gibier ainsi que la crème fraîche et les baies de genièvre, remuez et laissez réduire un peu.

Mon conseil :
Pour gagner du temps, achetez des râbles déjà piqués de lard.

■ Montez la sauce avec le beurre restant bien froid que vous incorporerez au fouet par petits morceaux. Vérifiez l'assaisonnement.
■ Détachez les filets des râbles et coupez-les en tranches bien fines avant de les servir nappés de la sauce.

Limandes en crépines de légumes

Préparation : 20 minutes
Trempage : 2 heures
Cuisson : 30 minutes

Onctueuses et légères.

302 calories

Pour 4 personnes
2 crépines de porc
20 cl de vin blanc
2 limandes (1,5 kg)
500 g de légumes coupés en brunoise (poireau, céleri, carottes)
1 cuillerée à soupe de thym
1 cuillerée à café d'ail pilé
4 cuillerées à soupe d'huile
sel, poivre du moulin

■ Faites tremper les crépines 2 heures dans de l'eau salée.
■ Nettoyez les poissons et essuyez-les soigneusement.
■ Faites étuver les légumes avec l'ail et le thym dans l'huile. Passez-les au chinois. Versez l'huile qui a servi pour la cuisson des légumes dans une braisière.
■ Étendez les crépines sur une table, répartissez la moitié des légumes dessus et assaisonnez-les légèrement. Posez les poissons sur les légumes, puis recouvrez-les avec les légumes restants. Fermez les crépines.
■ Mettez le tout dans la braisière. Mouillez avec le vin blanc et faites cuire alors au four chauffé à th. 5 environ 20 minutes.

Limandes en papillotes

Préparation : 10 minutes
Cuisson : 12 minutes

Aux câpres et aux épinards.

236 calories

Pour 2 personnes
4 filets de limande
8 grandes feuilles d'épinards
12 câpres
le jus de 1/2 citron
60 g de beurre
noix muscade
sel, poivre du moulin

Mon conseil :
Cette recette peut se réaliser également avec de la plie.

- Lavez les filets de limande et séchez-les bien.
- Nettoyez les épinards et faites-les blanchir rapidement dans de l'eau bouillante.
- Mixez les câpres et mélangez-les avec le jus de citron, du sel, du poivre et 40 g de beurre. Parfumez avec de la noix muscade râpée.
- Étendez une partie du mélange sur des feuilles d'aluminium ménager, disposez dessus les feuilles d'épinards puis les filets de poisson et badigeonnez ceux-ci avec le beurre restant. Fermez très hermétiquement les papillotes.
- Mettez à four chauffé à th. 6 et faites cuire 10 minutes.
- Servez les filets dans leur papillote entrouverte.

Limandes au raifort

Préparation : 15 minutes
Cuisson : 10 minutes

Pochées sur sauce raifort.

232 calories

Pour 4 personnes
4 grands filets de limande
10 cl de vin blanc
2 échalotes émincées
25 cl de fumet de poisson
(voir recette p. 323)
2 cuillerées à soupe
de crème fraîche

- Lavez les filets et essuyez-les bien.
- Faites réduire le vin blanc avec les échalotes émincées.
- Dans l'intervalle, faites chauffer le fumet de poisson et faites-y pocher les filets de limande quelques minutes.
- Retirez le poisson et réservez-le au chaud. Ajoutez la crème fraîche dans la réduction de vin blanc et parfumez avec le raifort.
- Montez la sauce au fouet en incorporant le beurre. Salez et poivrez.

Limandes au raifort *(suite)*

1 cuillerée à soupe de raifort
50 g de beurre
1 cuillerée à soupe
de persil haché
sel, poivre du moulin

■ Dressez les filets sur les assiettes, nappez de sauce et saupoudrez de persil.

Lotte à l'américaine

Préparation : 10 minutes
Cuisson : 25 minutes

Dans une sauce au cognac.

292 calories

Pour 6 personnes
1 queue de lotte de 2,5 kg
50 g de farine
10 cl d'huile d'olive
4 cuillerées à soupe de cognac
50 cl de vin blanc
2 cuillerées à soupe
de concentré de tomates
3 échalotes émincées
1 cuillerée à café d'ail pilé
poivre vert
100 g de concassée de tomates
sel, poivre du moulin

Mon conseil :
Ne prolongez pas la cuisson de la lotte, ce poisson peut racornir.

■ Nettoyez le poisson, dépouillez-le, lavez-le et séchez-le bien avant de le couper en goujonnettes et de le rouler dans la farine.

■ Faites dorer de toutes parts les goujonnettes de lotte dans l'huile chauffée dans une sauteuse.

■ Flambez-les avec le cognac et retirez-les de la sauteuse quand les flammes se sont éteintes. Gardez-les au chaud.

■ Faites étuver les échalotes émincées et l'ail écrasé dans la sauteuse, ajoutez le concentré de tomates et laissez mijoter 20 minutes avant de mouiller avec le vin blanc. Salez, poivrez. Ajoutez le poivre vert, couvrez et portez à ébullition.

■ Remettez le poisson dans la sauteuse, ajoutez la concassée de tomates, portez à nouveau à ébullition et servez bien chaud.

Lotte marinée à la mousse de citron

Préparation : 15 minutes
Macération : 1 heure

La saveur délicatement iodée du poisson cru.

210 calories

Pour 2 personnes
150 g de queue de lotte
25 g de beurre
2 cuillerées à soupe de jus de citron
1 jaune d'œuf
1 cuillerée à café de menthe hachée
sel, poivre du moulin

Mon conseil :
Remplacez le jus de citron par du champagne additionné de 1 pointe de moutarde.

- Nettoyez la queue de lotte, décollez la peau qui l'entoure, rincez-la sous un filet d'eau froide et épongez-la bien, mettez-la à raidir au congélateur.
- Coupez le poisson bien raide en très fines tranches et disposez celles-ci aussitôt sur les assiettes.
- Faites tiédir le beurre dans une casserole, ajoutez-y le jus de citron et le jaune d'œuf, le sel et le poivre et mélangez bien le tout. Parfumez avec la menthe hachée (ou de l'aneth ciselé).
- Répartissez la sauce sur le poisson à la petite cuillère.
- Laissez macérer pendant 1 heure au frais avant de servir.

Lotte au poivre vert

Préparation : 10 minutes
Cuisson : 6 minutes

Dans une sauce à la crème.

405 calories

Pour 2 personnes
4 minces tranches de lotte de 80 g chacune
farine
2 cuillerées à soupe de beurre
1 cuillerée à soupe de jus de citron

- Lavez le poisson et séchez-le bien. Roulez-le dans la farine et faites-le dorer à la poêle dans le beurre.
- Gardez-le au chaud, après l'avoir salé, poivré et arrosé de jus de citron.
- Versez le fumet de poisson et la crème fraîche dans une casserole avec le jus du poivre vert et portez à ébullition. Passez au tamis.

Lotte au poivre vert *(suite)*

3 cuillerées à soupe
de crème fraîche
1 cuillerée à soupe de fumet
de poisson (voir recette p. 323)
1 cuillerée à soupe de poivre
vert en boîte
20 g de beurre en dés
sel, poivre du moulin

■ Ajoutez les grains de poivre vert et montez la sauce au beurre bien froid, noisette par noisette, tout en fouettant vigoureusement.

■ Répartissez le poisson sur les assiettes et nappez-le de sa sauce.

Lotte à la ratatouille

Préparation : 10 minutes
Cuisson : 30 minutes

Dorée au beurre et servie sur un lit de légumes.

266 calories

Pour 6 personnes

6 tranches de lotte
30 g de farine
40 g de beurre
4 cl de fumet de poisson
(voir recette p. 323)
800 g de ratatouille
(voir recette p. 633)
sel, poivre du moulin

■ Lavez les tranches de lotte et séchez-les bien.

■ Passez le poisson dans la farine et faites-le frire avec le beurre dans une poêle.

■ Mouillez avec le fumet. Assaisonnez et laissez cuire encore 20 minutes.

■ Pendant ce temps, réchauffez la ratatouille.

■ Disposez les légumes dans un plat chaud, dressez les tranches de poisson par-dessus et arrosez-les de leur jus.

Mon conseil :
Je prépare la ratatouille la veille, elle est plus parfumée.

m

Macaroni aux champignons et à la crème

Rapide et bon marché.

662 calories

Pour 2 personnes
50 g de beurre
200 g de champignons de Paris en lamelles
le jus de 1/2 citron
150 g de crème fleurette
150 g de tomates en dés
300 g de macaroni cuits
1 cuillerée à café de persil haché
1 cuillerée à soupe de parmesan râpé
sel, poivre du moulin

Préparation : 10 minutes
Cuisson : 10 minutes

- Faites chauffer 20 g de beurre dans une poêle et ajoutez-y les champignons. Humectez-les de jus de citron et salez-les. Laissez-les légèrement ramollir.
- Ajoutez la crème et portez à ébullition pour lier les ingrédients.
- Salez et poivrez les tomates, faites-les rapidement revenir dans 15 g de beurre et ajoutez-les aux champignons à la crème.
- Faites réchauffer les macaroni dans le beurre restant et mélangez-les avec les champignons et les tomates, saupoudrez de persil haché. Présentez le parmesan à part.

Macaroni aux deux fromages

Préparation : 5 minutes
Cuisson : 35 minutes

Un gratin très italien.

570 calories

Pour 6 personnes
500 g de macaroni
60 g de beurre
1 tasse de parmesan râpé
1 tasse de gruyère râpé
10 cl de crème fraîche épaisse
sel

- Faites cuire les macaroni dans de l'eau bouillante salée jusqu'à ce qu'ils soient tendres mais fermes. Égouttez-les soigneusement, rincez-les à l'eau froide, égouttez-les de nouveau.
- Dans un plat allant au four, mélangez les macaroni avec le beurre et les fromages. Ajoutez la crème, mettez au four pendant 20 minutes environ à th. 8. Servez chaud.

Macaroni au gratin

Préparation : 10 minutes
Cuisson : 20 minutes

Enrichis de jambon et de champignons.

720 calories

Pour 6 personnes
400 g de macaroni
200 g de jambon cuit
150 g de champignons
1 oignon
1 cuillerée à café de concentré de tomates
100 g de gruyère râpé
100 g de beurre
sel, poivre

Mon conseil :
Mêlez au jambon les restes d'un rôti de veau ou d'une volaille hachés.

- Faites cuire les macaroni à l'eau bouillante salée une dizaine de minutes.
- Allumez votre four à th. 8.
- Dans une petite poêle, faites fondre 40 g de beurre. Émincez les champignons et l'oignon, que vous ferez revenir 5 minutes dans le beurre chaud.
- Hachez le jambon. Ajoutez les champignons et l'oignon. Délayez le concentré de tomates dans un peu d'eau, et ajoutez au hachis. Salez et poivrez.
- Beurrez un plat à gratin. Disposez dans le fond la moitié des macaroni égouttés. Étalez ensuite le hachis, et recouvrez avec le reste des macaroni.
- Saupoudrez de fromage et parsemez de petites noisettes de beurre.
- Passez au four 7 à 8 minutes. Servez chaud dans le plat de cuisson.

Macaroni en salade

Préparation : 20 minutes
Cuisson : 15 minutes

Un mélange de pâtes, fonds d'artichauts et œufs lié à la mayonnaise.

560 calories

Pour 6 personnes
300 g de macaroni coupés
6 fonds d'artichauts en boîte
2 œufs
10 cl de mayonnaise
(voir recette p. 704)
quelques brins de persil
sel

Mon conseil :
Si vous utilisez des fonds d'artichauts frais, ils doivent, pour ne pas noircir, être citronnés et cuits dans une eau également citronnée. Cette salade est aussi très bonne avec des coquillettes.

- Faites bouillir 2 l d'eau salée et faites-y cuire les macaroni pendant 10 à 15 minutes.
- Simultanément, faites bouillir un peu d'eau salée dans une petite casserole pour faire durcir les œufs.
- Au fur et à mesure que ces éléments sont cuits, égouttez-les et laissez-les refroidir.
- Pendant ce temps, hachez le persil et préparez une mayonnaise bien relevée (forcez sur la moutarde, le sel et le poivre).
- Dans un saladier, mettez les macaroni, les fonds d'artichauts coupés en dés, les œufs durs hachés, le persil haché. Liez le tout avec la mayonnaise et mettez au frais. Servez froid.

Mâche à la betterave rouge

Préparation : 10 minutes

Cocktail de vitamines au cœur de l'hiver.

125 calories

Pour 4 personnes
300 g de mâche
1 betterave rouge

- Triez la mâche, coupez le pied des bouquets.
- Lavez-la ensuite dans plusieurs eaux pour qu'elle ne contienne plus de sable et égouttez-la. Placez-la dans un saladier.
- Pelez la betterave et coupez-la en petits dés au-dessus de la mâche.

Mâche à la betterave rouge *(suite)*

1 gousse d'ail
3 cuillerées à soupe d'huile de noix
1 cuillerée à soupe de jus de citron
1 cuillerée à café de moutarde
sel, poivre du moulin

■ Mettez dans un grand bol l'huile, le jus de citron, la moutarde et la gousse d'ail écrasée ; mélangez et assaisonnez en sel et en poivre.

■ Au moment de servir, versez la sauce sur la mâche et mélangez bien pour enrober le tout.

Madeleines

Préparation : 15 minutes
Repos : 1 heure
Cuisson : 10 minutes

Moelleuses et parfumées à la vanille.

315 calories

Pour 8 personnes
6 œufs
200 g de sucre
1 gousse de vanille
le zeste râpé de 1/2 citron
200 g de farine
1/2 sachet de levure chimique
200 g de beurre

Mon conseil :
Fendez les madeleines en deux et garnissez-les de confiture.

■ Mélangez les œufs entiers et le sucre au batteur électrique jusqu'à ce que la préparation devienne mousseuse. Incorporez la vanille, que vous aurez ouverte et dont vous aurez recueilli la pulpe, puis ajoutez le zeste de citron.

■ Mélangez la farine avec la levure et incorporez-la délicatement à la préparation (en tournant avec une spatule en bois). Faites fondre le beurre et versez-le dans la pâte.

■ Laissez reposer celle-ci 1 heure au frais. Garnissez-en des moules à madeleine beurrés. Mettez environ 10 minutes au four chauffé à th. 6.

Magret de canard aux framboises

Préparation : 25 minutes
Cuisson : 30 minutes

Raffinement des fruits et de la viande.

750 calories

Pour 2 personnes
1 blanc de poireau
20 g de beurre
1 filet de canard
(magret des Landes)
1 cuillerée à soupe
d'huile de pépins de raisin
1 pincée de sucre
1 cuillerée à soupe
de vinaigre de framboise
12,5 cl de vin rouge
20 g de beurre froid
2 cuillerées à soupe
de framboises
noix muscade
sel, poivre du moulin

■ Coupez le poireau bien lavé en fines rondelles.

■ Chauffez le beurre dans une casserole et faites-y étuver le poireau ; assaisonnez en sel, poivre et noix muscade.

■ Dans une poêle, faites dorer sur feu vif, dans l'huile chaude, le filet de canard jusqu'à ce qu'il soit bien croustillant. Retirez-le de la poêle et laissez-le en attente au chaud.

■ Dégraissez la poêle, saupoudrez-la de sucre, arrosez de vinaigre et faites réduire le tout.

■ Mouillez avec le vin rouge et laissez réduire de moitié.

■ Montez la sauce en y ajoutant le beurre froid coupé en petits dés.

■ Répartissez la fondue de poireau en couronne sur les assiettes, coupez le filet en tranches fines et disposez-les par-dessus en forme d'étoile.

■ Nappez le tout de la sauce et décorez, pour servir, de framboises fraîches.

Magret de canard à la menthe

Préparation : 15 minutes
Cuisson : 25 minutes

Une saveur très britannique.

803 calories

Pour 2 personnes
1 gros magret de canard
80 g de beurre
1 échalote émincée
10 cl de vin blanc
1 cuillerée à soupe de liqueur de menthe
25 cl de demi-glace (voir recette p. 716)
1 bouquet de menthe
sel, poivre du moulin

- Assaisonnez le magret de canard et faites-le revenir à feu vif des deux côtés dans un peu de beurre, puis réduisez la chaleur et terminez la cuisson à feu doux.
- Pendant ce temps, mettez à étuver l'échalote, avec le vin blanc, dans une petite casserole, parfumez avec la liqueur de menthe et complétez avec la demi-glace.
- Effeuillez le bouquet de menthe en conservant quelques feuilles pour la décoration. Coupez les tiges et faites-les cuire avec l'échalote pendant environ 10 minutes.
- Passez au tamis, ajoutez les feuilles de menthe ciselées, mélangez le tout et montez la sauce avec le beurre restant bien froid.
- Coupez le magret en fines tranches, nappez-le de sauce et servez-le décoré des feuilles de menthe réservées.

Mange-tout charcutière

Préparation : 20 minutes
Cuisson : 45 minutes environ

Œufs durs, jambon et ciboulette garnissent des haricots arrosés de beurre fondu.

365 calories

Pour 4 personnes
500 g de haricots mange-tout très tendres

- Faites bouillir une grande casserole d'eau salée.
- Coupez les tomates en tranches épaisses, mettez-les dans une passoire après les avoir saupoudrées de sel fin. Laissez dégorger au moins 15 minutes.
- Cassez et nettoyez les haricots. Jetez-les dans l'eau bouillante et laissez

5 tomates
2 œufs
3 tranches de jambon
80 g de beurre
ciboulette
sel, poivre

Mon conseil :

J'utilise du beurre fermier demi-sel des Charentes pour arroser les légumes.

cuire vivement, sans couvercle, pendant 15 minutes environ (les mange-tout doivent rester croquants).

- Pendant ce temps, mettez les œufs à durcir dans l'eau.
- Égouttez les haricots, passez-les à l'eau froide et épongez-les soigneusement.
- Dans une cocotte, faites fondre 30 g de beurre et mettez-y les mange-tout. Entourez-les des tranches de tomates égouttées. Laissez étuver doucement, sans couvrir et en secouant de temps en temps, de 20 à 30 minutes.
- Pendant ce temps, refroidissez les œufs durs et hachez-les grossièrement. Hachez menu la ciboulette. Coupez le jambon en lanières.
- Faites fondre doucement le reste du beurre à faible chaleur.
- Dressez les haricots au centre d'un plat creux. Entourez-les des tranches de tomates. Saupoudrez l'ensemble des œufs hachés et de ciboulette. Garnissez de lanières de jambon disposées en croisillons. Arrosez de beurre fondu. Salez et poivrez. Servez.

Maquereaux à la crème de poireaux

Préparation : 30 minutes
Cuisson : 10 minutes

Une recette facile et bon marché.

645 calories

Pour 4 personnes
4 maquereaux
beurre
50 cl de vin blanc
4 blancs de poireaux
100 g de crème fraîche
1 cuillerée à soupe
de persil haché
sel, poivre du moulin

- Nettoyez les poissons vidés, faites-les pocher 5 minutes dans le vin blanc chaud.
- Préparez les poireaux : lavez-les et coupez-les en julienne avant de les faire étuver dans une poêle avec du beurre bien chaud. Ajoutez un peu de vin et la crème fraîche dans la poêle, assaisonnez de sel et de poivre et donnez un tour de bouillon.
- Dressez les poissons sur les poireaux. Parsemez de persil pour servir.

Maquereaux au four

Préparation : 15 minutes
Cuisson : 10 minutes

Délicatement aromatisés dans leur robe d'argent.

497 calories

Pour 4 personnes
4 maquereaux moyens
20 g de beurre
2 échalotes émincées
1 gousse d'ail hachée
50 g de carottes coupées
en julienne
50 g de poireaux coupés
en julienne
25 cl de vin blanc
2 cuillerées à soupe
de persil ciselé
sel, poivre du moulin

- Faites lever les filets par votre poissonnier.
- Beurrez 4 feuilles d'aluminium et parsemez-les avec les échalotes, l'ail, les poireaux et les carottes coupés en minces lamelles. Assaisonnez avec un peu de sel et de poivre et ajoutez le vin blanc. Saupoudrez de persil et posez les filets de poisson sur ce mélange, côté chair sur les légumes.
- Refermez bien les papillotes et glissez-les dans le four préalablement chauffé. Quand la feuille d'aluminium gonfle, le poisson est cuit.
- Servez les maquereaux dans leurs papillotes.

Maquereaux en papillotes

Préparation : 5 minutes
Cuisson : 20 minutes

Comme à Montpellier.

540 calories

Pour 4 personnes
4 maquereaux
2 cuillerées à soupe de jus de citron
100 g de beurre
4 cuillerées à soupe de persil haché
sel, poivre du moulin

■ Faites lever les filets par votre poissonnier. Lavez-les et essuyez-les bien.
■ Posez chaque filet sur une feuille d'aluminium, assaisonnez et humectez de jus de citron.
■ Mélangez le beurre et le persil à l'aide d'une fourchette et étendez la pâte obtenue sur les poissons.
■ Refermez les papillotes et glissez-les dans le four chauffé à th. 5. Faites cuire environ 20 minutes.
■ Servez les poissons dans les papillotes entrouvertes.

Maquereaux à la sauce tomate

Préparation : 15 minutes
Cuisson : 30 minutes

A servir chauds ou froids.

557 calories

Pour 6 personnes
6 gros maquereaux
2 cuillerées à soupe d'huile
4 oignons
1 gousse d'ail
8 branches de persil
1 boîte de 500 g de tomates
2 cuillerées à soupe d'eau
sel, poivre

■ Pelez les oignons et coupez-les en lamelles fines. Pelez la gousse d'ail et coupez-la également en lamelles fines.
■ Lavez les poissons, levez-en les filets. Séchez-les dans un papier absorbant.
■ Chauffez l'huile dans une poêle, mettez-y à revenir les oignons, l'ail et le persil haché pendant 5 minutes.
■ Ajoutez les tomates, l'eau, le sel, le poivre et faites cuire encore 5 minutes.
■ Ajoutez les poissons dans la poêle, couvrez et cuisez 10 minutes. Retournez alors les filets de maquereaux et laissez-les cuire encore 10 minutes. Servez ces filets chauds ou froids avec leur sauce de cuisson.

Marinade crue

Préparation : 10 minutes
Macération : 12 heures

Idéale pour le gibier.

306 calories

Pour 4 personnes
1 l de bon vin rouge
20 cl de vinaigre de vin rouge
20 cl d'huile d'olive
5 échalotes émincées
1 clou de girofle
6 grains de genièvre
4 carottes en rouelles
1 bouquet garni
1 feuille de laurier
poivre blanc
sel

- Mélangez tous les éléments de la marinade dans un grand saladier et laissez-les macérer toute la nuit avant d'y mettre à tremper la viande.
- Le lendemain, mettez-y la viande coupée en petits cubes et laissez-la mariner pendant au moins 24 heures. Utilisez éventuellement le liquide de macération pour la cuisson de la viande après l'avoir passé au tamis.

Marinade de légumes

Préparation : 15 minutes
Macération : 1 semaine

Des « mixed pickles » maison.

197 calories

Pour 4 personnes
750 g de légumes (chou-fleur, carottes, céleri, navets, poivrons)
cornichons
coriandre
graines de moutarde
branches d'estragon
feuilles de basilic
feuilles de menthe
grains de poivre
1 l de vinaigre aux herbes
50 cl de bouillon de volaille

- Préparez les légumes et détaillez-les selon les espèces en dés, en bouquets, en rondelles ou en lanières.
- Répartissez-les dans des bocaux en verre avec les plantes aromatiques.
- Recouvrez de vinaigre additionné de bouillon et fermez hermétiquement les bocaux.
- Mettez-les au frais et laissez macérer pendant au moins 1 semaine avant de consommer.

Marinade pour poissons

Préparation : 10 minutes
Cuisson : 8 minutes

Pour parfumer harengs et autres poissons.

242 calories

Pour 4 personnes
25 cl de vinaigre de vin blanc
150 g de sucre
100 g d'oignons
50 g de carottes
50 g de sel
5 g de thym émietté
5 g de marjolaine en poudre
5 g de genièvre
2 clous de girofle
1 gousse d'ail
1 feuille de laurier
1 bouquet d'aneth
10 cl d'huile

■ Dans une casserole, mettez le vinaigre de vin blanc, ajoutez le sucre, les oignons coupés en rouelles, les carottes détaillées en rondelles et le sel. Portez le tout à ébullition.

■ Ajoutez les autres éléments de la marinade (aneth et huile exceptés) et laissez refroidir.

■ Quand la marinade est froide, ajoutez-y l'aneth et l'huile en mélangeant bien soigneusement le tout.

Marinade pour saumon

Préparation : 10 minutes
Macération : 8 heures

Parfumée à l'aneth.

310 calories

Pour 4 personnes
200 g de sucre
500 g de sel
1 citron en tranches
1 orange en tranches
1 bouquet d'aneth
poivre concassé

■ Saupoudrez de fines tranches de saumon cru avec le mélange de sel et de sucre.

■ Recouvrez-les de tranches de citron et d'orange alternées.

■ Garnissez d'un peu d'aneth effeuillé.

■ Parsemez de poivre grossièrement concassé.

■ Enveloppez le tout dans un film alimentaire et laissez macérer 8 heures.

■ Rincez le poisson, saupoudrez-le à nouveau d'aneth et de poivre et mettez en attente au frais.

Marinades

Les marinades se composent de liquides, de plantes aromatiques, d'épices, d'huile et d'éléments acides comme le citron et le vin. Les épices et les aromates parfument la viande ou la chair de la volaille, les aliments acides les rendent plus tendres et plus savoureuses.

Marinade classique

■ Mélangez le liquide avec des citrons, des tomates et des épices. Si la viande doit macérer plusieurs jours, faites bouillir puis refroidir la marinade.

■ Couvrez la viande et laissez reposer quelques heures. Plus la durée de macération est longue, plus la marinade est forte (normale : 1 à 4 heures à température ambiante ; forte : 12 à 24 heures au réfrigérateur). Retournez plusieurs fois les morceaux au cours de la macération.

■ Avant la cuisson, séchez bien la viande et ôtez les restes d'aromates pour éviter qu'ils ne brûlent au gril ou au four.

Saumure

■ Mélangez du sel marin iodé (pour les viandes rouges, du sel à saumure afin d'éviter une coloration grise) avec des herbes et des épices, et frottez-en la viande.

■ Au bout de 1 à 5 jours, selon le poids de la viande ou de la volaille, lavez-la à grande eau et épongez-la.

Marinade douce

■ N'incorporez pas d'élément acide dans la marinade.

■ Frottez la viande avec un mélange d'huile d'olive et de plantes aromatiques.

■ Posez-la sur un plat, entourez-la d'herbes.

■ Laissez-la à couvert plusieurs heures.

■ Pendant la cuisson, badigeonnez régulièrement la viande avec la marinade.

→

Lapin de garenne à la flamande (recette page 403)

Lasagnes en bouillabaisse (recette page 406)

Ingrédients pour marinades raffinées

Encore un conseil pour composer vos marinades : choisissez d'abord le liquide de base et ensuite les aromates qui conviennent. Les autres ingrédients doivent rester discrets.

Épices : poivres blanc, gris, de Cayenne ; cannelle ; girofle ; cumin ; muscade ; genièvre ; safran ; cardamome ; coriandre.

Herbes : persil ; estragon ; cerfeuil ; romarin ; thym ; basilic ; marjolaine ; laurier ; livèche.

Lait et dérivés : lait entier ; yaourt ; crème fraîche.

Huiles : d'olive ; d'arachide ; de maïs ; de noix ; de pépins de raisin.

Acides : citron ; vinaigre de vin ou de fruit ; vin blanc ou rouge ; xérès ; porto ; madère.

Arômes : sauce soja ; cognac ; sauce Worcestershire ; Tabasco ; miel.

Légumes, fruits et arômes : oignons ; échalotes ; ail ; gingembre ; fenouil ; oranges ; carottes ; céleri.

Marmelade de rhubarbe

Préparation : 30 minutes
Cuisson : 15 minutes

Un bon dessert classique familial et économique.

100 calories

Pour 4 personnes
1 botte de rhubarbe
15 morceaux de sucre

- Épluchez la rhubarbe, enlevez les feuilles et les parties trop filandreuses des côtes. Coupez les côtes en petits morceaux dans une passoire et lavez-les à l'eau fraîche.
- Mettez la rhubarbe dans une casserole avec les morceaux de sucre. Mouillez avec 1/2 verre d'eau. Faites chauffer à petit feu.

Mon conseil :
En même temps que la marmelade de rhubarbe, je sers de la crème fraîche vanillée.

■ Quand le liquide commence à bouillir, le sucre fond. Mélangez bien à la spatule de bois. Laissez cuire une dizaine de minutes. La rhubarbe doit avoir fondu et être devenue transparente. Laissez cuire encore quelques minutes si nécessaire.

■ Vérifiez le goût. Si la marmelade vous paraît un peu acide, rajoutez du sucre en poudre. Laissez refroidir.

Marquise au chocolat

Préparation : 15 minutes
Cuisson : 5 minutes
Réfrigération : 24 heures

Prise au froid, une fine mousse de chocolat au rhum et à l'orange.

460 calories

Pour 6 personnes
200 g de beurre fin
1 grosse plaque de chocolat (250 g)
4 cuillerées à soupe de sucre glace
2 cuillerées à soupe de rhum
50 g d'écorce d'orange confite
5 œufs
Pour le décor :
vermicelles de chocolat ou chocolat râpé

■ Cassez le chocolat en petits morceaux, mettez-le dans une casserole avec le rhum et faites fondre à feu doux (ou, mieux, au bain-marie).

■ Détaillez le beurre en petits morceaux dans une terrine et travaillez-le à la spatule pour le transformer en pommade. Ajoutez doucement le chocolat bien fondu et fouettez énergiquement cette pâte pour la rendre légère.

■ Ajoutez ensuite les jaunes d'œufs un à un (réservez les blancs) et fouettez jusqu'à ce que le mélange éclaircisse. Incorporez ensuite le sucre glace, puis l'écorce d'orange confite coupée en petits morceaux.

■ Battez les blancs en neige et ajoutez-les en dernier à la préparation.

■ Versez ce mélange dans un moule à charlotte ou un moule à côtes et mettez dans le réfrigérateur pendant 24 heures.

Mon conseil :
Dès que le chocolat fondu est devenu moelleux, travaillez-le vite à la cuillère en bois pour qu'il reste lisse.

■ Pour démouler, passez une lame de couteau pour décoller les bords, plongez le moule 20 secondes dans de l'eau chaude et retournez sur le plat de service. Parsemez de vermicelles de chocolat ou de chocolat râpé.

Matelote d'anguilles

Préparation : 30 minutes
Cuisson : 45 minutes

Aux échalotes et à l'oseille.

549 calories

Pour 4 personnes
1 kg d'anguilles
250 g d'échalotes
50 g de beurre
1 cuillerée à soupe de sucre en poudre
50 cl de vin rouge
1 bouquet garni
1 oignon
25 cl de fumet de poisson (voir recette p. 323)
100 g de crème fraîche
100 g d'oseille
sel, poivre du moulin

■ Nettoyez les anguilles, épongez-les puis coupez-les en tronçons de 4 ou 5 cm.

■ Épluchez les échalotes et faites-les fondre dans 40 g de beurre et le sucre en poudre. Couvrez-les d'eau et laissez-les glacer environ 15 minutes sur feu modéré. Salez et poivrez. Réservez au chaud.

■ Mettez les tronçons de poisson dans une marmite, arrosez de vin, ajoutez le bouquet garni, l'oignon et le fumet pour qu'ils soient juste couverts. Salez, poivrez et faites mijoter pendant 20 minutes.

■ Hachez l'oseille et faites-la revenir 5 minutes dans 10 g de beurre.

■ Retirez le poisson et maintenez-le au chaud. Faites réduire le fond de cuisson du tiers. Ajoutez la crème fraîche et laissez épaissir. Passez au tamis et incorporez l'oseille.

■ Versez la sauce sur le poisson. Garnissez avec les échalotes et présentez aussitôt à table.

Mon conseil :
De temps en temps, remplacez le vin par du cidre.

Matelote d'écrevisses

Préparation : 35 minutes
Cuisson : 20 minutes

Flambées au cognac.

359 calories

Pour 4 personnes
20 écrevisses
1 cuillerée à soupe de beurre
3 échalotes émincées
2 cuillerées à soupe de cognac
2 cuillerées à soupe de vin blanc sec
20 cl de crème fraîche
sel, poivre du moulin

■ Préparez les écrevisses et châtrez-les. Faites-les revenir au beurre chaud dans une sauteuse.
■ Quand elles sont bien rouges, réduisez le feu, ajoutez les échalotes émincées et flambez au cognac. Mouillez avec le vin blanc et faites réduire.
■ Arrosez de crème fraîche et portez à ébullition. Laissez mijoter environ 5 minutes et assaisonnez en sel et en poivre.
■ Retirez les écrevisses de la sauteuse et dressez-les sur le plat de service. Versez la sauce sur les crustacés et servez bien chaud.

Médaillons de lotte aux pâtes

Préparation : 35 minutes
Cuisson : 15 minutes

Dans une sauce crème à la ciboulette.

705 calories

Pour 2 personnes
200 g de pâtes larges (tagliatelle)
6 médaillons de lotte de 50 g chacun
4 cuillerées à soupe de crème fraîche
12,5 cl de fumet de poisson (voir recette p. 323)
30 g de beurre

■ Faites cuire les pâtes en les plongeant 10 minutes dans de l'eau bouillante salée. Elles doivent rester fermes.
■ Salez et poivrez les médaillons de lotte et faites-les dorer des deux côtés dans le beurre chaud. Le poisson doit rester rose au centre.
■ Portez à ébullition la crème fraîche avec le fumet, assaisonnez de sel et de poivre et versez les pâtes dans la sauce. Ajoutez la ciboulette et ne laissez plus bouillir.

Médaillons de lotte aux pâtes *(suite)*

2 cuillerées à soupe
de ciboulette hachée
sel, poivre du moulin

- Disposez les pâtes en couronne sur les assiettes et placez un médaillon de poisson au centre.

Médaillons de porc béarnaise

Préparation : 20 minutes
Cuisson : 6 minutes

Garnis d'un œuf poché et de truffe, le luxe au service du porc.

963 calories

Pour 2 personnes

12,5 cl de sauce béarnaise
(voir recette p. 697)
4 œufs pochés
(voir recette p. 482)
4 médaillons de porc
de 80 g chacun
(filet ou filet mignon)
1 cuillerée à soupe de farine
25 g de beurre clarifié
(voir recette p. 97)
4 tranches de pain de mie
1 truffe (en boîte)
sel, poivre du moulin

- Préparez la sauce béarnaise selon la recette.
- Préparez à leur tour les œufs pochés.
- Salez et poivrez les médaillons puis passez-les rapidement dans la farine.
- Faites chauffer le beurre clarifié dans une sauteuse de taille convenable et faites-y revenir les médaillons 2 minutes à feu vif, puis environ 4 minutes à feu doux. La viande doit être souple à la pression du pouce.
- Faites griller les tranches de pain, mettez-les sur des assiettes chaudes, recouvrez-les avec la viande et disposez par-dessus les œufs que vous aurez reconstitués dans leur forme originelle en coupant les bouts de blanc qui dépassent à l'aide d'une paire de ciseaux. Nappez bien le tout de sauce béarnaise.
- Coupez la truffe en tranches très fines et faites-la chauffer 5 secondes dans le fond de cuisson. Garnissez-en les médaillons et servez aussitôt, bien chaud.

Médaillons de porc à la crème

Préparation : 15 minutes
Cuisson : 10 minutes

Garnis de petits champignons.

944 calories

Pour 2 personnes

250 g de champignons de Paris
1 bouquet de persil
2 échalotes
4 médaillons de porc
de 90 g chacun
1 cuillerée à soupe de farine
20 g de beurre clarifié
(voir recette p. 97)
20 g de beurre frais
5 cl de vin blanc sec
1 cuillerée à soupe de demi-glace
(voir recette p. 716)
125 g de crème fraîche
1 cuillerée à café de jus de citron
20 g de beurre froid coupé
en dés
sel, poivre du moulin

- Nettoyez les champignons, lavez-les soigneusement, séchez-les dans un linge et coupez-les en lamelles.
- Lavez le persil, coupez les tiges et hachez-le finement.
- Pelez les échalotes et émincez-les.
- Salez et poivrez la viande et passez-la dans la farine.
- Chauffez le beurre clarifié dans une poêle, faites-y revenir les médaillons des deux côtés à feu vif, puis terminez la cuisson à couvert sur feu doux en les faisant cuire 2 minutes de chaque côté. Retirez alors la viande et dressez-la sur des assiettes chaudes.
- Jetez la graisse de cuisson, mettez le beurre frais à fondre dans la poêle ; faites-y étuver les échalotes, ajoutez les champignons et arrosez aussitôt avec le vin. Versez la demi-glace et la crème fraîche, remuez bien. Portez à ébullition, parfumez de jus de citron, incorporez le beurre bien froid pour monter la sauce, ajoutez le persil haché.
- Servez les médaillons recouverts de leur sauce.

Médaillons de porc à la florentine

Préparation : 20 minutes
Cuisson : 12 minutes

Nappés de sauce Mornay sur un lit d'épinards.

914 calories

Pour 4 personnes
1 kg d'épinards en branches
8 médaillons de porc de 90 g chacun
1 cuillerée à soupe de farine
30 g de beurre clarifié (voir recette p. 97)
30 g de beurre frais
50 cl de béchamel (voir recette p. 716)
50 g de fromage râpé
sel, poivre du moulin

Mon conseil :
Pour que les épinards soient parfaitement égouttés, rien n'est plus efficace que de les presser dans vos mains puis de les enfermer dans un linge propre, de rassembler les quatre côtés du linge et de secouer vigoureusement.

- Équeutez les épinards et lavez-les bien avant de les faire blanchir 4 minutes dans une grande quantité d'eau salée. Égouttez-les très soigneusement ; au besoin, séchez-les dans un linge propre.
- Saupoudrez les médaillons de sel et de poivre avant de les rouler dans la farine.
- Faites chauffer le beurre clarifié dans une poêle et faites-y revenir les médaillons sur feu vif 2 minutes de chaque côté, puis à feu doux environ 4 minutes pour les garder encore roses à l'intérieur. Arrosez constamment du jus de cuisson. Laissez ensuite la viande reposer 5 minutes au chaud.
- Faites brunir le beurre frais dans une sauteuse et tournez-y les épinards bien égouttés ; salez-les très légèrement.
- Préparez une béchamel et incorporez-y le fromage râpé.
- Répartissez les épinards dans les assiettes chaudes et disposez dessus les médaillons de porc ; recouvrez-les de sauce.

Médaillons de porc au poivron

Préparation : 20 minutes
Cuisson : 15 minutes

Sautés au beurre et nappés de coulis de poivron.

753 calories

Pour 2 personnes

2 échalotes
1 gousse d'ail
1 poivron rouge
40 g de beurre clarifié
(voir recette p. 97)
5 cl de vinaigre de vin
5 cl de vin blanc
40 g de beurre frais
6 médaillons de porc
de 60 g chacun
coupés dans le filet mignon
1 bouquet de cerfeuil
sel, poivre du moulin

- Pelez les échalotes et coupez-les en anneaux. Pelez l'ail et pilez-le.
- Lavez le poivron, puis coupez-le en quatre, retirez les pépins et les parties blanches et détaillez la pulpe en lanières.
- Faites fondre 10 g de beurre clarifié dans une sauteuse, faites-y revenir les échalotes avec l'ail et le poivron, salez et poivrez.
- Mouillez avec le vinaigre et faites réduire un peu ; ajoutez le vin et laissez réduire à nouveau.
- Mixez les légumes et passez-les au tamis au-dessus d'une grande casserole.
- Réchauffez la purée ainsi obtenue et incorporez petit à petit le beurre frais coupé en dés ; maintenez le coulis au chaud.
- Faites fondre le reste de beurre clarifié dans une poêle et, quand il est bien chaud, faites-y revenir les médaillons de porc, assaisonnés de sel et de poivre, 3 minutes de chaque côté, en veillant à les garder encore un peu rosés à l'intérieur.
- Disposez les médaillons de porc sur des assiettes chaudes, arrosez de sauce et parsemez de cerfeuil haché pour présenter à table.

Melon au cassis

Préparation : 10 minutes
Réfrigération : 2 heures

Une délicieuse salade aux framboises et à la crème de cassis.

164 calories

Pour 2 personnes
1 melon moyen
200 g de framboises fraîches
80 g de sucre cristallisé
2 cl de crème de cassis
8 feuilles de menthe

■ Coupez le melon en deux en dentelant le bord, retirez les pépins avec une cuillère à soupe et détachez la pulpe avec un couteau à évider. Coupez-la en petits dés ou, mieux, en petites boules.
■ Mélangez la pulpe de melon avec les framboises lavées, saupoudrez le tout de sucre. Arrosez de crème de cassis et laissez macérer 2 heures au frais.
■ Remplissez les moitiés de melon de la préparation et garnissez de feuilles de menthe fraîche pour servir.

Melons en surprise

Préparation : 20 minutes
Macération : 30 minutes

Une entrée originale et rafraîchissante.

74 calories

Pour 2 personnes
2 petits melons
4 cl de porto
1 pointe de cannelle
poivre blanc fraîchement moulu

■ Lavez les melons à grande eau, décalottez-les, enlevez les pépins par l'ouverture pratiquée, évidez-les. Détaillez une partie de la chair en petites boules, avec une cuillère à glace par exemple.
■ Gardez les melons évidés au frais. Faites macérer les boules de melon dans 3 cl de porto environ 30 minutes au frais.
■ Détaillez le reste de la pulpe en dés, passez-la au mixeur, ajoutez le reste de porto, la cannelle et un peu de poivre, placez cette sauce au réfrigérateur.
■ Faites égoutter les boules de melon, remettez-les dans les écorces des fruits, ajoutez le porto de macération, passez la sauce au tamis fin et versez-la dans les melons. Servez bien frais.

Meringues

Préparation : 15 minutes
Cuisson : 1 heure

Ce dessert s'accommode à toutes les sauces.

430 calories

Pour 6 personnes
8 blancs d'œufs
350 g de sucre
150 g d'amandes en poudre
150 g de sucre glace

- Montez les blancs d'œufs en neige très ferme, avec la moitié du sucre d'abord, puis avec le reste incorporé peu à peu.
- Faites griller les amandes en poudre dans une poêle, en tournant constamment, puis mélangez-les avec le sucre glace et mêlez délicatement le mélange aux œufs en neige.
- Recouvrez la plaque du four d'un papier sulfurisé, dressez-y les blancs d'œufs par petits tas, à la cuillère.
- Éteignez alors le four préchauffé à th. 2 et faites dessécher plutôt que cuire les meringues à four entrouvert environ 1 heure.
- Laissez bien refroidir les meringues et conservez-les éventuellement dans une boîte hermétique.

Merlans en gelée

Préparation : 15 minutes
Réfrigération : 3 heures
Cuisson : 7 minutes

Une entrée légère et recherchée.

151 calories

Pour 6 personnes
6 filets de merlan
50 cl de fumet de poisson (voir recette p. 323)
10 cl de vin blanc
2 feuilles de gélatine
50 g de carottes râpées
50 g de haricots verts extrafins

- Nettoyez les filets de poisson, salez-les, poivrez-les, enroulez-les la peau vers l'intérieur, et maintenez-les serrés à l'aide de cure-dents en bois. Faites-les pocher quelques minutes dans de l'eau bouillante, égouttez-les et retirez les cure-dents.
- Portez à ébullition le fumet de poisson additionné de vin blanc, assaisonnez et délayez-y la gélatine, puis laissez refroidir.

Merlans en gelée *(suite)*

12 feuilles d'estragon
sel, poivre du moulin

Mon conseil :
Cette préparation convient également pour des soles, mais elle devient plus onéreuse.

- Faites blanchir les légumes en les plongeant 2 ou 3 minutes dans de l'eau bouillante salée. Utilisez des casseroles différentes.
- Recouvrez le fond d'un moule d'un peu de gélatine refroidie, garnissez avec les feuilles d'estragon et une partie des légumes. Faites prendre au frais.
- Sortez le moule du réfrigérateur, rangez-y les filets de poisson, garnissez des légumes restants et recouvrez de gelée. Mettez au frais pour faire durcir.
- Au moment de servir, plongez le moule 1 minute dans de l'eau chaude et retournez-le pour démouler sur un plat.

Merlu aux haricots beurre

Un pot-au-feu de poisson.

Préparation : 20 minutes
Cuisson : 30 minutes

359 calories

Pour 4 personnes
800 g de merlu
500 g de haricots beurre
3 cuillerées à soupe d'huile d'olive
3 échalotes émincées
2 tomates
1/2 cuillerée à café de graines de fenouil
sarriette
50 cl de fumet clair (voir recette p. 323)
sel, poivre du moulin

- Nettoyez le poisson et lavez-le, puis coupez-le en tranches.
- Écossez les haricots et lavez-les.
- Faites chauffer l'huile dans une sauteuse et faites-y revenir les échalotes émincées.
- Coupez les tomates en quartiers, épépinez-les et concassez-les avant de les ajouter aux échalotes.
- Mettez les herbes aromatiques dans la sauteuse, assaisonnez légèrement, puis ajoutez les haricots ; mouillez avec le fumet, portez à ébullition et laissez mijoter le tout 10 minutes.
- Disposez alors le poisson sur les légumes et laissez cuire pendant environ 20 minutes à feu modéré.

Mignonnette

Une sauce goûteuse.

160 calories

Préparation : 3 minutes

Pour 4 personnes
3 cuillerées à soupe de vinaigre de vin
6 cuillerées à soupe d'huile
1 cuillerée à café de poivre noir concassé (mignonnette)
1 cuillerée à café de moutarde
1 cuillerée à café de fines herbes hachées
sel

■ Mélangez bien tous ces ingrédients. Servez cette sauce bien fraîche.

Mignons de bœuf au porto

Pour un dîner de rois.

401 calories

Préparation : 10 minutes
Marinade : 12 heures
Cuisson : 15 minutes

Pour 4 personnes
50 g de truffes noires
40 g de beurre frais
5 cl de porto
8 tranches de filet de bœuf de 90 g chacune
30 g de beurre clarifié (voir recette p. 97)
4 échalotes
20 g de beurre frais
sel, poivre du moulin

■ La veille, brossez les truffes sous l'eau courante et faites-les étuver au beurre quelques instants, puis mouillez au porto, portez à ébullition et retirez aussitôt du feu. Laissez mariner au frais, à couvert.

■ Le lendemain, séchez les filets mignons dans du papier absorbant avant de les saler et de les poivrer.

■ Faites chauffer le beurre clarifié dans une poêle à fond épais, mettez-y à revenir rapidement les mignons environ 4 minutes de chaque côté et retirez-les. Laissez la viande reposer sur un plat chaud.

Mon conseil :
Pour intensifier la saveur de ce plat, mettez le beurre toute la nuit avec les truffes sous un saladier au réfrigérateur, il prendra leur parfum.

■ Pelez les échalotes, coupez-les en quatre et faites-les sauter dans le fond de cuisson de la viande.
■ Coupez les truffes en fines lamelles, ajoutez leur jus aux échalotes et laissez réduire de moitié.
■ Montez la sauce au beurre et ajoutez-y les lamelles de truffes en veillant à ne pas laisser bouillir.
■ Rangez les mignons sur le plat de service et nappez-les de sauce.

Millefeuille de foie gras

Une entrée chaude raffinée.

1 153 calories

Préparation : 1 heure
Cuisson : 30 minutes

Pour 4 personnes
1 magret de canard
400 g de foie gras de canard
250 g de pâte feuilletée
(voir recette p. 535)
4 poires
2 l de bon vin rouge
5 clous de girofle
le zeste de 2 oranges
le zeste de 1 citron
1 pincée de poivre de Cayenne
1 pincée de curry
15 g de cannelle
5 g de baies de genièvre
5 g d'anis vert
1 bouquet garni
150 g de sucre en poudre

■ Faites chauffer le vin rouge avec les zestes d'orange et de citron, le poivre de Cayenne, le curry, la cannelle, les baies de genièvre, l'anis vert, le bouquet garni, le sucre en poudre, les clous de girofle. A ébullition, ajoutez les poires entières, pelées et évidées.
■ Quand les poires sont cuites, retirez-les et laissez réduire leur jus de cuisson des deux tiers. Ajoutez le concentré de volaille et faites réduire à nouveau jusqu'à obtention d'une consistance un peu épaisse. Incorporez le beurre. Mettez cette sauce de côté.
■ Coupez les poires en deux et émincez quatre moitiés en éventail. Découpez les quatre autres moitiés en fines lamelles. Préchauffez le four à th. 6.
■ Étalez la pâte feuilletée en un rectangle de 25×15 cm. Piquez avec les

Millefeuille de foie gras *(suite)*

20 cl de concentré de volaille
30 g de beurre
1 jaune d'œuf
sel, poivre

Mon conseil :
Pour cette recette, choisissez de préférence des poires conférence.

dents d'une fourchette et dorez au jaune d'œuf. Mettez au four sur une plaque beurrée pendant 25 minutes.

- Détaillez le feuilletage cuit en carrés de 5 cm de côté.
- Coupez le foie en huit tranches, salez et poivrez.
- Chauffez le magret de canard sur feu vif pendant 5 minutes, puis sur feu moyen pendant 8 à 10 minutes.
- Préchauffez une poêle antiadhésive. Lorsqu'elle est bien chaude, disposez, en les superposant, une escalope de foie, quelques lamelles de poire et un carré de feuilletage ; renouvelez l'opération et superposez ainsi les couches en finissant par un carré de feuilletage.
- Émincez le magret en fines tranches.
- Présentez le millefeuille sur un plat, entourez-le des éventails de poire et des tranches de magret. Nappez de sauce réchauffée et servez.

Minestrone

Préparation : 30 minutes
Trempage : 12 heures
Cuisson : 1 h 10

Un classique italien.

589 calories

Pour 4 personnes
80 g de haricots secs
100 g de haricots verts
1/4 de chou
2 tomates épépinées
2 carottes
2 morceaux de céleri
1 pomme de terre

- La veille, faites tremper les haricots secs dans de l'eau froide.
- Le lendemain, préparez les autres légumes : lavez-les et coupez-les en dés ou en lanières.
- Faites fondre le beurre dans un faitout et faites-y revenir les lardons ; ajoutez les échalotes émincées et l'ail haché et faites-les dorer à leur tour.
- Ajoutez les légumes frais que vous ferez revenir, et enfin les haricots secs

Minestrone *(suite)*

50 g de beurre
150 g de lard coupé en dés
2 échalotes émincées
2 gousses d'ail
1 l de bouillon de viande
80 g de vermicelle
1 cuillerée à soupe de basilic
1 cuillerée à soupe de persil
50 g de parmesan
sel, poivre du moulin

égouttés. Salez, poivrez et recouvrez de bouillon de viande. Laissez au moins 1 heure sur feu doux.

■ Pendant ce temps, râpez le parmesan.

■ Environ 5 minutes avant la fin de la cuisson, versez le vermicelle en pluie.

■ Servez dans une soupière après avoir saupoudré de persil et de basilic hachés et de parmesan râpé.

Miroton

Préparation : 15 minutes
Cuisson : 25 minutes

Le gratin du lundi.

752 calories

Pour 4 personnes
800 g de bœuf bouilli (restes de pot-au-feu)
1 oignon
200 g de lard maigre
20 g de beurre
30 g de farine
20 cl de bouillon de pot-au-feu
300 g de carottes et de céleri du pot-au-feu
1 cuillerée à soupe de chapelure
3 cuillerées à soupe de beurre
1 bouquet de ciboulette
sel, poivre du moulin

Mon conseil :
Saupoudrez votre miroton de fromage fraîchement râpé avant de le mettre au four.

■ Coupez la viande cuite en fines tranches.

■ Pelez l'oignon et coupez-le en quartiers, coupez le lard en dés et faites revenir le tout au beurre. Saupoudrez de farine pour faire un roux, retirez du feu et laissez refroidir.

■ Versez peu à peu le bouillon chaud sur le roux et mélangez énergiquement au fouet. Laissez mijoter 10 minutes avant de passer au tamis. Assaisonnez de sel et de poivre.

■ Disposez les tranches de viande dans un plat à gratin. Parsemez de carottes et de céleri coupés en petits dés et nappez de la sauce.

■ Saupoudrez de chapelure, ajoutez quelques noisettes de beurre et passez au four bien chaud. Faites gratiner une dizaine de minutes.

■ Lavez la ciboulette, puis coupez-la très finement et parsemez-en le gratin avant de servir.

Mixed grill

Préparation : 15 minutes
Cuisson : 10 minutes

D'excellentes brochettes d'agneau, porc, tomates et champignons.

800 calories

Pour 4 personnes
4 petites côtelettes d'agneau
150 g de foie de veau
4 gros champignons de Paris
4 chipolatas
4 tranches de lard fumé
4 petites tomates
4 rognons d'agneau
2 cuillerées à soupe d'huile
sel, poivre

- Nettoyez les champignons.
- Ouvrez les rognons en deux.
- Coupez le foie de veau en quatre morceaux.
- Enfilez sur des brochettes. Sur chacune : 1 rognon, 1 saucisse, 1 côtelette, 1 tranche de lard fumé, 1 tomate, 1 champignon. Salez, poivrez, arrosez d'huile.
- Faites cuire directement sur le gril 10 minutes. Servez aussitôt.

Mollusques

Le temps de préparation des seiches, des escargots et des cuisses de grenouilles frais étant assez long, les produits surgelés ou de conserve se révéleront de précieux alliés. Pour la préparation des produits frais, la marche à suivre est détaillée ci-dessous.

Cuisses de grenouilles

Toujours vendues prêtes à cuire, les cuisses de grenouilles doivent être cuites à feu doux. Elles peuvent être frites, pochées ou sautées.

- Salez, poivrez et farinez les cuisses de grenouilles.
- Faites-les frire au beurre à chaleur modérée 4 minutes.
- Saupoudrez de fines herbes et d'ail pilé, mélangez bien et servez.

Escargots

On ne cuisine que les escargots de Bourgogne et les petits-gris.

→

■ Faites jeûner les escargots une dizaine de jours, avant de les faire dégorger. Lavez-les ensuite à grande eau et faites-les blanchir pendant 5 minutes dans de l'eau bouillante. Égouttez-les.
■ Sortez les escargots de leur coquille avec une épingle.
■ Détachez la tête de la partie abdominale et supprimez l'extrémité noire (le « cloaque »).
■ Faites cuire la partie charnue 30 à 40 minutes dans un court-bouillon aux fines herbes. Ajoutez la préparation finale.

Seiches, encornets, poulpes, etc.

L'encre peut être employée pour agrémenter les sauces et les pâtes fraîches.
■ Videz les mollusques, retournez-les et enlevez en même temps les viscères et la poche d'encre.
■ Enlevez soigneusement la muqueuse au couteau.
■ Lavez les mollusques et séchez-les dans du papier absorbant.
■ Coupez les mollusques en rondelles ou en lanières.
■ Selon le cas, faites frire ou sauter les mollusques.

Morue aux blettes et aux raisins secs

Préparation : 20 minutes
Trempage : 12 heures
Cuisson : 1 heure

Une recette de Bonifacio.

615 calories

Pour 4 personnes
600 g de morue
2 tomates
1 oignon
2 gousses d'ail
1 branche de persil
1 feuille de laurier

■ Mettez la morue dans une passoire posée dans une bassine, couvrez-la d'eau froide et laissez-la dessaler toute une nuit sous un filet d'eau. Le lendemain, coupez-la en morceaux et ôtez les arêtes. Retirez les feuilles des blettes. Coupez les côtes en petits morceaux en enlevant les fils. Faites cuire les blettes dans l'eau bouillante salée pendant 20 minutes, puis égouttez-les.

Morue aux blettes
et aux raisins secs *(suite)*

3 pommes de terre
500 g de blettes
1 cuillerée à soupe de raisins secs
poivre
huile

Mon conseil :
Faites préalablement tremper les raisins secs pendant 1 heure dans de l'eau tiède.

■ Épluchez et émincez l'oignon. Pelez, épépinez et coupez en dés les tomates. Pelez l'ail. Hachez le persil. Faites revenir le tout dans l'huile. Mouillez avec un peu d'eau, salez très légèrement, poivrez, puis ajoutez les pommes de terre épluchées et coupées en morceaux. Après 20 minutes de cuisson, ajoutez la morue, les blettes et les raisins secs. Laissez cuire à feu doux encore une dizaine de minutes.

Morue au muscadet

Préparation : 20 minutes
Trempage : 24 heures
Cuisson : 30 minutes

Une délicieuse matelote.

400 calories

Pour 4 personnes
500 g environ de morue salée
30 cl de muscadet
300 g de pommes de terre
3 carottes
2 blancs de poireaux
4 petits navets
2 ou 3 échalotes
1 feuille de laurier
1 branche de thym
50 g de beurre
poivre concassé

■ Faites dessaler la morue une journée entière dans de l'eau froide plusieurs fois renouvelée.

■ Égouttez le poisson et mettez-le dans une marmite avec le vin blanc.

■ Nettoyez les légumes, pelez-les, ainsi que les échalotes, coupez-les en deux ou en quatre selon leur taille et ajoutez-les au poisson.

■ Ajoutez le laurier, le thym et le poivre concassé.

■ Faites mijoter le poisson et sa garniture, à feu modéré, environ 30 minutes.

■ Retirez la morue et ses légumes de la marmite, passez le fond de cuisson au chinois et incorporez-y le beurre par petits morceaux en tournant bien. Vérifiez l'assaisonnement.

■ Dressez le poisson et ses légumes dans le plat de service et nappez de sauce.

Morue à la niçoise

Préparation : 25 minutes
Trempage : 24 heures
Cuisson : 1 h 15

Un pot-au-feu de morue.

692 calories

Pour 4 personnes
1 kg de morue
4 grosses tomates
500 g de pommes de terre
10 cl d'huile d'olive
2 échalotes émincées
1 1/2 cuillerée à café d'ail pilé
1 bouquet garni
25 cl de vin blanc
25 cl de fumet de poisson
(voir recette p. 323)
100 g d'olives niçoises
poivre du moulin

■ Mettez le poisson à dessaler 24 heures dans de l'eau claire, épongez-le et coupez-le en morceaux.

■ Pelez les tomates et épépinez-les. Épluchez les pommes de terre et coupez-les en rondelles.

■ Faites chauffer l'huile dans une sauteuse. Mettez-y à rissoler les échalotes émincées avec l'ail. Ajoutez les tomates et le poisson puis le bouquet garni. Poivrez. Couvrez avec le fumet de poisson bien chaud et complétez avec le vin blanc. Faites cuire en laissant couvert environ 45 minutes.

■ Ajoutez alors les pommes de terre et les olives et prolongez la cuisson de 30 minutes.

■ Retirez le bouquet garni avant de servir.

Morue pochée au court-bouillon

Préparation : 10 minutes
Dessalage : 12 heures
Cuisson : 10 minutes

La plus simple des façons de préparer la morue.

370 calories

Pour 4 personnes
1 paquet de morue (environ 450 g)

■ Douze heures avant la cuisson, dessalez la morue en la laissant tremper dans un grand récipient d'eau froide. Changez l'eau toutes les 2 ou 3 heures (vous pouvez aussi laisser un filet d'eau couler sur le récipient toute la nuit).

■ Mettez la morue dans une grande casserole et recouvrez-la d'eau froide (non salée, bien sûr). Portez à ébullition très doucement ; retirez la casserole du

Mon conseil :
Excellents avec la morue pochée, les légumes verts tels que gros haricots, carottes, poireaux, courgettes, bouillis et arrosés de la même sauce que le poisson.

feu dès le premier frémissement, couvrez et laissez pocher 10 minutes.

■ Égouttez. Mettez dans un plat et nappez de la sauce choisie : béchamel, beurre noir, beurre maître d'hôtel ou tout simplement un mélange d'huile, citron et fines herbes hachées.

Morue à la toulousaine

Préparation : 20 minutes
Trempage : 24 heures
Cuisson : 25 minutes

Dans un coulis de tomates bien aromatisé.

475 calories

Pour 4 personnes
500 g de morue salée
3 échalotes émincées
1/2 cuillerée à café d'ail pilé
1 cuillerée à soupe de concentré de tomates
25 cl de vin blanc
25 cl de fumet de poisson (voir recette p. 323)
1 cuillerée à soupe de persil
1 cuillerée à soupe de basilic
1 branche de thym
quelques pointes de fenouil
1 feuille de laurier
5 cuillerées à soupe d'huile d'olive
farine pour le poisson
5 cuillerées à soupe d'huile
100 g d'olives
sel, poivre du moulin

■ Mettez la morue à dessaler 24 heures dans de l'eau froide renouvelée très souvent.

■ Faites rissoler les échalotes et l'ail dans l'huile d'olive et versez, en remuant bien, le concentré de tomates. Ajoutez le vin, le fumet de poisson, les herbes aromatiques et laissez cuire doucement pendant 20 minutes.

■ Coupez le poisson dessalé en morceaux, passez-le dans la farine et faites-le frire dans l'huile.

■ Quand la sauce est réduite de moitié et d'une belle consistance, ajoutez les olives et assaisonnez en sel et en poivre si nécessaire.

■ Faites réchauffer le poisson quelques minutes dans la sauce et servez bien chaud.

Moules à la marinière

Préparation : 30 minutes
Cuisson : 13 minutes

Un classique au vin blanc et aux légumes.

288 calories

Pour 4 personnes
2 l de moules
2 cuillerées à soupe de beurre
2 échalotes émincées
1/2 cuillerée à café d'ail pilé
100 g de carottes et 100 g de poireaux coupés en julienne
un peu de céleri râpé
1 bouquet garni
30 cl de vin blanc
2 cuillerées à soupe de crème fraîche
1 cuillerée à soupe de persil plat ciselé
sel, poivre du moulin

Mon conseil :
Faites cuire des tiges de persil avec les légumes pour intensifier la saveur du plat.

- Grattez bien les coquillages sous l'eau courante et ébarbez-les. Jetez les moules qui s'entrebâillent déjà.
- Faites fondre le beurre dans une grande sauteuse et mettez-y à étuver les échalotes émincées, l'ail, le bouquet garni et les légumes. Salez et poivrez.
- Mouillez avec le vin blanc et portez à ébullition. Versez les coquillages dans la sauteuse et laissez cuire à couvert environ 8 minutes à feu modéré.
- Retirez les coquillages, filtrez le fond de cuisson et faites-le réduire légèrement après avoir ajouté la crème fraîche et assaisonné en sel et en poivre. Remettez les moules dans la sauce pour les réchauffer.
- Saupoudrez de persil ciselé pour servir.

Moules à la provençale

Préparation : 30 minutes
Cuisson : 20 minutes

Décoquillées dans une sauce parfumée.

248 calories

Pour 4 personnes
2 l de moules

- Préparez les moules comme dans la recette de moules à la marinière (voir ci-dessus), détachez-les de leur coquille et gardez-les au chaud.
- Passez le fond de cuisson au tamis.
- Faites blanchir tous les légumes en les plongeant dans de l'eau bouillante

300 g de légumes
coupés en petits dés
(carottes, poireau, céleri)
20 cl de béchamel
(voir recette p. 716)
2 cuillerées à soupe
de concentré de tomates
1/2 cuillerée à café d'ail pilé
1 cuillerée à soupe
de jus de citron
50 g de beurre
2 cuillerées à soupe
de ciboulette hachée
1 cuillerée à soupe
de persil haché
sel, poivre du moulin

salée. Ajoutez à la béchamel préalablement préparée les légumes blanchis, le concentré de tomates et l'ail pilé. Ajoutez-y le fond de cuisson des moules.

■ Portez la sauce à ébullition et faites réduire de moitié, ajoutez le jus de citron et incorporez le beurre au fouet. Assaisonnez en sel et en poivre.

■ Nappez les coquillages avec cette sauce et parsemez-les de fines herbes au moment de servir.

Moules sauce rousse

Préparation : 20 minutes
Cuisson : 15 minutes

Une sauce crémeuse et safranée.

455 calories

Pour 4 personnes
2 l de moules
1 verre à moutarde de vin blanc
1 échalote hachée
persil haché
1 noix de beurre
sel, poivre
Pour la sauce :
30 g de beurre
1/2 cuillerée à café de safran
100 g de crème fraîche
1 cuillerée à café bombée
de farine

■ Nettoyez soigneusement les moules en les grattant et en enlevant les filaments extérieurs. Lavez-les à grande eau mais ne les laissez pas tremper, elles risqueraient de s'ouvrir.

■ Mettez-les dans une grande casserole. Ajoutez le vin blanc, l'échalote, le persil haché, le beurre. Salez très légèrement, poivrez au moulin. Mettez la casserole sur feu vif. Secouez la casserole pour que toutes les moules soient régulièrement chauffées. Quand elles sont entrouvertes, elles sont cuites.

■ Recueillez l'eau de cuisson dans une petite casserole. Filtrez-la. Réservez les moules au chaud.

Mon conseil :
Rejetez sans hésiter toute moule crue ouverte : il s'agit d'un coquillage mort pouvant être toxique.

■ Faites chauffer l'eau de cuisson des moules. Ajoutez le beurre et le safran. Remuez à la spatule en bois.

■ Dans un bol, mélangez la farine avec la crème fraîche. Versez-la dans la sauce. Remuez à la spatule pour bien lier. Servez les moules en dôme dans un plat creux ou une soupière et la sauce à part en saucière.

Moulinois

Meringue, mousse au chocolat et mousse pralinée pour ce délicieux dessert.

571 calories

Pour 4 personnes

Pour le décor :
chocolat en poudre
sucre glace
cerneaux de noix

Pour la meringue :
2 blancs d'œufs
75 g de sucre en poudre
75 g de sucre glace
20 g de cacao

Pour la mousse au chocolat :
50 g de sucre en poudre
2 jaunes d'œufs
60 g de chocolat noir râpé
25 cl de crème fleurette

Pour la meringue à l'italienne :
3 blancs d'œufs
80 g de sucre en poudre

Préparation : 1 h 30
Cuisson : 1 heure

■ Préchauffez le four à th. 4. Préparez la meringue : fouettez les blancs d'œufs avec le sucre. Ajoutez le sucre glace et le cacao. Sur un papier sulfurisé, étalez ce mélange à la poche, en spirale. Faites ainsi deux cercles de 20 cm de diamètre. Faites cuire au four pendant 45 minutes.

■ Préparez la mousse au chocolat : faites bouillir le sucre dans 4 cl d'eau. Versez sur les jaunes d'œufs et faites cuire à petit feu 3 à 4 minutes tout en tournant. Incorporez le chocolat noir et fouettez au batteur jusqu'à refroidissement. Incorporez ensuite la crème fleurette montée.

■ Préparez la meringue à l'italienne : fouettez les blancs d'œufs en neige très ferme. Faites cuire le sucre au grand boulé. Quand le sucre est à point, versez-le en filet sur les œufs en neige, en mélangeant délicatement.

■ Préparez la mousse pralinée : mélangez et lissez ensemble le beurre, le praliné et la crème pâtissière.

Moulinois *(suite)*

Pour la mousse pralinée :
120 g de beurre
60 g de praliné en pâte
5 cl de crème pâtissière sans chocolat (voir recette p. 231)

Mon conseil :
Vous pouvez ajouter à la crème au chocolat 1 cuillerée à soupe de rhum.

■ Incorporez la meringue à l'italienne au mélange précédent.
■ A l'aide de 2 poches à douille identiques, dressez sur un cercle meringué, en alternant, de grosses quenelles de mousse pralinée et de mousse au chocolat. Couvrez avec l'autre cercle de meringue.
■ Saupoudrez la moitié du cercle de chocolat en poudre et l'autre moitié de sucre glace. Décorez avec les cerneaux de noix.

Mousse aux deux chocolats

Préparation : 15 minutes
Cuisson : 15 minutes
Réfrigération : 2 heures

Un heureux mariage.

480 calories

Pour 10 personnes
250 g de chocolat noir
250 g de chocolat blanc
25 cl de crème fraîche
Pour la meringue :
4 blancs d'œufs
10 cl de lait

Mon conseil :
Accompagnez de tuiles aux amandes.

■ Cassez le chocolat noir et le chocolat blanc en petits morceaux. Mettez-les dans deux casseroles avec le lait. Faites fondre sur feu doux, sans cesser de remuer avec une cuillère en bois. Quand vous obtenez une crème lisse, retirez du feu.
■ Préparez la crème fouettée avec la crème fraîche additionnée de 4 cuillerées à soupe d'eau froide.
■ Préparez la meringue (voir recette p. 452).
■ Incorporez successivement et le plus délicatement possible la meringue puis la crème fouettée aux chocolats fondus.
■ Versez la mousse dans des coupes et laissez prendre au réfrigérateur pendant environ 2 heures.

Mousse aux fruits

Préparation : 10 minutes	
Cuisson : 10 minutes	
Réfrigération : 3 heures	

A servir très frais, une délicate mousse aux œufs parfumée aux fruits.

180 calories

Pour 6 personnes

3 œufs
1 pincée de sel
500 g de fruits
(cerises, fraises, ananas, abricots)
100 g de sucre en poudre

- Broyez finement les fruits, soit au mixeur, soit au moulin à légumes.
- Séparez les blancs des jaunes des œufs.
- Dans une casserole, travaillez les jaunes avec le sucre. Ajoutez les fruits réduits en purée et mettez à épaissir sur feu très doux, sans laisser bouillir et sans cesser de remuer.
- Battez en neige ferme les blancs avec la pincée de sel, et incorporez délicatement au mélange, en soulevant de bas en haut.
- Mettez dans des coupes et tenez au frais avant de servir.

Mousse de pois cassés

Préparation : 20 minutes	
Trempage : 12 heures	
Cuisson : 1 h 10	

Une purée de pois onctueuse.

433 calories

Pour 4 personnes

300 g de pois secs
1 oignon piqué de 1 feuille de laurier et de 3 clous de girofle
1 bouquet garni (1 branche de marjolaine, 3 brins de persil, 1 branche de thym)
60 g de beurre
2 jaunes d'œufs
noix muscade

- Faites tremper les pois 1 nuit dans de l'eau froide avant de les mettre dans un faitout avec du gros sel, l'oignon piqué de girofle et de laurier et le bouquet garni. Recouvrez d'eau froide, portez à ébullition et laissez cuire doucement pendant environ 1 heure.
- Retirez alors le bouquet garni et l'oignon. Égouttez les pois et réduisez-les en purée au mixeur. Passez-les ensuite au tamis.
- Ajoutez le beurre bien froid par petites parcelles en fouettant au fouet

Mousse de pois cassés *(suite)*

gros sel
sel, poivre du moulin

métallique, puis les jaunes d'œufs un par un, sur feu doux. Veillez à ne pas laisser bouillir.

■ Assaisonnez de noix muscade, de sel et de poivre, et versez dans le légumier.

Mousseline de brochet au coulis d'écrevisses

Préparation : 1 heure
Cuisson : 20 minutes

Une belle entrée pour un repas raffiné.

399 calories

Pour 4 personnes
200 g de chair de brochet
200 g de parures de brochet
20 cl de crème fraîche
1 œuf entier + 1 blanc
20 g de beurre
sel, poivre
Pour le coulis :
16 écrevisses
30 g de beurre
30 g de farine
1 gousse d'ail
1 oignon
1 cuillerée à soupe de crème fraîche
1 cuillerée à soupe d'huile d'olive
50 cl de vin blanc
1 carotte
1 bouquet garni
2 cuillerées à soupe de cognac

■ Préparez le fumet : faites cuire les parures de brochet dans deux verres d'eau et laissez bien réduire. Passez au tamis fin et réservez.

■ Faites revenir les écrevisses dans un peu de beurre et flambez-les au cognac. Laissez mijoter jusqu'à ce qu'elles soient cuites, puis décortiquez-les en réservant les queues.

■ Remettez les têtes et les carapaces des écrevisses dans la casserole où elles ont cuit. Ajoutez l'huile d'olive, le bouquet garni, la carotte, l'oignon et la gousse d'ail pelés et hachés. Faites revenir le tout. Mouillez avec le vin blanc et le fumet. Ajoutez le concentré de tomates, salez, poivrez, couvrez et laissez cuire 30 minutes à feu doux. Écrasez le tout avec un pilon et faites cuire à nouveau 10 minutes. Passez au tamis. Avec le beurre et la farine, préparez un beurre manié et mettez-le dans la sauce pour la lier. Gardez au chaud.

■ Préchauffez le four à th. 6. Pendant la cuisson du coulis, préparez la mousseline ; passez la chair de brochet crue au mixeur. Incorporez le blanc d'œuf et

Mousseline de brochet au coulis d'écrevisses *(suite)*

1 cuillerée à soupe de concentré de tomates
sel, poivre de Cayenne

Mon conseil :
Vous pouvez ajouter à la mousseline une pincée de noix muscade.

l'œuf entier, passez au tamis dans un saladier posé sur de la glace, salez, poivrez. Incorporez la crème fraîche à la spatule, en tournant avec beaucoup de délicatesse.

■ Beurrez 4 ramequins individuels. Remplissez-les de mousseline de brochet et faites cuire au bain-marie à four chaud pendant 20 minutes.

■ Juste avant de sortir les ramequins du four, ajoutez la crème fraîche dans le coulis.

■ Démoulez les mousselines sur les assiettes de service chaudes. Nappez de coulis. Servez avec les queues d'écrevisses à part, après les avoir passées très doucement au beurre à la poêle pour les réchauffer.

Mousseline de poireaux

Préparation : 10 minutes
Cuisson : 25 minutes

Une garniture originale et raffinée.

302 calories

Pour 6 personnes
2 kg de poireaux
200 g de crème fraîche
le jus de 1 citron
sel, poivre

Mon conseil :
Ce plat accompagne très bien les filets de poisson pochés et aussi les viandes blanches.

■ Épluchez, lavez les poireaux, coupez-les en morceaux. Jetez-les dans une casserole d'eau bouillante salée. Laissez cuire à petits bouillons jusqu'à ce qu'ils soient tendres. Égouttez.

■ Passez les poireaux à la moulinette pour les réduire en purée. Pressez dans une mousseline pour enlever l'eau.

■ Mettez la purée de poireaux dans une casserole. Ajoutez le jus de citron. Placez sur feu doux, salez, poivrez et, tout en battant vivement à la fourchette, incorporez la crème fraîche. Continuez à fouetter pour obtenir une mousse aussi légère que possible. Servez chaud en légumier.

Mulet au gros sel

Préparation : 10 minutes
Cuisson : 45 minutes

Le plus pur parfum du poisson sous une croûte de sel.

249 calories

Pour 4 personnes
1 mulet de 1 kg
1 kg de sel marin
250 g de farine
2 œufs
poivre du moulin

Mon conseil :
Présentez le poisson avec un beurre blanc servi en saucière.

- Mélangez le sel, la farine et les œufs avec un peu d'eau pour obtenir une pâte lisse.
- Lavez le poisson et séchez-le.
- Étendez la pâte au sel.
- Poivrez légèrement le mulet.
- Enveloppez le poisson dans la pâte en veillant à ce qu'elle adhère bien à la peau.
- Mettez dans un four chaud pendant 45 minutes.
- Retirez le poisson du four et cassez la croûte de sel avec une spatule en bois. La peau du mulet doit se détacher facilement. Servez sans attendre.

Mulets à l'anis

Préparation : 15 minutes
Cuisson : 25 minutes

Braisés sur lit de fenouil.

435 calories

Pour 4 personnes
1 kg de mulets
3 bulbes de fenouil
2 tomates
huile pour le plat
50 g de beurre
10 cl de crème fraîche
2 cuillerées à soupe de pastis
sel, poivre du moulin

Mon conseil :
Cette recette convient aussi à la daurade et au rouget.

- Faites préchauffer le four à th. 5. Lavez les mulets et séchez-les.
- Pelez les bulbes de fenouil, lavez-les et détaillez-les en fine julienne.
- Pelez les tomates et coupez-les en quatre. Retirez-en les pépins.
- Huilez légèrement le fond de la braisière et disposez-y les poissons, le fenouil et les tomates. Salez, poivrez et parsemez de noisettes de beurre.
- Glissez la braisière dans le four et faites cuire environ 25 minutes.
- Réservez les poissons au chaud, liez le fond de cuisson avec la crème fraîche, ajoutez le pastis.
- Remettez les poissons dans la sauce et servez aussitôt.

n

Navets aux noix

Préparation : 10 minutes
Cuisson : 8 minutes

Glacés au miel.

276 calories

Pour 4 personnes
700 g de navets
50 g de lard gras
5 cl de bouillon de bœuf
(voir recette p. 117)
50 g de noix
2 cuillerées à soupe de miel
2 citrons
sel, poivre du moulin

■ Épluchez les navets bien lavés et formez des boules dans la pulpe avant de les faire blanchir 3 minutes dans de l'eau bouillante salée. Égouttez-les soigneusement.

■ Faites fondre dans une poêle le lard coupé en dés, ajoutez-y les boules de navets, versez le bouillon et laissez cuire pendant 5 minutes à couvert. Salez et poivrez.

■ Quand le liquide de cuisson est évaporé, ajoutez les noix, le miel et le jus des citrons sur les légumes et faites glacer en tournant la poêle sur elle-même pour que les légumes soient bien enrobés de miel.

■ Versez délicatement les légumes caramélisés dans le plat de service et servez bien chaud.

Nègres en chemise

Préparation : 30 minutes
Réfrigération : 3 heures
Cuisson : 45 minutes

Soufflés au chocolat.

1 383 calories

Pour 4 personnes
100 g de beurre
100 g de sucre
6 œufs
100 g d'amandes en poudre
100 g de chocolat râpé
200 g de crème fraîche
2 cuillerées à soupe
de sucre glace

Mon conseil :
Ce dessert peut être congelé et réchauffé ensuite au four à micro-ondes.

- Battez le beurre au fouet électrique avec 50 g de sucre.
- Cassez les œufs au-dessus d'un saladier, séparez les jaunes des blancs. Ajoutez les jaunes d'œufs, un à un, à la préparation, puis incorporez les amandes et le chocolat finement râpé.
- Montez les blancs d'œufs en neige ferme avec le reste de sucre et mêlez-les très délicatement à la pâte.
- Garnissez de cette préparation des petits moules beurrés et faites cuire 45 minutes au bain-marie dans un récipient clos (température de cuisson : 120 °C). Laissez refroidir et mettez 3 heures au réfrigérateur.
- Battez la crème en chantilly avec le sucre glace. Démoulez les soufflés sur le plat de service et recouvrez de crème Chantilly.

Nids de pommes de terre

Préparation : 15 minutes
Cuisson : 5 minutes

Des pommes de terre bien croustillantes.

97 calories

Pour 2 personnes
200 g de pommes de terre farineuses
huile pour la friture
sel

Mon conseil :
Une garniture très décorative que l'on peut remplir de légumes ou de fruits.

- Épluchez les pommes de terre et coupez-les en bâtonnets très fins.
- Lavez-les et épongez-les bien puis disposez-les en tous sens dans un panier à nids en laissant dépasser des bords ; refermez le panier.
- Faites cuire 3 minutes dans une friteuse, à 160 °C, et retirez délicatement le panier.
Laissez un peu égoutter.
- Au dernier moment, replongez le panier dans le bain de friture à 180 °C pour que les pommes de terre soient bien croustillantes ; saupoudrez-les de sel et servez aussitôt.

Noix de veau au bacon

Préparation : 10 minutes
Cuisson : 1 heure

Servie entourée de tomates cuites garnies de petits pois.

670 calories

Pour 6 personnes
1,5 kg de noix de veau
150 g de bacon
2,5 cl d'huile
1 kg de tomates bien fermes
80 g de beurre
1 boîte 4/4 de petits pois
sel, poivre

- Faites larder par le boucher la noix de veau avec le bacon coupé en bâtonnets. Salez légèrement l'extérieur. Poivrez.
- Badigeonnez le rôti d'huile et faites-le cuire au four 1 heure (soit 20 minutes par livre) en arrosant plusieurs fois en cours de cuisson.
- Pendant ce temps, enlevez un chapeau aux tomates et creusez-les à l'aide d'une petite cuillère. Saupoudrez l'intérieur de sel fin et retournez-les sur une assiette pour qu'elles rendent leur eau.

Mon conseil :
Égouttez bien à fond les petits pois en boîte. Choisissez des fins ou des extrafins au naturel.

■ Dix minutes avant de servir, faites chauffer le contenu de la boîte de petits pois, sans les faire bouillir. Disposez les tomates sur la plaque du four avec une noix de beurre à l'intérieur de chacune et placez-les sous le gril du four pendant 5 minutes.
■ Disposez le rôti sur un plat de service. Remplissez les tomates avec les petits pois égouttés auxquels vous aurez ajouté le reste du beurre et disposez autour de la viande. Servez chaud.

Nouilles au beurre

Préparation : 5 minutes
Cuisson : 15 minutes

La façon la plus simple de cuire et d'assaisonner des pâtes.

400 calories

Pour 6 personnes
400 g de nouilles
100 g de beurre
sel, poivre

Mon conseil :
Quand vous achetez des pâtes, vérifiez bien que l'emballage porte la mention « blé dur ». Seules les pâtes de blé dur sont bonnes.

■ Mettez dans une grande casserole 3 l d'eau avec 3 cuillerées à soupe rases de gros sel.
■ Dès qu'elle bout, jetez-y les nouilles sans réduire le feu (les nouilles ne doivent pas se déposer au fond de la casserole ; l'ébullition doit donc reprendre très vite).
■ Laissez cuire 10 minutes à partir de la reprise de l'ébullition sans couvercle.
■ Égouttez soigneusement et versez dans un plat.
■ Ajoutez le beurre et du poivre.
■ Mélangez et servez aussitôt.

Millefeuille de foie gras (recette page 455)

Morue aux blettes et aux raisins secs (recette page 459)

Nouilles à la bolognaise

Préparation : 5 minutes
Cuisson : 15 minutes environ

Mêlées à des dés de jambon et saupoudrées de parmesan.

760 calories

Pour 4 personnes
300 g de nouilles aux œufs
80 g de beurre
125 g de jambon cuit
1 tasse de parmesan râpé
sel

Mon conseil :
J'utilise des talons de jambon moins chers que des tranches.

- Coupez le jambon en petits dés.
- Faites cuire les nouilles à grande eau bouillante salée : le temps de cuisson dépend de la marque, respectez celui qui est indiqué sur l'emballage.
- Trois minutes avant la fin de la cuisson des nouilles, faites fondre le beurre dans une sauteuse, mettez-y à revenir les morceaux de jambon 3 minutes.
- Égouttez soigneusement les nouilles, ajoutez-leur le jambon et le beurre de cuisson, le fromage râpé, mélangez bien et servez.

Nouilles à la florentine

Préparation : 10 minutes
Cuisson : deux fois 10 minutes
pour les épinards
12 minutes pour les nouilles

Une très décorative couronne d'épinards encerclant des nouilles à la tomate.

630 calories

Pour 6 personnes
400 g de nouilles
1 kg d'épinards
10 cl de sauce tomate
(voir recette p. 710)
80 g de beurre
sel

- Remplissez d'eau salée une casserole et un grand faitout. Faites bouillir. Tenez la sauce tomate chaude.
- Jetez les nouilles dans la casserole et les épinards (soigneusement lavés) dans le faitout, en deux fois.
- Égouttez les nouilles au bout de 12 minutes et chaque fournée d'épinards au bout de 10 minutes.
- Mêlez les nouilles à la sauce tomate chaude et conservez au chaud.
- Égouttez les épinards. Rincez-les très rapidement à l'eau froide et pressez-les entre vos mains pour en exprimer toute

Mon conseil :
Je choisis des épinards bien verts, avec de grandes feuilles de préférence en bouquets (c'est plus facile à nettoyer), et je les lave dans plusieurs eaux. Plus faciles encore à utiliser : les épinards surgelés.

l'eau. Mettez-les à réchauffer dans une casserole avec le beurre et un peu de sel.
- Disposez les épinards en couronne sur un grand plat. Mettez au centre les nouilles à la tomate et servez sans attendre.

Nouilles au gratin

Préparation : 10 minutes
Cuisson : 25 minutes

Largement enrichies de fromage.

405 calories

Pour 6 personnes
400 g de nouilles
150 g de gruyère râpé
80 g de beurre
sel, poivre

Mon conseil :
Vous pouvez ajouter entre chaque rangée une pincée de fenouil en poudre.

- Faites cuire les pâtes à grande eau bouillante salée une dizaine de minutes.
- Pendant la cuisson des nouilles, faites chauffer le four à th. 6.
- Beurrez un plat à gratin. Couchez-y la moitié des nouilles, puis la moitié du fromage râpé. Parsemez avec la moitié du beurre en petites noisettes. Salez et poivrez légèrement. Remettez une couche de nouilles et une de fromage. Ajoutez sel et poivre. Parsemez de noisettes de beurre et enfournez.
- Laissez gratiner 15 minutes et servez chaud, dans le plat de cuisson.

Nouilles plates aux courgettes

Préparation : 10 minutes
Cuisson : 10 minutes

Dans une sauce au yaourt et au basilic.

434 calories

Pour 2 personnes
50 g de yaourt (2 petits pots)
1 cuillerée à soupe de basilic haché
2 cuillerées à soupe de crème aigre
250 g de courgettes
1 cuillerée à soupe d'huile
200 g de nouilles plates
sel, poivre du moulin

- Mélangez le yaourt avec le basilic, la crème aigre, du sel et du poivre. Battez légèrement au fouet.
- Nettoyez les courgettes, lavez-les, séchez-les et coupez-en les extrémités puis détaillez-les en fines tranches.
- Faites cuire les pâtes « al dente » dans de l'eau bouillante salée et égouttez-les soigneusement.
- Faites frire les courgettes dans l'huile bien chaude et déposez-les sur du papier absorbant puis salez-les et poivrez-les.
- Mélangez les pâtes avec la sauce et les légumes et servez sans attendre.

Nouilles vertes aux champignons

Préparation : 5 minutes
Cuisson : 5 minutes

Un délice simple et raffiné.

760 calories

Pour 2 personnes
300 g de nouilles vertes
25 g de beurre
100 g de champignons de Paris
30 à 40 g de fromage râpé (fontina)
sel

- Faites cuire les pâtes « al dente » dans de l'eau bouillante salée, égouttez-les et parsemez-les de flocons de beurre.
- Lavez rapidement les champignons, essuyez-les dans du papier absorbant et coupez-les en lamelles.
- Mélangez bien les champignons et le fromage râpé avec les nouilles.
- Dressez les pâtes dans des assiettes chaudes.

O

Œufs à l'ail

Pour les amateurs de plats bien relevés.

364 calories

Pour 4 personnes

8 œufs
1/2 cuillerée à soupe de vinaigre
3 cuillerées à soupe d'huile
75 g d'anchois
3 gousses d'ail écrasées
1 cuillerée à soupe de persil haché
150 g de croûtons
2 cuillerées à soupe de câpres
sel, poivre du moulin

Mon conseil :

Le jaune ne doit pas être trop cuit pour garder sa saveur et son onctuosité.

Préparation : 15 minutes
Cuisson : 8 minutes

- Faites durcir les œufs 8 minutes environ dans de l'eau bouillante salée.
- Pendant ce temps, mettez dans le mixeur le vinaigre avec le poivre, puis ajoutez l'huile et les anchois et mixez le tout pour obtenir une crème bien lisse. Complétez avec l'ail et le persil et mettez en attente au frais.
- Passez les œufs sous l'eau froide et écalez-les délicatement en veillant à ne pas abîmer le blanc.
- Étalez la crème d'anchois sur le plat de service et disposez les œufs encore tièdes et coupés en rondelles.
- Garnissez de croûtons et de câpres et servez.

Œufs

Recettes de base

Œufs à la coque, œufs mollets, œufs durs

■ Méthode 1 : Piquez les œufs à l'extrémité la plus ronde et plongez-les dans de l'eau bouillante salée, puis, après cuisson, dans de l'eau froide. A la coque : 3 à 4 minutes ; mollet : 5 à 6 minutes ; dur : 8 minutes.

■ Méthode 2 : Mettez dans de l'eau froide ; au moment où l'eau bout, les œufs sont cuits. Prolongez 1 minute = mollet ; 4 minutes = dur. **Avantage :** les œufs ne risquent pas d'éclater.

Œufs brouillés

■ Battez les œufs.

■ Faites fondre le beurre à feu doux.

■ Ajoutez les œufs, fouettez sans arrêt.

■ Hors du feu, incorporez 1 cuillerée à soupe de crème fraîche. Salez, poivrez et servez.

Œufs pochés

■ Faites bouillir de l'eau additionnée d'un filet de vinaigre.

■ Cassez les œufs.

■ Plongez-les dans l'eau frémissante, faites coaguler le blanc 4 à 5 minutes et glissez les œufs dans une passoire.

Omelette nature

■ Versez les œufs dans un saladier. Salez et poivrez. Mélangez-les à la fourchette pour obtenir une masse homogène.

■ Faites fondre dans la poêle 1 cuillerée à café de beurre.

→

■ Versez les œufs dans la poêle, remuez doucement. La masse doit être bien prise.

■ Continuez la cuisson sans remuer.

■ Repliez l'omelette sur un tiers. Faites-la glisser dans la poêle. Pliez-la une deuxième fois.

Mon conseil :

Procédez rapidement : au bout de 1 minute environ, la masse des œufs (laquelle se trouve aux trois quarts prise) doit déjà se détacher de la poêle.

Omelette royale

■ Battez les œufs au fouet dans un saladier.

■ Incorporez le lait chaud, salez. (Prenez le même volume de liquide que d'œufs.)

■ Placez un autre saladier beurré au bain-marie. Il ne doit pas toucher le fond (vous pouvez placer une assiette dessous). Versez les œufs dans le saladier beurré.

■ Faites cuire 40 minutes à feu doux à couvert sans laisser bouillir.

■ Laissez refroidir et renversez, coupez en tranches ou en dés, puis servez à table.

Voir aussi *Liaisons pour sauce* p. 420, *Pâtes* p. 530, *Pâtisserie* p. 535 et *Soufflés* p. 731.

Œufs à l'alsacienne

Préparation : 5 minutes
Cuisson : 10 minutes

Vite prête, une délicieuse choucroute garnie d'œufs et de jambon.

205 calories

Pour 6 personnes
6 œufs
300 g de choucroute cuite
3 tranches de jambon cuit
1 cuillerée à soupe
de graisse d'oie
sel, poivre

Mon conseil :
Je fais chauffer la choucroute avec 2 cuillerées de vin blanc sec.

- Mettez à réchauffer la choucroute, sans graisse, dans une cocotte épaisse.
- Mettez à chauffer dans une grande poêle la graisse d'oie, sur feu doux, et cassez-y les œufs un à un, en prenant soin de ne pas crever les jaunes. Laissez quelques instants sur le feu ; salez et poivrez en fin de cuisson. Passez une fourchette ou une pelle en métal sous les œufs pour les décoller de la poêle et retirez du feu.
- Sur le plat de service chauffé, dressez un lit de choucroute. Glissez les œufs frits par-dessus et recouvrez des tranches de jambon coupées en deux. Servez immédiatement.

Œufs aux anchois

Préparation : 15 minutes
Cuisson : 15 minutes

Farcis d'une crème relevée et onctueuse.

145 calories

Pour 6 personnes
6 œufs
12 filets d'anchois
60 g de beurre
3 cuillerées à soupe
de crème fraîche

- Faites durcir les œufs 10 minutes à l'eau bouillante salée.
- Refroidissez-les quelques minutes dans l'eau et écalez-les.
- Coupez les œufs dans le sens de la longueur et retirez avec précaution les jaunes en vous aidant d'une petite cuillère.
- Pilez les jaunes dans un mortier avec les anchois, le persil et le beurre. Travaillez le mélange pour obtenir une pâte homogène, et ajoutez le jus du citron et le poivre.

Œufs aux anchois *(suite)*

1 citron
quelques brins de persil
sel, poivre

Mon conseil :
Vous pouvez remplacer le persil par de la ciboulette hachée.

- Allumez votre four à th. 8.
- Disposez les demi-œufs dans un plat à gratin. Remplissez-les avec la farce aux anchois et nappez-les de crème.
- Passez au four 5 minutes pour faire gratiner et servez tout de suite.

Œufs bourguignons

Préparation : 20 minutes
Cuisson : 25 minutes

De somptueux canapés d'œufs pochés nappés de sauce au vin et à la crème.

405 calories

Pour 4 personnes
50 cl de bon vin rouge
8 œufs
2 cuillerées à soupe de Maïzena
50 g de crème fraîche
12 petits oignons
8 croûtons de pain
(de 10 cm de côté environ)
1 brin de thym
1/2 feuille de laurier
1 pincée de quatre-épices
sel, poivre

- Pelez les petits oignons mais gardez-les entiers.
- Mettez-les dans une casserole avec le vin, les épices, sel et poivre. Portez à ébullition et laissez cuire doucement 15 à 20 minutes.
- Pendant ce temps, faites griller les croûtons de pain et dressez-les dans un plat.
- Pochez les œufs dans le vin frémissant et tenez-les au chaud.
- Délayez la Maïzena dans très peu d'eau et versez-la dans le vin chaud. Faites reprendre un bouillon, puis retirez du feu et ajoutez la crème. Enlevez thym et laurier.
- Disposez 1 œuf sur chaque croûton et nappez de sauce. Servez aussitôt.

Œufs brouillés à la bressane

Préparation : 10 minutes
Cuisson : 20 minutes

Aux foies de volaille.

697 calories

Pour 2 personnes
4 œufs
2 ou 3 cuillerées à soupe de crème fraîche
80 g de beurre
2 foies de volaille
1 carotte râpée
1 échalote émincée
1 pomme
10 cl de vin blanc
sel, poivre du moulin

- Battez les œufs dans un saladier avec la crème fraîche, salez et poivrez.
- Faites sauter les foies de volaille dans le beurre et retirez-les de la poêle.
- Mettez à glacer dans le fond de cuisson l'échalote et la carotte.
- Épluchez la pomme et ajoutez-la aux légumes. Mouillez avec le vin, laissez mijoter.
- Pendant ce temps, faites cuire les œufs brouillés en remuant constamment avec le fouet.
- Dressez les foies et les œufs sur les assiettes et nappez-les avec la fondue de légumes et de fruit.

Œufs brouillés à l'oseille

Préparation : 10 minutes
Cuisson : 5 minutes

Une harmonieuse association.

526 calories

Pour 2 personnes
250 g d'oseille
10 cl de crème fleurette
3 œufs
1 cuillerée à soupe de crème fraîche
50 g de beurre
sel, poivre du moulin

- Lavez l'oseille bien triée et faites-la fondre dans une sauteuse ; faites une liaison avec la crème fleurette, salez, poivrez et gardez en attente au chaud.
- Cassez les œufs dans un saladier et poivrez-les légèrement.
- Battez la crème fraîche en chantilly.
- Faites fondre le beurre dans la sauteuse, versez-y lentement la masse des œufs et faites-la cuire tout en la fouettant. Incorporez la crème Chantilly peu à peu pour obtenir une masse lisse.
- Dressez l'oseille en couronne sur les assiettes et disposez-y les œufs.

Œufs brouillés au parme

Préparation : 5 minutes
Cuisson : 12 minutes

Des dés de jambon moelleux dans une brouillade crémeuse.

360 calories

Pour 4 personnes
8 œufs
1 cuillerée à soupe de concentré de tomates
150 g de jambon de Parme (en une seule tranche)
2,5 cl de lait
100 g de beurre
sel, poivre

- Coupez le jambon en dés. Faites de même avec le beurre.
- Délayez dans un bol le concentré de tomates dans le lait froid, puis ajoutez les dés de jambon.
- Battez peu de temps les œufs avec sel et poivre. Ajoutez les dés de beurre sauf 3 ou 4 que vous chauffez dans une casserole. Dès qu'ils sont fondus, versez les œufs et laissez cuire très doucement 6 minutes en remuant constamment. Ajoutez alors la préparation tomate et jambon et poursuivez la cuisson 6 minutes sans cesser de tourner. Servez immédiatement.

Œufs de caille au caviar

Préparation : 8 minutes
Cuisson : 3 minutes

Pour un apéritif fin et inattendu.

434 calories

Pour 2 personnes
50 g de beurre
8 œufs de caille
4 croûtons beurrés
2 cuillerées à soupe de caviar
2 rondelles de citron
aneth
poivre du moulin

- Faites fondre le beurre dans une poêle.
- Cassez les œufs en veillant à ne pas crever les jaunes et faites-les frire dans la poêle.
- Dressez les œufs sur les croûtons.
- Disposez le caviar à côté sur l'assiette et garnissez de 1 rondelle de citron.
- Saupoudrez de poivre et décorez de quelques brins d'aneth pour servir.

Œufs farcis au caviar et au saumon

Préparation : 15 minutes
Cuisson : 10 minutes

Des œufs brouillés en tenue de gala.

599 calories

Pour 2 personnes
4 œufs
4 cuillerées à soupe de crème fleurette
50 g de beurre
100 g de saumon mariné
2 cuillerées à café de crème fraîche
25 g de caviar molossol (caviar russe peu salé)
poivre du moulin

■ Décalottez soigneusement les œufs, videz-les dans un saladier et conservez les coquilles. Battez les œufs avec la crème fleurette.

■ Faites blondir le beurre dans une poêle, versez-y les œufs, remuez pour obtenir une préparation lisse et homogène.

■ Répartissez les œufs brouillés dans les coquilles réservées, garnissez-les avec des lanières de saumon, et recouvrez chacune de 1/2 cuillerée à café de crème fraîche. Poivrez. Disposez sur le dessus un petit dôme de caviar. Servez aussitôt.

Œufs au foie gras

Préparation : 10 minutes
Cuisson : 10 minutes

De fines cassolettes d'œufs parés de truffes et de foie gras.

405 calories

Pour 6 personnes
6 œufs
6 petites escalopes de foie gras frais
1 truffe fraîche hachée ou 1 petite boîte de pelures de truffes
50 g de beurre
sel, poivre

■ Allumez votre four à th. 7 ou 8.

■ Beurrez légèrement l'intérieur de 6 petites cassolettes (ramequins) en terre, verre, porcelaine ou métal et garnissez-les de truffe hachée. Cassez 1 œuf dans chaque cassolette, en prenant soin de ne pas crever les jaunes.

■ Remplissez votre lèchefrite de 2 cm d'eau chaude et placez-y les cassolettes. Enfournez 5 à 6 minutes.

■ Dans une petite poêle, faites légèrement revenir au beurre les escalopes de foie gras.

Mon conseil :
Une vraie folie, cette recette, mais quel régal ! Pour ma part, je préfère le foie de canard à celui d'oie.

- Salez et poivrez les œufs au sortir du four. Garnissez chaque cassolette de 1 escalope de foie gras. Essuyez l'extérieur des cassolettes et servez sur un plat recouvert d'une serviette.

Œufs frits aux tomates

Préparation : 15 minutes
Cuisson : 15 minutes

Recette provençale au basilic et à l'ail.

385 calories

Pour 4 personnes
4 tomates
2 gousses d'ail
2 cuillerées à soupe d'huile d'olive
2 cuillerées à soupe de persil haché
1 cuillerée à soupe de basilic haché
huile pour la friture
8 œufs
sel, poivre du moulin

- Lavez bien les tomates, coupez-les en deux et retirez-en les pépins.
- Épluchez l'ail et coupez-le en fines rondelles.
- Mettez l'huile à chauffer dans une poêle et faites-y sauter les tomates avec l'ail pendant 10 minutes.
- Quand les tomates sont cuites, saupoudrez de persil et de basilic et assaisonnez en sel et en poivre.
- Faites chauffer l'huile dans la friteuse, cassez les œufs un par un dans une petite louche, versez-les dans l'huile et faites-les frire environ 5 minutes.
- Égouttez les œufs et présentez-les sur le plat de service entourés de la fondue de tomates aromatisée aux herbes.

Œufs en gelée

Préparation : 20 minutes
Réfrigération : 1 heure
Cuisson : 10 minutes

Un classique qui a toujours du succès.

122 calories

Pour 4 personnes

4 œufs
25 cl de bouillon de volaille
2 cuillerées à soupe de vin blanc
3 feuilles de gélatine
8 à 12 feuilles d'estragon ciselées
2 tomates concassées
quelques feuilles de salade

Mon conseil :
S'il vous reste un peu de gelée, faites-la prendre dans une assiette creuse, vous la couperez ensuite en petits morceaux pour garnir vos terrines ou vos salades.

- Faites pocher les œufs dans de l'eau vinaigrée.
- Faites chauffer le bouillon de volaille avec le vin blanc.
- Faites gonfler la gélatine dans un peu d'eau froide.
- Égouttez la gélatine puis faites-la fondre dans le bouillon chaud. Mettez à refroidir.
- Versez un fond de gelée dans des ramequins et laissez prendre au frais.
- Garnissez le fond des ramequins avec l'estragon et les tomates concassées, disposez dessus les œufs pochés et recouvrez-les avec le reste de gelée encore tiède.
- Mettez au frais environ 1 heure.
- Au moment de servir, plongez les ramequins pendant 1 minute dans de l'eau bouillante et retournez-les sur un plat de service. Présentez les œufs en gelée sur un lit de feuilles de salade.

Œufs au jambon

Préparation : 5 minutes
Cuisson : 5 minutes

Une recette simple et appréciée.

525 calories

Pour 2 personnes

2 fines tranches de jambon cru
20 g de beurre
2 œufs
100 g de croûtons
poivre du moulin

- Coupez le jambon en fines lanières.
- Faites fondre le beurre dans une poêle, faites-y rissoler le jambon et poivrez-le légèrement.
- Cassez les œufs dessus et laissez frire 2 minutes jusqu'à ce que le blanc prenne une teinte laiteuse.
- Garnissez de croûtons frits au beurre et servez aussitôt.

Œufs mollets au cerfeuil

Préparation : 15 minutes
Cuisson : 20 minutes

Des œufs moelleux sur un lit de purée au cerfeuil.

339 calories

Pour 4 personnes
3 pommes de terre
4 ou 5 cuillerées à soupe de cerfeuil
8 œufs
100 g de crème fraîche
sel, poivre du moulin

- Épluchez les pommes de terre, coupez-les en morceaux et faites-les cuire dans de l'eau bouillante salée. Égouttez-les bien.
- Lavez et hachez le cerfeuil.
- Faites durcir les œufs 5 minutes dans de l'eau bouillante salée, plongez-les dans l'eau froide pour les rafraîchir, écalez-les et gardez-les au chaud.
- Écrasez les pommes de terre en purée et ajoutez-y le cerfeuil et la crème fraîche pour obtenir un mélange lisse et homogène. Assaisonnez en sel et poivre.
- Étalez la purée au cerfeuil sur le fond d'un plat de service et dressez les œufs par-dessus.

Œufs à la neige

Préparation : 30 minutes
Cuisson : 15 minutes

Légers, mousseux, nappés de crème anglaise.

250 calories

Pour 6 personnes
6 œufs
100 g de sucre en poudre (ou 20 morceaux n° 4)
1 l de lait
1 bâton de vanille

- Séparez les blancs des jaunes des œufs.
- Battez les blancs en neige très ferme (jusqu'à ce qu'on puisse les « couper » avec une cuillère).
- Mettez le lait, la vanille et le sucre dans une grande casserole. Faites chauffer en remuant de temps en temps pour dissoudre entièrement le sucre.
- Lorsque le lait est proche de l'ébullition, retirez la vanille, baissez le feu le plus possible et approchez la terrine contenant les blancs battus.

■ Au moment où le lait monte, jetez-y de grosses cuillerées de blancs. Procédez très rapidement : les blancs faisant redescendre le lait, laissez celui-ci remonter, puis retournez les blancs. Le lait redescend, puis remonte à nouveau ; pêchez les blancs avec une écumoire et égouttez-les. L'opération ne doit pas durer plus de 1 minute au total. Recommencez tant qu'il reste des blancs.

■ Filtrez le lait chaud et remettez-le sur le feu. Faites avec ce lait et les jaunes d'œufs une crème anglaise (voir recette p. 224). Laissez refroidir dans un compotier.

■ Lorsque la crème est froide, posez dessus les blancs cuits. Tenez au frais jusqu'au moment de servir.

Mon conseil :
Je parsème d'amandes effilées.

Œufs en nids de tomates

Une autre façon de farcir les tomates.

460 calories

Préparation : 15 minutes
Cuisson : 20 minutes

Pour 4 personnes
8 tomates moyennes
8 œufs
50 g de crème fraîche
80 g de fromage râpé
2 cuillerées à soupe d'huile d'olive
1 échalote émincée
100 g de jambon coupé en dés

■ Lavez les tomates, décalottez-les du côté du pédoncule, retirez les pépins et la pulpe à la petite cuillère. Salez, poivrez.

■ Cassez les œufs et séparez les jaunes des blancs. Mettez 1 jaune dans chaque tomate et battez les blancs avec la crème fraîche. Incorporez le fromage râpé et recouvrez-en les jaunes d'œufs.

■ Dans un plat allant au four, faites rissoler à l'huile chaude le jambon et l'échalote. Mouillez avec le vin blanc et posez dessus les tomates farcies. Glissez

Œufs en nids de tomates *(suite)*

10 cl de vin blanc
2 cuillerées à soupe
de persil haché
sel, poivre du moulin

le tout dans un four chauffé à th. 5 et laissez cuire 10 à 15 minutes.

■ Saupoudrez de persil et de poivre au moment de servir.

Œufs pochés aux crevettes

Préparation : 10 minutes
Cuisson : 25 minutes

Pour un petit dîner en tête à tête.

392 calories

Pour 2 personnes
4 œufs
10 g de beurre
1 échalote émincée
1 pointe de safran
1 trait de Noilly Prat
(ou d'un vermouth analogue)
80 g de crème fraîche
1 trait de sauce Worcestershire
50 g de crevettes roses
1 cuillerée à soupe
de cerfeuil ciselé
sel, poivre du moulin

■ Faites pocher les œufs (voir p. 482) et gardez-les au chaud.

■ Mettez le beurre à chauffer dans une poêle, faites-y blondir l'échalote, saupoudrez de safran et mouillez avec 1 trait de Noilly Prat.

■ Faites réduire ; ajoutez la crème fraîche et un peu de sauce Worcestershire et laissez mijoter encore 10 à 15 minutes pour obtenir une sauce onctueuse.

■ Ajoutez les crevettes cuites et décortiquées dans la sauce. Vérifiez l'assaisonnement en sel et poivre et, si nécessaire, rectifiez-le.

■ Dressez les œufs pochés dans des assiettes chaudes, nappez de sauce et parsemez de cerfeuil ciselé.

Œufs pochés à la florentine

Préparation : 25 minutes
Cuisson : 20 minutes

Avec des épinards et une sauce hollandaise.

860 calories

Pour 2 personnes
25 cl de sauce hollandaise (voir recette p. 717)
400 g d'épinards
20 g de beurre
1 gousse d'ail
1 pointe de noix muscade
2 œufs
sel, poivre du moulin

- Préparez une sauce hollandaise et gardez-la en attente au chaud.
- Nettoyez les épinards, lavez-les soigneusement dans plusieurs eaux et faites-les blanchir dans de l'eau bouillante salée.
- Égouttez-les et faites-les fondre dans le beurre avec l'ail et un peu de muscade. Salez, poivrez.
- Faites pocher les œufs dans de l'eau bouillante salée (voir p. 482) et égouttez-les sur un linge.
- Disposez les épinards en couronne sur les assiettes chaudes et dressez les œufs au centre. Nappez de sauce et servez sans attendre.

Œufs pochés à la polonaise

Préparation : 20 minutes
Cuisson : 30 minutes

Avec une garniture de tomates et nappés d'une sauce crémeuse.

295 calories

Pour 4 personnes
1 kg de tomates
4 œufs
75 g de beurre
1 cuillerée à soupe de farine
25 cl de bouillon de poule (en cube)
sel, poivre

- Faites fondre doucement 50 g de beurre dans une grande poêle et versez-y les tomates coupées en quartiers. Faites-les revenir à feu moyen et réduisez le feu au bout de quelques minutes pour les laisser cuire doucement encore 10 minutes. Salez et poivrez en fin de cuisson.
- Dès que les tomates sont dans la poêle, faites une sauce suprême avec le restant du beurre, la farine et le bouillon. Rectifiez l'assaisonnement en fin de cuisson.

Mon conseil :
En hiver, je préfère aux tomates anémiques que l'on trouve sur les marchés des tomates en boîte, crues, pelées et entières, excellentes.

■ Faites enfin pocher les œufs dans l'eau bouillante (voir p. 482).
■ Disposez les tomates dans un plat, posez les œufs dessus et nappez de sauce. Servez chaud.

Œufs pochés à la portugaise

Accompagnés de riz à la tomate et au fromage.

570 calories

Préparation : 20 minutes
Cuisson : 30 minutes

Pour 4 personnes
4 œufs
250 g de riz
3 oignons
75 g de beurre
2 cuillerées à soupe de concentré de tomates
75 g de gruyère râpé
1 cuillerée à soupe de farine
25 cl de bouillon de poule (en cube)
sel, poivre

■ Lavez et égouttez le riz.
■ Épluchez les oignons ; émincez-les.
■ Mettez dans une casserole 50 g de beurre. Faites-le fondre sur feu doux avec les oignons et tournez le mélange jusqu'à ce que les oignons deviennent transparents.
■ Ajoutez le riz et tournez pendant encore quelques instants sur le feu. Recouvrez alors complètement d'eau salée dans laquelle vous aurez délayé le concentré de tomates, puis laissez cuire à petits frémissements pendant 20 minutes.
■ Pendant la cuisson du riz, préparez une sauce suprême avec le reste du beurre, la farine et le bouillon. Rectifiez l'assaisonnement.
■ Faites pocher les œufs dans l'eau bouillante (voir p. 482).
■ Lorsque le riz est cuit, mêlez-y le fromage râpé et disposez-le dans le fond d'un plat creux. Posez par-dessus les œufs et nappez de sauce suprême. Servez sans attendre.

Mon conseil :
Il m'arrive d'enrichir ce plat de dés de jambon ou de petits morceaux de saucisse dorés à la poêle que je mêle au riz à la fin de sa cuisson.

Œufs au riz

Préparation : 20 minutes
Cuisson : 30 minutes environ

Un plat complet à la fois léger et nourrissant.

545 calories

Pour 4 personnes
250 g de riz
2 noix de beurre
4 œufs
500 g de tomates
60 g de parmesan râpé
5 cuillerées à soupe d'huile
3 oignons
quelques brins de persil
1 bouquet garni
1 clou de girofle
sel, poivre

■ Épluchez les oignons et les tomates.

■ Hachez l'un des oignons.

■ Mettez le beurre dans une casserole moyenne, et faites-y fondre l'oignon haché sur feu très doux.

■ Lorsque l'oignon est transparent, ajoutez le riz lavé et égoutté, et tournez bien à la cuillère en bois pour qu'il s'imprègne de graisse. Recouvrez complètement avec de l'eau froide salée et laissez cuire 20 minutes environ, sans couvercle et à feu très doux.

■ Pendant ce temps, mettez dans une grande casserole les tomates coupées en quartiers, les oignons entiers dans lesquels vous aurez piqué le clou de girofle, le persil, le bouquet garni, sel et poivre. Arrosez de 2 cuillerées à soupe d'huile et mettez sur feu doux une vingtaine de minutes également.

■ A la fin de la cuisson du riz et de la sauce tomate, versez le restant de l'huile dans une poêle. Faites frire les œufs que vous casserez sans mélanger les blancs avec les jaunes, sur feu doux. Salez et poivrez légèrement en fin de cuisson.

■ Dressez sur un plat le riz, les œufs et arrosez avec la sauce. Servez chaud et présentez le parmesan à part.

Mon conseil :
Quand je dispose d'un reste de bouillon de bœuf ou de poule, je l'utilise à la place de l'eau pour cuire le riz.

Œufs au roquefort

Préparation : 5 minutes
Cuisson : 10 minutes

Des toasts fondants.

500 calories

Pour 4 personnes
50 g de roquefort
4 cuillerées à soupe de crème fraîche
50 g de beurre
4 tranches de pain de mie
4 œufs
2 cuillerées à café de ciboulette hachée
poivre du moulin

■ Émiettez le roquefort, écrasez-le à la fourchette et mélangez-le avec la crème fraîche. Poivrez légèrement.

■ Mettez le beurre à chauffer dans une poêle et faites-y dorer les tranches de pain de mie des deux côtés.

■ Tartinez les toasts avec la crème au fromage et laissez fondre à feu doux environ 2 minutes.

■ Cassez 1 œuf sur chaque toast, couvrez et laissez cuire 3 minutes.

■ Saupoudrez de ciboulette et servez chaud ou froid.

Œufs à la russe

Préparation : 15 minutes
Cuisson : 8 minutes

Œufs durs à la mayonnaise.

406 calories

Pour 4 personnes
6 œufs
80 g de mayonnaise (voir recette p. 704)
100 g de thon en boîte
1 cuillerée à soupe de persil haché
1/2 cuillerée à soupe de jus de citron
8 filets d'anchois
12 olives
sel, poivre du moulin

■ Faites durcir les œufs dans de l'eau bouillante salée, plongez-les quelques minutes dans l'eau froide pour les rafraîchir et écalez-les.

■ Fendez les œufs en deux dans le sens de la longueur, retirez les jaunes et passez ceux-ci au tamis.

■ Mixez la mayonnaise et le thon pour obtenir une pâte lisse et parfumez avec le persil haché et le jus de citron. Ajoutez un peu de poivre du moulin.

■ Versez cette préparation dans une poche à douille et remplissez-en les demi-blancs d'œufs.

■ Saupoudrez le plat de service avec les jaunes d'œufs tamisés et disposez dessus les œufs farcis.

■ Garnissez avec les filets d'anchois et les olives.

Œufs aux tomates

Préparation : 5 minutes
Cuisson : 20 minutes

Ou plus précisément
dans des tomates :
une appétissante présentation.

235 calories

Pour 4 personnes
8 œufs
4 tomates bien mûres
2 cuillerées à soupe d'huile
sel, poivre

Mon conseil :
Excellents, ces œufs aux tomates sur un lit de nouilles fraîches largement beurrées ou encore de spaghetti assaisonnés à l'huile d'olive avec un hachis d'ail et de persil.

- Lavez les tomates et coupez-les en deux transversalement. Avec une petite cuillère, videz-les de leurs graines et de leur jus, sans entamer la pulpe.
- Faites chauffer l'huile dans une grande poêle à feu moyen. Mettez les tomates dans l'huile chaude, côté coupé contre la poêle. Laissez cuire 5 minutes.
- Retournez-les, assaisonnez de sel et de poivre. Baissez le feu et laissez cuire encore 8 minutes.
- Cassez un œuf dans chaque demi-tomate, assaisonnez de nouveau et laissez encore cuire jusqu'à ce que les blancs soient pris.
- Disposez les tomates sur un plat, arrosez du jus de cuisson et servez chaud.

Oie à la bourgeoise

Préparation : 30 minutes
Cuisson : 1 h 10

Avec une garniture
de petits légumes.

800 calories

Pour 4 personnes
4 tranches de jambon de Paris
1 oie de 2 kg
2 cuillerées à soupe de margarine
4 échalotes émincées
1/2 cuillerée à café d'ail pilé
1 verre de bouillon de volaille
(voir recette p. 117)

- Coupez le jambon en brunoise.
- Essuyez l'oie, séchez-la bien et frottez-la au sel et au poivre.
- Faites revenir la volaille sur toutes ses faces dans un peu de margarine.
- Jetez la graisse de cuisson, ajoutez le jambon, les échalotes et l'ail.
- Mouillez avec le bouillon et le vin blanc, et faites braiser environ 50 minutes à feu modéré.
- Lavez les poireaux et coupez-les en rondelles. Épluchez les carottes et cou-

Oie à la bourgeoise *(suite)*

1/2 verre de vin blanc
2 blancs de poireaux
2 carottes
250 g de petits pois
150 g de haricots verts
2 pommes de terre
150 g de champignons
50 g de beurre
2 cl de porto
sel, poivre du moulin

Mon conseil :
Faites cuire à découvert pendant les 10 dernières minutes en arrosant fréquemment la volaille pour qu'elle soit bien croustillante. Variez les légumes selon vos goûts et les saisons.

pez-les en rouelles. Écossez les petits pois, effilez les haricots verts, coupez-les si nécessaire. Épluchez les pommes de terre et coupez-les en dés.

■ Faites blanchir tous les légumes séparément dans de l'eau bouillante salée.

■ Nettoyez et lavez les champignons, coupez-les en lamelles et faites-les sauter au beurre.

■ Passez les légumes au beurre et assaisonnez.

■ Dressez la volaille sur le plat de service et gardez-la au chaud.

■ Dégraissez le fond de cuisson, déglacez-le avec le porto et vérifiez l'assaisonnement en sel et en poivre.

■ Présentez la volaille entourée de ses légumes. Servez la sauce à part.

Oie en gelée

Exquise recette de réception pour toutes saisons.

813 calories

Préparation : 20 minutes
Cuisson : 2 heures au moins
Réfrigération : 24 heures

Pour 10 personnes

1 oie jeune et pas trop grasse
250 g de lard de poitrine frais
3 carottes
2 gousses d'ail
3 oignons
2 pieds de veau désossés
1 citron

■ Épluchez les légumes, puis émincez-les. Coupez le lard en morceaux. Dans une grande cocotte, disposez la moitié des légumes et le lard. Posez l'oie sur ce lit, entourez-la avec les pieds de veau. Ajoutez le restant des légumes, les clous de girofle, le thym, le laurier, le citron pelé coupé en quatre, un morceau de zeste, du sel et du poivre.

■ Faites fondre le cube de bouillon de volaille dans 25 cl d'eau chaude. Mouillez le contenu de la cocotte avec ce bouillon et le vin blanc. Couvrez la cocotte. Laissez mijoter à feu doux jus-

Oie en gelée *(suite)*

50 cl de vin blanc sec
1 cube de bouillon de volaille
1 verre à moutarde de vinaigre blanc
thym, laurier
3 clous de girofle
sel, poivre

Mon conseil :
J'enlève clous de girofle, thym et laurier, mais je mets tous les autres légumes par couches dans la terrine, en alternant avec les viandes.

qu'à ce que la chair de l'oie soit bien tendre. Laissez-la tiédir dans sa cuisson.

- Découpez l'oie, enlevez les os pour ne conserver que les filets de chair.
- Dans une terrine, disposez le lard en morceaux, les pieds de veau coupés en tronçons, les chairs de l'oie.
- Passez le jus de cuisson à l'étamine pour le dégraisser au maximum. Ajoutez le vinaigre. Versez dans la terrine et laissez prendre au frais pendant 24 heures.

Oie aux marrons

Préparation : 30 minutes
Cuisson : 3 heures

Une volaille croustillante.

825 calories

Pour 8 personnes
1 kg de marrons épluchés
1 l de fond de volaille
(voir recette p. 322)
1 feuille de laurier
1 pomme acide
1 oie de 3 kg plumée et vidée
1 bouquet garni
sel, poivre du moulin

- Faites cuire les marrons environ 30 minutes, à feu modéré, dans le fond de volaille légèrement dilué, avec du sel, du poivre et la feuille de laurier.
- Épluchez la pomme, coupez-la en quatre et ôtez-en les pépins.
- Faites égoutter les marrons en réservant le jus de cuisson et farcissez-en l'oie préalablement essuyée et dégraissée. Ajoutez le bouquet garni, assaisonnez et recousez la volaille.
- Disposez l'oie dans une braisière, enfournez-la et faites-la rôtir en veillant à la retourner toutes les 30 minutes pour qu'elle dore sur toutes ses faces.
- Arrosez fréquemment avec le jus de cuisson des marrons pour éviter que l'oie ne se dessèche.

Mon conseil :
J'assaisonne l'oie 15 minutes au moins avant la fin de la cuisson afin que sa peau soit bien croustillante.

- Découpez l'oie (voir p. 000) et présentez-la entourée de sa farce après avoir ôté le bouquet garni.
- Dégraissez le fond de cuisson, vérifiez l'assaisonnement et servez en saucière.

Oie à la paysanne

Préparation : 30 minutes
Cuisson : 1 h 30

Aux navets de printemps.

574 calories

Pour 4 personnes
300 g d'échalotes
2 blancs d'oie
3 cuillerées à soupe de graisse d'oie
un peu de farine
3 carottes
1/2 gousse d'ail pilée
50 cl de fond de volaille (voir recette p. 322)
1 bouquet garni
1 kg de navets nouveaux
sel, poivre du moulin

- Pelez les échalotes et émincez-les.
- Dans une braisière, faites revenir doucement à la graisse d'oie les blancs de volaille pour les faire raidir, mais sans leur laisser prendre coloration.
- Saupoudrez-les de farine et faites-les blondir. Ajoutez alors les carottes coupées en rondelles, les échalotes et l'ail et faites revenir avant de mouiller avec le fond de volaille. Portez le tout à ébullition.
- Ajoutez le bouquet garni, salez, poivrez, couvrez et laissez cuire à petits frémissements environ 1 heure.
- Épluchez les navets et coupez-les en quatre, faites-les blanchir rapidement dans de l'eau bouillante salée puis laissez-les égoutter.
- Faites chauffer un peu de graisse d'oie dans une poêle et mettez-y les navets à dorer.
- Ajoutez ceux-ci dans le ragoût et laissez mijoter encore une dizaine de minutes.
- Retirez le bouquet garni et dressez les blancs d'oie sur les légumes.

Mon conseil :
Pour corser la saveur de la sauce, j'y ajoute un trait de calvados.

Oie aux pommes et aux cervelas

Préparation : 15 minutes
Cuisson : 1 h 30 à 2 heures

Très riche, économique cependant, et très savoureux.

820 calories

Pour 6 personnes
1 petite oie jeune
et pas trop grasse
4 belles pommes
(reinettes du Canada)
4 cervelas
2 cuillerées à soupe de beurre
sel, poivre
le jus de 1 citron

Mon conseil :
Je mêle parfois à la farce soit une pincée de cannelle, soit un peu de noix muscade.

- Épluchez les pommes. Coupez-les en huit morceaux dans un saladier. Arrosez de jus de citron pour qu'elles ne noircissent pas. Enlevez la peau des cervelas. Coupez-les en rondelles fines dans le saladier. Salez très légèrement, poivrez. Mélangez bien pommes et cervelas.
- Bourrez l'intérieur de l'oie avec cette farce. Refermez soigneusement la cavité en cousant l'échancrure avec du fil de cuisine. Placez l'oie dans un plat à four. Étalez le beurre sur toute la surface. Portez l'oie à four très chaud.
- Quand la peau commence à être bien dorée, salez la volaille au sel fin. Si la graisse rejetée se colore un peu trop au fond du plat, ajoutez un peu d'eau tiède (pas d'eau froide, surtout si vous utilisez un plat en Pyrex, il risquerait de se briser).
- Vérifiez la cuisson de l'oie au bout de 1h30. Laissez encore cuire le temps nécessaire. Servez sur plat bouillant, la sauce en saucière.

Oignons glacés

Préparation : 20 minutes
Cuisson : 25 minutes

Dorée et fondante,
une garniture raffinée.

230 calories

Pour 6 personnes
500 g de petits oignons
de taille régulière
150 g de beurre
1 cuillerée à soupe
de sucre en poudre
sel

- Pelez les petits oignons.
- Faites fondre le beurre dans une poêle suffisamment grande pour contenir les oignons en une seule couche.
- Mettez-y à dorer les petits oignons en secouant la poêle très souvent pour qu'ils ne brûlent pas, sur feu assez doux, 20 minutes environ.
- Saupoudrez avec le sucre, relevez le feu et laissez caraméliser 5 minutes en secouant de temps en temps la poêle.
- Salez en fin de cuisson et servez en accompagnement d'une viande.

Oignons à la grecque

Préparation : 10 minutes
Cuisson : 15 minutes

Une entrée rafraîchissante
de petits oignons glacés
dans une sauce épicée.

190 calories

Pour 6 personnes
4 bonnes poignées
de petits oignons nouveaux
de même grosseur
3 cuillerées à soupe d'huile
3 rondelles de citron
6 clous de girofle
3 graines de coriandre
1 pincée de sucre en poudre
1 pincée de paprika
fines herbes
1 bouquet garni
sel, poivre en grains

- Faites bouillir une casserole d'eau salée.
- Pelez les oignons et plongez-les 2 minutes dans l'eau bouillante, puis rafraîchissez-les sous l'eau froide pour les raffermir.
- Mettez dans une casserole 50 cl d'eau, l'huile, les rondelles de citron, le bouquet garni, du poivre, les clous de girofle, les herbes aromatiques de votre choix, le paprika et le sel. Portez à ébullition et laissez bouillir 7 minutes à gros bouillons.
- Réduisez le feu et plongez dans ce court-bouillon les petits oignons que vous laisserez mijoter jusqu'à ce qu'ils soient tendres mais non défaits (7 à 8 minutes environ).

Mon conseil :
On peut remplacer l'eau par du vin blanc et ajouter 1 cuillerée à soupe de concentré de tomates.

■ Pêchez les oignons avec une écumoire et mettez-les dans un ravier. Passez la sauce. Ajoutez-y le sucre, les grains de coriandre et du poivre. Versez sur les oignons et laissez refroidir. Servez très frais.

Okras aux tomates

Préparation : 20 minutes
Cuisson : 25 minutes

Une recette exotique.

578 calories

Pour 4 personnes
500 g d'okras
2 cuillerées à soupe d'huile d'olive
1 gros oignon
1 gousse d'ail
1 petit piment
250 g de tomates
1 cuillerée à soupe de basilic haché
sel, poivre du moulin

Mon conseil :
Ces okras accompagnent admirablement l'agneau.

■ Lavez les okras, retirez-en le pédoncule, écourtez les pointes et faites-les blanchir 5 minutes dans de l'eau bouillante salée.

■ Chauffez l'huile dans une sauteuse et faites-y étuver l'oignon pelé et grossièrement émincé sans qu'il prenne coloration. Ajoutez l'ail pelé et haché.

■ Versez les okras avec le piment finement coupé sur les oignons, mouillez avec un peu d'eau et salez légèrement. Faites étuver 10 minutes.

■ Pelez les tomates et coupez-les en quartiers, puis retirez les pépins. Ajoutez-les dans la sauteuse et prolongez la cuisson des légumes de 5 minutes. Au moment de servir, salez, poivrez et saupoudrez de basilic haché.

Omelette aux champignons

Préparation : 15 minutes
Cuisson : 10 minutes

Moelleusement farcie.

229 calories

Pour 2 personnes
150 g de champignons de Paris
1 cuillerée à soupe de beurre
1 échalote émincée
3 œufs
1 cuillerée à soupe de crème fraîche
1 cuillerée à soupe de ciboulette hachée
sel, poivre du moulin

- Nettoyez les champignons, lavez-les, faites-les égoutter puis coupez-les en lamelles.
- Mettez le beurre à chauffer dans une poêle, faites-y fondre l'échalote et ajoutez les champignons. Faites revenir le tout quelques minutes.
- Battez les œufs dans un saladier avec la crème fraîche, salez et poivrez.
- Versez les œufs sur les champignons et remuez légèrement.
- Quand le fond de l'omelette est bien doré, faites-la glisser sur le plat de service en la pliant sur elle-même.
- Garnissez de ciboulette hachée et servez.

Omelette aux courgettes

Préparation : 15 minutes
Cuisson : 15 minutes

Une spécialité provençale.

299 calories

Pour 2 personnes
1 courgette moyenne
2 cuillerées à soupe d'huile
1 échalote émincée
1/2 gousse d'ail hachée
3 œufs
1 cuillerée à café de concentré de tomates

- Préparez la courgette et coupez-la en petits dés après l'avoir lavée.
- Faites chauffer l'huile dans une poêle et faites-y dorer la courgette avec l'échalote et l'ail. Laissez mijoter pendant quelques minutes et faites épaissir avec le concentré de tomates.
- Dans un saladier, battez la crème fraîche et les œufs, salez et poivrez.
- Versez les œufs sur les légumes en remuant et laissez cuire le tout jusqu'à

Omelette aux courgettes *(suite)*

2 cuillerées à soupe
de crème fraîche
thym
sel, poivre du moulin

ce que le fond de l'omelette prenne une belle coloration. Saupoudrez de thym.

- Faites glisser l'omelette sur un plat préalablement chauffé en la roulant sur elle-même.

Omelette à la crème fraîche

Préparation : 10 minutes
Cuisson : 10 minutes

Une omelette qui pourrait être un soufflé.

281 calories

Pour 4 personnes
6 œufs
3 cuillerées à soupe
de crème fraîche
50 g de beurre
100 g de fromage râpé
1 cuillerée à soupe
de persil haché
sel, poivre du moulin

- Séparez les jaunes d'œufs des blancs.
- Battez les jaunes avec la crème fraîche, salez et poivrez.
- Mettez les blancs au frais avant de les monter en neige.
- Mélangez délicatement les blancs et les jaunes d'œufs et ajoutez le fromage râpé et le persil haché.
- Faites fondre le beurre dans une poêle et, quand il est bien chaud, versez-y la masse des œufs. Réduisez le feu et faites cuire l'omelette.
- Roulez l'omelette sur un plat chaud et servez-la sans attendre.

Omelette aux dés de fromage

Préparation : 10 minutes
Cuisson : 15 minutes

Une nouvelle formule pour une recette classique.

375 calories

Pour 4 personnes
6 œufs
2 cuillerées à soupe d'eau

- Coupez le fromage en petits dés.
- Battez les œufs avec l'eau, le sel et le poivre.
- Ajoutez le fromage, ainsi que le persil, aux œufs.

Omelette aux dés de fromage *(suite)*

100 g de fromage à pâte cuite souple
2 cuillerées à soupe de persil haché
4 cuillerées à soupe de beurre
4 cuillerées à soupe d'huile
1/2 cuillerée à café de sel
poivre blanc

■ Faites chauffer l'huile et le beurre ensemble dans une poêle jusqu'à bouillonnement. Versez alors les œufs dans la poêle et cuisez à feu moyen jusqu'à ce que le fond dore légèrement. Faites glisser dessous la partie encore liquide de l'omelette et retournez pour dorer l'autre face. Pour retourner, le moyen le plus simple est de couvrir la poêle avec une assiette et de retourner sens dessus dessous la poêle et l'assiette. L'omelette étant dans l'assiette, vous la faites glisser dans la poêle sur la face non cuite. Servez sur un plat de service bien chaud.

Omelette espagnole

Préparation : 10 minutes
Cuisson : 15 minutes

Le charme et la saveur d'un plat rustique.

370 calories

Pour 4 personnes
2 tomates
50 g d'olives noires
1 ou 2 piments forts
250 g de chorizo
4 œufs
1 cuillerée à soupe de crème fraîche
1 pointe de paprika doux
1 cuillerée à soupe de persil haché
3 cuillerées à soupe d'huile
sel, poivre du moulin

■ Lavez les tomates et coupez-les en tranches.
■ Fendez les olives en deux et retirez-en les noyaux.
■ Hachez grossièrement les piments.
■ Coupez le chorizo en rondelles.
■ Mélangez les œufs avec la crème fraîche à l'aide d'un fouet, ajoutez le paprika, salez et poivrez.
■ Faites revenir les tomates et le chorizo dans l'huile chaude et versez les œufs dessus. Remuez légèrement.
■ Décorez avec les olives et les piments et saupoudrez de persil.
■ Servez cette omelette encore bien onctueuse.

Omelette aux fines herbes

Préparation : 10 minutes
Cuisson : 5 minutes

Moelleuse et parfumée.

316 calories

Pour 2 personnes
4 œufs
2 cuillerées à soupe de crème fraîche
1 cuillerée à soupe de persil haché
1 cuillerée à soupe de ciboulette hachée
1/2 cuillerée à café d'estragon haché
1 cuillerée à café de cerfeuil haché
1 cuillerée à café de basilic haché
1 échalote émincée
1 gousse d'ail émincée
50 g de beurre
sel, poivre du moulin

- Battez les œufs et la crème fraîche. Salez et poivrez.
- Ajoutez les fines herbes (réservez-en 1 cuillerée à café).
- Faites fondre le beurre dans une poêle et faites-y revenir l'échalote et l'ail.
- Versez par-dessus la masse des œufs en la remuant et faites cuire comme de coutume.
- Juste avant la fin de la cuisson, parsemez le dessus de l'omelette de fines herbes.
- Faites glisser l'omelette sur le plat de service en la roulant sur elle-même et servez aussitôt.

Moulinois (recette page 465)

Mousse aux deux chocolats (recette page 466)

Omelette flambée au Grand Marnier

Préparation : 5 minutes
Cuisson : 10 minutes

Un grand dessert classique.

490 calories

Pour 4 personnes
8 œufs
1 pincée de sel
50 g de beurre
3 cuillerées à soupe de Grand Marnier
250 g de marmelade d'oranges
sucre

- Battez les œufs et la pincée de sel.
- Faites chauffer le beurre dans une poêle. Versez les œufs et cuisez comme une omelette ordinaire. En même temps, faites chauffer le plat de service.
- Chauffez le Grand Marnier dans une petite casserole.
- Faites glisser l'omelette sur le plat de service. Étalez une couche de marmelade d'oranges. Saupoudrez de sucre. Arrosez immédiatement l'omelette avec le Grand Marnier et flambez.

Omelette aux moules

Préparation : 15 minutes
Cuisson : 15 minutes

Pour enrichir et varier la classique omelette.

240 calories

Pour 4 personnes
500 g de moules
8 œufs
2 cuillerées à soupe d'huile
sel, poivre

- Grattez et lavez les moules. Mettez-les dans une casserole couverte sur feu doux pour qu'elles s'ouvrent, comptez 4 ou 5 minutes. Sortez-les des coquilles et égouttez-les.
- Mettez les moules décortiquées à revenir légèrement dans la poêle avec l'huile. Remuez, puis versez les œufs battus avec sel et poivre.
- Faites cuire comme une omelette ordinaire. Servez-la légèrement baveuse.

Omelette de Noël

Préparation et cuisson :
20 minutes

Une somptueuse omelette truffée de marrons glacés et nappée de chocolat, puis flambée au rhum.

640 calories

Pour 4 personnes
8 œufs
150 g de débris de marrons glacés, grossièrement écrasés
125 g de chocolat
100 g de beurre
1/2 verre de lait
+ 1/2 verre d'eau
1/2 verre de rhum
1 cuillerée à soupe de sucre en poudre
1/2 pincée de sel

Mon conseil :
La même recette avec du whisky est également délicieuse, avec une saveur un peu différente.

- Dans une casserole posée sur feu très doux ou au bain-marie, versez un 1/2 verre d'eau et posez le chocolat bien à plat, coupé en plusieurs morceaux. Laissez fondre le chocolat sans y toucher puis, lorsqu'il est bien lisse, ajoutez le lait et les deux tiers du beurre en petits morceaux. Tournez vivement. Ajoutez le sucre, mélangez bien puis maintenez au chaud dans le bain-marie.
- Faites fondre le reste du beurre dans une grande poêle. Battez vivement les œufs et le sel dans un bol et faites-les cuire en omelette ordinaire.
- Lorsqu'elle est à point, posez dessus les débris de marrons et roulez en faisant glisser sur un plat chaud.
- Nappez l'omelette avec le chocolat.
- Faites tiédir rapidement le rhum dans une louche, enflammez-le dans la louche et versez aussitôt sur l'omelette. Servez une fois les flammes tombées.

Omelette aux oignons de printemps

Préparation : 10 minutes
Cuisson : 25 minutes

Quand l'oignon se fait tout doux.

355 calories

Pour 4 personnes
500 g d'oignons blancs
2 cuillerées à soupe

- Épluchez les oignons, fendez-les en deux et coupez-les en fine julienne.
- Mettez à chauffer l'huile dans une sauteuse et faites-y revenir les oignons pendant environ 10 minutes.
- Ajoutez du sel, du poivre, l'ail et l'estragon et prolongez la cuisson environ 5 minutes à couvert.

Omelette
aux oignons de printemps *(suite)*

d'huile d'olive
8 œufs
2 cuillerées à soupe de crème fraîche
1/2 cuillerée à café d'estragon haché
1 gousse d'ail hachée
sel, poivre du moulin

■ Battez les œufs et la crème fraîche dans un saladier et incorporez-y les oignons.

■ Versez la préparation dans une poêle légèrement graissée et faites dorer d'un côté.

■ Glissez l'omelette sur une assiette, retournez-la et faites-la cuire de l'autre côté. Servez chaud ou froid, selon les goûts.

Omelette provençale

Préparation : 5 minutes
Cuisson : 8 minutes

Garnie de ratatouille.

331 calories

Pour 4 personnes
6 œufs
2 cuillerées à soupe de crème fraîche
1 cuillerée à soupe d'huile d'olive
1/2 boîte de ratatouille
sel, poivre du moulin

■ Battez les œufs et la crème fraîche dans un saladier, salez, poivrez.

■ Faites chauffer l'huile dans une poêle, versez-y les œufs battus et laissez cuire l'omelette pendant 3 à 4 minutes en la soulevant de temps en temps avec une spatule pour ne pas la faire brûler.

■ Versez la ratatouille par-dessus et terminez la cuisson 3 à 4 minutes à feu doux.

■ Glissez l'omelette sur un plat chaud et servez-la aussitôt.

Omelette au thon

Préparation : 10 minutes
Cuisson : 10 minutes

Une saveur originale relevée d'ail et d'anchois.

260 calories

Pour 4 personnes
8 œufs
1 gousse d'ail

■ Pelez la gousse d'ail et coupez-la en lamelles fines.

■ Découpez les anchois en minces lamelles.

■ Dans un bol, battez ensemble les œufs, le sel, le poivre, le persil, l'ail, le thon et les anchois.

Omelette au thon *(suite)*

1 cuillerée à soupe
de persil haché
200 g de thon en miettes
égoutté de son huile
2 filets d'anchois
2 cuillerées à soupe
d'huile d'olive
1/2 cuillerée à café de sel
poivre

■ Chauffez l'huile dans une poêle, versez-y la préparation. Faites cuire à feu doux pendant 5 minutes sur chaque face. Servez bien chaud.

Oreillettes

A Marseille on les appelle des oreillettes, à Nice des ganses, à Paris des merveilles, à Lyon et à Arles des bugnes...

461 calories

Pour 8 personnes
500 g de farine
100 g de beurre ramolli
4 œufs
1/2 sachet de levure chimique
1 pincée de sel
80 g de sucre glace
le zeste râpé de 1 citron
huile pour friture

Mon conseil :
Chaudes, les oreillettes sont croquantes à souhait. Mieux vaut les servir à la sortie du bain de friture.

Préparation : 15 minutes
Repos : 2 heures
Cuisson : quelques secondes par oreillette

■ Dans un saladier, mettez la farine, le sel et la levure. Creusez un puits au centre et ajoutez les œufs, le beurre et le zeste de citron râpé ; malaxez jusqu'à ce que la pâte soit bien souple.
■ Recouvrez le saladier d'un linge humide et laissez reposer 2 heures au frais.
■ Étalez la pâte au rouleau de manière qu'elle soit bien fine. Plus elle est mince et plus les oreillettes seront croquantes.
■ Découpez en biseau des morceaux de pâte de 10 x 4 cm. Fendez-les au centre, repliez une extrémité et passez-la dans la fente.
■ Jetez les oreillettes une à une dans l'huile de friture chaude pendant quelques secondes. Posez-les dans un grand plat et saupoudrez-les de sucre glace.

Paella

Une des nombreuses variantes du plat national espagnol, unissant viande et fruits de la mer.

761 calories

Pour 8 personnes
1 poulet ou 1 petit lapin
8 cl d'huile d'olive
4 oignons émincés
6 gousses d'ail écrasées
6 grosses tomates
3 poivrons rouges
4 fonds d'artichauts
500 g de poulpe
1/2 cuillerée à café de safran
4 merguez
1 l de moules
250 g de petits pois
500 g de riz
1,5 l de bouillon de viande
8 scampi ou langoustines
sel, poivre de Cayenne

Préparation : 40 minutes
Cuisson : 50 minutes

■ Coupez le poulet ou le lapin en petits morceaux (attention aux éclats d'os pour ce dernier), faites-les rissoler dans l'huile chaude sur toutes leurs faces dans une poêle à paella et mettez-les en attente au chaud pendant la préparation.

■ Faites rissoler les oignons et l'ail dans la même poêle, ajoutez les tomates épépinées et pelées ainsi que les poivrons détaillés en lanières et laissez mijoter jusqu'à ce qu'ils fondent en purée.

■ Ajoutez alors les fonds d'artichauts coupés en quartiers et le poulpe coupé en rondelles. Laissez cuire 4 à 5 minutes, puis saupoudrez soigneusement de safran.

■ Rangez à nouveau les morceaux de poulet ou de lapin dans la poêle et ajoutez les merguez coupées en grosses tranches, les moules grattées et lavées et les pois juste blanchis.

■ Lavez le riz et versez-le à son tour dans la poêle, couvrez de bouillon, assaisonnez de sel et de poivre et faites cuire environ 25 minutes au four.
■ Au bout de 15 minutes de cuisson, ajoutez les scampi. Servez dans la poêle de cuisson.

Pain perdu

La transformation des restes de pain en un délicieux dessert.

335 calories

Pour 6 personnes
6 tranches de pain de mie
ou de pain de campagne rassis
50 cl de lait
2 œufs
50 g de sucre
100 g de beurre
cannelle

Préparation : 10 minutes
Cuisson : 15 minutes

■ Battez les œufs avec le lait.
■ Faites tremper les tranches de pain dans ce mélange, juste le temps de les imprégner, sans les laisser trop ramollir.
■ Faites fondre les 100 g de beurre dans une poêle. Faites-y dorer les tranches de pain des deux côtés. Dressez-les sur un plat, saupoudrez de sucre et de cannelle en poudre. Servez chaud.

Pain de poisson à la tomate

Avec une sauce où la tomate se marie au vin.

410 calories

Pour 4 personnes
400 g de restes de poisson blanc cuit au court-bouillon
150 g de mie de pain

Préparation : 20 minutes
Cuisson : 30 minutes

■ Allumez le four à th. 7.
■ Faites tremper la mie de pain dans le lait.
■ Épluchez le poisson (retirez la peau et les arêtes) et effeuillez-le.
■ Pressez la mie de pain trempée pour en extraire l'excédent de lait et mélangez-la au poisson. Passez le tout à la moulinette, salez et poivrez.

Pain de poisson à la tomate *(suite)*

10 cl de lait
30 g de beurre
sel, poivre
2 blancs d'œufs

Pour la sauce tomate :

4 tomates
3 cuillerées à soupe d'huile
1 oignon
1 gousse d'ail
1 feuille de laurier
3 cuillerées à soupe de vin rouge
sel, poivre

Mon conseil :

Après avoir beurré l'intérieur du moule, je le saupoudre de farine. Le démoulage du pain de poisson se trouve ainsi facilité.

■ Battez les blancs d'œufs en neige très ferme et incorporez-les à la pâte.

■ Beurrez un moule cannelé ou un moule à soufflé et remplissez-le aux trois quarts de sa hauteur avec la préparation.

■ Passez au four jusqu'à ce que le pain arrive au ras du moule et que sa surface soit dorée, soit 30 minutes environ.

■ Pendant que le pain de poisson cuit, préparez la sauce : pelez l'ail et l'oignon. Émincez ce dernier, coupez chaque tomate en quatre.

■ Mettez l'huile à chauffer dans une petite casserole. Quand elle commence à grésiller, mettez l'oignon à dorer 2 minutes, puis ajoutez l'ail, les tomates, le laurier, sel et poivre. Laissez cuire à feu moyen 15 minutes sous couvert. Ajoutez le vin et laissez encore cuire 10 minutes sans couvrir.

■ Démoulez le pain de poisson dès la sortie du four. Nappez-le de sauce tomate et servez sans attendre.

Pain de veau et porc

Préparation : 20 minutes
Cuisson : 1 heure

Un rôti de veau,
porc et champignons hachés,
cuit au beurre et arrosé de sauce
à la crème.

600 calories

Pour 6 personnes

600 g de veau cru
300 g de porc cru haché

■ Faites tremper la mie de pain dans le lait.

■ Pelez les échalotes, hachez-les.

■ Nettoyez les champignons, coupez-les en minces lamelles.

■ Mélangez les viandes, les échalotes, les champignons, la mie de pain bien essorée, les œufs, la muscade, du sel, du

Pain de veau et porc *(suite)*

1 crépine
12 champignons
4 échalotes
2 œufs
1 poignée de mie de pain
5 cl de lait
80 g de beurre
5 cl de crème fraîche
1 pincée de noix muscade
sel, poivre

poivre. Malaxez bien, puis façonnez un bloc en forme de rôti allongé. Enveloppez-le dans la crépine.

■ Faites cuire le pain de viande dans la cocotte ouverte, dans le beurre, pendant 1 heure.

■ Au moment de servir, ajoutez la crème fraîche à la sauce de cuisson et chauffez sans laisser bouillir. Nappez le pain de veau avec cette sauce.

Pamplemousses au crabe

Une composition originale et fraîche.

197 calories

Pour 2 personnes
2 pamplemousses (dont 1 rose)
1 cuillerée à soupe de jus de citron
2 cuillerées à soupe de crème fraîche
1 cuillerée à soupe de cerfeuil
250 g de chair de crabe
sel, poivre du moulin

Mon conseil :
Quelques gouttes de campari intensifient la saveur du pamplemousse.

Préparation : 10 minutes

■ Pelez les pamplemousses à vif et détachez les tranches ; ôtez la fine peau qui les recouvre. Salez-les légèrement et laissez-les en attente au frais.

■ Mélangez le sel et le poivre avec le jus de citron et la crème fraîche et ajoutez le cerfeuil ciselé.

■ Faites égoutter la chair de crabe, émiettez-la à la fourchette et mélangez-la à la sauce.

■ Disposez les tranches de pamplemousse en étoile sur des assiettes individuelles et garnissez de chair de crabe juste au moment de servir.

Pamplemousses glacés

Préparation : 15 minutes

Servis dans leur écorce, des fruits d'hiver garnis de glace à la vanille.

145 calories

Pour 4 personnes
50 cl de glace à la vanille
2 pamplemousses
1 pomme
1 poire
1 banane
3 cuillerées à soupe de sucre en poudre

■ Coupez les pamplemousses en deux dans le sens horizontal. Enlevez la chair avec une cuillère sans abîmer la peau. Coupez-la en dés.

■ Pelez, épépinez les autres fruits. Coupez-les en petits morceaux réguliers. Ajoutez les dés de pamplemousse, le sucre.

■ Garnissez le fond des demi-pamplemousses avec la salade de fruits. Disposez dessus des boules de glace à la vanille.

Pamplemousses en salade

Préparation : 20 minutes

Une entrée exotique et vitaminée.

140 calories

Pour 6 personnes
3 pamplemousses
100 g d'olives noires
1 cuillerée à café de paprika
2 cuillerées à café de cumin pilé
2 cuillerées à soupe d'huile
1/2 cuillerée à café de sucre en poudre
sel, poivre

Mon conseil :
Ce hors-d'œuvre sera plus raffiné si vous ajoutez des crevettes roses décortiquées ou du crabe émietté.

■ Coupez chaque pamplemousse en deux transversalement. Détachez ensuite avec un couteau à pamplemousse chaque demi-tranche de la peau et mettez-les dans un saladier.

■ Nettoyez bien l'écorce des pamplemousses de leurs petites peaux pour en faire des bols bien nets.

■ Dénoyautez les olives et mettez-les dans le saladier contenant les quartiers de pamplemousse. Ajoutez le cumin, le paprika, l'huile, le sucre, le sel et le poivre. Mêlez bien le tout.

■ Remplissez chaque moitié de pamplemousse avec cette préparation, et tenez au frais jusqu'au moment de servir.

Pan bagnat

Préparation : 15 minutes
Repos : 2 heures
Cuisson : 9 minutes

Une recette niçoise.

503 calories

Pour 4 personnes
1 cuillerée à soupe de vinaigre de vin
2 cuillerées à soupe d'huile d'olive
4 petits pains ronds
2 tomates
1 petit poivron vert
1 gousse d'ail écrasée
1 oignon émincé
8 filets d'anchois
150 g de miettes de thon
100 g d'olives dénoyautées et hachées
4 œufs
sel, poivre du moulin

- Mélangez le sel et le poivre avec le vinaigre et émulsionnez avec l'huile en battant au fouet.
- Ouvrez les petits pains en deux, évidez-les et humectez-les de vinaigrette.
- Lavez les tomates, puis coupez-les en quartiers, épépinez-les et détaillez-les en tranches.
- Lavez le poivron, retirez les pépins et coupez la chair en rubans.
- Dans un saladier, mélangez l'ail, l'oignon, les tomates et le poivron avec les olives et le thon et remplissez le fond des petits pains de la farce. Garnissez chacun de 2 filets d'anchois ; reformez les petits pains en pressant bien puis placez-les au frais.
- Faites durcir les œufs 9 minutes, puis passez-les sous l'eau froide et écalez-les ; coupez-les en rondelles.
- Attendez au moins 2 heures avant de servir après avoir glissé des rondelles d'œufs dans les sandwiches.

Panaché d'aubergines et de courgettes

Préparation : 15 minutes
Repos : 30 minutes
Cuisson : 35 minutes

Un mélange très méridional.

160 calories

Pour 4 personnes
1 aubergine moyenne

- Pelez l'aubergine, puis coupez-la en cubes de 2 à 3 cm de côté. Saupoudrez-les de sel et laissez-les reposer pendant 30 minutes. Au bout de ce temps, égouttez-les et séchez-les dans un papier absorbant.

Panaché d'aubergines
et de courgettes *(suite)*

4 petites courgettes
6 cuillerées à soupe d'huile
1 oignon
2 gousses d'ail
4 cuillerées à soupe de chapelure
10 branches de persil
50 g de beurre
200 g de champignons
sel

Mon conseil :
Je sers ce panaché avec des tranches très fines de jambon de Bayonne.

■ Lavez les courgettes et, sans les peler, coupez-les en tranches fines.

■ Pelez l'oignon, hachez-le finement. Pelez les gousses d'ail et coupez-les en lamelles minces.

■ Nettoyez les champignons sans les peler, émincez-les et faites-les revenir pendant 7 à 8 minutes à la poêle dans du beurre.

■ Faites chauffer 2 cuillerées à soupe d'huile dans une sauteuse. Mettez-y à dorer les cubes d'aubergines sur toutes leurs faces pendant 6 à 7 minutes. Retirez-les de la sauteuse et tenez-les au chaud. Remettez 2 cuillerées d'huile dans la sauteuse, faites-y revenir les courgettes pendant 10 minutes environ. Salez-les. Mettez-les avec les aubergines.

■ Faites chauffer le restant de l'huile toujours dans la sauteuse. Mettez-y à revenir l'oignon haché 3 minutes, ajoutez-y l'ail, la chapelure et le persil haché. Salez. Faites cuire à feu doux 2 minutes en remuant constamment. Ajoutez enfin les champignons, chauffez 2 minutes. Versez le tout sur les aubergines et les courgettes.

Panaché de courgettes et de carottes

Préparation : 15 minutes
Cuisson : 40 minutes

Simplement parfumé de thym et de persil.

149 calories

Pour 4 personnes
500 g de courgettes
350 g de carottes
50 g de beurre
1 branche de thym
1 bouquet de persil
sel, poivre du moulin

- Lavez les courgettes et coupez-les en rondelles.
- Grattez les carottes, lavez-les et détaillez-les en rondelles à leur tour.
- Faites chauffer le beurre dans une sauteuse et mettez-y à braiser les carottes 15 minutes à couvert, après les avoir salées.
- Ajoutez les courgettes et le thym, encore un peu de sel, éventuellement du poivre et un peu d'eau ; laissez mijoter encore 25 minutes à feu doux.
- Retirez la branche de thym, saupoudrez les légumes de persil haché et versez-les dans le plat de service préchauffé.

Panaché de morilles et de girolles

Préparation : 15 minutes
Cuisson : 5 minutes

Sautées avec une fondue d'échalotes.

75 calories

Pour 2 personnes
30 g de morilles séchées
200 g de girolles
80 g d'échalotes
10 g de beurre
1 bouquet de ciboulette
sel, poivre du moulin

- Faites gonfler les morilles dans de l'eau tiède. Égouttez-les et gardez l'eau de macération.
- Préparez les girolles : lavez-les rapidement et faites-les bien égoutter dans une passoire.
- Pelez les échalotes et hachez-les finement avant de les faire fondre dans un peu de beurre.
- Ajoutez-y les morilles et les girolles avec 3 cuillerées à soupe d'eau de macération que vous aurez filtrée.

Mon conseil :
Servez ce délicieux accompagnement avec un plat de volaille.

■ Faites étuver le tout pendant environ 5 minutes.
■ Coupez la ciboulette en fins bâtonnets et ajoutez-les aux champignons. Salez et poivrez juste au moment de servir.

Panier du pêcheur

Cuisson : 30 minutes
Préparation : 20 minutes

Ou comment bien accommoder le produit de sa pêche.

800 calories

Pour 4 à 6 personnes
2 kg de poissons
(cabillaud, daurade, saint-pierre)
2 tomates fraîches
1 gousse d'ail
4 poireaux
2 carottes
1 céleri
100 g de beurre
12 pommes de terre
quelques branches de persil
ou de cerfeuil
piment de Cayenne
sel, poivre du moulin

Mon conseil :
Une formule gain de temps : utilisez un court-bouillon prêt à l'emploi.

■ Nettoyez, lavez et coupez les poissons en morceaux. Préparez un court-bouillon avec les arêtes, puis ajoutez les tomates et la gousse d'ail non pelée.
■ Épluchez les poireaux, les carottes et le céleri. Lavez-les et coupez-les en petis dés. Mettez-les à mijoter dans 50 g de beurre, dans une cocotte couverte, pendant 10 minutes.
■ Posez les morceaux de poisson sur les légumes. Laissez cuire à feu doux pendant 20 minutes environ. Ajoutez quelques cuillerées de court-bouillon si nécessaire.
■ Lorsque le poisson est cuit, ajoutez le court-bouillon avec le piment de Cayenne et le poivre du moulin. Salez éventuellement.
■ Faites cuire les pommes de terre en robe des champs (voir recette p. 590). Épluchez-les, coupez-les en fines rondelles et saupoudrez-les de persil ou de cerfeuil haché. Servez très chaud.

Pannequets aux fruits de la mer

Préparation : 30 minutes
Cuisson : 25 minutes

Farcis de fruits de mer et de poisson.

398 calories

Pour 2 personnes
200 g de pâte à crêpes
(voir recette p. 235)
1 cuillerée à soupe de beurre
2 échalotes émincées
4 noix de coquilles Saint-Jacques
150 g de saumon frais
100 g de crevettes cuites
et décortiquées
2 cuillerées à soupe
de persil haché
25 cl de béchamel
(voir recette p. 716)
50 g de parmesan
sel, poivre du moulin

■ Dans une grande poêle, préparez 4 belles crêpes avec la pâte à crêpes, sans leur faire prendre coloration.
■ Faites revenir les échalotes dans le beurre chaud, ajoutez-y les noix de saint-jacques bien nettoyées et séchées au papier absorbant et le saumon pelé et coupé en petits cubes ; faites-les dorer puis ajoutez les crevettes et le persil.
■ Versez la sauce Béchamel sur le tout, salez, poivrez et mélangez bien. Répartissez la farce sur les crêpes et enroulez-les sur elles-mêmes en les serrant bien les unes contre les autres.
■ Beurrez un plat allant au four, rangez-y les crêpes, saupoudrez de parmesan et donnez un ou deux tours de moulin à poivre.
■ Faites gratiner au four chauffé à th. 6 pendant 10 à 15 minutes.

Pannequets aux petits légumes

Préparation : 10 minutes
Cuisson : 20 minutes

Comme garniture ou comme entrée.

250 calories

Pour 2 personnes
150 g de carottes
1 petite courgette

■ Nettoyez les carottes, épluchez-les et coupez-les en rondelles.
■ Épluchez la courgette et coupez-la en lanières. Lavez les brocolis et séparez-les en bouquets.
■ Faites fondre le beurre dans une casserole, mettez-y à suer les échalotes et

6 bouquets de brocolis
50 g de beurre
2 échalotes émincées
1 pointe d'ail
100 g de petits pois
100 g de maïs
2 cuillerées à soupe de basilic et de persil hachés
4 à 6 crêpes
sel, poivre du moulin

l'ail, ajoutez les carottes, les petits pois et le maïs et laissez cuire à l'étuvée.

- Au bout de 15 minutes environ, ajoutez les brocolis et la courgette et prolongez la cuisson 5 minutes à couvert. Saupoudrez cette fondue de légumes avec une partie des fines herbes.
- Garnissez de légumes les crêpes préparées à l'avance, roulez-les et parsemez-les avec le reste de fines herbes avant de les servir.

Papillotes de champignons d'automne

Préparation : 10 minutes
Cuisson : 10 minutes

Pour une cuisine légère, des saveurs naturelles.

122 calories

Pour 4 personnes
200 g de cèpes
200 g de bolets
200 g de pleurottes
40 g de beurre
1 cuillerée à soupe de persil,
1 cuillerée à soupe de cerfeuil
1 cuillerée à soupe d'estragon
sel, poivre du moulin

- Nettoyez, lavez si nécessaire et séchez avec soin tous les champignons. Coupez-les grossièrement en morceaux.
- Coupez une feuille d'aluminium en 4 rectangles de 20 x 40 cm, au centre desquels vous disposerez les champignons en parts égales.
- Parsemez chaque papillote de 10 g de beurre, salez, poivrez, saupoudrez de fines herbes hachées et fermez bien la feuille d'aluminium.
- Glissez dans le four préchauffé à th. 7 et faites cuire 10 minutes.
- Servez dans les papillotes bien closes.

Parfait d'asperges sauce cresson

Préparation : 50 minutes
Réfrigération : 8 heures
Cuisson : 10 minutes

Une entrée très légère garnie d'œufs de lump.

183 calories

Pour 4 personnes
500 g d'asperges
1 l de bouillon de volaille
50 g de beurre
6 feuilles de gélatine
150 g de crème fraîche fouettée
1 blanc d'œuf
1 citron
1 pincée de sucre
sel, poivre du moulin
Pour la sauce :
12,5 cl de vin blanc
12,5 cl de bouillon de volaille
1 botte de cresson
(lavé et préparé)
50 g de cerfeuil
20 g de crème fraîche
2 cl de Noilly Prat
40 g d'œufs de lump
sel, poivre du moulin

Mon conseil :
Réservez quelques pluches de cerfeuil pour la présentation.

■ Faites cuire les asperges, après les avoir pelées et lavées, dans le bouillon de volaille porté à ébullition. Poursuivez la cuisson pendant environ 10 minutes ; coupez les pointes et mettez-les en attente au chaud.

■ Faites fondre le beurre, versez-le, avec les tiges des asperges et le bouillon, dans le mixeur ; réduisez le tout en purée, passez à l'étamine puis laissez refroidir.

■ Faites fondre la gélatine dans un peu d'eau tiède.

■ Ajoutez à la purée d'asperges la gélatine préalablement délayée avec la crème fouettée, puis incorporez le blanc battu en neige. Arrosez avec un peu de jus de citron, ajoutez le sucre, salez et poivrez.

■ Rangez les pointes d'asperges dans une terrine, recouvrez-les de la mousse et faites prendre au moins 8 heures au réfrigérateur.

■ Préparez la sauce : faites réduire le vin et le bouillon avec le cresson, ajoutez le cerfeuil et passez au mixeur. Complétez avec la crème fraîche, vérifiez alors l'assaisonnement et parfumez la sauce avec le Noilly Prat.

■ Démoulez le parfait, coupez-le en tranches que vous dresserez sur les assiettes, nappez de sauce et garnissez d'œufs de lump.

Parfait de framboises au yaourt

Préparation : 15 minutes
Congélation : 3 heures

Onctueux et velouté.

202 calories

Pour 4 personnes
300 g de framboises
30 g de sucre glace
30 cl de yaourt au lait entier
2 jaunes d'œufs
50 g de sucre en poudre

- Passez les framboises lavées dans un tamis ; mélangez-les avec le sucre glace et le yaourt.
- Fouettez les jaunes d'œufs au bain-marie pour obtenir un mélange crémeux.
- Faites bouillir le sucre en poudre avec 3 cuillerées à soupe d'eau, jusqu'à formation d'un sirop au filet.
- Incorporez au mixeur le sirop chaud aux jaunes d'œufs et fouettez bien jusqu'à ce que la masse refroidisse et prenne consistance.
- Mélangez les deux préparations, garnissez-en un moule et faites congeler 3 heures.

Parfait glacé à la cannelle

Préparation : 35 minutes
Congélation : 4 heures
Cuisson : 5 minutes

Une glace crémeuse qui fond sous la langue.

255 calories

Pour 4 personnes
10 cl de lait
1 gousse de vanille
3 jaunes d'œufs
75 g de sucre
2 cuillerées à café de cannelle en poudre

- Portez le lait à ébullition après y avoir plongé la gousse de vanille fendue en deux. Pendant ce temps, faites blanchir les jaunes d'œufs avec le sucre.
- Retirez la gousse de vanille et ajoutez très progressivement le lait aux jaunes d'œufs, en remuant constamment au fouet. Faites épaissir la préparation sur feu doux en tournant au batteur électrique jusqu'à ce que la crème devienne onctueuse. Parfumez avec la cannelle et le rhum.

Parfait glacé à la cannelle *(suite)*

1 cuillerée à soupe de rhum
25 cl de crème fouettée

Mon conseil :
Accompagnez d'une sauce aux poires chaude ou d'une sauce aux prunes.

- Mettez la casserole dans un bain de glace et continuez de tourner jusqu'à ce que la crème soit refroidie.
- Incorporez alors la crème fouettée et mettez au congélateur jusqu'à ce que la masse soit gelée.

Parfait de groseilles au yaourt

Préparation : 15 minutes
Congélation : 3 heures
Cuisson : 7 minutes

Un parfait qui porte bien son nom.

219 calories

Pour 4 personnes

250 g de groseilles noires
140 g de sucre en poudre
30 cl de yaourt au lait entier
2 jaunes d'œufs
100 g de crème battue

- Égrenez les groseilles, écrasez-les et passez-les à travers une passoire. Mélangez-les avec 40 g de sucre en poudre et le yaourt à l'aide d'une spatule.
- Battez les jaunes d'œufs et 50 g de sucre dans une casserole placée au bain-marie, jusqu'à obtention d'un mélange crémeux.
- Faites cuire le reste de sucre avec 3 cuillerées à soupe d'eau, jusqu'à ce que le mélange fasse des filaments. Quand la température la plus élevée est atteinte, battez très énergiquement le mélange avec les jaunes d'œufs à l'aide d'un fouet, le temps nécessaire pour obtenir une masse consistante.
- Mélangez la préparation aux jaunes d'œufs avec celle au yaourt et avec la crème battue, puis versez dans un moule, et mettez au frais pendant 3 heures.
- Enlevez le moule du congélateur 20 minutes avant de découper le parfait en portions individuelles.

Mon conseil :
Deux centilitres de sirop de cassis rendront cette savoureuse glace encore plus raffinée.

Paris-Brest

Préparation : 15 minutes
Cuisson : 30 minutes

Une crème pralinée dans une couronne de pâte à choux.

299 calories

Pour 6 personnes

200 g de pâte à choux
(voir recette p. 535)
100 g d'amandes pilées
300 g de crème fraîche
80 g de pralines concassées
2 cuillerées à soupe de café fort (ou d'extrait)
sucre glace

- Dressez la pâte à choux à la poche à douille, en formant 12 cercles de 6 cm de diamètre sur la plaque; parsemez le dessus d'amandes pilées et glissez 30 minutes au four chauffé à th. 6.
- Fouettez la crème fraîche et incorporez-y les pralines concassées et le café.
- Ouvrez chaque chou en deux dans le sens horizontal. Remplissez le fond de crème à l'aide d'une douille. Posez le couvercle dessus et saupoudrez de sucre glace pour servir.

Pâté de canard en croûte

Préparation : 40 minutes
Macération : 12 heures
Cuisson : 1 heure

Un classique toujours apprécié.

511 calories

Pour 6 personnes

300 g de chair de canard
200 g de porc désossé (échine)
1 feuille de laurier
12,5 cl de cognac
25 cl de crème fraîche
2 œufs
50 g de pistaches décortiquées
300 g de pâte feuilletée surgelée et décongelée

- Découpez la chair du canard (sauf les filets) et l'échine de porc en gros cubes; faites mariner les viandes avec le laurier émietté et le cognac environ 12 heures au frais.
- Passez les viandes, à l'exception des deux filets de canard, au hachoir. Ajoutez les œufs, le cognac de macération, la crème fraîche et les pistaches grossièrement concassées. Mélangez, salez et poivrez de quelques tours de moulin.
- Faites chauffer le four à th. 4.
- Abaissez la pâte feuilletée sur une surface farinée avec un rouleau à pâtis-

Pâté de canard en croûte *(suite)*

100 g de lard gras
1 jaune d'œuf
sel, poivre du moulin

serie. Tapissez la terrine avec les trois quarts de la pâte en la faisant dépasser des bords.

- Garnissez la terrine de la moitié de la farce, placez au centre les filets de canard, puis recouvrez du reste de la farce.
- Coupez le lard gras en fines lanières, disposez-les sur le dessus (elles vont fondre à la cuisson).
- Repliez la pâte qui déborde sur le moule, recouvrez la garniture avec le reste de pâte feuilletée pour former le couvercle.
- Délayez le jaune d'œuf avec un peu d'eau et badigeonnez-en le dessus de la pâte avec un pinceau.
- Pratiquez une incision au centre du couvercle pour former une cheminée et glissez la terrine au four 1 heure au moins.

Pâtes

Les pâtes s'utilisent dans les soupes, comme hors-d'œuvre, en garniture ou en plat principal.

Préparation des pâtes fraîches

- Mélangez 4 œufs avec 1/2 cuillerée à café de sel et 1 cuillerée à soupe d'huile, ajoutez 5 cuillerées à soupe de farine ; versez alors 400 g de farine et malaxez bien le tout.
- Enveloppez la pâte dans un torchon et laissez-la reposer 30 minutes.

→

■ Abaissez la pâte sur une plaque farinée (saupoudrez de farine pendant l'opération).
■ Dès que la pâte ne colle plus, coupez les pâtes avec un couteau. Faites cuire.

Mon conseil :
Pour obtenir des pâtes colorées, ajoutez, dans la pâte ou dans l'eau de cuisson, du safran, du jus de betterave rouge ou de l'encre de sépia (celle des calmars).

Cuisson des pâtes

■ Faites bouillir 3 à 4 l d'eau dans un grand récipient, avec 2 cuillerées à soupe de sel et 1 cuillerée à soupe d'huile.
■ Jetez les pâtes dans l'eau bouillante et faites-les cuire « al dente » 4 à 10 minutes (selon la qualité) en remuant bien.
■ Versez-les dans une passoire et passez-les rapidement sous l'eau froide.
■ Faites-les revenir dans du beurre fondu et réchauffez-les ainsi brièvement.

Utilisation

Pâtes farcies

■ Garnissez la pâte abaissée de farce, humectez les bords d'eau et pressez bien.
■ Faites pocher sans laisser bouillir.

Pâtes en gratin

■ Garnissez un moule beurré de lasagnes de 10×15 cm, par exemple, en alternance avec de la viande hachée aux tomates et de la béchamel.
■ Faites gratiner avec du fromage.

Pâtes en salade

■ Mélangez délicatement les pâtes froides avec des fines herbes et une sauce vinaigrette bien relevée.

Pâtes au fromage

Préparation : 10 minutes
Cuisson : 11 minutes

Beurre et gruyère assaisonnent nouilles, coquillettes ou spaghetti.

400 calories

Pour 6 personnes
450 g de pâtes de votre choix
100 g de beurre
125 g de gruyère râpé
sel, poivre

■ Faites cuire les pâtes 10 à 12 minutes à grande eau salée, sans les couvrir. Égouttez-les. Mettez-les dans un plat creux chaud.
■ Ajoutez le beurre fondu et le fromage râpé. Poivrez. Mélangez. Servez bien chaud.

Pâtes au œufs

Préparation : 20 minutes
Repos : 20 minutes
Cuisson : variable suivant la forme des pâtes

Une base pour des pâtes aux formes diverses.

460 calories

Pour 4 personnes
300 g de farine
4 œufs
1 cuillerée à soupe d'huile d'arachide
1/2 cuillerée à café de sel

■ Mélangez sur une planche la farine et le sel. Faites un creux au centre et mettez-y les œufs et l'huile. Travaillez la farine avec les doigts jusqu'à l'obtention d'une pâte ferme. Pétrissez-la 10 à 15 minutes, pour la rendre souple et élastique. Couvrez cette pâte d'un saladier et laissez-la reposer 20 minutes. Elle sera ainsi plus facile à étendre.
■ Divisez la pâte en trois parties. Farinez légèrement une planche à pâtisserie, étendez la pâte au rouleau en une feuille aussi mince que possible. Plus elle sera fine, meilleures seront les pâtes. A cette feuille de pâte mince vous donnerez des formes différentes.

Fettuccine :

Saupoudrez légèrement de farine la feuille de pâte, coupez-la en rubans de 1 cm à 1,5 cm de large, étendez-les sur un linge propre et laissez-les sécher environ 1 heure. Les fettuccine se laissent cuire à grande eau bouillante salée pendant 4 minutes. Vous les égoutterez bien et vous les servirez avec une sauce ou avec du beurre fondu.

Tagliatelle :

Les tagliatelle se coupent comme les fettuccine mais en rubans plus larges : 2 cm. Ils se cuisent et s'accommodent de la même façon.

Lasagnes :

Saupoudrez de farine la feuille de pâte, coupez-la en bandes de 18 à 20 cm de long sur 4 à 5 cm de large ; faites-les cuire 4 minutes à grande eau bouillante salée, égouttez bien à fond et servez avec du beurre fondu ou une sauce.

Cannelloni :

Coupez la feuille de pâte en carrés de 10 à 12 cm de côté. Faites-les cuire 8 à 10 minutes à grande eau bouillante salée ; ne mettez à cuire en même temps que quelques carrés, retirez-les de l'eau au fur et à mesure qu'ils sont cuits avec une écumoire, plongez-les dans l'eau froide, égouttez-les, disposez-les côte à côte sur un linge. Vous farcirez ces cannelloni à votre goût soit avec une farce faite de viande hachée mêlée à des épinards et à des oignons hachés, soit avec une farce faite de restes de volailles et de foies de volailles hachés liés avec une béchamel. Dans tous les cas, disposez les cannelloni dans un plat allant au four, nappez-les d'une sauce tomate, saupoudrez-les de fromage râpé et faites-les cuire une quinzaine de minutes dans un four à th. 8.

Mon conseil :

Utilisez de la fleur de farine, très blanche et tamisée.

Pâtes safranées aux crevettes

Préparation : 30 minutes
Cuisson : 15 minutes

Entrée ou plat léger aux crustacés et au ris de veau.

457 calories

Pour 4 personnes
6 crevettes de 50 g
1 pincée de cumin
20 g de beurre
200 g de courgettes en lanières
1 pointe d'ail
20 cl de crème liquide
10 cl de sauce pour crustacés
20 g de parmesan râpé
200 g de ris de veau
(en dés) préparé et braisé
500 g de pâtes au safran
poivre de Cayenne
sel, poivre du moulin

Mon conseil :
La sauce Nantua convient très bien aux crustacés.

- Jetez les crevettes dans de l'eau bouillante salée additionnée de cumin. Quand l'eau bout à nouveau, retirez la casserole du feu et laissez les crevettes infuser. Puis décortiquez-les et coupez leur chair en dés.
- Faites chauffer le beurre et faites-y revenir légèrement les courgettes. Salez, poivrez, parfumez d'une pointe d'ail et terminez la cuisson à l'étuvée, sur feu très doux et à couvert.
- Portez la crème à ébullition, ajoutez la sauce pour crustacés, le parmesan, du cayenne et du sel. Mélangez bien le tout et faites chauffer sur feu doux.
- Ajoutez ensuite les crevettes et les dés de ris de veau dans la sauce et laissez mijoter tout doucement.
- Faites cuire les pâtes dans de l'eau bouillante salée, égouttez-les, mélangez-les avec les courgettes et nappez-les de sauce.

Pâtisserie

Avec de la farine, du beurre, des œufs et du sucre, on peut réaliser de nombreuses pâtes. Il suffit de bien doser les ingrédients et l'on obtient une pâte brisée (idéale pour les fonds de tarte), une pâte feuilletée (la plus fine de toutes) ou une pâte à quatre-quarts.

Recettes de base

Pâte brisée

250 g de farine ; 125 g de margarine ; 65 g de sucre ; 1 œuf.

- Mélangez tous les ingrédients à la main.
- Malaxez rapidement (la pâte doit rester froide).
- Laissez reposer 30 minutes au réfrigérateur.
- Abaissez sur une plaque farinée.

Pâte à choux

25 cl d'eau ; 1 cuillerée à soupe de sucre ; 1 pincée de sel ; 50 g de beurre ; 150 g de farine ; 4 ou 5 œufs.

- Portez à ébullition l'eau avec le sucre, le sel et le beurre.
- Ajoutez la farine en une fois et mélangez pour obtenir une grosse boule épaisse.
- Ajoutez les œufs un par un.
- Recouvrez la plaque d'un papier sulfurisé, graissez et dressez la pâte à la douille.

Pâte feuilletée

500 g de farine ; 50 g de beurre (à température ambiante) ; 1 pincée de sel ; 50 cl d'eau ; 500 g de beurre froid

- Mélangez la farine avec le beurre, le sel et l'eau pour obtenir une pâte lisse, roulez-la en boule et coupez-la en croix.
- Laissez reposer 30 minutes.

→

- Abaissez la détrempe en carré. Coupez le beurre en fines tranches et étalez-les sur la pâte.
- Rabattez les bords sur le beurre en les faisant se croiser.
- Abaissez la pâte en carré et repliez les bords vers le centre.
- Rabattez la moitié droite sur la partie gauche.
- Laissez reposer 1 heure au réfrigérateur.
- Abaissez en carré. Repliez le côté droit sur les deux tiers de la pâte et le côté gauche sur la partie restante.
- Laissez reposer 1 heure au réfrigérateur.

Pâte à génoise

4 œufs ; 125 g de sucre ; 125 g de farine ; 1 pincée de levure chimique.

- Cassez les œufs en séparant les blancs des jaunes.
- Montez les blancs en neige, ajoutez le sucre.
- Mettez les jaunes dans les blancs en neige.
- Mélangez la farine avec la levure et incorporez-la à la préparation.
- Chemisez le moule avec un papier sulfurisé. Versez-y la pâte et faites cuire.

Pâte levée

40 g de levure ; 25 cl de lait ; 400 g de farine ; 60 g de sucre ; 2 œufs ; 50 g de beurre.

- Délayez la levure dans le lait tiède, ajoutez une pincée de sucre.
- Mélangez la levure avec la farine, le sucre, les œufs et le beurre pour obtenir une pâte lisse.
- Mettez dans un saladier et couvrez.
- Laissez monter la pâte dans un endroit tiède, jusqu'à ce qu'elle double de volume.
- Pétrissez la pâte une seconde fois et mettez-la dans le moule.
- Laissez monter 30 minutes avant de faire cuire.

→

Pâte à quatre-quarts

300 g de beurre ; 300 g de sucre ; 4 ou 5 œufs ; 300 g de farine ; 2 cuillerées à café de levure chimique.

- Fouettez le beurre avec le sucre au mixeur pour qu'il blanchisse.
- Ajoutez les œufs un par un.
- Mélangez la farine et la levure, ajoutez-les aux autres ingrédients, versez la pâte dans le moule et glissez-le aussitôt au four.

Paupiettes d'agneau au gruyère

Préparation : 10 minutes
Cuisson : 6 minutes

Des brochettes originales flambées à l'armagnac.

416 calories

Pour 2 personnes

10 fines tranches d'agneau (dans le gigot) de 30 à 40 g chacune
120 g de gruyère
40 g de beurre clarifié
4 cl d'armagnac
sel, poivre blanc

- Frottez la viande au sel et au poivre, puis aplatissez-la avec le dos d'un couteau.
- Coupez le gruyère en 10 bâtonnets et disposez-les sur la viande (un par tranche). Roulez chaque tranche de viande et piquez-les sur des brochettes.
- Faites chauffer le beurre dans une poêle et mettez-y les brochettes. Laissez-les dorer des deux côtés puis baissez le feu et terminez la cuisson sur feu doux pendant environ 3 minutes. Flambez à l'armagnac et servez aussitôt.

Paupiettes de bœuf

Préparation : 20 minutes
Cuisson : 1 h 15

Farcies au lard et aux oignons.

472 calories

Pour 4 personnes
4 tranches de bœuf de 180 g chacune (dans le rumsteck ou la tranche)
1 cuillerée à soupe de moutarde
4 tranches de lard maigre
4 oignons
4 cornichons
40 g de beurre clarifié (voir recette p. 97)
150 g de mirepoix
1 tomate
12 cl de vin rouge
1 cuillerée à soupe de farine
35 cl de fond brun (voir recette p. 322)
thym et marjolaine
basilic et ail hachés
sel, poivre gris du moulin

Mon conseil :
Faites sauter quelques champignons au beurre et parsemez-en la viande.

- Salez et poivrez la viande, puis badigeonnez-la de moutarde.
- Couvrez chaque paupiette avec 1 tranche de lard.
- Pelez les oignons et coupez-les en dés. Faites-les étuver dans la moitié du beurre et répartissez-les sur la viande.
- Posez les cornichons sur les paupiettes. Roulez-les sur elles-mêmes et fermez-les avec du fil de cuisine.
- Faites chauffer le reste du beurre dans une braisière et mettez-y à dorer les paupiettes de tous côtés. Quand elles sont bien saisies, sortez-les. Mettez la mirepoix dans la braisière et faites revenir. Coupez la tomate en dés, ajoutez-les dans la braisière, mouillez avec le vin rouge et laissez réduire. Répétez deux fois cette opération (c'est-à-dire : rajoutez un peu de vin et laissez réduire) pour obtenir un fond d'une belle couleur brune.
- Saupoudrez alors de farine et faites épaissir un moment, puis complétez avec le fond brun ; portez à ébullition et remettez les paupiettes dans la braisière avec les fines herbes et l'ail. La viande doit être juste couverte. Laissez mijoter 1 heure environ.
- Retirez les paupiettes de la braisière, déficelez-les et dressez-les dans un plat creux. Vérifiez l'assaisonnement de la sauce, passez-la au tamis et versez-la sur la viande pour servir.

Paupiettes de chou

Préparation : 25 minutes
Cuisson : 40 minutes

Boulettes de viande en robe de chou ; un plat d'hiver savoureux.

677 calories

Pour 6 personnes
1 chou blanc
1 kg de viande hachée (porc et bœuf)
2 œufs
origan
cumin
4 oignons
150 g de lard avec sa couenne
20 g de beurre clarifié (voir recette p. 97)
50 cl de bouillon
sel, poivre du moulin

- Préparez le chou : enlevez les feuilles extérieures abîmées et lavez-le. Détachez ensuite les grosses feuilles, faites-les brièvement blanchir dans de l'eau bouillante salée, puis égouttez-les.
- Mélangez la viande hachée avec du sel, du poivre du moulin, les œufs et l'origan, et formez 6 boulettes de grosseur égale.
- Enveloppez chaque boulette dans une grande feuille de chou blanchie, de sorte que les bords de la feuille soient tournés vers le bas et que le dessus de la paupiette soit bien lisse. Salez et poivrez à nouveau et parfumez d'une pointe de cumin.
- Pelez les oignons et coupez-les en dés, ainsi que le lard après en avoir enlevé la couenne.
- Dans une braisière, faites revenir la couenne avec les oignons dans un peu de beurre clarifié ; quand le tout est bien doré, mettez-y les paupiettes, mouillez avec le bouillon et glissez au four préchauffé à th. 5. Arrosez toutes les 5 minutes avec un peu de bouillon. Au bout de 30 minutes, les paupiettes ont pris une belle couleur brune.
- Sortez-les alors de la braisière et mettez-les en attente au chaud.
- Faites réduire le fond de cuisson, liez-le avec un peu de farine délayée dans de l'eau et passez au tamis.
- Faites rissoler les lardons et ajoutez-les à la sauce. Versez sur les paupiettes et servez bien chaud.

Paupiettes de chou aux girolles

Préparation : 35 minutes
Cuisson : 30 minutes

Farcies au ris de veau.

210 calories

Pour 4 personnes
250 g de ris de veau
250 g de girolles
50 g de beurre
1 petit chou de Milan
100 g de tomates coupées en dés
1 pointe de thym
12,5 cl de fond de veau (voir recette p. 322)
50 g d'échalotes émincées
2 cl de vin blanc
sel, poivre blanc

■ Faites dégorger le ris de veau dans de l'eau fraîche vinaigrée, débarrassez-le des filaments et des impuretés, et coupez-le en dés.

■ Nettoyez les champignons et lavez-les uniquement si nécessaire. Coupez les gros en quatre. Réservez 50 g de girolles entières.

■ Faites revenir le ris, puis les champignons, avec un peu de beurre dans une poêle. Salez et poivrez.

■ Préparez le chou : détachez les feuilles, gardez-en quatre belles et coupez les autres en fines lanières. Faites-les blanchir 1 minute à l'eau bouillante salée et égouttez-les soigneusement.

■ Mélangez le ris de veau avec les champignons, le chou et les dés de tomates et saupoudrez d'un peu de thym. Rectifiez l'assaisonnement.

■ Répartissez la farce sur les feuilles de chou laissées en attente et refermez-les en serrant bien les paupiettes. Mettez-les à cuire avec le fond de veau dans la cocotte munie de son couvercle, environ 20 minutes au four chauffé à th. 5.

■ Retirez les paupiettes et gardez-les au chaud. Déglacez le fond de cuisson avec le vin, ajoutez les échalotes et faites réduire la sauce sur feu vif.

■ Passez les girolles réservées au mixeur et versez-les dans la sauce.

■ Arrosez les paupiettes bien chaudes de leur sauce et servez aussitôt.

Mon conseil :
Pour que les paupiettes ne se défassent pas, vous pouvez aussi les ficeler avec du fil de cuisine.

Paupiettes de chou aux marrons

Pour accompagner gibiers et volailles.

557 calories

Préparation : 1 heure
Cuisson : 1 h 25

Pour 6 personnes
800 g de marrons
50 cl de bouillon de volaille
1 chou blanc
100 g d'oignons
100 g de lard maigre
40 g de beurre
6 cuillerées à soupe de crème fleurette
2 œufs
1 bouquet de ciboulette
1 branche de marjolaine
1 bouquet de persil
30 g de beurre clarifié (voir recette p. 97)
20 cl de crème fraîche
noix muscade
sel, poivre du moulin

■ Fendez les marrons et faites-les griller au four à th. 6. Retirez-les de leur coque dure et pelez-les avant de les faire cuire 15 minutes dans le bouillon de volaille porté à ébullition. Passez-les à la moulinette pour les réduire en purée, en ajoutant un peu de liquide de cuisson.

■ Otez la partie dure du chou, détachez les feuilles fanées et faites-le blanchir 15 minutes dans de l'eau bouillante salée. Égouttez-le.

■ Coupez le lard et les oignons pelés en petits dés, et faites-les rissoler au beurre dans une cocotte. Ajoutez la purée de marrons avec la crème fleurette, faites cuire doucement (8 à 10 minutes) pour obtenir une purée sèche. Laissez refroidir, incorporez les œufs et les fines herbes hachées, et mélangez. Salez, poivrez et saupoudrez de noix muscade râpée.

■ Répartissez la purée sur les feuilles de chou que vous aurez facilement détachées, roulez-les en paupiettes et maintenez-les soigneusement fermées avec du fil à rôti.

■ Faites chauffer le beurre clarifié dans une sauteuse et faites-y bien revenir les paupiettes. Baissez le feu et laissez mijoter à couvert environ 35 minutes.

■ En fin de cuisson, arrosez les paupiettes de crème fraîche juste réchauffée, puis servez.

Paupiettes de dinde à la corse

Préparation : 10 minutes
Cuisson : 25 minutes

Escalopes de dinde farcies au jambon et au fromage corse.

630 calories

Pour 4 personnes
4 escalopes de dinde de 100 g chacune
un peu de farine
1/2 cuillerée à café d'herbes de Provence
4 tranches de jambon fumé
fromage corse
1 cuillerée à soupe d'huile d'olive
4 échalotes émincées
60 g de beurre
1 verre de madère
25 cl de fond de volaille
sel, poivre du moulin

- Aplatissez légèrement les escalopes, parsemez-les d'herbes de Provence, recouvrez-les de 1 tranche de jambon et de fromage, roulez-les en paupiettes et ficelez-les. Salez, poivrez.
- Faites chauffer l'huile dans une sauteuse, passez les paupiettes dans la farine et faites-les cuire environ 20 minutes à feu doux.
- Dressez les paupiettes sur le plat de service et gardez-les au chaud.
- Dégraissez la sauteuse et faites-y fondre le beurre ; mettez-y les échalotes à suer, mouillez avec le madère et le fond de volaille, et laissez mijoter environ 5 minutes.
- Servez les paupiettes bien chaudes, nappées de sauce, après les avoir débarrassées de leurs fils.

Paupiettes de veau

Préparation : 20 minutes
Cuisson : 20 minutes

Des tranches de veau, de bacon et de gruyère ficelées en rôti.

510 calories

Pour 6 personnes
14 escalopes de veau
1 gousse d'ail
3 cuillerées à soupe de persil finement haché

- Pelez la gousse d'ail et coupez-la en lamelles fines.
- Passez 2 escalopes au hachoir.
- Assaisonnez ce hachis avec le vin, les lamelles d'ail, le persil, la muscade, du sel et du poivre.
- Étendez un peu de ce mélange sur chacune des escalopes posées bien à

Mousseline de brochet au coulis d'écrevisses (recette page 468)

Oreillettes *(recette page 514)*

Paupiettes de veau *(suite)*

2 cuillerées à soupe
de vin blanc sec
1 pincée de noix muscade
50 g de farine
6 cuillerées à soupe de beurre
6 feuilles de sauge
sel, poivre noir
fraîchement moulu

plat. Roulez-les et attachez-les avec du fil de cuisine ou maintenez-les avec des bâtonnets.

- Salez et poivrez la farine. Passez les paupiettes dans ce mélange.
- Faites fondre le beurre dans une poêle, mettez-y à dorer les paupiettes pendant 3 à 4 minutes, ajoutez les feuilles de sauge, puis prolongez la cuisson sur feu doux pendant 10 à 15 minutes environ.

Pêches chaudes aux pistaches

Avec glace à la vanille et crème caramel.

200 calories

Préparation : 15 minutes
Cuisson : 15 minutes

Pour 4 personnes
4 pêches blanches
20 g de beurre
100 g de pistaches non salées
50 cl de glace à la vanille
Pour la sauce :
100 g de sucre en poudre
ou en morceaux
10 cl de crème fleurette

- Plongez les pêches 1 minute dans de l'eau bouillante ; pelez-les, coupez-les en deux et retirez les noyaux.
- Faites fondre le beurre dans un moule à soufflé, rangez-y les moitiés de pêche et faites cuire 10 minutes au four à th. 6. Sortez le moule du four et ajoutez les pistaches concassées puis remettez encore 5 minutes au four, à th. 3.
- Caramélisez le sucre dans une casserole posée sur feu moyen, puis incorporez la crème et portez à ébullition.
- Dressez les pêches aux pistaches avec des boules de glace à la vanille dans des assiettes creuses, arrosez de crème caramel et servez sans attendre.

Pêches Melba

Préparation : 20 minutes
Cuisson : 8 minutes

Un classique avec glace à la vanille et framboises.

406 calories

Pour 4 personnes
4 pêches moyennes
80 g de sucre
2 cl de kirsch
100 g de framboises fraîches
40 g de sucre cristallisé
20 g d'amandes effilées
50 cl de glace à la vanille
crème Chantilly pour garnir

- Plongez rapidement les pêches dans de l'eau bouillante puis dans de l'eau froide pour pouvoir facilement en retirer la peau. Coupez les fruits en deux et retirez les noyaux.
- Préparez un sirop avec le sucre et 10 cl d'eau additionnée de kirsch et faites-y pocher les pêches 5 minutes ; laissez refroidir.
- Réduisez en purée les framboises additionnées de sucre cristallisé.
- Dans une poêle, faites dorer à sec les amandes.
- Garnissez des coupes de boules de glace, posez les moitiés de pêche au-dessus, nappez de coulis de framboises et décorez avec les amandes et la crème Chantilly pour présenter à table.

Perdreau à la crème

Préparation : 5 minutes
Cuisson : 30 minutes

Une recette de chasseur toute simple.

458 calories

Pour 2 personnes
1 perdreau de 700 g
40 g de beurre
4 échalotes émincées
10 cl de fond blanc
(voir recette p. 322)
20 cl de crème fraîche
sel, poivre du moulin

- Faites fondre le beurre dans une braisière et faites-y revenir le perdreau.
- Quand il est bien doré, ajoutez les échalotes, salez et poivrez. Mouillez avec le fond et faites cuire à couvert en retournant le perdreau de temps en temps.
- Au bout de 20 minutes de cuisson, versez la crème fraîche et laissez mijoter encore 5 minutes. Vérifiez l'assaisonnement.
- Coupez le perdreau en deux et disposez-le sur le plat de service ; nappez de sauce.

Perdrix au chou rouge

Préparation : 40 minutes
Cuisson : 1 h 10

Braisée lentement
sur un lit de chou rouge.

1136 calories

Pour 2 personnes

1 perdrix
100 g de lard maigre
1 petite carotte
3 échalotes
15 g de pain de mie détrempé
2 bardes de lard gras
1 petit chou rouge
1 pomme acidulée
1 oignon
2 cuillerées à soupe de graisse d'oie
1 l de vin rouge
2 clous de girofle
1 feuille de laurier
sel, poivre du moulin

- Videz la perdrix bien mortifiée (en réservant le foie) et lavez-en l'intérieur. Salez et poivrez.
- Faites fondre le lard dans une sauteuse et mettez-y à revenir la carotte et les échalotes coupées en julienne. Retirez-les et faites revenir le foie.
- Coupez le foie en dés et mixez-le avec les légumes et le pain détrempé pour obtenir une farce bien liée. Assaisonnez en sel et en poivre.
- Garnissez la perdrix avec cette farce, bardez-la en serrant bien (voir *Volailles* p. 822).
- Faites dorer la perdrix 15 minutes sur toutes les faces dans la sauteuse dans un peu de beurre.
- Nettoyez le chou rouge, enlevez la partie centrale dure, et coupez les feuilles en fines lamelles que vous ferez blanchir à l'eau salée.
- Épluchez la pomme et l'oignon, coupez-les en rondelles.
- Faites fondre la graisse d'oie dans la braisière, mettez-y la pomme et l'oignon à suer, puis le chou. Arrosez de vin rouge, ajoutez la feuille de laurier et les clous de girofle.
- Posez la perdrix sur le chou, couvrez et laissez cuire 50 minutes environ au four chauffé à th. 4.

Perdrix aux lentilles

Préparation : 20 minutes
Trempage : 12 heures
Cuisson : 2 heures

Une recette simple et chaleureuse.

1 232 calories

Pour 4 personnes
350 g de lentilles
2 cuillerées à soupe de saindoux
2 perdrix bardées
150 g de lardons
8 échalotes épluchées
2 carottes en rouelles
1 bouquet garni
1 verre de vin rouge
50 cl de fond de volaille (voir recette p. 322)
1 feuille de laurier
250 g de lard frais
sel, poivre du moulin

Mon conseil :
Je pique les échalotes de 2 clous de girofle.

- Faites tremper les lentilles 12 heures avant la cuisson.
- Faites fondre le saindoux dans une braisière et faites-y dorer les perdrix sur toutes les faces. Ajoutez les lardons, les échalotes, les carottes et le bouquet garni, salez, poivrez et faites cuire environ 1 heure au four. Mouillez avec le vin et complétez avec un peu de fond de volaille. Couvrez et laissez cuire environ 10 minutes encore, puis retirez les perdrix et gardez-les au chaud.
- Égouttez bien les lentilles, recouvrez-les de fond de volaille, ajoutez le laurier et le lard frais, couvrez et faites cuire à feu modéré environ 45 minutes.
- Au moment de servir, égouttez les lentilles, coupez le lard en dés, garnissez-en le fond du plat de service et dressez dessus les perdrix avec les légumes et les lardons.
- Faites réduire le fond de cuisson sur feu vif, passez-le au tamis et servez-le en saucière.

Perdrix en robe de chou de Milan

Préparation : 1 heure
Cuisson : 30 minutes

Une préparation longue mais succulente.

1 122 calories

Pour 4 personnes
2 perdrix
120 g de beurre
500 g de viande de porc dans le collet
10 cl de crème fraîche
2 cuillerées à soupe de cognac
1 petit chou de Milan
2 crépines de porc
25 cl de vin rouge
25 cl de fond de gibier (voir recette p. 322)
2 cuillerées à soupe de crème fraîche
sel, poivre du moulin

▪ Détachez les blancs des perdrix et enlevez-en la peau. Salez-les et faites-les revenir sur toutes les faces dans un peu de beurre. Retirez-les de la sauteuse et réservez-les.

▪ Détachez les cuisses des perdrix, ôtez-en la peau et désossez-les. Pilez les os au mortier.

▪ Hachez menu les cuisses de perdrix et la viande de porc avec un hachoir à grille fine puis mélangez la préparation obtenue avec la crème fraîche ; salez, poivrez et parfumez au cognac.

▪ Faites blanchir 4 grandes feuilles de chou de Milan, nappez-les avec la farce et enveloppez-y les blancs de perdrix. Faites chauffer le four.

▪ Étendez les crépines de porc et enfermez-y les feuilles de chou farcies.

▪ Salez et faites revenir des deux côtés dans 50 g de beurre chaud puis terminez la cuisson au four à th. 4 environ 20 minutes. Sortez les perdrix de la sauteuse et gardez-les au chaud.

▪ Faites dorer les os pilés dans le fond de cuisson, mouillez avec le vin rouge, le fond de gibier et laissez réduire de moitié avant de passer à l'étamine.

▪ Versez la crème fraîche et laissez réduire à nouveau. Montez ensuite la sauce avec 50 g de beurre bien froid.

▪ Répartissez la sauce sur les assiettes, coupez la viande en tranches fines et dressez-la dessus.

Petits biscuits aux amandes

Préparation : 15 minutes
Repos : 2 heures
Cuisson : 14 minutes

Des biscuits sablés de toutes les formes.

471 calories

Pour 6 personnes
(environ 40 biscuits)

100 g de sucre glace
50 g d'amandes en poudre
200 g de beurre
1 œuf
250 g de farine
1 pincée de sel
1 cuillerée à café de sucre vanillé
2 cuillerées à soupe d'eau
1 jaune d'œuf
beurre pour la plaque

▪ Mélangez la moitié du sucre glace avec les amandes en poudre, et le reste avec le beurre très ramolli et l'œuf.

▪ Ajoutez alors à cette préparation le mélange sucre-amandes, la farine, le sel et le sucre vanillé ; mélangez bien le tout. Détendez avec 2 cuillerées à soupe d'eau et formez une boule que vous laisserez reposer 2 heures dans un endroit frais.

▪ Farinez le plan de travail, abaissez la pâte pour y découper des biscuits aux formes diverses. Rangez-les sur la plaque du four beurrée et dorez-les au jaune d'œuf. Mettez à cuire 14 minutes au four chauffé à th. 5.

Petits flans suisses

Préparation : 10 minutes
Cuisson : 15 à 25 minutes

De la crème aux œufs et au jambon cuite au four.

305 calories

Pour 4 personnes

4 œufs
80 g de jambon
60 g de gruyère râpé
30 g de beurre
50 cl de lait

▪ Allumez le four.

▪ Faites chauffer le lait.

▪ Coupez le jambon en dés.

▪ Battez les œufs en une omelette mousseuse.

▪ Mettez les dés de jambon dans les œufs battus. Versez dessus le lait bouillant petit à petit tout en battant sans arrêt le mélange. Salez, poivrez. Ajoutez la pointe de muscade.

1 pointe de noix muscade
sel, poivre

■ Beurrez des petits ramequins et versez-y la préparation. Saupoudrez de gruyère râpé et mettez à four doux pendant 15 à 25 minutes. Servez bien chaud dans les ramequins.

Petits gâteaux aux raisins secs

Délicieux à l'heure du thé.

388 calories

Pour 6 personnes
100 g de raisins secs
10 cl de cognac
100 g de beurre
80 g de sucre glace
1 œuf
200 g de farine
2 cuillerées à soupe de lait
50 g de noisettes hachées

Préparation : 20 minutes
Trempage : 2 heures
Cuisson : 30 minutes en tout

■ Faites tremper les raisins dans le cognac pendant environ 2 heures.
■ Faites ramollir le beurre. Avec une spatule, faites blanchir le beurre et le sucre glace pour obtenir un mélange mousseux. Ajoutez l'œuf, la farine et le lait, puis les raisins trempés et les noisettes.
■ Versez le tiers de la pâte dans une poche à douille à gros embout et dressez-la, sur la plaque du four recouverte de papier sulfurisé, en petits tas de la grosseur d'une noix.
■ Faites cuire pendant 10 minutes au four chauffé à th. 6. Répétez l'opération avec le reste de pâte.

Petits pâtés impériaux

Préparation : 45 minutes	
Repos : 2 heures	
Cuisson : 25 minutes	

Des crêpes d'Asie à la viande et au soja.

306 calories

Pour 4 personnes
300 g de farine
7,5 cl d'eau tiède
1 pincée de sel
1 cuillerée à soupe d'huile
1 échalote hachée
300 g de viande de porc hachée
1 cuillerée à soupe de fécule de maïs
2 cuillerées à soupe de xérès
1/2 blanc de poireau
100 g de germes de soja
1 cuillerée à soupe de sauce soja
sucre
glutamate
1 jaune d'œuf
sel, poivre du moulin
huile pour la friture

Mon conseil :
Présentez sur des assiettes chaudes avec une sauce au soja ou bien une vinaigrette au vinaigre balsamique.

■ Préparez une boule de pâte bien lisse avec l'eau et la farine, ajoutez 1 pincée de sel et laissez en attente 2 heures au frais sous un linge humide.

■ Faites chauffer l'huile dans une poêle et faites-y dorer le hachis d'échalote puis la viande de porc hachée, saupoudrez de fécule et mouillez avec le xérès. Ajoutez ensuite le blanc de poireau coupé en fines rondelles et les germes de soja. Arrosez de sauce soja, ajoutez 1 pincée de sucre et de glutamate, salez, puis poivrez. Laissez mijoter quelques minutes, puis retirez la poêle du feu et laissez son contenu refroidir.

■ Abaissez la pâte pour former des crêpes très fines, farinez-les légèrement et garnissez-les de 2 à 3 cuillerées à soupe de farce. Badigeonnez avec le jaune d'œuf délayé dans un peu d'eau et repliez les crêpes pour former des rouleaux serrés.

■ Badigeonnez à nouveau au jaune d'œuf.

■ Faites cuire les rouleaux environ 10 minutes dans un bain d'huile chaude, retirez-les avec une écumoire et laissez-les égoutter, puis replongez-les rapidement une deuxième fois juste avant de servir. Posez-les un instant sur du papier absorbant pour éviter qu'ils ne soient trop gras.

Petits pois à l'anglaise

Préparation : 30 minutes
Cuisson : 20 minutes

Tout simplement cuits à l'eau et servis avec du beurre frais.

145 calories

Pour 6 personnes
2 kg de petits pois non écossés
75 g de beurre
gros sel

- Écossez les petits pois.
- Mettez dans une casserole 2 l d'eau salée (à raison de 1 cuillerée à soupe de gros sel par litre d'eau). Chauffez.
- A ébullition, jetez les petits pois dans l'eau bouillante et laissez-les cuire sans couvercle et à feu vif 15 minutes si vous les aimez encore fermes, 20 minutes si vous les aimez plus tendres.
- Égouttez. Versez dans un plat et parsemez de petites noisettes de beurre. Mélangez au moment de servir.

Petits pois à la française

Préparation : 20 minutes
Cuisson : 50 minutes

Une cuisson simple qui conserve toute leur saveur aux petits pois.

220 calories

Pour 6 personnes
2 kg de petits pois non écossés
80 g de beurre
4 oignons moyens
2 laitues
1 cuillerée à café de sucre en poudre
sel, poivre

- Écossez les petits pois.
- Faites fondre le beurre dans une cocotte et, sans attendre qu'il chante, versez les petits pois. Secouez la cocotte pour enrober tous les pois de beurre, couvrez et laissez mijoter 20 minutes à feu très doux.
- Pendant la cuisson des pois, épluchez les oignons et lavez soigneusement les salades.
- Au bout des 20 minutes, ajoutez dans la cocotte les laitues et les oignons entiers. Salez, poivrez et saupoudrez avec le sucre.
- Remettez le couvercle sur la cocotte (si vous utilisez une cocotte équipée d'un couvercle à réserve d'eau, versez 1 verre d'eau sur le couvercle). Laissez mijoter à très petit feu pendant

Mon conseil :
Je réserve cette recette aux tendres petits pois nouveaux du printemps. Quant aux pois un peu plus durs, je les cuis de la même façon, mais pendant au moins 1 heure et en ajoutant des lardons.

30 minutes, en veillant à ce qu'il reste toujours assez d'humidité dans la cocotte.

■ Versez dans un plat creux et servez chaud. Ajoutez, si vous le désirez, une bonne noix de beurre.

Petits soufflés aux épinards

Onctueux et aériens.

544 calories

Pour 4 personnes
1 kg d'épinards
4 échalotes
1 gousse d'ail
20 g de beurre clarifié
(voir recette p. 97)
60 g de beurre frais
4 cuillerées à soupe de farine
12,5 cl de lait
80 g de fromage râpé
4 œufs
noix muscade
sel, poivre du moulin

Préparation : 45 minutes
Cuisson : 35 minutes

■ Équeutez les épinards et lavez-les soigneusement. Faites-les blanchir 5 minutes dans de l'eau bouillante salée et égouttez-les bien. Pressez-les pour ôter toute leur eau.

■ Pelez les échalotes et émincez-les ; pelez l'ail et écrasez-le.

■ Faites étuver les échalotes et l'ail dans le beurre clarifié, ajoutez-y les épinards. Quand ils sont bien réduits, assaisonnez-les en sel et en poivre ; réservez-les.

■ Faites chauffer le beurre frais dans une casserole, saupoudrez de farine, laissez colorer légèrement pour faire un roux blond et versez le lait froid. Portez à ébullition, assaisonnez d'un peu de sel, de poivre et de noix muscade et incorporez le fromage. Retirez la casserole du feu.

■ Cassez les œufs en séparant les blancs des jaunes, ajoutez les jaunes à la sauce et montez les blancs en neige.

■ Passez la sauce au fromage au tamis, versez-la sur les épinards et mélangez bien. Incorporez alors délicatement les blancs d'œufs à la préparation.

■ Beurrez des petits moules à soufflé et remplissez-les aux trois quarts de la préparation ; faites cuire au four chauffé à th. 5 pendant 25 minutes.

Pigeonneaux aux petits pois

Un régal printanier.

568 calories

Pour 2 personnes

8 petits oignons
80 g de lard de poitrine
20 g de beurre
2 pigeonneaux
2 échalotes émincées
1 cuillerée à café de farine
20 cl de fond blanc
(voir recette p. 322)
1 feuille de laurier
250 g de petits pois surgelés
sel, poivre du moulin

Mon conseil :
Vous pouvez dresser les pigeonneaux directement sur les assiettes et les saupoudrer de persil haché.

Préparation : 30 minutes
Cuisson : 40 minutes

■ Pelez les oignons. Coupez le lard en dés, faites-le blanchir 2 minutes dans de l'eau bouillante, puis passez-le sous l'eau froide.

■ Faites fondre le beurre dans une braisière et faites-y rissoler les pigeonneaux sur toutes les faces avant d'ajouter les lardons et les oignons. Salez et poivrez.

■ Retirez les pigeonneaux et les lardons et faites fondre les échalotes dans le jus de cuisson. Saupoudrez de farine et mélangez bien, puis mouillez avec le fond blanc et ajoutez la feuille de laurier. Poivrez et remettez les pigeonneaux avec les lardons et les oignons dans le fond de la braisière.

■ Couvrez et laissez mijoter sur feu modéré environ 20 minutes.

■ Faites dégeler les petits pois dans une casserole, puis versez-les dans le plat de service. Découpez les pigeonneaux et dressez-les sur les légumes avant de porter à table.

Pigeons aux navets

Préparation : 20 minutes
Cuisson : 30 minutes

Subtil mélange de saveurs.

646 calories

Pour 2 personnes

2 pigeons
100 g de beurre
2 cl de porto
12,5 cl de fond de gibier
(voir recette p. 322)
4 navets
1 cuillerée à soupe de sucre
2 cl de vinaigre de vin
12,5 cl de bouillon de volaille
sel, poivre du moulin

Mon conseil :
Les meilleurs pigeons proviennent de Bresse ou de Provence. Ils sont plus coûteux que les autres.

- Faites chauffer le four. Préparez les pigeons, videz-les et flambez-les puis assaisonnez-en largement l'intérieur avec du sel et du poivre. Frottez-en également la peau avec un peu de sel et de poivre, enduisez-les d'un peu de beurre et troussez-les.
- Faites-les dorer sur toutes leurs faces dans une braisière avec un peu de beurre et passez-les 15 minutes au four pour en terminer la cuisson.
- Retirez les pigeons du four et mettez-les en attente au chaud. Versez le porto et le fond de gibier dans la braisière et laissez mijoter 5 minutes.
- Pendant ce temps, épluchez les navets, coupez-les en fines tranches et faites-les glacer avec un peu de beurre et le sucre. Mouillez avec le vinaigre et le bouillon de volaille, salez et poivrez et faites cuire 5 minutes.
- Découpez les pigeons et servez-les sur les légumes. Montez le fond au beurre bien froid et présentez la sauce à part.

Pigeons aux petits oignons

Préparation : 15 minutes
Cuisson : 1 h 15

Cuits en cocotte avec des lardons et des petits oignons.

510 calories

Pour 4 personnes
2 gros pigeons de 500 g chacun environ
400 g de petits oignons
100 g de lard de poitrine non fumé
70 g de beurre
1 cuillerée à café de sucre
sel, poivre

Mon conseil :
La solution d'un pigeon pour deux est souvent préférable à celle du petit pigeon individuel, car les gros pigeons ont de beaux filets et une chair plus moelleuse. En faveur du pigeon individuel : le service est plus facile.

■ Pelez les petits oignons. Coupez le lard en dés.

■ Dans une casserole, mettez la moitié du beurre sur feu vif. Quand il commence à grésiller, mettez-y les oignons, laissez-les cuire pendant 3 à 4 minutes. Puis ajoutez 2 cuillerées à soupe d'eau chaude et le sucre, et laissez cuire encore, toujours sur le feu vif, pendant 15 minutes environ, tout en secouant fréquemment la casserole.

■ Pendant ce temps, dans une cocotte, mettez le restant du beurre sur feu vif. Quand le beurre commence à grésiller, mettez-y à dorer les pigeons, sur toutes leurs faces. Salez-les, poivrez-les. Laissez-les cuire une dizaine de minutes dans la cocotte découverte, puis ajoutez les lardons, faites-les dorer 5 minutes, couvrez la cocotte et terminez la cuisson sur feu doux pendant 20 minutes.

■ Cinq minutes avant de servir, mettez dans la cocotte les petits oignons qui se réchaufferont dans le jus de cuisson des pigeons. Servez les pigeons entourés des petits oignons et arrosés du jus de cuisson.

Pigeons aux raisins

Préparation : 30 minutes
Cuisson : 20 minutes

Tendres et parfumés.

397 calories

Pour 4 personnes
250 g de raisins blancs
4 petits pigeons
100 g de beurre
1 cl de cognac
25 cl de fond de gibier
(voir recette p. 322)
sel, poivre du moulin

- Lavez les raisins, puis coupez-les en deux pour en retirer les pépins.
- Videz les pigeons, nettoyez-les, flambez-les et essuyez-les bien avec du papier absorbant.
- Salez-les et poivrez-les largement, puis enduisez-les de beurre.
- Faites chauffer le reste du beurre dans une braisière et faites-y revenir les pigeons de toutes parts. Flambez-les au cognac. Mouillez avec le fond de gibier, ajoutez les grains de raisin et laissez mijoter sur feu doux 15 minutes à couvert.
- Vérifiez l'assaisonnement en fin de cuisson.
- Découpez les pigeons, dressez-les sur le plat de service entourés des grains de raisin et nappés de sauce.

Pintade au chou

Préparation : 30 minutes
Cuisson : 45 minutes

La fermeté de la pintade, le moelleux du chou.

469 calories

Pour 4 personnes
20 g de beurre
2 échalotes émincées
thym, laurier
1 pintade bardée
30 cl de fond de volaille
1 chou blanc
1 cuillerée à café de saindoux

- Faites chauffer le four.
- Mélangez le beurre, les échalotes, le thym et le laurier émiettés pour en garnir l'intérieur de la volaille. Recousez-la. Salez, poivrez.
- Disposez la pintade dans une braisière. Arrosez-la avec un peu de fond de volaille et mettez-la au four à th. 4 pendant 30 minutes à couvert.
- Pendant ce temps, nettoyez le chou, débarrassez-le de ses feuilles abîmées,

Pintade au chou *(suite)*

100 g de lard maigre en dés
1 bouquet garni
sel, poivre du moulin

coupez-le en quartiers et retirez la partie centrale. Coupez ensuite les quartiers en lanières.

- Faites fondre le saindoux dans une cocotte, mettez-y les lardons à rissoler.
- Versez le chou par-dessus, ajoutez le bouquet garni, poivrez, mouillez avec le fond restant et laissez mijoter pendant 10 minutes.
- Retirez le bouquet garni, répartissez le chou autour de la pintade et prolongez la cuisson de 5 minutes.
- Découpez la volaille et présentez-la sur le chou.

Mon conseil :
Ajoutez un peu de cumin au chou pour qu'il soit plus digeste.

Pintade au cidre

Un parfum de Normandie.

558 calories

Préparation : 10 minutes
Cuisson : 50 minutes

Pour 4 personnes
2 pommes acidulées
1 pintade de 1 kg bardée
80 g de beurre
75 g de noix décortiquées
2 cl de calvados
1 verre de cidre brut
50 g de raisins secs
20 cl de crème fraîche
sel, poivre du moulin

- Épluchez les pommes, évidez-les et coupez-les en dés.
- Dans une braisière, faites revenir la pintade dans la moitié du beurre, ajoutez les noix et les pommes en dés et flambez au calvados.
- Mouillez avec le cidre, assaisonnez légèrement et faites mijoter à couvert environ 15 minutes. Faites chauffer le four.
- Mettez alors les raisins secs dans la braisière et prolongez la cuisson de 15 minutes.
- Retirez la pintade, ôtez sa barde de lard et mettez-la 10 minutes au four chauffé à th. 3, après l'avoir badigeonnée du reste de beurre fondu pour qu'elle devienne bien dorée et bien croustillante.

■ Faites réduire le fond de cuisson pour obtenir une sauce que vous lierez avec la crème fraîche. Vérifiez l'assaisonnement en sel et en poivre.
■ Découpez la pintade et présentez-la nappée de sauce.

Pintade à la cocotte

Préparation : 15 minutes
Cuisson : 35 minutes

Garnie de céleri et arrosée de vin blanc.

709 calories

Pour 4 personnes
1 pintade de 1 kg prête à cuire
150 g de beurre
2 cœurs de céleri
1 verre de vin blanc sec
25 cl de fond de volaille
(voir recette p. 322)
2 cuillerées à soupe
de crème fraîche
sel, poivre du moulin

■ Faites chauffer la moitié du beurre dans une braisière et faites-y dorer la pintade sur toutes les faces. Salez et poivrez.
■ Pendant ce temps, préparez le céleri, lavez-le et coupez-le en quatre avant de le faire cuire environ 5 minutes dans de l'eau bouillante salée.
■ Jetez la graisse de cuisson de la pintade, déglacez la braisière avec le vin blanc, ajoutez le fond de volaille et le céleri, poivrez légèrement.
■ Fermez la braisière et faites cuire 20 minutes à feu doux.
■ Découpez la volaille et dressez-la sur le plat de service, entourée de céleri.
■ Faites épaissir le fond de cuisson avec la crème fraîche, montez la sauce avec le beurre restant et servez en saucière.

Pintade à la crème

Préparation : 10 minutes
Cuisson : 1 h 20

Braisée en cocotte avec crème et champignons.

885 calories

Pour 4 personnes
1 pintade de 1,2 kg
50 g de beurre
1 boîte (4/4) de champignons de Paris
50 cl de crème fraîche
le jus de 1/2 citron
estragon
ciboulette
sel, poivre

■ Faites dorer la pintade au beurre dans une cocotte découverte. Ne la salez et poivrez que lorsqu'elle est bien saisie sur toutes ses faces. Couvrez la cocotte et laissez cuire 1 heure.

■ Ajoutez à ce moment les champignons bien égouttés et coupés en deux dans le sens de la longueur, la crème et le jus de citron.

■ Poursuivez la cuisson, à petit feu, à couvert, pendant 20 minutes.

■ Présentez la pintade entière et découpée, nappée de sa sauce de cuisson saupoudrée d'estragon et de ciboulette finement hachés.

Pintade flambée aux pommes

Préparation : 20 minutes
Cuisson : 50 minutes

Rôtie au four, flambée au calvados et arrosée de crème.

606 calories

Pour 4 personnes
4 pommes
1 pintade
100 g de beurre
4 cuillerées à soupe de gelée de myrtilles
2 cuillerées à soupe d'huile
4 cl de calvados
25 cl de fond de volaille (voir recette p. 322)

■ Faites chauffer votre four. Épluchez 2 pommes, évidez-les, coupez-les en quartiers, garnissez-en l'intérieur de la pintade en y ajoutant quelques noisettes de beurre. Salez et poivrez la volaille sur toutes les faces.

■ Coupez les autres pommes en deux, enlevez la partie centrale et remplissez le trou ainsi formé avec la gelée de myrtilles.

■ Disposez la pintade dans une braisière et faites-la revenir à l'huile avant de la glisser dans le four chaud. Laissez-la rôtir environ 25 minutes.

Pintade flambée aux pommes *(suite)*

3 cuillerées à soupe de crème fraîche
sel, poivre du moulin

- Faites dorer les pommes dans 40 g de beurre puis mettez-les 5 minutes au four.
- Sortez la pintade du four, flambez-la au calvados et gardez-la en attente au chaud. Déglacez la braisière avec le fond de volaille et laissez réduire environ 15 minutes.
- Découpez la volaille et entourez-la des pommes garnies de gelée.
- Versez la crème fraîche dans le fond de cuisson, portez à ébullition et montez la sauce avec le beurre restant. Présentez en saucière.

Pintadeau aux pamplemousses

Préparation : 20 minutes
Cuisson : 40 minutes

Un plat léger,
avec une pointe d'amertume.

316 calories

Pour 4 personnes
1 pintadeau prêt à cuire
2 pamplemousses roses
1 cuillerée à soupe d'huile
60 g de beurre
1 petit verre de porto
1 verre de fond de volaille
(voir recette p. 322)
sel, poivre du moulin

- Coupez le pintadeau en morceaux.
- Pressez le premier pamplemousse pour en extraire le jus, coupez le second à vif et détachez-en les quartiers. Coupez une partie du zeste en fines lanières (de façon à remplir environ 1 cuillère à café) et hachez-le finement.
- Faites chauffer le beurre avec l'huile dans une braisière et mettez-y les morceaux de pintadeau à revenir sur toutes les faces.
- Quand ils sont bien dorés, salez-les et poivrez-les, mouillez-les avec le porto et arrosez-les avec le fond de volaille. Laissez mijoter environ 20 minutes.
- Retirez les morceaux de pintadeau et tenez-les au chaud.

■ Grattez bien le fond de la braisière avec une spatule (si nécessaire, ajoutez un peu de fond) et déglacez avec le jus de pamplemousse, puis portez rapidement à ébullition sur feu vif.
■ Remettez alors les morceaux de pintadeau ainsi que les quartiers de pamplemousse dans la braisière et faites mijoter encore 15 minutes à petits frémissements.
■ Versez délicatement sur le plat de service, en veillant à ne pas briser les quartiers de fruit. Nappez de sauce et servez aussitôt.

Piperade

Une onctueuse crème d'œufs aux tomates, aux piments et au jambon.

200 calories

Préparation : 10 minutes
Cuisson : 25 minutes environ

Pour 6 personnes
1 kg de tomates
3 piments verts doux
5 œufs
3 tranches de jambon de Bayonne
2 cuillerées à soupe d'huile
2 oignons
1 gousse d'ail
sel

■ Pelez les tomates, les oignons et l'ail. Hachez l'oignon et l'ail séparément. Coupez les tomates en morceaux et épépinez-les. Lavez les piments et coupez-les en longues lamelles.
■ Faites chauffer l'huile dans une grande poêle pour y faire dorer les oignons et les tomates. Prolongez la cuisson en remuant fréquemment, 10 minutes environ (jusqu'à ce que le liquide soit presque tout évaporé).
■ Ajoutez les lanières de piment et l'ail écrasé et laissez encore 5 à 6 minutes sur le feu.
■ Dans un bol, battez les œufs avec un peu de sel. Coupez le jambon en petits morceaux. Ajoutez œufs et jambon hors du feu au contenu de la poêle. Mélan-

Mon conseil :

Peu de sel dans les légumes car le jambon de Bayonne, généralement assez salé, risque de trop assaisonner la piperade.

gez bien et, sans arrêter de remuer, remettez sur feu très doux pendant 7 à 8 minutes pour cuire les œufs sans les coaguler.

■ Faites glisser sur un plat et servez bien chaud.

Pissaladière

Préparation : 20 minutes
Cuisson : 1 heure

Une pizza provençale.

611 calories

Pour 4 personnes

1 kg d'oignons
100 g d'olives noires
2 grosses tomates
3 cuillerées à soupe d'huile d'olive
250 g de pâte à pain
10 filets d'anchois hachés
sel, poivre du moulin

■ Pelez les oignons et hachez-les très finement.

■ Dénoyautez les olives et hachez-les également.

■ Plongez les tomates dans de l'eau bouillante, pelez-les, épépinez-les et coupez-les en rondelles.

■ Faites chauffer l'huile dans une sauteuse et faites-y revenir les oignons sans leur faire prendre coloration. Salez, poivrez et laissez étuver environ 30 minutes.

■ Enduisez légèrement d'huile la pâte à pain, abaissez-la et foncez-en un moule à tarte. Piquez-la à la fourchette en plusieurs endroits.

■ Recouvrez soigneusement le fond de la tarte de la fondue d'oignons, posez sur celle-ci des rondelles de tomates et parsemez de filets d'anchois hachés et d'olives. Badigeonnez avec un peu d'huile.

■ Faites cuire au four chauffé à th. 5, pendant environ 30 minutes, et servez bien chaud.

Mon conseil :

Saupoudrez de parmesan et d'herbes de Provence avant d'enfourner.

Pissenlits aux croûtons

Préparation : 10 minutes
Cuisson : 5 minutes

Un régal campagnard.

211 calories

Pour 2 personnes
150 g de pissenlits
1 pomme de terre cuite
1 cuillerée à soupe
de vinaigre de vin
1 jaune d'œuf
1 cuillerée à café de moutarde
2 cuillerées à soupe d'huile
2 cuillerées à soupe
de crème fraîche
75 g de croûtons frits au beurre
1 bouquet de ciboulette
sel, poivre du moulin

■ Nettoyez la salade et effeuillez-la, lavez-la puis essorez-la soigneusement.
■ Pelez la pomme de terre et coupez-la en petits dés.
■ Mélangez le sel et le poivre avec le vinaigre, ajoutez le jaune d'œuf et la moutarde, montez la sauce avec l'huile et la crème fraîche en veillant à ce que tous les ingrédients soient à la même température.
■ Tournez la salade dans la sauce et disposez-la sur les assiettes.
■ Garnissez de croûtons juste revenus dans du beurre pour qu'ils soient encore tièdes et saupoudrez de ciboulette passée sous l'eau et hachée.

Pithiviers

Préparation : 20 minutes
Cuisson : 30 minutes

Une galette fourrée de crème aux amandes.

584 calories

Pour 8 personnes
400 g de pâte feuilletée
(voir recette p. 535)
400 g de crème aux amandes
(voir *Tarte Bourdaloue*, p. 763)
1 jaune d'œuf
50 g de sucre glace

■ Abaissez la pâte sur une épaisseur de 3 mm et découpez deux cercles de 26 cm de diamètre.
■ Étendez l'un des cercles de pâte sur la plaque du four, garnissez de crème aux amandes en laissant un bord vide de 3 cm. Badigeonnez ce bord au jaune d'œuf battu.
■ Recouvrez du deuxième cercle de pâte, passez le dessus à l'œuf et dessinez-y un motif à la fourchette.
■ Glissez au four chauffé à th. 8 pour 5 minutes, baissez la température du four, puis laissez cuire 25 minutes à th. 6. Saupoudrez de sucre glace 5 minutes avant la fin de la cuisson.

Pizza

Préparation : 20 minutes
Repos : 2 heures
Cuisson : 25 minutes

Aux anchois et à la mozzarella.

388 calories

Pour 4 personnes
1/2 cube de levure de boulanger
10 cl d'eau tiède
200 g de farine
80 g de beurre
1 œuf
400 g de tomates
1 cuillerée à soupe d'origan
2 cl d'huile d'olive
50 g d'anchois
250 g de mozzarella
sel, poivre du moulin

Mon conseil :
Vous pouvez ajouter, selon les goûts, des olives noires et des cœurs d'artichauts coupés en quatre.

- Délayez la levure dans l'eau tiède.
- Mélangez à la main la farine, le beurre et 1 cuillerée à café de sel et formez une boule ferme.
- Ajoutez l'œuf et la levure et malaxez bien le tout. Ajoutez un peu d'eau si nécessaire. Huilez légèrement la boule de pâte et mettez-la à lever 2 heures dans un grand saladier recouvert d'un linge humide, dans un endroit tiède à l'abri des courants d'air.
- Abaissez la pâte et étendez-la dans un moule à tarte bien huilé.
- Découpez les tomates en tranches épaisses, recouvrez-en la pâte, saupoudrez d'origan, badigeonnez d'huile, garnissez de filets d'anchois et poivrez. Faites cuire au four chauffé à th. 5 environ 20 minutes.
- Sortez la pizza du four, garnissez-la de mozzarella coupée en fines tranches et remettez-la au four jusqu'à ce que le fromage soit fondu. Servez très chaud.

Poireaux aux anchois

Préparation : 10 minutes
Cuisson : 20 minutes

Des poireaux vinaigrette agrémentés de filets d'anchois.

270 calories

Pour 4 personnes
12 blancs de poireaux
12 filets d'anchois à l'huile

- Nettoyez soigneusement les blancs de poireaux.
- Plongez-les dans une casserole d'eau bouillante salée et laissez-les cuire à feu moyen pendant une vingtaine de minutes (jusqu'à ce qu'ils soient bien tendres).

Poireaux aux anchois *(suite)*

10 échalotes
2 cuillerées à soupe de vinaigre
6 cuillerées à soupe d'huile
sel, poivre

■ Pendant ce temps, préparez une vinaigrette dans un bol avec l'huile, le vinaigre, sel et poivre. Pelez et hachez les échalotes. Ajoutez-les dans le bol.

■ Égouttez, puis rafraîchissez les poireaux. Rangez-les dans un plat. Arrosez de vinaigrette aux échalotes. Disposez les filets d'anchois en croisillons sur les poireaux. Servez frais.

Poireaux gratinés à la savoyarde

Une recette qui enrichit « l'asperge du pauvre », puisque tel est le surnom du poireau.

295 calories

Préparation : 20 minutes
Cuisson : 30 minutes

Pour 4 personnes
1 kg de poireaux
200 g de gruyère râpé
50 g de beurre
1 gousse d'ail
chapelure
noix muscade
sel, poivre

■ Épluchez et lavez les poireaux. Ne conservez que le blanc et la partie la plus tendre du vert. Coupez-les en tronçons de 4 à 5 cm. Mettez-les à cuire dans l'eau bouillante salée pendant 20 minutes. Ils doivent être cuits mais encore un peu fermes. Égouttez-les et pressez-les doucement pour en exprimer toute l'eau.

■ Frottez un plat en terre avec l'ail épluché et beurrez-le largement. Saupoudrez-le d'un peu de chapelure et disposez par-dessus une couche de poireaux. Saupoudrez à nouveau d'un peu de chapelure, de gruyère râpé, de sel, de poivre et de muscade râpée.

■ Mettez une seconde couche de poireaux, puis une autre couche de chapelure, gruyère râpé, sel, poivre et muscade et ainsi de suite jusqu'à épuisement des ingrédients.

■ Terminez par une couche de chapelure et de fromage. Parsemez de noisettes de beurre.

Mon conseil :
Je suis généreuse en fromage ; j'en mets beaucoup et je choisis le meilleur, du beaumont.

- Faites gratiner à four chaud pendant une dizaine de minutes. Servez dans le plat de cuisson.

Poireaux au rosé d'Arbois

Préparation : 15 minutes
Cuisson : 25 minutes

Dans une savoureuse sauce au vin.

224 calories

Pour 4 personnes
8 blancs de poireaux
30 g de beurre
1 pointe de noix muscade
25 cl de rosé d'Arbois
50 g de crème fraîche
10 g de beurre demi-sel
sel, poivre du moulin

- Nettoyez les blancs de poireaux, lavez-les et essuyez-les bien. Fendez-les en deux et détaillez-les en bâtons de 6 à 8 cm.
- Faites chauffer le beurre dans une casserole et mettez-y les tronçons de poireaux à revenir à feu assez vif.
- Assaisonnez de muscade et, quand les poireaux ont pris coloration, mouillez avec le vin rosé. Laissez mijoter 15 minutes à couvert. Salez et poivrez.
- Retirez les morceaux de poireaux de la casserole et gardez-les au chaud dans un plat.
- Faites réduire le fond de cuisson, versez la crème fraîche et montez la sauce au fouet métallique avec le beurre demi-sel.
- Nappez les poireaux de cette sauce et portez à table.

Mon conseil :
Vous pouvez utiliser le vert des poireaux pour un potage ou une sauce.

Poires en dôme

Préparation : 1 heure
Cuisson : 15 minutes

Nappées de crème anglaise.

533 calories

Pour 6 personnes
8 poires
1 l d'eau
200 g de sucre
1/2 gousse de vanille
3 feuilles de gélatine
1 verre à liqueur d'alcool (kirsch ou alcool de poires)
50 cl de crème anglaise

Mon conseil :
L'alcool n'est pas indispensable dans la crème anglaise. La vanille convient également, surtout pour les enfants.

- Pelez et coupez les poires en deux.
- Préparez un sirop avec l'eau, le sucre et la vanille. Faites cuire les poires dans ce sirop bouillant 5 minutes. Égouttez-les.
- Préparez une crème anglaise (voir recette p. 224), mélangez à la crème chaude la gélatine préalablement trempée dans 1 verre d'eau froide.
- Avant complet refroidissement, ajoutez à la crème anglaise 1 verre à liqueur de kirsch ou d'alcool de poires.
- Dans un saladier profond et de base étroite, posez côte à côte, bien serrées, les demi-poires la partie queue vers le bas.
- Versez la crème (pendant la préparation du plat, elle aura pris de la consistance en se refroidissant). Mettez au frais. Démoulez pour servir.

Pois secs gratinés

Préparation : 10 minutes
Trempage : 12 heures
Cuisson : 1 heure

Recouverts d'oignons et saupoudrés de chapelure.

448 calories

Pour 4 personnes
300 g de pois secs
1 branche de marjolaine
100 g de chapelure
50 g de beurre

- Faites tremper les pois toute la nuit à l'eau froide. Le lendemain, mettez-les à cuire avec la branche de marjolaine dans de l'eau bouillante salée, pendant 45 minutes, et égouttez-les.
- Liez les pois avec 50 g de chapelure, salez et poivrez.
- Faites chauffer 20 g de beurre dans une poêle et faites-y revenir les oignons épluchés et émincés.

Pois secs gratinés *(suite)*

4 oignons moyens
sel, poivre du moulin

■ Garnissez un plat à gratin largement beurré avec les pois, recouvrez-les d'oignons.

■ Saupoudrez avec la chapelure restante, parsemez de noisettes de beurre et faites gratiner au four préchauffé à th. 6, environ 15 minutes.

Pois secs au jambon

Préparation : 10 minutes
Trempage : 12 heures
Cuisson : 55 minutes

Parfumés à l'ail et à la marjolaine.

542 calories

Pour 2 personnes
150 g de pois secs (verts)
30 g de beurre
2 échalotes
1 gousse d'ail
100 g de jambon cru
(en 1 tranche)
marjolaine
sel, poivre du moulin

■ Faites tremper les pois pendant la nuit dans de l'eau froide. Le lendemain, faites-les cuire 45 minutes dans de l'eau bouillante salée.

■ Pendant ce temps, faites chauffer le beurre dans une sauteuse et mettez-y à étuver les échalotes pelées et émincées avec l'ail également pelé et haché.

■ Ajoutez dans la sauteuse le jambon coupé en dés avec la marjolaine fraîche hachée.

■ Faites égoutter les pois et versez-les dans la sauteuse. Laissez mijoter, à couvert, 5 minutes après avoir bien remué le tout.

■ Saupoudrez de poivre du moulin avant de servir.

Poissons

Préparation

Quelle que soit la méthode de cuisson, le poisson entier doit être vidé, lavé et, en règle générale, écaillé (poissons ronds) ou dépouillé (poissons plats).

Dépouillage des poissons plats

■ Avant de le dépouiller, coupez la tête du poisson et ébarbez-le avec des ciseaux.

■ Pour retirer plus facilement la peau, frottez-vous les doigts avec du sel et saisissez la peau du poisson avec un papier absorbant ou un torchon. Procédez toujours de la tête vers la queue, sauf pour les poissons plats à peau ferme comme la sole, lesquels doivent toujours être dépouillés de la queue vers la tête.

Désossage et filetage des poissons plats

■ Si vous faites cuire le poisson entier après l'avoir dépouillé et lavé, incisez le long de l'arête centrale pour dégager celle-ci. Les filets se détacheront ensuite plus facilement.

■ Veuillez toujours à rouler les filets de manière que le côté dépouillé se trouve à l'intérieur. Pour une cuisson à l'étuvée, les filets peuvent être roulés sur eux-mêmes ou garnis de la farce de votre choix et ensuite roulés.

Écaillage et vidage des poissons ronds

Les poissons que l'on prépare entiers avec leur peau sont le plus souvent écaillés avant cuisson (à l'exception des poissons recouverts de limon, généralement cuits au bleu et dépouillés après cuisson).

■ Coupez les nageoires avec des ciseaux et écaillez les poissons avec le dos d'un couteau ou un écailleur, en raclant bien de la queue vers la tête.

→

■ Pour vider les poissons ronds, fendez-leur le ventre de la queue vers la tête, retirez les viscères et lavez-les. Otez le sang de l'arête centrale avec le manche d'une cuillère.

■ Les gros poissons préparés entiers doivent être ciselés avant cuisson : incisez la peau des deux côtés ; ainsi, la chaleur et le parfum des aromates pénètrent la chair.

Habillage et filetage des poissons ronds

■ Coupez les nageoires, détachez la tête en incisant de biais juste derrière les ouïes, ouvrez la cavité abdominale, videz et lavez soigneusement.

■ Partez de la tête, glissez le couteau le long de l'arête dorsale et détachez les filets des deux côtés. Otez les arêtes ventrales avec un couteau.

■ Pour découper le filet, étendez-le à plat, la peau sur la planche, et détachez-en la chair au couteau à fileter à partir de la queue. Faites de gros filets, des portions ou des médaillons.

Habillage des poissons ronds à farcir

■ Il faut retirer l'arête centrale du poisson, sans couper la tête, ni ouvrir la paroi ventrale. Ébarbez le poisson, faites une incision sous la tête et sous la queue et ouvrez-le par le dos en faisant glisser très délicatement le couteau entre la chair et l'arête dorsale.

■ Coupez celle-ci aux ciseaux et retirez-la, ainsi que les petites arêtes, à l'aide d'une pince à épiler. Eviscérez le poisson, séchez-le, remplissez-le avec la farce et refermez-le.

Cuisson

Le poisson peut se cuire de sept manières, selon les goûts et l'espèce considérée.

→

Cuisson à la vapeur

La cuisson à la vapeur conserve au poisson le maximum de saveur et de qualités diététiques.

- Versez 2 verres d'eau et des herbes aromatiques dans le fond d'une cocotte. Portez l'eau à ébullition et disposez au-dessus le poisson, dans le panier de la cocotte.
- Refermez soigneusement le couvercle de la cocotte et faites cuire 3 à 5 minutes par 100 g, selon la taille et la chair du poisson.
- Retirez le panier de la cocotte et sortez délicatement le poisson avec une écumoire.

Cuisson à l'étuvée

La méthode de cuisson idéale consiste à faire cuire le poisson dans son propre jus, additionné d'un peu de vin blanc et de beurre. Le fond de cuisson réduit sert à la préparation de la sauce.

- Faites fondre une grosse noix de beurre dans un plat allant au four, faites-y blondir les échalotes émincées, ajoutez 1/2 verre de vin blanc et portez à ébullition.
- Salez le poisson et posez-le dans le plat.
- Recouvrez le plat d'une feuille d'aluminium, glissez au four chauffé à th. 4 (th. 5 pour un four à chaleur tournante) et faites cuire 4 à 6 minutes par 100 g.

Pochagc

- Pour le court-bouillon : ajoutez à de l'eau 1 citron, 1 feuille de laurier, 1 bouquet garni, du persil et du sel. Amenez à ébullition.
- Plongez le poisson et laissez infuser. Un gros poisson demande 10 minutes par 500 g hors du feu, un petit poisson (jusqu'à 300 g) à feu moyen et couvert environ 5 minutes. (Plus longtemps pour les surgelés.)

→

Mon conseil :

Quelle que soit la méthode, on peut toujours ajouter légumes, fines herbes ou épices pour intensifier la saveur du poisson. Préparez-le à l'étuvée ou à la vapeur sur un lit de légumes (carottes, poireaux, céleri en julienne) avec quelques brins de persil. N'épicez pas trop les poissons à chair fine, ils perdraient leur goût propre, masqué par celui plus puissant des épices.

Cuisson « au bleu »

La cuisson « au bleu » consiste à plonger un poisson très frais (sinon vivant) dans le type de court-bouillon cité précédemment. Ne peuvent être cuits au bleu que des poissons de toute première fraîcheur, encore recouverts de limon. Videz les poissons et lavez-les sous un jet d'eau froide. Ils doivent garder leur limon, qui, sous l'action du vinaigre, leur donnera cette belle couleur bleue.

Cuisson au gril

- Ce mode de cuisson simple et allégé en graisse est très apprécié de ceux qui aiment le vrai goût des aliments. L'intensité de la chaleur agit immédiatement sur le poisson, qui conserve sous sa peau ses sucs et sa saveur. Par la rapidité de la cuisson, le poisson garde toute sa valeur nutritive.
- Les poissons plats, tels que la plie, le turbot, etc. (entiers ou en tranches de 3 cm), demandent une cuisson courte ; ils seront grillés d'abord 3 minutes du côté de l'arête, puis 2 minutes de l'autre.
- Les poissons ronds ou les darnes épaisses (maquereau, truite, saumon, thon, etc.) exigent une cuisson plus longue ; ils seront ciselés, assaisonnés et grillés dans leur peau à feu moyen, 6 à 8 minutes de chaque côté.
- Les poissons grillés se servent généralement tels quels, accompagnés d'une sauce à part.

→

Cuisson à la meunière

La poêle doit être à la dimension du poisson. Dans une poêle trop grande, il y a surchauffe et les bords du poisson brûlent ; dans une poêle trop petite, la température tombe et le poisson ne peut pas dorer. Il existe aussi des poêles de forme ovale, spécialement adaptées à la cuisson des poissons à la meunière. La matière grasse doit être suffisamment chaude : employez donc des matières grasses restant stables à haute température (les graisses riches en eau noircissent vite). Utilisez le beurre seulement en fin de cuisson. Les poissons à rôtir doivent être parfaitement séchés.

■ Salez et poivrez les tranches de poisson des deux côtés et passez-les dans la farine. Tapotez pour faire tomber le surplus de farine.

■ Dans une poêle, faites chauffer 1 cuillerée à soupe d'huile neutre à forte température et mettez-y le poisson à frire à feu modéré.

■ Jetez la graisse de cuisson, ajoutez un peu de beurre dans la poêle, retournez le poisson deux fois et arrosez-le de jus de citron.

Friture

Deux éléments importants caractérisent ce mode de cuisson : la température du bain et la quantité de poisson immergée. A température excessive, le poisson brunit trop vite sans cuire. A température trop basse, le poisson s'imbibe d'huile ! Une trop grande quantité de poisson produit trop d'eau et fait mousser la graisse.

■ Passez dans la farine, l'œuf ou une panade les poissons nettoyés, séchés et assaisonnés, entiers ou en morceaux.

■ Les petits poissons seront frits à 180° pendant 3 à 5 minutes, les gros à 150° pendant 6 à 8 minutes, puis plongés à nouveau 2 à 3 minutes dans le bain de friture chauffé à 180°.

■ Faites bien égoutter le poisson sur un morceau de papier absorbant, assaisonnez-le encore une fois, arrosez-le de jus de citron et servez aussitôt.

Poitrine de veau farcie

Préparation : 1 heure
Cuisson : 1 h 20

Braisée au four avec sa panade.

729 calories

Pour 8 personnes
Pour la farce :
5 tranches de pain sec
25 cl de lait
3 échalotes
120 g de lard frais
150 g de beurre
3 œufs + 1 jaune
noix muscade
1 bouquet de persil
sel, poivre blanc du moulin
Pour la viande :
1,5 kg de poitrine de veau prête à farcir
40 g de beurre clarifié (voir recette p. 97)
200 g d'os de veau concassés
200 g de légumes en mirepoix (carotte, poireau, céleri)
25 cl de vin blanc sec
2 tomates
25 cl d'eau
1 cuillerée à café de fécule
20 g de beurre frais
sel, poivre du moulin

- Otez la croûte du pain et faites-le tremper dans le lait chaud.
- Pelez les échalotes et émincez-les. Coupez le lard en dés et faites-les dorer dans 20 g de beurre avec les échalotes.
- Faites blanchir le reste de beurre au fouet ; ajoutez-y les œufs un par un, puis assaisonnez avec un peu de noix muscade, de sel et de poivre blanc.
- Lavez le persil, puis égouttez-le et hachez-le.
- Pressez le pain et incorporez-le à la préparation au beurre avec les lardons, les échalotes et le persil.
- Remplissez la poitrine de veau de la farce et ficelez-la.
- Enduisez une braisière bien chaude de beurre clarifié, mettez-y la viande, les os et la mirepoix et faites brunir au four chauffé à th. 6. Retournez à mi-cuisson et remuez les os et la mirepoix pour éviter de laisser attacher.
- Baissez le four à th. 5, déglacez avec le vin, ajoutez les tomates lavées et coupées en petits dés, puis laissez cuire 20 minutes. Complétez avec l'eau si nécessaire et couvrez. Faites cuire encore 40 minutes en arrosant de temps en temps du jus de cuisson.
- Retirez la viande et réservez-la au chaud.
- Passez le fond de cuisson au tamis et faites-le réduire de moitié. Liez avec la fécule délayée dans un peu d'eau. Incorporez le beurre frais au fouet.

Panier du pêcheur (recette page 523)

Pigeonneaux aux petits pois (recette page 555)

Mon conseil :
Vous pouvez préparer la poitrine de veau vous-même en la coupant de sorte à former une poche.

■ Déficelez la poitrine de veau, coupez-la en tranches et rangez celles-ci dans le plat de service, arrosez d'un peu de sauce et servez le reste en saucière.

Poivrons au beurre d'anchois

Préparation : 15 minutes
Repos : 30 minutes
Cuisson : 25 minutes

L'incomparable saveur des poivrons charnus bien grillés.

290 calories

Pour 6 personnes
6 gros poivrons
(rouges de préférence)
1 bol de sauce
au beurre d'anchois
(voir recette p. 698)
poivre

Mon conseil :
Les poivrons ainsi préparés se gardent plusieurs jours dans le réfrigérateur. J'en prépare toujours plus qu'il n'en faut pour un repas et les sers aussi bien chauds que froids.

■ Sous le gril du four, faites griller les poivrons de tous côtés, environ 10 à 15 minutes.
■ Mettez-les à refroidir 30 minutes dans un saladier couvert ou dans un sac en plastique fermé, de manière à enlever la peau facilement.
■ Enlevez les grains en même temps que la peau et détaillez les poivrons en filets. Installez les filets de poivrons dans un poêlon avec la sauce au beurre d'anchois et faites chauffer 10 minutes à four doux. Servez chaud dans le poêlon.

Poivrons farcis au riz

Préparation : 10 minutes
Cuisson : 30 minutes

Nappés de sauce tomate.

345 calories

Pour 4 personnes
8 poivrons verts
200 g de riz
100 g de fromage râpé
200 g de sauce tomate
100 g de beurre
sel, poivre

Mon conseil :
Pour enlever facilement la peau des poivrons, je les mets à refroidir dans un saladier couvert.

- Sous le gril du four, grillez les poivrons de tous côtés. Laissez-les refroidir.
- Pelez-les sans les ouvrir complètement. Laissez les queues, enlevez les graines.
- Faites cuire le riz à l'eau salée 15 à 20 minutes. Égouttez-le.
- Ajoutez 75 g de beurre et les trois quarts du fromage râpé.
- Farcissez les poivrons avec le riz ; redonnez-leur leur forme.
- Dressez dans un plat à gratin, toutes les queues étant regroupées au milieu.
- Arrosez de sauce tomate, saupoudrez du reste de fromage râpé et parsemez de quelques noisettes de beurre.
- Mettez à gratiner quelques minutes à four chaud.

Pommes bonne femme

Préparation : 10 minutes
Cuisson : 30 minutes

D'odorantes pommes au four sur des tranches de pain caramélisées.

300 calories

Pour 6 personnes
6 pommes reinettes
6 tranches de pain de 1 cm d'épaisseur (pain ordinaire ou pain de mie)
5 cuillerées à soupe de sucre
100 g de beurre

- Lavez et essuyez les pommes.
- Évidez-les ; pour cela, utilisez soit un vide-pomme, soit un couteau pointu ou un couteau éplucheur, et creusez un canal central en retirant le cœur et les pépins.
- Beurrez des deux côtés les tranches de pain. Posez-les dans un plat allant au four.
- Placez une pomme sur chaque tranche de pain.
- Remplissez de beurre la cavité de chaque pomme et surmontez-la d'un

Mon conseil :
Quand les pommes sont dans le plat, avant la cuisson, je les saupoudre de zeste de citron râpé.

dôme de sucre. Mettez un peu d'eau dans le fond du plat.

- Faites cuire à four assez chaud (th. 6) pendant environ 30 minutes. Servez chaud.

Pommes dauphine

Préparation : 25 minutes
Cuisson : 5 à 6 minutes

Célébrissimes.

272 calories

Pour 6 personnes
750 g de pommes de terre farineuses déjà cuites
3 jaunes d'œufs
1 œuf
30 g de beurre
noix muscade

- Faites dessécher au four les pommes de terre cuites dans de l'eau bouillante salée.
- Passez-les au presse-purée et mélangez-les avec 2 jaunes d'œufs, l'œuf entier, le beurre et un peu de noix muscade fraîchement râpée.
- Dressez la purée de pommes de terre en formant des petits tas avec une douille sur une plaque bien huilée. Badigeonnez la surface avec un pinceau enduit du jaune d'œuf restant.
- Faites dorer dans le four pendant quelques minutes.

Pommes au four

Préparation : 5 minutes
Cuisson : 35 minutes

Fondantes et dorées dans un jus sucré.

80 calories

Pour 6 personnes
6 pommes saines
100 g de sucre en poudre

- Allumez votre four à th. 5 ou 6).
- Lavez, essuyez, puis équeutez les pommes.
- Rangez-les dans un plat à four et piquez-les en deux ou trois endroits à la fourchette pour qu'elles n'éclatent pas à la cuisson.
- Ajoutez le sucre et versez 1 cuillerée à soupe d'eau froide dans le fond du plat; enfournez.

Mon conseil :
Choisissez de belles grosses pommes, reinettes du Canada ou reines des reinettes.

- Retirez au bout de 35 minutes environ : les pommes doivent être ridées et dorées, mais pas défaites. Servez bien chaud.

Pommes meringuées

Préparation : 20 minutes
Cuisson : 30 minutes

Une fine compote sous un dôme de meringue blonde.

150 calories

Pour 6 personnes
1 kg de pommes
150 g de sucre semoule
3 blancs d'œufs
vanille ou zeste de citron
sel

- Lavez et équeutez les pommes. Coupez-les en quartiers sans les peler ni les évider.
- Mettez-les dans une casserole (préférez l'émail ou l'inox à l'aluminium) et versez 25 cl d'eau dessus. Couvrez la casserole et laissez cuire à petit feu pendant 15 à 20 minutes. Les pommes doivent être à moitié réduites en purée.
- Passez au presse-purée ou au tamis (mais pas au mixeur, car les peaux et les pépins doivent être éliminés). Ajoutez le sucre et le parfum.
- Allumez le four à th. 4 ou 5.
- Disposez la purée encore chaude dans un grand plat à gratin.
- Battez les blancs avec une pincée de sel en neige ferme, et, lorsqu'ils sont bien durs, ajoutez le sucre en pluie, et mélangez en soulevant délicatement de bas en haut pour ne pas faire retomber la neige.
- Étalez cette meringue sur la compote de façon à la masquer entièrement, et passez au four 15 minutes.
- Servez tiède ou chaud dans le plat de cuisson.

Mon conseil :
Un truc gain de temps : utilisez de la compote de pommes en boîte.

Pommes de terre

Achat et conservation

Veillez à ce que les pommes de terre ne présentent ni tache ni blessure. Les pommes de terre vendues en sachets de plastique doivent être sorties de leur emballage sans attendre. Attention, les pommes de terre vertes ne sont pas comestibles, elles contiennent de la solanine et sont toxiques. Il existe cent variétés de pommes de terre, mais le choix est simple : il n'y a que trois types, selon la cuisson.

Pommes de terre fermes à la cuisson

Elles sont recommandées pour les pommes en robe des champs, les pommes à l'anglaise, les salades, les pommes frites, les pommes chips, les pommes sautées.

Pommes de terre assez fermes à la cuisson

Elles sont recommandées pour les crêpes, les pommes à la crème, les gratins et les soupes.

Pommes de terre farineuses à la cuisson

Elles sont recommandées pour les pommes de terre grillées, les pommes au four, les pommes sautées crues, les purées, les galettes, les pommes duchesse, les pommes dauphine, les quenelles et les gnocchi.

Recettes de base

Pommes de terre à l'anglaise

- Lavez les pommes de terre, épluchez-les et relavez-les.
- Mettez-les à cuire dans 50 cl d'eau froide salée pendant 15 à 20 minutes.

→

Pommes de terre en robe des champs

- Lavez les pommes de terre, ne les épluchez pas.
- Faites cuire dans de l'eau salée 15 à 20 minutes. Videz l'eau et pelez-les.

Pommes de terre sautées

- Épluchez et lavez les pommes de terre.
- Faites-les cuire 15 à 20 minutes dans de l'eau salée.
- Puis coupez-les en rondelles et faites-les rissoler 3 à 4 minutes.
- Ajoutez oignons ou ail. Assaisonnez en fin de cuisson.

Purée de pommes de terre

- Épluchez des pommes de terre farineuses, lavez-les et faites-les cuire dans de l'eau bouillante salée.
- Une fois cuites, passez-les au presse-purée ou écrasez-les dans une casserole (hors du feu).
- Incorporez le beurre par petites noisettes et assaisonnez en sel et en poivre, éventuellement en noix muscade.
- Ajoutez ensuite le lait ou la crème pour obtenir une préparation ferme, mais bien onctueuse.

Variantes de la purée de pommes de terre

La purée est propice aux variations en couleurs et en goûts. On peut y ajouter du céleri-rave cuit, une fondue d'oignons, des petits pois, un fond de viande ou de volaille, etc. Voici quelques exemples :

Purée de pommes de terre aux carottes :

- Mélangez moitié purée de carottes et moitié purée de pommes de terre et délayez au bouillon.

Purée de pommes de terre à la tomate :

- Mélangez un quart de purée de tomates avec trois quarts de purée de pommes de terre.

→

Purée de pommes de terre aux herbes aromatiques :

■ Incorporez à la purée 1 cuillerée à soupe de ciboulette, 1 cuillerée à soupe de persil, 1 cuillerée à soupe de cerfeuil.

Croquettes de pommes de terre

Les croquettes sont élaborées à partir d'une purée de pommes de terre.

■ Préparez une purée bien ferme avec 700 g de pommes de terre, 1 jaune d'œuf, sel, noix muscade (sans lait), et ajoutez éventuellement 1 cuillerée à soupe de fécule.

■ Formez un rouleau de 2 cm d'épaisseur et coupez-le en bâtons de 4 cm de long.

■ Passez-les d'abord dans de la farine, puis dans du jaune d'œuf battu et enfin dans de la chapelure.

■ Jetez-les dans un bain de friture chauffé à 180°, pendant environ 3 minutes, et faites dorer.

Variantes des croquettes de pommes de terre

Croquettes de pommes de terre aux amandes :

■ Ces croquettes en forme de boules sont passées dans de la farine, du jaune d'œuf, des amandes effilées et de la chapelure, puis frites.

Pommes dauphine :

■ La même recette de base que pour les croquettes est utilisée, mais elle est additionnée d'un tiers de pâte à choux non sucrée.

Pommes duchesse :

■ Mélangez à la purée de pommes de terre du beurre ramolli et dressez des petits tas sur la plaque avec une poche à douille. Humectez de beurre fondu et faites cuire 6 minutes au four à th. 6.

Galettes de pommes de terre :

■ Incorporez à la purée de pommes de terre des lardons rissolés, des oignons émincés et fondus, et du persil haché. Formez des rouleaux de 4 cm de diamètre, coupez en tranches et faites revenir.

→

Gratin de pommes de terre

Pour tous les gratins, il faut des pommes de terre crues (et séchées) coupées en rondelles de 2 mm d'épaisseur environ, que l'on range dans un moule à gratin et que l'on fait cuire au four. Les gratins sont une excellente garniture pour toutes les viandes sans sauce.

- Beurrez un moule et frottez-le à l'ail, puis rangez-y des couches de rondelles de pommes de terre salées et poivrées.
- Arrosez de crème (jusqu'à la couche supérieure), saupoudrez de noix muscade.
- Faites gratiner au four chauffé à th. 3 environ 1 heure.

Variantes du gratin de pommes de terre

Gratin dauphinois :

- Saupoudrez la dernière couche de pommes de terre de gruyère râpé et parsemez de noisettes de beurre.

Pommes Anna :

- Arrosez chaque couche de pommes de terre de beurre clarifié, faites cuire au four et démoulez.

Pommes Mireille :

- Procédez comme pour les pommes Anna, mais glissez entre chaque couche des lamelles de fonds d'artichauts.

Pommes de terre à la brabançonne :

- Garnissez un moule de couches de pommes de terre, saupoudrez chacune d'échalotes, de persil, de parmesan et de petites noisettes de beurre et glissez au four.

Pommes de terre frites

Outre les classiques frites, il existe encore d'autres recettes de pommes de terre cuites dans de l'huile. L'huile végétale doit toujours être renouvelée et bien chaude 180°.

→

■ Coupez les pommes de terre en bâtonnets et séchez-les bien dans un linge propre.
■ Jetez les pommes de terre par portions dans l'huile chaude (160°), faites-les frire 3 minutes et égouttez-les.
■ Plongez une deuxième fois dans l'huile chaude (180°), dégraissez sur du papier absorbant et saupoudrez de sel fin.

Variantes des pommes de terre frites

Pommes paille :
■ Coupez les pommes de terre crues en fine julienne et faites-les frire 2 minutes en une seule fois.

Pommes gaufrettes :
■ Coupez les pommes de terre en biais avec un couteau cannelé, puis dans le sens inverse. Ne les faites frire qu'une seule fois 3 minutes environ.

Pommes chips :
■ Coupez les pommes de terre en tranches ultrafines et plongez-les 2 minutes dans la friture.

Pommes allumettes :
■ Coupez les pommes de terre en bâtonnets de la taille d'une allumette et plongez-les en une fois 3 minutes dans la friture.

Pommes en papillotes
■ Piquez de toutes parts de grosses pommes de terre lavées mais non pelées. Enveloppez-les dans une feuille d'aluminium.
■ Faites-les cuire environ 1 heure au four chauffé à th. 5 ; ouvrez-les d'un côté, incisez-les et farcissez-les selon vos goûts.

Pommes de terre farcies

Préparation : 10 minutes
Cuisson : 1 heure

A servir en garniture ou en repas léger.

235 calories

Pour 2 personnes
4 pommes de terre moyennes
2 oignons
1 gousse d'ail
20 g de beurre
12,5 cl de bouillon de volaille ou de légumes
2 cuillerées à soupe de crème fraîche
1 cuillerée à soupe de ciboulette hachée
sel, poivre du moulin

- Lavez les pommes de terre sans les éplucher, séchez-les et faites-les cuire sur la plaque du four à th. 5, pendant environ 45 minutes.
- Pelez les oignons, puis coupez-les en petits dés et faites-les fondre dans le beurre avec l'ail écrasé ; couvrez de bouillon et laissez étuver.
- Découpez un couvercle dans chaque pomme de terre cuite et évidez-le en laissant une paroi de 5 mm d'épaisseur.
- Mélangez la chair de pommes de terre ainsi recueillie avec les oignons et la crème fraîche. Salez, poivrez et passez la préparation au presse-purée.
- Mélangez la purée obtenue avec la ciboulette et garnissez-en les pommes de terre ; réchauffez-les 10 minutes au four pour les servir bien chaudes.

Pommes de terre frites

Préparation : 15 minutes
Cuisson : 10 minutes par friture

Croquantes et dorées, les célèbres frites.

295 calories

Pour 6 personnes
1,5 kg de pommes de terre
1 bassine de friture
sel

- Pelez les pommes de terre. Lavez-les et essuyez-les soigneusement dans du papier absorbant. Coupez-les en bâtonnets de 1 cm de côté.
- Faites chauffer la friture. Pour voir si elle est à bonne température, trempez-y le bout d'un bâtonnet de pomme de terre : il doit se produire une mousse abondante. Plongez alors dans la bassine le panier métallique avec la moitié des bâtonnets bien séchés. Laissez cuire doucement (mais la friture doit toujours mousser) pendant 5 minutes environ,

jusqu'à ce que les frites ramollissent et deviennent blond pâle.

■ Égouttez-les et laissez chauffer quelques instants la friture seule. Testez-la avec un bâtonnet de pomme de terre et mettez la seconde fournée à cuire de la même façon. Égouttez et retirez la friture du feu.

■ Dix minutes avant de servir, faites chauffer à nouveau la friture. Lorsqu'elle est bien chaude, versez-y les frites déjà rissolées, en une fois, et laissez cuire encore 5 minutes à petits bouillons, jusqu'à ce que les frites soient bien dorées et bien fermes. Égouttez-les.

■ Versez dans un plat creux et saupoudrez abondamment de sel. Servez immédiatement.

Mon conseil :
Choisissez des pommes de terre à chair ferme : charlotte, rosa, par exemple.

Pommes de terre glacées

Moelleuses à souhait dans une enveloppe parfumée.

296 calories

Préparation : 15 minutes
Cuisson : 25 minutes

Pour 6 personnes
1 kg de pommes de terre
30 g de beurre
2 échalotes
30 cl de bouillon de bœuf ou de volaille
sel, poivre du moulin

■ Épluchez les pommes de terre et donnez-leur une jolie forme (tournez-les).

■ Beurrez un plat de bonne taille et répartissez-y les échalotes émincées.

■ Posez-y les pommes de terre, salez-les et poivrez-les. Couvrez-les de bouillon aux deux tiers. Parsemez de noisettes de beurre.

■ Glissez le plat dans le four préchauffé et arrosez très souvent du bouillon de cuisson. Une fois cuites, les pommes de terre doivent être recouvertes d'un glaçage brun.

Pommes de terre en papillotes

Préparation : 10 minutes
Cuisson : 1 heure

Et leur sauce aux fines herbes.

180 calories

Pour 8 personnes
8 grosses pommes de terre
de même taille
150 g de beurre bien frais
ou 1 grand bol de crème fraîche
4 pincées de paprika
ciboulette
persil haché
sel, poivre

- Lavez et essuyez soigneusement les pommes de terre. Ne les pelez pas. Enveloppez chacune dans une feuille de papier d'aluminium.
- Mettez-les à rôtir dans la braise du barbecue ou dans le four bien chaud pendant 1 heure environ.
- Servez avec le beurre ou avec la crème fraîche salée, poivrée et saupoudrée des fines herbes hachées et du paprika.

Pommes de terre en robe des champs

Préparation : 5 minutes
Cuisson : 35 minutes

Servies toutes chaudes dans leur peau, accompagnées de bon beurre.

240 calories

Pour 8 personnes
2 kg de pommes de terre
à chair ferme
gros sel
beurre frais

- Lavez les pommes de terre à l'eau froide en les brossant énergiquement avec une brosse en chiendent ou en nylon.
- Mettez les pommes de terre sans les peler dans une casserole avec 2 l d'eau froide et 2 cuillerées à soupe rases de gros sel.
- Portez sur feu vif et, dès l'ébullition, réduisez le feu et couvrez. Vérifiez qu'une ébullition douce se poursuit et laissez cuire 30 minutes environ. Vers la fin de la cuisson, piquez de temps en temps les pommes de terre avec la pointe d'un couteau. Si elle s'enfonce

Mon conseil :
Au lieu de beurre laitier, je sers du beurre salé breton.

sans résistance, retirez les pommes aussitôt : une cuisson trop prolongée les ferait éclater.

- Égouttez et servez bien chaud, accompagné de beurre frais.

Pommes de terre sautées

Dorées au beurre, à la poêle.

280 calories

Pour 6 personnes
1,2 kg de pommes de terre à chair ferme
120 g de beurre
quelques brins de persil
sel, poivre

Préparation : 10 minutes
Cuisson : 25 minutes

- Pelez les pommes de terre et coupez-les en rondelles de 5 mm d'épaisseur.
- Chauffez le beurre dans une grande poêle et, lorsqu'il mousse, mettez les pommes de terre. Secouez vivement pour faire sauter. Laissez cuire doucement pendant 15 minutes en secouant souvent, sans couvercle.
- Salez, poivrez et laissez encore cuire 10 minutes en secouant fréquemment. Versez dans un plat creux et servez bien chaud, saupoudré de persil haché.

Pommes de terre savoyardes

Un gratin bien typé pour viande corsée.

406 calories

Pour 6 personnes
3 oignons
800 g de pommes de terre

Préparation : 15 minutes
Cuisson : 35 à 40 minutes

- Pelez et émincez les oignons, beurrez un plat à gratin et répartissez-y les oignons.
- Pelez les pommes de terre, lavez-les, séchez-les et coupez-les en deux dans le sens de la longueur, puis en tranches de 2 à 3 mm d'épaisseur. Rangez-les dans

farineuses mais fermes
40 g de beurre
40 cl de bouillon de bœuf
50 g de parmesan râpé
sel, poivre du moulin

Mon conseil :
Ce gratin peut se préparer à l'avance et se réchauffer au dernier moment.

le plat à gratin en les serrant les unes contre les autres et assaisonnez-les.

■ Couvrez de bouillon et portez à ébullition. Saupoudrez de fromage et parsemez de noisettes de beurre.

■ Glissez le plat au four pour faire gratiner. En fin de cuisson, il ne doit plus rester de bouillon et le gratin doit avoir pris une belle couleur brune.

Porc aux lentilles

Préparation : 30 minutes
Trempage : 12 heures
Cuisson : 1 h 50

Une potée hivernale.

634 calories

Pour 4 personnes
250 g de lentilles
1/2 céleri-rave
4 carottes moyennes
1 poireau
3 grosses tomates
1 gros oignon
40 g de beurre
600 g de viande de porc en dés de 4 cm
125 g de lard fumé coupé en dés
2 cuillerées à soupe de vinaigre à l'estragon
1 bouquet de persil
sel, poivre du moulin

■ La veille, faites tremper les lentilles dans de l'eau fraîche.

■ Le lendemain, préparez les légumes ; coupez le céleri et les carottes en petits dés et le poireau en rondelles. Passez les tomates sous l'eau bouillante, pelez-les, retirez-en les pépins et coupez-les en morceaux. Émincez l'oignon pelé.

■ Faites égoutter les lentilles et jetez-les dans un faitout, recouvrez-les d'eau fraîche, ajoutez-y une pincée de sel et faites mijoter pendant 40 minutes.

■ Dans une sauteuse, faites revenir doucement l'oignon dans le beurre ; ajoutez alors la viande et faites-la revenir de tous les côtés. Quand elle est bien dorée, arrosez avec 4 verres d'eau, salez, poivrez et laissez cuire à feu modéré environ 35 minutes.

■ Dès que les lentilles sont tendres, égouttez-les et ajoutez-les à la viande. Portez le tout à ébullition et faites cuire sur feu doux, 15 minutes encore.

■ Pendant ce temps, faites rissoler les lardons dans une poêle, ajoutez un peu de beurre et faites-y revenir doucement les légumes. Dès qu'ils prennent coloration, mouillez avec le vinaigre.

■ Les lentilles doivent être alors bien cuites (veillez à ce qu'elles n'attachent pas au fond de la sauteuse). Versez les légumes et mélangez bien avant de disposer dans un plat. Saupoudrez de persil.

Mon conseil :

En saison, ajoutez quelques marrons.

Porc rôti aux pommes

Préparation : 15 minutes
Cuisson : 1h30

Le goût légèrement acidulé des reinettes met en relief la saveur de la viande.

790 calories

Pour 6 personnes

1,5 kg de filet ou d'échine désossée (faites parer et ficeler la viande par votre charcutier)
1 kg de pommes reinettes
1 zeste de citron
sel, poivre

■ Salez et poivrez le rôti.

■ Allumez le four à th. 7.

■ Posez le rôti sur la grille du four et mettez à four très chaud en plaçant au-dessous la lèchefrite dans laquelle vous aurez mis 3 cuillerées à soupe d'eau. Laissez dorer à four très chaud 30 minutes, puis réduisez la chaleur à th. 4 ou 5 et continuez la cuisson 1 heure en arrosant de temps à autre le rôti avec le jus de cuisson.

■ Trente minutes avant la fin de la cuisson, pelez les pommes, coupez-les en quartiers et enlevez les cœurs. Mettez-les dans une casserole avec 25 cl d'eau et le zeste de citron. Puis faites cuire 20 minutes à feu vif. Passez au presse-purée ou au mixeur.

■ Mettez la compote dans un grand plat creux, découpez la viande en tranches et disposez-les par-dessus. Servez très chaud.

Mon conseil :

Je poivre largement, au moulin, la purée de pommes, juste au moment de la servir.

Porc Soubise

Sur une fine purée d'oignons.

750 calories

Pour 6 personnes
1,5 kg de filet ou d'échine désossée (faites parer et ficeler la viande par votre charcutier)
80 g de beurre
1 kg d'oignons
50 cl de sauce Béchamel
(voir recette p. 716)
1 cuillerée à soupe d'huile
sel, poivre

Préparation : 20 minutes
Cuisson : 40 minutes par 500 g pour la viande
30 minutes pour la garniture

- Salez et poivrez la viande. Enduisez-la de beurre.
- Faites-la cuire au four 2 heures au moins en arrosant souvent.
- Cinquante minutes avant la fin de la cuisson, pelez les oignons et jetez-les dans une casserole d'eau bouillante salée pendant 20 minutes (jusqu'à ce qu'ils puissent s'écraser facilement).
- Pendant la cuisson des oignons, préparez une sauce Béchamel sur la base de 50 cl de lait.
- Égouttez les oignons et passez-les à la moulinette ou au mixeur. Incorporez-les à la béchamel et salez largement (les oignons ayant tendance à sucrer). Poivrez également.
- Remettez sur feu doux et laissez mijoter encore 10 minutes.
- Étalez cette purée sur le fond d'un grand plat huilé. Découpez le rôti et disposez les tranches dessus. Servez aussitôt bien chaud.

Mon conseil :
Choisissez de gros oignons blonds.

Potage à l'œuf

De la semoule dans un bouillon et une liaison à l'œuf.

115 calories

Pour 4 personnes
2 cuillerées à café d'extrait de viande liquide

Préparation et cuisson : 15 minutes

- Dans une casserole, versez 1 l d'eau. Amenez à ébullition. Ajoutez l'extrait de viande liquide. Laissez bouillir quelques secondes. Salez au goût. Ajoutez le beurre.
- Jetez la semoule en pluie dans le bouillon bouillant en tournant à la spa-

Potage à l'œuf *(suite)*

1 noix de beurre
4 cuillerées à soupe
de semoule très fine
2 œufs
le jus de 1/4 de citron
sel

Mon conseil :
Bien sûr, un bouillon de viande ou de volaille peut remplacer l'extrait. Je sers ce potage à l'œuf avec un bol de parmesan râpé.

tule en bois. Dès que l'ébullition reprend, baissez le feu et laissez bouillir à petit feu 7 à 8 minutes.

■ Retirez la casserole du feu. Cassez les œufs, recueillez les jaunes dans un bol et délayez-les avec 1 cuillerée à soupe de potage brûlant. Rallongez avec 2 autres cuillerées de potage ajoutées l'une après l'autre.

■ Versez le contenu du bol dans la casserole toujours éloignée du feu. Mélangez pour que le potage soit bien lié. Ajoutez le jus de citron et servez immédiatement.

Potage aux cèpes

Préparation : 5 minutes
Cuisson : 25 minutes

Tout le parfum de la forêt dans ce potage crémeux.

215 calories

Pour 4 personnes
2 cuillerées à café d'extrait
de viande liquide
1 noix de beurre
2 cuillerées à soupe
de crème d'orge
50 g de cèpes séchés
1 petit pot de crème fraîche
sel

■ Dans une casserole, versez 1 l d'eau et amenez à ébullition. Ajoutez l'extrait de viande liquide. Salez au goût. Ajoutez le beurre.

■ Dans un bol, délayez la crème d'orge avec 2 cuillerées à soupe d'eau froide. Versez dans le bouillon bouillant en remuant à la spatule en bois.

■ Ajoutez les cèpes au potage. Laissez bouillir 15 minutes.

■ Passez le potage dans une passoire fine pour éliminer les champignons. Recueillez le liquide dans la soupière de service. Ajoutez la crème fraîche. Remuez et servez immédiatement.

Potage rustica

Préparation : 10 minutes
Trempage : 12 heures
Cuisson : 2 h 05

Soupe d'hiver aux haricots et aux lentilles.

496 calories

Pour 4 personnes
250 g de haricots secs
150 g de lentilles
100 g de légumes à soupe en julienne (carottes, poireau, céleri)
20 g de beurre
1,5 l de bouillon
1 cuillerée à soupe de vinaigre
1 feuille de laurier
1 jaune d'œuf
100 g de croûtons
sel, poivre du moulin

- La veille, faites tremper les haricots et les lentilles séparément dans de l'eau froide.
- Faites revenir les légumes coupés en julienne dans le beurre, égouttez les lentilles et les haricots et versez-les dans le faitout.
- Couvrez de bouillon. Ajoutez le vinaigre et le laurier et assaisonnez en sel et en poivre. Laissez cuire environ 2 heures, d'abord sur feu moyen ensuite sur feu plus doux.
- Fouettez le jaune d'œuf dans la soupière et versez lentement dessus le bouillon et ses légumes.
- Garnissez de croûtons et servez aussitôt.

Potages-purées et potées

Particulièrement riches en vitamines et pauvres en calories, puisqu'ils ne sont que bouillon et légumes en purée, les potages-purées offrent une variété infinie de saveurs et de couleurs. En revanche, les grandes soupes ou potées sont très roboratives. Tous leurs ingrédients sont coupés de sorte qu'on puisse les prendre facilement à la cuillère. Le bouillon est en général servi clair mais il peut aussi être lié comme toute autre soupe. Potées et grandes soupes sont souvent une excellente façon d'accommoder les restes.

→

Potage-purée de légumes

- Nettoyez les légumes et coupez-les en morceaux. (Faites blanchir quelques minutes épinards, brocolis ou haricots verts à l'eau salée pour leur conserver leur belle couleur naturelle.)
- Faites-les suer dans le beurre.
- Recouvrez de bouillon et laissez cuire à frémissement 5 à 10 minutes après l'ébullition.
- Passez les légumes et leur bouillon au mixeur ou au moulin à légumes (si vous voulez obtenir un potage un peu granuleux), au tamis ou à l'étamine après les avoir mixés (si vous désirez obtenir un velouté très fin).
- Assaisonnez en sel et en poivre et ajoutez un peu de beurre ou de crème fraîche.

Potée classique

- Préparez un bouillon (voir p. 117), dégraissez-le et passez-le.
- Faites étuver au beurre les légumes en morceaux.
- Recouvrez de bouillon et portez à frémissement environ 5 à 10 minutes.
- Ajoutez les herbes et les épices.
- Mettez, selon les goûts, la viande ou le poisson du bouillon (coupés en morceaux) dans la soupe au moment de servir.

Mon conseil :

On obtient les meilleurs potages-purées avec des légumes dont la durée de cuisson est courte et dont la couleur est particulièrement appétissante : carottes, betteraves rouges, brocolis, petits pois, chou-fleur ou citrouille, etc., complétés ou non de quelques pommes de terre et de fines herbes.

Voir aussi *Bouillons* p. 117 et *Soupes et potages* p. 746.

Pot-au-feu traditionnel

Préparation : 30 minutes
Cuisson : 4 h 10

Ce pot-au-feu est excellent réchauffé et peut se manger froid avec des condiments ou des sauces relevées.

947 calories

Pour 8 personnes

600 g de gîte de bœuf
600 g de plat de côtes de bœuf
800 g de culotte de bœuf
1 jarret de veau
1 poule
1 langue de veau
8 os à moelle
8 tranches de pain
8 carottes
8 navets
8 poireaux
1 céleri-rave
2 oignons
4 clous de girofle
8 pommes de terre
1 bouquet garni
10 grains de poivre
sel

- Pelez les oignons. Piquez-les de clous de girofle. Nettoyez tous les légumes.
- Mettez les viandes de bœuf et le jarret dans une marmite avec les oignons. Couvrez d'eau. Chauffez jusqu'à ébullition et écumez. Ajoutez le bouquet garni, le sel et le poivre. Laissez cuire à petits bouillons 1 h 30. Ajoutez la langue et, 1 heure plus tard, la poule et les légumes, à l'exception des pommes de terre. Laissez cuire encore 1 h 30.
- Une demi-heure avant la fin de la cuisson, faites cuire les pommes de terre à part dans de l'eau salée.
- Prélevez du bouillon pour y faire cuire 20 minutes les os à moelle emballés dans du papier aluminium.
- Dégraissez le bouillon avec une écumoire.
- Faites légèrement griller les tranches de pain.
- Coupez les viandes, la volaille et la langue. Mettez sur un plat chaud avec les légumes et les pommes de terre. Servez avec les os à moelle, le pain grillé, du gros sel et des cornichons. Présentez le bouillon à part.

Potée alsacienne

Préparation : 20 minutes
Cuisson : 50 minutes en autocuiseur
(2 à 3 heures en cocotte)

De succulentes cochonnailles sur un lit de chou parfumé aux épices.

950 calories

Pour 6 personnes
1 jambonneau fumé ou
1 épaule de porc fumée
400 g de saucisson à l'ail
200 g de lard fumé en tranches
1 chou
250 g de carottes
3 ou 4 navets
1 ou 2 poireaux
6 grosses pommes de terre
1 bouquet garni (persil, thym, laurier)
quelques graines de coriandre et de genièvre
sel, poivre

Mon conseil :
Le bouillon de cuisson peut servir de base à un excellent potage.

■ Mettez 2 à 3 l d'eau à bouillir dans l'autocuiseur. Retirez les feuilles extérieures du chou. Coupez-le en quatre et débarrassez-le d'une partie des côtes. Jetez les quartiers dans l'eau bouillante salée et laissez-les cuire quelques minutes (le chou doit être à moitié cuit). Égouttez-le soigneusement et rincez-le à l'eau froide.

■ Remplissez à nouveau l'autocuiseur avec de l'eau jusqu'à la moitié et portez à ébullition. Jetez-y le lard fumé, le jambonneau ou l'épaule et écumez au bout de quelques minutes (il se forme à la surface une mousse blanchâtre et grasse). Quand l'eau est redevenue propre, ajoutez les légumes entiers (carottes, navets et poireaux), ainsi que les quartiers de chou. Poivrez, salez peu ou pas du tout (le lard ayant salé l'eau) ; mettez le bouquet garni et, enfermées dans une mousseline, ajoutez aussi les graines de coriandre et de genièvre. Fermez. Laissez cuire pendant environ 40 minutes.

■ Ouvrez l'autocuiseur après avoir laissé échapper la vapeur et ajoutez-y les pommes de terre épluchées et le saucisson à l'ail. Remettez à cuire encore 10 minutes.

■ Dressez les légumes égouttés sur un plat avec le lard, le porc et le saucisson coupés en tranches. Servez aussitôt, bien chaud.

Potiron aux pommes

Préparation : 10 minutes
Cuisson : 15 minutes

Un plat léger parfumé de marjolaine.

208 calories

Pour 4 personnes
600 g de pulpe de potiron
50 g de lard maigre
10 g de beurre
2 cuillerées à café de sucre
500 g de pommes acides
1 bouquet de marjolaine
sel, poivre du moulin

- Détaillez la pulpe du potiron en petits cubes de 2 cm.
- Coupez le lard en fins bâtonnets et faites-le rissoler au beurre dans une sauteuse.
- Ajoutez les dés de potiron, salez, poivrez et sucrez légèrement avant de faire cuire 8 minutes à couvert.
- Pelez les pommes, puis détaillez la pulpe en gros dés. Ajoutez-les au potiron et prolongez la cuisson de 5 minutes (les pommes ne doivent pas se défaire).
- Vérifiez l'assaisonnement et parsemez de feuilles de marjolaine au moment de servir.

Poularde en croûte de sel

Préparation : 25 minutes
Cuisson : 1 h 15

Un mode de cuisson qui préserve l'arôme délicat de la poularde.

346 calories

Pour 4 personnes
1 poularde de 1,2 kg
1 feuille de laurier
1 branche de romarin
1 branche de thym
2 gousses d'ail
500 g de gros sel
500 g de farine
1 cuillerée à soupe d'herbes de Provence
sel, poivre du moulin

- Préchauffez le four. Salez et poivrez la poularde sur toutes les faces.
- Farcissez-la avec le laurier, le romarin, le thym et l'ail et troussez-la.
- Mélangez le gros sel avec la farine, les herbes de Provence et un peu d'eau pour obtenir une pâte souple. Recouvrez-en la poularde d'une couche mince.
- Faites-la cuire environ 1 h 15 dans le four chauffé à th. 4.
- A l'aide d'un couteau-scie, découpez un couvercle dans la croûte de sel.
- Portez à table et ôtez le couvercle de croûte.

Poularde à l'oseille

Préparation : 20 minutes
Cuisson : 55 minutes

Une recette acidulée.

705 calories

Pour 4 personnes
1 poularde de 1,5 kg
50 g de beurre
250 g d'oseille
25 cl de jus de pomme
25 cl de fond de volaille
(voir recette p. 322)
50 g de crème fraîche
1 jaune d'œuf
sel, poivre du moulin

Mon conseil :
J'utilise une cocotte en fonte ou en inox, car l'oseille attaque l'aluminium et prend en outre une vilaine couleur grisâtre.

- Faites fondre le beurre dans une cocotte en fonte. Salez et poivrez la volaille sur toutes les faces et faites-la revenir à feu vif pour qu'elle soit bien dorée de toutes parts.
- Pendant ce temps, nettoyez l'oseille, enlevez les tiges et coupez les feuilles en julienne.
- Ajoutez-les dans la sauteuse, faites-les fondre, assaisonnez-les en sel et en poivre et mouillez-les avec le jus de pomme et le fond de volaille. Laissez mijoter environ 45 minutes à couvert.
- Sortez la poularde de la cocotte, découpez-la, dressez-la sur le plat de service et gardez-la au chaud pendant que vous préparez la sauce.
- Faites épaissir le fond de cuisson avec la crème fraîche et liez-le au jaune d'œuf hors du feu. Vérifiez l'assaisonnement en sel et en poivre avant de servir.

Poule au pot

Préparation : 30 minutes
Cuisson : 2 heures

Une soupe historique.

768 calories

Pour 4 personnes
200 g de viande hachée
3 jaunes d'œufs
1 pointe de thym
150 g de foies de volaille
1 poularde de 1 kg

- Mélangez la viande et les foies de volaille – nettoyés et hachés – aux jaunes d'œufs, parfumez de thym, salez et poivrez ; formez une boule en malaxant bien.
- Garnissez de la farce le ventre de la poularde et refermez-le soigneusement.
- Posez la poularde, le pied de porc et les os dans un faitout et couvrez d'eau.

Poule au pot *(suite)*

1 pied de porc
2 ou 3 os à moelle
1 bouquet garni
2 clous de girofle
1 feuille de laurier
1 botte de poireaux
3 ou 4 grosses carottes
6 à 8 navets
150 g de céleri-rave
5 échalotes
1/2 chou-fleur
1/2 chou blanc
1 bulbe de fenouil
3 ou 4 pommes de terre
3 cuillerées à soupe de fines herbes
sel, poivre du moulin

Portez à ébullition et écumez de temps à autre. Ajoutez alors le bouquet garni, la feuille de laurier et les clous de girofle. Salez et poivrez. Laissez cuire 1 h 30 en écumant toujours.

■ Pendant ce temps, nettoyez tous les légumes, lavez-les et détaillez-les grossièrement.

■ Mettez ceux-ci, à leur tour, dans le faitout où cuit la poularde, et portez doucement à ébullition ; laissez mijoter environ 30 minutes.

■ Retirez la viande et les légumes, coupez la poularde en tranches ainsi que sa farce.

■ Passez le bouillon à l'étamine et versez-le avec les fines herbes sur les légumes. Présentez à part la volaille et sa farce.

Poule au riz au safran

Préparation : 20 minutes
Cuisson : 2 heures

Une variante d'une recette classique.

585 calories

Pour 6 personnes
1 poule
250 g de riz
2 carottes
2 oignons, 2 clous de girofle
1 branche de céleri
1 bouquet garni (dont 2 gousses d'ail)
1 verre de vin blanc
1 petit paquet de safran
1 cuillerée à soupe de saindoux

■ Videz et flambez la poule. Bridez-la. Mettez-la dans un faitout avec 1 oignon piqué de clous de girofle, les carottes, le céleri et le bouquet garni. Mouillez avec le vin blanc et 1,5 l d'eau. Assaisonnez et portez à ébullition. Écumez et laissez cuire 1 h 30 au maximum.

■ Une fois la poule cuite, coupez-la en morceaux et mettez de côté.

■ Dégraissez le bouillon et passez-le.

■ Dans une grande casserole, faites fondre le beurre et le saindoux. Ajoutez 1 oignon finement émincé ; laissez revenir en remuant, sans faire roussir. Jetez ensuite le riz ; remuez toujours, jusqu'à

Poule au riz au safran *(suite)*

30 g de beurre
fromage râpé
sel, poivre

Mon conseil :
Attention au temps de cuisson du riz : 25 minutes est une durée valable pour un riz non traité. Fiez-vous aux indications portées sur l'emballage de la marque que vous achetez.

ce que le riz soit bien imprégné de graisse. Mouillez avec la moitié au moins du bouillon de poule. Assaisonnez de sel, poivre et safran. Couvrez et laissez cuire tout doucement 25 minutes environ jusqu'à ce que le riz ait absorbé tout le bouillon.

■ Quelques minutes avant de servir, replacez les morceaux de poule dans la casserole pour les réchauffer.

■ Servez bien chaud, saupoudré de fromage râpé.

Poulet à l'ail

Préparation : 20 minutes
Cuisson : 1 heure

Une recette méridionale très parfumée.

756 calories

Pour 4 personnes
1 poulet de 1,5 kg
1 branche de céleri en rondelles
1 bouquet garni
100 g d'olives noires
1 bol de farine
20 cl d'huile d'olive
40 gousses d'ail
sel, poivre du moulin

■ Faites chauffer le four. Nettoyez le poulet, videz-le et flambez-le. Salez et poivrez fortement l'intérieur et garnissez-le avec le céleri et le bouquet garni.

■ Coupez les olives en deux pour les dénoyauter.

■ Mélangez la farine avec un peu d'eau pour obtenir une pâte ferme à laquelle vous donnerez la forme d'un cordon en frottant vos mains en sens inverse.

■ Mettez dans une terrine les gousses d'ail en chemise (c'est-à-dire non pelées), ajoutez les olives par-dessus et arrosez d'un peu d'huile. Placez le poulet sur le tout, arrosez-le d'huile également et posez le couvercle.

■ Fermez hermétiquement la terrine avec le cordon de pâte et faites cuire dans le four bien chaud pendant environ 1 heure. Servez aussitôt dans le plat de cuisson.

Mon conseil :
Accompagné de pain grillé tartiné de purée d'ail, ce plat est un délice.

Poulet basquaise

Préparation : 20 minutes
Cuisson : 50 minutes

Poulet sauté aux poivrons et aux tomates.

541 calories

Pour 4 personnes
1 kg de tomates
250 g de poivrons
1 poulet coupé en morceaux
2 cuillerées à soupe de farine
100 g de beurre
12 échalotes émincées
1/2 gousse d'ail écrasée
origan
20 cl de jus de tomate
sel, poivre du moulin

- Plongez les tomates quelques instants dans l'eau bouillante pour enlever la peau. Coupez-les en quartiers, retirez les pépins et coupez la pulpe en lanières.
- Fendez les poivrons en deux pour les épépiner et coupez-les ensuite en fine julienne.
- Roulez les morceaux de poulet dans la farine après les avoir salés et poivrés.
- Faites fondre la moitié du beurre dans une braisière et faites-y revenir les morceaux de poulet. Couvrez et laissez cuire 35 minutes à feu doux.
- Pendant ce temps, faites étuver dans le beurre restant les échalotes et les poivrons, puis ajoutez l'ail et les tomates ainsi que l'origan. Salez, poivrez, versez le jus de tomate et laissez mijoter 5 minutes.
- Versez les légumes dans un plat creux et dressez le poulet par-dessus.

Poulet au boudin

Préparation : 15 minutes
Cuisson : 1 h 10

Farci de boudin aux échalotes.

885 calories

Pour 4 personnes
600 g de boudin noir
8 échalotes émincées
1 poulet de 1,5 kg
100 g de beurre

- Ouvrez le boudin pour en retirer l'intérieur.
- Faites dorer les échalotes émincées dans 25 g de beurre.
- Garnissez l'intérieur du poulet préalablement salé et poivré avec la moitié du boudin et les échalotes émincées. Recousez la volaille.

Poulet au boudin (suite)

6 cuillerées à soupe de crème fraîche
sel, poivre du moulin

- Faites fondre le reste du beurre dans une braisière ; une fois que le poulet y a bien doré sur toutes ses faces, couvrez et prolongez la cuisson à feu doux environ 1 heure.
- Quand le poulet est presque à point (environ 15 minutes avant la fin de la cuisson), ajoutez le reste du boudin et la crème fraîche.
- Découpez le poulet et présentez-le sur un lit de boudin.

Poulet en casserole

Préparation : 20 minutes
Cuisson : 40 minutes

Cuit dans le vin blanc et garni de champignons.

625 calories

Pour 4 personnes
8 tomates pelées
1 poulet de 1,5 kg
1 cuillerée à soupe de farine
3 cuillerées à soupe d'huile
4 échalotes émincées
25 cl de vin blanc sec
1/2 gousse d'ail écrasée
1 branchette de romarin
250 g de rosés des prés
50 g de beurre
1 cuillerée à soupe de persil ciselé
sel, poivre du moulin

- Coupez les tomates en quartiers, ôtez-en les pépins puis coupez-en la pulpe en petits dés.
- Coupez le poulet en morceaux, puis épongez-les bien. Salez-les, poivrez-les et roulez-les dans la farine. Secouez pour ôter le surplus.
- Faites chauffer l'huile dans une braisière et mettez-y à dorer les morceaux de poulet sur toutes les faces.
- Ajoutez les échalotes et laissez-les dorer quelques minutes avant de mouiller avec le vin blanc. Ajoutez les tomates, l'ail et le romarin, couvrez et laissez cuire à feu doux environ 30 minutes.
- Pendant ce temps, nettoyez les champignons, coupez-les en fines lamelles et faites-les revenir au beurre dans une petite poêle.
- Au moment de servir, parsemez les morceaux de poulet de champignons et saupoudrez-les de persil ciselé.

Poulet aux cèpes

Préparation : 35 minutes
Cuisson : 1 h 10

Poulet de grain pour menu d'automne.

623 calories

Pour 4 personnes
1 poulet jaune
100 g de beurre
3 échalotes émincées
1 cuillerée à café d'estragon haché
50 g de farine
1 pincée de noix muscade
50 cl de bouillon de volaille
10 cl de crème fraîche
1 petit verre de madère
400 g de cèpes
sel, poivre du moulin

- Coupez le poulet en morceaux, salez, poivrez.
- Faites fondre une noix de beurre dans une braisière et faites-y revenir les morceaux de poulet sur toutes les faces pendant 15 minutes environ. Ajoutez les échalotes et l'estragon.
- Faites chauffer 50 g de beurre dans une petite casserole, saupoudrez de farine pour obtenir un roux léger et mouillez avec le fond tout en tournant à la spatule. Parfumez de noix muscade puis laissez mijoter environ 10 minutes. Faites chauffer le four.
- Versez ensuite la crème fraîche et le madère et laissez réduire.
- Faites fondre le beurre restant dans une poêle et faites-y rissoler les cèpes bien préparés et coupés en morceaux.
- Versez les champignons dans la sauce et nappez-en la viande. Enfournez et faites gratiner 35 minutes environ à four chaud.

Poulet au citron

Préparation : 15 minutes
Marinade : 1 heure
Cuisson : 55 minutes

Une chair délicatement aromatisée nappée d'une sauce onctueuse.

484 calories

Pour 4 personnes
3 citrons
1 poulet découpé

- Pressez les citrons et assaisonnez le jus avec du sel et du poivre.
- Arrosez-en les morceaux de poulet et laissez-les mariner environ 1 heure.
- Faites chauffer l'huile dans une braisière, séchez le poulet dans du papier absorbant et faites-le revenir sur toutes les faces à feu vif.

Poulet au citron *(suite)*

2 cuillerées à soupe d'huile
10 cl de fond de volaille
(voir recette p. 322)
2 branches de thym
4 cuillerées à soupe
de crème fraîche
50 g de beurre
sel, poivre du moulin

- Recouvrez-le de fond de volaille et de marinade au citron et donnez un tour de bouillon.
- Ajoutez le thym puis laissez mijoter à couvert 45 minutes à feu modéré.
- Environ 5 minutes avant la fin de la cuisson, ajoutez la crème fraîche et montez la sauce au beurre avant de servir.

Poulet aux coings

Préparation : 30 minutes
Cuisson : 50 minutes

Une recette originale.

628 calories

Pour 4 personnes

1 poulet en morceaux
3 cuillerées à soupe d'huile
3 échalotes émincées
1/2 cuillerée à café de gingembre
1/2 cuillerée à café de coriandre
1 g de filaments de safran
12,5 cl de fond de volaille
(voir recette p. 322)
1 kg de coings
50 g de beurre
sel, poivre du moulin

- Flambez les morceaux de poulet.
- Faites chauffer l'huile dans une poêle et faites-y frire les morceaux de poulet. Quand ils ont pris couleur, retirez-les et gardez-les au chaud.
- Faites suer les échalotes dans la même huile, salez, poivrez, ajoutez alors le gingembre, la coriandre et le safran, mouillez avec un peu de fond de volaille et portez à ébullition.
- Épluchez les coings, coupez-les en quatre et ôtez la partie dure.
- Faites fondre le beurre dans une autre poêle et faites-y revenir les coings à feu vif. Allumez le four à th. 5.
- Disposez les morceaux de poulet et les coings dans une cocotte en fonte, versez les échalotes et les épices, arrosez avec le reste de fond et recouvrez d'une feuille d'aluminium percée de quelques trous. Laissez cuire environ 30 minutes à four chaud.
- Dressez la volaille et les coings sur le plat de service et nappez de jus de cuisson.

Poulet au curry

Préparation : 15 minutes
Cuisson : 40 minutes

Des blancs de volaille entourés d'une couronne de riz aux poivrons et aux oignons.

640 calories

Pour 4 personnes
2 gros oignons
1 poivron vert
1 poivron rouge
3 cuillerées à soupe d'huile d'olive
4 blancs de poulet
200 g de riz
10 cl de vin blanc sec
30 cl de bouillon de volaille
curry
sel, poivre du moulin

■ Épluchez les oignons et émincez-les finement.
■ Préparez les poivrons : retirez les pépins et coupez la chair en dés.
■ Faites chauffer l'huile dans une braisière et faites-y revenir sur toutes leurs faces les blancs de poulet salés et poivrés. Retirez-les de la braisière et réservez-les au chaud. Faites chauffer le four.
■ Versez le riz dans la braisière. Quand il a pris coloration, ajoutez le vin et le bouillon ainsi que les morceaux de volaille, les oignons et les poivrons ; saupoudrez le tout de curry.
■ Faites cuire à couvert dans le four chauffé à th. 3 pendant 30 minutes environ.
■ Disposez le riz en couronne sur le plat de service et garnissez le centre avec les blancs de poulet découpés en tranches.

Poulet à la diable

Préparation : 10 minutes
Cuisson : 20 minutes

Des cuisses de volaille croustillantes.

565 calories

Pour 4 personnes
4 cuisses de poulet
1 cuillerée à soupe d'estragon haché
1 verre d'huile d'olive
3 cuillerées à soupe de moutarde de Dijon

■ Faites chauffer votre four à th. 6.
■ Nettoyez les cuisses de poulet, passez-les sous l'eau froide et épongez-les bien.
■ Frottez-les avec l'estragon, enduisez-les d'huile, salez-les, poivrez-les.
■ Disposez les cuisses de poulet sur la grille du four bien chaud. Laissez-les cuire environ 15 minutes.
■ Badigeonnez-les de moutarde, roulez-les ensuite dans la chapelure, en

Poulet à la diable *(suite)*

chapelure blonde
sel, poivre du moulin

veillant bien à faire tomber le surplus, et remettez-les au four 5 minutes environ pour leur faire prendre une belle couleur.

Poulet à l'estragon

Préparation : 40 minutes
Cuisson : 1 heure

La fraîcheur de l'estragon pour un poulet farci.

639 calories

Pour 4 personnes

1 poulet de 1,5 kg
150 g de foies de volaille
1 tranche de jambon
1 tranche de lard fumé
1 tranche de petit salé
2 tranches de pain de mie
un peu de lait
500 g d'échalotes
100 g de beurre
1 œuf
3 cuillerées à soupe d'estragon haché
25 cl de fond de volaille (voir recette p. 322)
20 cl de vin blanc
sel, poivre du moulin

Mon conseil :

A défaut d'estragon frais, utilisez de l'estragon séché, conditionné en petits flacons.

- Essuyez le poulet et flambez-le.
- Faites saisir les foies, le lard, le jambon et le petit salé grossièrement hachés dans un peu de beurre.
- Faites tremper le pain dans le lait puis essorez-le bien. Faites chauffer le four.
- Épluchez les échalotes et émincez-en la moitié finement avant de les faire revenir dans le beurre. Réservez les échalotes entières.
- Passez le tout au hachoir à grille fine et incorporez-y l'œuf ainsi que 2 cuillerées à soupe d'estragon. Garnissez l'intérieur de la volaille avec cette préparation et recousez-la.
- Disposez-la dans une braisière en terre beurrée. Parsemez-la de noisettes de beurre et humectez-la avec un peu de fond de volaille avant de la mettre au four chaud pour la faire braiser à couvert.
- Portez le vin à ébullition avec le reste de l'estragon et les échalotes entières, laissez réduire de moitié ; versez le reste du fond, faites réduire à nouveau et montez la sauce au beurre juste avant de servir.
- Découpez le poulet et sa farce, dressez sur le plat de service et nappez de sauce.

Poulet frit

Préparation : 15 minutes
Séchage : 1 heure
Cuisson : 50 minutes

En morceaux panés et poêlés, servis avec une sauce tomate.

795 calories

Pour 6 personnes
1 poulet de 1,5 kg environ
2 œufs
100 g de chapelure fine
1 verre d'huile
1 cuillerée à café de paprika
4 cuillerées à soupe de farine
sel

Mon conseil :
Servez avec une sauce tomate très poivrée.

- Coupez le poulet en morceaux.
- Dans un sac en papier, versez la farine, le sel et le paprika. Mettez les morceaux de poulet dans le sac et secouez fortement.
- Sortez les morceaux de poulet du sac et trempez-les dans les œufs battus allongés de 2 cuillerées à soupe d'eau, puis roulez-les dans la chapelure fine. Laissez sécher 1 heure.
- Dans une poêle, faites chauffer l'huile et mettez-y les morceaux de poulet, pour les saisir à feu vif. Quand ils sont dorés de tous côtés, achevez la cuisson à feu doux pendant environ 40 minutes, en les tournant de temps à autre. Ne couvrez pas la poêle.

Poulet fumé aux lentilles

Préparation : 30 minutes
Cuisson : 1 h 05

Un plat hivernal.

707 calories

Pour 4 personnes
100 g de lard de poitrine
250 g de lentilles
50 g de beurre
2 échalotes émincées
1 pointe d'ail
1 carotte en rondelles
1 branche de céleri en dés

- Coupez le lard de poitrine en lanières et faites-le blanchir dans de l'eau bouillante quelques minutes, puis passez-le sous l'eau froide.
- Lavez les lentilles et égouttez-les.
- Faites fondre le beurre dans une braisière, mettez-y à suer les échalotes et l'ail, faites revenir les lardons et ajoutez les légumes.
- Quand ceux-ci sont bien revenus, versez les lentilles, ajoutez la poudre de

Pot-au-feu traditionnel *(recette page 598)*

Poulet basquaise *(recette page 604)*

Poulet fumé aux lentilles *(suite)*

clous de girofle
réduits en poudre
1 bouquet garni
1 l de bouillon de volaille
1 poulet fumé de 1,2 kg
sel, poivre du moulin

clous de girofle et le bouquet garni et recouvrez de bouillon. Faites cuire environ 30 minutes à couvert. Écumez si nécessaire.

- Découpez le poulet, mettez-le dans la braisière et poivrez abondamment. Faites cuire à couvert 30 minutes environ.
- Retirez le bouquet garni et servez le poulet sur les lentilles après avoir vérifié l'assaisonnement en sel.

Poulet aux griottes

Préparation : 15 minutes
Cuisson : 20 minutes

Des blancs de volaille dorés dans une sauce aux cerises et au poivre vert.

470 calories

Pour 2 personnes

12,5 cl de fond de volaille
(voir recette p. 322)
12,5 cl de vin rouge
2 échalotes émincées
1 morceau de zeste de citron
1 pointe de cannelle
1 pointe de noix muscade
100 g de griottes dénoyautées
1 cuillerée à soupe de poivre vert et son jus
2 blancs de volaille
1 cuillerée à café de farine
60 g de beurre
sel

- Dans une casserole, faites chauffer le fond de volaille avec le vin rouge, ajoutez les échalotes et le zeste de citron, portez à ébullition. Parfumez avec la cannelle et la noix muscade et laissez réduire de moitié.
- Passez le fond de cuisson à l'étamine et versez-y les griottes et le poivre. Salez.
- Passez les blancs de volaille dans un peu de farine et salez-les. Faites chauffer le tiers du beurre dans une poêle et faites-y dorer doucement les blancs.
- Montez la sauce avec le beurre restant.
- Découpez les blancs de poulet en tranches, disposez-les sur le plat de service et nappez-les de sauce.

Poulet Marengo

Préparation : 15 minutes
Cuisson : 50 minutes

Braisé aux champignons et aux échalotes.

645 calories

Pour 4 personnes
6 échalotes
1 cuillerée à soupe d'huile d'olive
60 g de beurre
50 g de lard coupé en dés
1 poulet de 1,2 kg coupé en morceaux
un peu de farine
2 verres de vin rouge
un peu de fond de volaille (voir recette p. 322)
2 cuillerées à soupe de concentré de tomates
1 feuille de laurier
250 g de champignons de Paris
1 cuillerée à soupe de persil haché
sel, poivre du moulin

- Épluchez les échalotes et émincez-les finement.
- Faites chauffer le beurre et l'huile dans une braisière. Mettez-y à rissoler les échalotes et le lard puis retirez-les.
- Faites dorer dans la braisière les morceaux de poulet préalablement roulés dans la farine. Mouillez avec le vin et donnez un tour de bouillon. Salez, poivrez, ajoutez les échalotes et les lardons avec un peu de fond de volaille, le concentré de tomates dilué dans un peu d'eau, la feuille de laurier, couvrez et laissez cuire à feu doux environ 30 minutes.
- Pendant ce temps, nettoyez les champignons, coupez-les en quatre, faites-les revenir dans un peu de beurre et ajoutez-les à la viande.
- Saupoudrez de persil au moment de servir.

Poulet à la mode de Dijon

Préparation : 15 minutes
Cuisson : 50 minutes

A la moutarde et à l'estragon.

746 calories

Pour 2 personnes
2 tranches de pain de mie
2 cuillerées à soupe de lait

- Faites tremper le pain de mie dans le lait tiède, pressez-le à la main et écrasez-le.
- Émincez les échalotes.
- Faites rissoler le foie de volaille et hachez-le menu.

Poulet à la mode de Dijon *(suite)*

2 échalotes épluchées
1 foie de volaille
2 jaunes d'œufs
1 cuillerée à soupe d'estragon haché
60 g de beurre
1 poulet jaune de 700 g
2 cuillerées à soupe de moutarde de Dijon
1 verre de vin blanc
10 cl de fond de volaille (voir recette p. 322)
2 cuillerées à soupe de crème fraîche
sel, poivre du moulin

Mon conseil :
A défaut d'estragon, utilisez de la moutarde à l'estragon.

- Préparez la farce en mélangeant le pain avec le foie et les jaunes d'œufs. Salez, poivrez et ajoutez 1/2 cuillerée à soupe d'estragon haché.
- Faites chauffer le beurre dans une sauteuse, faites-y suer les échalotes et ajoutez-les à la farce. Garnissez le poulet de la préparation et recousez-le.
- Badigeonnez-le de moutarde et placez-le dans une braisière beurrée. Enfournez à four chaud et faites cuire environ 30 minutes en veillant à mouiller de temps à autre, avec du vin allongé de fond de volaille. Retirez le poulet, gardez-le en attente au chaud.
- Mettez le reste d'estragon dans le fond de cuisson, ajoutez la crème fraîche, mélangez bien et laissez mijoter environ 15 minutes.
- Découpez le poulet, coupez la farce en tranches.
- Faites réduire le fond de cuisson, fouettez bien et présentez en saucière.

Poulet sauté au citron vert

Légèrement acidulé dans une sauce aux champignons.

534 calories

Préparation : 20 minutes
Cuisson : 45 minutes

Pour 4 personnes
2 citrons verts
4 cuisses de poulet
250 g de rosés des prés
100 g de beurre

- Lavez les citrons et séchez-les bien. Prélevez le zeste avec un couteau économe puis coupez-le en fine julienne. Pelez ensuite les citrons à vif et coupez-les en filets.
- Fendez les cuisses de poulet en deux, lavez-les et épongez-les bien.
- Nettoyez les champignons et coupez-les en quartiers.

Poulet sauté au citron vert *(suite)*

2 échalotes émincées
50 g de farine
50 cl de bouillon de volaille
10 cl de crème fraîche
sel, poivre du moulin

Mon conseil :
Si la sauce est trop liquide, faites-la réduire un peu, ou bien liez-la avec 1 jaune d'œuf.

- Faites fondre le beurre dans une braisière et faites-y revenir les cuisses de poulet.
- Quand celles-ci sont bien dorées, ajoutez les échalotes, saupoudrez de farine et laissez colorer 2 à 3 minutes.
- Mouillez avec le bouillon de volaille, complétez avec la crème fraîche et portez à ébullition. Salez et poivrez modérément et laissez frémir environ 30 minutes à couvert.
- Ajoutez les citrons dans la braisière et laissez mijoter 5 minutes encore.
- Versez sur le plat de service et garnissez avec le zeste de citron avant de présenter à table.

Poulet au yaourt

Des blancs de poulet gratinés au yaourt.

754 calories

Préparation : 20 minutes
Cuisson : 25 minutes

Pour 2 personnes
50 g de beurre
1 échalote émincée
1/2 cuillerée à café de sucre en poudre
12,5 cl de vin blanc sec
1 branche de thym
2 gros blancs de poulet
10 cl de crème fraîche
10 cl de yaourt
1/4 de cuillerée à café de zeste de citron râpé
1 filet de jus de citron
sel, poivre du moulin

- Faites chauffer la moitié du beurre dans une casserole, mettez-y l'échalote et, quand elle est bien revenue, saupoudrez de sucre pour obtenir un caramel clair. Mouillez avec le vin et ajoutez le thym.
- Dans une poêle, faites chauffer le reste du beurre et faites-y dorer les blancs de poulet légèrement assaisonnés.
- Faites chauffer le four à th. 7.
- Versez la crème fraîche, le yaourt, un peu de jus de citron sur le caramel. Ajoutez le zeste et mixez le tout.
- Disposez les blancs de poulet dans une braisière et recouvrez-les de sauce.
- Faites gratiner environ 15 minutes.

Poulpes au basilic

Préparation : 20 minutes
Cuisson : 20 minutes

Une salade de la mer.

358 calories

Pour 4 personnes

1 kg de petits poulpes nettoyés
1 cuillerée à soupe de vinaigre
3 tomates
le jus de 1 citron
2 cuillerées à soupe d'huile d'olive
2 échalotes
2 gousses d'ail
3 branches de persil
2 branches de basilic
sel, poivre du moulin

■ Coupez les poulpes en tronçons de 2 à 3 cm et plongez-les 15 minutes dans un saladier d'eau additionnée de 1 cuillerée à soupe de vinaigre. Égouttez-les, mettez-les dans un autocuiseur. Après la mise sous pression, laissez cuire une vingtaine de minutes.

■ Quand les poulpes sont cuits, égouttez-les et laissez refroidir.

■ Ébouillantez et pelez les tomates, épépinez-les ; hachez-les avec les échalottes, les gousses d'ail épluchées, le basilic et le persil.

■ Ajoutez le jus de citron et l'huile d'olive ; assaisonnez avec du sel et 8 tours de moulin à poivre. Versez cette sauce sur les poulpes et remuez bien. Mettez cette salade au frais pendant 1 heure avant de servir.

Poulpes en daube

Préparation : 30 minutes
Marinade : 5 à 6 heures
Cuisson : 3 heures environ

Une lente cuisson à l'ancienne, avec aromates et vin blanc.

320 calories

Pour 6 personnes

6 petits poulpes (650 g)
1 verre d'eau-de-vie
persil
laurier
thym
200 g de lard

■ Nettoyez les poulpes ; jetez les yeux et la bouche, rincez-les. Faites-les blanchir 2 ou 3 minutes à l'eau bouillante.

■ Dépouillez-les de leur peau et coupez-les en morceaux. Mettez-les à mariner dans une terrine avec l'eau-de-vie, le persil, le laurier, le fenouil, le thym, du sel et du poivre. Laissez mariner pendant 5 à 6 heures au frais.

■ Dans une marmite, de préférence en terre, mettez à revenir l'oignon émincé et le lard haché. Lorsqu'ils ont pris cou-

Poulpes en daube *(suite)*

1 gros oignon
2 tomates
graines de fenouil
3 ou 4 gousses d'ail
2 verres de vin blanc
1 bouquet garni
sel, poivre

leur, ajoutez les tomates pelées et épépinées, les gousses d'ail épluchées et les morceaux de poulpes.

- Lorsque l'eau des tomates s'est bien évaporée, mouillez avec la marinade passée, le vin blanc et 2 verres d'eau bouillante. Assaisonnez et ajoutez le bouquet garni.
- Couvrez la marmite et laissez cuire à petits bouillons 2 h 30 à 3 heures. Avant de servir, retirez le bouquet garni.

Pruneaux cuits

Préparation : 10 minutes
Trempage : 3 heures au moins
Cuisson : 1 heure

Très simple et très diététique.

515 calories

Pour 6 personnes
500 g de pruneaux
80 g de sucre en poudre

Mon conseil :
Je mets dans le sirop de cuisson un zeste de citron.

- Quelques heures avant la cuisson, lavez soigneusement les pruneaux, sans les dénoyauter. Recouvrez-les d'eau froide et laissez-les reposer pendant au moins 3 heures.
- Versez les pruneaux et leur eau dans une casserole, saupoudrez de sucre et mettez sur feu doux. Laissez cuire à petits bouillons et à couvert 1 heure.
- Laissez refroidir et mettez au réfrigérateur quelques instants avant de servir.

Pudding glacé aux fraises

Préparation : 20 minutes
Réfrigération : 3 à 4 heures

Délicat et rafraîchissant.

491 calories

Pour 6 à 8 personnes
50 cl de crème fraîche
6 à 8 macarons

- Lavez les fraises et égouttez-les soigneusement.
- Saupoudrez-les de 50 g de sucre et arrosez-les avec la liqueur de framboise. Laissez macérer pendant au moins 2 heures.

Pudding glacé aux fraises *(suite)*

250 à 300 g de fraises
5 cl de liqueur de framboise
150 g de sucre en poudre
6 à 8 meringues

- Battez la crème en chantilly avec le sucre. Étalez-en une bonne couche sur les parois d'un moule à charlotte. Ajoutez-y les meringues délicatement.
- Écrasez les macarons et mélangez-les aux fraises. Laissez reposer 15 minutes. Mélangez au reste de crème Chantilly.
- Remplissez le centre du moule de ce mélange. Lissez bien le dessus et mettez au congélateur pendant 3 à 4 heures.
- Servez avec un coulis à la fraise ou à la framboise.

Mon conseil :

Ne laissez pas les fraises plus de 4 heures au congélateur, car elles durciraient et perdraient leur goût.

Purée gratinée

Préparation : 15 minutes
Cuisson : 15 minutes

Une purée légère sous une croûte de fromage doré.

240 calories

Pour 6 personnes

1 sachet de purée instantanée
2 œufs
60 g de gruyère râpé
50 g de beurre
sel

- Préparez la purée selon le mode d'emploi figurant sur l'emballage. Laissez-la refroidir.
- Allumez le four à th. 8.
- Beurrez soigneusement un grand plat à gratin.
- Cassez les œufs et séparez les blancs des jaunes. Mélangez les jaunes à la purée froide.
- Battez les blancs en neige ferme avec une pincée de sel fin. Mélangez doucement à la purée, en soulevant de bas en haut pour ne pas faire retomber les blancs.
- Étalez la purée dans le plat beurré. Saupoudrez de fromage râpé et parsemez de noisettes de beurre.
- Passez au four 15 minutes environ pour bien dorer. Servez très chaud, dans le plat de cuisson.

Mon conseil :

On peut incorporer du gruyère râpé dans la purée au lieu de n'en mettre que sur le dessus, cela avant d'y mêler les blancs d'œufs.

Purée de petits pois

Préparation : 20 minutes
Cuisson : 25 minutes

La garniture printanière du veau.

200 calories

Pour 6 personnes
2 kg de petis pois non écossés
30 g de beurre
1 laitue
1 oignon
80 g de crème fraîche
sel, poivre

- Écossez les petits pois. Pelez l'oignon. Lavez la laitue.
- Cuisez le tout ensemble 20 minutes à l'eau bouillante salée. Égouttez. Passez à la moulinette.
- Ajoutez le beurre et la crème fraîche. Poivrez. Mélangez. Chauffez 3 minutes et servez.

Purée de pommes de terre

Préparation : 15 minutes
Cuisson : 20 à 30 minutes

Blanche, légère, onctueuse et savoureuse, la purée de nos grand-mères.

195 calories

Pour 4 personnes
8 grosses pommes de terre
2 verres de lait
20 g de beurre
sel

Mon conseil :
J'ajoute une pincée de noix muscade dans la purée au moment de la battre. J'ajoute aussi 1 gousse d'ail à la cuisson des pommes de terre et je l'écrase en même temps qu'elles.

- Pelez et lavez les pommes de terre.
- Faites-les cuire dans l'eau salée que vous laisserez bouillir jusqu'à ce que les pommes laissent pénétrer la lame d'un couteau. Videz alors l'eau et remettez les pommes dans la casserole sur le feu quelques instants pour bien les assécher.
- Dans un récipient placé dans un bain-marie, écrasez les pommes de terre, à la fourchette, au pilon ou au presse-purée. (L'important est de faire cette opération à la chaleur).
- Fouettez ensuite la purée sur le feu en y incorporant du lait chaud sans la noyer (elle doit adhérer à la cuiller de service). Vérifiez et rectifiez l'assaisonnement en sel.
- Ajoutez 1 bon morceau de beurre et versez dans un plat. Servez sans attendre.

q

Quatre-quarts

Allégé par des blancs en neige, un biscuit doré et fondant.

405 calories

Pour 6 personnes
125 g de beurre
125 g de sucre semoule
125 g de farine
3 œufs

Préparation : 20 minutes
Cuisson : 30 à 40 minutes

- Allumez votre four à th. 5.
- Dans une terrine tiède, travaillez le beurre en crème à l'aide d'une spatule. Versez le sucre sur le beurre, et travaillez vigoureusement quelques minutes pour que le mélange blanchisse.
- Ajoutez les jaunes d'œufs, puis la farine, et mélangez bien.
- Battez les blancs en neige ferme et mélangez-les au tout en soulevant la pâte de bas en haut.
- Beurrez un moule à manqué et versez-y la pâte. Mettez au four et vérifiez la cuisson au bout de 30 minutes, à l'aide d'une aiguille d'acier plongée en son milieu (l'aiguille doit ressortir sèche).
- Servez chaud ou froid.

Mon conseil :
J'ajoute 2 cuillerées à soupe de cognac pour parfumer.

Quenelles de pommes de terre

Préparation : 25 minutes
Cuisson : 25 minutes

Un cœur tendre sous une panade croustillante.

1 183 calories

Pour 6 personnes
1 kg de pommes de terre farineuses
2 jaunes d'œufs
1 œuf
100 g de beurre
100 g de farine de froment ménagère
40 g de chapelure
noix muscade
sel

Mon conseil :
Ces quenelles se servent avec tous les plats braisés ou étuvés et les plats en sauce au paprika.

- Mettez à cuire les pommes de terre épluchées dans de l'eau bouillante salée. Égouttez-les et faites-les sécher au four chaud.
- Écrasez-les en purée et incorporez rapidement les jaunes d'œufs et l'œuf entier, puis passez la préparation au presse-purée. Ajoutez 60 g de beurre, la farine, du sel et un peu de muscade.
- A l'aide d'une cuillère, formez des petites quenelles en leur donnant une jolie forme et tassez bien pour qu'elles ne se défassent pas à la cuisson ; versez dans de l'eau bouillante salée. Dès que les quenelles remontent à la surface, elles sont cuites.
- Sortez les quenelles délicatement, à l'aide d'une écumoire ; faites-les bien égoutter, puis dressez-les sur le plat de service chaud, et saupoudrez-les de chapelure dorée dans le beurre restant.

Queue de bœuf à la bourguignonne

Préparation : 20 minutes
Cuisson : 2 h 10

Mitonnée au vin rouge et au xérès.

839 calories

Pour 6 personnes

1 kg de queue de bœuf
40 g de beurre clarifié
(voir recette p. 97)
500 g de mirepoix
1 cuillerée à soupe
de concentré de tomates
1 branche de thym
2 brins de marjolaine
2 feuilles de laurier
2 clous de girofle
1 gousse d'ail
1 cuillerée à soupe de grains
de poivre gris
50 cl de vin rouge
40 g de farine
4 cl de xérès sec
1 bouquet de persil
sel

- Coupez la queue de bœuf en tronçons.
- Faites chauffer le beurre dans un faitout et mettez-y les morceaux de viande à revenir sur feu vif, en remuant souvent avec une spatule en bois. Salez légèrement.
- Ajoutez la mirepoix et faites prendre coloration.
- Mettez alors le concentré de tomates et, au bout de quelques instants, le thym, la marjolaine, le laurier, les clous de girofle et enfin l'ail et le poivre écrasés. Faites bien revenir.
- Mouillez avec un peu de vin rouge, faites réduire. Renouvelez cette opération plusieurs fois pour obtenir une belle coloration brune.
- Saupoudrez de farine, couvrez d'eau, amenez à ébullition, écumez et dégraissez, puis baissez le feu et laissez mijoter pendant 2 heures à couvert, jusqu'à ce que la viande se détache facilement des os.
- Enlevez les tronçons de queue de bœuf de la sauce et versez-les dans un plat creux chaud.
- Ajoutez le xérès dans le fond de cuisson, portez à ébullition et versez la sauce sur la viande.
- Saupoudrez de persil finement haché et portez tout de suite le plat sur la table.

Queue de bœuf jardinière

Préparation : 30 minutes
Cuisson : 2 h 30

Dans un bouillon de légumes frais.

357 calories

Pour 4 personnes
1 queue de bœuf
1 cuillerée à soupe de cumin
12 échalotes
2 carottes
2 branches de céleri
150 g de céleri-rave
200 g de rutabaga
1 petit chou blanc
1 bouquet de persil
sel, poivre du moulin

Mon conseil :
Laissez cuire très lentement, le bouillon sera bien plus parfumé et les cartilages, plus tendres, donneront du liant au plat.

■ Coupez la queue de bœuf en tronçons (ou faites-le faire par votre boucher).
■ Plongez les tronçons de viande dans de l'eau froide, ajoutez le cumin, du sel, du poivre et amenez lentement à ébullition en écumant de temps en temps. Laissez mijoter environ 2 h 30, jusqu'à ce que les morceaux soient bien tendres.
■ Pendant ce temps, pelez les échalotes, puis les légumes et détaillez-les en grosses tranches (sauf les échalotes).
■ Environ 30 minutes avant la fin de la cuisson, mettez les échalotes à cuire avec la viande. Ajoutez les autres légumes 10 minutes avant la fin de la cuisson.
■ Lavez le persil et hachez-le finement.
■ Vérifiez l'assaisonnement, mettez la queue de bœuf et les légumes dans une soupière, recouvrez de bouillon et parsemez de persil haché avant de servir.

Quiche aux asperges

Préparation : 20 minutes
Cuisson : 40 à 50 minutes

Avec une garniture très raffinée.

281 calories

Pour 6 personnes
400 g de pâte feuilletée surgelée
1 boîte de pointes d'asperges
2 œufs entiers + 1 jaune

■ Faites égoutter les pointes d'asperges et déposez-les sur du papier absorbant pour que l'eau soit parfaitement éliminée.
■ Quand la pâte est complètement dégelée, aplatissez-la au rouleau sur environ 3 mm. Déposez-la dans un moule à tarte de 24 cm de diamètre, à

Quiche aux asperges *(suite)*

100 g de crème fraîche
sel, poivre
beurre et farine pour le moule

Mon conseil :
Quand je baisse la température, je dépose à la surface quelques morceaux de beurre.

bord lisse, préalablement beurré et fariné. Piquez le fond à la fourchette, badigeonnez-le avec le jaune d'œuf et faites sécher cette pâte à four doux pendant une dizaine de minutes.

■ Pendant ce temps, battez les œufs en omelette dans une jatte, incorporez la crème fraîche, salez, poivrez.

■ Sur le fond de tarte, déposez les pointes d'asperges par trois ou quatre, en rayons. Couvrez avec les œufs battus. Portez à four chaud pour 20 minutes, baissez légèrement la température pour terminer la cuisson. Servez tiède.

Quiche lorraine

Préparation : 20 minutes
Cuisson : 40 minutes

Classique, aux œufs et au lard.

523 calories

Pour 6 personnes
400 g de pâte feuilletée
(voir recette p. 535)
150 g de lard en dés
100 g de crème fraîche
4 œufs
1 pincée de noix muscade
sel, poivre du moulin

Mon conseil :
Saupoudrez légèrement le fond de tarte de fromage râpé.

■ Abaissez la pâte feuilletée au rouleau et étendez-la dans un moule que vous aurez préalablement beurré et fariné.

■ Faites blanchir brièvement les lardons dans de l'eau bouillante salée, égouttez-les et répartissez-les sur la pâte.

■ Mélangez la crème fraîche avec les œufs, salez, poivrez et parfumez avec un peu de noix muscade.

■ Versez et répartissez soigneusement la préparation dans le moule.

■ Faites cuire à four chauffé à th. 2 environ 40 minutes, jusqu'à ce que la quiche soit bien dorée, et servez-la chaude, à la sortie du four.

r

Ragoût d'huîtres

Préparation : 10 minutes
Cuisson : 5 minutes

Une matelote d'huîtres gratinée.

190 calories

Pour 4 personnes
24 huîtres plates
(des belons si possible)
1 échalote
1 cl de Noilly Prat
2 cuillerées à soupe
de crème fraîche
1 jaune d'œuf
1 cuillerée à soupe
de crème fouettée
poivre de Cayenne

■ Ouvrez les huîtres, détachez-les de leurs coquilles et conservez leur eau. Nettoyez les coquilles.
■ Portez à ébullition l'eau des huîtres avec l'échalote émincée et le Noilly Prat, plongez brièvement les huîtres dans ce mélange, ressortez-les et remettez-les dans leurs coquilles.
■ Passez le fond de cuisson au tamis, ajoutez le jaune d'œuf et la crème fraîche et parfumez de cayenne.
■ Incorporez la crème fouettée, nappez les huîtres de la sauce et faites gratiner à four très chaud pendant 5 minutes.

Ragoût de mouton

Préparation : 15 minutes
Cuisson : 1 h 05

Un plat complet longuement mijoté.

811 calories

Pour 4 personnes
600 g d'épaule de mouton désossée
2 oignons
1 cl d'huile
2 gousses d'ail
1/2 cuillerée à café de sucre en poudre
50 cl de fond blanc (voir recette p. 322)
1 feuille de laurier
1 clou de girofle
2 carottes
600 g de pommes de terre
2 tomates
100 g de petits pois
sel, poivre du moulin

- Coupez la viande en morceaux de 3 cm de côté.
- Pelez les oignons et coupez-les grossièrement.
- Faites revenir la viande à l'huile chaude dans un faitout, ajoutez les oignons et laissez-leur prendre coloration avant d'ajouter l'ail épluché et finement haché.
- Saupoudrez de sucre et faites caraméliser légèrement. Mouillez avec le fond blanc et portez à ébullition. Écumez et mettez le laurier et le clou de girofle. Laissez mijoter 1 heure.
- Pendant ce temps, préparez les légumes. Grattez les carottes, épluchez les pommes de terre, lavez-les et coupez-les en gros dés. Plongez les tomates dans de l'eau bouillante pour les peler plus facilement, ôtez-en les pépins et coupez la pulpe en dés. Écossez les petits pois et faites-les blanchir à l'eau bouillante salée.
- Au bout de 40 minutes de cuisson du ragoût, enlevez le laurier et le clou de girofle et ajoutez les carottes et les pommes de terre. Retirez-les 10 minutes plus tard. Assaisonnez de sel et de poivre et continuez à laisser cuire.
- Environ 2 ou 3 minutes avant la fin de la cuisson, mettez les tomates et les petits pois dans le faitout et faites-les cuire avec la viande. Versez à nouveau carottes et pommes de terre dans le faitout juste avant de le retirer du feu. Servez dans des assiettes préchauffées.

Ragoût de mouton à la turque

Préparation : 15 minutes
Trempage : 12 heures
Cuisson : 2 heures

Un plat complet de lentilles, riz et agneau longuement mijotés ensemble.

710 calories

Pour 4 personnes
500 g d'épaule d'agneau coupée en gros dés
250 g de lentilles
100 g de riz
1 oignon
50 g de beurre
1 cuillerée à soupe de vinaigre de vin
sel, poivre

Mon conseil :
Comme on n'utilise guère le beurre en Turquie, vous pouvez aussi bien faire revenir légumes et viande à l'huile.

- Douze heures avant la cuisson, couvrez les lentilles d'eau froide. Laissez tremper.
- Deux heures un quart avant de servir, égouttez les lentilles et pelez l'oignon. Hachez-le finement.
- Faites fondre le beurre dans une cocotte. Faites-y dorer l'oignon, puis ajoutez les lentilles, les dés d'agneau, 50 cl d'eau froide, sel et poivre en bonne quantité. Couvrez, portez doucement à ébullition et laissez mijoter 1 h 30.
- A ce moment, ajoutez le riz lavé sous l'eau froide et égoutté dans une passoire fine. Laissez mijoter encore 25 minutes tout doucement.
- Lorsque le ragoût est cuit, versez un filet de vinaigre et servez bien chaud dans un plat creux.

Raie au beurre noir

Préparation : 10 minutes
Cuisson : 10 minutes

Un classique toujours apprécié.

193 calories

Pour 4 personnes
1,2 kg d'ailerons de raie
20 cl de vin blanc
1 échalote émincée
1 brin de persil

- Lavez le poisson et mettez-le dans une grande marmite. Ajoutez le vin blanc, l'échalote et le persil. Couvrez d'eau.
- Faites cuire à petits frémissements environ 10 minutes.
- Retirez la raie et les aromates de la marmite, dépouillez le poisson et ôtez

2 cuillerées à soupe de beurre
2 cuillerées à soupe de vinaigre
sel, poivre du moulin

Mon conseil :
Servez bien chaud pour que le plat soit plus digeste.

les cartilages. Dressez sur le plat de service que vous mettrez au chaud.

■ Faites fondre le beurre dans une petite casserole jusqu'à ce qu'il prenne une couleur noisette, salez et poivrez. Versez le beurre sur le poisson.

■ Faites chauffer le vinaigre dans la même casserole et arrosez-en le poisson.

Raie à la crème

Préparation : 15 minutes
Cuisson : 30 minutes

Gratinée au four sur garniture de champignons.

587 calories

Pour 4 personnes
1 kg d'ailerons de raie (en filets)
farine
200 g de petits champignons
125 g de beurre
20 cl de crème fraîche
2 jaunes d'œufs
sel, poivre du moulin

■ Lavez les ailerons de raie et épongez-les bien. Passez-les dans la farine et faites-les dorer 10 minutes avec la moitié du beurre dans une poêle.

■ Nettoyez bien les champignons, coupez-les en quartiers, faites-les revenir dans une autre poêle avec le beurre restant, salez et poivrez.

■ Rangez le poisson avec les champignons dans la braisière.

■ Faites chauffer la crème fraîche dans la poêle ayant servi à la friture et liez hors du feu avec les jaunes d'œufs. Arrosez le poisson avec cette sauce.

■ Mettez le tout à four chaud (th. 5) et faites gratiner 15 minutes.

■ Servez dès la sortie du four.

Raie à la sauce rose

Préparation : 10 minutes
Cuisson : 15 minutes

Une sauce à la crème relevée de tomates et de câpres.

305 calories

Pour 6 personnes
1,5 kg de raie
1 sachet de court-bouillon instantané
40 g de beurre
3 cuillerées à soupe de farine
35 cl de lait
100 g de crème fraîche
3 cuillerées à soupe de ketchup
3 cuillerées à soupe de câpres
sel

■ Préparez le court-bouillon selon le mode d'emploi ; plongez-y le poisson. Chauffez jusqu'à ébullition et laissez frémir 10 minutes.

■ Pendant ce temps, faites une sauce Béchamel avec le beurre, la farine et le lait (voir recette p. 716). Ajoutez en tournant le ketchup, les câpres, puis la crème fraîche. Salez, poivrez. Couvrez et tenez au chaud.

■ Égouttez le poisson. Retirez la peau. Placez-le dans le plat de service bien chaud. Nappez avec la sauce.

Raie à la vinaigrette

Préparation : 10 minutes
Cuisson : 10 minutes

Un poisson excellent quand il est parfaitement frais.

340 calories

Pour 6 personnes
1,6 kg de raie
1 bouquet garni (persil, thym, laurier)
1 oignon
5 cuillerées à soupe d'huile d'olive
2 cuillerées à soupe de vinaigre
2 cuillerées à soupe de câpres
sel, poivre

■ Mettez la raie dans une casserole. Couvrez-la d'eau froide. Salez. Ajoutez l'oignon pelé et coupé en quatre et le bouquet garni.

■ Mettez sur le feu sans couvercle. Dès que l'eau frémit, réduisez le feu et laissez cuire pendant 10 minutes à petits frémissements. La raie ne doit surtout pas bouillir.

■ Pendant la cuisson du poisson, mélangez dans un bol l'huile et le vinaigre, les câpres, un peu de sel et de poivre.

■ Égouttez le poisson et mettez-le dans un plat chaud.

■ Versez la vinaigrette sur la raie encore chaude et servez aussitôt.

Raisin en gelée

Préparation : 35 minutes
Réfrigération : 2 heures

Une façon originale de préparer le raisin.

277 calories

Pour 4 personnes
3 feuilles de gélatine
25 cl de sauternes
30 g de sucre
200 g de raisin blanc
20 g de cerneaux de noix
10 g de raisins secs
1 sachet de thé
10 cl de crème fraîche liquide
1 paquet de sucre vanillé

- Faites tremper la gélatine dans de l'eau tiède.
- Portez le vin et le sucre à ébullition, ajoutez la gélatine et faites tiédir (sans laisser prendre en gelée).
- Pelez le raisin, coupez les grains en deux et retirez les pépins.
- Répartissez les fruits dans des petits moules, parsemez de noix grossièrement hachées et de raisins secs trempés dans du thé chaud.
- Recouvrez du mélange vin-gélatine et mettez au moins 2 heures au frais.
- Battez légèrement la crème fraîche avec le sucre vanillé, nappez-en des assiettes et renversez les moules sur chacune d'elles.

Ratatouille catalane

Préparation : 30 minutes
Cuisson : 20 minutes (pour le riz)

Des piments doux garnis de riz en salade.

500 calories

Pour 4 personnes
200 g de riz
1 l de bouillon
1 cuillerée à soupe d'huile d'olive
4 piments doux d'Espagne (assez gros)
4 tomates
1 gros oignon
2 cuillerées à café de câpres

- Lavez et égouttez le riz.
- Faites chauffer l'huile dans une grande casserole et mettez-y le riz, puis mouillez avec le bouillon. Laissez bouillir doucement 20 minutes au maximum.
- Pendant la cuisson du riz, faites griller les piments sur feu très doux pour faire se soulever la peau et la retirer facilement. Coupez-les en deux dans le sens de la longueur et retirez les graines.
- Pelez et épépinez les tomates coupées en quartiers.

Ratatouille catalane *(suite)*

1 verre de vinaigrette
à l'huile d'olive

Mon conseil :
L'oignon rouge d'Espagne est plus doux et plus décoratif.

- Faites refroidir le riz sous l'eau et égouttez-le soigneusement. Mélangez-le dans une terrine avec les morceaux de tomates et les câpres. Ajoutez la vinaigrette.
- Remplissez soigneusement les demi-piments de cette farce. Décorez de quelques anneaux d'oignon cru. Servez frais.

Ratatouille niçoise

Préparation : 30 minutes
Cuisson : 1 h 15

Tous les légumes du Midi mijotés dans l'huile d'olive.

320 calories

Pour 6 personnes
1 kg de tomates
3 ou 4 gros poivrons
500 g de courgettes
2 ou 3 aubergines
3 oignons
3 gousses d'ail
1 feuille de laurier
1/2 verre d'huile d'olive
1 pointe de poivre de Cayenne
18 olives noires dénoyautées
sel, poivre

Mon conseil :
Cuisez lentement et remuez souvent car la ratatouille a tendance à attacher. Je découvre la cocotte une dizaine de minutes avant la fin de la cuisson.

- Rincez les poivrons, coupez-les en lamelles et retirez les graines.
- Épluchez les aubergines et coupez-les en dés.
- Grattez légèrement les courgettes, coupez-les également en dés.
- Épluchez les oignons et émincez-les finement.
- Dans un grand faitout à fond épais, faites chauffer l'huile et mettez-y les oignons, les dés de courgettes et d'aubergines à revenir. Lorsqu'ils sont dorés, retirez-les et réservez-les.
- Dans le même faitout, faites également revenir les gousses d'ail et les poivrons. Au bout de 5 minutes, mettez les tomates. Laissez revenir une dizaine de minutes en remuant à la cuillère en bois, puis ajoutez les courgettes et les aubergines réservées. Assaisonnez, puis ajoutez la feuille de laurier et laissez cuire à couvert et à feu doux pendant environ 1 heure ; ajoutez les olives.
- Servez chaud ou froid.

Ravioli

Préparation : 30 minutes
Repos : 20 minutes + 2 heures
Cuisson : 7 minutes

De dodus coussinets fourrés d'une farce à la viande.

560 calories

Pour 6 personnes

Pour la pâte :

300 g de farine
1 œuf
4 cuillerées à soupe d'eau froide
1 pincée de sel

Pour la farce :

hachis très fin de jambon, ou de poulet ou de veau, avec des épinards cuits et bien essorés

■ Mélangez la farine et le sel dans un plat. Creusez un trou au centre, mettez-y l'œuf et l'eau. Travaillez le tout avec les doigts jusqu'à ce que se forme une boule de pâte. Si la pâte est trop dure, rajoutez un peu d'eau ; si elle est trop molle, rajoutez un peu de farine.

■ Sur une planche ou une table farinée, pétrissez la pâte jusqu'à ce qu'elle soit homogène et élastique. Pour faciliter le pétrissage, saupoudrez de temps en temps la pâte avec la farine.

■ Couvrez la pâte avec un bol. Laissez-la reposer 20 minutes avant de l'utiliser.

■ Préparez les ravioli : séparez la pâte en deux parties égales. Au rouleau, étendez chaque partie en une bande de 2 ou 3 cm d'épaisseur ; alignez sur l'une des bandes des petits tas de farce de la grosseur de 1 cuillerée à café placés tous les 5 cm environ. Recouvrez avec la seconde bande de pâte.

■ Appuyez autour des tas avec l'index pour souder les deux épaisseurs de pâte. Coupez avec un couteau bien effilé en carrés de 5 cm. Pincez les bords des ravioli pour souder les deux faces. Laissez reposer 2 heures.

■ Plongez les ravioli dans une grande quantité d'eau salée en ébullition, faites-les cuire jusqu'à ce qu'ils montent à la surface, soit (environ 7 minutes). Retirez-les avec l'écumoire et servez-les avec du beurre fondu et du fromage râpé ou avec une sauce à votre goût.

Mon conseil :

Je mets un peu d'huile dans l'eau de cuisson des ravioli pour qu'ils ne se collent pas ensemble.

Ravioli au fromage de chèvre

Préparation : 30 minutes
Cuisson : 7 minutes

A la fondue de tomates fraîches.

550 calories

Pour 4 personnes
150 g de fromage de chèvre
1 œuf
60 g de parmesan râpé
50 g de beurre
1 cuillerée à café de basilic frais haché
1 cuillerée à café d'origan séché
400 g de pâte à ravioli
(ou de feuilles de lasagne)
8 tomates
1 gousse d'ail
1 pincée de sucre
sel, poivre du moulin

■ Réduisez le fromage en purée dans le bol du mixeur en le faisant fonctionner à grande vitesse 5 à 6 secondes, puis ajoutez l'œuf, le parmesan et 15 g de beurre ; refaites fonctionner le mixeur à vitesse moyenne, cette fois, pour obtenir une masse lisse. Incorporez le basilic et l'origan et placez le bol du mixeur au frais.

■ Abaissez la pâte à ravioli en une mince couche de 1 ou 2 mm d'épaisseur. Coupez-la en deux parties égales en forme de carré ; posez l'un des carrés sur une surface farinée, garnissez-le de la farce en petits tas espacés de 2 cm et humectez les bords avec un peu d'eau. Posez ensuite la deuxième portion de pâte dessus. Pressez légèrement avec le rouleau à pâtisserie et divisez les ravioli avec la raclette dentée.

■ Jetez aussitôt les ravioli dans de l'eau bouillante salée ; portez à ébullition 1 à 2 minutes, puis égouttez-les et passez-les dans 20 g de beurre chaud.

■ Découpez les tomates en quartiers, pelez-les, épépinez-les et assaisonnez-les en sel et en poivre ; ajoutez l'ail écrasé, le sucre et faites fondre les tomates dans le beurre restant.

■ Dressez les ravioli sur des assiettes chaudes et garnissez-les de la fondue de tomates.

Ris de veau à l'estragon

Le roi des abats à l'honneur.

464 calories

Pour 4 personnes
700 g de ris de veau
2 échalotes émincées
30 g de beurre
25 cl de crème liquide
1 cuillerée à soupe d'estragon haché
sel, poivre du moulin

Préparation : 25 minutes
Cuisson : 20 minutes

- Lavez le ris de veau sous un robinet d'eau froide et faites-le blanchir dans de l'eau bouillante salée pendant 10 minutes.
- Retirez le ris de veau de l'eau et laissez-le refroidir. Détaillez-le alors en bouquets que vous débarrasserez des petites peaux qui les entourent.
- Faites rissoler les échalotes dans le beurre et, quand elles sont bien blondes, ajoutez les morceaux de ris de veau, salez et poivrez.
- Versez progressivement la crème et faites réduire légèrement.
- Ajoutez l'estragon haché et remuez bien ; vérifiez l'assaisonnement avant de présenter à table. Servez sans attendre sur des assiettes chaudes.

Ris de veau aux morilles

Le fin du fin.

386 calories

Pour 4 personnes
20 g de morilles séchées
150 g de petits pois
600 g de ris de veau
2 échalotes émincées
30 g de beurre clarifié

Préparation : 20 minutes
Cuisson : 25 minutes

- Rincez soigneusement les morilles dans plusieurs eaux et faites-les gonfler dans un peu d'eau.
- Faites blanchir les petits pois à l'eau bouillante légèrement salée puis égouttez-les.
- Passez le ris de veau sous l'eau courante et détachez-en la peau. Faites-le blanchir 5 minutes dans de l'eau bouillante salée, retirez-le et mettez-le

Ris de veau aux morilles *(suite)*

1 cuillerée à soupe de farine
12,5 cl de crème fleurette
sel, poivre du moulin

Mon conseil :
Décorez de fleurons de pâte feuilletée ou servez la préparation dans des croûtes de bouchées à la reine.

à égoutter sur un linge ou sur du papier absorbant jusqu'à ce qu'il soit bien refroidi. Détaillez-le alors en morceaux.

■ Faites égoutter les morilles en les pressant légèrement pour que toute l'eau de trempage s'écoule ; gardez le jus.

■ Faites revenir les échalotes dans 10 g de beurre avec les morilles bien égouttées, saupoudrez de farine puis délayez le roux avec 5 cl de jus des champignons filtré, ajoutez la crème, faites réduire et assaisonnez de sel et de poivre.

■ Faites revenir les morceaux de ris de veau dans le beurre restant et ajoutez-les dans la sauce, ainsi que les petits pois. Laissez mijoter doucement 5 minutes avant de servir.

Ris de veau aux pois gourmands

Préparation : 30 minutes
Trempage : 2 heures
Cuisson : 20 minutes

Un goût très fin.

497 calories

Pour 2 personnes
200 g de ris de veau
25 cl de bouillon de volaille
150 g de pois gourmands
50 g de beurre
2 cuillerées à soupe de farine
1 cuillerée à café de vinaigre de xérès
1 cuillerée à soupe d'échalotes finement hachées

■ Faites dégorger le ris de veau au moins 2 heures dans de l'eau froide vinaigrée ; enlevez alors tous les filets veineux et les impuretés, puis faites-le pocher dans le bouillon de volaille porté à ébullition. Laissez refroidir le ris de veau dans le liquide de cuisson.

■ Préparez les pois gourmands : enlevez les fils, faites-les ensuite cuire 1 à 2 minutes à l'eau bouillante salée, puis passez-les sous un jet d'eau fraîche.

■ Faites revenir les pois 3 minutes dans 20 g de beurre et disposez-les en forme d'étoile sur les assiettes.

Ris de veau aux pois gourmands *(suite)*

1 cuillerée à soupe de ciboulette hachée
sel, poivre du moulin

Mon conseil :
On peut, selon ses goûts, remplacer le vinaigre de xérès par du vinaigre balsamique que l'on trouve dans les épiceries fines.

- Coupez le ris de veau en morceaux, assaisonnez-les en sel et en poivre, roulez-les dans la farine et faites-les revenir dans le même beurre.
- Passez le fond de cuisson au tamis, faites-le réduire fortement. Montez ensuite la sauce au beurre restant avec un fouet. Parfumez au vinaigre de xérès et vérifiez l'assaisonnement. Ajoutez les échalotes et la ciboulette.
- Disposez le ris de veau sur les assiettes et nappez-le de sauce.

Risotto

Une préparation onctueuse aux multiples variantes.

352 calories

Préparation : 5 minutes
Cuisson : 18 minutes

Pour 4 personnes
400 g de riz rond
80 g d'oignons émincés
2 cuillerées à soupe d'huile
1,5 l de bouillon de viande
60 g de parmesan
30 g de beurre

Mon conseil :
Le risotto peut se combiner avec des légumes, du poisson, des crustacés et des coquillages, de la volaille, de la viande et des fines herbes. Vous avez l'embarras du choix !

- Lavez le riz si nécessaire et égouttez-le bien.
- Dans une cocotte, faites ramollir les oignons émincés dans l'huile chaude, ajoutez le riz et faites revenir le tout, en remuant bien jusqu'à ce que le riz soit translucide.
- Couvrez de bouillon et faites cuire, à feu doux, en remuant de temps en temps pendant une quinzaine de minutes.
- Au bout de ce temps, incorporez le parmesan et le beurre et remuez bien le tout avec une fourchette. Si le risotto est trop épais, détendez-le avec un peu de bouillon.
- Servez ce risotto sans attendre. Il doit être onctueux et tendre mais encore bien grenu, c'est-à-dire que les grains doivent pouvoir se détacher les uns des autres. Attendre risquerait de les faire coller.

Rissoles

Préparation : 40 minutes
Repos : 30 minutes
Cuisson : 15 minutes

Poulet et jambon enrobés de pâte feuilletée.

438 calories

Pour 6 personnes

Pour la pâte :

250 g de farine
100 g de beurre ramolli
1 cuillerée à soupe de saindoux
1 cuillerée à soupe de cognac
3/4 de verre d'eau
1 pincée de sel

Pour la farce :

200 g de chair de poulet cuite
200 g de jambon cuit
100 g de lard
2 échalotes très finement émincées
30 g de beurre
1 œuf
2 cuillerées à soupe de persil haché
sel, poivre du moulin
huile pour la friture

- Malaxez la farine avec le beurre, le saindoux, le cognac, l'eau et le sel pour obtenir une boule de pâte lisse. Enveloppez-la dans un linge humide et laissez-la reposer au frais.
- Hachez la chair de volaille, le jambon et le lard au hachoir, grille moyenne.
- Dans une sauteuse, faites blondir les échalotes dans du beurre et mettez-y la viande à revenir.
- Hors du feu, liez avec l'œuf entier, ajoutez le persil, salez et poivrez.
- Abaissez la pâte et découpez des disques de 10 cm de diamètre.
- Garnissez de farce la moitié de chacun des disques et repliez-les en demi-lunes en pressant bien les bords de la pâte pour les souder entre eux.
- Faites chauffer l'huile de la friteuse et faites-y dorer les rissoles. Sortez-les avec une écumoire. Faites-les égoutter sur du papier absorbant et servez chaud.

Riz

Les préparations à base de riz sont très nombreuses. Il existe plusieurs sortes et variétés de riz.

Variétés

Riz brun

C'est un riz non poli contenant tous ses sels minéraux, vitamines et fibres. Sa conservation est de courte durée.

Riz blanc

C'est un riz décortiqué et de longue conservation.

Riz étuvé

C'est un riz d'une haute valeur nutritive – les éléments nutritifs ont été pressés à l'intérieur des grains – qui peut se conserver longtemps.

Riz sauvage

Ce n'est pas un riz, mais la graine d'une herbe. Noir et très fin, il reste cher à l'achat.

Cuisson

La meilleure méthode, sur le plan nutritif, consiste à faire gonfler le riz.

- Faites gonfler quelques minutes 1 tasse de riz dans 2 tasses d'eau, dans une casserole, avant d'ajouter 1/2 cuillerée à café de sel.
- Portez à ébullition 2 à 3 minutes, éteignez le feu et laissez gonfler 10 à 15 minutes à couvert.
- Détachez les grains à la spatule en ajoutant des noisettes de beurre.

→

Recettes de base

Riz Condé
■ Portez à ébullition 2 l de lait avec 1 gousse de vanille, 1 zeste de citron, 150 g de beurre et 150 g de sucre.
■ Versez le riz lavé et deux fois blanchi, puis terminez la cuisson au four à th. 4-5 pour que les grains se détachent bien.

Croquettes de riz
■ Mélangez le riz Condé avec des jaunes d'œufs pour former des boulettes.
■ Passez les boulettes dans du jaune d'œuf puis dans de la chapelure et faites-les frire 2 à 3 minutes.

Riz à l'eau
■ Faites cuire le riz 15 à 20 minutes dans une grande casserole d'eau salée et versez-le dans une passoire.
■ Passez-le sous l'eau froide et tournez-le brièvement dans du beurre pour le faire réchauffer.

Turban de riz
■ Pressez le riz chaud dans un moule rincé à l'eau froide et renversez-le sur une assiette.
■ Nappez de sauce le centre du turban avec une petite louche.
■ De la même façon, vous pouvez préparer des petites portions de riz moulées dans des verres, tasses à café ou coupelles.

Riz au bouillon
■ Faites cuire le riz 5 minutes dans de l'eau bouillante salée, puis égouttez-le et rafraîchissez-le sous l'eau froide.
■ Faites chauffer du beurre dans un faitout et versez-y le riz. Recouvrez celui-ci de deux fois son volume de bouillon de bœuf ou de volaille. Portez à ébullition, puis couvrez et laissez cuire au four à th. 5 une vingtaine de minutes.

Riz cantonais au poisson

Préparation : 15 minutes
Cuisson : 35 minutes

Merlan, crevettes, champignons, œufs, petits pois, mélangés pour le plaisir des yeux et du palais.

335 calories

Pour 6 personnes
250 g de riz
6 filets de merlan
100 g de crevettes roses décortiquées
10 g de champignons noirs séchés
20 g de champignons parfumés séchés
3 œufs
1/4 de boîte de petits pois
50 g de saindoux
3 cuillerées à soupe de sauce nuoc-mâm
1 piment rouge
sel, poivre

- Coupez les filets de merlan en lamelles.
- Faites tremper 15 minutes dans de l'eau tiède les champignons noirs et les champignons parfumés.
- Cuisez le riz 20 minutes dans de l'eau bouillante salée ; égouttez-le.
- Dans 25 g de saindoux, chauffé dans une poêle, faites revenir le poisson. Ajoutez les crevettes, les champignons égouttés, le riz et les petits pois. Assaisonnez et maintenez au chaud.
- Avec les œufs, préparez une omelette et faites-la cuire à la poêle dans le reste de saindoux. Ensuite, coupez-la en fines lamelles et ajoutez-les au plat de riz tenu au chaud.
- Préparez la sauce cantonaise : versez dans un bol le nuoc-mâm, coupé de 1 cuillerée à soupe d'eau et ajoutez le piment rouge haché.
- Servez ce plat chaud ou froid, avec la sauce présentée à part.

Riz au lait

Préparation : 10 à 15 minutes
Cuisson : 1 heure

Un dessert classique toujours apprécié.

434 calories

Pour 6 personnes
1 l de lait
1 pincée de sel

- Lavez soigneusement le riz, cuisez-le 2 minutes à l'eau bouillante, puis égouttez-le et terminez sa cuisson dans le lait bouillant additionné de vanille. Réglez l'ébullition pour qu'elle soit très lente. Le riz doit avoir absorbé le lait en 45 minutes environ.

Riz au lait *(suite)*

150 g de sucre
180 g de riz
2 œufs
1 gousse de vanille

■ Ajoutez alors le sucre, 1 pincée de sel et les œufs entiers battus en omelette ; mêlez délicatement à la fourchette.

■ Placez le riz dans un plat allant au four. Mettez à four doux pendant 10 à 15 minutes. Servez tiède ou froid.

Riz pilaf

Préparation : 10 minutes
Cuisson : 20 minutes

Une recette venue d'Arabie.

312 calories

Pour 6 personnes
1 oignon émincé
3 cuillerées à soupe d'huile
300 g de riz long (patna)
50 cl de bouillon de bœuf
1 clou de girofle
noix muscade
1 feuille de laurier
20 g de beurre en noisettes
sel

■ Faites revenir sur feu doux l'oignon dans l'huile sans lui faire prendre coloration.

■ Ajoutez le riz bien lavé et faites-le juste revenir jusqu'à ce qu'il soit translucide.

■ Couvrez alors de bouillon chaud et ajoutez le clou de girofle, le laurier, un peu de sel et de noix muscade.

■ Portez à ébullition sur feu vif, puis terminez la cuisson pendant 15 minutes au four chauffé à th. 5. Retirez le laurier et le clou de girofle juste à la sortie du four.

■ Incorporez les noisettes de beurre en soulevant la masse avec une fourchette au moment de servir.

Riz au safran

Préparation : 15 minutes
Cuisson : 25 minutes

Très coloré et exotiquement savoureux.

350 calories

Pour 6 personnes
400 g de riz
1 bonne pincée de safran (10 g)

■ Versez le riz dans une passoire fine et mettez-le quelques instants sous le robinet en le malaxant du bout des doigts. Égouttez.

■ Épluchez et émincez l'oignon (en fines lamelles).

■ Dans une grande casserole, mettez 30 g de beurre à fondre. Quand il est

Riz au safran *(suite)*

1 l de bouillon
1 petit verre de vin rouge
80 g de beurre
1 oignon
sel, poivre

Mon conseil :

Si vous remplacez le safran par du curry, vous avez la base du riz à la cantonaise, qui comporte lamelles de jambon et d'omelette, ainsi que pousses d'oignons.

chaud, faites-y dorer l'oignon en remuant constamment.

■ Lorsque l'oignon est bien coloré, ajoutez le riz égoutté. Remuez vivement, puis saupoudrez de safran, de sel et de poivre.

■ Mélangez quelques instants sur le feu, puis versez le bouillon froid et le vin en une seule fois. Laissez reprendre l'ébullition et comptez 20 minutes de cuisson douce avec couvercle.

■ Au bout de ce temps, le riz doit avoir absorbé tout le bouillon. Versez-le dans un plat creux au moment de servir, et mêlez-y rapidement le reste du beurre.

Rognons de bœuf aux champignons

Préparation : 20 minutes
Cuisson : 1 h 30

Une bonne sauce bien relevée pour ces abats avantageux.

510 calories

Pour 6 personnes
900 g de rognons de bœuf
120 g de beurre
1 verre de vin blanc sec
300 g de champignons
1 cuillerée à café
de concentré de tomates
2 cuillerées à soupe de farine
quelques brins de persil
croûtons frits dans le beurre
sel, poivre

■ Mettez sur le feu une casserole d'eau. Fendez les rognons en deux dans le sens de l'épaisseur. Retirez la peau externe et toutes les petites peaux internes. Retirez également la graisse et, d'une manière générale, les parties blanches. Essuyez les rognons dans du papier absorbant et coupez-les en tranches de 1 cm d'épaisseur.

■ Jetez-les dans l'eau bouillante 5 minutes. Égouttez.

■ Pendant la cuisson des rognons, nettoyez et émincez les champignons.

■ Mettez à fondre 60 g de beurre dans une poêle et faites-y sauter les champignons. Laissez-les dorer quelques instants, puis laissez encore cuire tout doucement 10 minutes.

Poulpes au basilic (recette page 617)

Pudding glacé aux fraises *(recette page 618)*

■ Mettez à chauffer le reste du beurre dans une cocotte et faites-y revenir les rognons blanchis. Retirez-les au bout de 4 minutes, après les avoir fait sauter de tous côtés.

■ Délayez la farine dans la poêle contenant les champignons. Mettez dans la sauteuse, à la place des rognons, le vin, le concentré de tomates délayé dans 1/2 verre d'eau et les champignons. Laissez épaissir quelques instants sur le feu, sans cesser de remuer.

■ Ajoutez les rognons ; assaisonnez en sel et en poivre, et couvrez la cocotte. Laissez cuire tout doucement pendant 1 h 30.

■ Dressez les rognons sur un plat, nappez-les de sauce, garnissez de croûtons et saupoudrez de persil haché.

Mon conseil :
Je fais toujours blanchir les rognons de bœuf 5 minutes à l'eau bouillante de façon à leur enlever leur odeur forte.

Rognons de porc au cidre

Et au calvados, comme en Normandie.

465 calories

Préparation : 30 minutes
Marinade : 15 minutes
Cuisson : 20 minutes

Pour 4 personnes
4 rognons de porc
30 g de beurre
6 échalotes
100 g de lard maigre coupé en dés
1 cuillerée à soupe de farine
1 gousse d'ail hachée

■ Prenez les rognons préparés (voir p. 799) et coupez-les en deux dans le sens de la longueur, puis en tranches de 1 cm d'épaisseur.

■ Faites-les mariner 15 minutes au minimum (voir p. 799) et égouttez-les ensuite.

■ Faites fondre la moitié du beurre dans une casserole et faites-y dorer légèrement les échalotes épluchées et coupées en quatre avec les dés de lard.

■ Faites fondre le reste du beurre dans une sauteuse pour y saisir sur feu vif les

Rognons de porc au cidre *(suite)*

15 cl de cidre
4 cuillerées à soupe de calvados
sel, poivre du moulin

tranches de rognons bien égouttées. Salez et poivrez.

- Faites sauter les rognons 5 minutes avant d'ajouter les échalotes et le lard. Saupoudrez de farine, ajoutez l'ail et couvrez avec le cidre et le calvados.
- Réduisez la chaleur et faites cuire le tout 10 minutes à couvert jusqu'à ce que les rognons soient tendres.
- Gardez les rognons au chaud ; passez la sauce au mixeur puis au tamis. Recouvrez-en les rognons juste avant de servir sur des assiettes préchauffées.

Rognons de veau flambés

Un classique de la cuisine gastronomique.

429 calories

Préparation : 30 minutes
Cuisson : 30 minutes

Pour 4 personnes
2 rognons de veau
40 g de beurre
4 cl d'armagnac
50 cl de vin rouge (bourgogne)
50 g d'échalotes émincées
10 cl de fond de veau
(voir recette p. 322)
40 g de beurre frais en dés
2 cuillerées à soupe de persil haché
sel, poivre du moulin

- Parez les rognons, débarrassez-les des parties grasses et nerveuses, lavez-les et essuyez-les bien avec un linge ou du papier absorbant.
- Faites chauffer 20 g de beurre dans une sauteuse et faites-y dorer les rognons sur toutes leurs faces. Lorsqu'ils sont légèrement croustillants, terminez la cuisson sur feu doux encore 10 minutes. Assaisonnez-les en sel et en poivre, et flambez-les à l'armagnac. Retirez alors les rognons de la sauteuse et gardez-les bien au chaud dans une assiette creuse couverte.
- Pendant la cuisson des rognons, faites revenir doucement les échalotes dans 20 g de beurre, mouillez avec les deux tiers du vin rouge et faites réduire

Mon conseil :

Les rognons doivent être bien rosés à l'intérieur, sinon ils deviendraient caoutchouteux. La cuisson idéale se constate en piquant une fourchette ou une aiguille à tricoter dans la chair : une goutte de sang doit apparaître à l'endroit du trou.

lentement de moitié. Ajoutez ensuite le fond de veau et faites réduire à nouveau de moitié.

- Déglacez le fond de la sauteuse avec le vin rouge restant, portez à ébullition tout en tournant avec une spatule. Passez ensuite au tamis avant de verser la réduction dans la sauce.
- Montez la sauce avec les dés de beurre ajoutés un à un, mettez le persil et vérifiez l'assaisonnement.
- Coupez les rognons en tranches, dressez-les sur les assiettes et présentez la sauce à part.

Rognons de veau au vin blanc

Imprégnés de marinade et garnis d'oignons fondus au beurre.

450 calories

Pour 4 personnes

600 g de rognons de veau
5 cl de vin blanc sec
4 cuillerées à soupe de beurre
5 oignons
sel, poivre noir fraîchement moulu

Préparation : 20 minutes
Marinade : 1 heure
Cuisson : 30 minutes

- Lavez les rognons et ouvrez-les en deux ; enlevez la graisse du milieu. Faites-les tremper 5 minutes dans de l'eau bouillante, égouttez-les, séchez-les et coupez-les en tranches. Mettez-les dans un plat creux, arrosez-les avec le vin et laissez-les mariner pendant 1 heure.
- Pendant que la viande marine, préparez les oignons. Pour cela, pelez-les et coupez-les en tranches très minces. Faites fondre le beurre à la poêle, faites-y revenir les oignons à feu très doux jusqu'à ce qu'ils soient légèrement dorés. Salez-les et poivrez-les.
- Les rognons ayant mariné pendant 1 heure, égouttez-les et séchez-les. Gardez le vin de la marinade.

Mon conseil :

A la dernière minute, je lie la sauce avec 2 ou 3 cuillerées à soupe de crème fraîche et je saupoudre le tout de persil haché.

■ Dans la poêle, ajoutez aux oignons les rognons et la moitié de la marinade. Couvrez et laissez cuire à feu doux. Au bout de 10 minutes de cuisson, ajoutez le reste de la marinade, laissez cuire encore 5 minutes et servez avec des croûtons frits.

Rognons de veau au vin crémé

Une sauce fine, liée à la crème.

395 calories

Pour 6 personnes

700 g de rognons de veau
150 g de beurre
1 verre de vin blanc sec
1/2 verre de crème fraîche
quelques brins de persil
sel, poivre

Préparation : 10 minutes
Cuisson : 15 minutes

■ Fendez les rognons en deux dans le sens de l'épaisseur. Retirez toutes les parties blanches de l'intérieur, graisse et filaments nerveux. Coupez les rognons en tranches de 1 cm d'épaisseur et essuyez-les soigneusement dans du papier absorbant.

■ Dans une sauteuse, chauffez 100 g de beurre et faites-y revenir rapidement les tranches de rognon (7 à 8 minutes). Salez et poivrez au bout de quelques instants et retirez les rognons que vous poserez sur une assiette.

■ A la place des rognons, mettez dans la sauteuse le vin blanc et laissez réduire de moitié sur le feu. Ajoutez alors la crème et le reste du beurre. Remuez pour que la sauce soit bien liée et remettez les rognons (sans le sang qui a coulé sur l'assiette).

■ Laissez réchauffer 3 à 4 minutes et servez aussitôt, saupoudré de persil haché.

Mon conseil :

Ne faites pas revenir les rognons à beurre trop chaud et feu trop vif, cela les durcirait immédiatement

Rosbif en croûte de sel

Préparation : 30 minutes
Repos : 20 minutes
Cuisson : 50 minutes

Cuit dans son jus sans la moindre graisse.

713 calories

Pour 6 personnes
3 tasses de farine
2 tasses de gros sel
5 cl d'huile
1 rosbif de 1,4 kg
1 gousse d'ail pelée
2 branches de thym
2 branches de romarin
poivre du moulin

Mon conseil :
Vous pouvez également présenter le rôti dans sa croûte bien dorée et le découper à table.

- Mélangez la farine et le sel avec un peu d'eau pour obtenir une pâte ferme qui se détache des mains et laissez-la reposer 20 minutes.
- Préchauffez le four à th. 8.
- Huilez une braisière au pinceau.
- Abaissez la pâte au rouleau à pâtisserie.
- Poivrez la viande, frottez-la avec l'ail écrasé et posez-la sur la pâte. Ajoutez le thym et le romarin. Refermez la pâte sur la viande en pressant bien et placez le rôti dans la braisière. Piquez le dessus à la fourchette pour permettre à la vapeur de s'échapper.
- Glissez au four et faites cuire 35 minutes. Réduisez la chaleur à th. 5 et poursuivez la cuisson pendant environ 15 minutes.
- Retirez la braisière du four et laissez reposer la viande quelques minutes pour que tous les sucs se répartissent bien. Fendez délicatement la croûte, dégagez le rôti et coupez-le en tranches. Dressez sur le plat de service chaud.

Rosbif à la viennoise

Préparation : 15 minutes
Cuisson : 12 minutes

A la fondue d'oignons dans une sauce acidulée.

511 calories

Pour 2 personnes
2 tranches de rosbif de 200 g chacune et de 5 mm d'épaisseur
4 oignons moyens
2 cuillerées à soupe de saindoux
1 cuillerée à café de farine
1 cuillerée à café de câpres
2 cl de vinaigre de framboise
4 cl de vin blanc sec
paprika
sel, poivre du moulin

- Salez et poivrez la viande.
- Pelez les oignons et émincez-les très finement.
- Faites chauffer la moitié du saindoux dans une poêle, faites-y revenir la viande sur feu vif 1 minute de chaque côté. Baissez le feu et prolongez la cuisson 4 à 5 minutes à feu doux. Gardez la viande au chaud.
- Faites étuver les oignons avec le reste de saindoux dans une autre poêle. Saupoudrez de farine, salez et assaisonnez en paprika.
- Jetez le saindoux de cuisson de la viande, remplacez-le dans la poêle par les câpres, déglacez avec le vinaigre, ajoutez le vin et portez à ébullition.
- Disposez les tranches de rosbif sur des assiettes chaudes, nappez de sauce et recouvrez de fondue d'oignons. Servez sans attendre.

Rösti

Préparation : 10 minutes
Cuisson : 10 minutes

De succulentes et croustillantes galettes de pommes de terre.

248 calories

Pour 4 personnes
1 kg de pommes de terre en robe des champs (pas trop cuites)
4 cuillerées à soupe de beurre
sel, poivre du moulin

- Pelez les pommes de terre et écrasez-les grossièrement à la fourchette. Salez et poivrez.
- Faites fondre le beurre dans une poêle. A l'aide d'une cuillère, formez des petites galettes avec la purée de pommes de terre et faites-les dorer 5 minutes de chaque côté.

Rôti de bœuf à la cocotte

Préparation : 5 minutes
Cuisson : 45 minutes

Une recette qui permet de rôtir la viande sans four.

375 calories

Pour 6 personnes
1 rôti de bœuf de 1,2 kg (bardé de lard et ficelé)
75 g de beurre
sel

Mon conseil :
Je remplace barde et ficelle par une crépine de porc lavée à l'eau fraîche, qui maintient bien le rôti.

- Mettez le beurre à chauffer dans une grande cocotte.
- Faites-y revenir la viande sur feu vif jusqu'à ce qu'elle soit dorée sur toutes ses faces.
- Laissez la cocotte découverte et laissez cuire à feu assez vif pendant 45 minutes, en tournant la viande d'un quart de tour toutes les 5 minutes.
- Salez au dernier moment et déficelez le rôti avant de servir.
- Déglacez la cocotte avec 1/2 verre d'eau et versez le jus en saucière. Découpez la viande et servez-la sur un plat, accompagnée de la saucière de jus, le tout bien chaud.

Rôti de dindonneau aux laitues

Préparation : 40 minutes
Cuisson : 1 heure

Le charme de la simplicité.

742 calories

Pour 4 personnes
4 belles laitues
250 g de carottes nouvelles
125 g de lard fumé
100 g de beurre
1 kg de rôti de dindonneau
40 cl de fond blanc (voir recette p. 322)

- Lavez les laitues à grande eau et ficelez-les très soigneusement.
- Épluchez les carottes et coupez-les en grosses rondelles.
- Coupez le lard en dés.
- Faites fondre 40 g de beurre dans une braisière et faites-y revenir les carottes et les lardons, à feu modéré.
- Mettez le rôti de dindonneau dans la braisière et faites-le rissoler sur toutes les faces. Arrosez de fond blanc, parfu-

thym
20 échalotes épluchées
1 cuillerée à soupe de sucre en poudre
10 cl de crème fraîche
sel, poivre du moulin

mez avec du thym, salez, poivrez. Couvrez et laissez braiser 40 minutes environ.

- Environ 5 minutes avant la fin de la cuisson, ajoutez les salades. Réservez.
- Faites chauffer 20 g de beurre dans une poêle pour y faire glacer les échalotes entières saupoudrées de sucre. Mouillez-les avec le reste de fond de volaille et laissez cuire 10 minutes.
- Dressez la viande et les laitues sur le plat de service. Passez le fond de cuisson au tamis et ajoutez-le à la sauce aux échalotes ; portez à ébullition, passez une nouvelle fois au tamis et montez avec le beurre restant. Liez avec la crème fraîche et versez sur le rôti.

Rôti de porc des Balkans

Un rôti piqué de piment doux et nappé de coulis de légumes.

882 calories

Préparation : 20 minutes
Cuisson : 50 minutes

Pour 4 personnes
4 piments doux
800 g de porc (filet, pointe...)
200 g de lard gras coupé en grandes tranches fines
40 g de beurre clarifié (voir recette p. 97)
200 g de légumes mélangés (carottes, céleri, oignons)

- Nettoyez les piments doux. Pratiquez dans la viande de profondes incisions et enfoncez-y les piments épépinés et tronçonnés. Pelez la gousse d'ail et frottez-en le rôti, poivrez-le.
- Enveloppez la viande dans le lard coupé en tranches et ficelez-la. Faites chauffer le beurre dans la braisière et faites-y revenir brièvement la viande.
- Mettez au four préchauffé à th. 5 et faites braiser à découvert environ 30 minutes en arrosant de fond de cuisson toutes les 10 minutes.
- Pendant la cuisson, détaillez les légumes en petits dés (mirepoix) et

1 gousse d'ail
1/2 cuillerée à café
de concentré de tomates
thym, romarin
25 cl de vin blanc sec
1/2 cuillerée à soupe de Maïzena
sel, poivre du moulin

Mon conseil :
Les grandes tranches de lard ont pour effet de parfumer la viande et de la rendre plus moelleuse.

ajoutez-les à la viande, avec la gousse d'ail, le concentré de tomates, le thym, le romarin, le vin blanc ; faites cuire 15 minutes.

■ Sortez la viande de la braisière et laissez-la reposer, à couvert, environ 9 minutes. Passez le fond de cuisson au tamis au-dessus d'une petite casserole, dégraissez et liez avec la Maïzena. Salez et poivrez.

■ Enlevez les fils et les bardes de lard qui entourent la viande et coupez-la en 8 tranches d'épaisseur égale. Rangez-les sur le plat de service chaud et nappez-les de sauce.

Rôti de viande hachée

Préparation : 30 minutes
Cuisson : 50 minutes

Un rôti surprise bien moelleux.

875 calories

Pour 4 personnes
1 gros oignon
1 piment
2 poivrons
100 g de lard maigre
125 g de champignons de Paris
1 gousse d'ail
1 cuillerée à café de poivre vert
1 cuillerée à café de marjolaine
30 g de beurre
600 g de viande de bœuf hachée
8 tranches de pain de mie
2 œufs
25 cl de demi-glace
(voir recette p. 716)

■ Pelez l'oignon et émincez-le. Épépinez le piment et les poivrons, retirez-en le pédoncule et les parties blanches et coupez la pulpe en lanières. Coupez le lard en dés. Otez l'extrémité du pied des champignons, lavez-les et coupez-les également en dés, pelez l'ail et écrasez-le. Mélangez bien le tout avec le poivre vert et la marjolaine.

■ Faites suer la préparation au beurre, sur feu doux, jusqu'à ce que l'oignon soit translucide.

■ Mettez les légumes cuits et la viande dans un grand saladier et mélangez bien.

■ Otez la croûte du pain et faites-le tremper dans de l'eau tiède, pressez-le bien et ajoutez-le à la préparation. Cassez les œufs dans le saladier et malaxez

125 g de crème fraîche
2 cuillerées à café
de jus de citron
sel

les ingrédients pendant environ 5 minutes. Avec les mains humides, donnez la forme d'un rôti au mélange.

■ Versez 1 verre d'eau dans la braisière et placez-y le rôti. Mettez au four chauffé à th. 8 et faites cuire environ 45 minutes. Ce temps écoulé, vérifiez avec une aiguille à tricoter en métal que le rôti est bien cuit et glissez-le aussitôt sur un plat chaud.

■ Faites réduire le fond de cuisson, dégraissez-le et complétez avec la demi-glace et la crème fraîche. Mélangez bien. Parfumez avec un peu de jus de citron et versez la sauce sur le rôti ou servez-la en saucière.

Rougets à l'anis

Préparation : 20 minutes
Cuisson : 15 minutes

Cuits au four sur lit de fenouil.

442 calories

Pour 2 personnes
2 rougets de 400 g
300 g de fenouil
3 cuillerées à soupe
d'huile d'olive
1 cuillerée à café
de graines d'anis
sel, poivre du moulin

■ Nettoyez le fenouil, séchez-le bien et coupez-le en lanières.

■ Faites-les blanchir 5 minutes dans de l'eau bouillante salée, égouttez-les.

■ Videz les poissons, lavez-les et séchez-les.

■ Rangez les poissons dans la braisière, couvrez-les de fenouil, arrosez d'huile d'olive, salez, poivrez et parfumez avec quelques graines d'anis.

■ Mettez à four chaud pendant environ 10 minutes. Servez dans le plat de cuisson.

Rougets grillés

Préparation : 5 minutes
Cuisson : 5 minutes

Encore meilleurs grillés au barbecue sur des sarments.

280 calories

Pour 4 personnes
24 petits rougets
1 cuillerée à soupe d'huile d'olive
sel, poivre
Pour la marinade :
1 verre d'huile
1 cuillerée à soupe de vinaigre
2 branches de thym
poivre

- Préparez la marinade : mélangez dans un bol l'huile, 1 pincée de poivre, le thym émietté et le vinaigre. Essuyez délicatement les rougets avec un linge, trempez-les dans la marinade, puis retournez-les pour imprégner l'autre côté.
- Placez-les sous le gril du four 2 à 3 minutes de chaque côté.
- Salez, poivrez légèrement et servez les rougets arrosés d'un filet d'huile d'olive.

Rougets à la niçoise

Préparation : 30 minutes
Macération : 2 à 3 heures
Marinade : 48 heures
Cuisson : 30 minutes

Grillés et marinés dans de l'huile d'olive.

464 calories

Pour 6 personnes
12 petits rougets de roche
50 cl d'huile d'olive
Pour la marinade :
1 l de vinaigre aux herbes
1 oignon émincé
1 carotte coupée en rondelles
2 échalotes coupées en deux
1/2 gousse d'ail
1 clou de girofle
1 morceau de céleri
2 tiges de persil
thym et laurier

- Nettoyez les poissons, videz-les, lavez-les et essuyez-les bien. Saupoudrez-les de sel et laissez-les macérer 2 à 3 heures au frais.
- Pendant ce temps, préparez la marinade. Versez le vinaigre dans une grande marmite et ajoutez-y tous les légumes et les aromates, salez, poivrez. Portez à ébullition et laissez cuire à feu modéré environ 30 minutes; mettez au frais.
- Essuyez les poissons pour bien enlever le sel. Faites-les légèrement griller des deux côtés dans un peu de beurre.
- Rangez les poissons dans une terrine, recouvrez-les de la marinade et faites macérer 2 jours. Retirez les rougets, égouttez-les et jetez la marinade.

Rougets à la niçoise *(suite)*

sel, poivre du moulin

■ Remettez les poissons dans la terrine, recouvrez-les largement d'huile et mettez-les au frais.

Rougets en papillotes Baumanière

Préparation : 15 minutes
Cuisson : 20 minutes

La saveur du rouget alliée à celle du porc.

480 calories

Pour 6 personnes

6 rougets de roche
6 très fines tranches de filet de porc légèrement fumé
6 carrés de papier d'aluminium
6 feuilles de laurier
2 cuillerées à soupe d'huile

Mon conseil :

Pas de sel dans cette recette, le porc fumé suffisant à assaisonner le poisson.

■ Allumez votre four à th. 5.

■ Écaillez les rougets si vous ne l'avez pas fait faire par votre poissonnier, mais ne les videz pas.

■ Découpez pour chaque rouget un carré de papier d'aluminium suffisamment grand pour en faire une papillote et huilez-le grassement. Au milieu de chaque feuille, posez 1 feuille de laurier, puis par-dessus 1 rouget, et encore par-dessus 1 tranche de porc.

■ Refermez les papillotes sans trop serrer le contenu et mettez-les dans un plat à gratin bien graissé. Mettez au four 20 minutes en retournant les poissons toutes les 5 minutes. Servez les poissons dans leurs papillotes.

Roulé de porc à la bière

Préparation : 10 minutes
Cuisson : 1 h 10

Avec sa julienne de légumes.

581 calories

Pour 4 personnes

750 g de rôti de porc
350 g de poireaux
50 g de saindoux

■ Aplatissez bien la viande.

■ Coupez les feuilles vertes des poireaux en tronçons de la largeur de la viande. Lavez-les, faites-les blanchir et égouttez-les.

■ Rangez les feuilles de poireaux sur la viande, salez et poivrez, roulez et maintenez fermé avec un fil à rôti.

Roulé de porc à la bière *(suite)*

12,5 cl d'eau
200 g de carottes
200 g de céleri
50 g de beurre
1 cuillerée à café de sucre
4 cl de vinaigre
12,5 cl de bière blonde
12,5 cl de demi-glace
(voir recette p. 716)
sel, poivre du moulin

■ Faites revenir la viande dans le saindoux sur feu vif pendant 10 minutes de toutes parts, mouillez avec l'eau, laissez mijoter sur feu modéré pendant 1 heure.

■ Nettoyez les blancs de poireaux, épluchez les carottes et le céleri et coupez les légumes en julienne.

■ Faites fondre le beurre dans une casserole et mettez-y les légumes à revenir jusqu'à ce qu'ils deviennent translucides. Assaisonnez en sel et en poivre.

■ Caramélisez le sucre dans une casserole, mouillez avec le vinaigre, couvrez de bière et laissez réduire.

■ Retirez la viande de la cocotte, passez le fond de cuisson au tamis et versez-le avec la demi-glace dans la casserole. Faites réduire quelques minutes et vérifiez l'assaisonnement.

■ Coupez la viande en tranches et dressez-la dans le plat de service entourée de julienne de légumes et d'un cordon de sauce.

Mon conseil :
Faites couper la viande par le charcutier en une bande épaisse et bien régulière.

Rouleaux de cocktail

Préparation : 40 minutes
Cuisson : 20 minutes

Feuilletés aux saucisses.

654 calories

Pour 4 personnes
8 chipolatas
30 g de beurre
1 pointe de paprika
250 g de pâte feuilletée
(voir recette p. 535)
1 œuf, sel

■ Piquez les saucisses à la fourchette et plongez-les très rapidement dans de l'eau bouillante salée. Faites-les égoutter et laissez-les refroidir.

■ Faites chauffer le beurre dans une poêle et faites-y frire les saucisses ; saupoudrez de paprika.

■ Abaissez la pâte feuilletée sur une épaisseur de 4 mm, détaillez-la en rectangles et enveloppez-y les saucisses.

■ Battez l'œuf pour en badigeonner les rouleaux.
■ Disposez ceux-ci sur une plaque huilée et faites-les dorer au four à th. 5 12 minutes en les retournant pour qu'ils soient uniformément dorés.

Rouleaux de saumon fumé

Préparation : 10 minutes

Une entrée de fête, simple et raffinée.

323 calories

Pour 4 personnes
500 g de saumon fumé en tranches fines
2 cuillerées à soupe de crème fraîche
2 cuillerées à soupe de fromage blanc
1 cuillerée à soupe de raifort
1 échalote émincée
1/2 citron en dés
poivre du moulin

■ Mélangez dans un saladier le raifort avec le fromage blanc et la crème fraîche. Poivrez.
■ Nappez les tranches de saumon avec cette préparation et roulez-les délicatement avant de les ranger sur un plat.
■ Parsemez l'échalote émincée et garnissez de dés de citron. Placez au frais jusqu'au moment de servir.

Roussette à l'italienne

Préparation : 15 minutes
Cuisson : 20 minutes

Panée au parmesan et nappée de légumes du soleil.

364 calories

Pour 4 personnes
1 kg de roussette

■ Dépouillez le poisson, nettoyez-le, lavez-le puis essuyez-le soigneusement dans un papier absorbant.
■ Coupez les tomates en quartiers et épépinez-les.
■ Dans une sauteuse, faites étuver dans le beurre l'oignon émincé. Ajoutez

4 tomates
1 cuillerée à soupe de beurre
1 oignon émincé
2 carottes coupées en brunoise
1/2 cuillerée à café d'ail pilé
1/2 cuillerée à café de paprika en poudre
1 verre de vin blanc
2 jaunes d'œufs
chapelure
2 cuillerées à soupe de parmesan
sel, poivre du moulin
huile pour la friture

les légumes, l'ail et le paprika et assaisonnez en sel et en poivre. Arrosez de vin et laissez mijoter 10 bonnes minutes.

■ Coupez le poisson en gros tronçons, assaisonnez-les de sel et de poivre, roulez-les dans le jaune d'œuf, passez-les dans la chapelure puis saupoudrez-les de parmesan.

■ Faites-les frire dans un bain de friture bien chaud.

■ Disposez-les dans le plat de service chaud après les avoir fait égoutter et nappez-les de sauce pour les présenter à table.

Rumsteck à la Marius

Préparation : 15 minutes
Cuisson : 20 à 25 minutes

Une viande saisie et saignante avec une sauce à la tomate relevée d'une pointe d'ail.

430 calories

Pour 6 personnes

1 tranche de rumsteck de 1,2 kg
1 cuillerée à soupe d'huile d'olive
2 gousses d'ail
1 cuillerée à soupe de beurre
3 tomates
2 cuillerées à soupe de persil haché
sel, poivre noir fraîchement moulu

■ Pelez les gousses d'ail et coupez-les en minces lamelles.

■ Plongez les tomates 30 secondes dans l'eau bouillante, égouttez-les, pelez-les et hachez-les grossièrement.

■ Enlevez le maximum de graisse au morceau de viande.

■ Faites chauffer l'huile dans une poêle, mettez-y à cuire la viande à feu très vif 3 minutes sur chaque face, retirez-la de la poêle et tenez-la au chaud.

■ Dans la poêle où vous avez gardé le jus de cuisson, ajoutez l'ail, le beurre, les tomates. Faites cuire à feu moyen pendant 10 minutes.

■ Remettez le steak dans la poêle, faites cuire à feu doux 10 à 15 minutes ; retournez la viande à mi-cuisson. Servez aussitôt après avoir saupoudré de persil, de poivre et de sel.

S

Sabayon au porto

Préparation : 10 minutes
Cuisson : 8 minutes

Pour changer du marsala.

189 calories

Pour 4 personnes
20 cl de porto blanc
4 jaunes d'œufs
4 cuillerées à soupe de sucre en poudre

■ Dans un saladier, mélangez au fouet le porto avec les jaunes d'œufs et le sucre. Fouettez au bain-marie jusqu'à ce que la masse devienne bien mousseuse et d'une couleur jaune clair.

■ Répartissez dans des coupes et servez sans attendre. Présentez avec une glace à la pistache ou à la vanille.

Sablés

Préparation : 20 minutes
Cuisson : 10 minutes environ

Des petits gâteaux secs blond pâle, friables sous la dent, et aux formes amusantes.

350 calories

Pour 6 personnes
(30 à 40 gâteaux)

■ Dans une terrine, mettez le sucre, l'œuf entier et le sel. Travaillez le mélange à la spatule jusqu'à ce qu'il soit mousseux et qu'il ait doublé de volume.

■ Tamisez la farine et ajoutez-la d'un coup. Mélangez d'abord à la spatule et continuez à la main : soulevez la pâte avec les doigts en l'effritant (elle ne doit

Sablés *(suite)*

1 œuf entier
1/4 de cuillerée à café de sel
125 g de sucre
250 g de farine
125 g de beurre

pas faire corps, mais s'effriter en une infinité de petits grains ; cela s'appelle « sabler » la pâte).

- Versez ce sable sur la planche, et mettez le beurre coupé en petits morceaux au milieu.
- Pétrissez à la main pour incorporer le beurre (si elle est bien pétrie, la pâte ne colle plus aux doigts).
- Formez-en une boule, grattez la planche, farinez légèrement et étalez au rouleau en une abaisse de 1,5 cm d'épaisseur.
- Allumez le four à th. 4 ou 5.
- Découpez des formes variées à l'emporte-pièce, avec le moins de perte possible.
- Soulevez chaque morceau à la spatule, et posez les gâteaux sur la tôle graissée. Les gâteaux ne gonflent pas à la cuisson, mais, lorsqu'ils sont cuits, ils prennent une belle couleur blond pâle.
- Retirez-les et faites-les refroidir sur une grille sans les superposer.

Mon conseil :
On peut piquer sur la pâte, avant la cuisson, de petits raisins de Corinthe macérés au rhum.

Saint-honoré

Feuilletage, pâte à choux et crème légère.

429 calories

Préparation : 50 minutes
Repos : 30 minutes
Réfrigération : 1 heure
Cuisson : 35 minutes

Pour 8 personnes
200 g de pâte feuilletée (voir recette p. 535)

- Abaissez la pâte feuilletée en un fond de 30 cm de diamètre. Piquez-la avec une fourchette. Dressez par-dessus, avec une douille, une bordure de pâte à choux à 2 cm du bord et laissez reposer au frais 30 minutes avant de faire cuire 20 minutes au four à th. 6. Laissez refroidir.

Saint-honoré *(suite)*

150 g de pâte à choux
(voir recette p. 535)
50 cl de lait
200 g de sucre
1 pincée de sel
1/2 gousse de vanille
50 g de fécule
6 jaunes d'œufs
1 citron
100 g de crème fouettée

■ Dressez à la douille de petites boules de pâte à choux de la grosseur d'une noix, faites cuire 15 minutes à th. 6. Laissez refroidir.

■ Dans l'intervalle, portez le lait à ébullition avec 100 g de sucre, la pincée de sel et la vanille. Mélangez la fécule avec les jaunes d'œufs et versez-les dans le lait. Dès l'ébullition, retirez la préparation du feu. Otez la vanille et laissez refroidir.

■ Préparez un caramel avec le sucre restant et le jus du citron. Passez les petits choux dans le caramel et rangez-les en couronne sur la bordure de pâte feuilletée du gâteau. (Quand le caramel refroidit, il durcit et les choux collent au fond.)

■ Fouettez la crème à la vanille, incorporez la crème fouettée et garnissez-en le centre du gâteau.

■ Mettez 1 heure au réfrigérateur avant de servir.

Saint-pierre parmentier

Préparation : 15 minutes
Cuisson : 30 minutes

Simplement cuit dans son jus entre deux couches de pommes de terre.

438 calories

Pour 4 personnes

1 saint-pierre de 1,5 kg
4 belles pommes de terre
60 g de beurre
25 cl de vin blanc

■ Nettoyez le poisson, lavez-le et épongez-le bien dans un papier absorbant.

■ Épluchez les pommes de terre, lavez-les et coupez-les en tranches fines après les avoir séchées.

■ Beurrez un plat allant au four, garnissez-en le fond avec une partie des pommes de terre et disposez par-dessus le poisson légèrement salé et poivré. Arrosez de jus de citron, recouvrez avec

Saint-pierre parmentier *(suite)*

25 cl de fumet de poisson
(voir recette p. 323)
1 citron
1 cuillerée à soupe
de persil haché
sel, poivre du moulin

les pommes de terre restantes, mouillez avec le vin blanc et le fumet et parsemez de noisettes de beurre.

- Faites gratiner à four chaud environ 30 minutes.
- Servez le poisson aussitôt après l'avoir saupoudré de persil haché.

Salade alsacienne

Préparation : 40 minutes
Cuisson : 20 minutes

Charcuterie et choucroute en bonne compagnie.

330 calories

Pour 4 personnes
200 g de pommes de terre
100 g de girolles
1 céleri-branche
100 g de choucroute
1 botte de radis
50 g de langue de bœuf cuite
50 g de saucisson à l'ail
1 belle tranche de jambon
5 échalotes émincées
2 cuillerées à soupe
de vinaigre de vin
4 cuillerées à soupe
d'huile de pépins de raisin
2 cuillerées à soupe de vin blanc
1 cuillerée à soupe
de persil haché
sel, poivre du moulin

Mon conseil :
Selon la saison, remplacez les girolles par des champignons de Paris.

- Lavez les pommes de terre et faites-les cuire 20 minutes à l'eau bouillante salée.
- Pendant ce temps, lavez les girolles si nécessaire, coupez leur pied terreux et coupez les plus grosses en deux.
- Lavez le céleri et coupez les branches en petits tronçons.
- Lavez la choucroute dans plusieurs eaux et laissez-la égoutter dans une passoire.
- Nettoyez les radis, ôtez leurs fanes et coupez-les en rondelles.
- Détaillez la langue en lanières, le jambon et le saucisson en dés.
- Mettez dans un saladier les légumes préparés avec les viandes et les échalotes émincées. Ajoutez les pommes de terre pelées et coupées en gros dés.
- Mélangez le sel et le poivre avec le vinaigre, le vin blanc puis l'huile pour émulsionner la vinaigrette ; ajoutez enfin le persil.
- Arrosez la salade de sa sauce et accompagnez-la de pain de campagne au moment de servir.

Salade américaine

Préparation : 15 minutes

Fraîche, printanière, sucrée-salée.

160 calories

Pour 6 personnes

1 laitue
1 botte de radis
15 petits oignons au vinaigre
12 filets d'anchois à l'huile
1 pomme
1 petite boîte de morceaux d'ananas
le jus de 1 citron
5 cuillerées à soupe d'huile
poivre

Mon conseil :
Le jus de l'ananas en boîte constitue une agréable boisson. Allongez-le de limonade ou d'eau gazeuse.

- Épluchez, lavez et égouttez soigneusement la salade. Disposez la moitié des feuilles dans le fond et sur les bords d'un grand saladier.
- Épluchez et nettoyez les radis. Posez-les sur la laitue.
- Disposez les petits oignons sur les radis.
- Pelez la pomme, coupez-la en rondelles que vous mettrez dans le saladier.
- Égouttez l'ananas, coupez-le en petits dés, ajoutez-les dans le saladier.
- Arrosez avec 3 cuillerées d'huile et la moitié du jus de citron.
- Recouvrez avec les feuilles qui restent. Disposez dessus les filets d'anchois. Poivrez mais ne salez pas (les anchois sont suffisamment salés). Arrosez avec le reste de l'huile et du jus de citron. Servez frais.

Salade d'asperges au saumon fumé

Préparation : 20 minutes
Cuisson : 30 minutes

Une association nouvelle.

205 calories

Pour 4 personnes

750 g d'asperges
10 g de beurre
1 pincée de sucre
5 cl de sauce moutarde
(voir recette p. 705)

- Lavez les asperges, pelez-les et faites-les cuire dans de l'eau légèrement salée avec le beurre et la pincée de sucre, en veillant à les garder fermes.
- Incorporez à la sauce moutarde le miel et l'aneth haché. Salez et poivrez.
- Répartissez les asperges bien égouttées mais encore tièdes sur des assiettes chaudes et disposez dessus le saumon

Salade d'asperges au saumon fumé *(suite)*

1 cuillerée à café de miel liquide
1 cuillerée à café d'aneth haché
200 g de saumon fumé
4 rondelles de citron
4 branches d'aneth
sel, poivre du moulin

plié en rosace ; nappez le tout de la sauce à la moutarde et au miel.

▪ Décorez chaque assiette de rondelles de citron et de branches d'aneth au moment de servir.

Salade bressane

Préparation : 15 minutes
Cuisson : 5 minutes

Foies de volaille et batavia.

352 calories

Pour 4 personnes
1 petite batavia
2 tranches de pain de mie
2 cuillerées à soupe de beurre
100 g de raisin noir
1 cuillerée à soupe de vinaigre de vin vieux
3 cuillerées à soupe d'huile de noix
250 g de foies de volaille
1 cuillerée à soupe de farine
sel, poivre du moulin

▪ Nettoyez la salade, effeuillez-la, lavez-la, coupez grossièrement les feuilles.

▪ Faites dorer dans la moitié du beurre les tranches de pain de mie détaillées en petits cubes.

▪ Lavez les grains de raisin, ouvrez-les en deux et ôtez les pépins.

▪ Faites une vinaigrette avec le sel, le poivre, le vinaigre et l'huile.

▪ Passez les foies de volaille sous un filet d'eau froide, essuyez-les et roulez-les dans la farine puis faites-les dorer dans le beurre restant.

▪ Tournez la salade dans la sauce, disposez-la sur le plat de service et garnissez-la de grains de raisins.

▪ Coupez les foies de volaille en lamelles et dressez-les encore tièdes sur le plat.

Salade bretonne

Préparation : 10 minutes
Cuisson : 5 minutes

Une salade rustique de cresson et de lard.

60 calories

Pour 6 personnes
350 g de cresson
80 g de lard frais
ou dessalé, en petits dés
2 cuillerées à soupe de vinaigre

■ Faites rissoler doucement le lard dans une poêle pour que la partie grasse fonde et que la partie maigre dore.
■ Épluchez et lavez le cresson. Égouttez-le soigneusement et dressez-le dans un grand saladier.
■ Versez le contenu de la poêle sur le cresson, y compris la graisse de cuisson. Arrosez avec le vinaigre. Servez sans laisser refroidir.

Salade de cèpes

Préparation : 15 minutes
Cuisson : 10 minutes

Salade pour un automne ensoleillé.

186 calories

Pour 4 personnes
100 g de mâche
2 endives
1 trévise rouge
400 g de cèpes
1 cuillerée à soupe
de beurre frais
1 échalote émincée
1 cuillerée à soupe
de persil haché
1 cuillerée à soupe
de jus de citron
3 cuillerées à soupe
d'huile de noix
1 cuillerée à soupe
de ciboulette hachée
sel, poivre du moulin

■ Nettoyez toutes les salades, lavez-les, essorez-les ; coupez les endives en tronçons et mélangez-les dans un saladier.
■ Essuyez soigneusement les champignons après en avoir coupé le bout terreux, et détaillez-les en lamelles.
■ Faites fondre le beurre dans une poêle et faites-y sauter l'échalote avec les champignons. Saupoudrez de persil et laissez refroidir.
■ Mélangez le sel et le poivre avec le jus de citron, ajoutez l'huile en fouettant bien, puis la ciboulette.
■ Arrosez les salades de la sauce d'accompagnement et disposez-les en couronne sur le plat de service. Dressez au centre les champignons avec leur jus de cuisson.

Salade de cervelas

Préparation : 10 minutes

De fines rondelles de cervelas relevées d'ail et d'échalote.

320 calories

Pour 6 personnes
6 petits cervelas
3 échalotes
2 gousses d'ail
quelques brins de persil
le jaune de 1 œuf dur
quelques feuilles de salade verte
3 cuillerées à soupe d'huile
1 cuillerée à soupe de vinaigre
sel, poivre

- Coupez le cervelas en fines rondelles dans un grand saladier.
- Dans un bol, faites une vinaigrette avec l'huile et le vinaigre.
- Hachez finement l'ail, les échalotes et le persil et ajoutez-les dans le bol. Écrasez le jaune d'œuf dur et délayez-le peu à peu avec la vinaigrette aux herbes. Enfin, salez et poivrez.
- Versez sur le cervelas, mélangez et décorez de quelques feuilles de salade. Servez bien frais.

Salade de crevettes

Préparation : 15 minutes
Cuisson : 2 minutes

Sur salade et pois gourmands avec basilic et sauce citron.

330 calories

Pour 2 personnes
1/2 cœur de frisée
50 g de pois gourmands
1 cuillerée à soupe de jus de citron
1 jaune d'œuf
2 cuillerées à soupe d'huile d'olive
1 cuillerée à soupe d'échalotes émincées
1 cuillerée à café de basilic haché

- Nettoyez la salade, effeuillez-la, lavez-la, essorez-la soigneusement.
- Faites blanchir rapidement les pois dans de l'eau bouillante salée, passez-les sous un jet d'eau froide et faites-les égoutter dans une passoire.
- Mélangez le sel et le poivre avec le jus de citron, ajoutez le jaune d'œuf et, à l'aide d'un fouet, émulsionnez avec l'huile ; ajoutez alors les échalotes finement émincées.
- Dressez la salade sur les assiettes, parsemez-la de pois gourmands.
- Ajoutez dans la moitié de la sauce le basilic haché et les crevettes et disposez-les au centre des assiettes. Arrosez la salade du reste de la sauce.

Salade de crevettes *(suite)*

300 g de crevettes cuites décortiquées
1 tomate en dés
sel, poivre du moulin

■ Pour donner un peu de couleur, garnissez de quelques dés de tomate après l'avoir pelée et épépinée.

Salade d'épinards

Préparation : 10 minutes
Cuisson : 3 minutes

Épinards crus et bacon poêlé.

175 calories

Pour 4 personnes
350 g d'épinards frais
4 tranches de bacon
1 noix de beurre
1 citron
2 cuillerées à soupe d'huile
poivre

■ Épluchez les épinards. Lavez-les soigneusement à plusieurs eaux. Séchez-les, hachez-les grossièrement dans un grand saladier.
■ Coupez les tranches de bacon en petits morceaux. Faites fondre le beurre dans une poêle. Mettez les morceaux de bacon, retournez-les rapidement à la spatule, laissez dorer. Versez bacon et jus sur les épinards.
■ Assaisonnez avec le jus du citron, l'huile, poivrez au goût. Ne salez pas, le bacon est déjà salé. Remuez la salade. Servez.

Salade estivale

Préparation : 15 minutes
Cuisson : 10 minutes

Fraîche et apéritive.

251 calories

Pour 4 personnes
1 scarole
1 botte de radis
100 g de haricots verts
100 g de maïs en grains
150 g de tomates
2 cuillerées à soupe de vinaigre de framboise

■ Préparez la salade, lavez-la et coupez-en grossièrement les feuilles.
■ Nettoyez les radis, ôtez leurs fanes puis détaillez-les en rondelles.
■ Faites cuire les haricots verts à l'eau salée pendant 10 minutes puis passez-les rapidement sous un jet d'eau froide.
■ Disposez dans un grand saladier les feuilles de salade, les radis, les grains de maïs et les tomates pelées et coupées en rondelles.

Salade estivale *(suite)*

1 jaune d'œuf
3 cuillerées à soupe d'huile d'olive
15 oignons grelots
12 anchois à l'huile
sel, poivre du moulin

■ Mélangez le sel et le poivre avec le vinaigre et le jaune d'œuf, puis ajoutez lentement l'huile pour émulsionner la sauce.

■ Versez la vinaigrette sur la salade, tournez avec des couverts en bois et garnissez enfin de filets d'anchois et d'oignons grelots.

Salade de fenouil aux fruits

Estivale, douce et parfumée.

152 calories

Pour 4 personnes

2 ou 3 bulbes de fenouil
1 ou 2 oranges juteuses
1 pomme acidulée
2 cuillerées à soupe d'huile de tournesol
quelques grains de cumin
sel

Préparation : 20 minutes

■ Nettoyez les bulbes de fenouil et coupez-les en fines lanières. Battez-les légèrement avec le plat d'une spatule en bois pour les attendrir.

■ Pelez les oranges à vif, enlevez-en les pépins et coupez-les en petits morceaux.

■ Épluchez la pomme, enlevez le cœur et détaillez-la en fines lamelles.

■ Mélangez le fenouil, les morceaux d'orange et de pomme ; arrosez le tout d'huile de tournesol.

■ Ajoutez selon les goûts un peu de sel et parsemez de quelques grains de cumin.

Salade de fèves aux cébettes

Préparation : 5 minutes
Cuisson : 20 minutes
Réfrigération : 30 minutes

A déguster en apéritif, avec cet assaisonnement méridional.

137 calories

Pour 4 personnes
500 g de fèves fraîches
4 filets d'anchois
1 botte de cébettes
1 branchette de thym
3 cuillerées à soupe d'huile d'olive
1 cuillerée à soupe de vinaigre à la sauge
sel, poivre
gros sel

■ Écossez les fèves et retirez la fine pellicule blanche qui les recouvre. Jetez-les dans une casserole d'eau bouillante additionnée de gros sel ; ajoutez le thym. Cuisez 5 minutes environ à partir de l'ébullition.
■ Dans un saladier, mélangez 1 pincée de sel, 1 pincée de poivre, l'huile d'olive et le vinaigre à la sauge ; ajoutez les cébettes épluchées et hachées, ainsi que les filets d'anchois coupés en petits morceaux. Versez les fèves, remuez bien et laissez au frais une trentaine de minutes avant de servir.

Salade à la fortune du pot

Préparation : 20 minutes

Rosbif froid en salade.

417 calories

Pour 4 personnes
3 endives
2 tomates
2 échalotes émincées
2 cuillerées à soupe de vinaigre de framboise
1 cuillerée à soupe de moutarde au champagne

■ Nettoyez les endives et enlevez la partie amère ; coupez-les en deux, effeuillez-les, lavez-les et essuyez-les soigneusement.
■ Lavez les tomates, coupez-les en quartiers pour les épépiner, puis en fines lanières.
■ Préparez la vinaigrette en mélangeant le sel et le poivre avec le vinaigre, la moutarde, l'huile et les noix.
■ Mélangez les échalotes émincées ou hachées à la salade et arrosez-les de la

Salade à la fortune du pot *(suite)*

5 cuillerées à soupe
d'huile de noix
2 cuillerées à soupe
de noix concassées
400 g de rosbif cuit
quelques feuilles de cresson
sel, poivre du moulin

sauce que vous venez de préparer ; tournez et disposez la salade sur un grand plat.

- Coupez la viande en très fines tranches, roulez-les en forme de fleurs et posez-les sur la salade.
- Garnissez de tomates et parsemez de cresson.

Salade de Francfort

Préparation : 20 minutes
Cuisson : 20 minutes

Pommes de terre, céleri et saucisses bien assaisonnés.

328 calories

Pour 6 personnes
6 saucisses de Francfort
6 petites pommes de terre
rouges à chair ferme
1 oignon
1 branche de céleri
quelques brins de persil
2 cuillerées à soupe de vinaigre
3 cuillerées à soupe d'huile.
1 cuillerée à soupe
de vin blanc sec
sel, poivre

- Faites cuire les pommes de terre à l'eau bouillante salée.
- Préparez la vinaigrette dans un saladier avec vinaigre, huile, vin blanc, sel, poivre.
- Lavez la branche de céleri, coupez-la en petits morceaux dans la sauce.
- Épluchez l'oignon, hachez-le avec le persil.
- Faites pocher les saucisses à l'eau frémissante pendant 10 minutes.
- Épluchez les pommes de terre, coupez-les en cubes dans le saladier, remuez pour qu'elles s'imbibent.
- Égouttez les saucisses. Coupez-les en rondelles dans le saladier. Ajoutez oignon et persil hachés. Remuez bien. Servez tiède en hors-d'œuvre.

Salade de fruits à la menthe

Préparation : 10 minutes
Cuisson : 5 minutes

Délicieusement rafraîchissante.

140 calories

Pour 4 personnes
le jus de 1 citron
40 g de sucre
15 feuilles de menthe
3 pêches
3 brugnons
100 g de framboises
150 g de mûres
150 g de groseilles rouges

■ Faites bouillir 10 cl d'eau avec le jus de citron et le sucre. Ajoutez 8 feuilles de menthe et laissez le sirop refroidir.
■ Lavez les pêches et les brugnons, retirez-en les noyaux et coupez-les en lamelles sans les avoir épluchés.
■ Triez les framboises, les mûres et les groseilles et répartissez-les dans des assiettes creuses.
■ Dressez les lamelles de pêche et de brugnon en cercle sur les baies.
■ Arrosez avec le sirop bien froid et garnissez des feuilles de menthe restantes. Servez aussitôt.

Salade de fruits de mer

Préparation : 50 minutes
Cuisson : 15 minutes

Saveur naturelle de la mer.

399 calories

Pour 4 personnes
1 carotte
1 morceau de céleri-rave
1 blanc de poireau
150 g de filet de poisson poché
20 g de beurre
200 g de chair de coquilles Saint-Jacques fraîches
500 g de moules
2 verres de vin blanc sec
150 g de crevettes cuites

■ Épluchez tous les légumes, lavez-les et séchez-les ; coupez la carotte et le céleri en julienne, le poireau en fines rondelles.
■ Nettoyez les coquilles Saint-Jacques sous l'eau froide, séparez le corail des noix et faites-les revenir dans du beurre avec les légumes en julienne ; poivrez légèrement.
■ Retirez les arêtes du poisson et coupez-le en gros dés.
■ Grattez les moules, faites-les ouvrir sur feu vif dans une casserole avec un peu de vin blanc, décoquillez-les et versez-les dans un saladier avec le poisson

2 cuillerées à soupe
de jus de citron
4 cuillerées à soupe d'huile
1 filet de sauce Worcestershire
2 échalotes émincées
2 cuillerées à soupe
de fines herbes hachées
(persil, aneth, estragon)
sel, poivre du moulin

et les crevettes préalablement décortiquées. Ajoutez les coquilles Saint-Jacques et les légumes.

■ Mélangez le sel et le poivre avec le jus de citron et la sauce Worcestershire, puis émulsionnez avec l'huile. Ajoutez enfin les échalotes finement émincées et les fines herbes hachées.

■ Versez les fruits de mer dans le plat de service et arrosez-les généreusement de la sauce.

Salade de gruyère aux oignons

Variante de la salade alsacienne.

518 calories

Pour 4 personnes
2 gros oignons
400 g de gruyère
3 cuillerées à soupe d'huile
d'olive ou de tournesol
1 ou 2 cuillerées à soupe
de vinaigre de vin
1 cuillerée à café de moutarde
1 concombre
1 cuillerée à soupe
de cerfeuil ciselé
sel, poivre du moulin

Préparation : 15 minutes
Repos : 30 minutes

■ Coupez le fromage en bâtonnets de 3 à 4 cm de longueur et mettez-les dans un saladier avec les oignons pelés et coupés en fins anneaux.

■ Préparez dans un petit bol une vinaigrette bien relevée avec l'huile de votre choix, le vinaigre, la moutarde, le sel et le poivre.

■ Pelez le concombre, fendez-le en deux dans le sens de la longueur, retirez les pépins et coupez la pulpe en demi-lunes. Ajoutez-les à leur tour dans le saladier.

■ Arrosez de sauce et mélangez bien le tout.

■ Laissez reposer pendant au moins 30 minutes au frais avant de servir la salade. Parsemez-la de cerfeuil ciselé au dernier moment.

Salade mixte au fromage

Préparation : 20 minutes

Fruits, légumes et thon en font une salade complète.

400 calories

Pour 4 personnes
1 boîte de 200 g environ de thon au naturel
2 endives
1 betterave
1 pomme reinette
12 olives vertes
1 cuillerée à soupe de moutarde
1 cuillerée à soupe de vinaigre
4 cuillerées à soupe d'huile
150 g de gruyère
sel, poivre

- Épluchez la betterave et coupez-la en petits cubes.
- Nettoyez les endives. Séparez les feuilles. Coupez-les en morceaux.
- Ouvrez la boîte de thon, égouttez-le et ôtez les peaux, répartissez-le en petits morceaux.
- Faites une vinaigrette bien relevée de moutarde.
- Dans un saladier, disposez les endives, la betterave et les morceaux de thon. Arrosez de vinaigrette.
- Coupez le gruyère en petits dés.
- Épluchez la pomme. Otez les pépins. Coupez-la en petits dés. Ajoutez-les à la salade ainsi que le fromage. Mélangez bien. Décorez le dessus avec les olives vertes.

Salade niçoise

Préparation : 30 minutes
Cuisson : 10 minutes

Un classique aux mille variantes.

585 calories

Pour 4 personnes
2 tomates
2 pommes de terre cuites
1 poivron vert
1 petit concombre
150 g de haricots verts cuits « al dente »
4 œufs

- Lavez les tomates et coupez-les en petits dés.
- Épluchez les pommes de terre et coupez-les en rondelles.
- Épépinez le poivron, fendez-le en deux et coupez-le en fines lanières.
- Épluchez le concombre, fendez-le en deux dans le sens de la longueur, retirez les pépins et coupez-le en fines tranches.
- Coupez les haricots verts en deux.

10 cl de vinaigrette
(voir recette p. 77)
2 échalotes
200 g de thon à l'huile d'olive
quelques filets d'anchois
100 g d'olives noires de Nice

Mon conseil :
Dressez la salade sur des feuilles de laitue dans de jolies coupes individuelles pour une présentation plus sophistiquée.

- Faites cuire les œufs environ 10 minutes dans l'eau bouillante, puis laissez-les refroidir dans l'eau froide.
- Coupez les échalotes en fines rondelles après les avoir pelées.
- Disposez tous les légumes dans un grand saladier et arrosez-les avec la vinaigrette.
- Écalez les œufs, coupez-les en quartiers et disposez-les avec le thon et les filets d'anchois sur la salade. Parsemez d'olives noires.

Salade aux noix

Préparation : 15 minutes

Laitue, pommes et noix composent cette salade automnale.

115 calories

Pour 4 personnes
1 laitue
2 pommes
1 dizaine de noix
1 cuillerée à soupe de crème fraîche
1 cuillerée à café de moutarde forte
le jus de 1 citron
sel

- Épluchez et lavez la laitue. Partagez les feuilles et mettez-les dans un saladier.
- Pelez et coupez les pommes en quartiers fins. Ajoutez-les à la laitue.
- Cassez les noix et mettez les cerneaux dans le saladier.
- Dans un bol, mélangez crème fraîche, jus de citron, moutarde, sel. Versez sur la salade.
- Mélangez et servez bien frais.

Rougets grillés *(recette page 657)*

Salade de fèves aux cébettes (recette page 673)

Salade d'oranges

Préparation : 10 minutes
Repos : 30 minutes

Poivrée et assaisonnée à l'huile.

170 calories

Pour 4 personnes
4 oranges
2,5 cl d'huile d'olive
poivre noir

Mon conseil :
Cette originale salade accompagne particulièrement bien le canard et les viandes rôtis.

■ Pelez les oranges à vif, c'est-à-dire en enlevant également la peau blanche qui se trouve sous l'écorce. Coupez les fruits en tranches très fines en retirant les pépins.
■ Saupoudrez-les de poivre fraîchement moulu, arrosez-les d'huile d'olive. Laissez reposer 30 minutes avant de servir.

Salade de pissenlits au lard et au fromage

Préparation : 30 minutes
Cuisson : 5 minutes

Une consistante salade servie tiède.

575 calories

Pour 4 personnes
250 g de pissenlits
200 g de beaufort
100 g de poitrine fumée
100 g de croûtons
beurre
2 cuillerées à soupe de crème fraîche
2 pommes de terre en robe des champs
1 gousse d'ail broyée
vinaigre

■ Nettoyez, lavez soigneusement et égouttez les pissenlits. Épluchez les pommes de terre, coupez-les en dés ainsi que le beaufort.
■ Dans un grand saladier, mélangez la crème fraîche, le vinaigre, l'ail broyé. Mettez les pissenlits, le beaufort, les pommes de terre.
■ Peu avant de servir, faites fondre à la poêle la poitrine fumée coupée en petits lardons. Faites frire au beurre les petits croûtons.
■ Au moment de servir, versez lardons et croûtons sur la salade ; remuez bien, servez aussitôt.

Salade de poulet aux fruits

Préparation : 20 minutes
Repos : 15 minutes

Un mariage réussi.

340 calories

Pour 4 personnes

1 poulet rôti
(ou 2 blancs de poulet)
2 avocats
250 g de raisin noir
2 oranges
2 cuillerées à soupe
de jus de citron
2 cuillerées à soupe d'huile
1 cuillerée à soupe
de persil haché
sel, poivre du moulin

Mon conseil :

Cette salade est encore meilleure si l'on ajoute 1 ou 2 cuillerées à soupe de crème fraîche et une pointe de curry dans la sauce et si on la saupoudre d'amandes effilées et grillées juste au moment de servir.

- Enlevez la peau du poulet, détachez la chair de la carcasse et coupez les blancs en gros dés. Le reste du poulet vous servira pour une autre recette.
- Fendez les avocats en deux, retirez leur noyau, creusez-les avec une cuillère à soupe pour en ôter la chair et coupez-la également en dés.
- Lavez le raisin sous l'eau courante et égrenez-le ; coupez les grains en deux et retirez les pépins.
- Épluchez les oranges à vif et séparez les quartiers.
- Mélangez le sel et le poivre avec le jus de citron et versez ensuite l'huile ; battez au fouet pour émulsionner la sauce.
- Mettez les avocats, les oranges, les raisins et les dés de poulet dans un saladier, arrosez de sauce et tournez la salade.
- Laissez reposer pendant environ 15 minutes et parsemez de persil finement haché.

Salade printanière

Préparation : 20 minutes

La fraîcheur légère des salades et des champignons.

153 calories

Pour 4 personnes
2 endives
150 g de mâche
100 g de frisée ou de pissenlit
1 petite trévise
1 petite batavia frisée
quelques gouttes de jus de citron
125 g de champignons de Paris
1 cuillerée à café de moutarde
1 cuillerée à soupe
de vinaigre de vin rouge
1 jaune d'œuf
3 cuillerées à soupe
d'huile d'olive
1 bouquet de cerfeuil
sel, poivre du moulin

- Préparez les différentes salades et lavez-les dans plusieurs eaux.
- Essorez, coupez les feuilles et mélangez bien.
- Lavez les champignons, coupez-les en lamelles et arrosez-les de quelques gouttes de jus de citron pour les garder bien blancs.
- Mélangez le sel et le poivre avec le jaune d'œuf, la moutarde et le vinaigre dans un saladier.
- Émulsionnez le tout au fouet et ajoutez l'huile peu à peu pour obtenir une sauce bien lisse.
- Lavez le cerfeuil et hachez-le grossièrement. Tournez délicatement les salades dans la sauce et parsemez de cerfeuil au moment de servir.

Salade Puy-Robert aux trois confits

Préparation : 25 minutes
Cuisson : 4 minutes

Un classique du Périgord.

1 108 calories

Pour 2 personnes
6 gousses d'ail confites
1/2 magret de canard fumé
1 assortiment de salades
1 tomate

- Coupez le magret de canard et les gésiers en fines tranches. Désossez les cuisses de canard et faites-les sauter avec les gésiers pendant 4 minutes.
- Placez au centre de chaque assiette une poignée de salades assaisonnées d'une bonne cuillerée à soupe de vinaigrette. Disposez autour le magret, les

Salade Puy-Robert
aux trois confits *(suite)*

2 gésiers confits
2 cuisses de canard confites
5 cl de vinaigrette
à l'huile de noix
8 cerneaux de noix
50 g de haricots verts cuits
6 radis roses

gousses d'ail, les gésiers et les cuisses, en intercalant quelques haricots verts, de petits dés de tomate et quelques radis émincés. Décorez de cerneaux de noix. Au moment de servir, déposez éventuellement sur la salade une tranche de foie gras chaud.

Salade de râble de lièvre

Délicatement champêtre.

776 calories

Préparation : 15 minutes
Cuisson : 40 minutes

Pour 2 personnes
100 g de mâche
100 g de pissenlit
300 g de râble de lièvre
50 g de lardons
150 g de légumes (haricots, carottes, navets en julienne)
20 g de beurre
12,5 cl de vin blanc
1 cuillerée à soupe
de jus de citron
1 jaune d'œuf
1 cuillerée à café de moutarde
3 cuillerées à soupe d'huile
1 cuillerée à café de persil haché
sel, poivre du moulin

- Nettoyez les salades, lavez-les et essorez-les soigneusement.
- Dans une casserole, faites cuire ensemble les légumes à l'étuvée avec le beurre et le vin blanc. Salez-les légèrement, retirez-les avec une écumoire et réservez-les, mais gardez le jus de cuisson.
- Mélangez le sel et le poivre avec le jus de citron, délayez avec le jaune d'œuf et la moutarde puis émulsionnez à l'huile et ajoutez enfin le persil.
- Parez le râble de lièvre, salez et poivrez. Faites revenir les lardons 2 minutes dans la poêle, mouillez-les avec le fond de cuisson des légumes et faites cuire le râble de lièvre dans la sauce environ 30 minutes sur feu doux.
- Disposez la salade sur un grand plat, garnissez de légumes et arrosez de sauce.

Mon conseil :
Pour donner un goût fruité à la salade, j'ajoute 1 pomme râpée dans la sauce et remplace le jus de citron par du vinaigre de cidre.

- Coupez le râble en lamelles dans le biais et dressez-le au centre de la salade.
- Faites réduire le fond de sauce sur feu vif et nappez-en la viande. Portez tout de suite à table.

Salade Roquebrune

Préparation : 40 minutes
Macération : 30 minutes

Bouquet de crudités en vinaigrette.

266 calories

Pour 4 personnes
1 petite batavia
1/2 chou-fleur
3 blancs de poireaux
2 carottes
1/2 chou-rave
1 ou 2 gousses d'ail écrasées
2 navets
1 petite tasse d'olives noires
2 cuillerées à soupe de vinaigre de vin
4 cuillerées à soupe d'huile d'olive
sel, poivre du moulin

- Préparez tous les légumes : lavez-les et faites-les égoutter, séchez-les avec du papier absorbant.
- Coupez la salade en fines lanières, détachez le chou-fleur en petits bouquets, coupez les poireaux en minces rondelles et râpez les carottes, le chou-rave et les navets.
- Dénoyautez les olives et coupez-les en quatre avant de les ajouter à la salade.
- Mélangez le sel et le poivre avec l'ail et le vinaigre de vin. Émulsionnez avec l'huile et versez sur la salade. Laissez macérer au frais au moins 30 minutes avant de servir.

Salade savoyarde

Préparation : 10 minutes

Laitue, noix, gruyère et jambon : un régal simple.

260 calories

Pour 4 personnes
1 laitue
50 g de gruyère
10 cerneaux de noix
1 tranche épaisse de jambon cuit
Pour la vinaigrette :
1 cuillerée à soupe de vinaigre
4 cuillerées à soupe d'huile
ciboulette
1/2 cuillerée à café de moutarde
sel, poivre

- Préparez la vinaigrette en y mêlant la moutarde.
- Coupez finement la ciboulette aux ciseaux et ajoutez-la à la vinaigrette.
- Détachez les feuilles de la laitue, lavez-les, égouttez-les et tapissez-en un saladier.
- Râpez séparément gruyère, jambon et noix (grosse râpe).
- Mettez le tout dans le saladier. Arrosez de vinaigrette et mélangez.

Salade taboulé

Préparation : 15 minutes
Repos : 10 minutes

Laitue, tomates et boulghour : une harmonie méditerranéenne.

224 calories

Pour 4 personnes
1 laitue
2 tomates
2 cuillerées à soupe de jus de citron
1 cuillerée à soupe de concentré de tomates
3 cuillerées à soupe d'huile d'olive

- Préparez la laitue : lavez-la, essorez les feuilles et coupez-les en grosses lanières.
- Plongez les tomates dans de l'eau en ébullition, pelez-les, épépinez-les et coupez-les en dés.
- Mélangez le sel et le poivre avec le jus de citron, ajoutez le concentré de tomates avec les herbes lavées et finement hachées et incorporez lentement l'huile à la sauce.
- Mettez dans un saladier la laitue, les dés de tomates et le boulghour ; versez

Salade taboulé *(suite)*

3 cuillerées à soupe de fines herbes (menthe, ciboulette, persil)
100 g de boulghour (ou pilpil de blé) cuit
sel, poivre du moulin

la sauce. Mélangez délicatement le tout et laissez reposer pendant 10 minutes au moins avant de servir.

Salade terre et mer

Préparation : 1 heure
Cuisson : 25 minutes

Une association raffinée de fruits de la mer et de la terre.

488 calories

Pour 2 personnes

1 salade frisée
2 endives
1 botte de radis
50 g de haricots verts
50 g de carottes coupées en julienne
2 cuillerées à soupe de vinaigre de framboise
3 cuillerées à soupe d'huile de noix
1 cuillerée à soupe d'échalotes hachées
1 cuillerée à soupe de persil haché
1 caille
10 g de beurre
50 g de crevettes cuites
1 cuillerée à café d'aneth haché
25 g de viande fumée

■ Nettoyez la salade frisée, lavez-la, essorez-la soigneusement ; essuyez les endives et coupez la partie amère qui se trouve près du trognon ; effeuillez la frisée, coupez les endives en rondelles et faites bien égoutter le tout.

■ Préparez les radis, lavez-les, essuyez-les et coupez-les en fines rondelles.

■ Effilez les haricots, lavez-les et faites-les blanchir 4 à 5 minutes dans de l'eau bouillante salée. Au bout de 3 minutes, ajoutez les carottes et, quand elles sont cuites, passez les légumes sous l'eau froide et réservez-les.

■ Mélangez le sel et le poivre avec le vinaigre, ajoutez l'huile en fouettant bien et incorporez les échalotes et le persil. Versez la sauce sur la salade et les légumes.

■ Passez la caille sous l'eau froide, séchez-la, salez-la, poivrez-la et faites-la dorer sur toutes ses faces avec le beurre dans une sauteuse. Détachez les blancs et les cuisses.

Salade terre et mer *(suite)*

25 g de cerneaux de noix
75 g de saumon fumé
25 g de caviar
100 g de crème fraîche
sel, poivre du moulin

Mon conseil :
Décorez de quelques tomates et de petites girolles sautées. Un repas complet en un seul plat pour un jour de gala.

■ Saupoudrez les crevettes, préalablement décortiquées, d'aneth et de poivre et mélangez bien le tout.
■ Répartissez la salade sur des grandes assiettes individuelles et garnissez-les de viande fumée coupée en lanières, de cerneaux de noix concassés, de crevettes, de saumon coupé en lanières, de crème fraîche bien battue et surmontée de caviar ainsi que d'un blanc et d'une cuisse de caille.

Salade de tomates au basilic

Préparation : 10 minutes

Un classique de la cuisine italienne.

178 calories

Pour 2 personnes
2 grosses tomates mûres et fermes
1 cuillerée à café de purée de basilic
2 cuillerées à soupe d'huile d'olive
4 feuilles de basilic
sel, poivre du moulin

■ Lavez les tomates, essuyez-les, coupez-les en tranches et répartissez-les sur les assiettes.
■ Mélangez la purée de basilic avec l'huile d'olive, versez-la sur les tomates, salez et poivrez généreusement.
■ Garnissez de feuilles de basilic entières et servez bien frais.

Salade verte aux haricots

Préparation : 20 minutes
Cuisson : 5 minutes

Une symphonie de verts.

69 calories

Pour 4 personnes
1 cœur de laitue
1 botte de cresson de fontaine
150 g de haricots verts
100 g de champignons de Paris
1 bouquet de persil
1 bouquet de ciboulette
1 bouquet de cerfeuil
200 g de yaourt
1 cuillerée à soupe
de jus de citron
sel, poivre du moulin

- Effeuillez laitue et cresson. Otez les tiges du cresson et les côtes dures de la laitue. Lavez et essorez les salades.
- Effilez les haricots, lavez-les et faites-les blanchir 5 minutes à l'eau bouillante salée. Ils doivent rester bien croquants. Passez-les sous l'eau froide et égouttez-les soigneusement.
- Nettoyez les champignons et coupez-les en lamelles.
- Lavez persil, ciboulette et cerfeuil, essorez-les et hachez-les finement.
- Mélangez le yaourt et les fines herbes, arrosez de jus de citron, salez et poivrez.
- Disposez salades et légumes sur les assiettes et nappez de sauce.

Salsifis en beignets

Préparation : 20 minutes
Cuisson : 20 minutes

Sous une croustillante pâte frite.

204 calories

Pour 4 personnes
500 g de salsifis
1 cuillerée à soupe de vinaigre
1 cuillerée à soupe de sucre
75 g de farine
1 citron non traité

- Lavez les salsifis, puis épluchez-les et coupez-les en bâtonnets de 5 cm de long.
- Faites-les cuire 15 minutes dans de l'eau bouillante additionnée de sel, de vinaigre et de sucre. Égouttez-les et laissez-les refroidir.
- Préparez une pâte assez molle avec la farine, du sel, le zeste du citron, le jaune d'œuf et la crème fraîche.

Salsifis en beignets *(suite)*

1 jaune d'œuf
10 cl de crème fraîche
1 bouquet de persil
huile pour friture
sel

Mon conseil :
Accompagnez ces beignets d'une mayonnaise légère additionnée de fines herbes et de jus de citron.

■ A l'aide de deux fourchettes, plongez les salsifis dans la pâte, puis jetez-les dans le bain de friture à th. 5 et faites-les dorer 4 à 5 minutes.

■ Jetez à son tour le persil lavé et effeuillé dans le bain de friture, retirez-le au bout de 1 minute avec une écumoire, salez et garnissez-en les salsifis pour présenter à table.

Salsifis à la normande

Préparation : 25 minutes
Cuisson : 30 minutes

Dans une sauce au cidre, aux pommes et à la crème.

318 calories

Pour 4 personnes
800 g de salsifis
1 citron
50 g de beurre
3 pommes
1 gros oignon
30 cl de cidre
10 cl de crème fraîche
noix muscade
citronnelle
sel, poivre du moulin

■ Lavez les salsifis avant de les éplucher. Coupez-les en bâtonnets de 5 cm de long et faites-les cuire 20 minutes dans de l'eau bouillante salée additionnée du jus du citron. Égouttez-les dans une passoire.

■ Dans une poêle à fond épais, faites revenir dans le beurre les pommes pelées et coupées en dés avec l'oignon épluché et grossièrement émincé.

■ Mouillez avec le cidre et laissez réduire de moitié.

■ Ajoutez la crème fraîche, la noix muscade, du sel et du poivre, et passez le tout au mixeur.

■ Plongez les salsifis bien égouttés dans la sauce et réchauffez le tout sans toutefois laisser bouillir.

■ Parsemez de citronnelle fraîche hachée avant de servir.

Saltimbocca alla romana

Au jambon de Parme et à la sauge.

Préparation : 15 minutes
Cuisson : 8 minutes

485 calories

Pour 4 personnes
12 escalopes de veau de 50 g chacune
2 cuillerées à soupe de farine
12 tranches de jambon de Parme de 6 x 6 cm
12 feuilles de sauge
40 g de beurre + 20 g de beurre froid
4 cl de vin blanc sec
sel, poivre blanc du moulin

- Aplatissez la viande pour obtenir des escalopes très fines. Salez-les, poivrez-les, roulez-les dans la farine en les tapotant pour faire tomber le surplus.
- Garnissez chaque escalope de 1 feuille de sauge, puis de 1 tranche de jambon de Parme. Roulez-les en les maintenant fermées avec un cure-dent en bois ou une allumette épointée.
- Faites chauffer le beurre dans une grande poêle et mettez-y à revenir les escalopes 2 minutes de chaque côté.
- Retirez la viande de la poêle, jetez la graisse de cuisson et dressez les escalopes sur un plat chaud.
- Déglacez le fond de la poêle avec le vin et faites réduire aux deux tiers.
- Montez alors la sauce au beurre froid et, quand celle-ci est bien onctueuse, versez-la sur la viande et servez.

Sandre au paprika

Préparation : 30 minutes
Cuisson : 25 minutes

Un poisson très fin dans une sauce douce.

433 calories

Pour 4 personnes
3 poivrons rouges
2 échalotes

- Lavez les poivrons, coupez-les en deux, enlevez les pépins, pelez-les et détaillez la pulpe en gros dés.
- Épluchez les échalotes, coupez-les en rondelles, de même que l'ail.
- Faites chauffer la cuillerée à soupe de beurre dans une poêle et faites-y

Sandre au paprika *(suite)*

1 gousse d'ail
1 cuillerée à soupe de beurre
+ 50 g de beurre en dés
2 cuillerées à soupe de vinaigre
20 cl de vin blanc
25 cl de fumet de poisson
(voir recette p. 323)
4 filets de sandre
de 160 g chacun
sel, poivre du moulin

fondre échalotes et ail ; ajoutez les poivrons, mouillez avec le vinaigre et laissez évaporer.

■ Couvrez avec le vin blanc et faites réduire de moitié. Ajoutez le fumet de poisson et laissez mijoter 15 minutes. Assaisonnez en fin de cuisson.

■ Mixez et passez au tamis. Faites chauffer de nouveau et montez la sauce au beurre morceau par morceau.

■ Assaisonnez les filets de poisson et cuisez-les à la vapeur.

■ Répartissez la sauce sur les assiettes et disposez le poisson dessus.

Sanglier à la choucroute

Rôti au four et dressé sur un lit de choucroute.

1 205 calories

Préparation : 30 minutes
Marinade : 2 à 3 jours
Cuisson : 2 h 50

Pour 6 personnes

1 gigot de sanglier de 1,5 kg
300 g de lard en dés
10 cl de fond blanc
(voir recette p. 322)
1 kg de choucroute crue
50 g de beurre
4 cuillerées à soupe d'huile
sel, poivre du moulin

Pour la marinade :

1,5 l de vin rouge
2 carottes en rondelles

■ Préparez la marinade avec tous les ingrédients et laissez-y tremper le gigot de sanglier 2 à 3 jours.

■ Préchauffez le four. Faites rissoler les lardons dans une braisière, mouillez avec un peu de fond et ajoutez la choucroute. Laissez mijoter à couvert pendant 1 heure.

■ Retirez le gigot de sa marinade, séchez-le bien et faites-le revenir dans le mélange d'huile et de beurre. Salez et poivrez largement. Garnissez de choucroute et couvrez avant d'enfourner. Comptez environ 30 minutes de cuisson par livre de viande. Au cours de la cuisson, arrosez le gigot de temps en temps avec le jus.

4 échalotes
2 clous de girofle
6 baies de genièvre
2 feuilles de laurier
1 verre de vinaigre
10 cl d'huile
sel, poivre du moulin

■ Coupez le gigot en tranches et servez-le sur un lit de choucroute accompagné d'une purée de pommes de terre (voir recette p. 620).

Sardines en escabèche

Paprika, cumin et piment pour une sauce forte dont on arrose les sardines grillées.

490 calories

Pour 4 personnes
1 kg de sardines
2 piments-oiseaux
2 cuillerées à soupe de vinaigre de vin
2 cuillerées à café de paprika
1 cuillerée à soupe de cumin en poudre
2 verres d'huile d'arachide pour la friture
6 gousses d'ail
sel, poivre

Préparation : 15 minutes
Cuisson : 20 minutes

■ Nettoyez les sardines. Coupez la tête, videz les entrailles en incisant le ventre au couteau pointu. Lavez à l'eau fraîche, séchez avec du papier absorbant. Salez, poivrez.

■ Dans une poêle profonde, mettez l'huile, faites-la chauffer. Quand elle est bien chaude, faites frire les sardines sur les deux faces en retournant délicatement à la spatule. Dès que les sardines sont dorées, retirez-les de l'huile, placez-les dans un plat creux.

■ Maintenez l'huile de la poêle sur feu moyen, jetez-y l'ail écrasé, le paprika, le cumin, les piments ; salez. Laissez chauffer 2 minutes. Retirez la poêle du feu. Ajoutez le vinaigre en prenant garde aux projections d'huile chaude.

■ Nappez les sardines avec cette sauce. Laissez refroidir. Ce plat se mange généralement froid et se conserve plusieurs jours au réfrigérateur.

Sardines gratinées

Préparation : 20 minutes
Cuisson : 10 minutes

Aromatisées de citron, de thym et de vin blanc.

320 calories

Pour 4 personnes
700 g de sardines
2 citrons
thym en poudre
20 cl de vin blanc
2 cuillerées à soupe d'huile d'olive
chapelure
2 cuillerées à soupe de persil
sel, poivre du moulin

■ Étêtez les sardines vidées et écaillées. Nettoyez-les et épongez-les bien.
■ Arrosez-les avec le jus de 1 citron.
■ Coupez le deuxième citron en rondelles et garnissez-en le fond d'un plat huilé. Saupoudrez de thym.
■ Disposez les sardines dans le plat et assaisonnez-les abondamment en sel et en poivre.
■ Mouillez avec le vin blanc et l'huile. Saupoudrez de chapelure et parsemez de persil.
■ Enfournez à th. 3 environ et laissez cuire 10 minutes en arrosant une ou deux fois les poissons.

Sardines à la provençale

Préparation : 10 minutes
Cuisson : 20 minutes

Sur un coulis de tomates.

856 calories

Pour 2 personnes
12 sardines de petite taille bien fraîches
2 cuillerées à soupe d'huile d'olive
2 échalotes émincées
1 cuillerée à café d'ail pilé
3 ou 4 tomates
1 cuillerée à soupe de pastis
un peu de farine

■ Videz et lavez les poissons et réservez-les.
■ Faites revenir dans une poêle les échalotes émincées et l'ail avec l'huile.
■ Pelez les tomates, coupez-les en quartiers pour les épépiner, puis en petits dés. Rajoutez-les dans la poêle, par-dessus les échalotes, et laissez mijoter. Mouillez avec le pastis, et, si nécessaire, complétez avec un peu d'eau pour ne pas faire brûler cette sauce.
■ Salez et poivrez les poissons et roulez-les dans la farine. Mettez-les à frire

Sardines à la provençale *(suite)*

1 cuillerée à soupe de beurre
2 branches de thym
2 cuillerées à soupe de persil ciselé
2 cuillerées à soupe de jus de citron
sel, poivre du moulin

dans le beurre chaud, saupoudrez-les de thym et faites-les dorer des deux côtés 7 minutes.

■ Versez la sauce dans un plat creux chaud, disposez les sardines par-dessus, arrosez d'un filet de jus de citron et saupoudrez de persil finement ciselé avant de présenter bien chaud à table.

Sardines à la sicilienne

Des sardines princières, aux amandes et aux pignons.

476 calories

Préparation : 30 minutes
Cuisson : 15 minutes

Pour 4 personnes
50 g d'amandes émondées
50 g de pignons de pin
4 cuillerées à soupe de câpres
10 olives dénoyautées
1 gousse d'ail
1 cuillerée à soupe de persil
100 g de chapelure
1 cuillerée à soupe de jus de citron
16 sardines
1 cuillerée à soupe d'huile d'olive
sel, poivre du moulin

■ Préchauffez le four. Hachez les amandes et les pignons avec les câpres, les olives et l'ail. Mélangez-les au persil et à la chapelure.

■ Ajoutez le jus de citron pour obtenir une pâte bien lisse et laissez reposer.

■ Nettoyez les poissons, videz-les, étêtez-les. Détachez les filets, retirez l'arête centrale.

■ Étendez les filets de poisson la peau vers le bas, nappez-les de la farce, salez-les, poivrez-les et roulez-les sur eux-mêmes en les maintenant avec un cure-dents en bois. Rangez-les en les serrant bien dans un plat à gratin.

■ Badigeonnez-les d'huile et mettez-les pour environ 15 minutes au four.

Sardines à la Valencienne

Préparation : 10 minutes
Cuisson : 25 minutes

Grillées sur un lit de riz aux tomates et aux poivrons.

280 calories

Pour 4 personnes

8 sardines à l'huile
4 cuillerées à soupe de riz
2 tomates
1 gros oignon
1/4 de boîte de petits pois fins
1 poivron
1 gousse d'ail
2 cuillerées à soupe d'huile
quelques olives noires
sel, poivre

■ Faites chauffer de l'eau dans une grande casserole, mettez-y 1 cuillerée à café de sel fin et jetez-y le riz. Laissez cuire 15 minutes et versez-le dans une passoire. Étalez-le dans un plat.

■ Pendant la cuisson du riz, coupez en fines rondelles les tomates, l'oignon et le poivron.

■ Faites chauffer l'huile dans une poêle et ajoutez-y les poivrons, les tomates, l'oignon, l'ail pelé et écrasé, les petits pois et les olives. Laissez cuire à feu doux 10 à 15 minutes.

■ Sur le riz étalé dans le plat, disposez tous les légumes. Ouvrez la boîte de sardines, alignez-les sur le riz. Arrosez le tout avec l'huile des sardines et faites chauffer 6 minutes sous le gril du four. Servez dans le plat de cuisson.

Sauce à l'ananas et au curry

Préparation : 10 minutes
Cuisson : 15 minutes

Une sauce au curry raffinée, piquante et sucrée à la fois.

238 calories

Pour 4 personnes

1/2 ananas bien mûr
1 échalote émincée

■ Épluchez soigneusement l'ananas et enlevez-en la partie dure. Coupez la pulpe en dés et mettez-en quelques-uns de côté.

■ Faites fondre l'ananas avec l'échalote émincée dans un peu de beurre, saupoudrez de curry, arrosez de vin et faites légèrement réduire.

Sauce à l'ananas et au curry *(suite)*

100 g de beurre
poudre de curry
10 cl de vin blanc
4 cl de lait de coco
4 cuillerées à soupe de velouté de volaille
sel, poivre du moulin

- Recouvrez du lait de coco et du velouté de volaille, salez, poivrez et faites chauffer de nouveau.
- Réduisez le tout en purée au mixeur et incorporez progressivement le reste du beurre pour monter la sauce.
- Ajoutez les dés d'ananas réservés. Servez aussitôt.

Sauce béarnaise

Préparation : 10 minutes
Cuisson : 15 minutes

Succulente avec toutes les viandes grillées.

461 calories

Pour 4 personnes

200 g de beurre
20 cl de vin blanc
1 échalote émincée
1/2 cuillerée à café de vinaigre à l'estragon
3 jaunes d'œufs
1 cuillerée à soupe de cerfeuil haché
1 cuillerée à soupe d'estragon haché
sel, poivre du moulin

- Faites fondre le beurre dans une petite casserole et clarifiez-le en retirant avec une petite louche l'écume qui se forme à la surface.
- Dans une autre casserole, faites réduire le vin blanc avec l'échalote émincée et le vinaigre.
- Retirez du feu, mettez au bain-marie et ajoutez les jaunes d'œufs un à un sans cesser de fouetter.
- Quand la préparation devient crémeuse, incorporez peu à peu le beurre fondu tout en battant légèrement au fouet.
- Salez, poivrez et parfumez avec l'estragon et le cerfeuil.

Sauce au beurre d'anchois

Préparation : 15 minutes
Cuisson : 5 minutes

Cette sauce accompagne les viandes ou les poissons grillés.

250 calories

Pour 6 personnes
Pour le beurre d'anchois :
6 anchois au sel
125 g de beurre
Pour la sauce :
25 g de beurre
1 pincée de farine

- Lavez les anchois à l'eau courante. Levez les filets et débarrassez-les bien de toutes les arêtes. Égouttez-les.
- Pilez-les au mortier avec le beurre.
- Dans une petite casserole, faites blondir les 25 g de beurre, saupoudrez de farine, laissez prendre couleur tout en tournant puis, à feu doux, incorporez doucement le beurre d'anchois. Employez la sauce aussitôt.

Sauce bolognaise

Préparation : 15 minutes
Cuisson : 1 h 15

Une célèbre sauce à la tomate, à la viande et au vin blanc.

540 calories

Pour 50 cl de sauce environ
2 tomates
1 oignon
80 g de jambon cuit
1 carotte
1/2 branche de céleri
350 g de bœuf haché
125 g de porc haché
5 cl de vin blanc sec
30 cl de bouillon de bœuf (pouvant être préparé avec 1 cube de concentré)
60 g de beurre

- Plongez les tomates pendant 1 minute dans de l'eau bouillante, pelez-les, coupez-les en très petits dés que vous écraserez avec une fourchette pour obtenir une sorte de purée.
- Pelez l'oignon, hachez-le.
- Coupez le jambon en tout petits dés.
- Nettoyez la carotte, râpez-la.
- Nettoyez le morceau de branche de céleri, hachez-le.
- Nettoyez les champignons sans les peler, émincez-les finement.
- Faites fondre le beurre dans une casserole, mettez-y à dorer légèrement les morceaux de jambon puis ajoutez l'oignon, la carotte et le céleri. Laissez cuire à feu doux pendant 5 minutes. Ajoutez

125 g de champignons
1 pincée de noix muscade
sel, poivre noir fraîchement moulu

Mon conseil :
J'ajoute parfois à la sauce terminée 5 cl de crème fraîche.

alors le bœuf et le porc hachés. Laissez cuire en remuant continuellement pendant 5 minutes.

■ Ajoutez le vin. Laissez cuire encore pendant 10 minutes. Ajoutez alors la purée de tomates, 10 cl de bouillon, le sel, le poivre et la muscade. Laissez cuire à feu doux pendant 15 minutes. Ajoutez enfin les champignons et le reste du bouillon. Couvrez. Laissez cuire sur feu très doux 45 minutes.

Sauce bordelaise

La reine des sauces au vin rouge.

498 calories

Préparation : 10 minutes
Cuisson : 20 minutes

Pour 2 personnes
50 g de moelle de bœuf
20 cl de bordeaux rouge
1 échalote émincée
1 gousse d'ail
1 branche de thym
1 feuille de laurier
1 cuillerée à soupe de demi-glace (voir recette p. 716)
50 g de beurre
1 cuillerée à café de persil ciselé
sel, poivre du moulin

Mon conseil :
Pour que la moelle soit bien blanche, faites-la tremper plusieurs jours dans de l'eau froide que vous renouvellerez souvent.

■ Faites dégorger la moelle dans de l'eau salée.

■ Portez le vin à ébullition avec l'échalote émincée et l'ail, puis ajoutez le laurier et le thym.

■ Quand le vin est réduit à sec, versez la demi-glace dans la casserole et portez à ébullition.

■ Passez au tamis.

■ Montez la sauce au beurre.

■ Coupez la moelle en petits dés et réchauffez-la dans la sauce. Ajoutez le persil, salez, poivrez et servez aussitôt.

Sauce cocktail

Préparation : 8 minutes

Une sauce idéale pour les cocktails d'avocats aux crevettes.

461 calories

Pour 4 personnes
2 cuillerées à soupe de jus d'orange
2 jaunes d'œufs
25 cl d'huile
3 cuillerées à soupe de ketchup
3 ou 4 cuillerées à soupe de cognac
12,5 cl de crème liquide de type fleurette
1 bouquet de persil
sel, poivre du moulin

- Faites dissoudre le sel et le poivre dans le jus d'orange et ajoutez les jaunes d'œufs.
- Versez l'huile goutte à goutte et montez lentement la sauce au fouet.
- Incorporez le ketchup et le cognac.
- Ajoutez ensuite la crème et continuez de fouetter.
- Pour finir, mettez le persil lavé et haché dans la sauce et vérifiez l'assaisonnement.

Sauce crème aux morilles

Préparation : 10 minutes
Cuisson : 25 minutes

Exquise avec les mignons de veau.

201 calories

Pour 2 personnes
20 g de morilles séchées
2 échalotes
20 g de beurre
2 cl de cognac
20 cl de fond de veau
(voir recette p. 322)

- Faites tremper les morilles dans un peu d'eau froide. Égouttez-les soigneusement dans une passoire. Conservez l'eau de trempage.
- Coupez les échalotes en dés et hachez finement les morilles.
- Faites suer les échalotes dans le beurre, ajoutez les morilles et flambez le tout au cognac.
- Recouvrez avec le fond de veau et faites réduire presque à sec.

Sauce crème aux morilles *(suite)*

3 cuillerées à soupe de crème fraîche
jus de citron
sel, poivre du moulin

- Complétez avec la crème fraîche et laissez réduire à nouveau de moitié, puis délayez avec un peu d'eau de trempage des morilles.
- Salez, poivrez et parfumez d'un trait de citron.

Sauce diable

Pour les amateurs de cuisine épicée.

184 calories

Préparation : 10 minutes
Cuisson : 20 minutes

Pour 6 personnes
10 cl de vin blanc
2 échalotes émincées
10 cl de vinaigre
20 cl de bouillon
20 cl de demi-glace (voir recette p. 716)
1 cuillerée à soupe de cerfeuil haché
1 cuillerée à soupe d'estragon haché
1 cuillerée à soupe de moutarde forte
sel, poivre du moulin

- Versez le vin blanc, les échalotes émincées et le vinaigre dans une casserole. Faites réduire de moitié.
- Recouvrez de bouillon et faites mijoter environ 15 minutes.
- Complétez avec la demi-glace, salez et poivrez fortement.
- Au moment de servir, ajoutez le cerfeuil, l'estragon et la moutarde dans la sauce.

Sauce à l'estragon

Préparation : 10 minutes
Cuisson : 20 minutes

Heureux complément du veau rôti ou de pommes vapeur.

190 calories

Pour 6 personnes

33 cl d'eau ou de bouillon
50 g de beurre
50 g de farine
1 oignon
125 g de lard
1 bouquet garni
8 brins de persil
30 feuilles d'estragon
le jus de 1 citron
sel, poivre

- Coupez le lard en petits dés. Épluchez l'oignon et coupez-le en quartiers.
- Dans une casserole moyenne, faites chauffer le beurre et mettez-y à revenir les quartiers d'oignon et les dés de lard. Quand ils sont dorés, retirez-les.
- Mettez à leur place dans la casserole la farine et tournez vivement sur le feu à la cuillère en bois jusqu'à ce que le mélange brunisse.
- Ajoutez alors le bouillon ou l'eau froide en une seule fois et remettez l'oignon et le lard. Ajoutez le bouquet garni, salez et poivrez et portez à ébullition sans cesser de remuer.
- Laissez mijoter à tout petit feu pendant 15 minutes en tournant une fois ou deux.
- La cuisson terminée, passez la sauce pour retirer l'oignon, le lard et les herbes. Ajoutez, hors du feu, le persil et l'estragon hachés, ainsi que le jus de citron. Mélangez bien et servez chaud, en saucière.

Mon conseil :
En utilisant du lard gras ou du lard de Hongrie, les lardons fondent presque entièrement.

Sauce aux herbes

Préparation : 10 minutes

Pour toutes les salades vertes.

264 calories

Pour 4 personnes

1 bouquet de fines herbes (persil, aneth, cerfeuil, oseille, basilic, estragon, etc.)

- Faites dissoudre le sel et le poivre dans le jus de citron.
- Versez l'huile et la crème en fouettant bien.
- Émincez finement l'échalote et ajoutez-la à la sauce.

Sauce aux herbes *(suite)*

le jus de 1/2 citron
25 cl de crème liquide
1 échalote
2 cuillerées à soupe d'huile de pépins de raisin
sel, poivre du moulin

- Lavez les herbes, essuyez-les et hachez-les finement.
- Mettez les fines herbes dans la sauce et vérifiez l'assaisonnement.

Sauce au madère

Préparation : 5 minutes
Cuisson : 30 minutes

Mijotée avec lard et oignons.
Pour accompagner bœuf et veau.

190 calories

Pour 6 personnes (50 cl de sauce)

50 cl de bouillon
60 g de beurre
60 g de farine
1 oignon
100 g de lard
1 bouquet garni
3 cuillerées à soupe de madère
sel, poivre

- Coupez le lard en dés. Épluchez l'oignon et coupez-le en quartiers.
- Dans une casserole moyenne, mettez le beurre à chauffer et faites-y revenir le lard et l'oignon. Retirez-les quand ils sont dorés et mettez-les de côté.
- Mettez à leur place dans la casserole la farine et tournez vivement sur le feu à la cuillère en bois jusqu'à ce que le mélange brunisse.
- Ajoutez alors le bouillon froid, en une seule fois, et remettez dans la casserole l'oignon et le lard. Ajoutez encore le bouquet garni, le sel et le poivre, et laissez épaissir sur le feu sans cesser de remuer.
- Au premier bouillon, ajoutez le madère et laissez mijoter 20 minutes, tout doucement.
- Filtrez au moment de servir et versez en saucière.

Mon conseil :
Je choisis du lard de poitrine pas trop gras.

Sauce mayonnaise

Préparation : 10 minutes

Une sauce onctueuse aux multiples usages.

481 calories

Pour 4 personnes
1 jaune d'œuf
1 cuillerée à café de moutarde
2 cuillerées à soupe
de jus de citron
20 cl d'huile
sel, poivre du moulin

- Mélangez le jaune d'œuf avec la moutarde.
- Salez et poivrez le jus de citron et versez-le sur le jaune d'œuf.
- Ajoutez tout doucement l'huile en fouettant constamment. Arrêtez-vous de temps en temps pour vérifier que la sauce est assez ferme.

Sauce Mornay

Préparation : 5 minutes
Cuisson : 25 minutes

Une béchamel au fromage.

386 calories

Pour 4 personnes
50 g de beurre
50 g de farine
50 cl de lait
2 jaunes d'œufs
150 g de fromage râpé
noix muscade
sel, poivre du moulin

- Faites fondre le beurre dans une casserole, saupoudrez-le de farine pour obtenir un roux blond et laissez refroidir.
- Dans une autre casserole, portez le lait à ébullition et ajoutez-y un peu de sel, de poivre et de noix muscade.
- Versez le lait sur le roux, et portez à ébullition. Laissez mijoter 20 minutes en tournant de temps en temps la sauce.
- Ajoutez les jaunes d'œufs dans la sauce et incorporez-y ensuite le fromage en veillant à ne pas faire bouillir.
- Passez au tamis et servez.

Sauce moutarde

Préparation : 8 minutes

Pour viandes froides et salades croquantes.

692 calories

Pour 4 personnes

2 jaunes d'œufs
2 cuillerées à soupe de moutarde
2 cuillerées à soupe de vinaigre
25 cl d'huile d'arachide
12,5 cl de crème fouettée
sel, poivre du moulin

- Mélangez les jaunes d'œufs avec la moutarde, le sel, le poivre et le vinaigre.
- Ajoutez lentement l'huile en émulsionnant au fouet (tous les ingrédients doivent avoir la même température au moment de la préparation).
- Incorporez délicatement la crème fouettée.
- Vérifiez l'assaisonnement et servez en saucière.

Sauce à l'orange

Préparation : 15 minutes
Cuisson : 10 minutes

A la fois sucrée et amère, c'est la sauce aigre-douce par excellence.

325 calories

Pour 2 personnes

2 oranges dont 1 non traitée
un peu de sucre en poudre
20 cl de demi-glace
(voir recette p. 716)
2 cl de liqueur d'orange
20 g de beurre
sel, poivre du moulin

- Pressez le jus des oranges. Râpez environ 1 cuillerée à café de zeste de l'orange non traitée.
- Faites caraméliser le sucre et mouillez avec le jus d'orange.
- Recouvrez de demi-glace et ajoutez le zeste.
- Faites réduire de moitié, salez, poivrez, parfumez avec la liqueur d'orange et passez au tamis fin.
- Ajoutez le beurre dans la sauce pour la lier et servez sans attendre.

Sauce poivrade

Préparation : 15 minutes
Cuisson : 12 minutes

Un excellent accompagnement pour les viandes rouges et le gibier à poil.

210 calories

Pour 4 personnes
100 g de carottes
100 g de céleri-branche
2 échalotes émincées
1 cuillerée à soupe d'huile
2 cl de vin rouge
30 cl de demi-glace
1 feuille de laurier
1 branche de thym
1 gousse d'ail
10 grains de poivre concassés
50 g de beurre

- Coupez les carottes et le céleri en fine brunoise.
- Faites revenir les légumes et les échalotes dans l'huile, mouillez avec le vin rouge et faites réduire.
- Recouvrez alors de demi-glace (voir recette p. 716), ajoutez les aromates et faites réduire à nouveau.
- Ajoutez le poivre et laissez cuire encore 2 minutes.
- Passez au tamis et montez au beurre coupé en petits morceaux, avec un fouet.

Sauce au poivre vert

Préparation : 10 minutes
Cuisson : 10 minutes

L'amie des steaks.

292 calories

Pour 2 personnes
10 cl de vin rouge
1 cuillerée à soupe de jus de poivre vert
1 cuillerée à soupe de crème fraîche
20 cl de demi-glace
1 cuillerée à café de grains de poivre vert
30 g de beurre
sel

- Portez le vin rouge à ébullition et faites-le réduire avec le jus du poivre. Liez avec la crème fraîche.
- Versez la demi-glace (voir recette p. 716) sur le vin, donnez un tour de bouillon et salez.
- Ajoutez le beurre par petits morceaux en fouettant constamment, puis les grains de poivre.

Sauce aux raisins de Corinthe

Préparation : 10 minutes
Cuisson : 20 minutes

Une sauce douce et légèrement sucrée pour accompagner le gibier à plume.

306 calories

Pour 2 personnes

20 cl de vin blanc
100 g de raisins de Corinthe
1 cuillerée à soupe de demi-glace
50 g de beurre
sel, poivre du moulin

- Portez le vin blanc à ébullition avec les raisins préalablement trempés et faites réduire (si les raisins n'ont pas été trempés, ajoutez un peu d'eau).
- Versez la demi-glace (voir recette p. 716) dans la casserole et laissez mijoter.
- Réservez une partie des raisins, salez, poivrez, mixez puis passez la sauce au tamis. Montez-la ensuite au beurre coupé en petites noisettes.
- Ajoutez à la sauce les raisins mis de côté. Servez aussitôt.

Sauce ravigote

Préparation : 5 minutes
Cuisson : 10 minutes

Huile et vinaigre liés au jaune d'œuf dur.

60 calories

Pour 4 personnes

1 cuillerée à soupe de vinaigre de vin
3 cuillerées à soupe d'huile
1 œuf
sel, poivre

Mon conseil :
On peut ajouter 1 cuillerée à café de moutarde et le blanc d'œuf haché très finement.

- Faites durcir l'œuf dans l'eau bouillante salée pendant 10 minutes.
- Épluchez-le après l'avoir refroidi dans l'eau froide, et ne conservez pour la sauce que le jaune.
- Écrasez le jaune d'œuf dans un bol et délayez-le avec le vinaigre.
- Versez l'huile en filet sur le bord du bol, tandis que vous tournez vivement la préparation de l'autre main. La sauce doit être très liée, presque émulsionnée.
- Salez, poivrez et servez frais. Si cette sauce doit attendre, placez-la au réfrigérateur.

Sauce rémoulade

Préparation : 10 minutes

A servir avec des légumes.

140 calories

Pour 4 personnes
2 jaunes d'œufs durs
1 jaune d'œuf cru
1 cuillerée à café de moutarde
20 cl d'huile, sel, poivre
vinaigre ou citron

- Faites à l'aide d'une fourchette une pâte avec le jaune d'œuf cru, les jaunes d'œufs durs et la moutarde.
- Versez l'huile peu à peu en tournant sans arrêt, comme pour une sauce mayonnaise.
- Salez, poivrez, ajoutez un filet de vinaigre ou de citron.

Sauce rouille

Préparation : 10 minutes

La sauce reine qui accompagne la bouillabaisse.

140 calories

Pour 4 personnes
2 gousses d'ail
1 petit piment rouge
1 noix de mie de pain trempée
4 cuillerées à soupe d'huile d'olive
1 pomme de terre
bouillon de la bouillabaisse

- Pilez finement au mortier les gousses d'ail épluchées et le piment rouge.
- Ajoutez la mie de pain trempée et essorée, broyez à nouveau et travaillez le tout avec l'huile d'olive que vous verserez peu à peu.
- Ajoutez en même temps une pomme de terre que vous aurez fait cuire dans le bouillon de la bouillabaisse (voir recette p. 115).
- Quand tout est bien mélangé, éclaircissez la sauce de 3 ou 4 cuillerées du bouillon de la bouillabaisse.

Sauce au safran

Préparation : 10 minutes
Cuisson : 15 minutes

Une saveur très particulière.

437 calories

Pour 2 personnes
100 g de beurre

- Faites chauffer 20 g de beurre dans une casserole, faites-y fondre l'échalote émincée et saupoudrez de farine.
- Mouillez avec le vin blanc et laissez mijoter pour que la sauce épaississe.

Sauce au safran *(suite)*

1/2 échalote émincée
1/2 cuillerée à café de farine
10 cl de vin blanc
1/2 dose de safran
2 cl de Noilly Prat
sel, poivre du moulin

- Ajoutez le safran. Passez au tamis et portez une nouvelle fois à ébullition.
- Ajoutez le beurre restant en fouettant énergiquement la sauce. Parfumez avec le Noilly Prat, salez et poivrez.

Sauce Soubise

Préparation : 30 minutes
Cuisson : 45 minutes

Une béchamel aux oignons.

270 calories

Pour 6 personnes
3 oignons
60 g de beurre
20 cl de sauce Béchamel
(voir recette p. 716)

- Préparez une béchamel.
- Émincez les oignons et faites-les revenir doucement dans le beurre sans les laissez dorer.
- Ajoutez la sauce Béchamel. Couvrez et cuisez à feu doux 30 minutes. Filtrez avant de servir.

Sauce au sureau

Préparation : 5 minutes
Cuisson : 10 minutes

Originale et légère.

335 calories

Pour 2 personnes
10 cl de vin rouge
1 cuillerée à soupe de demi-glace
2 cuillerées à soupe de gelée de sureau
10 cl de crème fraîche
20 g de beurre
sel, poivre du moulin

- Portez le vin rouge à ébullition avec la demi-glace (voir recette p. 716) et faites réduire légèrement.
- Ajoutez la gelée de sureau et la crème fraîche, puis faites réduire de moitié.
- Salez, poivrez et mixez.
- Incorporez le beurre par petites fractions et liez la sauce sur feu doux. Servez sans attendre.

Sauce tartare

Préparation : 10 minutes

Pour rosbifs et viandes froides.

380 calories

Pour 4 personnes

1 bol de mayonnaise
(voir recette p. 704)
6 ou 7 cornichons
1 cuillerée à soupe de persil haché
1 cuillerée à soupe de ciboulette hachée
1/2 cuillerée à café d'ail pilé
1 cuillerée à soupe de câpres

▪ Préparez une mayonnaise bien ferme.

▪ Ajoutez tous les autres ingrédients en veillant à bien les répartir dans la sauce et mettez en attente au frais.

Sauce tomate

Préparation : 10 minutes
Cuisson : 20 minutes

Veloutée et parfumée.

90 calories

Pour 4 personnes

600 g de tomates
2 cuillerées à soupe d'huile
2 branches de thym
2 feuilles de laurier
1 gousse d'ail
sel, poivre

▪ Coupez les tomates en quatre. Mettez-les sur feu vif avec sel et poivre. Laissez cuire 10 minutes.

▪ Passez à la moulinette. Ajoutez l'huile à la purée obtenue.

▪ Remettez 10 minutes à feu moyen avec ail, thym et laurier.

Sauce au vin rouge

Préparation : 5 minutes
Cuisson : 10 minutes

Délicieuse avec le gibier.

233 calories

Pour 4 personnes
2 échalotes émincées
1 cuillerée à soupe d'huile
1 cuillerée à café de sucre
20 cl de vin rouge
2 cuillerées à soupe de porto
3 cuillerées à soupe
de demi-glace
50 g de beurre
sel, poivre du moulin

■ Faites fondre les échalotes émincées dans l'huile, saupoudrez de sucre et laissez caraméliser. Arrosez de vin rouge et de porto.
■ Ajoutez la demi-glace (voir recette p. 716) et portez à ébullition.
■ Assaisonnez légèrement et liez la sauce avec le beurre que vous incorporerez par petites fractions.

Sauce au vinaigre de framboise

Préparation : 5 minutes
Cuisson : 5 minutes

Très fine avec du magret de canard.

400 calories

Pour 2 personnes
un peu de sucre en poudre
10 cl de vinaigre de framboise
3 cuillerées à soupe
de demi-glace
1/2 cuillerée à café
de sirop de framboise
80 g de beurre
sel, poivre du moulin

■ Faites légèrement caraméliser le sucre dans une casserole et mouillez avec le vinaigre de framboise.
■ Recouvrez de demi-glace (voir recette p. 716) et portez à ébullition. Parfumez avec le sirop de framboise.
■ Salez et poivrez.
■ Montez la sauce au beurre en incorporant celui-ci peu à peu et vérifiez l'assaisonnement.

Sauce au yaourt

Préparation : 10 minutes

Saine et légère.

107 calories

Pour 4 personnes
le jus de 1/2 citron
1 yaourt nature
1 cuillerée à soupe de crème liquide
2 cuillerées à soupe d'huile de maïs ou de tournesol
sel, poivre du moulin

- Mélangez le sel et le poivre avec le jus de citron.
- Ajoutez le yaourt avec la crème et remuez bien le tout.
- Incorporez très progressivement l'huile en fouettant énergiquement pour émulsionner la sauce.

Sauces

C'est le cuisinier qui donne son caractère propre à la sauce en y apportant des petites variantes selon son inspiration du moment. Une sauce n'est jamais la même d'une personne à l'autre, même si les ingrédients sont rigoureusement identiques. Qu'elles s'appellent « hollandaise » ou « bordelaise », les sauces les plus réputées prennent sous la cuillère du cuisinier de talent une marque très personnelle.

Choix des sauces

Riches ou légères, épicées ou sucrées, aux herbes, aux fruits ou au fromage, acidulées, légèrement crémeuses, veloutées, corsées et relevées, les sauces peuvent déterminer le caractère d'un plat et même le transformer. On peut ainsi servir une viande blanche avec une sauce douce et l'accompagner de vin blanc. Si la viande est servie avec une sauce plus corsée et plus épaisse, un vin rouge conviendra mieux.

→

Salade Puy-Robert aux trois confits (recette page 683)

Sauté d'escargots aux cèpes (recette page 721)

L'important, c'est que la saveur d'un plat ne soit pas masquée mais rehaussée par la sauce qui l'accompagne. Il n'y a pas de règle stricte en la matière. En effet, un poisson à chair ferme (anguille, lotte, sole) peut être accompagné d'une sauce à base de vin rouge. De même, une viande rouge peut devenir un plat original avec une sauce veloutée. Cependant, la prudence doit être de mise quand on associe viande ou poisson au fromage. Le fromage, en revanche, s'associe très bien aux légumes.

Sauces douces

Plus la saveur d'un mets est fine et délicate, plus la sauce doit être douce. La sauce se composera de quelques ingrédients seulement, et sa liaison sera légère.

Les sauces douces accompagnent parfaitement les viandes blanches ou poêlées, les poissons d'eau douce ou de mer, à chair tendre, ainsi que les légumes.

Sauces relevées

Plus on désire relever la saveur d'un mets, plus la sauce doit être corsée.

Pour obtenir une sauce relevée, on la fera réduire, on la liera selon les besoins et on y ajoutera un peu d'alcool (du cognac par exemple) ou un peu d'acidité (jus de citron ou vinaigre).

Les sauces relevées accompagnent parfaitement les viandes braisées, rouges, le gibier, les poissons de mer à chair ferme, les pâtes et le riz.

Recettes de base

A partir des sauces de base décrites ci-après, vous pouvez en préparer beaucoup d'autres. Il est donc indispensable de bien les connaître.

→

Sauce blanche (béchamel)

Cette sauce d'un usage courant peut se préparer à l'avance et être conservée au frais. Elle sert de base à la préparation des sauces les plus diverses selon qu'on y ajoute du fromage, de la moutarde, des herbes ou des épices. On la sert généralement avec des viandes blanches, du poisson et certains légumes.

■ Faites fondre le beurre, ajoutez la même quantité de farine, laissez colorer. Mouillez lentement au lait froid (ou moitié lait, moitié fond blanc) en mélangeant bien.

■ Portez à ébullition tout en remuant et laissez mijoter 20 minutes pour faire perdre à la sauce son goût de farine. Tournez fréquemment.

■ Assaisonnez en sel et en poivre et passez la sauce au tamis. Ajoutez un peu de beurre fondu pour éviter la formation d'une peau sur le dessus.

Sauce brune (demi-glace)

Cette sauce peut se préparer à l'avance. Elle convient aux viandes et aux gibiers les plus divers.

Pour réaliser une sauce brune (ou demi-glace), il suffit, si vous disposez d'un fond brun, d'y ajouter du concentré de tomates et de faire réduire.

Sinon, préparez un fond brun (voir p. 322) et, après l'avoir fait revenir avec le concentré de tomates, saupoudrez les os de farine, faites blondir, mouillez avec du vin rouge, complétez avec de l'eau et laissez épaissir.

Sauce émulsionnée (sauce au beurre)

Cette sauce convient aux légumes frais, aux viandes et aux poissons pochés.

■ Portez un fond ou un jus à ébullition et faites réduire. Assaisonnez légèrement en sel et en poivre.

■ Complétez si nécessaire avec un peu de vin, de crème fleurette ou de crème double.

■ Montez la réduction au fouet avec du beurre très froid, incorporé par petites noisettes.

→

Sauce hollandaise

Une émulsion montée au beurre et aux œufs.

■ Faites fondre le beurre à feu très doux pour le clarifier ; c'est-à-dire que, lorsqu'il apparaît clair comme de l'huile d'olive, un dépôt blanchâtre se forme au fond de la casserole. A ce moment-là, versez le beurre en le transvasant avec précaution dans un autre récipient.

■ Mettez le vin avec les échalotes et les herbes aromatiques dans une casserole, faites réduire au tiers et passez au tamis.

■ Versez le liquide sur les jaunes d'œufs en fouettant bien dans un bain-marie. Ajoutez le beurre lentement tout en tournant à la spatule. Assaisonnez légèrement en sel et en poivre.

Présentation des sauces

En nappage

La présentation idéale des sauces claires ou peu liées consiste à les verser au fond des assiettes pour recevoir une viande grillée ou poêlée. En revanche, on les versera pour moitié sur le mets et pour moitié sur le côté de l'assiette pour des viandes ou des poissons pochés ou mijotés, par exemple.

En gratin

Liées à l'œuf, ces sauces recouvrent et décorent à la fois les mets à gratiner.

En saucière

Il s'agit du mode de service le plus traditionnel.

Voir aussi *Beurres composés p. 97*, *Fonds et fumet p. 322* et *Liaisons pour sauces p. 419*.

Saucisses en robe

Préparation : 30 minutes
Cuisson : 20 minutes

Dans des crêpes fines tartinées de moutarde.

755 calories

Pour 6 personnes
12 saucisses de Strasbourg
12 crêpes
50 g de gruyère râpé
moutarde forte
Pour les crêpes :
250 g de farine
3 œufs
1/2 cuillerée à café de sel
75 cl de lait
3 cuillerées à soupe d'huile

Mon conseil :
Je mélange le fromage râpé avec un zeste de citron râpé.

- Préparez d'abord la pâte à crêpes. Dans un saladier, mettez la farine, faites un puits, cassez-y les œufs, ajoutez l'huile, le sel. Remuez à la spatule pour commencer à incorporer la farine. Petit à petit, ajoutez le lait, jusqu'à obtenir une pâte fluide.
- Graissez une poêle à l'aide d'une demi-pomme de terre dont la tranche est imbibée d'huile. Faites la première crêpe aussi fine que possible en la retournant à la spatule. Procédez de la même manière pour toutes les crêpes.
- Pochez à l'eau frémissante, pendant 10 minutes, les saucisses de Strasbourg. Égouttez-les, laissez refroidir.
- Enroulez chaque saucisse dans une crêpe tartinée de moutarde. Disposez-les dans un plat à four, saupoudrez avec le gruyère râpé.
- Mettez au four pour faire légèrement gratiner.

Saucisses aux truffes

Préparation : 5 minutes
Cuisson : 15 minutes

Des saucisses de gourmet au sancerre et aux truffes.

507 calories

Pour 4 personnes
4 saucisses de Toulouse
2 tranches de pain de mie

- Fendez les saucisses, faites chauffer le gril et coupez le pain en dés de 1 cm de côté.
- Faites griller les saucisses 5 minutes sur toutes leurs faces.
- Faites revenir à sec les morceaux de pain dans une poêle.

Saucisses aux truffes *(suite)*

1 truffe de 80 à 100 g
1 clou de girofle
1/2 bouteille de sancerre
sel, poivre du moulin

■ Rangez les saucisses dans un plat allant au four, entourez-les des dés de pain. Émincez finement la truffe et parsemez-en les saucisses. Salez, poivrez, ajoutez le clou de girofle, arrosez de vin et du jus de cuisson des saucisses.
■ Faites cuire 10 minutes au four bien chaud et servez aussitôt.

Saumon en feuilleté

Préparation : 30 minutes
Cuisson : 40 minutes

Dans une double enveloppe d'épinards et de pâte.

827 calories

Pour 6 personnes
600 g de filets de saumon
300 g d'épinards
2 échalotes émincées
10 cl de crème fraîche
1 paquet de pâte feuilletée
50 g de beurre
1 œuf
sel, poivre du moulin

■ Salez et poivrez bien le saumon. Coupez-le en morceaux.
■ Faites blanchir les épinards dans de l'eau bouillante, puis faites-les cuire avec les échalotes émincées, ajoutez la crème fraîche, salez et poivrez.
■ Beurrez le moule, abaissez la pâte feuilletée au rouleau et étendez-la dans le moule en laissant dépasser les bords.
■ Mixez les épinards encore tièdes avec le blanc d'œuf.
■ Remplissez le moule en alternant les couches d'épinards et de poisson.
■ Avec la pâte restante, formez un couvercle que vous poserez sur le moule. Fermez bien en formant un bourrelet. Découpez des motifs en forme de feuilles dans les chutes de pâte et posez-les sur le couvercle. Avec un pinceau, badigeonnez le tout de jaune d'œuf et piquez à la fourchette. Faites cuire au four bien chaud une trentaine de minutes.

Sauté d'agneau aux légumes

Préparation : 30 minutes
Cuisson : 1 h 05

Une recette printanière.

783 calories

Pour 4 personnes
1 kg d'agneau
(collier ou épaule avec os)
40 g de beurre clarifié
(voir recette p. 97)
2 cuillerées à soupe
de concentré de tomates
20 g de farine
2 gousses d'ail
1 feuille de laurier
1 bouquet garni
(1 branche de thym,
1 branche de romarin,
1 brin de persil)
100 g de haricots verts
200 g de carottes
200 g de navets
12 petites échalotes
40 g de beurre
1/2 cuillerée à café
de sucre en poudre
400 g de pommes de terre
sel, poivre du moulin

Mon conseil :
Variez les légumes selon les saisons.

■ Coupez la viande en gros dés de 50 g chacun et assaisonnez-les de sel et de poivre.

■ Faites chauffer le beurre dans une cocotte et faites-y dorer la viande. Jetez la graisse de cuisson.

■ Versez le concentré de tomates dans la cocotte, puis saupoudrez de farine. Dès qu'elle est absorbée, mouillez avec de l'eau pour que la viande soit juste couverte. Portez à ébullition, écumez, assaisonnez légèrement et laissez mijoter en écumant de temps en temps.

■ Épluchez l'ail, pilez-le et ajoutez-le dans la cocotte avec le bouquet garni et le laurier.

■ Effilez les haricots verts, faites-les blanchir à l'eau bouillante salée, égouttez-les.

■ Pelez les carottes, coupez-les en rondelles. Pelez les navets, coupez-les en dés. Épluchez les échalotes et laissez-les entières. Faites chauffer le beurre dans une poêle et mettez-y à revenir les légumes préparés, saupoudrez-les de sucre et laissez-les caraméliser.

■ Au bout de 40 minutes de cuisson de la viande, ajoutez les pommes de terre pelées et coupées en quartiers dans la cocotte, 10 minutes plus tard les carottes et les navets, et 3 minutes après les haricots. Vérifiez l'assaisonnement et servez.

Sauté d'escargots aux cèpes

Préparation : 15 minutes
Cuisson : 30 minutes

Un délicieux plat d'automne.

504 calories

Pour 4 personnes
4 douzaines de gros escargots cuits
25 g d'échalotes hachées
50 g de beurre
150 g de cèpes nettoyés
fines herbes hachées
persil haché
Pour le beurre d'escargots :
(voir recette p. 499)
Pour la sauce bordelaise :
(voir recette p. 699)

Mon conseil :
Vous pouvez préparer ainsi des escargots en conserve.

■ Préparez le beurre d'escargots en mélangeant tous les ingrédients.
■ Préparez la sauce bordelaise : dans une casserole, mettez les échalotes et le vin blanc. Faites réduire aux trois quarts, puis ajoutez le concentré de bouillon de viande. Liez avec la farine et le beurre. Laissez cuire 20 minutes.
■ Faites blondir au beurre les échalotes, ajoutez les escargots, puis les cèpes, les fines herbes et le persil. Liez avec la sauce bordelaise et laissez bouillir 2 à 3 minutes.
■ Juste au moment de servir, ajoutez le beurre d'escargots en remuant continuellement hors du feu. Servez très chaud.

Sauté de veau Marengo

Préparation : 10 minutes
Cuisson : 2 heures

Doucement mijoté dans une sauce à la tomate.

420 calories

Pour 6 personnes
1,5 kg de veau coupé en morceaux (épaule, carré, poitrine, flanchet...)
2 cuillerées à soupe d'huile

■ Hachez finement le persil, les échalotes pelées et 1 oignon pelé, le tout ensemble. Émincez le deuxième oignon.
■ Chauffez dans une grande cocotte l'huile et le beurre. Faites-y revenir les morceaux de veau avec l'oignon émincé ; laissez à peine colorer.
■ Saupoudrez très vite du hachis de persil, d'échalotes et d'oignon. Ajoutez

Sauté de veau Marengo *(suite)*

50 g de beurre
2 oignons
2 échalotes
200 g de champignons
2 cuillerées à soupe de farine
2 cuillerées à soupe
de concentré de tomates
1 verre de vin blanc
quelques brins de persil
1 bouquet garni
sel, poivre

la farine en pluie, et remuez sur feu doux à la cuillère en bois jusqu'à ce que la farine blondisse.

■ Versez ensuite le vin blanc. Salez et poivrez, ajoutez le bouquet garni et laissez cuire tout doucement, à couvert, pendant 1 h 30 (en retournant les morceaux une fois ou deux).

■ Au bout de ce temps, ajoutez la sauce tomate (concentré délayé dans 3 cuillerées à soupe d'eau) et les champignons épluchés et coupés en morceaux. Laissez encore mijoter pendant 30 minutes.

■ Servez bien chaud dans un plat creux après avoir retiré le bouquet garni.

Sauté de veau au Noilly Prat

Doucement mijoté et bien parfumé.

500 calories

Préparation : 10 minutes
Cuisson : 1 h 20

Pour 4 personnes
800 g de veau
(épaule, carré, flanchet)
30 g de beurre clarifié
4 échalotes émincées
5 cl de Noilly Prat
20 cl de fond blanc
(voir recette p. 322)
1 pincée de sucre
1 feuille de laurier
4 feuilles de sauge
20 cl de crème fleurette
sel, poivre du moulin

■ Coupez la viande en cubes de 3 cm de côté.

■ Faites chauffer le beurre dans une sauteuse, mettez-y la viande à revenir de tous côtés et, quand elle a pris coloration, ajoutez les échalotes, salez et poivrez.

■ Mouillez avec la moitié du Noilly Prat, ajoutez le fond blanc avec le sucre et la feuille de laurier, baissez le feu et faites mijoter environ 1 heure à feu doux.

■ Ajoutez le reste de Noilly Prat et les feuilles de sauge hachées et laissez mijoter 15 minutes à découvert pour que la sauce épaississe.

■ Retirez la feuille de laurier et vérifiez l'assaisonnement, ajoutez la crème et remuez bien. Servez dans le plat de cuisson.

Savarin surfin

Préparation : 20 minutes
Cuisson : 25 minutes

Remplie de crème pâtissière, une couronne de pâte bien levée et humectée de rhum.

620 calories

Pour 6 personnes
120 g de farine
50 g de beurre + 15 g pour le moule
150 g de sucre semoule
3 cuillerées à soupe de lait
1 cuillerée à café de levure chimique
3 œufs
1 pincée de sel
crème pâtissière pour la garniture (voir recette p. 231)
Pour le sirop :
50 cl d'eau
1 paquet de sucre vanillé
250 g de sucre
6 cuillerées à soupe de rhum

■ Allumez votre four à th. 6 et beurrez soigneusement un moule en couronne.
■ Dans une terrine, mettez les jaunes d'œufs, le sucre et le sel. Travaillez à la cuillère en bois pendant 10 minutes environ, jusqu'à ce que le mélange blanchisse et devienne onctueux.
■ Ajoutez le lait chaud, puis la farine, et enfin le beurre fondu sans trop le faire chauffer.
■ Battez les blancs en neige et ajoutez-les délicatement à ce mélange. Ajoutez enfin la levure.
■ Versez rapidement dans le moule beurré et enfournez.
■ Pendant la cuisson, faites chauffer l'eau, le sucre et le rhum pour le sirop. Retirez du feu juste avant l'ébullition.
■ Démoulez le savarin, mettez-le sur le plat de service et arrosez-le chaud avec le sirop chaud également, en versant peu à peu pour que le savarin absorbe tout.
■ Remplissez le creux avec une crème pâtissière.

Sole à la ciboulette

Préparation : 20 minutes
Cuisson : 20 minutes

Des filets simplement nappés de ciboulette fraîche.

491 calories

Pour 2 personnes

1 grande sole de 600 à 800 g
10 cl de Noilly Prat
20 cl de fumet de poisson (voir recette p. 323)
2 échalotes émincées
1 feuille de laurier
4 cuillerées à soupe de crème fraîche
1 botte de ciboulette
sel, poivre du moulin

Mon conseil :
Roulez le poisson la peau vers l'intérieur, il s'effritera moins.

- Faites lever les filets de poisson par votre poissonnier. Lavez-les et assaisonnez-les. Roulez les filets et maintenez-les avec des cure-dents en bois.
- Diluez le Noilly Prat dans le fumet de poisson, ajoutez les échalotes émincées et le laurier et portez à ébullition. Salez et poivrez.
- Retirez la marmite du feu et faites-y pocher le poisson 7 minutes. Enlevez le laurier.
- Sortez le poisson et maintenez-le au chaud.
- Faites réduire le fond de cuisson à feu vif pour obtenir un liquide sirupeux. Incorporez la crème fraîche et un peu de ciboulette. Vous pouvez mixer rapidement pour bien aérer.
- Passez au tamis le mélange obtenu, complétez éventuellement avec un peu d'eau et laissez réduire à nouveau. Parfumez alors avec le reste de ciboulette coupée finement.
- Rangez les filets de poisson dans le plat de service après avoir retiré les cure-dents et nappez-les de sauce.

Soles à l'indienne

Préparation : 15 minutes
Cuisson : 20 minutes

L'originale association des bananes et du poisson.

500 calories

Pour 6 personnes
12 filets de sole
6 bananes
125 g de beurre
1 cuillerée à café de curry en poudre
75 g de farine
sel, poivre

- Épluchez les bananes. Coupez-les en deux dans le sens de la longueur.
- Farinez les filets de sole. Cuisez-les à la poêle à feu doux dans 75 g de beurre. Salez, poivrez.
- Faites cuire doucement les bananes dans une autre poêle avec le reste de beurre.
- Dans le plat de service, rangez les filets de sole et les bananes. Saupoudrez avec du curry.

Soles à la normande

Préparation : 15 minutes
Cuisson : 20 minutes

Avec la fameuse sauce aux champignons et aux crevettes.

396 calories

Pour 4 personnes
4 beaux filets de sole
2 cuillerées à soupe de jus de citron
farine
125 g de champignons de Paris
50 g de beurre
20 cl de crème fraîche
100 g de crevettes
1 jaune d'œuf
sel, poivre du moulin

- Lavez les filets de poisson et séchez-les bien.
- Salez et poivrez légèrement les filets, humectez-les de jus de citron, passez-les dans la farine et faites-les frire des deux côtés dans un peu de beurre.
- Lavez les champignons et coupez-les en fines lamelles. Faites fondre le reste du beurre dans une sauteuse et mettez-y à cuire les champignons. Arrosez de crème fraîche, salez, poivrez et laissez épaissir.
- Ajoutez les crevettes aux champignons, retirez du feu et liez avec le jaune d'œuf délayé dans un peu de crème fraîche.
- Nappez les filets de poisson de la sauce avant de servir.

Soles à la sauce verte

Préparation : 10 minutes
Cuisson : 20 minutes

Un bouquet de saveurs.

271 calories

Pour 4 personnes
4 grands filets de sole
1 bouquet de fines herbes
(ciboulette, persil, estragon)
10 cl de vin blanc
2 cuillerées à soupe
de fumet de poisson
(voir recette p. 323)
2 cuillerées à soupe
de crème fraîche
1/2 cuillerée à soupe
de jus de citron
farine
50 g de beurre
sel, poivre du moulin

- Lavez les filets de poisson et épongez-les dans du papier absorbant.
- Hachez finement les herbes, arrosez-les avec le vin blanc et le fumet. Portez à ébullition. Mixez et passez au tamis.
- Portez à ébullition une nouvelle fois, ajoutez la crème fraîche et faites réduire légèrement cette sauce.
- Humectez les filets de poisson avec le jus de citron, salez-les, poivrez-les. Roulez-les dans la farine avant de les faire frire au beurre.
- Rangez les filets dans le plat de service, entourez-les d'un cordon de sauce et présentez à table.

Sorbet au citron vert

Préparation : 15 minutes
Congélation : 2 heures

Extrêmement frais.

296 calories

Pour 4 personnes
15 cl de jus de citron vert
50 cl d'eau
le zeste de 1 citron vert
300 g de sucre
1 cuillerée à soupe
de sucre gélifiant

- Préparez un sirop en faisant bouillir l'eau avec le sucre gélifiant et le sucre, ainsi que le zeste de citron.
- Mélangez le sirop et le jus de citron vert. Retirez le zeste. Faites prendre au freezer 2 heures.

Sorbet au coco

Préparation : 30 minutes
Congélation : 2 heures
Cuisson : 10 minutes

Sous le soleil exactement.

180 calories

Pour 1l de sorbet
3 noix de coco
2 boîtes de lait concentré sucré
2 bâtons de cannelle
un peu de noix muscade râpée
le zeste de 1 citron vert
1/2 cuillerée à café
d'essence d'amandes amères
1/2 cuillerée à café
d'essence de vanille

■ Cassez les noix de coco, enlevez la fine peau brune qui recouvre la pulpe et râpez celle-ci.

■ Chauffez de l'eau et portez-la à ébullition avec la cannelle, la noix muscade râpée et le zeste de citron vert. Jetez la pulpe de coco dans l'eau, mélangez et laissez refroidir.

■ Posez une serviette bien épaisse au-dessus d'une grande bassine. Versez sur la serviette par petites quantités la pulpe et l'eau, pressez pour en extraire le lait.

■ Ajoutez le lait concentré au lait recueilli et faites bouillir pendant 3 minutes. Parfumez avec l'essence de vanille et l'essence d'amandes amères. Laissez bien refroidir. Faites prendre au freezer pendant 2 heures au moins.

Sorbet aux framboises

Préparation : 20 minutes
Congélation : 2 heures

La simplicité au service de la gastronomie.

143 calories

Pour 4 personnes
500 g de framboises
80 g de sucre glace
1 cuillerée à soupe
de jus de citron
1 cuillerée à café
de zeste de citron râpé
2 cl d'alcool de framboise

■ Réduisez les fruits en purée et passez au tamis.

■ Mélangez la pulpe avec le sucre, le zeste et le jus de citron et mettez le tout 1 h 30 au congélateur.

■ Concassez grossièrement la purée congelée, ajoutez l'alcool de framboise et travaillez le tout au mixeur.

■ Remettez la préparation au congélateur 30 minutes et servez dans des coupes refroidies.

Sorbet à la goyave

Préparation : 15 minutes
Congélation : 2 heures

Délicieux aussi avec des fruits de la Passion.

255 calories

Pour 4 personnes
500 g de pulpe de goyave
180 g de sucre
2 cuillerées à soupe de sucre gélifiant
25 cl d'eau

■ Procédez exactement de la même façon que pour le sorbet au citron vert (voir recette p. 726).

Soufflé au fromage

Préparation : 10 minutes
Cuisson : 20 minutes

Une mousse crémeuse.

497 calories

Pour 4 personnes
4 cuillerées à soupe de beurre
2 cuillerées à soupe de farine
6 œufs
200 g de fromage râpé (emmental ou comté)
1 cuillerée à soupe de persil
4 cuillerées à soupe de crème fraîche
sel, poivre du moulin

■ Faites fondre le beurre dans une casserole ; lorsqu'il mousse légèrement, saupoudrez de farine et faites un roux blond, en mélangeant bien les deux éléments à l'aide d'une spatule en bois.

■ Retirez la casserole du feu, incorporez les jaunes d'œufs, un à un, puis le fromage râpé et mélangez la masse pour obtenir une pâte lisse. Salez, poivrez et ajoutez le persil.

■ Fouettez légèrement la crème fraîche dans la préparation et replacez-la sur feu doux pour la faire épaissir.

■ Montez les blancs d'œufs en neige ferme et incorporez-les délicatement au mélange par grandes cuillerées.

■ Versez la préparation dans le moule à soufflé bien beurré et faites chauffer le four à th. 5.

Mon conseil :
Vous pouvez ajouter un tiers des blancs d'œufs en même temps que le fromage et incorporer le reste par la suite.

- Glissez le soufflé dans le four et augmentez alors la température pour le faire gonfler et lui donner une belle coloration dorée. Lorsque celle-ci est atteinte, au bout de 20 minutes environ, servez immédiatement : un soufflé n'attend pas.

Soufflé au Grand Marnier

Préparation : 20 minutes
Cuisson : 30 minutes

Un dessert à l'orange chaud et léger.

415 calories

Pour 4 personnes
1 orange
20 morceaux de sucre
30 cl de lait
2 cuillerées à soupe de farine
30 g de beurre
4 œufs
5 cl de Grand Marnier
1 cuillerée à soupe de sucre en poudre
beurre pour le moule

- Lavez l'orange et brossez-la. Frottez les morceaux de sucre contre le zeste du fruit et mettez-les dans le lait froid. Délayez la farine dans la moitié de ce lait.
- Portez le reste du lait à ébullition et ajoutez-y la farine délayée.
- Ajoutez le beurre coupé en petites noisettes et les jaunes d'œufs, un à un, dans le lait chaud. Détendez la crème avec le Grand Marnier et mettez-la à refroidir.
- Montez les blancs d'œufs en neige bien ferme et incorporez-les à l'appareil refroidi en soulevant délicatement la masse.
- Versez la préparation dans un moule beurré et saupoudré de sucre et faites cuire 30 minutes au four chauffé à th. 5, jusqu'à ce que le soufflé soit bien gonflé et doré.
- Servez aussitôt.

Soufflé de semoule

Préparation : 20 minutes
Cuisson : 1 h 10

Un soufflé nourrissant.

565 calories

Pour 4 personnes
1 l de lait
6 cuillerées à soupe de semoule
250 g de fromage râpé
50 g de beurre en noisettes
4 œufs
2 cuillerées à soupe de persil
beurre et farine pour le moule
sel, poivre du moulin

- Portez le lait à ébullition et versez la semoule en pluie en tournant à la spatule.
- Quand la préparation a pris de la consistance, ajoutez le fromage, du sel, du poivre et le beurre sans cesser de tourner ; prolongez la cuisson de 5 minutes.
- Montez les blancs d'œufs en neige.
- Laissez refroidir la semoule, vérifiez l'assaisonnement, ajoutez les jaunes et incorporez la neige et le persil.
- Beurrez le moule, farinez-le et versez-y la préparation. Faites cuire au four chauffé à th. 3 environ 1 heure.

Soufflés aux carottes

Préparation : 30 minutes
Cuisson : 25 minutes

Une mousse légère sur beurre blanc.

226 calories

Pour 2 personnes
300 g de carottes
1 pincée de sucre
noix muscade
10 g de beurre
2 œufs
1 cuillerée à soupe de crème fraîche
beurre pour les moules
10 cl de beurre blanc
(voir recette p. 96)
sel

- Grattez les carottes, lavez-les et coupez-les en morceaux, puis faites-les étuver au beurre avec un peu de sucre, de sel, de poivre, de noix muscade et d'eau.
- Réduisez les carottes en purée au mixeur et laissez refroidir.
- Mélangez les jaunes d'œufs à la purée de carottes, battez les blancs en neige et incorporez-les délicatement au mélange, ainsi que la crème.
- Beurrez des petits moules à soufflé, remplissez-les avec la préparation et couvrez-les de papier sulfurisé.
- Faites cuire 15 minutes au bain-marie, au four chauffé à th. 1.
- Démoulez les soufflés sur les assiettes nappées de beurre blanc.

Soufflés

Le blanc d'œuf battu en neige est ici la principale composante, et le reste, un mélange de base (farine, lait, parfums et légumes ou fruits), donne au soufflé son nom et sa saveur. Au sortir du four apparaît un vrai délice bien chaud, une entrée ou un dessert extrêmement léger, qui demande à être servi immédiatement.

En entrée

Soufflé nature

- Préparez un roux blond en faisant fondre du beurre dans une casserole et en ajoutant de la farine en proportions égales.
- Faites bouillir le lait et versez-le d'un coup dans le roux.
- Assaisonnez légèrement et laissez épaissir environ 10 minutes en tournant de temps en temps.
- Séparez les blancs d'œufs des jaunes. Incorporez les jaunes à la préparation.
- Montez les blancs d'œufs en neige.
- Beurrez un moule à soufflé, saupoudrez-le de farine.
- Incorporez délicatement les blancs d'œufs à la préparation en soulevant avec une spatule.
- Remplissez le moule et glissez-le dans le four chauffé à th. 5 pendant 30 minutes. N'ouvrez jamais le four en cours de cuisson, sinon le soufflé retomberait.

Mes conseils :

Avant de mettre un soufflé à cuire, il est préférable de le placer au chaud quelques instants – dans un bain-marie ou au four à th. 7 – avant de l'enfourner à th. 5. En outre, n'oubliez pas de ne le remplir de la préparation qu'aux trois quarts.

→

En dessert

Soufflé royal

- Amenez 1,25 l de lait à ébullition avec une pincée de sel, un morceau de vanille et 25 g de beurre.
- Malaxez 25 g de beurre avec 35 g de farine.
- Mettez le beurre manié dans le lait, comme pour un roux, laissez refroidir et incorporez 3 jaunes d'œufs.
- Ajoutez délicatement les blancs d'œufs battus en neige ferme et les fruits confits hachés.
- Versez l'appareil dans un moule à soufflé et faites cuire 20 minutes dans le four préchauffé à th. 5.
- Servez le soufflé au sortir du four.

Soufflé sucré simple

- Chemisez un moule à soufflé d'une double couche de papier beurré ; le papier doit largement dépasser des bords.
- Mélangez les blancs d'œufs montés en neige avec le coulis de fruits légèrement sucré et remplissez le moule jusqu'au bord.
- Glissez dans le four préchauffé et faites cuire 10 minutes à th. 5 environ. Servez sans attendre (le soufflé retombe vite).

Voir aussi *Glaces et préparations glacées* p. 357.

Soufflés au foie gras

Préparation : 10 minutes
Cuisson : 5 minutes

Fins et légers.

297 calories

Pour 2 personnes
3 œufs
1 cuillerée à soupe de crème fraîche
1 cuillerée à café de farine
2 tranches de foie gras d'oie frais de 50 g
20 g de beurre
quelques pelures ou brisures de truffe
sel, poivre du moulin

■ Cassez les œufs en séparant les jaunes des blancs. Mélangez les jaunes avec la crème fraîche et montez les blancs en neige ferme.
■ Farinez légèrement le foie gras et faites-le revenir dans le beurre.
■ Beurrez les ramequins et garnissez-les de quelques pelures (ou brisures) de truffe. Disposez le foie gras à l'intérieur.
■ Incorporez les blancs d'œufs aux jaunes salés et poivrés. Recouvrez le foie gras avec cette préparation.
■ Mettez les ramequins au bain-marie dans un four chauffé à th. 3 et laissez cuire environ 5 minutes.
■ Essuyez les ramequins et servez les soufflés sans attendre.

Soufflés de poisson au cresson

Préparation : 20 minutes
Cuisson : 25 minutes

Un régal de gourmet.

290 calories

Pour 2 personnes
100 g de filet de poisson blanc
2 œufs
3 cuillerées à soupe de crème fraîche
1 cuillerée à soupe de beurre
1 cuillerée à café de jus de citron

■ Parez le filet de poisson, passez-le sous l'eau froide et essuyez-le avec du papier absorbant ; hachez-le au mixeur.
■ Mélangez au hachis les jaunes d'œufs avec la crème fraîche et le beurre.
■ Arrosez de jus de citron et ajoutez le persil, du sel et du poivre.
■ Beurrez les moules à soufflé et farinez-les légèrement.
■ Montez les blancs d'œufs en neige, mélangez d'abord un tiers de la masse

Soufflés de poisson au cresson *(suite)*

1 cuillerée à soupe
de persil frais haché
sel, poivre
beurre et farine pour les moules

Pour la sauce :

1/2 botte de cresson
3 cuillerées à soupe de vin blanc
1 cuillerée à soupe de crème double
1 cuillerée à soupe de crème fouettée
sel, poivre du moulin

Mon conseil :

Les meilleurs poissons pour cette recette sont le saumon, le sandre et le brochet.

à la préparation puis incorporez délicatement le reste en soulevant pour éviter que les blancs ne retombent.

■ Répartissez la préparation dans les moules et faites cuire au four chauffé à th. 5 environ 20 minutes. Augmentez la température du four pendant les 5 dernières minutes de cuisson pour que le soufflé prenne une belle coloration dorée.

■ Pendant ce temps, effeuillez le cresson et faites-le réduire dans une casserole avec le vin blanc, passez-le au mixeur, ajoutez la crème double, faites épaissir légèrement sur feu doux et passez la préparation au tamis. Incorporez pour terminer la crème fouettée. Vérifiez l'assaisonnement en sel et en poivre.

■ Démoulez les soufflés sur des assiettes chaudes et entourez-les de sauce.

Soupe d'automne

Préparation : 30 minutes
Cuisson : 1 h 10

Des légumes, de la viande à l'écarlate et des saucisses.

941 calories

Pour 4 personnes

400 g de viande à l'écarlate (porc mariné dans une saumure au salpêtre)
4 saucisses
1 l de bouillon de viande
1 cuillerée à café de cumin en poudre

■ Plongez la viande et les saucisses dans un faitout contenant le bouillon et laissez-les cuire 30 minutes à partir de l'ébullition.

■ Nettoyez les légumes, épluchez-les, lavez-les et coupez-les en gros dés, sauf les carottes, que vous couperez en rondelles, et les choux, en lanières.

■ Dans un autre récipient, faites dorer l'oignon dans le beurre et ajoutez les choux. Laissez-les cuire quelques minutes à l'étuvée.

Soupe d'automne *(suite)*

1/2 chou blanc
1/2 chou chinois
3 pommes de terre
100 g de haricots verts
2 carottes
1 oignon émincé
50 g de beurre
2 cuillerées à soupe de persil haché
sel, poivre du moulin

■ Recouvrez avec le bouillon, parfumez de cumin et ajoutez la viande et les saucisses. Laissez cuire environ 30 minutes en vérifiant l'assaisonnement en sel et en poivre.
■ Environ 10 minutes avant la fin de la cuisson, ajoutez les autres légumes.
■ Retirez la viande et les saucisses. Coupez-les. Au moment de servir la soupe, ajoutez-y le persil haché.

Soupe à la bière brune

Préparation : 10 minutes
Cuisson : 15 minutes

Une soupe bien crémeuse.

452 calories

Pour 4 personnes
50 g de beurre
1 cuillerée à café de sucre
1 l de bière brune
1 pointe de cannelle
2 jaunes d'œufs
100 g de crème fraîche
200 g de croûtons
sel, poivre du moulin

■ Faites fondre le beurre dans un faitout et ajoutez le sucre. Tournez à la spatule jusqu'à ce que vous obteniez un caramel clair.
■ Versez lentement la bière sans cesser de tourner et assaisonnez en cannelle, sel et poivre. Laissez mijoter une dizaine de minutes en tournant de temps en temps.
■ Mélangez soigneusement dans la soupière la crème fraîche et les jaunes d'œufs et délayez avec la soupe.
■ Garnissez de croûtons et servez bien chaud dans des bols individuels.

Soupe de choucroute

Préparation : 15 minutes
Cuisson : 1 h 15

Une spécialité d'outre-Rhin.

396 calories

Pour 6 personnes
200 g de choucroute crue
1 l de bouillon
4 pommes de terre
2 oignons
20 g de beurre
5 ou 6 baies de genièvre
1 feuille de laurier
sel, poivre du moulin

Mon conseil :
Voilà un excellent repas d'hiver si vous l'accompagnez de saucisses et de lard de poitrine fumé.

- Lavez la choucroute dans plusieurs eaux et laissez-la égoutter avant de la faire blanchir 10 minutes dans de l'eau bouillante.
- Faites chauffer le bouillon. Lavez les pommes de terre, épluchez-les et coupez-les en dés. Émincez finement les oignons.
- Faites égoutter la choucroute et hachez-la grossièrement.
- Faites fondre le beurre dans un faitout et ajoutez-y les oignons et la choucroute : faites revenir en remuant. Quand la choucroute a pris une légère couleur, ajoutez le laurier et le genièvre avec le sel et le poivre.
- Couvrez de bouillon et laissez cuire à petit feu environ 45 minutes. A ce moment, ajoutez les pommes de terre et prolongez la cuisson, à couvert, 10 minutes.
- Servez la soupe très chaude dans le récipient de cuisson.

Soupe aux choux

Préparation : 20 minutes
Cuisson : 2 h 30

Non seulement une soupe, mais un plat complet.

555 calories

Pour 6 personnes
2 petits choux
250 g de lard fumé
(en 1 morceau)

- Dans un grand faitout, versez 3 l d'eau froide.
- Plongez-y le lard maigre, le lard fumé et le jambon.
- Portez à ébullition et écumez pour enlever toute la mousse blanchâtre qui se forme en surface.

Soupe aux choux *(suite)*

250 g de jambon (en 1 morceau)
200 g de lard maigre
(en 1 morceau)
2 ou 3 pommes de terre
3 navets
3 carottes
1 oignon
poivre
tranches de pain rassis,
de préférence

■ Lorsque l'eau est propre, ajoutez les choux coupés en quatre, les carottes, les pommes de terre, les navets et l'oignon, épluchés et entiers. Réduisez le feu, couvrez et laissez cuire doucement pendant 2 heures.

■ Pêchez la viande et la moitié des légumes pour constituer le plat de résistance.

■ Passez le reste des légumes et le jus au mixeur ou au presse-purée et poivrez.

■ Tapissez la soupière de fines tranches de pain rassis. Versez la soupe dessus, et servez sans attendre.

Soupe à la farine

Préparation : 5 minutes
Cuisson : 15 minutes

De la farine roussie donne un goût délicieux à cette soupe toute simple.

240 calories

Pour 6 personnes
100 g de farine
100 g de crème fraîche
50 g de beurre
sel, poivre
croûtons frits

■ Mettez sur feu doux une casserole à fond épais avec la farine à sec. Tournez sans arrêter avec une cuillère en bois, jusqu'à ce que la farine devienne dorée. Cela prendra quelques minutes seulement.

■ Ajoutez alors petit à petit 1,5 l d'eau chaude, sans cesser de tourner pour éviter la formation de grumeaux; salez, poivrez à votre goût et laissez cuire pendant 15 minutes en remuant de temps en temps.

■ Versez dans la soupière, ajoutez le beurre et la crème, mélangez bien et garnissez des petits croûtons que vous aurez fait frire dans le beurre. Servez aussitôt.

Soupe de fraises

Préparation : 20 minutes
Réfrigération : 1 heure

Toute fraîche pour l'entrée ou le dessert.

45 calories

Pour 2 personnes
400 g de fraises
1 pincée de cannelle
1 cuillerée à soupe de sucre glace
1 cuillerée à soupe de jus de citron
1 cuillerée à café de feuilles de menthe fraîche

■ Équeutez les fraises, lavez-les et épongez-les doucement avec du papier absorbant. Coupez-les en morceaux et portez-les un court instant à ébullition avec un peu de cannelle.
■ Passez-les au mixeur puis au tamis fin.
■ Mélangez le sucre glace et le jus de citron à la pulpe des fruits.
■ Placez au frais et décorez au moment de servir avec quelques feuilles de menthe fraîche.

Soupe de légumes

Préparation : 20 minutes
Cuisson : 45 minutes

Un bouquet de vitamines.

230 calories

Pour 4 personnes
1 bouquet de persil
500 g de légumes divers en dés (carottes, navets, poireaux, céleri)
2 l de bouillon de viande
1 gousse d'ail épluchée
1 brin d'estragon
250 g de légumes en julienne (les mêmes + chou-fleur et tomates)
100 g de croûtons
1 cuillerée à soupe de persil ciselé
sel, poivre du moulin

■ Lavez le persil et mettez-le dans un faitout avec les légumes coupés en dés. Couvrez de bouillon. Ajoutez l'ail et l'estragon avec un peu de sel et de poivre. Faites cuire le tout une bonne trentaine de minutes.
■ Passez le bouillon au tamis, portez une nouvelle fois à ébullition et faites blanchir les légumes en julienne pendant 10 minutes dans le bouillon.
■ Vérifiez l'assaisonnement et portez la soupe à table, accompagnée des croûtons et du persil ciselé.

Soupe de morilles

Préparation : 10 minutes
Cuisson : 30 minutes

Le parfum des bois sur votre table.

167 calories

Pour 2 personnes
250 g de morilles
20 g de beurre
1 échalote émincée
1 l de bouillon
1 feuille de laurier
1 brin de thym
sel, poivre du moulin

- Nettoyez soigneusement les champignons, lavez-les (réservez-en quelques-uns pour la présentation) et hachez-les grossièrement.
- Faites étuver dans le beurre l'échalote émincée et les morilles.
- Recouvrez-les avec le bouillon, ajoutez le thym et le laurier et faites réduire jusqu'à ce qu'il n'en reste plus qu'un tiers. Salez, poivrez.
- Mixez le potage et passez-le au tamis fin.
- Servez bien chaud et décorez avec les morilles mises de côté.

Soupe de moules à la crème

Préparation : 20 minutes
Cuisson : 15 minutes

Quand les moules sortent de leur coquille.

279 calories

Pour 4 personnes
1 l de moules
50 g de beurre
1 oignon émincé
10 cl de vin blanc
1 trait de jus de citron
1 cuillerée à soupe de persil haché
1/2 gousse d'ail
1 jaune d'œuf
100 g de crème fraîche

- Brossez bien les coquillages et lavez-les dans plusieurs eaux.
- Faites fondre le beurre dans un faitout, faites-y dorer l'oignon et mouillez avec le vin blanc.
- Ajoutez les coquillages avec 1 verre d'eau et faites-les ouvrir à couvert.
- Au bout de 5 minutes, retirez les moules et décoquillez-les. Passez le jus de cuisson au tamis.
- Portez ce jus de cuisson à ébullition et assaisonnez-le avec le jus de citron, du sel, du poivre et le persil. Ajoutez l'ail et laissez mijoter pendant environ 8 minutes.

sel, poivre blanc

■ Dans la soupière, délayez le jaune d'œuf et la crème fraîche en fouettant bien.

■ Remettez les coquillages dans le potage et servez celui-ci bien chaud après l'avoir versé dans la soupière.

Soupe à l'oignon

Préparation : 15 minutes
Cuisson : 30 minutes

La recette traditionnelle à la parisienne.

335 calories

Pour 4 personnes

4 gros oignons (rouges ou jaunes)
4 cuillerées à soupe d'huile
1 bonne cuillerée à soupe de farine
4 tranches de pain
100 g de gruyère râpé
sel, poivre

Mon conseil :
Quand je sers la soupe à l'oignon à des amis, je la présente dans des récipients individuels. Il en existe en grès, en terre, en porcelaine qui vont très bien au four.

■ Pelez les oignons et coupez-les en rondelles fines.

■ Dans une grande casserole épaisse, mettez 1 bonne cuillerée à soupe d'huile. Faites chauffer et mettez-y les oignons que vous remuerez sans arrêt : ils doivent blondir sans dorer.

■ Lorsque les oignons sont devenus transparents, saupoudrez de farine et remuez à la cuillère en bois, toujours sur le feu, pour faire brunir la farine.

■ A ce moment, ajoutez en une seule fois 1,5 l d'eau froide, sel et poivre. Portez à ébullition et laissez cuire 20 minutes.

■ Pendant ce temps, coupez les tranches de pain en quatre et faites-les dorer à la poêle dans le restant de l'huile.

■ Disposez le pain frit dans un poêlon ou une soupière allant au four et allumez le four (th. 8).

■ Lorsque les 20 minutes d'ébullition sont passées, versez la soupe sur les tranches de pain. Parsemez de fromage râpé et faites gratiner à four chaud une dizaine de minutes. Servez brûlant.

Soupe à l'orge

Préparation : 15 minutes
Cuisson : 55 minutes

Saine et nutritive.

298 calories

Pour 4 personnes
1 oignon
1 carotte
1 morceau de céleri-rave
50 g de beurre
150 g de viande séchée
100 g d'orge
1 gousse d'ail écrasée
1,5 l de bouillon
1 pointe de noix muscade
1 cuillerée à soupe
de persil haché
sel, poivre du moulin

■ Nettoyez les légumes et coupez-les en brunoise.
■ Coupez la viande en morceaux.
■ Faites revenir les légumes, l'ail, la viande et l'orge dans le beurre. Recouvrez de bouillon, ajoutez le sel, le poivre et la noix muscade. Portez à ébullition puis baissez le feu et laissez mijoter doucement jusqu'à ce que l'orge soit bien tendre.
■ Versez dans une soupière et saupoudrez de persil haché au moment de servir.

Soupe à l'oseille

Préparation : 5 minutes
Cuisson : 10 minutes

A la fois acidulée et onctueuse.

595 calories

Pour 2 personnes
10 cl de vin blanc
1 échalote émincée
250 g d'oseille
50 g de beurre
25 cl de bouillon de volaille
100 g de crème fraîche
2 jaunes d'œufs
100 g de croûtons
sel, poivre du moulin

■ Portez le vin à ébullition dans une casserole avec l'échalote émincée, du sel et du poivre et laissez réduire.
■ Lavez l'oseille, effeuillez-la et versez-la dans la réduction.
■ Ajoutez le beurre en noisettes.
■ Dans une autre casserole, portez le bouillon de volaille à ébullition.
■ Mélangez la crème avec les jaunes d'œufs et ajoutez la préparation dans le bouillon en tournant sans cesse.
■ Versez la réduction à l'oseille dans le bouillon et vérifiez l'assaisonnement.
■ Servez cette soupe bien chaude, garnie de croûtons.

Soupe au pain

Préparation : 10 minutes
Cuisson : 20 minutes

Pain rassis, crème et noix muscade composent cette très bonne soupe familiale.

270 calories

Pour 6 personnes
1/2 pain rassis (200 g)
1 œuf
100 g de crème fraîche
20 cl de lait
sel, poivre
noix muscade râpée

- Mettez le pain rassis coupé en morceaux dans une grande casserole avec 1,5 l d'eau. Salez et faites cuire à feu doux et à couvert environ 15 minutes.
- Retirez du feu et passez le tout au mixeur ou à la moulinette (grille fine).
- Remettez sur le feu, en ajoutant le lait. Laissez cuire encore 5 minutes à feu doux en remuant de temps en temps.
- Mettez dans un bol l'œuf et la crème et battez-les longuement à la fourchette. Assaisonnez de poivre et de noix muscade, et versez ce mélange dans la soupière vide.
- Retirez la casserole du feu et versez peu à peu le liquide brûlant dans la soupière, en tournant vivement pour ne pas faire coaguler l'œuf. Servez très chaud.

Soupe parmentière

Préparation : 20 minutes
Cuisson : 20 minutes

Pommes de terre, boulettes de viande et fromage.

569 calories

Pour 4 personnes
4 pommes de terre
1 l de bouillon de bœuf
1/2 cuillerée à café d'estragon haché
200 g de viande hachée
1 œuf
1 échalote émincée
100 g de crème fraîche

- Épluchez les pommes de terre, lavez-les et râpez-les grossièrement.
- Faites chauffer le bouillon et mettez-y à cuire les pommes de terre. Parfumez avec un peu d'estragon haché.
- Pendant ce temps, malaxez la viande hachée avec l'œuf, l'échalote, la crème fraîche et le persil. Ajoutez un peu de muscade, salez, poivrez et confectionnez 8 petites boulettes.
- Retirez la soupe du feu et ajoutez la crème double et le fromage râpé en fouettant vigoureusement. Poivrez

Soupe parmentière *(suite)*

1 cuillerée à soupe de persil haché
1 pointe de noix muscade
2 cuillerées à soupe de crème double
150 g de fromage râpé
sel, poivre du moulin

largement et ajoutez un peu de sel si nécessaire.

- Entre-temps, faites pocher à petits frémissements les boulettes de viande dans de l'eau bouillante salée.
- Versez la soupe bien chaude dans la soupière, ajoutez les boulettes de viande et présentez à table tout de suite.

Soupe au parmesan

Préparation : 5 minutes
Cuisson : 15 minutes

Bouillon de poule et fromage râpé liés à l'œuf.

140 calories

Pour 4 personnes
1 l de bouillon de volaille, (pouvant être préparé avec 1 cube de concentré)
4 cuillerées à soupe de parmesan râpé
2 œufs
poivre

- Dans le fond de la soupière, battez à la fourchette le fromage râpé et les œufs entiers.
- Chauffez le bouillon. Quand il est bien bouillant, versez-le petit à petit dans la soupière sans cesser de battre avec le fouet.
- Poivrez bien et servez.

Soupe de pois cassés

Préparation : 15 minutes
Trempage : 12 heures
Cuisson : 2 h 20

Un classique de la cuisine rustique.

613 calories

Pour 4 personnes
200 g de pois cassés
50 g de beurre
2 carottes coupées en dés

- La veille, faites tremper les pois dans 1 l d'eau froide.
- Le lendemain, faites fondre 20 g de beurre dans un faitout, versez-y les dés de carottes et le poireau et faites étuver le tout.
- Au bout de quelques minutes de cuisson, ajoutez les pois bien égouttés,

Soupe de pois cassés *(suite)*

1 poireau en julienne
2 l de bouillon
150 g de lard
100 g de croûtons
sel, poivre du moulin

arrosez de bouillon et faites cuire à frémissement près de 2 heures après le premier bouillon.

- Après ce temps de cuisson, passez le potage au mixeur.
- Reversez-le dans le faitout, ajoutez le lard coupé en petits dés et prolongez la cuisson de 15 minutes encore, en tournant à la spatule pour éviter que la soupe n'attache. Vérifiez l'assaisonnement en sel et en poivre.
- Servez la soupe bien chaude, garnie de croûtons revenus dans un peu de beurre.

Soupe de poisson

Préparation : 15 minutes
Cuisson : 25 minutes

Le mariage de la mer et du potager.

460 calories

Pour 4 personnes
550 g de coquillages décoquillés (moules, coques)
600 g de poissons de mer
200 g de crevettes décortiquées
20 cl de vin blanc sec
50 cl de fumet de poisson (voir recette p. 323)
3 échalotes
1/2 gousse d'ail
3 cuillerées à soupe d'huile d'olive
200 g de légumes (carottes, poireau, céleri) coupés en julienne

- Faites pocher les coquillages, les crevettes et le poisson dans le fumet additionné de vin blanc.
- Égouttez soigneusement le poisson, ainsi que les fruits de mer, et passez le fumet au tamis.
- Faites chauffer l'huile d'olive dans un grand faitout, ajoutez-y les échalotes émincées et l'ail, puis les légumes détaillés en fine julienne, et laissez cuire le tout à l'étuvée.
- Ajoutez la purée de tomates, remuez bien et recouvrez entièrement avec le fumet. Laissez cuire environ 15 minutes à feu doux et assaisonnez en sel et en poivre. Faites réchauffer le poisson et les fruits de mer quelques minutes dans le faitout.

1 cuillerée à soupe
de purée de tomates
200 g de croûtons
1 cuillerée à soupe
de persil haché
sel, poivre du moulin

■ Servez dans une soupière avec du persil et des croûtons comme garniture.

Soupe à la queue de bœuf

Préparation : 30 minutes
Cuisson : 2 h 40

Une soupe aux parfums de Provence.

613 calories

Pour 4 personnes
1 queue de bœuf coupée
en tronçons
un peu de farine
4 cuillerées à soupe d'huile
d'olive
2 cl de pastis
150 g de poireaux en rondelles
150 g de carottes coupées
en rouelles
3 échalotes émincées
1 courgette en rondelles
100 g de haricots verts
1 l de bouillon
1 gousse d'ail écrasée
1 cuillerée à café d'herbes
de Provence
1 feuille de laurier
le zeste de 1/2 orange
200 g de croûtons
sel, poivre du moulin

■ Roulez les tronçons de queue de bœuf dans la farine et faites-les revenir dans l'huile chaude. Mouillez avec le pastis.

■ Ajoutez les légumes et faites-les étuver 5 minutes. Recouvrez avec le bouillon. Parfumez avec le zeste d'orange, l'ail, les herbes de Provence, le laurier. Salez et poivrez.

■ Laissez cuire 2 heures sur feu moyen. Sortez alors la viande du faitout, désossez-la et coupez-la en morceaux.

■ Passez la soupe au mixeur, replongez-y la viande et prolongez la cuisson 30 minutes sur feu doux.

■ Servez cette soupe bien chaude avec des croûtons.

Soupes et potages

Les potages sont aussi divers que les jours de l'année. Certains sont clairs et limpides, d'autres plus épais. Certains doivent être servis brûlants, d'autres glacés. Il y a les doux et les épicés, les rustiques et les raffinés. Les uns nécessitent de longues heures d'élaboration, les autres se préparent rapidement au dernier moment. Mais, si différents soient-ils, ils font partie de la même famille.

Soupes liées

Tout bouillon peut être lié, pour plus de velouté. Selon les goûts et selon les éléments de la soupe, on aura recours à trois types de liaison différents.

Liaison à la farine ou à la fécule

- Préparez un roux blond avec du beurre fondu et de la farine, versez-le dans la soupe chaude mais non bouillante, portez à ébullition sur feu vif, réduisez la chaleur et laissez cuire environ 20 minutes pour faire disparaître le goût de farine. Cette liaison présente l'inconvénient de donner parfois des grumeaux.
- Délayez la fécule avec un peu d'eau et répartissez-la dans la soupe frémissante. Cette liaison a l'avantage de ne pas faire de grumeaux tout en donnant à la soupe un certain velouté.

Liaison à la crème fraîche et au beurre

- Versez la crème fraîche dans la soupe au cours des 5 dernières minutes de cuisson.
- Retirez la soupe du feu et incorporez le beurre froid par petites noisettes en fouettant bien. Cette liaison adoucit le goût de la soupe, mais elle est un peu lourde.

Liaison au jaune d'œuf et à la crème

- Mélangez le jaune d'œuf et la crème dans la soupière.
- Versez par-dessus le bouillon bien chaud mais non brûlant. Cette liaison veloutée conserve intact le caractère de la soupe. Elle est à la fois légère et raffinée.

→

Sorbets au citron vert, au coco et à la goyave
(recettes pages 726, 727 et 728)

Tarte aux noix (recette page 766)

Bisque pour crustacés et coquillages

La bisque se prépare avant tout avec des crustacés et des coquillages. Si on la lie avec de la farine, c'est pour lui donner un peu de velouté.

■ Amenez l'eau et le vin blanc à ébullition avec les légumes et les aromates. Plongez-y le homard vivant et laissez infuser environ 15 minutes. Retirez le homard de sa carapace, mettez la queue de côté et concassez la carapace au mortier.

■ Faites chauffer de l'huile dans une marmite. Faites-y revenir les morceaux de carcasse, saupoudrez de farine et laissez prendre une coloration foncée.

■ Couvrez avec le court-bouillon de homard et laissez mijoter 3 à 4 heures.

■ Ajoutez un peu de concentré de tomates pour colorer, passez au tamis, puis à l'étamine. Vérifiez l'assaisonnement et servez la bisque avec la chair du homard coupée en tranches.

Soupes froides

Préparées à partir de légumes ou de fruits réduits en purée ou concassés, elles sont un régal les jours de grande chaleur. On en distingue deux sortes : les unes cuites d'abord, puis servies froides, comme les consommés, les autres crues. Veillez à épicer toujours un peu plus les soupes froides : elles perdent de leur saveur au refroidissement.

Soupe d'avocat

■ Épluchez les avocats, enlevez les noyaux, passez-les au mixeur.

■ Délayez-les avec un peu de bouillon de volaille. Assaisonnez en sel et en poivre et garnissez de fines herbes fraîchement hachées.

■ Mettez en attente au frais au moins 1 heure avant de servir.

Soupe de fruits

■ Épluchez les fruits, épépinez-les ou dénoyautez-les et coupez-les en morceaux.

■ Faites-les glacer dans un peu de vin et de sucre.

■ Passez-les au mixeur ou au tamis fin.

■ Liez-les à la gélatine ou avec de la crème fraîche (on peut aussi les faire cuire avec un peu de tapioca).

→

- Sucrez à volonté.
- Mettez en attente au frais avant de servir.
- Servez la soupe décorée avec de beaux fruits frais réservés.

Velouté au curry

- Faites revenir les échalotes et le curry dans le beurre chaud, recouvrez de bouillon de volaille et amenez à ébullition.
- Dans une autre casserole, préparez un roux blond et versez-y la soupe légèrement refroidie. Faites épaissir et passez au tamis.
- Pour terminer, ajoutez la crème avec un peu de lait de noix de coco et assaisonnez légèrement avant de mettre à refroidir.

Voir aussi *Potages, purées et potées* p. 596.

Spaghetti carbonara

Préparation : 5 minutes
Cuisson : 10 minutes

Un grand classique dans une sauce toute simple.

667 calories

Pour 2 personnes
250 g de spaghetti
4 tranches de lard maigre
12,5 cl de crème fraîche liquide
20 g de beurre
2 œufs
40 g de parmesan
sel, poivre du moulin

- Faites cuire les spaghetti « al dente » dans de l'eau bouillante salée et égouttez-les soigneusement.
- Coupez le lard en lanières de 1 cm de large, faites-les rissoler légèrement dans une grande poêle et jetez la moitié de la graisse écoulée. Arrosez de crème fraîche et laissez réduire légèrement.
- Fouettez les œufs avec le parmesan.
- Réchauffez les pâtes dans le beurre, ajoutez le lard et la crème fraîche, vérifiez l'assaisonnement en sel et en poivre et mélangez bien.
- Incorporez au dernier moment la préparation aux œufs et au fromage et servez sans attendre.

Spaghetti aux coquillages

Préparation : 20 minutes
Cuisson : 18 minutes

Un plat complet parfumé aux herbes fraîches.

645 calories

Pour 4 personnes

2 kg de coquillages (moules, coques)
2 oignons
1 gousse d'ail
2 ou 3 cuillerées à soupe d'huile d'olive
10 cl de vin blanc
400 g de tomates mondées et épépinées
1 cuillerée à café de basilic haché
1 cuillerée à café de cerfeuil haché
1 cuillerée à café de persil haché
300 g de spaghetti
30 g de beurre
60 g de parmesan râpé
sel, poivre du moulin

- Préparez les coquillages (voir p. 197).
- Faites revenir les oignons émincés et l'ail écrasé dans l'huile chaude, mouillez avec le vin blanc et le jus de cuisson des coquillages (filtré) et faites réduire.
- Incorporez les tomates en dés et laissez-les cuire quelques minutes avant d'ajouter les coquillages et les fines herbes. Vérifiez l'assaisonnement.
- Faites cuire les spaghetti « al dente » dans une grande marmite d'eau bouillante salée, égouttez-les et passez-les sous l'eau froide.
- Réchauffez les pâtes dans le beurre puis nappez-les de la sauce aux coquillages et aux herbes. Saupoudrez de parmesan râpé.

Spaghetti à l'huile et à l'ail

Préparation : 5 minutes
Cuisson : 10 minutes

A servir « al dente », c'est-à-dire les pâtes étant bien fermes.

530 calories

Pour 6 personnes
500 g de spaghetti
5 cl d'huile d'olive
4 gousses d'ail
persil

Mon conseil :
A la saison, je hache avec le persil 2 ou 3 feuilles de basilic.

- Pelez les gousses d'ail, laissez-les entières.
- Lavez le persil, hachez les feuilles.
- Faites cuire les spaghetti à grande eau bouillante salée – attention, le temps de cuisson varie suivant les marques.
- Vers la fin de la cuisson des spaghetti, faites chauffer l'huile dans une poêle, mettez-y à brunir les gousses d'ail ; enlevez-les et jetez-les dès qu'elles ont pris couleur.
- Les spaghetti étant cuits, égouttez-les soigneusement, arrosez-les avec l'huile, saupoudrez de persil, remuez et servez.

Spätzle

Préparation : 10 minutes
Cuisson : 5 minutes

Des pâtes allemandes.

343 calories

Pour 4 personnes
250 g de farine de blé ou de semoule de blé dur
4 œufs
5 cl de lait ou d'eau
20 g de beurre
noix muscade
sel

- Mettez la farine dans une terrine et formez un puits. Versez-y les œufs, le lait ou l'eau et le sel, mélangez.
- Lorsque la pâte est lisse, fouettez-la jusqu'à ce qu'il s'y forme des bulles d'air.
- Portez de l'eau salée à ébullition.
- Mettez une petite quantité de pâte sur une planche humide et étalez-la avec une palette ou un couteau. Découpez-la en bandes fines que vous ferez glisser dans l'eau bouillante.
- Quand les spätzle remontent à la surface, sortez-les avec une écumoire et passez-les sous l'eau froide. Égouttez-les et faites-les légèrement dorer dans le beurre. Assaisonnez de muscade.

Steak tartare

Préparation : 15 minutes

Aux câpres et aux anchois.

309 calories

Pour 2 personnes
300 g de viande hachée
2 jaunes d'œufs
2 filets d'anchois
1 cuillerée à café de câpres
2 échalotes
1 cuillerée à café de moutarde
1 pincée de paprika fort
sel, poivre du moulin

- Mettez la viande hachée bien froide dans un saladier, incorporez-y les jaunes d'œufs.
- Hachez les filets d'anchois et ajoutez-les à la viande.
- Mettez le paprika, les câpres, les échalotes pelées et hachées et la moutarde. Salez et poivrez.
- Malaxez bien les ingrédients à la fourchette et formez deux steaks. Servez avec une salade, du pain et du beurre frais.

Steak tartare au caviar

Préparation : 10 minutes

Mariage insolite, mais délicieux.

254 calories

Pour 2 personnes
250 g de steak haché de première qualité
1 jaune d'œuf
1 cuillerée à soupe de jus de citron
1 pointe de paprika
50 g de caviar
2 cuillerées à soupe de cerfeuil ciselé
sel, poivre du moulin

- Mélangez la viande avec le jaune d'œuf, le jus de citron, du poivre, un peu de sel et le paprika. Malaxez soigneusement. Roulez le steak en petites boulettes.
- Disposez le cerfeuil ciselé sur les assiettes et posez dessus les boulettes de viande en étoile.
- Garnissez le centre de chaque assiette d'un dôme de caviar et servez aussitôt.

Steaks hachés à la provençale

Préparation : 15 minutes
Cuisson : 7 minutes

Juste poêlés et bien épicés.

482 calories

Pour 2 personnes
1 poivron
1 gousse d'ail
2 échalotes
5 cl d'huile d'olive
3 filets d'anchois
1 cuillerée à café de moutarde
300 g de steak haché
sel, poivre du moulin

- Lavez le poivron, épépinez-le et coupez la pulpe en dés. Pelez l'ail et les échalotes et émincez-les finement.
- Faites chauffer 2 cl d'huile d'olive dans une poêle et mettez-y échalotes, ail et poivron à étuver. Quand ils sont translucides, ajoutez les anchois et la moutarde, mélangez bien et laissez refroidir.
- Humectez les légumes avec 4 cl d'eau et incorporez-les à la viande hachée. Salez et poivrez.
- Formez quatre petits steaks avec ce mélange. Chauffez le reste d'huile d'olive dans la poêle et faites-y revenir les steaks 2 minutes de chaque côté.

Steaks à la hambourgeoise

Préparation : 15 minutes
Cuisson : 6 minutes

Dans une sauce crémeuse au curry et aux pommes.

925 calories

Pour 2 personnes
1 pomme
le jus de 1 citron
1 cuillerée à café de curry
1 cuillerée à soupe de crème fraîche
1 cuillerée à soupe de crème fleurette

- Épluchez la pomme, évidez-la et coupez-la en quartiers puis en petits dés. Humectez ceux-ci de jus de citron et saupoudrez-les de curry avant d'y ajouter la crème fraîche et la crème fleurette. Salez.
- Pelez l'oignon et coupez-le en rondelles. Passez-le dans la farine.
- Faites chauffer le beurre clarifié dans une poêle, mettez-y les steaks hachés à revenir 2 minutes de chaque côté. Salez, poivrez et mettez en attente sous une feuille d'aluminium.

Steaks à la hambourgeoise *(suite)*

1 gros oignon
1 tasse de farine
20 g de beurre clarifié
(voir recette p. 97)
4 steaks hachés de 100 g chacun
2 petits pains
4 belles feuilles de salade (laitue)
2 cuillerées à soupe de ketchup
2 cornichons
sel, poivre du moulin

- Faites dorer les rondelles d'oignon dans le fond de cuisson de la viande. Salez-les et poivrez-les.
- Faites colorer à sec dans une autre poêle les petits pains coupés en deux.
- Disposez sur chaque assiette 2 moitiés de petits pains, garnissez chacune de 1 feuille de salade sur laquelle vous poserez la viande. Arrosez de ketchup et nappez de sauce au curry. Garnissez de rondelles d'oignon revenues.
- Coupez les cornichons en éventail et décorez-en le plat.

Steaks au pâté

Flambés au cognac.

740 calories

Préparation : 10 minutes
Repos : 1 heure
Cuisson : 12 minutes

Pour 6 personnes
6 steaks de 3 cm d'épaisseur environ
2 cuillerées à soupe d'huile
2 cuillerées à soupe de beurre
10 cl de marsala ou de xérès doux
1 boîte de 50 g de pâté de foie gras
2,5 cl de cognac
sel, poivre noir fraîchement moulu

Mon conseil :
Le porto, rouge et corsé, convient aussi pour la sauce.

- Salez et poivrez les steaks. Enduisez-les d'huile et laissez-les reposer pendant 1 heure à la température de la pièce.
- Faites fondre le beurre dans une poêle, mettez-y les steaks à cuire à feu vif pendant 1 minute de chaque côté.
- Retirez la viande du feu, mettez dans la poêle le vin et le pâté et faites cuire doucement en remuant sans arrêt jusqu'à consistance crémeuse.
- Remettez les steaks dans la poêle, faites-les cuire 2 minutes de plus.
- Chauffez le cognac, arrosez-en la viande et flambez. Puis, secouez la poêle jusqu'à ce que tout l'alcool ait brûlé. Les steaks sont alors prêts à être servis. Mettez-les sur un plat de service chaud et nappez-les de la sauce qui se trouve dans la poêle.

Steaks au poivre

Préparation : 10 minutes
Cuisson : 10 minutes

Flambés au cognac dans une sauce bien poivrée.

620 calories

Pour 4 personnes
1 cuillerée à soupe de grains de poivre blanc
2 échalotes
5 cl de vin blanc sec
1/2 verre de demi-glace (voir recette p. 716)
4 steaks dans le filet de 180 g chacun
40 g de beurre clarifié
100 g de jambon de Paris
4 cl de cognac
20 g de beurre frais
sel

Mon conseil :
Préférez les échalotes aux oignons : leur saveur est plus fine.

■ Concassez les grains de poivre et pelez les échalotes ; versez-les dans une petite casserole avec le vin blanc et faites réduire au tiers.
■ Complétez avec la demi-glace, portez à ébullition et passez au tamis au-dessus d'une autre casserole.
■ Faites cuire la viande 4 minutes de chaque côté dans une poêle où vous aurez fait chauffer un peu de beurre clarifié. Salez-la.
■ Coupez le jambon en lamelles et faites-le rissoler avec la viande.
■ Jetez la graisse de cuisson, déglacez la poêle avec le cognac et flambez.
■ Disposez les steaks sur les assiettes chaudes.
■ Versez la sauce au poivre et aux échalotes dans la poêle, portez à ébullition et montez au beurre frais. Nappez largement les steaks de cette sauce et servez bien chaud.

Steaks au roquefort

Préparation : 10 minutes
Cuisson : 18 minutes

Onctueux et bien relevés.

687 calories

Pour 4 personnes
4 steaks de 180 g chacun (dans le filet)
120 g de roquefort

■ Pratiquez une incision en biais dans chaque steak. Glissez-y un peu de roquefort, enveloppez de 1 tranche de lard pour bien refermer l'ouverture et ficelez.
■ Faites chauffer le beurre clarifié dans une cocotte. Faites-y revenir la viande

Steaks au roquefort *(suite)*

4 tranches de lard maigre
40 g de beurre clarifié
(voir recette p. 97)
4 cl de vin blanc sec
4 cuillerées à soupe
de demi-glace
(voir recette p. 716)
sel, poivre du moulin

1 minute de chaque côté, salez, poivrez puis glissez la cocotte dans le four chauffé à th. 5 pour environ 8 minutes. Retirez la cocotte du four, disposez les steaks sur un plat chaud et couvrez d'une feuille d'aluminium.

■ Déglacez le fond de la cocotte avec le vin, versez-y la demi-glace et laissez réduire à feu vif.

■ Disposez les steaks sur les assiettes chaudes, nappez de sauce pour présenter à table.

Steaks surprise

Des croque-steaks originaux et nourrissants.

860 calories

Préparation : 15 minutes
Cuisson : 8 minutes

Pour 6 personnes

6 tranches de filet de bœuf
de 1,5 cm d'épaisseur environ
6 tranches de jambon cuit
6 tranches fines de gruyère
1/2 tasse de farine
2 œufs
1/2 tasse de chapelure
5 cuillerées à soupe de beurre
sel, poivre noir fraîchement
moulu

Mon conseil :
Je remplace parfois le gruyère par des lamelles de chester.

■ Coupez les tranches de viande dans le sens de l'épaisseur en les laissant attachées par une extrémité. Ouvrez ces steaks comme un livre et glissez 1 tranche de jambon et 1 tranche de fromage l'une sur l'autre. Rabattez le côté ouvert et reconstituez la tranche en appuyant bien sur le bord. Salez, poivrez.

■ Passez les tranches de viande ainsi préparées dans la farine.

■ Battez les œufs et passez-y les tranches de viande.

■ Passez-les ensuite dans la chapelure.

■ Faites fondre le beurre dans une poêle, mettez-y à cuire les tranches de viande farcies et panées pendant 8 minutes, ou un peu moins si vous voulez une viande un peu plus saignante. Retournez à mi-cuisson.

Stockfisch à la niçoise

Préparation : 25 minutes
Trempage : 3 jours
Cuisson : 1 h 30 environ

Un plat complet qui peut constituer tout un repas.

590 calories

Pour 6 personnes

1,3 kg de stockfisch
750 g de pommes de terre
4 grosses tomates
3 oignons
4 gousses d'ail
2 douzaines d'olives noires de Nice non dénoyautées
1 bouquet garni (persil, céleri, thym, laurier)
1/2 verre d'huile
poivre

■ Mettez le stockfisch à dessaler dans l'eau froide pendant 3 jours. Changez l'eau deux fois par jour.

■ Le jour venu, égouttez le stockfisch, coupez-le en morceaux.

■ Pelez et épépinez les tomates. Épluchez les oignons, émincez-les.

■ Dans un poêlon, faites chauffer l'huile et mettez-y les oignons émincés à revenir légèrement. Ajoutez les tomates et laissez-les rendre leur eau. Mettez alors les morceaux de stockfisch, les gousses d'ail et le bouquet garni. Poivrez et couvrez d'eau bouillante. Laissez mijoter 45 minutes.

■ Ajoutez alors les olives et les pommes de terre épluchées et coupées en grosses rondelles. Laissez cuire doucement encore 30 minutes. Au moment de servir, retirez le bouquet garni et servez dans le poêlon.

Suprêmes de faisan

Préparation : 20 minutes
Cuisson : 40 minutes

Simplicité et raffinement.

464 calories

Pour 2 personnes

2 filets de faisan
60 g de beurre
2 échalotes émincées
50 g de carottes en julienne

■ Parez les filets de faisan, passez-les sous un filet d'eau froide puis séchez-les bien.

■ Faites fondre 20 g de beurre dans une petite braisière pour y mettre à étuver les échalotes, puis les carottes et le céleri ; mouillez avec le vinaigre.

■ Ajoutez les petits pois ainsi que la feuille de laurier, recouvrez de bouillon

Suprêmes de faisan *(suite)*

30 g de céleri en julienne
1 cuillerée à soupe de vinaigre
250 g de petits pois écossés
1 feuille de laurier
50 cl de bouillon de volaille
sel, poivre du moulin

et faites cuire 20 minutes à feu modéré.

■ Pendant ce temps, salez et poivrez légèrement les filets de faisan et faites-les revenir dans le reste de beurre.

■ Ajoutez-les aux légumes et laissez mijoter le tout encore 10 minutes.

■ Retirez les filets de faisan et coupez-les en tranches.

■ Réduisez les petits pois en purée, répartissez celle-ci sur les assiettes et garnissez de tranches de faisan.

Suprêmes de faisan au cassis

Simplement fruités.

458 calories

Pour 2 personnes
2 filets de jeune faisan de 150 g chacun
40 g de beurre
1 cuillerée à soupe d'huile
1 branche de thym
2 baies de genièvre écrasées
12,5 cl de fond de volaille (voir recette p. 322)
12,5 cl de jus de cassis
2 cuillerées à soupe de crème fraîche
1 cuillerée à soupe de grains de cassis
sel, poivre du moulin

Préparation : 10 minutes
Cuisson : 20 minutes

■ Parez les filets de faisan et retirez-en la peau.

■ Assaisonnez-les en sel et poivre. Faites chauffer l'huile et 20 g de beurre dans une braisière et faites-y revenir les filets, avec les parures, la peau et les plantes aromatiques, 5 minutes de chaque côté. Retirez-les de la braisière et gardez-les au chaud.

■ Déglacez la braisière avec le fond de volaille, faites réduire de moitié et passez au tamis.

■ Ajoutez le jus de cassis, faites réduire à nouveau de moitié sur feu vif et versez la crème fraîche avant de donner un dernier tour de bouillon.

■ Mixez la sauce et montez-la avec le reste de beurre bien froid.

■ Versez les grains de cassis dans la sauce.

■ Répartissez celle-ci sur les assiettes et dressez dessus les suprêmes de faisan que vous aurez préalablement découpés en tranches fines.

Suprêmes de volaille aux morilles

Préparation : 20 minutes
Cuisson : 20 minutes

Une harmonie de saveurs.

573 calories

Pour 2 personnes
150 g de morilles fraîches
80 g de beurre
1 échalote émincée
2 cuillerées à soupe de porto
un peu de bouillon
2 cuillerées à soupe d'huile
2 blancs de volaille
1 cuillerée à soupe de farine
1 cuillerée à soupe de crème fraîche
sel, poivre du moulin

■ Coupez le pied des morilles, fendez celles-ci en deux et lavez-les à l'eau courante.

■ Faites fondre l'échalote dans 40 g de beurre, ajoutez les morilles, mouillez avec le porto puis arrosez de bouillon. Assaisonnez, portez à ébullition puis laissez réduire doucement de moitié.

■ Salez et poivrez les blancs de volaille, passez-les dans la farine et faites-les rissoler à la poêle dans l'huile bien chaude jusqu'à ce qu'ils prennent une belle coloration blonde.

■ Dans l'intervalle, liez la sauce avec la crème fraîche et montez-la avec le beurre restant.

■ Coupez les blancs de volaille en tranches, garnissez-les de morilles et nappez-les de sauce.

t

Tagliatelle au pistou

Préparation : 10 minutes
Cuisson : 15 minutes

Un délicieux parfum de basilic.

550 calories

Pour 6 personnes
500 g de tagliatelle
4 gousses d'ail
200 g de parmesan râpé
12 feuilles de basilic
6 cuillerées à soupe d'huile d'olive
sel, poivre

- Mettez à cuire les tagliatelle à l'eau bouillante salée pendant 10 minutes.
- D'autre part, pilez dans un mortier ail et feuilles de basilic. Lorsque le tout est réduit en pâte, versez petit à petit l'huile d'olive en tournant avec une cuillère en bois et ajoutez le parmesan rapé. Salez et poivrez.
- Lorsque les pâtes sont cuites, égouttez-les, versez la sauce dessus et servez.

Tarte à l'abricot

Préparation : 20 minutes
Cuisson : 45 minutes

Des abricots moelleux sur un fond de pâte brisée.

360 calories

Pour 8 personnes
300 g de pâte brisée
(voir recette p. 535)

- Abaissez la pâte brisée, foncez-en un moule à tarte et faites cuire à blanc environ 10 minutes à th. 5.
- Une fois la pâte refroidie, saupoudrez le fond de biscottes écrasées au rouleau à pâtisserie.

40 g de biscottes
1 kg d'abricots
100 g de confiture d'abricots
10 g d'amandes effilées

■ Recouvrez avec les abricots coupés en deux et dénoyautés que vous disposerez en écailles.
■ Glissez au four 10 minutes à th. 2 puis prolongez la cuisson 25 minutes à th. 5.
■ Nappez le gâteau encore tiède de confiture d'abricots et parsemez d'amandes effilées. Servez tiède.

Tarte alsacienne à la confiture

Un grand sablé aux amandes garni de confiture et de croisillons de pâte.

Préparation : 20 minutes
Cuisson : 30 minutes

675 calories

Pour 6 personnes
250 g de farine
250 g de sucre en poudre
250 g d'amandes en poudre
125 g de beurre
1 œuf
1/2 pot de confiture de votre choix (myrtilles, quetsches ou framboises)

■ Détaillez le beurre en petits morceaux et travaillez-le dans une terrine avec le sucre et l'œuf ; ajoutez la farine et les amandes en poudre. Mélangez bien le tout pour obtenir une pâte lisse et homogène.
■ Allumez le four à th. 4 ou 5.
■ Étendez les trois quarts de la pâte au rouleau sur une planche farinée, en une abaisse ronde de 1 cm d'épaisseur. Foncez-en une tourtière beurrée. Abaissez le reste de la pâte en un disque moins épais et divisez-la en minces rubans. Entourez les bords de la tourtière avec un de ces rubans. Mettez les autres pardessus en les quadrillant, et soudez-les soigneusement les uns aux autres avec un peu d'eau.
■ Garnissez chaque creux de confiture et mettez au four pendant 30 minutes. Servez tiède ou froid.

Tarte Bourdaloue

Préparation : 20 minutes
Cuisson : 25 minutes

De fines tranches de poires sur une crème d'amandes légère.

593 calories

Pour 8 personnes
400 g de pâte brisée
(voir recette p. 535)
50 cl de lait
1 gousse de vanille
100 g de sucre
1 pincée de sel
2 œufs + 4 jaunes
50 g de fécule
100 g de pâte d'amandes
3 ou 4 poires au sirop
50 g de confiture d'abricots

- Foncez le moule avec la pâte et faites-la cuire à blanc pendant environ 20 minutes ; mettez-la au frais.
- Faites bouillir dans une casserole le lait avec la vanille, le sucre et le sel.
- Mélangez les jaunes d'œufs ainsi que les œufs entiers avec la fécule et versez la préparation dans le lait chaud. Portez brièvement à ébullition et retirez aussitôt du feu.
- Retirez la gousse de vanille et incorporez la pâte d'amandes au mélange. Laissez refroidir à couvert.
- Garnissez le fond de tarte de cette crème et coupez les poires en fines lamelles. Disposez-les régulièrement sur la crème, en les faisant se chevaucher.
- Nappez, à l'aide d'un pinceau, la tarte de confiture d'abricots tiède.
- Passez 5 minutes au four chauffé à th. 5, juste le temps de réchauffer la pâte et de tiédir les poires.

Tarte au citron

Préparation : 20 minutes
Repos : 1 heure
Cuisson : 30 minutes

Classique, cette tarte plaît toujours.

387 calories

Pour 8 personnes
200 g de farine
150 g de beurre
80 g de sucre

- Malaxez à la main la farine avec le beurre froid, le sucre et le sel. Ajoutez alors l'œuf à la pâte et formez une boule que vous laisserez reposer environ 40 minutes.
- Abaissez la pâte au rouleau à pâtisserie et laissez à nouveau reposer pendant 20 minutes.

Tarte au citron *(suite)*

1 pincée de sel
1 œuf
beurre pour le moule
Pour la garniture :
3 œufs
150 g de sucre
2 citrons non traités
150 g de beurre

■ Beurrez le moule et étendez-y la pâte en une couche fine.

■ Mélangez les œufs avec le sucre, le zeste et le jus des citrons, ajoutez le beurre fondu et garnissez le fond de pâte de cette préparation.

■ Glissez au four préchauffé à th. 6 et faites cuire environ 30 minutes.

Tarte au fromage blanc

Préparation : 40 minutes
Repos : 1 heure
Cuisson : 35 minutes

Une spécialité viennoise.

319 calories

Pour 8 personnes
200 g de farine
50 g de sucre
1 œuf
100 g de beurre
1 pincée de sel
400 g de fromage blanc bien égoutté
3 jaunes d'œufs
40 g de farine
100 g de sucre
1 cuillerée à café d'eau de fleur d'oranger
beurre et farine pour le moule

■ Mettez la farine et le sucre dans un saladier, ajoutez au centre l'œuf avec le beurre coupé en dés et le sel, malaxez bien et laissez reposer 1 heure.

■ Mélangez au batteur électrique le fromage blanc avec les jaunes d'œufs, la farine, le sucre et l'eau de fleur d'oranger pour obtenir une préparation lisse.

■ Abaissez la pâte sur 3 mm d'épaisseur et foncez-en un moule beurré et fariné.

■ Garnissez de la préparation au fromage blanc et faites cuire au four 35 minutes à th. 7.

Tarte aux mirabelles

Préparation : 15 minutes
Cuisson : 35 minutes

Des mirabelles parfumées sur fond de crème pâtissière.

361 calories

Pour 8 personnes
450 g de pâte brisée
(voir recette p. 535)
300 g de crème pâtissière
(voir recette p. 231)
50 g d'amandes moulues
600 g de mirabelles au sirop
50 g de beurre
2 cuillerées à soupe d'alcool de mirabelle
1 jaune d'œuf

- Foncez le moule avec la pâte (en en réservant 100 g pour la décoration).
- Mélangez la crème pâtissière et les amandes.
- Égouttez les mirabelles. Mettez le beurre à fondre dans une poêle, ajoutez les fruits et faites flamber avec l'alcool de mirabelle.
- Nappez le fond du gâteau de crème pâtissière et recouvrez de mirabelles.
- Coupez la pâte restante en lanières, disposez-les en croisillons sur le dessus de la tarte et badigeonnez au jaune d'œuf.
- Faites cuire 35 minutes au four préchauffé à th. 7.

Tarte aux myrtilles

Préparation : 25 minutes
Cuisson : 40 minutes

Sur un fond de pâte brisée et de crème onctueuse.

330 calories

Pour 6 personnes
350 g de pâte brisée
(voir recette p. 535)
450 g de myrtilles
80 g de sucre glace
20 g de fécule
4 œufs
25 cl de crème fleurette
50 g d'amandes effilées

- Abaissez la pâte brisée au rouleau et étendez-la dans un moule à tarte. Piquez-la à la fourchette.
- Recouvrez de papier sulfurisé, remplissez de haricots secs et faites cuire 15 minutes à th. 6.
- Triez les myrtilles, lavez-les, égouttez-les et posez-les sur du papier absorbant pour bien les éponger.
- Mélangez le sucre glace, la fécule, les œufs et la crème fleurette.
- Disposez les myrtilles sur le fond de tarte, recouvrez-les de la préparation.
- Parsemez d'amandes effilées et faites cuire 25 minutes au four à th. 5.

Tarte aux noix

Préparation : 15 minutes
Repos : 1 heure
Cuisson : 30 minutes

Un succès assuré.

453 calories

Pour 6 à 8 personnes
25 cl de crème fraîche épaisse
100 g de noix en poudre
12 cerneaux de noix
100 g de sucre en poudre
1 cuillerée à soupe
de liqueur de noix
1 noix de beurre pour le moule
Pour la pâte :
225 g de farine tamisée
100 g de beurre mou
50 g de sucre en poudre

Mon conseil :
La tarte est meilleure le lendemain. Vous pouvez la servir avec une crème anglaise.

- Préchauffez le four à th. 8.
- Préparez la pâte : mélangez la farine, le sucre et le beurre pour obtenir une pâte lisse. Laissez-la reposer au frais environ 1 heure.
- Tapissez un moule beurré de 25 cm de diamètre avec la pâte et faites cuire à blanc au four pendant environ 10 minutes, couvert d'un papier d'aluminium et parsemé de légumes secs.
- Préparez la garniture : mélangez la crème, le sucre et la poudre de noix. Ajoutez la liqueur de noix
- Versez sur la pâte cuite. Faites cuire 20 minutes au four à th. 6. Laissez refroidir avant de démouler et décorez de cerneaux de noix.

Tarte à l'oignon

Préparation : 30 minutes
Cuisson : 40 minutes

Une tarte campagnarde pour le début de l'automne.

581 calories

Pour 6 personnes
600 g d'oignons
50 g de beurre
150 g de crème fraîche
1 cuillerée à café de farine
tamisée

- Pelez les oignons et hachez-les finement. Faites chauffer le beurre dans une poêle et faites-y fondre les oignons en remuant constamment à la spatule jusqu'à ce que toute l'eau de végétation se soit évaporée.
- Mélangez la crème fraîche avec la farine tamisée et versez-la sur les oignons tout en continuant de remuer.

Tarte à l'oignon *(suite)*

2 jaunes d'œufs
400 g de pâte feuilletée
(voir recette p. 535)
beurre et farine pour le moule
80 g de gruyère râpé
sel, poivre du moulin

■ Retirez la poêle du feu. Ajoutez les jaunes d'œufs, salez et poivrez.

■ Abaissez la pâte feuilletée et foncez-en un moule préalablement beurré et fariné, piquez-la à la fourchette et recouvrez-la de fondue d'oignons. Saupoudrez de fromage râpé.

■ Glissez le moule dans le four chauffé à th. 5 et faites cuire 30 minutes environ. Servez bien chaud.

Tarte aux pommes

Préparation : 20 minutes
Cuisson : 30 minutes

Une variante d'un classique.

450 calories

Pour 8 personnes
500 g de pâte brisée
(voir recette p. 535)
4 ou 5 pommes
200 g de compote de pommes
25 cl de crème pâtissière
(voir recette p. 231)
50 g de raisins de Corinthe
3 cuillerées à soupe de genièvre
ou de calvados
50 g de beurre
sucre cristallisé

■ Préchauffez le four à th. 6.

■ Faites tremper les raisins dans le genièvre ou le calvados pendant 15 minutes. Égouttez-les.

■ Tapisez un moule à tarte avec la pâte brisée, piquez le fond et faites cuire au four à th. 4.

■ Laissez refroidir et couvrez le fond de tarte de la crème pâtissière.

■ Versez dessus la compote de pommes mélangée aux raisins et garnissez avec d'épaisses tranches de pommes épluchées et évidées que vous aurez fait revenir à la poêle dans le beurre chaud.

■ Saupoudrez de sucre cristallisé et faites glacer sous le gril 5 à 10 minutes. Servez chaud ou froid.

Tarte aux quetsches et au massepain

Préparation : 25 minutes
Cuisson : 35 minutes

Une spécialité alsacienne.

360 calories

Pour 6 personnes
350 g de pâte brisée
(voir recette p. 535)
beurre pour le moule
3 cuillerées à soupe
de gelée de groseille
150 g de massepain
3 cuillerées à soupe de rhum
800 g de quetsches
2 cuillerées à soupe
d'eau-de-vie de prune
100 g de sucre glace

■ Foncez un moule beurré avec la pâte brisée abaissée à l'aide d'un rouleau à pâtisserie.
■ Nappez de gelée de groseille, ajoutez le rhum au massepain, étalez-le sur la pâte.
■ Lavez bien les quetsches, retirez-en les queues et les noyaux et arrosez-les d'eau-de-vie de prune.
■ Rangez les fruits sur le massepain en les faisant se chevaucher et glissez le gâteau au four chauffé à th. 7. Laissez cuire 35 minutes. Si les prunes sont très juteuses, chauffez le four à th. 8.
■ Saupoudrez la tarte de sucre glace et servez-la accompagnée d'une jatte de crème fouettée.

Tarte à la rhubarbe

Préparation : 20 minutes
Cuisson : 35 minutes

Un petit goût acide apprécié des amateurs.

310 calories

Pour 4 personnes
250 g de pâte brisée
(voir recette p. 535)
750 g de tiges de rhubarbe
60 g de crème fraîche
2 œufs
40 g de farine
sucre en poudre

■ Pelez et lavez les tiges de rhubarbe. Essuyez-les et détaillez-les en tronçons de 2 à 3 cm.
■ Étalez la pâte au rouleau ; foncez-en une tourtière ; disposez-y les morceaux de rhubarbe.
■ Mélangez ensemble la farine, la crème, les œufs et 60 g de sucre ; nappez la rhubarbe avec cette préparation.
■ Mettez à cuire à four chaud pendant 35 minutes. Au sortir du four, saupoudrez de sucre en poudre.

Tarte au sureau

Préparation : 45 minutes
Cuisson : 45 minutes

En provenance directe d'Europe centrale.

201 calories

Pour 8 personnes
350 g de pâte brisée
(voir recette p. 535)
400 g de baies de sureau
(égrenées et lavées)
200 g de fromage blanc
70 g de sucre
70 g de farine
2 œufs
12,5 cl de lait
12,5 cl de crème fouettée

- Foncez le moule avec la pâte brisée et faites cuire 15 minutes à blanc.
- Garnissez de baies de sureau.
- Mélangez le fromage blanc avec le sucre, la farine et les œufs jusqu'à ce que vous obteniez une pâte lisse ; détendez-la avec le lait puis incorporez-y la crème fouettée.
- Versez la préparation sur les fruits et faites cuire 30 minutes dans le four chauffé à th. 5.

Tarte Tatin

Préparation : 30 minutes
Cuisson : 40 minutes

A servir chaude, avec de la crème fraîche.

545 calories

Pour 8 personnes
350 g de feuilletage surgelé
ou 1/3 de portion de pâte
feuilletée (voir recette p. 535)
farine pour saupoudrer
1,2 kg de pommes
120 g de beurre
250 g de sucre
25 cl de crème fraîche
de Normandie

- Abaissez la pâte feuilletée saupoudrée d'un peu de farine et mettez-la au frais.
- Épluchez les pommes, retirez le cœur et les pépins et coupez la pulpe en quartiers.
- Faites chauffer la tourtière, parsemez-la de beurre coupé en noisettes et saupoudrez-la de sucre. Faites fondre doucement sans remuer.
- Répartissez les quartiers de pommes sur le fond de la tourtière et laissez-les caraméliser 20 minutes sur la plaque de la cuisinière.
- Sortez la pâte et formez un cercle d'un diamètre supérieur à celui du

moule où cuisent les pommes, de façon à pouvoir en recouvrir les fruits.

- Recouvrez le moule avec l'abaisse de pâte en pressant bien les bords contre les parois du moule. Faites cuire 20 minutes dans le four préchauffé à th. 7.
- Démoulez le gâteau en le renversant d'un coup sec sur un plat, au bout de 5 minutes, et servez-le encore tiède, accompagné d'une belle jatte de crème fraîche de première qualité.

Tarte à la tomate et au cantal

Un feuilletage léger à servir chaud.

485 calories

Préparation : 15 minutes
Cuisson : 20 minutes

Pour 4 personnes
200 g de pâte feuilletée
(voir recette p. 535)
1 cuillerée à soupe de moutarde
200 g de cantal
4 grosses tomates
2 cl d'huile d'olive
1 branche de thym
poivre du moulin

- Foncez le moule à tarte avec la pâte feuilletée bien étalée au rouleau à pâtisserie, piquez-la à la fourchette et enduisez-la de moutarde.
- Râpez grossièrement le fromage et répartissez-le sur le fond de tarte.
- Pelez les tomates, coupez-les en tranches, retirez-en les pépins et disposez-les sur le fromage en les faisant se chevaucher.
- Arrosez d'huile d'olive, saupoudrez de thym émietté et poivrez.
- Faites cuire 20 minutes au four à th. 5 et servez chaud.

Tartelettes à l'ananas

Préparation : 20 minutes
Cuisson : 20 minutes

Pour accompagner le thé.

388 calories

Pour 8 personnes
farine pour le plan de travail
350 g de pâte feuilletée
(voir recette p. 535)
beurre pour la plaque
200 g de crème pâtissière
(voir recette p. 231)
1 cuillerée à soupe de rhum
300 g d'ananas en tranches
4 bigarreaux confits

- Préparez la pâte feuilletée et abaissez-la sur 2 cm d'épaisseur sur le plan de travail fariné. Découpez-y à l'emporte-pièce 20 disques de 9 cm de diamètre. Piquez 10 d'entre eux avec une fourchette et évidez les autres à l'emporte-pièce de 6 cm de diamètre.
- Disposez les grands disques de pâte sur la plaque du four beurrée, placez dessus les disques évidés et faites-les adhérer en les humectant légèrement.
- Glissez la plaque au four chauffé à th. 7 et laissez cuire 20 minutes.
- Aromatisez la crème pâtissière au rhum et garnissez-en les tartelettes. Décorez avec des tranches d'ananas disposées en éventail et 1/2 bigarreau confit placé au centre.

Tartelettes aux pêches

Préparation : 20 minutes
Cuisson : 20 minutes

Une pâte croustillante fourrée à la crème et aux fruits.

398 calories

Pour 8 personnes
350 g de pâte feuilletée
(voir recette p. 535)
farine
200 g de crème pâtissière
(voir recette p. 231)
1 cuillerée à soupe de liqueur d'orange

- Abaissez la pâte feuilletée au rouleau à pâtisserie et étalez-la en un rectangle de 2 mm d'épaisseur sur la planche de travail saupoudrée de farine. Découpez 20 cercles de 9 cm de diamètre, piquez-en 10 à l'aide d'une fourchette. Découpez dans les cercles restants des cercles de 6 cm de diamètre, de manière à obtenir des anneaux.
- Mouillez les fonds au pinceau et posez-y les anneaux.
- Faites cuire 20 minutes au four chauffé à th. 7.

Tartelettes aux pêches *(suite)*

4 ou 5 pêches bien mûres
2 cuillerées à soupe de noix de coco râpée

Mon conseil :
Passez les tartelettes quelques minutes sous le gril, elles seront encore meilleures.

■ Parfumez la crème pâtissière avec la liqueur d'orange et garnissez-en les bouchées feuilletées quand elles auront refroidi.

■ Pelez les pêches après les avoir plongées 10 secondes dans de l'eau bouillante. Coupez-les en deux et dénoyautez-les. Coupez les demi-pêches en tranches fines et disposez-les en éventail sur les tartelettes. Décorez de noix de coco râpée.

Terrine de brochet et de saumon

Préparation : 35 minutes
Réfrigération : 12 heures
Cuisson : 1 h 30

Avec sa mousse à l'oseille.

396 calories

Pour 6 personnes
500 g de brochet (filets)
3 gouttes de sauce Worcestershire
150 g de crème fraîche
500 g de saumon
12 grandes feuilles d'épinards
beurre pour le moule
80 g d'oseille
50 g de crème liquide
100 g de mayonnaise
sel, poivre du moulin

■ Passez la chair du brochet deux fois au hachoir, parfumez-la de sauce Worcestershire, salez, poivrez et incorporez la crème fraîche.

■ Passez la préparation au tamis fin.

■ Coupez le saumon en filets et enroulez-les dans des feuilles d'épinards blanchies à l'eau bouillante salée.

■ Beurrez légèrement une feuille d'aluminium et tapissez-en le moule. Versez dans le moule la moitié de la chair de brochet, posez par-dessus les papillotes de saumon, recouvrez du reste de chair de brochet et refermez la feuille d'aluminium sur le moule.

■ Faites cuire au bain-marie dans le four préchauffé à th. 3.

■ Faites ramollir l'oseille sur feu doux, sans adjonction de matière grasse.

■ Incorporez l'oseille et la crème à la mayonnaise, battez encore au fouet

Mon conseil :
Mettez au moins la nuit au réfrigérateur et sortez la terrine environ 1 heure avant de servir pour faciliter le démoulage.

pour que l'oseille se mélange bien et assaisonnez la sauce en sel et en poivre. Placez au réfrigérateur pendant la nuit.

■ Au moment de servir, découpez la terrine en fines tranches et accompagnez de la sauce à l'oseille.

Terrine de canard aux pistaches

Préparation : 1 heure
Réfrigération : 12 heures
Cuisson : 50 minutes

Une recette à préparer à l'avance.

553 calories

Pour 8 personnes

300 g de chair de canard
100 g d'échine de porc
50 g de lard maigre
100 g de foies de canard
10 g de beurre clarifié
1 œuf
250 g de crème fraîche très froide
2 cl de cognac
2 cl de porto
30 g de pistaches
200 g de barde de lard
quelques feuilles de menthe fraîche
sel, poivre du moulin

Pour la gelée :

20 cl de consommé (voir recette p. 117)
3 cl de xérès
3 feuilles de gélatine

■ Passez la viande de canard et de porc deux fois au hachoir à grille fine, mettez-la dans un saladier couvert et placez-la au frais.

■ Coupez le lard maigre en dés et réservez-le. Dans une poêle, faites sauter brièvement les foies de canard dans le beurre clarifié, assaisonnez et gardez en attente.

■ Placez le saladier de viande sur des glaçons dans un autre saladier plus grand. Salez généreusement, ajoutez l'œuf et mélangez bien avant d'incorporer lentement la crème très froide avec une spatule de bois ; ajoutez le poivre, le cognac et le porto à la préparation. Répartissez les pistaches, les foies et les dés de lard dans la farce et laissez reposer au frais.

■ Tapissez une terrine avec la barde de lard, en laissant dépasser des bords.

■ Couvrez la terrine, placez-la dans un bain-marie et faites cuire 45 minutes au four chauffé à th. 4. Laissez refroidir, puis placez au frais pour la nuit.

Mon conseil :
Pour les jours de grande cérémonie, j'enroule la farce bardée de lard dans de la pâte feuilletée, et cette recette devient alors un pâté de canard en croûte que j'accompagne d'une fine julienne de truffes.

- Préparez la gelée : faites chauffer le consommé et parfumez de xérès. Faites gonfler la gélatine 5 minutes dans de l'eau et laissez-la dissoudre dans le consommé, puis faites-la prendre au frais et coupez la gelée en petits dés.
- Découpez la terrine en tranches de 1 cm d'épaisseur, parsemez de dés de gelée au xérès et décorez de quelques feuilles de menthe fraîche.

Terrine de lapin

Un classique toujours apprécié.

636 calories

Pour 8 personnes
200 g de porc dans le collet
1 gros lapin désossé et coupé en morceaux
1 carotte coupée en dés
1 oignon émincé
2 échalotes émincées
1 bouquet garni
2 clous de girofle
3 feuilles de laurier
1,5 l de vin blanc
2 cl de marc
1 crépine de porc
200 g de lard frais
1 foie de lapin
40 g de beurre
1 jaune d'œuf
8 cuillerées à soupe de crème fraîche
sel, poivre du moulin

Préparation : 20 minutes
Macération : 12 heures
Repos : 12 heures
Cuisson : 1 heure

- Coupez la viande de porc en petits morceaux et mettez-la dans un saladier avec les morceaux de lapin. Ajoutez les légumes, le bouquet garni, les clous de girofle et 2 feuilles de laurier, versez le vin et le marc. Laissez macérer au moins 12 heures dans un endroit frais.
- Le lendemain, faites tremper la crépine dans de l'eau froide.
- Hachez grossièrement le lard et le foie du lapin et faites-les revenir à feu vif dans le beurre.
- Faites égoutter le lapin et la viande de porc, passez le tout au hachoir et assaisonnez.
- Portez la marinade à ébullition, passez-la au tamis et laissez-la refroidir. Versez la crème fraîche et le jaune d'œuf sur la viande. Ajoutez le lard et le foie, assaisonnez et mélangez bien le tout. Faites chauffer le four.
- Tapissez la terrine avec la crépine, remplissez-la avec la viande et refermez

Mon conseil :
La viande, l'œuf et la crème doivent être à la même température pour que la préparation prenne bien. Je place donc le saladier contenant la viande dans un autre plus grand, rempli d'eau glacée, et je tourne avec une spatule en bois.

la crépine. Garnissez de la dernière feuille de laurier et recouvrez de marinade.

- Posez le couvercle sur la terrine et faites cuire au four 1 heure à th. 2.
- En fin de cuisson, retirez la feuille de laurier et laissez refroidir. Placez sur la terrine une planchette aux dimensions de l'ouverture, surmontée d'un poids.
- Laissez encore reposer 12 heures au frais.
- Démoulez doucement la terrine et coupez-la en tranches.

Terrine de légumes au ris de veau

Préparation : 10 à 15 minutes
Trempage : 2 heures
Cuisson : 30 minutes

Une délicate association.

303 calories

Pour 8 personnes
800 g de ris de veau
50 cl de fond de veau
(voir recette p. 322)
1,5 kg de légumes divers
(carottes, fenouil, brocolis, céleri-branche, haricots)
4 feuilles de gélatine
2 cl de vinaigre de xérès
12,5 cl de vinaigrette à l'échalote
sel, poivre du moulin

- Faites dégorger le ris de veau 2 heures dans de l'eau vinaigrée ; passez-le sous l'eau froide et débarrassez-le de ses déchets et de ses impuretés. Détaillez-le en gros dés et faites-le cuire au four dans le fond de veau. Laissez le ris refroidir dans le jus de cuisson.
- Nettoyez les légumes, lavez-les, détaillez-les en dés, faites-les cuire séparément dans de l'eau bouillante salée et passez-les sous l'eau froide.
- Répartissez le ris et les légumes cuits en couches alternées dans la terrine.
- Passez le jus de cuisson au tamis, portez-le de nouveau à ébullition, retirez-le du feu et faites-y dissoudre la gélatine. Parfumez avec un peu de vinaigre de xérès et vérifiez l'assaisonnement en sel et en poivre.

Mon conseil :

N'hésitez pas à poser un poids sur la terrine pour bien tasser les légumes et la faire prendre.

- Versez le fond sur les légumes et le ris et faites prendre la terrine au frais.
- Démoulez la terrine sur le plat de service et coupez-la en tranches épaisses.
- Arrosez de vinaigrette à l'échalote au moment de servir.

Terrine de lièvre

Une succulente terrine parfumée au cognac.

617 calories

Préparation : 20 minutes
Macération : 2 heures
Repos : 12 heures
Cuisson : 1 h 30

Pour 6 personnes

1 râble de lièvre désossé
350 g de chair à saucisse
12,5 cl de crème fraîche
noix muscade
genièvre en poudre
1 petit verre de cognac
500 g de barde de lard
4 feuilles de gélatine
25 cl de bouillon
farine pour luter
sel, poivre du moulin

- Passez la viande de lièvre au hachoir et mélangez-la bien avec la chair à saucisse, en ajoutant un peu de crème. Salez et poivrez largement, ajoutez un peu de noix muscade, un peu de genièvre en poudre et un trait de cognac. Laissez macérer 2 heures. Faites chauffer le four.
- Tapissez une terrine avec la barde de lard, remplissez-la avec la préparation, arrosez de cognac et repliez la barde de lard sur le dessus.
- Couvrez la terrine de son couvercle et lutez avec un peu de farine délayée dans de l'eau pour fermer hermétiquement le récipient.
- Faites cuire 1 h 30 au bain-marie dans un four chauffé à th. 2.
- Faites fondre la gélatine dans le bouillon.
- La cuisson terminée, retirez le couvercle et remplissez de gelée. Laissez la terrine refroidir.
- Mettez ensuite la terrine au moins 12 heures au frais avant de servir.

Mon conseil :

Pour que la terrine soit bien tassée, pressez-la pendant qu'elle refroidit avec une planchette aux dimensions du moule, sur laquelle vous placerez un poids.

Préparation : 30 minutes
Cuisson : 20 minutes
Réfrigération : 12 heures

Terrine de poisson

Avec son coulis de tomate.

239 calories

Pour 8 à 10 personnes
500 g de filets de barbue
500 g de filets de saumon
250 g d'épinards
1 l de fumet de poisson
(voir recette p. 323)
50 g de gélatine en poudre
sel, poivre du moulin
Pour le coulis de tomate :
300 g de tomates
3 cuillerées à soupe d'huile
sel, poivre du moulin
basilic

■ Lavez les épinards. Faites-les blanchir dans de l'eau bouillante salée. Égouttez-les.

■ Posez les filets de barbue sur le plan de travail et couvez-les d'une fine couche d'épinards. Roulez les filets et maintenez-les à l'aide de bâtonnets.

■ Pochez les filets de barbue et de saumon 10 minutes dans le fumet. Égouttez et réservez.

■ Diluez la gélatine dans le fumet, puis filtrez.

■ Coupez les œufs durs en rondelles, puis détaillez les filets de saumon en bâtonnets.

■ Versez un peu de gelée au fond d'un moule à cake. Tapissez de feuilles d'épinards. Disposez les rondelles d'œufs de chaque côté du moule dans le sens de la longueur, en intercalant des bâtonnets de saumon. Posez sur les épinards les filets de barbue roulés, après avoir retiré les bâtonnets de bois. Remplissez l'espace entre le bord du moule et les filets de barbue avec les bâtons de saumon restants. Couvrez d'une couche d'épinards. Versez le reste de gelée et mettez au réfrigérateur pendant 12 heures.

■ Préparez le coulis de tomate. Pelez et épépinez les tomates. Mixez la chair. Assaisonnez de poivre et de sel. Ajoutez quelques feuilles de basilic et mélangez avec l'huile.

■ Au moment de servir, démoulez la terrine. Coupez-la en tranches et servez avec le coulis.

Mon conseil :
Cette terrine non démoulée se conserve environ 3 jours dans le réfrigérateur.

Terrine aux trois légumes

Préparation : 30 minutes
Cuisson : 2 h 10

Une recette diététique riche en couleurs.

216 calories

Pour 6 personnes
1 betterave crue
300 g de navets
300 g de carottes
6 œufs
150 g de crème fraîche
20 g de beurre pour le moule
sel, poivre du moulin
Pour la betterave :
1 pincée de sucre
1/2 cuillerée à café de piment en poudre
2 cuillerées à soupe de jus de citron
Pour les navets :
1 cuillerée à café de gingembre
2 cuillerées à soupe de jus de citron
poivre
Pour les carottes :
1 pincée de cumin moulu
1 gousse d'ail

▪ Enveloppez les légumes séparément dans une feuille d'aluminium après les avoir lavés, épluchés et râpés et faites-les cuire 10 minutes dans l'autocuiseur. Passez les chairs séparément au mixeur pour obtenir des purées très fines.

▪ Ajoutez à chaque légume les épices et les aromates indiqués ci-contre, avec 2 œufs et 50 g de crème fraîche battus. Vérifiez l'assaisonnement en sel et en poivre.

▪ Beurrez le fond et le couvercle d'une terrine et remplissez-la, en alternant, d'une couche des trois légumes. Posez le couvercle.

▪ Versez 2 cm d'eau dans le plat à rôtir du four et posez-y la terrine. Faites cuire 2 heures à th. 3.

Tête de veau

Préparation : 20 minutes
Trempage : 6 à 8 heures
Cuisson : 2 heures au moins

Une base pour diverses préparations.

670 calories

Pour 6 personnes
1 tête de veau
1 verre de vinaigre
50 g de farine
2 oignons
1 carotte
1 bouquet garni (persil, thym, laurier)
2 clous de girofle
4 cuillerées à soupe de gros sel

Mon conseil :
J'achète la tête de veau toute désossée et ficelée. Quel gain de temps ! Indispensable d'accompagner la tête de veau, chaude, froide ou tiède, d'une sauce : vinaigrette, gribiche, moutarde, et l'incontournable sauce ravigote.

■ Six à huit heures avant la cuisson, mettez la tête de veau dans un récipient dans l'évier. Faites couler un filet d'eau froide dessus jusqu'au moment de la cuisson.

■ Désossez la tête de veau et ficelez-la en rôti.

■ Dans un grand faitout, mettez la tête. Recouvrez-la d'eau froide et portez à ébullition. Laissez bouillir 10 minutes, puis égouttez la tête et rincez-la à l'eau froide.

■ Remettez dans le faitout de l'eau froide. Délayez la farine dans 1/2 verre d'eau et versez-la dans le faitout. Ajoutez encore le vinaigre, les oignons épluchés et piqués de clous de girofle, la carotte coupée en rondelles, le bouquet garni et le gros sel.

■ Plongez la tête de veau dans le faitout et mettez à cuire à feu moyen et à couvert pendant 2 heures au moins.

■ Vous servirez accompagné d'une sauce ravigote (voir recette p. 707).

Tête de veau en tortue

Préparation : 40 minutes
Cuisson : 3 heures

Dans une sauce blanche avec des câpres et des cornichons.

873 calories

Pour 6 personnes
1/2 tête de veau (parée)
2 oignons

■ Dans une marmite, mettez la tête de veau avec les oignons piqués de clous de girofle et le laurier.

■ Mélangez 100 g de farine et le lait et versez dans la marmite. Salez et poivrez. Portez à ébullition sur feu vif. Réduisez la chaleur puis laissez cuire à feu doux environ 3 heures.

Tête de veau en tortue *(suite)*

4 clous de girofle
2 feuilles de laurier
75 cl de lait
140 g de farine
30 g de beurre
25 cl de vin blanc
1 cuillerée à soupe de moutarde
1 pincée de sucre
50 g de câpres
50 g de cornichons
6 œufs durs
6 fleurons de pâte feuilletée
sel, poivre du moulin

- Désossez la tête de veau et coupez la viande en dés.
- Faites fondre le beurre dans une casserole, saupoudrez du reste de farine et, quand la farine est bien absorbée, mouillez avec le vin blanc et un peu de jus de cuisson. Amenez à ébullition, puis ajoutez la moutarde et le sucre. Passez la sauce au tamis.
- Mettez la viande dans la sauce, ainsi que les câpres et les cornichons coupés en rondelles, et faites réchauffer.
- Versez la préparation sur le plat de service, décorez de quartiers d'œufs durs et de fleurons de pâte feuilletée.

Thon en brandade

Préparation : 30 minutes
Cuisson : 30 minutes

Une purée de thon aillé aux pommes de terre.

613 calories

Pour 4 personnes
750 g de pommes de terre
500 g de thon à l'huile
1 cuillerée à café d'ail pilé
2 cuillerées à soupe de persil
20 cl de lait
olives noires
sel, poivre du moulin

- Lavez les pommes de terre et épluchez-les. Faites-les cuire à la vapeur.
- Pendant ce temps, réduisez le poisson en purée au mixeur et ajoutez-y l'ail, le persil et l'huile dans laquelle il était conservé.
- Faites chauffer le lait.
- Égouttez les pommes de terre. Réduisez-les en purée en y ajoutant le lait petit à petit. Salez et poivrez.
- Mélangez les deux purées et vérifiez l'assaisonnement.
- Décorez avec les olives et servez chaud.

Tarte aux pommes (recette page 767)

Terrine de poisson (recette page 777)

Thon en cocotte

Préparation : 15 minutes
Marinade : 2 heures
Cuisson : 1 h 10

Parfumé par une marinade pimentée et mijoté avec des légumes goûteux.

590 calories

Pour 6 personnes
1,2 kg de thon frais
1 verre d'huile
3 citrons
1 petit piment
8 à 10 petits oignons blancs
4 tomates
3 courgettes
150 g de lard fumé
1 branche de basilic
sel, poivre

- Faites mariner pendant 2 heures le thon dans le jus des citrons avec le petit piment écrasé et pilé.
- Versez la moitié de l'huile dans une cocotte et, dès qu'elle commence à fumer, faites revenir le thon avec les petits oignons épluchés et le lard fumé coupé en dés.
- Lorsque le tout est bien doré, ajoutez les tomates pelées, épépinées et coupées en morceaux, les courgettes non pelées et coupées en rondelles. Arrosez avec la marinade et le restant de l'huile. Salez, poivrez. Couvrez et laissez mijoter pendant 1 heure.
- Au moment de servir, ajoutez le basilic haché.

Thon frais grillé aux herbes

Préparation : 15 minutes
Cuisson : 14 minutes

Préparé comme une viande.

531 calories

Pour 2 personnes
2 grosses tranches de thon de 180 g chacune
2 cuillerées à soupe de jus de citron
3 cuillerées à soupe d'huile d'olive
herbes de Provence
sel, poivre du moulin

- Lavez, puis épongez bien le poisson.
- Faites chauffer le gril.
- Arrosez le thon avec 1 cuillerée à soupe de jus de citron et badigeonnez-le à l'huile. Salez, poivrez et saupoudrez d'herbes de Provence.
- Faites griller le poisson environ 6 à 7 minutes de chaque côté, arrosez encore d'un peu de jus de citron et servez immédiatement.

Thon à la génoise

Préparation : 10 minutes
Cuisson : 30 minutes

Darnes de thon nappées de sauce aux champignons et aux anchois.

653 calories

Pour 4 personnes
4 belles tranches de thon de 200 g chacune
4 cuillerées à soupe de farine
2 cuillerées à soupe de beurre
250 g de pleurottes
1 échalote émincée
20 cl de vin blanc
2 anchois en purée
2 cuillerées à soupe de crème fraîche
20 g de beurre coupé en noisettes
2 cuillerées à soupe de persil haché
poivre du moulin

- Lavez les tranches de thon et épongez-les.
- Roulez-les dans la farine et faites-les revenir dans un peu de beurre.
- Mettez le poisson en attente au chaud.
- Nettoyez et lavez les champignons, coupez-les en quatre et faites-les saisir dans le jus de cuisson du poisson avec l'échalote émincée. Mouillez avec le vin blanc et laissez réduire.
- Ajoutez le poivre et les anchois réduits en purée, puis la crème fraîche, et laissez réduire de nouveau. Incorporez le beurre dans la sauce petit à petit en remuant bien. Ajoutez le persil.
- Nappez les tranches de poisson de cette sauce et servez aussitôt.

Timbale de homard

Préparation : 40 minutes
Réfrigération : 12 heures
Cuisson : 10 minutes

Queue de homard en manteau de saumon et d'épinards.

464 calories

Pour 4 personnes
150 g de petits légumes (carotte, chou-fleur, petits pois)
1 queue de homard (500 g) cuite et sans carapace
4 tranches de saumon fumé
200 g d'épinards

- Placez le moule à terrine vide dans le réfrigérateur pour qu'il soit bien froid.
- Nettoyez les légumes ; pelez et détaillez la carotte en petits dés et le chou-fleur en bouquets, écossez les petits pois, puis faites blanchir le tout dans de l'eau bouillante salée. Égouttez dans une passoire et laissez refroidir.
- Coupez le homard en 4 tronçons, enveloppez-les dans 1 tranche de saumon puis dans quelques feuilles d'épinards blanchies à l'eau bouillante salée.

Timbale de homard *(suite)*

6 feuilles de gélatine
75 cl de fumet de poisson
(voir recette p. 323)
sel

- Faites gonfler la gélatine dans un peu d'eau froide et faites-la fondre dans le fumet de poisson bien chaud mais non bouillant.
- Sortez la terrine du réfrigérateur. Recouvrez-en le fond d'une mince couche de fumet et faites prendre la gelée en plaçant de nouveau la terrine au réfrigérateur.
- Lorsque la gelée est presque ferme, répartissez au-dessus les petits légumes et recouvrez-les d'une autre couche de gélatine. Remettez au frais.
- Quand la gelée est bien prise, garnissez des petits paquets de homard et remplissez le moule avec le fumet restant ; il doit recouvrir juste à niveau les papillotes de homard. Laissez 12 heures au frais pour que la gelée prenne bien.
- Au moment de servir, plongez la terrine 1 minute dans de l'eau très chaude et renversez-la sur le plat de service. Découpez la timbale en tranches épaisses avec un couteau dont vous plongerez la lame dans de l'eau chaude après chaque tranche découpée.

Mon conseil :
Accompagnez cette timbale de homard d'une salade de mâche assaisonnée à l'huile de noisette au moment de la présenter à table.

Timbales de brocolis

Préparation : 15 minutes
Cuisson : 30 minutes

Sur une sauce aux cacahuètes.

326 calories

Pour 2 personnes
150 g de brocolis
10 g de beurre
10 cl de bouillon de volaille

- Lavez les brocolis et détachez-les en petits bouquets ; faites-les sauter dans le beurre, mouillez avec le bouillon de volaille, ajoutez la noix muscade et faites mijoter pendant 10 minutes. Retirez alors les brocolis et faites-les égoutter.

Timbales de brocolis *(suite)*

noix muscade
1 œuf
1 cuillerée à soupe de crème fraîche
4 cuillerées à soupe de sauce hollandaise (voir recette p. 717)
20 g de cacahuètes grillées
1 cuillerée à café de cerfeuil ciselé + quelques pluches de cerfeuil
sel, poivre du moulin

- Réduisez-les en purée au mixeur, passez au tamis fin.
- Ajoutez l'œuf et la crème fraîche à la purée de brocolis, salez, poivrez et mélangez bien.
- Beurrez des petits ramequins et remplissez-les de la préparation. Faites cuire 20 minutes à couvert au bain-marie, dans le four chauffé à th. 6.
- Réchauffez la sauce hollandaise, ajoutez-y les cacahuètes grossièrement concassées et le cerfeuil ciselé.
- Répartissez la sauce hollandaise sur les assiettes préchauffées, puis démoulez sur chacune d'elles une timbale de brocolis.
- Garnissez de quelques pluches de cerfeuil.

Tomates à la bretonne

Préparation : 15 minutes

Farcies de haricots dans une sauce relevée.

310 calories

Pour 4 personnes
4 tomates bien fermes
1/2 boîte de haricots blancs
1 oignon
1 gousse d'ail
1 branche de thym
1/2 feuille de laurier
3 cuillerées à soupe d'huile
1 cuillerée à soupe de vinaigre
1 douzaine d'olives noires
sel, poivre

- Lavez et essuyez les tomates. Coupez un chapeau à leur sommet et évidez-les soigneusement sans les percer. Saupoudrez le fond de sel fin et retournez-les afin que l'eau qu'elles vont rendre s'égoutte bien.
- Épluchez et hachez finement l'ail et l'oignon. Mettez-les dans un bol avec l'huile, le vinaigre, sel et poivre en abondance. Roulez le thym et le laurier entre vos mains au-dessus du bol pour les réduire en poussière et mélangez bien le tout.
- Versez les haricots dans une passoire et passez-les quelques instants sous le robinet d'eau chaude pour les rincer et

Mon conseil :
J'utilise l'intérieur des tomates en l'ajoutant à un autre plat, une viande en cocotte, par exemple, ou une soupe de légumes.

les tiédir à la fois (ainsi ils s'imprégneront mieux de sauce).
- Mélangez les haricots avec la sauce et remplissez les tomates de cette préparation. Décorez avec les olives dénoyautées que vous poserez sur le dessus, reposez le chapeau légèrement en travers, et servez frais.

Tomates farcies aux anchois

Une autre façon de fourrer des tomates crues.

95 calories

Pour 6 personnes
6 tomates bien fermes
1 boîte de filets d'anchois à l'huile
80 g de câpres
1 gousse d'ail
1 cuillerée à soupe d'huile
2 œufs
1 cuillerée à soupe de jus de citron
sel, poivre noir

Préparation : 20 minutes
Cuisson : 10 minutes

- Faites cuire les œufs pendant 10 minutes à l'eau bouillante salée. Épluchez-les, hachez-les grossièrement.
- Hachez les anchois dans leur huile.
- Hachez les câpres.
- Découpez sur chaque tomate un chapeau, creusez la tomate, retirez la pulpe et hachez-la.
- Pelez la gousse d'ail, coupez-la en lamelles fines.
- Mélangez les anchois, la pulpe de tomate, les câpres, l'ail, l'huile, les œufs, le poivre et le jus de citron. Remplissez les tomates avec cette préparation. Servez froid.

Tomates à la provençale

Préparation : 10 minutes
Cuisson : 20 à 30 minutes

Poêlées avec ail et persil.

120 calories

Pour 4 personnes
8 tomates
4 gousses d'ail
1 petit bouquet de persil
50 g de mie de pain trempée dans le lait et essorée
2 cuillerées à soupe d'huile d'olive
1 pincée de sucre
sel, poivre

Mon conseil :
Je fais revenir l'ail et le persil avant de les mettre sur les tomates.

- Lavez les tomates. Essuyez-les. Coupez-les en deux dans le sens de la largeur. Épépinez-les soigneusement.
- Faites chauffer l'huile dans une grande poêle, rangez-y les tomates. Faites cuire à grand feu.
- Lorsqu'elles ont rendu leur eau, retournez-les, assaisonnez-les : sel, poivre et sucre.
- Baissez l'intensité du feu et laissez cuire doucement jusqu'à ce qu'elles soient bien caramélisées. Remuez souvent la poêle pour les empêcher de trop attacher.
- Pendant ce temps, épluchez les gousses d'ail. Hachez-les avec le persil.
- Une dizaine de minutes avant la fin de la cuisson, saupoudrez les tomates du hachis d'ail et de persil et de mie de pain émiettée.

Tôt-fait

Préparation : 20 minutes
Cuisson : 55 minutes

Soufflé à la rhubarbe.

263 calories

Pour 6 personnes
250 g de rhubarbe
150 g de sucre glace
le zeste de 1/2 citron
1 cuillerée à soupe de Maïzena
2 cuillerées à soupe de lait
2 cuillerées à soupe de beurre
6 œufs

- Épluchez la rhubarbe et coupez-la en bâtonnets. Faites-la cuire sans eau avec 100 g de sucre glace et le zeste de citron, pendant 35 minutes à couvert.
- Faites chauffer le four à th. 5.
- Écrasez la rhubarbe avec une fourchette.
- Mélangez la Maïzena avec le lait, le beurre, les jaunes d'œufs et 1 cuillerée à soupe de sucre glace. Ajoutez-y la rhubarbe en remuant bien à l'aide d'une spatule.

Tôt-fait *(suite)*

■ Montez les blancs en neige ferme et incorporez-les à la préparation.

■ Versez l'appareil dans un moule (à hauts bords) beurré. Saupoudrez de sucre glace et mettez 20 minutes au four bien chaud.

Tournedos chasseur

Préparation : 10 minutes
Cuisson : 10 minutes

Sautés à l'huile avec des champignons et des aromates.

530 calories

Pour 4 personnes

4 tournedos
4 échalotes
2 oignons
150 g de champignons de Paris
1 branchette de thym
4 branches de persil
4 cuillerées à soupe d'huile
sel, poivre

Mon conseil :
Pour détacher les feuilles de la branchette de thym, il suffit de la faire glisser entre le pouce et l'index.

■ Hachez ensemble les échalotes, les oignons et le persil. Ajoutez les feuilles de thym.

■ Pelez les champignons. Coupez-les en lamelles.

■ Mettez la moitié de l'huile dans une poêle, sur feu moyen. Quand l'huile est chaude, versez-y le hachis et les champignons. Salez, poivrez. Laissez revenir doucement 5 à 8 minutes en tournant fréquemment.

■ Badigeonnez les tournedos avec le restant de l'huile. Mettez-les à griller 2 à 3 minutes de chaque côté sur la flamme vive. Salez et poivrez en fin de cuisson.

■ Servez-les entourés du hachis et des champignons.

Tournedos au madère

Préparation : 5 minutes
Cuisson : 6 minutes

Tout simplement somptueux.

598 calories

Pour 4 personnes

20 g de beurre clarifié
(voir recette p. 97)
4 tournedos de 180 g chacun
(dans le filet)
5 cl de madère
15 cl de demi-glace
(voir recette p. 716)
1 cuillerée à café de beurre frais
sel, poivre du moulin

■ Chauffez le beurre clarifié dans une poêle, faites-y revenir les tournedos 3 minutes de chaque côté, salez-les, poivrez-les et réservez-les au chaud.

■ Déglacez le fond de cuisson au madère. Ajoutez la demi-glace et amenez à ébullition.

■ Montez la sauce au beurre frais et passez-la à l'étamine.

■ Disposez les tournedos sur des assiettes chaudes. Nappez-les de sauce.

Tournedos à la Meyer

Préparation : 20 minutes
Cuisson : 40 minutes

Succulents et riches en couleur.

593 calories

Pour 4 personnes

800 g de pommes de terre
3 oignons
1 cuillerée à soupe de saindoux
20 g de beurre clarifié
(voir recette p. 97)
4 tournedos de 150 g chacun
4 œufs
4 belles feuilles de salade frisée
4 cornichons
1 petit bocal de betteraves
rouges au vinaigre
sel, poivre du moulin

■ Lavez les pommes de terre et faites-les cuire à l'eau bouillante salée. Laissez-les refroidir. Pelez-les et coupez-les en rondelles de 3 cm d'épaisseur.

■ Pelez les oignons et coupez-les en quartiers.

■ Faites sauter au saindoux pommes de terre et oignons dans une poêle pour leur faire prendre une belle couleur dorée. Salez et poivrez.

■ Faites chauffer le beurre dans une deuxième poêle et mettez-y à cuire les tournedos 3 minutes sur chaque face, à feu vif. Salez-les et poivrez-les. Réservez-les au chaud sous une feuille d'aluminium.

■ Pendant ce temps, faites frire les œufs 3 minutes dans une troisième poêle.

Mon conseil :
Parsemez les œufs avec un peu de cerfeuil haché pour aviver le contraste des couleurs.

- Répartissez les pommes de terre au centre des assiettes, posez les tournedos dessus et recouvrez chacun de 1 œuf.
- Garnissez de feuilles de salade, de rondelles de cornichons et de betteraves rouges. Servez.

Tournedos aux olives

Préparation : 5 minutes
Cuisson : 10 minutes

Poêlés au beurre d'anchois et garnis de tomates et d'olives noires.

530 calories

Pour 4 personnes
4 tournedos de 180 g chacun
4 belles tomates
16 olives noires
4 cuillerées à soupe de crème d'anchois
4 cuillerées à soupe d'huile
sel, poivre

Mon conseil :
Huile d'olive extra-vierge, bien sûr, pour la cuisson.

- Versez dans une poêle la moitié de l'huile. Chauffez. Mettez les tomates coupées en trois dans le sens de l'épaisseur. Salez et poivrez ; laissez cuire 10 minutes sur feu vif en les retournant en cours de cuisson.
- Dans une seconde poêle, chauffez le restant d'huile.
- Badigeonnez les tournedos de crème d'anchois.
- Mettez-les dans la poêle très chaude. Cuisez-les 3 minutes sur chaque face. Ne les salez pas, poivrez-les. En fin de cuisson, ajoutez les olives dans la poêle.
- Servez les tournedos très chauds avec la garniture de tomates poêlées et la sauce de cuisson contenant les olives noires.

Tournedos aux pommes

Préparation : 15 minutes
Cuisson : 12 à 16 minutes

Flambés au calvados sur un lit de pommes au cidre.

484 calories

Pour 6 personnes
4 pommes
1/2 citron
70 g de beurre clarifié
(voir recette p. 97)
2 échalotes
4 cl de cidre
12 tournedos de 80 g chacun
2 cl de calvados
1/2 cuillerée à café de Maïzena
1 cuillerée à soupe d'eau
50 g de crème double
20 g de beurre frais
1 pointe de poivre de Cayenne
sel

Mon conseil :
Choisissez des pommes acidulées, comme les reinettes.

■ Pelez les pommes, épépinez-les et coupez-les en lamelles. Humectez-les du jus du citron.

■ Faites fondre 50 g de beurre clarifié dans une poêle. Mettez-y à étuver les échalotes pelées et émincées. Quand elles sont devenues translucides, ajoutez les pommes et laissez-les rissoler en secouant la poêle de temps à autre. Mouillez avec le cidre, portez à ébullition et réservez au chaud.

■ Faites chauffer le reste de beurre clarifié dans une autre poêle et mettez-y à revenir les tournedos 1 à 3 minutes de chaque côté (selon que vous aimez la viande saignante ou à point). Versez le calvados et flambez.

■ Dressez les pommes bien dorées sur le plat de service chaud. Disposez les tournedos sur les fruits.

■ Délayez la Maïzena avec l'eau, versez-la dans le jus de cuisson de la viande, ajoutez la crème, grattez bien le fond de la poêle avec une spatule en bois pour en détacher tous les sucs, puis montez la sauce au beurre. Assaisonnez de sel et de poivre de Cayenne et versez la sauce sur les tournedos.

Tournedos Rossini

Préparation : 15 minutes
Cuisson : 11 à 15 minutes

Un prince de la gastronomie.

580 calories

Pour 4 personnes
2 truffes noires fraîches
(ou en boîte)
20 g de beurre clarifié
(voir recette p. 97)
4 tournedos de 150 g chacun
100 g de foie gras d'oie frais
(en 4 escalopes)
1 petit pain de mie
4 cl de madère
20 cl de demi-glace
(voir recette p. 716)
40 g de beurre frais
sel, poivre du moulin

Mon conseil :
Si vous utilisez des truffes en boîte, conservez le jus et ajoutez-le à la sauce.

- Préparez les truffes et coupez-les en 8 fines lamelles.
- Chauffez le beurre clarifié dans une poêle et faites-y cuire les tournedos 3 à 5 minutes sur chaque face (selon les goûts). Retirez-les et réservez-les au chaud sous une feuille d'aluminium.
- Faites revenir le foie gras et les lamelles de truffes dans la poêle, salez, poivrez et laissez cuire 5 minutes en veillant à garder le foie gras bien rose à l'intérieur.
- Pendant ce temps, coupez le pain en tranches de la taille des tournedos et faites-les griller. Disposez-les sur des assiettes chaudes.
- Posez les tournedos sur le pain, garnissez chacun de 1 tranche de foie gras et de 2 lamelles de truffes.
- Déglacez le fond de la poêle avec le madère, complétez avec la demi-glace et montez le tout au beurre frais. Nappez les tournedos de sauce et servez aussitôt.

Tourte à la noix de coco

Préparation : 25 minutes
Repos : 2 heures
Cuisson : 40 minutes

Dans une pâte croustillante et dorée, une crème aux saveurs exotiques.

885 calories

Pour 6 personnes
Pour la pâte :
350 g de farine
200 g de beurre
3 jaunes d'œufs
1 pincée de sel
1 cuillerée à soupe de sucre
Pour la garniture :
250 g de noix de coco râpée
150 g de sucre en poudre
2 paquets de sucre vanillé
4 cl de rhum
le lait de la noix de coco
ou 10 cl de lait
80 g de beurre

Mon conseil :
Pour que le dessus de la tourte soit doré et brillant, je passe à la surface – avant la cuisson – un morceau de coton trempé dans du lait.

■ Dans une terrine, mettez la farine en formant un creux au centre.
■ Dans ce creux, placez les jaunes d'œufs battus, le beurre ramolli, le sel et le sucre.
■ Mélangez rapidement et travaillez avec les mains.
■ Lorsque la pâte ne colle plus aux doigts, réunissez-la en boule et laissez-la reposer 2 heures.
■ Dans une casserole, faites chauffer en même temps le lait, le beurre, le sucre et le sucre vanillé, ainsi que la noix de coco.
■ Lorsque le mélange est chaud, tournez et ajoutez le rhum.
■ Partagez la pâte en deux parties : l'une légèrement plus grosse que l'autre.
■ Étalez la partie la plus grosse au rouleau sur une table préalablement farinée et garnissez-en le fond et les bords d'un moule à manqué beurré de 25 cm de diamètre.
■ Versez-y la noix de coco.
■ Aplatissez au rouleau la deuxième boule de pâte et recouvrez-en le dessus du gâteau en soudant soigneusement les bords de la pâte avec un peu d'eau.
■ Mettez à four doux à th. 5 pendant 40 minutes. Servez tiède.

Tourte aux poireaux

Préparation : 15 minutes
Cuisson : 45 minutes

Des poireaux fondants enrobés de pâte feuilletée.

687 calories

Pour 6 personnes
1 kg de poireaux
12,5 cl de crème fraîche
2 œufs
100 g de fromage râpé
noix muscade râpée
300 g de pâte feuilletée
(voir recette p. 535)
1 blanc d'œuf
sel, poivre du moulin

■ Nettoyez, lavez et essuyez les poireaux, puis coupez-les en rondelles (leur goût est plus prononcé si vous employez une partie des feuilles vertes tendres) et faites-les blanchir 10 minutes dans de l'eau bouillante salée. Égouttez-les et laissez-les refroidir.
■ Mélangez la crème avec les œufs et le fromage râpé. Salez, poivrez et parfumez de noix muscade. Ajoutez les poireaux et remuez bien.
■ Abaissez la pâte feuilletée en deux plaques, foncez une tourtière avec l'une d'elles, répartissez dessus la préparation aux poireaux et recouvrez avec l'autre partie de la pâte. Soudez bien les bords avec le blanc d'œuf à l'aide d'un pinceau et piquez le couvercle de pâte de quelques trous avec une fourchette.
■ Mettez au four chauffé à th. 6 et laissez cuire 35 minutes.

Tranches de mouton panées

Préparation : 5 minutes
Cuisson : 8 minutes

Enrobées de chapelure et dorées dans le beurre.

525 calories

Pour 6 personnes
6 tranches de gigot
de 150 g chacune
2 œufs

■ Battez dans une assiette creuse les œufs avec l'huile.
■ Versez dans une autre assiette creuse la chapelure.
■ Trempez les tranches de gigot tour à tour dans l'œuf puis dans la chapelure.
■ Faites fondre le beurre dans une grande poêle et attendez qu'il soit bien

Tranches de mouton panées *(suite)*

1 cuillerée à café d'huile
100 g de chapelure
60 g de beurre
sel, poivre

chaud avant d'y faire revenir la viande. Cuisez à feu vif 3 à 4 minutes de chaque côté et mettez sur le plat de service.

- Versez le jus de cuisson sur la viande, salez, poivrez et servez aussitôt.

Tranches de saumon pochées

Préparation : 20 minutes
Cuisson : 10 minutes

Aux légumes et aux écrevisses.

454 calories

Pour 4 personnes
100 g de poireau
100 g de carottes
100 g de céleri
1 l de court-bouillon
4 escalopes de saumon de 150 g chacune
200 g d'écrevisses
50 g de beurre
sel, poivre du moulin

- Préparez les légumes, lavez-les une fois épluchés et coupez-les en julienne.
- Portez le court-bouillon à ébullition et faites-y pocher le saumon avec les écrevisses pendant 3 minutes.
- Sortez alors le poisson et les crustacés, retirez les écrevisses de leur carapace et mettez-les en attente au chaud.
- Passez le court-bouillon au tamis et faites-y blanchir les légumes coupés en julienne. Faites-les sauter ensuite dans le beurre et assaisonnez-les de sel et de poivre.
- Mettez les escalopes de saumon dans des assiettes creuses, entourez-les de légumes et garnissez de queues d'écrevisses.

Travers de porc aux noisettes

Préparation : 15 minutes
Cuisson : 30 minutes

810 calories

Pour 4 personnes
1 kg de travers de porc
6 feuilles de sauge

- Simple et facile à préparer.
- Séparez le travers en passant un couteau à découper entre les os.
- Pelez l'ail et émincez-le en fines lamelles. Lavez, équeutez et hachez le

Travers de porc aux noisettes *(suite)*

1 cuillerée à soupe d'huile de noix
25 g de beurre
1/2 verre de vin blanc sec
1 verre de fond de volaille (voir recette p. 322)
1 botillon de persil
6 gousses d'ail
60 g de noisettes
sel, poivre

persil. Pilez les noisettes et coupez feuilles de sauge.

■ Faites revenir les travers de porc dans une cocotte avec l'huile de noix et le beurre. Quand ils sont bien dorés sur les deux faces, ajoutez la sauge, les noisettes pilées, l'ail et le persil ; salez et poivrez, puis mouillez avec le vin blanc et le fond de volaille.

■ Couvrez la cocotte et laissez cuire 30 minutes à feu moyen en retournant les travers de temps en temps, ajoutez un peu d'eau chaude, si nécessaire.

Tre di pasta aux champignons

Préparation : 20 minutes
Cuisson : 20 minutes

Un régal pour le palais et pour les yeux.

810 calories

Pour 4 personnes
200 g de spaghetti noirs
200 g de nouilles vertes
200 g de farfalle
2 échalotes
1 gousse d'ail
100 g de mousserons
100 g de morilles
100 g de champignons de Paris
30 g de beurre
4 cl de porto blanc
25 cl de crème fraîche
1 cuillerée à soupe de persil haché

■ Faites cuire les pâtes dans l'eau bouillante salée.

■ Pelez et émincez les échalotes et écrasez l'ail.

■ Nettoyez rapidement les champignons, faites gonfler les morilles dans 12,5 cl d'eau tiède et coupez les plus gros champignons en quartiers.

■ Faites revenir les échalotes et l'ail dans le beurre et ajoutez y les champignons. Gardez l'eau de macération des morilles. Quand ils ont bien rissolé, assaisonnez-les de sel et de poivre et retirez-les de la casserole. Gardez-les en attente au chaud.

■ Déglacez la casserole avec le porto, couvrez d'eau de macération des morilles que vous aurez passée au filtre et faites réduire au tiers.

Tre di pasta aux champignons *(suite)*

parmesan
sel, poivre du moulin

- Ajoutez la crème fraîche, faites réduire à nouveau pour obtenir une sauce onctueuse, puis faites réchauffer les champignons.
- Vérifiez l'assaisonnement et mélangez le persil pour terminer.
- Servez les trois pâtes bien chaudes accompagnées de la sauce aux champignons et d'une coupelle de parmesan fraîchement râpé.

Trévise aux raisins

Préparation : 20 minutes

Association du sucré et de l'amer.

229 calories

Pour 4 personnes

2 ou 3 têtes de trévise
200 g de raisins blanc et noir mélangés
1 échalote
3 cuillerées à soupe d'huile de pépins de raisin
1 cuillerée à soupe de vinaigre de vin rouge
80 g de parmesan fraîchement râpé
sel, poivre du moulin

- Débarrassez les salades des feuilles abîmées et ôtez leur pédoncule. Détachez les feuilles les unes des autres et lavez-les soigneusement.
- Lavez les raisins, détachez les grains, coupez-les en deux et ôtez les pépins.
- Coupez l'échalote en fines rondelles.
- Mélangez dans un saladier le vinaigre avec le sel et le poivre et émulsionnez avec l'huile, en fouettant bien.
- Ajoutez l'échalote et la trévise et tournez la salade. Au moment de servir, saupoudrez de parmesan fraîchement râpé.

Triperie et abats

Préparation

Qu'ils soient utilisés en farce, poêlés, pochés ou rôtis, les abats nécessitent la plupart du temps une préparation avant la cuisson. Ils doivent être préalablement rincés et limonés, c'est-à-dire débarrassés de la mince membrane qui les entoure. Veillez tout particulièrement à ne pas trouer la poche de bile des foies de volaille. Pour illustrer cette indispensable préparation, trois exemples : nettoyer les foies de volaille, enlever la peau du foie de veau et faire dégorger les rognons.

Foies de volaille

- Passez les foies de volaille sous l'eau froide en veillant à ne pas trop les presser.
- Épongez-les délicatement avec un papier absorbant.
- Avec un petit couteau pointu, retirez les nerfs et détachez délicatement la vésicule biliaire.

Foie de veau

- Rincez le foie de veau et séchez-le.
- Incisez la peau avec un couteau pointu et retirez les nerfs.
- Passez la main entre la peau et la chair et décollez la peau.

Rognons

- Coupez les rognons en deux et retirez la graisse et les nerfs avec un couteau pointu.
- Laissez dégorger au moins 2 heures (4 si possible) dans de l'eau vinaigrée en renouvelant l'eau deux ou trois fois.

Mon conseil :

Faites macérer les rognons dégorgés (2 heures ou plus) dans une marinade à base de calvados, d'huile ou de lait selon vos préférences.

→

Cuisson

Les multiples préparations des abats ont donné lieu à quantité de recettes chaudes ou froides. Pour le foie, le cœur et les rognons, ce sont les modes de cuisson rapides qui s'imposent : poêlés, grillés ou sautés. Pour d'autres morceaux, en revanche, les cuissons lentes sont préférables.

On sert des sauces légères avec les pieds de veau ou la cervelle, des sauces corsées avec le foie et les rognons.

Cervelle frite

■ Faites blanchir 20 minutes la cervelle nettoyée et préparée dans de l'eau vinaigrée avec un oignon piqué.

■ Retirez la cervelle avec une écumoire, faites-la égoutter et coupez-la en gros dés.

■ Passez-les dans la pâte à frire (ou dans une panade) et jetez-les dans un bain d'huile chaude.

Cœur de veau farci et braisé

■ Parez le cœur de veau, c'est-à-dire nettoyez-le et ôtez les nerfs et la graisse qui l'entourent.

■ Remplissez-le de la farce préparée et cousez-le.

■ Faites-le bien revenir sur toutes ses faces, ajoutez les légumes et le bouillon et laissez cuire 50 à 60 minutes.

■ Coupez alors en tranches.

Langue de bœuf au bouillon

■ Brossez la langue de bœuf avec une brosse dure et faites-la cuire 1 heure dans de l'eau salée.

■ Enlevez la peau épaisse et les parties cartilagineuses.

■ Mettez-la dans de l'eau froide ou dans du bouillon de légumes légèrement salés, et laissez cuire 3 heures à tout petit feu en écumant souvent. Dix minutes avant la fin de la cuisson, ajoutez les légumes coupés en dés.

→

VARIANTES

Tandis que la préparation de la queue de bœuf farcie est une recette aussi difficile que recherchée, celle du rôti de tripes, plus rustique, est relativement facile, mais demande une longue et patiente cuisson.

Queue de bœuf farcie

■ Coupez la queue de bœuf en tronçons et faites-les braiser (cuire doucement dans un récipient fermé) 2 heures à feu modéré dans du vin rouge.

■ Retirez délicatement l'os central et remplissez la cavité laissée par l'os de la farce choisie.

■ Enveloppez dans une crépine et faites gratiner 35 minutes dans le four chauffé à th. 3.

Rôti de tripes

■ Nettoyez les tripes (ou le gras-double) et cousez-les de façon à former une poche.

■ Remplissez celle-ci de la farce de votre choix et recousez-la très soigneusement.

■ Mettez le rôti avec 1 oignon piqué de 1 clou de girofle et des carottes coupées en gros dés dans une braisière et laissez-les cuire à couvert 6 heures au four à th. 3. Surveillez la cuisson et arrosez de temps en temps de vin blanc.

■ Passez le fond de cuisson au chinois et versez-le sur les tripes. Faites ensuite gratiner une trentaine de minutes à découvert au four chauffé à th. 6.

■ Coupez et dressez sur le plat de service avec des légumes frais et croquants.

Voir aussi *Viandes* p. 812 et *Volailles* p. 819.

Tripes au cidre

Préparation : 15 minutes
Cuisson : 4 h 15

Une recette normande, mais pas à la mode de Caen !

494 calories

Pour 6 personnes
1 kg de tripes
6 échalotes
1 oignon
50 g de beurre
1 bouteille de cidre très sec
1 branche de thym
2 feuilles de laurier
1 carotte
sel, poivre de Cayenne

- Faites blanchir les tripes 15 minutes dans de l'eau bouillante salée et égouttez-les soigneusement.
- Laissez-les tiédir puis coupez-les en lanières. Pelez puis hachez finement les échalotes et l'oignon et faites-les dorer dans le beurre chaud dans une cocotte.
- Versez les lanières de tripes bien égouttées sur le hachis d'oignon et d'échalotes et remuez bien.
- Couvrez de cidre, ajoutez tous les aromates ainsi que la carotte coupée en rondelles et faites cuire à couvert environ 4 heures sur feu doux.

Tripes à la provençale

Préparation : 15 minutes
Cuisson : 2 h 05

A l'ail, aux tomates et au lard.

467 calories

Pour 4 personnes
800 g de tripes (nettoyées et blanchies)
100 g de lard maigre
1 cuillerée à café de beurre clarifié (voir recette p. 97)
2 tomates
2 échalotes émincées
50 cl de bouillon de volaille
1 bouquet garni
2 gousses d'ail
1 bouquet de persil
sel, poivre du moulin

- Coupez les tripes en fines lanières.
- Faites rissoler le lard coupé en dés dans un faitout avec le beurre clarifié.
- Plongez les tomates dans de l'eau bouillante, pelez-les, épépinez-les et coupez la chair en dés.
- Ajoutez les échalotes et les tomates dans le faitout et faites bien saisir avant de mouiller avec le bouillon de volaille.
- Mettez les tripes dans le faitout avec le bouquet garni, salez, poivrez et faites cuire à couvert sur feu très doux, 2 heures environ.
- Environ 10 minutes avant la fin de la cuisson, ajoutez l'ail finement haché.
- Retirez le bouquet garni, versez les tripes à la tomate dans une soupière et parsemez le plat de persil haché.

Truffes au chou-rave

Préparation : 20 minutes
Cuisson : 30 minutes

Pour un repas de fête.

360 calories

Pour 2 personnes
80 g de truffes fraîches
5 cl de porto
1 chou-rave (de 150 g environ)
20 g de beurre
10 cl de champagne
10 cl de crème fraîche
cerfeuil
sel, poivre du moulin

■ Brossez les truffes et pelez-les finement. Faites cuire la peau dans le porto.
■ Épluchez le chou-rave, coupez-le en petits dés et faites-le étuver dans 10 g de beurre ; assaisonnez de sel et de poivre, mouillez au champagne et prolongez la cuisson de 10 minutes.
■ Faites chauffer le reste du beurre, faites-y étuver 10 minutes les truffes mouillées avec le fond de porto tamisé, en veillant à les garder un peu fermes.
■ Versez les truffes et le chou-rave dans une passoire, faites réduire le fond de cuisson et ajoutez la crème fraîche. Laissez cuire à frémissement jusqu'à ce que la sauce ait la consistance voulue. Assaisonnez en sel et en poivre.
■ Dressez les truffes et le chou-rave dans des assiettes creuses, arrosez de sauce et garnissez de cerfeuil ciselé juste avant de présenter à table.

Truites aux amandes

Préparation : 15 minutes
Cuisson : 10 minutes

Des truites meunière garnies d'amandes dorées au beurre.

517 calories

Pour 4 personnes
4 truites
2 cuillerées à soupe de farine
120 g de beurre
50 g d'amandes effilées

■ Faites préparer les truites par votre poissonnier. Salez-les et poivrez-les légèrement puis passez-les dans la farine.
■ Faites-les frire des deux côtés avec un peu de beurre dans une poêle. Mettez-les en attente au chaud.
■ Dans une autre poêle, faites dorer les amandes effilées dans le reste de beurre. Salez et poivrez.

Truites aux amandes *(suite)*

1 cuillerée à soupe
de persil haché
sel, poivre du moulin.

■ Recouvrez les truites avec les amandes et le beurre, parsemez de persil et servez aussitôt.

Truites au bleu

Préparation : 10 minutes
Cuisson : 35 minutes

Une présentation splendide, mais une réalisation difficile.

295 calories

Pour 2 personnes

1 verre de vin blanc sec
2 cuillerées à soupe de vinaigre
1 carotte coupée en rondelles
2 échalotes émincées
2 truites
60 g de beurre
sel, poivre en grains

■ Portez à ébullition le vin blanc avec 50 cl d'eau, le vinaigre, les légumes, du sel et du poivre en grains. Laissez frémir environ 20 minutes.

■ Dans l'intervalle, préparez les truites (voir *Poissons*, p. 571).

■ Mettez les poissons dans une marmite et couvrez-les du court-bouillon passé mais bouillant; laissez-les infuser environ 15 minutes.

■ Pendant ce temps, faites fondre le beurre.

■ Dressez les poissons sur le plat de service et servez-les sans attendre, accompagnés du beurre fondu en saucière.

Truites au four

Préparation : 20 minutes
Cuisson : 30 minutes

Cuites dans un fumet d'herbes aromatiques.

556 calories

Pour 4 personnes

4 truites
2 cuillerées à soupe de farine
2 cuillerées à soupe d'huile
4 cuillerées à soupe de vinaigre de vin

■ Videz les poissons. Lavez-les et séchez-les bien avant de les saler et de les poivrer. Roulez-les dans la farine.

■ Faites chauffer l'huile dans une poêle et faites-y frire les poissons des deux côtés. Retirez-les de la poêle et jetez la graisse.

■ Déglacez la poêle avec le vinaigre, ajoutez le fumet, les carottes et le céleri coupés en rondelles et les aromates.

Truites au four *(suite)*

25 cl de fumet de poisson
(voir recette p. 323)
1 cuillerée à café d'ail pilé
1 feuille de laurier
2 cuillerées à soupe de persil
2 branches de céleri
2 carottes
30 g de chapelure
60 g de beurre
sel, poivre du moulin

Salez et poivrez. Laissez cuire pendant 10 minutes.

■ Rangez les poissons les uns à côté des autres dans la braisière, recouvrez-les avec les légumes puis saupoudrez-les de chapelure.

■ Garnissez de noisettes de beurre et mettez au four chauffé à th. 5 environ 10 minutes.

■ Servez froid ou chaud selon les goûts.

Truites meunière

Préparation : 15 minutes
Cuisson : 15 minutes

Dorées à feu doux, nappées de beurre noisette.

340 calories

Pour 6 personnes
6 truites de 180 g chacune
100 g de beurre
40 g de farine
quelques brins de persil
sel, poivre

■ Videz les poissons, écaillez-les, lavez-les sous le robinet et essuyez-les très soigneusement dans du papier absorbant.

■ Salez-les des deux côtés et mettez-les dans un sachet de plastique avec la farine. Fermez le sachet d'une main et secouez-le pour fariner les poissons. Sortez-les.

■ Mettez la moitié du beurre dans une grande poêle et faites-y dorer les poissons à feu doux, 7 à 8 minutes de chaque côté.

■ Dressez les poissons sur un plat, mais ne versez pas le jus de cuisson.

■ Mettez le restant du beurre dans la poêle de cuisson des truites. Laissez-le colorer sur feu doux pour qu'il prenne une belle teinte noisette.

■ Versez ce jus sur les truites et saupoudrez-les de persil haché. Servez aussitôt.

Mon conseil :
Les truites de petite taille sont plus savoureuses que les grosses.

Truites saumonées farcies

Préparation : 30 minutes
Cuisson : 15 minutes

Farcies à la truite et cuites au four.

698 calories

Pour 4 personnes

5 petites truites saumonées de 200 g
1 blanc d'œuf
3 cuillerées à soupe de crème fraîche
1 cl de Noilly Prat
2 cuillerées à soupe de crème fouettée
50 cl de fumet de poisson (voir recette p. 323)
12,5 cl de vin blanc
25 cl de crème fleurette
20 g de beurre
sel, poivre du moulin

- Lavez soigneusement les truites, fendez-les par le dos, sauf une, et ouvrez-les. Épongez les filets et assaisonnez-les.
- Détachez les filets de la cinquième truite (voir *Poissons*, p. 571), dépouillez-les et coupez la chair en petits dés. Salez et mettez dans un saladier inoxydable.
- Mettez ce saladier sur de la glace dans un saladier plus grand.
- Hachez très finement les dés de poisson avec le mixeur et ajoutez petit à petit le blanc d'œuf avec une spatule en bois puis la crème fraîche. Salez, poivrez et parfumez de Noilly Prat. Passez au tamis et incorporez la crème fouettée à la préparation.
- Nappez les filets de truite de la préparation, rangez-les dans un plat allant au four et mouillez avec le fumet et le vin blanc. Faites cuire à four chaud environ 8 minutes.
- Mettez les poissons en attente au chaud ; faites réduire le fond de cuisson, ajoutez la crème fleurette, portez à ébullition, assaisonnez et montez la sauce au beurre.

Turbot au fenouil et aux tomates

Préparation : 20 minutes
Cuisson : 15 minutes

Des filets de turbot pochés parfumés de thym.

424 calories

Pour 6 personnes
1 turbot de 1,5 kg
1 bulbe de fenouil
6 tomates
4 citrons
50 cl de fumet de poisson
(voir recette p. 323)
1 cuillerée à café de thym en poudre
50 g de beurre
1/2 gousse d'ail pilée
4 échalotes émincées
1 cuillerée à soupe d'huile
sel, poivre du moulin

■ Faites lever les filets du turbot par votre poissonnier.

■ Lavez le fenouil, coupez-le en fine julienne. Coupez les tomates en quatre, enlevez les pépins et coupez la pulpe en lanières.

■ Faites chauffer le jus des citrons avec le fumet de poisson, salez et poivrez légèrement, mettez le thym. Faites-y pocher les filets de poisson, réservez-les au chaud.

■ Faites réduire le fond de cuisson puis ajoutez-y le beurre petit à petit en tournant.

■ Faites étuver le fenouil, l'ail et les échalotes dans l'huile. Salez et poivrez et ajoutez les tomates en lanières au dernier moment.

■ Garnissez le plat de service avec les légumes, dressez les filets de poisson dessus et nappez de sauce.

Turbot à la mousse d'oseille

Préparation : 30 minutes
Cuisson : 30 minutes

Dans une crème acidulée.

432 calories

Pour 4 personnes
4 filets de turbot de 180 g chacun
50 g de beurre

■ Lavez les filets de turbot et épongez-les bien.

■ Beurrez un plat, rangez-y les filets de poisson, assaisonnez légèrement, ajoutez selon les goûts un peu de laurier, mouillez avec le vin blanc et faites gratiner 20 minutes au four chauffé à th. 5.

laurier (facultatif)
25 cl de vin blanc
50 g d'oseille
25 cl de fumet de poisson
(voir recette p. 323)
100 g de crème fraîche
2 jaunes d'œufs
sel, poivre du moulin

Mon conseil :
A défaut d'oseille fraîche, vous pouvez utiliser de l'oseille en bocal.

Retirez le poisson du four et gardez-le au chaud.

- Pendant ce temps, nettoyez l'oseille, enlevez-en les tiges dures et faites-la revenir brièvement dans le beurre.
- Faites réduire le fumet de poisson à 10 cl, ajoutez-y la crème fraîche et liez la sauce avec les jaunes d'œufs en fouettant énergiquement au bain-marie, comme pour un sabayon.
- Disposez les filets dans le plat de service et nappez-les de sauce pour présenter à table.

V

Veau en cocotte

Préparation : 5 minutes
Cuisson : 1 h 30

Une sauce relevée de porto.

340 calories

Pour 6 personnes
1,2 kg de veau (carré, longe ou épaule) bardé et ficelé en rôti
60 g de beurre
2,5 cl de porto
sel, poivre

Mon conseil :
Je mets dans la cocotte, après avoir fait dorer la viande, 5 ou 6 fines rondelles de citron.

- Dans une grande cocotte, mettez le beurre à fondre sur feu vif.
- Faites-y dorer le veau sur toutes ses faces.
- Réduisez légèrement le feu, puis laissez cuire 1 h 30 en tournant le morceau à plusieurs reprises en cours de cuisson dans la cocotte couverte.
- En fin de cuisson, salez et poivrez.
- Retirez la viande que vous découperez en tranches sur un plat ; tenez au chaud. Versez le porto dans la cocotte ; laissez reprendre un bouillon, puis servez en saucière en même temps que le veau.

Veau en daube

Préparation : 15 minutes
Repos : 24 à 48 heures
Cuisson : 4 heures au moins

De savoureuses tranches de veau et de porc prises dans une gelée au vin blanc et aux échalotes.

370 calories

Pour 4 personnes
500 g de filet de veau
300 g de filet de porc
1 pied de veau
3 échalotes
50 cl de vin blanc sec
1 bouquet de persil
sel, poivre

- Pelez les échalotes et émincez-les finement. Hachez le persil.
- Coupez les filets de veau et de porc en grosses tranches.
- Allumez le four à th. 4.
- Dans une terrine, disposez une couche d'échalotes (la moitié). Rangez les tranches de viande alternées dessus, puis à nouveau une couche d'échalotes et le persil haché, sel et poivre. Arrosez de vin blanc. Placez sur le tout le pied de veau désossé et coupé longitudinalement.
- Mettez le couvercle de la terrine et enfournez. Laissez cuire doucement au moins 4 heures.
- La cuisson terminée, retirez le pied de veau et laissez refroidir la terrine sans y toucher dans un endroit frais (mais pas au réfrigérateur).
- Démoulez le lendemain, voire le surlendemain. Servez froid avec des condiments au choix.

Mon conseil :
J'ajoute au vin blanc un petit verre de xérès.

Veau thoné à la vénitienne

Préparation : 20 minutes
Repos : 4 heures
Cuisson : 2 h 30

Un délicieux plat froid où s'allient heureusement viande et poisson.

770 calories

Pour 6 à 8 personnes
2 kg de noix de veau
2,5 cl d'huile d'olive

- Pelez les oignons et émincez-les.
- Coupez les anchois en petits morceaux de 5 mm environ.
- Pelez les gousses d'ail, émincez-les.
- Faites chauffer l'huile dans une cocotte, mettez-y à dorer le morceau de veau.

Veau thoné à la vénitienne *(suite)*

4 oignons
1 boîte de 200 g de thon en miettes
10 filets d'anchois
2 gousses d'ail
2 feuilles de laurier
1 branche de thym
20 cl de vin blanc sec
10 cl de bouillon de volaille (pouvant être préparé avec cube de concentré)
1 morceau d'écorce d'orange
le zeste de 1 citron
5 cl de mayonnaise
1/2 tasse de câpres
sel, poivre noir fraîchement moulu

■ Quand la viande est bien dorée sur toutes ses faces, ajoutez les oignons, le thon en miettes, les morceaux d'anchois, l'ail, le thym, le laurier, le vin, le bouillon, l'écorce d'orange, le zeste de citron, le sel et le poivre. Couvrez et laissez cuire à feu doux pendant 2 heures environ.

■ Laissez refroidir la viande dans son jus de cuisson, puis mettez-la sur la planche à découper et coupez-la en tranches assez minces.

■ Enlevez de la sauce de cuisson l'écorce d'orange, le thym, le laurier et le citron. Passez cette sauce dans un mixeur, mesurez-en 30 cl que vous mélangerez peu à peu à la mayonnaise. Nappez les tranches de veau avec cette sauce et laissez reposer pendant 4 heures dans le réfrigérateur avant de servir, décoré avec des câpres.

Velouté de tomates

Préparation : 20 minutes
Cuisson : 1 h 05

Un succulent potage aigrelet.

308 calories

Pour 4 personnes
50 g de carottes en dés
100 g d'oignons en dés
50 g de céleri en dés
1 kg de tomates concassées
40 g de beurre clarifié
100 g de jambon cru en dés
20 g de farine
1 feuille de laurier

■ Faites fondre la moitié du beurre clarifié dans un faitout. Mettez-y les carottes, les oignons, le céleri et le jambon. Saupoudrez de farine et faites revenir doucement.

■ Ajoutez alors le laurier ainsi que les tomates en mélangeant bien, couvrez de bouillon, amenez à ébullition et écumez.

■ Ajoutez le basilic (réservez-en quelques feuilles), les autres plantes aromatiques et l'ail. Laissez mijoter à couvert 1 heure sur feu doux.

Velouté de tomates *(suite)*

1,5 l de bouillon
1 bouquet de basilic
5 baies de genièvre
1 branche de thym
1 branche de romarin
1 gousse d'ail haché
2 tranches de pain de mie
sucre, sel, poivre du moulin

■ Pendant ce temps, coupez le pain (dont vous aurez enlevé la croûte) en dés de 1 cm de côté et faites-les dorer dans le beurre restant.

■ Passez la soupe à l'étamine, portez à ébullition une dernière fois. Assaisonnez en sel, poivre et sucre et parsemez de basilic haché et de croûtons frits.

Viandes

Préparation

Avant la cuisson, il faut s'assurer que la viande a été bien parée, c'est-à-dire débarrassée de ses filets nerveux, de sa peau et parfois d'un excès de graisse.

La viande se conserve pendue afin que le sang puisse s'écouler. A défaut, vous pouvez la placer sur une assiette retournée dans une terrine : le sang s'écoulera aussi.

Larder

■ Coupez le lard en bâtonnets de 5 mm de côté. Froid, il se coupe plus facilement.

■ Les gros morceaux de viande sont lardés avec une aiguille spéciale (lardoire) de façon que les bouts de lard dépassent de 2 cm.

■ Les petits morceaux de viande sont piqués au couteau et les morceaux de lard enfoncés à la main.

■ Larder en surface signifie glisser les lardons juste sous la surface et les laisser dépasser de 2 cm.

Barder

■ Les rôtis sont garnis de croisillons de lard, les côtés enveloppés dans une barde de lard et ficelés.

→

■ Les filets sont enveloppés dans une barde de lard maintenue fermée par un fil à rôti.

Rouler

■ Pour qu'une poitrine de porc reste « en forme », il faut la ficeler à intervalles réguliers.

Farcir

■ Pratiquez une poche dans une poitrine de veau désossée, par exemple, salez et poivrez l'intérieur.

■ Remplissez cette poche de farce, refermez la couche de viande supérieure en serrant bien.

■ Repliez les longs bords sur la poche, coupez en forme pour que les bords se joignent et cousez.

■ Mettez dans la cocotte sur le côté couture, couvrez de bouillon de légumes et faites cuire 1 h 30 à chaleur modérée.

NB : La viande peut être aussi marinée, voir explications détaillées à *Marinades*, p. 440.

CUISSON

Il suffit de connaître les quatre méthodes de cuisson principales pour savoir cuisiner les viandes.

Faites toujours saisir sur feu vif les morceaux à rôtir ou à frire pour que les pores se referment rapidement. Ne salez jamais en cours de cuisson : le sel ouvre les pores. Comptez, pour un rosbif de 2 kg, 35 minutes au four chauffé à th. 6. Pour le garder bien rose, laissez-le reposer 10 minutes sous une feuille d'aluminium après qu'il est cuit.

Cuisson à la poêle

Bleu :

Le steak est brun à l'extérieur, cru à l'intérieur. Faites dorer 1 mn 30 de chaque côté sur feu vif.

→

Saignant :

Le steak est brun à l'extérieur, rose à l'intérieur, saignant au centre. Faites cuire 2 mn 30 de chaque côté sur feu vif.

A point :

Le steak présente une croûte brune et il est rose tendre à l'intérieur. Faites cuire 3 à 4 minutes de chaque côté sur feu vif.

Bien cuit :

Le steak est cuit assez longtemps ; c'est une cuisson à déconseiller pour la belle viande. Faites cuire 6 à 8 minutes de chaque côté sur feu vif.

Cuisson en rôti

En cocotte :

- Poivrez fortement le rôti (ne salez qu'après) et faites-le revenir de tous côtés dans la cocotte sur feu vif.
- Arrosez de liquide et faites cuire à l'étouffée (comptez environ 10 minutes par centimètre d'épaisseur).

Au four :

- Faites bien revenir la viande sur feu vif et mettez-la au four à th. 8 sans couvercle.
- Arrosez de liquide toutes les 20 minutes. Comptez 8 minutes par centimètre d'épaisseur.

Cuisson sur le gril

- Passez à l'huile d'olive des petites côtes d'agneau, par exemple.
- Rangez-les sur le gril chaud et faites-les griller 1 minute de chaque côté ; elles seront bien roses au centre. Assaisonnez.

→

Tête de veau *(recette page 779)*

Travers de porc aux noisettes (recette page 796)

Cuisson en friteuse

■ Faites mariner une escalope, par exemple, 1 heure dans de l'huile d'olive additionnée de jus de citron et de fines herbes.
■ Passez-la dans de l'œuf battu, du fromage et de la chapelure, puis plongez-la 3 minutes dans un bain de friture chauffé à th. 5.

Variantes

Pour changer des méthodes traditionnelles, voici quelques variantes pour la viande bouillie ou le bœuf cru.

En pot-au-feu :

■ Mettez la macreuse de bœuf salée dans un faitout, couvrez d'eau froide et laissez frémir environ 2 h 30 en écumant.
■ Dégraissez le bouillon et ajoutez les légumes 20 minutes avant la fin de la cuisson.
■ Enlevez le fil à rôti, coupez la viande en tranches et servez-la avec les légumes.

En gratin :

■ Coupez la viande en tranches très fines, disposez-les dans le fond d'un moule à gratin.
■ Soupoudrez de farine des rondelles d'oignon frites, mouillez avec 2 cuillerées à soupe de vinaigre et de bouillon, arrosez la viande de cette sauce.
■ Parsemez de chapelure et faites gratiner au four 30 minutes à th. 5. Parsemez de fines herbes avant de servir.

En tartare :

■ Disposez de la viande maigre hachée sur une assiette avec 1 jaune d'œuf cru, du persil et des câpres, des cornichons et des échalotes émincées.
■ Selon les goûts, mélangez les ingrédients avec le tartare. Présentez sel, poivre et huile à part.

→

En carpaccio :

■ Coupez le filet (préalablement mis à durcir au congélateur) en tranches ultrafines et disposez-les sur une assiette frottée à l'ail.

■ Assaisonnez de sel et de poivre, humectez de jus de citron, de vinaigre (facultatif) et d'huile d'olive. (Pour varier, poudrez de parmesan.)

Vichyssoise

Préparation : 20 minutes
Repos : 1 heure
Cuisson : 40 minutes

Une crème de pommes de terre servie froide.

340 calories

Pour 4 personnes

300 g de pommes de terre
2 blancs de poireaux
50 g de beurre
quelques gouttes de jus de citron
1 pointe de noix muscade
75 cl de bouillon de volaille
150 g de crème fraîche
2 cuillerées à soupe de ciboulette et d'estragon ciselés
sel, poivre du moulin

■ Épluchez les pommes de terre, lavez-les et coupez-les en dés.

■ Nettoyez les blancs de poireaux, coupez-les en julienne et lavez-les.

■ Mettez les pommes de terre et les poireaux dans un faitout avec un peu de beurre. Faites-les braiser 10 minutes. Arrosez de jus de citron, relevez avec un peu de noix muscade et recouvrez avec le bouillon. Laissez cuire à petits frémissements environ 30 minutes à partir de l'ébullition.

■ Mixez la soupe et passez-la au tamis.

■ Incorporez la crème fraîche à la soupe à l'aide d'un fouet et vérifiez l'assaisonnement en sel et en poivre.

■ Laissez reposer la soupe au frais pendant au moins 1 heure.

■ Au moment de servir, parsemez de ciboulette et d'estragon ciselés.

Volailles

Préparation

Toute volaille doit être lavée et soigneusement séchée après avoir été vidée et flambée.

Volailles et gibier à plume sont au meilleur de leur goût fraîchement abattus (vidés, ils se conservent jusqu'à 3 jours au réfrigérateur).

Les volailles surgelées doivent être décongelées lentement dans le réfrigérateur (comptez 4 heures par kilo).

Volaille

- Nettoyez le cou et l'ouverture ventrale. Otez éventuellement le cou et la trachée.
- Enlevez les reins et les parties de poumons restées fixées de part et d'autre de la colonne vertébrale.
- Retirez la glande de graisse et la partie supérieure du croupion à l'aide d'un couteau pointu.
- Lavez l'intérieur et l'extérieur de la volaille sous l'eau froide et essuyez-la bien.

Gibier à plume

Le gibier à plume doit être pendu quelques heures par les pattes pour se vider de tout son sang.

- Enlevez les plumes par touffes à la main.
- Passez le gibier au-dessus d'une flamme pour ôter les petites plumes et le duvet restant et brossez.
- Coupez les pattes et la tête avec un couteau (gardez le cou).
- Incisez le cou et le croupion et tirez les entrailles par l'ouverture du croupion.

Mes conseils :

La volaille fraîche nous est généralement proposée plumée et vidée. Les petites plumes éventuellement oubliées s'enlèvent facilement à la

→

main. Quant au duvet qui pourrait subsister, brûlez-le au-dessus d'une flamme douce et enlevez-le avec une brosse. Exigez votre volaille avec ses abattis.

Videz la volaille et laissez-la rassir 3 jours environ au réfrigérateur, sa chair sera plus tendre et sa saveur plus prononcée.

NB : Les volailles peuvent être aussi marinées, voir explications détaillées à *Marinades*, p. 440.

DÉCOUPAGE À CRU

Cette méthode simple permet de découper n'importe quelle volaille en quelques minutes. Une planche et un couteau assez gros, pointu et bien aiguisé suffisent.

Vous pouvez obtenir 10 morceaux et rien n'est perdu. Vos mains joueront le rôle le plus important : vous déterminez vous-même la place des articulations, afin de couper entre les articulations et les tendons.

- Pour détacher les cuisses, posez la volaille sur le dos, écartez une cuisse et incisez la peau entre le haut de la cuisse et le corps. Faites sauter la cuisse à la jointure. Coupez à l'articulation.
- Pour couper les cuisses, posez la cuisse sur la planche et coupez l'articulation pour détacher le pilon (laissez les cuisses des petites volailles entières).
- Pour détacher les ailes, appuyez-les contre la carcasse et incisez à l'articulation.
- Pour tirer les ailes, tournez-les vers l'extérieur, puis tranchez à l'incision.
- Pour fendre le corps, enfoncez le couteau dans la cavité centrale et percez avec la pointe entre les côtes et l'épaule. Tranchez le corps d'un côté, puis de l'autre.
- Pour séparer la poitrine, détachez-la du dos en tranchant entre les os de l'épaule.
- Pour couper la poitrine en deux, mettez-la sur le côté chair et fendez-la dans le sens de la longueur, le long du bréchet, en appuyant fortement le couteau.

→

■ Pour couper le dos en deux, mettez-le sur le côté peau et coupez au milieu.

Désossage

Une volaille entièrement désossée, des blancs ou des cuisses sans os font le plaisir et l'admiration de tous. La volaille ainsi gardée entière se laisse facilement farcir et couper en tranches. La méthode proposée ici permet de conserver la peau de la volaille.

Fourchette

■ Tirez la peau du cou vers les ailes. Incisez la chair autour de la fourchette pour la dégager et détachez-la de l'os coracoïde.

Ailes

■ Retournez fortement les ailes pour faire sortir les tendons et coupez-les (sans détacher l'os des ailes !).

Clavicules

■ Avec les doigts ou un couteau, dégagez la chair des deux clavicules et détachez ensuite celles-ci du bréchet. Elles ne sont plus retenues désormais qu'aux omoplates.

Omoplates

■ Dégagez à la main la chair qui se trouve autour de l'articulation reliant clavicules et omoplates.

■ Retirez les deux os de l'articulation (s'ils se cassent, retirez les éclats avec une pincette ou le bout des doigts).

Carcasse

■ Dégagez les côtes, la colonne vertébrale et le bréchet en tirant la chair de l'épaule vers le bas.

■ Détachez délicatement la chair de la carcasse vers le bas avec la pointe du couteau, en incisant contre l'os ; coupez la pointe des vertèbres sans les détacher.

→

Bréchet

▪ Quand la volaille est désossée jusqu'aux cuisses, cassez les articulations et tranchez les tendons.
▪ Dégagez la chair jusqu'aux extrémités du bréchet et tranchez les tendons.

Carcasse

▪ Détachez la colonne vertébrale du croupion (en y laissant 3 ou 4 vertèbres). Aucune côte, aucun os ne doivent rester dans la viande retirez-les avec les doigts.

Tailler des escalopes de volaille

Elles sont taillées dans la poitrine des grosses volailles (dinde, canard ou encore poulet).
▪ Retournez la poitrine dépouillée avec le bréchet vers le haut. Avec un couteau bien aiguisé, coupez le long de l'os.
▪ Détachez d'un seul coup la chair du bréchet et des côtes.
▪ Dégagez délicatement le filet par le bas.
▪ En commençant par la partie mince, coupez le filet en biais, en tranches de 2 à 3 cm d'épaisseur.
▪ Aplatissez les tranches de volaille avec le dos du couteau, pour obtenir des escalopes de 5 mm d'épaisseur environ.

Barder

▪ Posez de fines tranches de lard sur la poitrine de la volaille troussée. Pour aromatiser, glissez quelques herbes (par exemple du thym) entre le lard et la peau.
▪ Ficelez solidement.
▪ Environ 15 minutes avant la fin de la cuisson, retirez le lard et faites prendre une coloration brune en arrosant constamment la volaille avec le jus de cuisson.

Découpage d'une volaille cuite

Un cuisinier fier de son art met un point d'honneur à bien découper sa volaille et à la servir avec soin. Il suffit d'avoir pour cela les instruments

→

nécessaires : une planche à découper, une fourchette, un grand couteau pointu avec une lame souple et un couteau solide et rigide.
La méthode de découpage diffère selon qu'il s'agit d'un animal petit, gros ou gras. Quelle que soit la volaille, ayez toujours près de vous un plat de service chaud sur lequel vous poserez les morceaux découpés pour qu'ils ne refroidissent pas.

Découpage des grosses volailles

■ Posez la dinde sur le dos, piquez la fourchette dans le milieu de la poitrine.
■ Pour détacher les cuisses, coupez avec un couteau à lame souple la peau entre le haut de la cuisse et la poitrine. Repliez la cuisse vers l'extérieur et tranchez l'articulation avec un couteau lourd.
■ Pour détacher les ailes, déplacez le couteau de biais de la poitrine à l'articulation de l'aile. Repliez l'aile et tranchez l'articulation.
■ Pour détacher le pilon, tranchez d'un coup sec la jointure entre la cuisse et le pilon.
■ Pour découper le pilon en tranches, piquez la fourchette dans l'os et découpez, en longeant l'os, une première tranche ; donnez un quart de tour et découpez ainsi 3 autres tranches.
■ Découpez en tranches le haut de la cuisse. Coupez 4 tranches environ parallèlement à l'os.
■ Découpez la poitrine : coupez la chair en aiguillettes d'un côté, puis de l'autre. Enfoncez fortement la fourchette sur le bréchet et coupez les tranches en diagonale vers le croupion. A l'aide de la fourchette et du couteau, disposez les aiguillettes sur le plat de service.

Découpage des petites volailles

La règle est simple : plus l'animal est petit, moins on le découpe.

Poulet :

A quelques exceptions près, le poulet se découpe comme les grosses volailles.
■ Coupez la cuisse en deux à la jointure, mais sans la détailler en tranches.

→

Pintade, caille :

Les cuisses des volailles de la taille d'une pintade sont simplement détachées de la carcasse et servies entières. Pour le reste, procédez comme pour les grosses volailles.

Coquelet, poussin :

Les volailles de la taille des poussins sont simplement fendues en deux.

■ Avec un couteau, tranchez le long de la colonne vertébrale et du bréchet.

Découpage des autres volailles (oie et canard)

L'oie et le canard ont des articulations et des tendons très durs et un corps relativement allongé. Pour les découper, il vous faut une planche, une fourchette, un couteau lourd à lame tranchante et un grand couteau à lame souple.

■ Posez le canard sur le dos et maintenez-le sur la planche avec une fourchette.

■ Pour détacher les ailes, déterminez l'emplacement exact de la jointure et tranchez l'articulation et les tendons avec un couteau solide.

■ Pour détacher les cuisses, incisez la peau autour de la cuisse.

■ Tranchez la chair entre le corps et le haut de la cuisse pour dégager l'os.

■ Tranchez l'articulation. Partagez la cuisse en deux.

■ Découpez la poitrine : avec un couteau à lame souple, découpez les aiguillettes en allant de l'aile vers le croupion.

Cuisson

Rôtie au four ou à la broche, dorée à la cocotte, grillée ou pochée, telles sont les principales façons d'accommoder la volaille. Mais il en existe bien d'autres.

Cuisson au four

Si on veut la faire rôtir au four, plus la volaille sera jeune, plus le temps de cuisson sera court.

→

- Lavez et épongez bien la volaille.
- Frottez-la avec du sel.
- Faites chauffer suffisamment d'huile pour couvrir le fond d'une braisière.
- Placez-y la volaille sur le dos et faites-la rôtir dans le four préchauffé à th. 7.
- Continuez la cuisson à th. 6, en arrosant régulièrement avec le jus de cuisson.
- Sortez la braisière du four. Jetez la graisse de cuisson.
- Déglacez le fond de la braisière avec de l'eau ou du vin et portez brièvement à ébullition.
- Passez la sauce au tamis.
- Faites réduire un peu, vérifiez l'assaisonnement et liez avec de la crème fraîche.

Cuisson en sauteuse

Le « sauté » est une préparation qui ne convient qu'aux volailles jeunes ; elle préserve tous leurs sucs et toute leur saveur. Ce mode de cuisson, aussi délicieux que simple, est particulièrement recommandé pour les volailles découpées, ainsi que pour les petites pièces comme les cailles ou les pigeons.

- Lavez les morceaux de poulet et épongez-les bien.
- Recouvrez à peine d'huile le fond d'une sauteuse et faites chauffer sur feu vif.
- Faites-y revenir pendant 15 à 20 minutes les morceaux de poulet en les retournant plusieurs fois pour leur faire prendre une coloration régulière et bien brune.
- Réduisez la chaleur, couvrez et laissez cuire encore 15 à 20 minutes (le poulet est à point quand la chair est élastique, les blancs sont cuits au bout de 8 à 10 minutes).
- Selon vos goûts, ajoutez une garniture, par exemple des légumes, et réchauffez-la.
- Retirez la viande et la garniture de la sauteuse.
- Jetez la graisse pour ne garder que le fond de cuisson.

→

■ Déglacez le fond avec du vin ou un autre liquide, portez à ébullition brièvement et faites réduire lentement en complétant avec de la crème, un fond, etc., si vous le souhaitez.
■ Vérifiez l'assaisonnement, liez éventuellement ou faites réduire à la consistance voulue.
■ Mettez à chaleur très douce et réchauffez les morceaux de poulet et la garniture dans la sauce quelques minutes. Ajoutez un bouquet garni et différents légumes.

Mon conseil :
Changez les légumes ou l'accommodement de la sauce et vous aurez des créations sans cesse renouvelées. Quelques fines herbes ajoutées juste après avoir fait revenir les morceaux de poulet, des légumes (blanchis, sautés ou étuvés), des fruits (ananas, cerises, olives, etc.), du vin suffisent déjà à rajeunir une recette.

Cuisson en braisière

Le braisage est l'un des modes de cuisson les plus anciens. Nos ancêtres mettaient des marmites bien fermées dans des cendres chaudes. Il s'agit d'une cuisson lente, avec peu de liquide, dans un récipient clos, recommandée pour les volailles un peu fermes. Les braisés servent de base aux ragoûts, fricassées et « stews ».
■ Faites chauffer un peu d'huile dans une braisière à couvercle.
■ Faites dorer les morceaux de poulet 2 minutes environ de chaque côté.
■ Retirez-les et gardez-les en attente sur un plat.
■ Ajoutez un peu d'huile dans la braisière et faites-la chauffer.
■ Faites revenir la garniture (oignons et carottes, par exemple).
■ Mouillez avec du vin. Remettez les morceaux de poulet dans la braisière.
■ Faites-les cuire à couvert dans un four chauffé à th. 5 pendant 30 minutes.
■ Vérifiez la cuisson en piquant le poulet : si le jus est clair, le poulet est cuit.

→

■ Retirez la viande et la garniture de la braisière, et gardez le tout en attente au chaud.
■ Passez le fond de cuisson à l'étamine au-dessus d'une casserole.
■ Enlevez la graisse à la surface avec une cuillère ou un papier absorbant.
■ Portez la sauce à ébullition, réduisez la chaleur et mettez la casserole sur un coin du feu. La sauce ne bout que d'un côté.
■ De l'autre côté se forme une peau grasse que l'on retire à la cuillère. Répétez l'opération.
■ Laissez mijoter la sauce pour qu'elle réduise un peu. Assaisonnez et liez si nécessaire.
■ Servez la volaille avec sa garniture et la sauce.

Cuisson au gril

Sans adjonction de sauce ou de farce, cette méthode de cuisson garde à la viande toute sa saveur. Peu importe que vous vous serviez d'un gril au gaz ou électrique. Mais il est vrai que le charbon de bois, la bûche donnent un attrait supplémentaire à votre volaille. (Mettez un peu de bois de poirier, quelques plantes aromatiques, romarin, thym, sur les braises...) Quoi qu'il en soit, la volaille doit toujours être grillée lentement, à température régulière et à distance suffisante de la source de chaleur.
■ Lavez le poulet coupé en morceaux et épongez-le bien.
■ Frottez-le avec de l'huile et du sel sur toutes ses faces (ou enduisez-le d'une marinade aux herbes).
■ Selon vos goûts, vous pouvez aussi placer le poulet 1 à 2 heures dans la marinade, il en ressortira plus parfumé.
■ Faites chauffer le gril sur la position maximale pendant environ 7 minutes.
■ Baissez-le ensuite à température moyenne, attendez 2 à 4 minutes et enduisez le gril de marinade.
■ Posez les quartiers de poulet sur le gril et faites-les cuire 15 à 20 minutes de chaque côté en les retournant fréquemment. Vérifiez la cuisson : la chair doit être élastique sous la pression du doigt (une

→

viande molle n'est pas à point). Ne piquez pas avec la pointe du couteau, la viande perdrait son jus.

■ Pour que le poulet ne se dessèche pas, badigeonnez-le de temps en temps de marinade ou d'huile.

Mon conseil :

Utilisez un bouquet garni au lieu d'un pinceau, votre viande sera plus parfumée.

Cuisson au jus de pochage

Ce type de cuisson est apparenté au braisage, mais il s'effectue à des températures plus basses et avec une quantité plus grande de liquide. La viande doit cuire lentement, juste à frémissement. C'est un mode de cuisson qui s'adapte à la poule au pot.

Vous pouvez faire réduire le fond s'il n'est pas trop salé, y ajouter un peu de crème et le lier avec un jaune d'œuf (lui-même délayé avec un peu de crème). Cette sauce peut ensuite varier à l'infini, selon les fines herbes et les liquides que vous y ajouterez.

■ Lavez la poule et épongez-la, farcissez-la éventuellement et ficelez-la.

■ Mettez-la dans un faitout de taille suffisante et recouvrez-la d'eau froide. Salez et portez lentement à ébullition.

■ Écumez. Quand il ne se forme plus d'écume, baissez le feu et faites cuire à frémissement.

■ Ajoutez des légumes et laissez mijoter environ 1 heure (pour une jeune poule) en veillant à ne pas laisser bouillir.

■ Vérifiez la cuisson : enfoncez une aiguille dans l'articulation. Le jus doit être parfaitement clair (les vieilles volailles doivent cuire 2 à 3 heures, même si le jus est clair).

■ Retirez la poule et ses légumes et gardez-les au chaud.

■ Dégraissez le bouillon et passez-le. Le bouillon pourra être servi en guise de potage, avec quelques herbes, ou employé pour des sauces.

■ Retirez les fils de la poule et découpez-la.

■ Servez la poule au pot avec ses légumes, du gros sel et du raifort.

y z

Yaourts au miel

Un mélange onctueux et doux.

150 calories

Préparation : 5 minutes

Pour 4 personnes
4 yaourts nature
4 cuillerées à soupe de miel

- Battez yaourts et miel ensemble pour obtenir un mélange homogène.
- Répartissez dans des ramequins et mettez dans le réfrigérateur jusqu'au moment de servir.

Zuppa pavese

Un classique de la soupe italienne.

370 calories

Préparation : 5 minutes
Cuisson : 10 minutes

Pour 4 personnes
1 l de bouillon de bœuf
4 jaunes d'œufs
300 g de croûtons
80 g de parmesan
1/2 cuillerée à café d'estragon haché
poivre du moulin

- Portez le bouillon de bœuf à ébullition et faites-le réduire légèrement.
- Déposez 1 jaune d'œuf dans chaque assiette et garnissez de croûtons.
- Poivrez bien le bouillon.
- Versez le potage dans les assiettes et saupoudrez-le de parmesan fraîchement râpé et d'estragon haché.

Index

Les chiffres en italique renvoient à l'illustration de la recette.

Chevreuil

Chocolat

Choucroute

Chou-fleur

Choux

Épices

Épinard

Escargot

Esturgeon

Faisan

Porc

Porto

Potages et potées

Poularde

Saumon

Sole

Soufflés

Soupes

Vermouth

Viandes

Vin blanc

Vin rouge

Volaille

Yaourt

Table des matières